IFCM0005

PROGRAMACIÓN DE APLICACIONES ANDROID

IFCM0005

PROGRAMACIÓN DE APLICACIONES ANDROID

Jorge Santiago Nolasco Valenzuela

La ley prohíbe
fotocopiar este libro

IFCM0005 - PROGRAMACIÓN DE APLICACIONES ANDROID
© Jorge Santiago Nolasco Valenzuela
© De la edición: Ra-Ma 2025

Editado por:
RA-MA Editorial
Calle Jarama, 3A, Polígono Industrial Igarsa
28860 PARACUELLOS DE JARAMA, Madrid
Teléfono: 91 658 42 80
Fax: 91 662 81 39
Correo electrónico: *editorial@ra-ma.com*
Internet: *www.ra-ma.es* y *www.ra-ma.com*
ISBN: 979-13-8764-250-1
Depósito legal: M-5105-2025
Maquetación: Antonio García Tomé
Diseño de portada: Antonio García Tomé
Filmación e impresión: Safekat
Impreso en España en febrero de 2025

A Dios, por darme una vida llena de dichas y guiar mi camino todos los días de mi vida. A mis padres, Félix y Eva y a mis hermanos, quienes siempre estuvieron a mi lado en todo momento de mi vida.

ÍNDICE

INTRODUCCIÓN

El desarrollo de Aplicaciones Móviles para el Sistema Operativo Android se realizaba frecuentemente en Eclipse diseñada por IBM, creado como un IDE agnóstico adaptable a través de Plugins con la desventaja de consumo de muchos recursos, para ello Google desarrollo su IDE Android Studio.

Este Libro te permite iniciarte en el lenguaje Java 8 y Desarrollo de Aplicaciones para dispositivos móviles en Android utilizando su nuevo IDE Android Studio basado en IntelliJ IDEA y el Nuevo SDK (Revisión 26.1.1) Android.

Android actualmente ha sufrido algunos cambios fundamentales que a continuación detallaremos:

▼ Utilización del Compilador GRADLE en reemplazo de ANT, Gradle es una herramienta de automatización y gestión de construcción basada en Java. Gradle reemplaza a "Ant", que se utilizaba en Eclipse. Los antiguos proyectos creados con eclipse deben convertirse de Ant a Gradle antes de poder importarse a Android Studio.

- Reemplazo de la Máquina Virtual DALVIK por ART. ART es la nueva máquina virtual de ejecución Android Introducido de forma experimental en la versión 4.4. Con Android 4.4, estamos empezando a lanzar una nueva forma de ejecución de Android ART. Este tiempo de ejecución ofrece una serie de nuevas características que mejoran el rendimiento de las Apps de Android. Actualmente, ART está disponible en una serie de Android 4.4 dispositivos como el Nexus 4, Nexus 5, Nexus 7 y Pixel.

Además, tocamos temas complementarios como son el uso de redes sociales, mapas y análisis forense, en este libro vendrá con las siguientes aplicaciones:

- Lector Código Barras.
- Suma.
- Alerta Ciudad.
- Pago.
- Rss.
- Rutas.
- Service.
- ControlLLamadas.
- Facebook.
- Ejemplo_Service.
- Mi Mapa.
- WebApp.
- Calculadora.
- Notificaciones.

1

INSTALACIÓN DE ANDROID STUDIO

1.1 INSTALACIÓN DE ANDROID STUDIO EN WINDOWS

1.1.1 Pre Requisitos

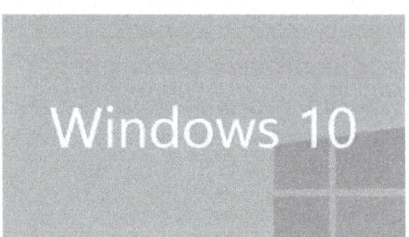

Las Aplicaciones Móviles de este Texto se han creado con Android Studio. Android Studio incluye Android SDK 5. El prerequisito para Android Studio es Java JDK para lo cual seguimos lo siguientes Pasos:

1. Ingrese a la siguiente URL para descargar el JAVA JDK

   http://www.oracle.com/technetwork/java/javase/downloads/index.html

   Presione clic en JDK.

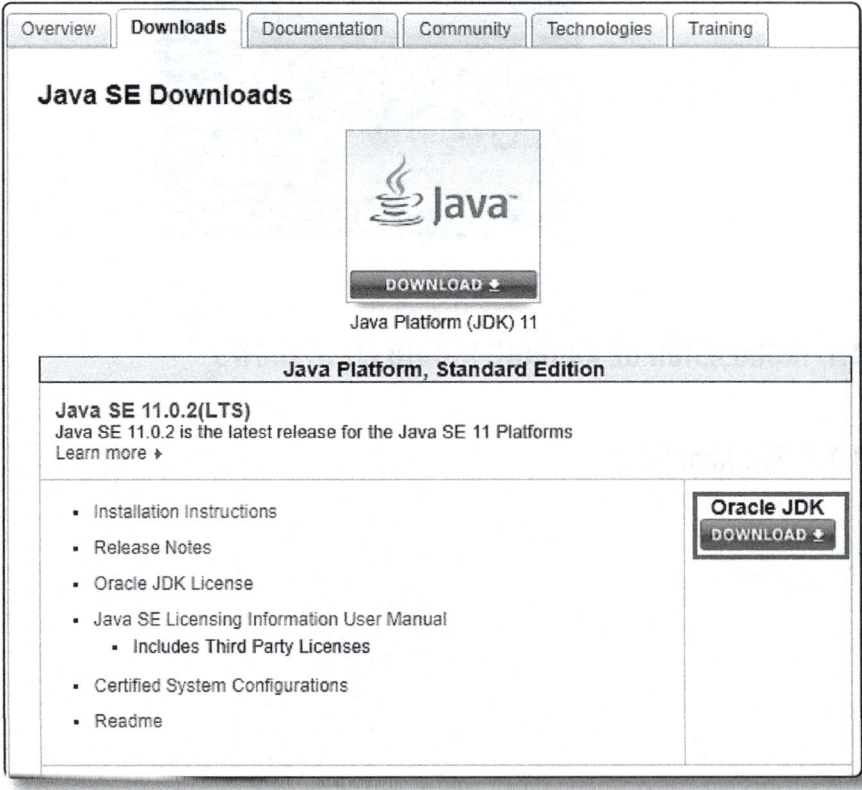

Aceptamos el acuerdo de Licencia.

Java SE Development Kit 11.0.2

You must accept the Oracle Technology Network License Agreement for Oracle Java SE to download this software.

○ Accept License Agreement   ◉ Decline License Agreement

Product / File Description	File Size	Download
Linux	147.28 MB	⬇jdk-11.0.2_linux-x64_bin.deb
Linux	154.01 MB	⬇jdk-11.0.2_linux-x64_bin.rpm
Linux	171.32 MB	⬇jdk-11.0.2_linux-x64_bin.tar.gz
macOS	166.13 MB	⬇jdk-11.0.2_osx-x64_bin.dmg
macOS	166.49 MB	⬇jdk-11.0.2_osx-x64_bin.tar.gz
Solaris SPARC	186.78 MB	⬇jdk-11.0.2_solaris-sparcv9_bin.tar.gz
Windows	150.94 MB	⬇jdk-11.0.2_windows-x64_bin.exe
Windows	170.96 MB	⬇jdk-11.0.2_windows-x64_bin.zip

Descargamos JDK para 64 bits de Windows.

Java SE Development Kit 11.0.2

You must accept the Oracle Technology Network License Agreement for Oracle Java SE to download this software.

Thank you for accepting the Oracle Technology Network License Agreement for Oracle Java SE; you may now download this software.

Product / File Description	File Size	Download
Linux	147.28 MB	⬇jdk-11.0.2_linux-x64_bin.deb
Linux	154.01 MB	⬇jdk-11.0.2_linux-x64_bin.rpm
Linux	171.32 MB	⬇jdk-11.0.2_linux-x64_bin.tar.gz
macOS	166.13 MB	⬇jdk-11.0.2_osx-x64_bin.dmg
macOS	166.49 MB	⬇jdk-11.0.2_osx-x64_bin.tar.gz
Solaris SPARC	186.78 MB	⬇jdk-11.0.2_solaris-sparcv9_bin.tar.gz
Windows	150.94 MB	⬇jdk-11.0.2_windows-x64_bin.exe
Windows	170.96 MB	⬇jdk-11.0.2_windows-x64_bin.zip

ⓘ NOTA

Luego de descargarlo lo Instalamos

1.1.2 Inicio de la Instalación de Android Studio

Para descargar la última versión para Windows de Android Studio puede descargar de la siguiente URL:

http://developer.android.com/sdk/installing/studio.html

A continuación, ingresara a la siguiente pantalla y presionara clic en el botón Download Android Studio for Windows.

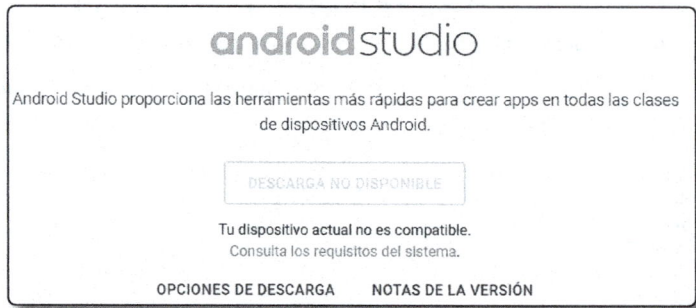

Acepte las condiciones y comience la descarga.

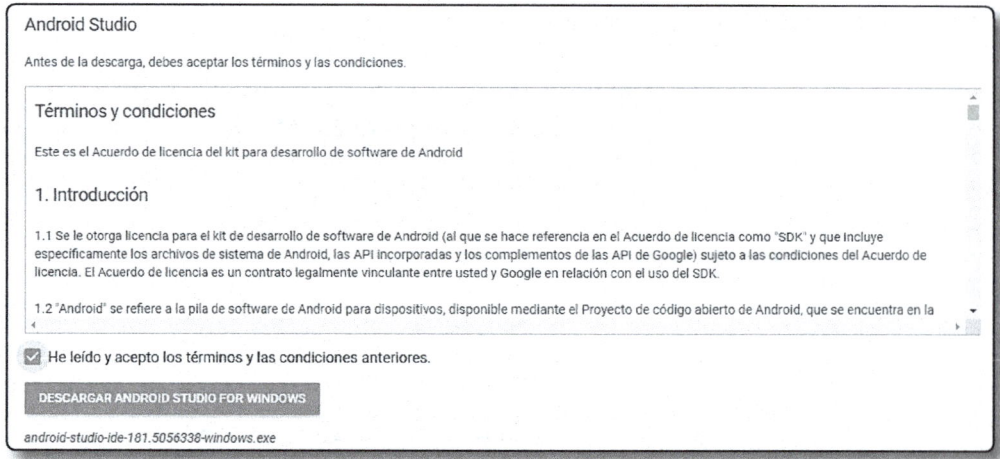

Espere que concluya la descarga:

Una vez realizada la descarga, proceder a instalar, En Windows ejecute el archivo EXE:

Presionar el Botón Next (Siguiente):

Presionar el Botón Next (Siguiente):

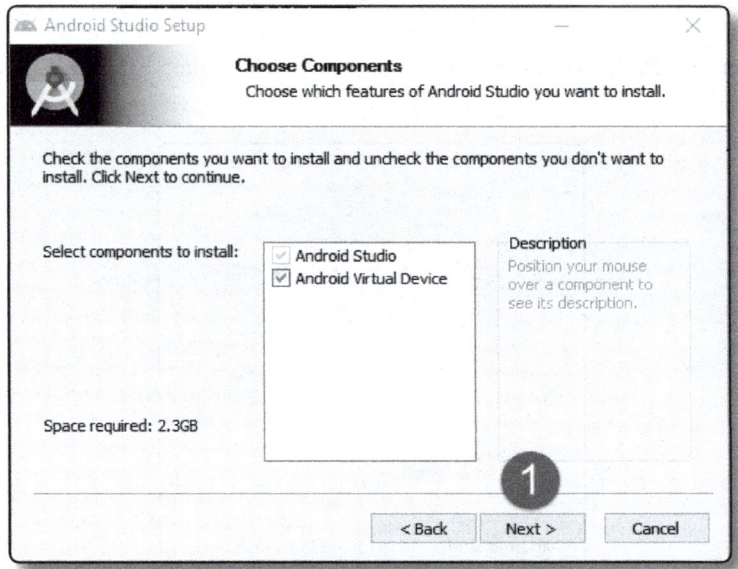

Presionar el Botón Next (Siguiente):

Presionar el Botón Install (Instalar):

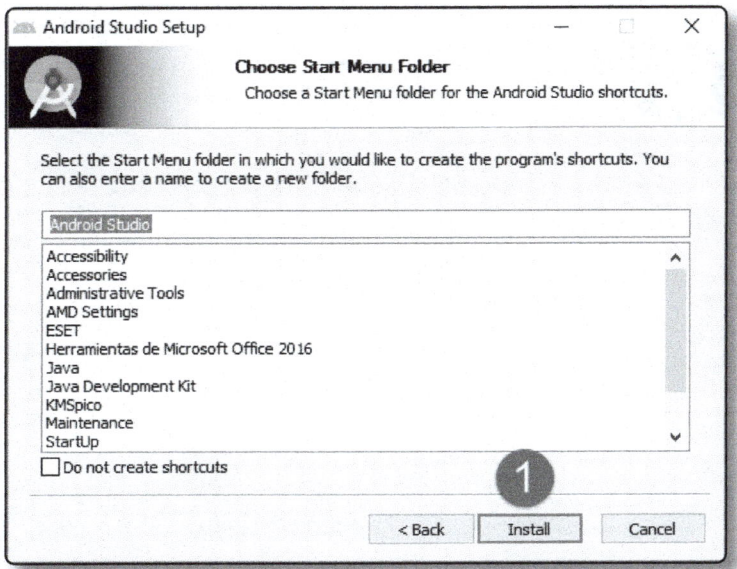

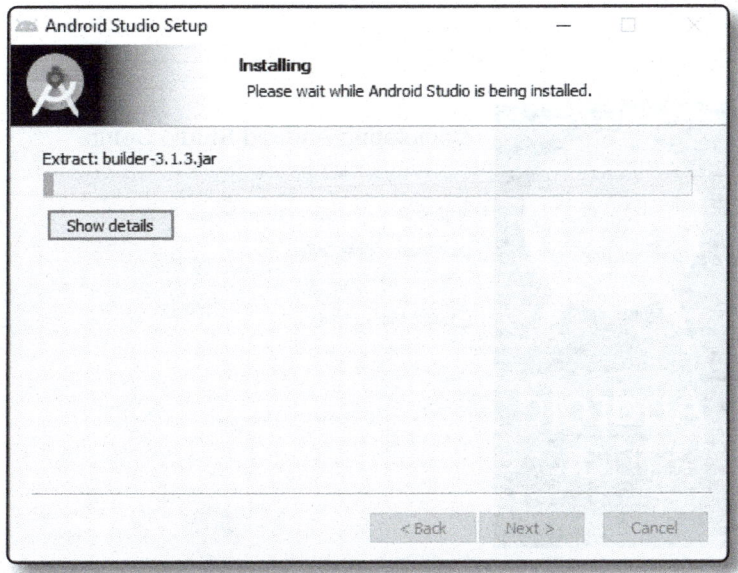

Presionar el Botón Next (Siguiente):

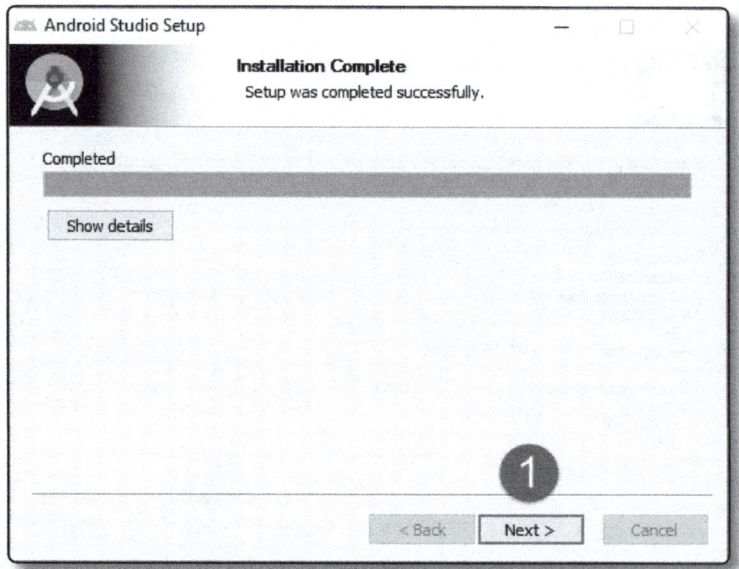

Presionar el Botón Finish (Finalizar):

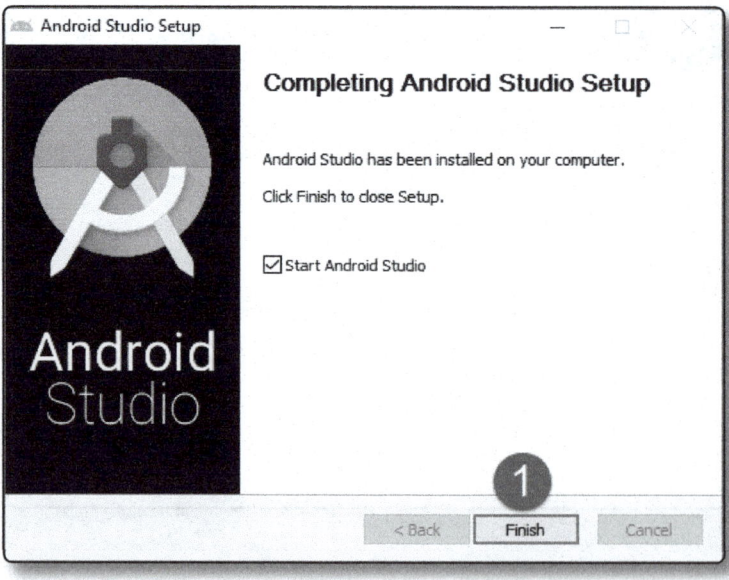

Presionar el Botón Ok:

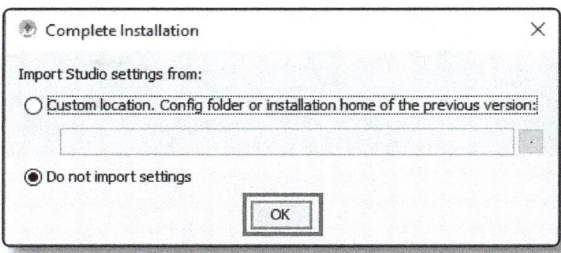

Espere que cargue:

Presionar el Botón Next (Siguiente):

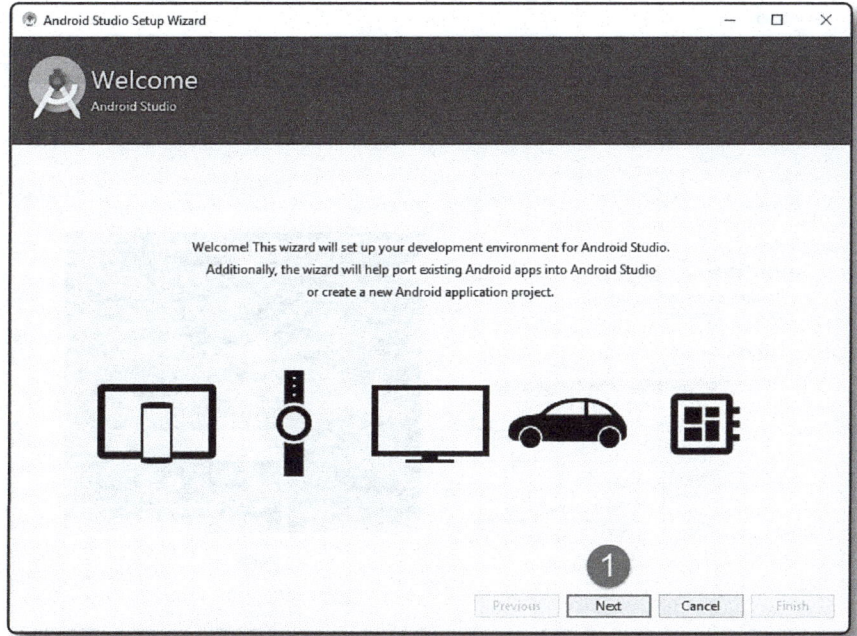

Presionar el Botón Next (Siguiente):

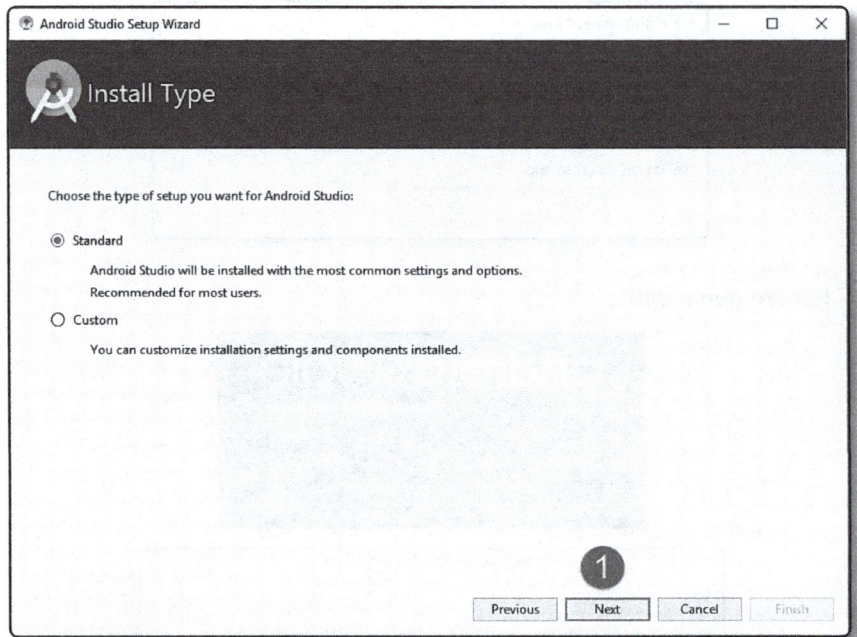

Presionar el Botón Next (Siguiente):

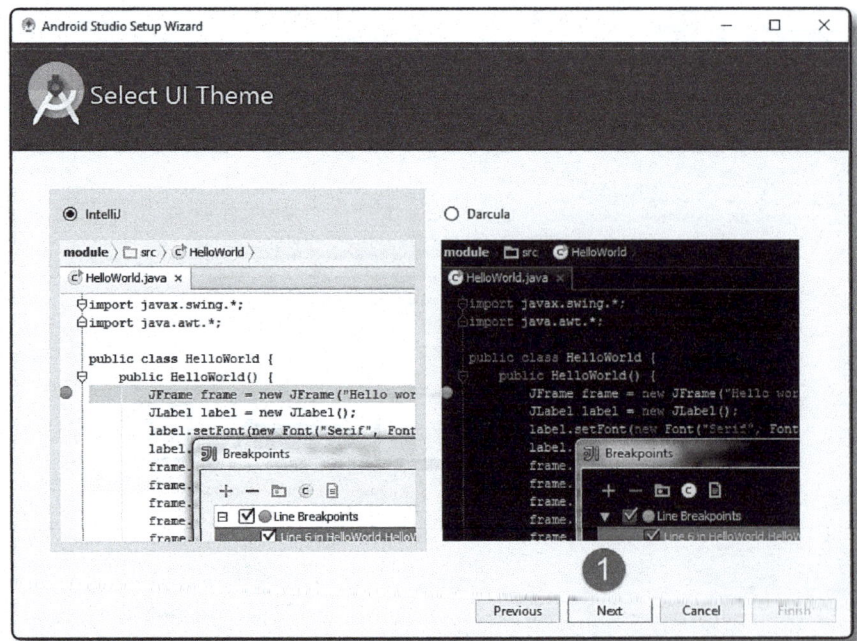

Presionar el Botón Finish (Finalizar):

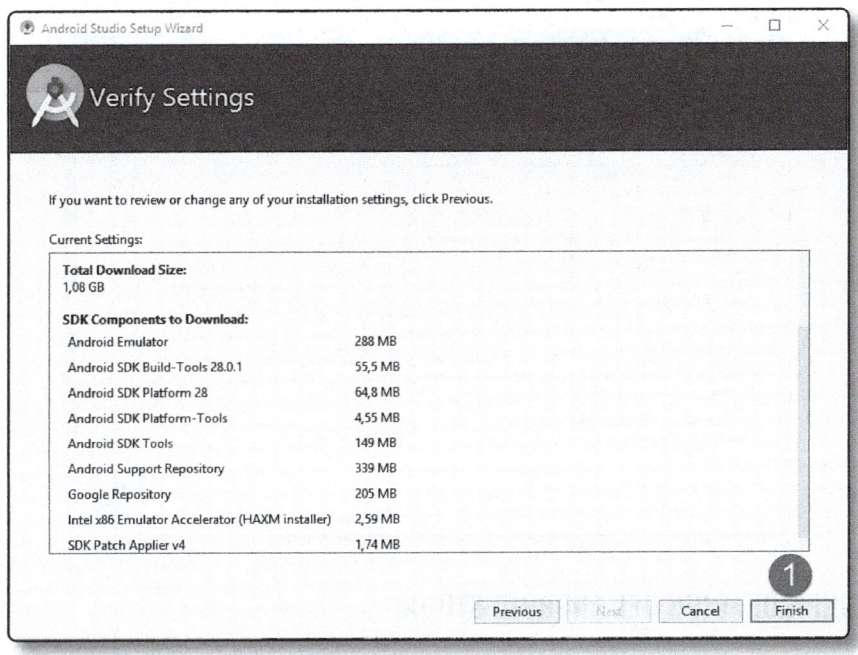

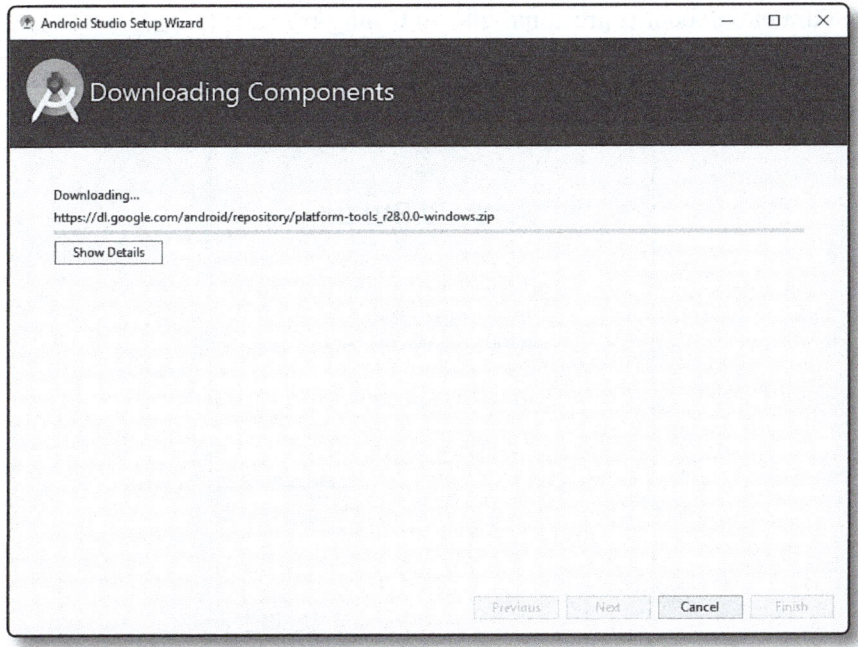

Presionar el Botón Finish (Finalizar):

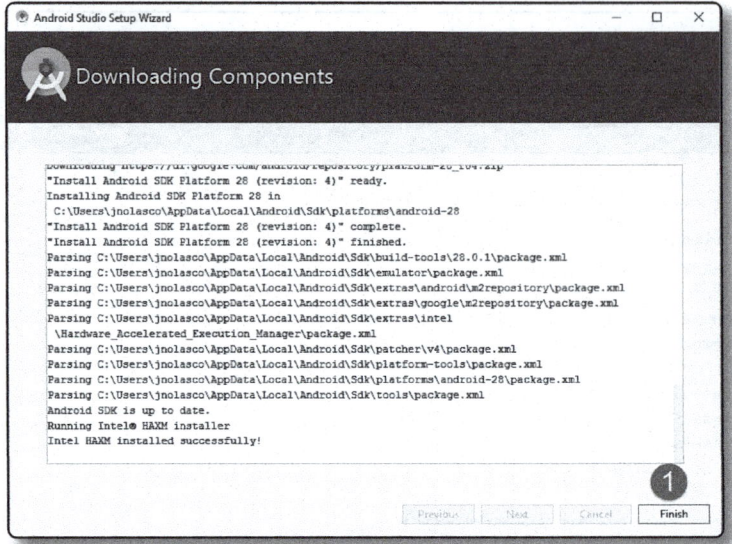

1.2 CONFIGURACIÓN DEL ANDROID STUDIO

El paquete de Android Studio descargado incluye el último Android SDK. Antes de empezar con tu primer proyecto Android, se debe configurar Android Studio. Para ello debemos presionar clic en Configure:

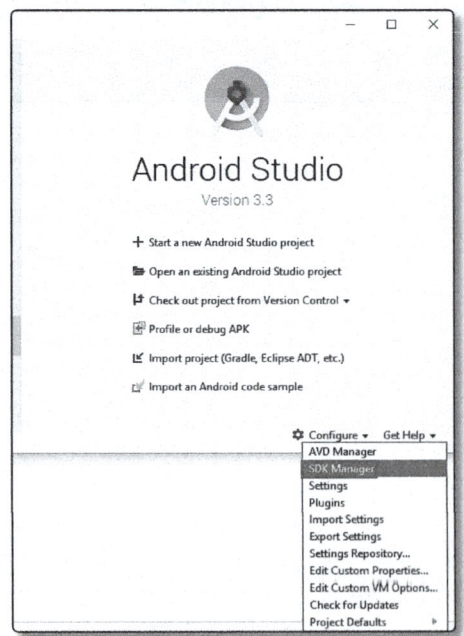

Luego debemos seleccionar en que versiones del sistema operativo se dará soporte por ejemplo deseo dar soporte a la versión 4.X y luego presiones el botón Install:

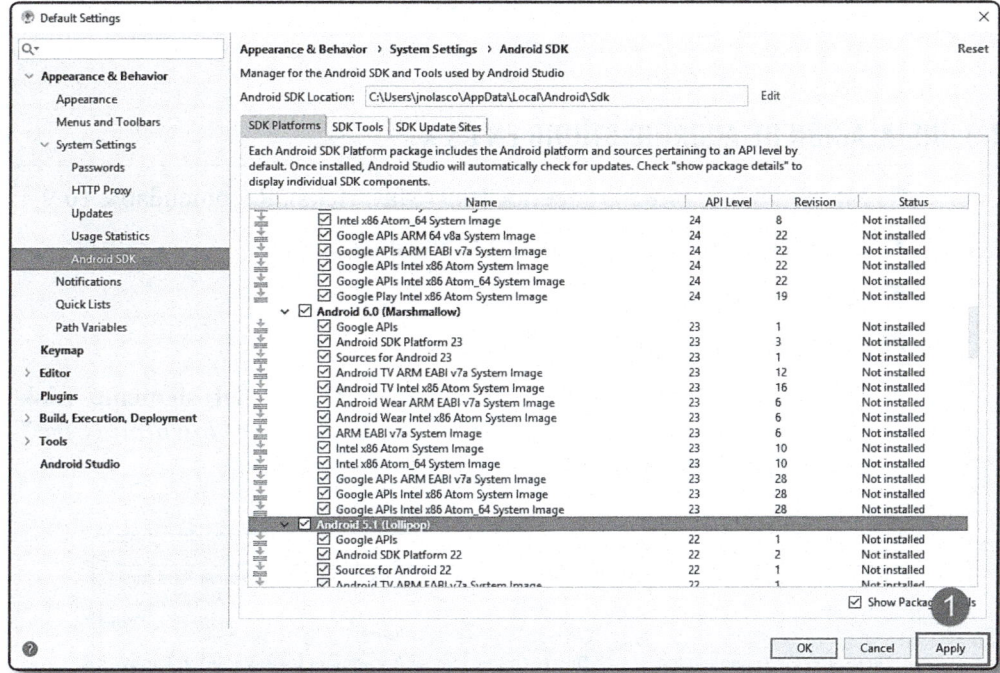

Espere que finalice:

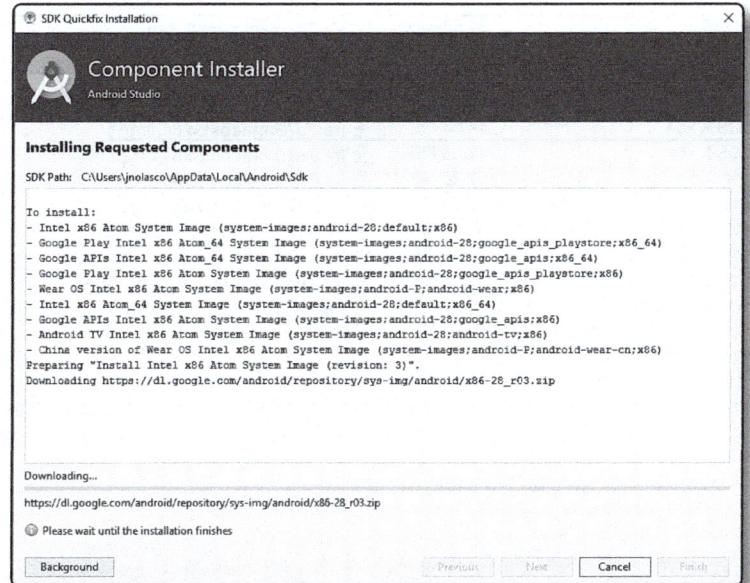

(i) NOTA

Recomendamos dar soporte a versiones antiguas según la estadística de versiones.

1.3 INSTALACIÓN DE ANDROID STUDIO EN OS X

▼ Mac® OS X® 10.8.5 o superior 10.9 (Mavericks), Recomendable 10.9.4:

▼ 2 GB RAM minimum, 4 GB RAM Recomendable.

▼ 400 MB Espacio de Disco Duro.

▼ 1280 x 800 mínimo de resolución.

▼ Descargar Java Runtime Environment (JRE) 6, del siguiente Link: *http://www.oracle.com/technetwork/java/javase/downloads/jre7-downloads-1880261.html.*

Java SE Runtime Environment 7u75

You must accept the Oracle Binary Code License Agreement for Java SE to download this software.

Thank you for accepting the Oracle Binary Code License Agreement for Java SE; you may now download this software.

Product / File Description	File Size	Download
Linux x86	31.58 MB	jre-7u75-linux-i586.rpm
Linux x86	46.24 MB	jre-7u75-linux-i586.tar.gz
Linux x64	32.1 MB	jre-7u75-linux-x64.rpm
Linux x64	44.87 MB	jre-7u75-linux-x64.tar.gz
Mac OS X x64	48.58 MB	jre-7u75-macosx-x64.dmg
Mac OS X x64	44.53 MB	jre-7u75-macosx-x64.tar.gz
Solaris x86	52.25 MB	jre-7u75-solaris-i586.tar.gz
Solaris x64	16.15 MB	jre-7u75-solaris-x64.tar.gz
Solaris SPARC	54.89 MB	jre-7u75-solaris-sparc.tar.gz
Solaris SPARC 64-bit	18.12 MB	jre-7u75-solaris-sparcv9.tar.gz
Windows x86 Online	0.89 MB	jre-7u75-windows-i586-iftw.exe
Windows x86 Offline	28.1 MB	jre-7u75-windows-i586.exe
Windows x86	40.02 MB	jre-7u75-windows-i586.tar.gz
Windows x64	29.6 MB	jre-7u75-windows-x64.exe
Windows x64	41.73 MB	jre-7u75-windows-x64.tar.gz

Java Runtime Environment (JRE) 6, del siguiente Link:

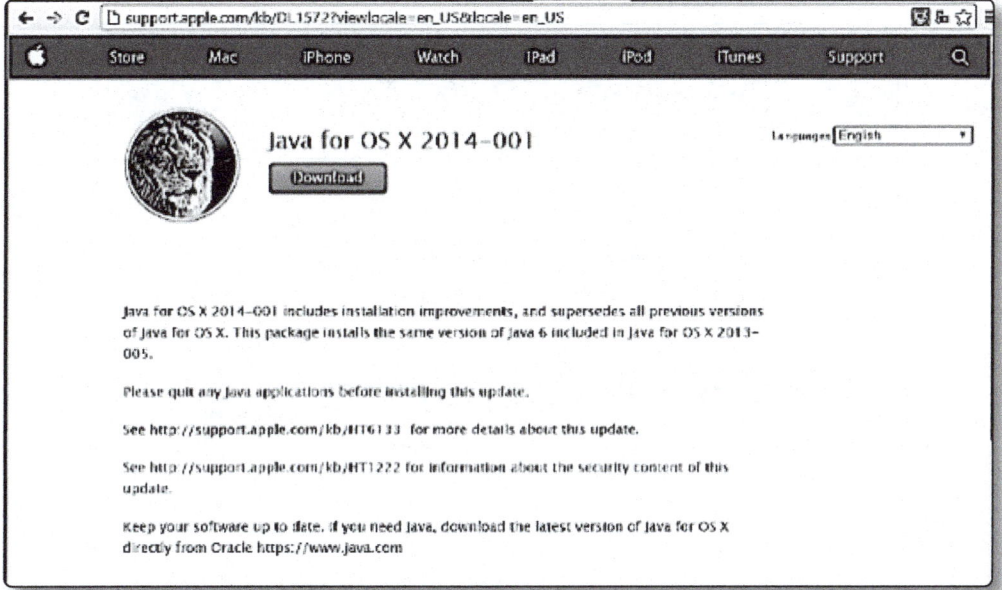

Opcionalmente acelerador emulador: Intel® VT-x, Intel® EM64T (Intel® 64)

Es necesario verificar la instalación del JDK, mediante el terminal.

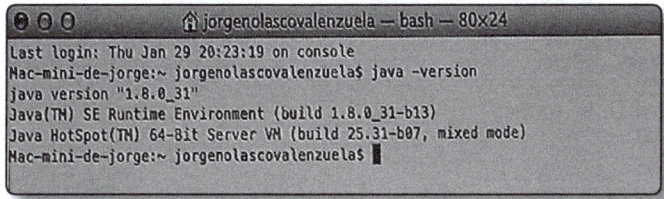

Inicio de la Instalación de Android Studio, Descargarnos del siguiente Link Android Studio para Mac:*http://developer.android.com/sdk/index.html*

Lo arrastramos a la carpeta de aplicaciones:

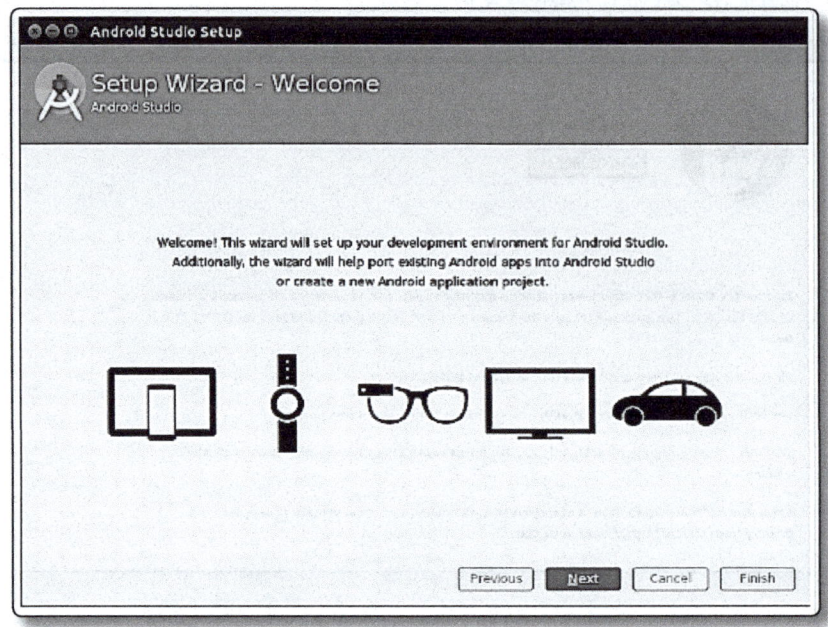

Inicio de la Instalación de Android Studio, Descargarnos del siguiente Link Android Studio para Mac:*http://developer.android.com/sdk/index.html*.

1.4 OTROS SISTEMAS OPERATIVOS – LINUX

- ▶ GNOME or KDE desktop.
- ▶ Tested on Ubuntu® 14.04 LTS, Trusty Tahr (64-bit distribution capable of running 32-bit applications).
- ▶ 64-bit distribution capable of running 32-bit applications.
- ▶ GNU C Library (glibc) 2.19 or later.
- ▶ 3 GB RAM minimum, 8 GB RAM recommended; plus 1 GB for the Android Emulator.
- ▶ 2 GB of available disk space minimum.
- ▶ 4 GB Recommended (500 MB for IDE + 1.5 GB for Android SDK and emulator system image).
- ▶ 1280 x 800 minimum screen resolution.

1.5 OTRAS OPCIONES DE DESCARGA

Android Studio downloads

Platform	Android Studio package	Size	SHA-256 checksum
Windows (64-bit)	android-studio-ide-173.4819257-windows.exe Recommended	758 MB	2d11cd16ffefc7f4aca82bd95b0d0ca849a854a07ba1a353adf65dfc102aee9b
	android-studio-ide-173.4819257-windows.zip No .exe installer	855 MB	6941761a9324998d9cdf5d7548ff16fcb65c9e71ea70e1bc75d066b51b77c7dd
Windows (32-bit)	android-studio-ide-173.4819257-windows32.zip No .exe installer	854 MB	85cbfb33c94183abcb70caac34ea034214a079376fb1b2e10bc7b4ed71c05cf0
Mac	android-studio-ide-173.4819257-mac.dmg	849 MB	d4a8502c5aabfc5477ff30dfffe296bf705bd7e62650a76796b646a8f28b5e5c
Linux	android-studio-ide-173.4819257-linux.zip	853 MB	d86748e44d658fd39581b40f7b706fb397fc1eca5dd6f8066a56c0beb856dea4

1.6 ALGUNAS RECOMENDACIONES AL UTILIZAR EL EMULADOR

```
emulator: Failed to open the HAX device!
HAX is not working and emulator runs in emulation mode
emulator: Open HAX device failed
```

En algunas oportunidades existe inconvenientes en la ejecución del emulador para ello deberá verificar lo siguiente:

1.6.1 Activar en la Bios Tecnología de Virtualización

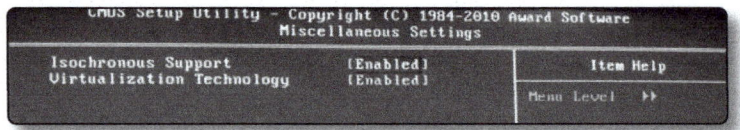

1.6.2 Instalación IntelHaxm.exe

Ubicado en la siguiente Carpeta:
[Android SDK Root] \ extras \ intel \ Hardware_Accelerated_Execution_ Manager.

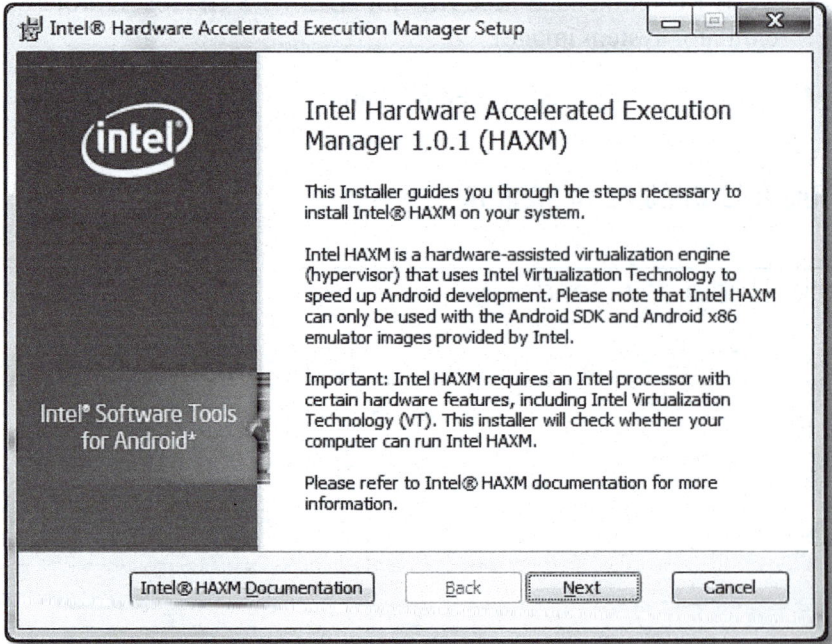

2

CREACIÓN DE MI PRIMERA APP

2.1 CREANDO LA PRIMERA APLICACIÓN

Ante de crear la primera App describiremos las distintas opciones:

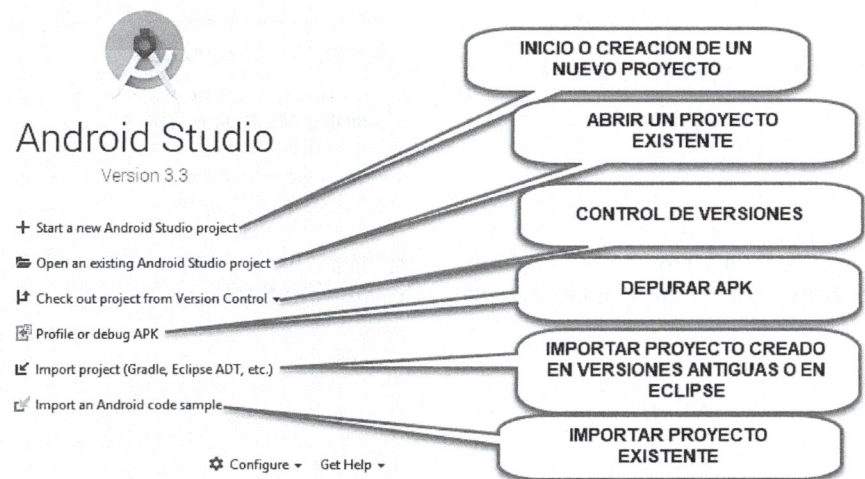

Menú de Ayuda:

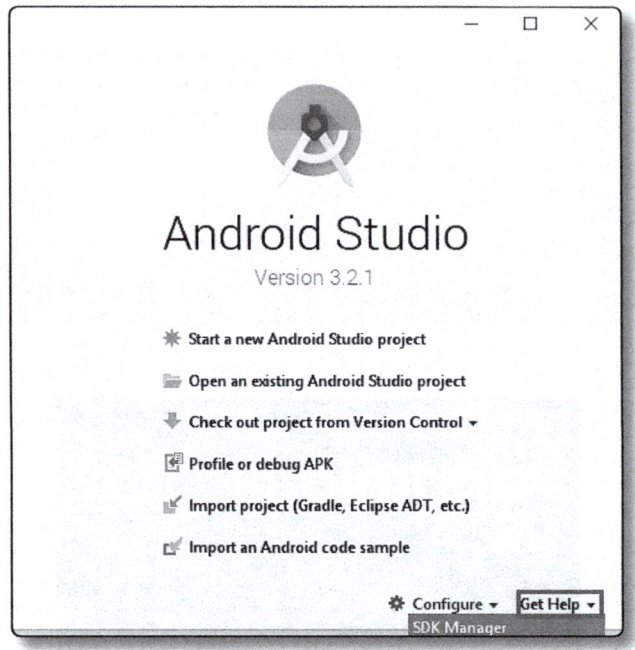

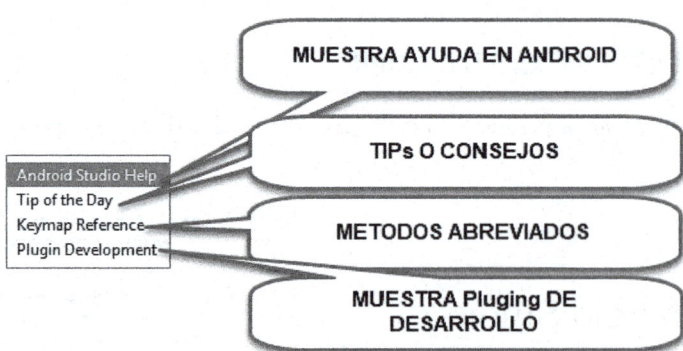

Para comenzar a crear un nuevo proyecto haga clic en Start a new Android Studio Project (Inicie un nuevo proyecto Android Studio):

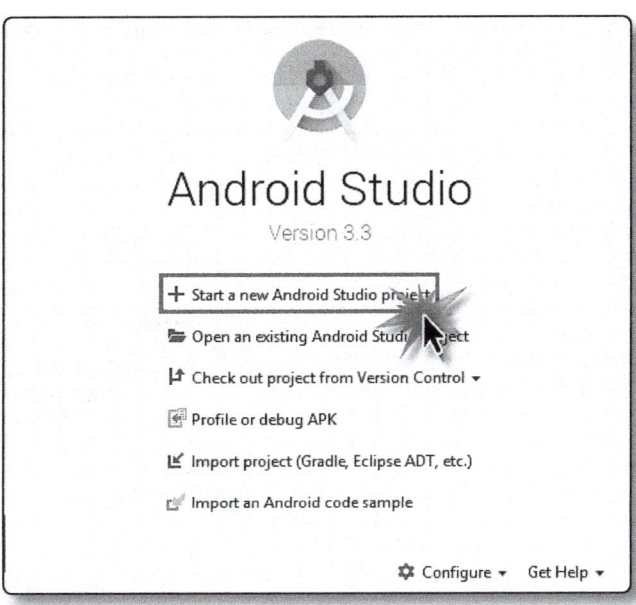

Ahora elegimos usar actividad en Blanco y luego presionamos el botón Next (Siguiente):

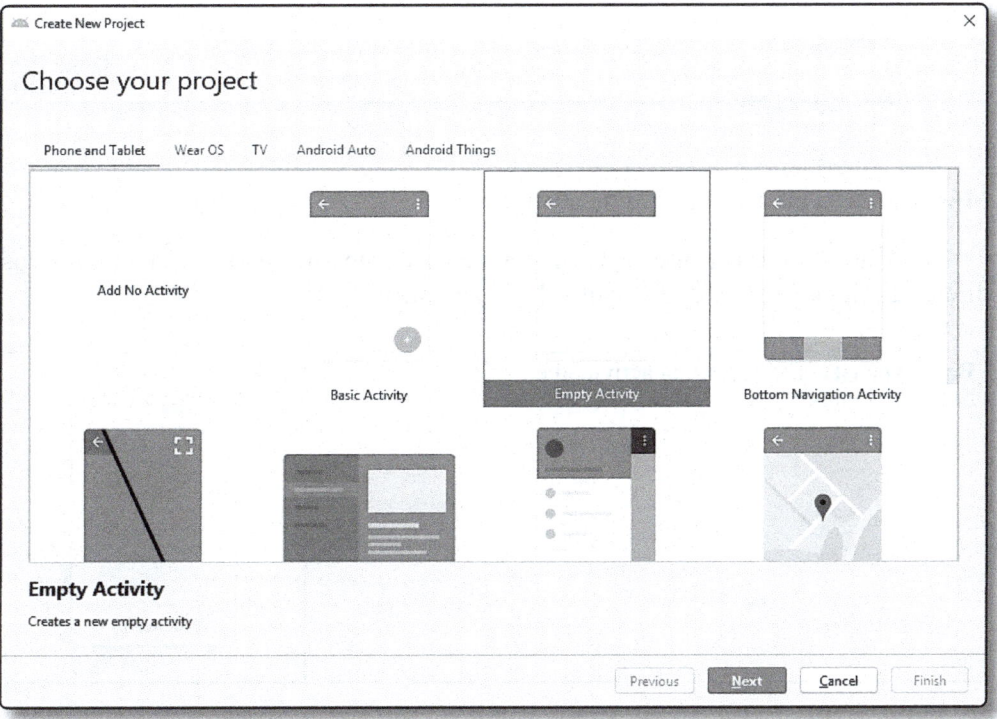

Ahora comenzamos a crear el proyecto indicando los siguientes datos y luego presionamos el botón Finish (Finalizar):

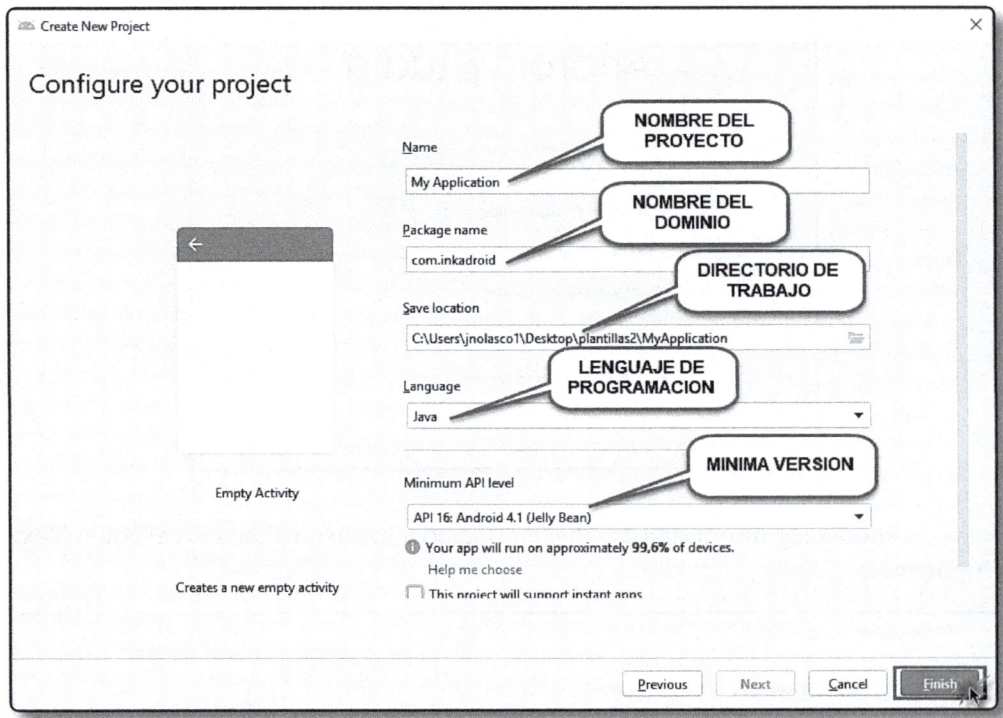

Más sobre elección de su tipo de actividad

Este paso le permite crear la actividad principal de su aplicación, entre los diferentes tipos de actividad tenemos los siguientes:

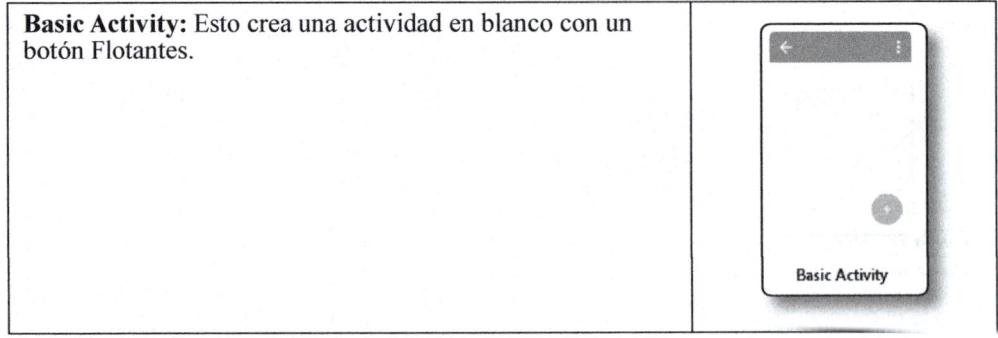

Bottom Navigation Activity: Esto crea una actividad con una barra de navegación inferiores facilitan la exploración y el cambio entre las vistas de nivel superior con un solo toque.	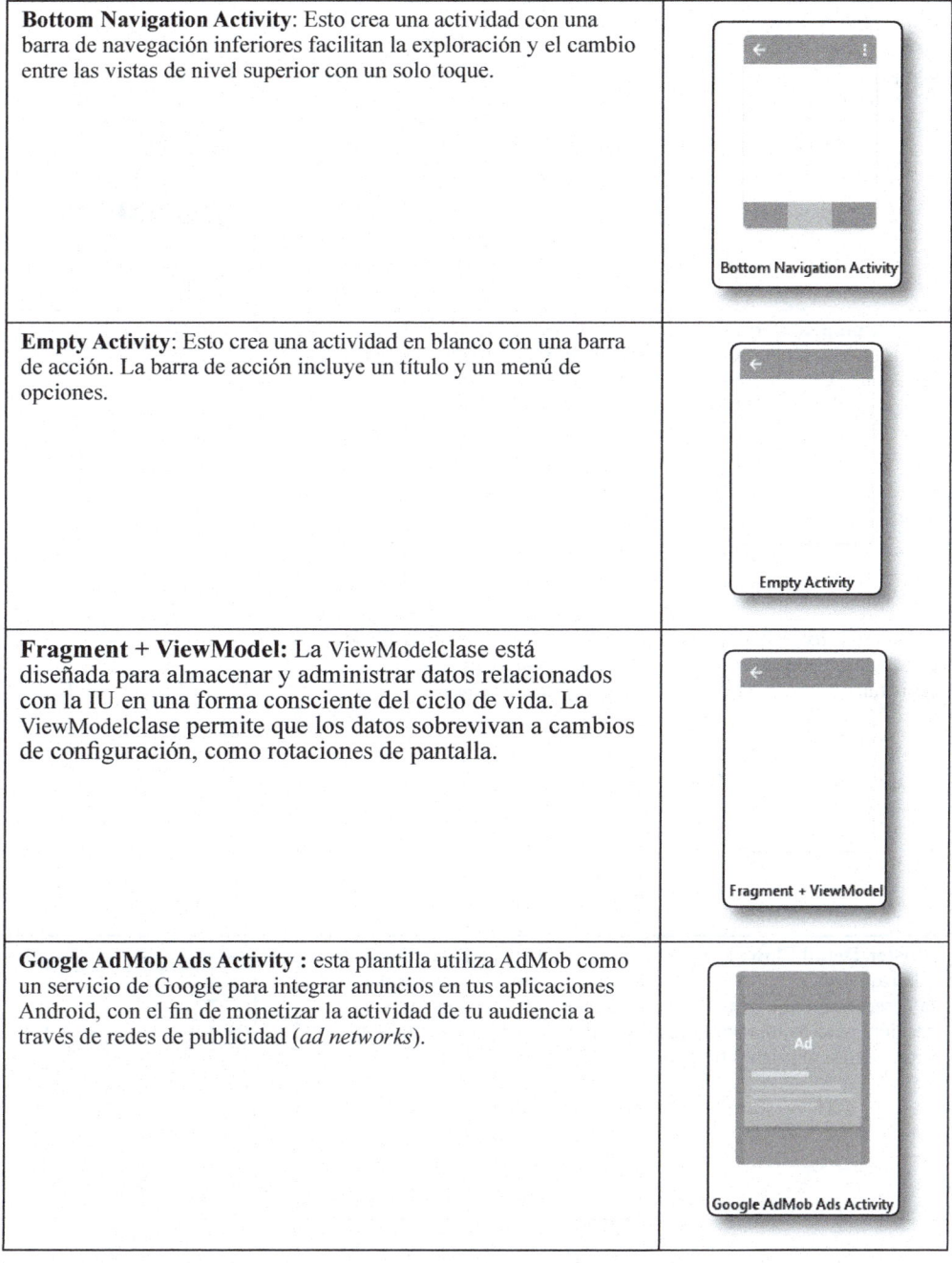
Empty Activity: Esto crea una actividad en blanco con una barra de acción. La barra de acción incluye un título y un menú de opciones.	
Fragment + ViewModel: La ViewModelclase está diseñada para almacenar y administrar datos relacionados con la IU en una forma consciente del ciclo de vida. La ViewModelclase permite que los datos sobrevivan a cambios de configuración, como rotaciones de pantalla.	
Google AdMob Ads Activity : esta plantilla utiliza AdMob como un servicio de Google para integrar anuncios en tus aplicaciones Android, con el fin de monetizar la actividad de tu audiencia a través de redes de publicidad (*ad networks*).	

Fullscreen Activity: Esta plantilla oculta la interfaz de usuario del sistema (tales como la barra notificación) en una vista de pantalla completa. El modo de pantalla completa se alterna con una barra de acción que aparece cuando el usuario toca la pantalla del dispositivo.	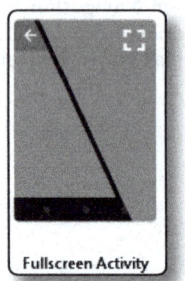
Google map activity: Esta plantilla Activity de Google Maps te ayuda a reducir el proceso para incluir en nuestra aplicación la API de Google Maps Android.	
Login activity: Esta plantilla crea su vista como una pantalla de conexión o validación que permite a los usuarios iniciar sesión o registrarse con una dirección de correo y contraseña.	
Master/Detail Flow: Esta plantilla divide la pantalla en dos partes: a la izquierda menú y los detalles del elemento seleccionado a la derecha. En una pantalla más pequeña, Se muestra sólo una sección, pero en una pantalla más grande, ambas secciones son visualizados al mismo tiempo.	

Navigation Drawer Activity : Esto crear una actividad con un panel lateral de navegación es un panel en el que se muestran las principales opciones de navegación de la app en el borde izquierdo de la pantalla. La mayor parte del tiempo está oculto, pero aparece cuando el usuario desliza un dedo desde el borde izquierdo de la pantalla o, mientras está en el nivel superior de la app, el usuario toca el ícono de la app en la barra de acciones.	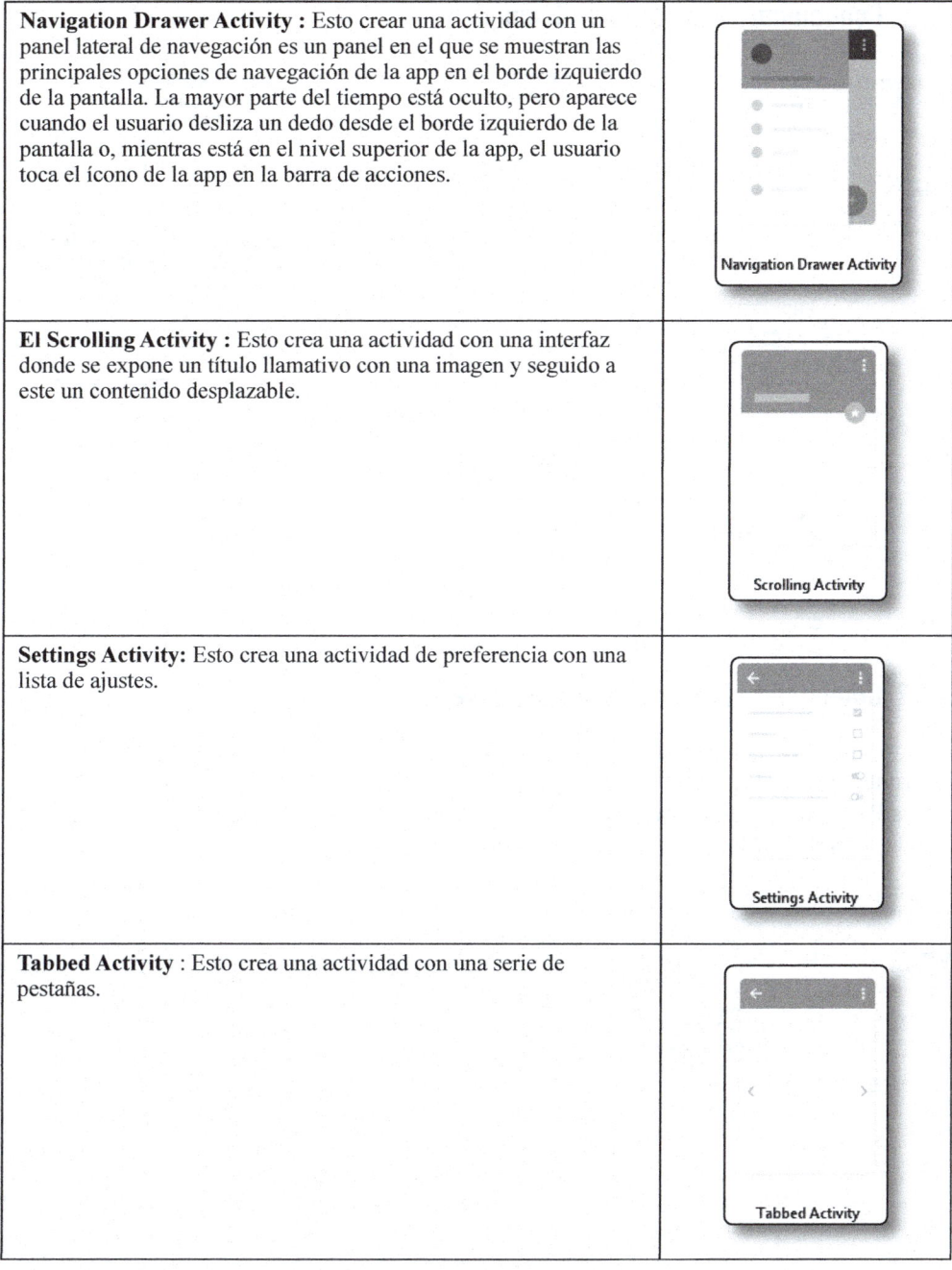 Navigation Drawer Activity
El Scrolling Activity : Esto crea una actividad con una interfaz donde se expone un título llamativo con una imagen y seguido a este un contenido desplazable.	Scrolling Activity
Settings Activity: Esto crea una actividad de preferencia con una lista de ajustes.	Settings Activity
Tabbed Activity : Esto crea una actividad con una serie de pestañas.	Tabbed Activity

2.1.1 Conociendo el Entorno de Trabajo

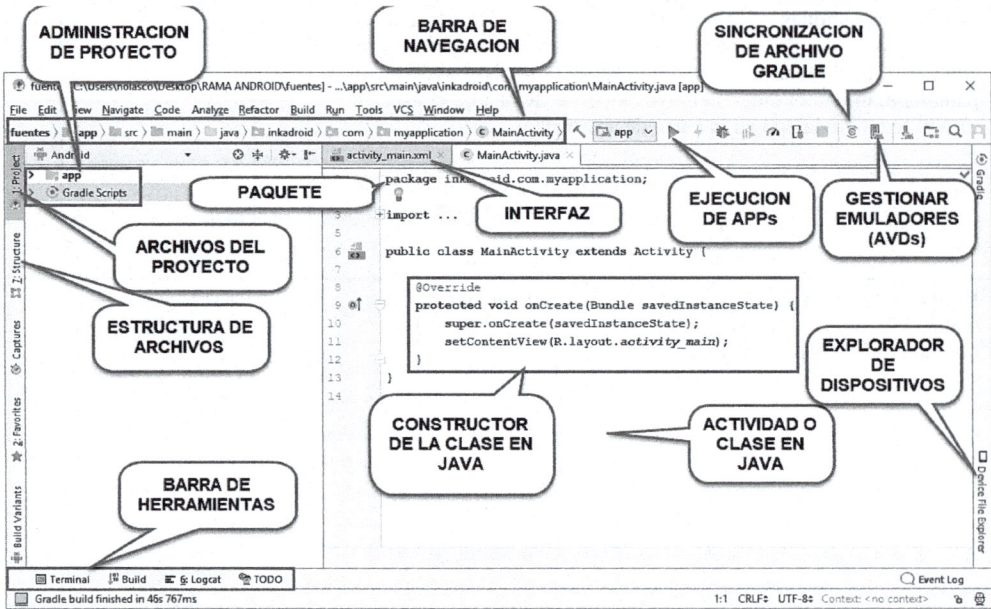

2.1.2 Conociendo la Estructura del Proyecto

Al crear un proyecto en Android Studio la estructura del proyecto será diferente a la creada con eclipse. Esta nueva estructura es por el cambio de Ant a Gradle es más dinámica y flexible, a continuación, explicaremos la misma pero previamente cambiamos a modo proyecto:

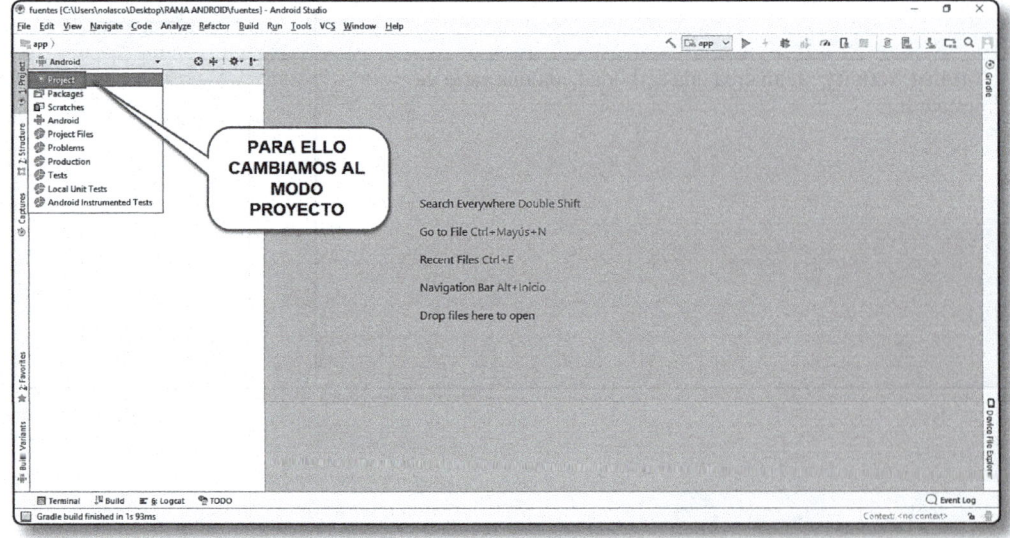

Primero comenzamos explicando algunas carpetas del proyecto que a continuación observamos:

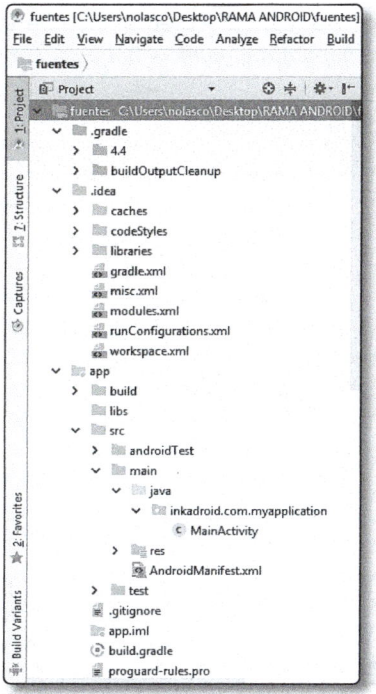

Expandimos la carpeta src (source o código fuente):

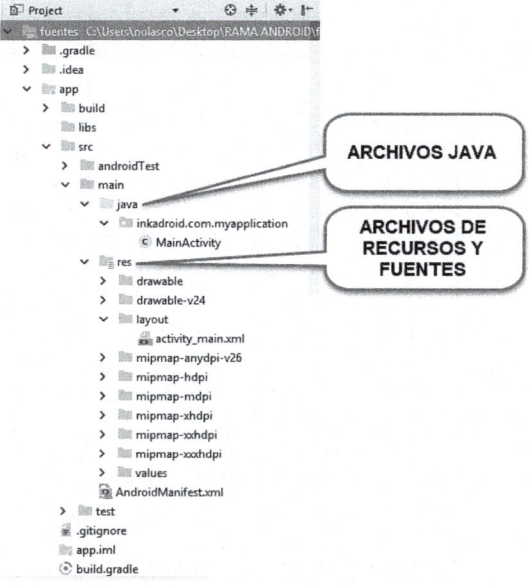

ⓘ NOTA

Se recomienda la utilización de Android Asset Studio que te permite la generación de bitmaps para las interfaces: *http://romannurik.github.io/AndroidAssetStudio/*

Ahora examinamos la carpeta res:

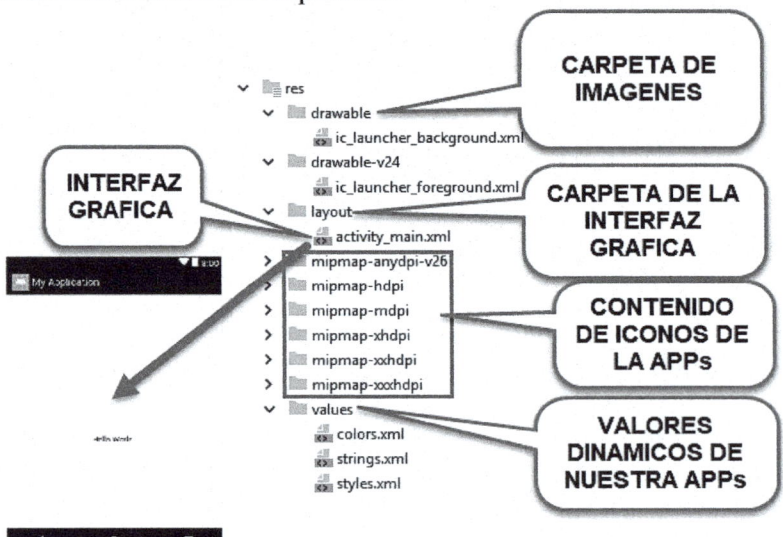

Ahora examinamos la carpeta res – value:

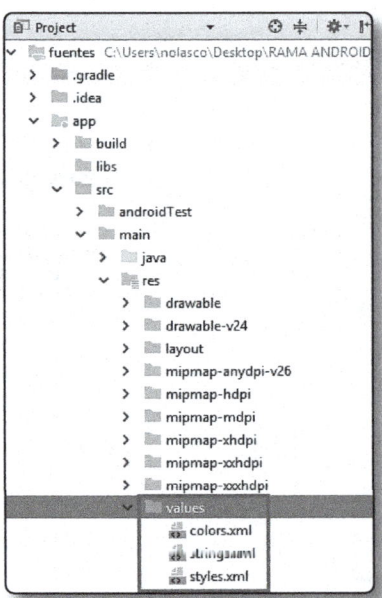

2.1.3 Archivo colors.xml

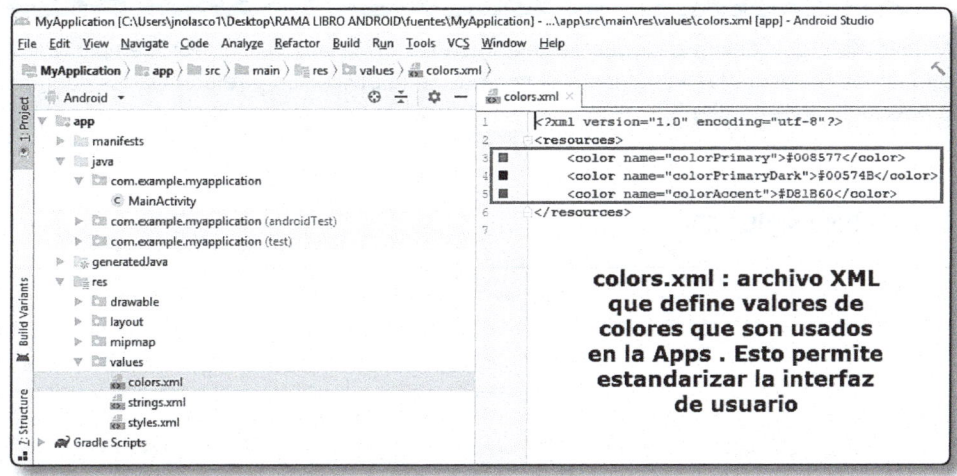

ⓘ NOTA

En este recurso XML almacenaremos todos los colores en su valor hexadecimal que usaremos en nuestra aplicación. Deben ser almacenados en el fichero "res/values/colors.xml".

2.1.4 Archivo strings.xml

En este archivo se almacenará las cadenas constantes.

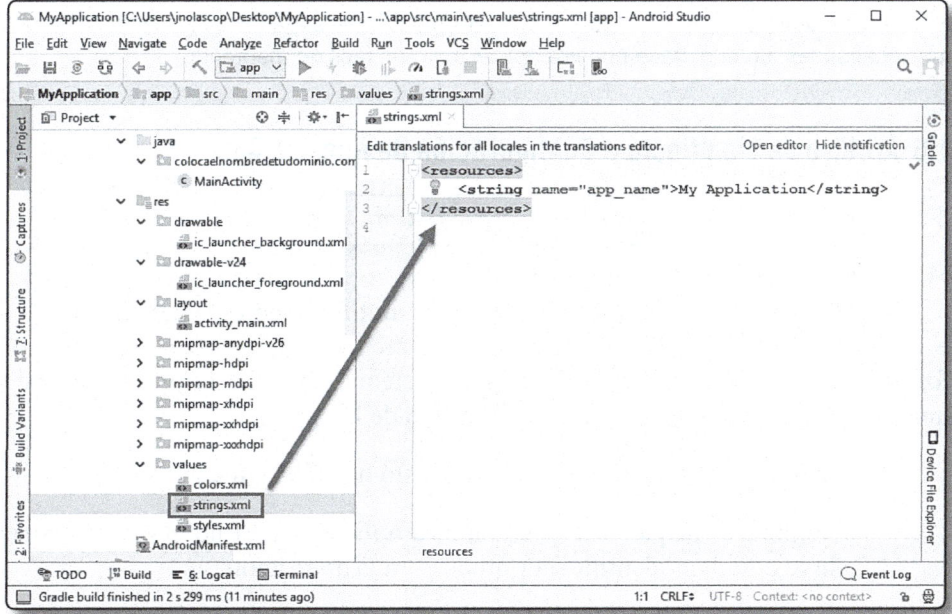

> **(i) NOTA**
>
> Archivo XML que define cadenas de texto usadas en la aplicación. Por ejemplo, para colocar los títulos de las ventanas o el nombre de la aplicación y referenciarlas cuando lo necesites en el código.

2.1.5 Archivo styles.xml

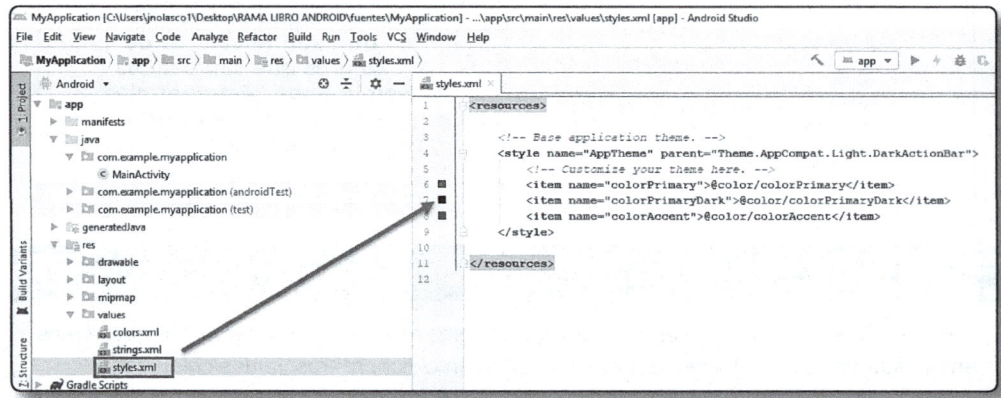

> **(i) NOTA**
>
> Archivo XML que define los estilos usados en la Apps. Estos estilos pueden ser aplicados a los elementos de la interfaz de usuario, de modo que separamos la plantilla de las funcionalidades. Lo cual hace nuestra aplicación más fácil de mantener.

2.1.6 Archivo de Manifiesto o Configuración de Nuestra App

Todas las aplicaciones deben tener un archivo AndroidManifest.xml (con ese nombre exacto) en el directorio raíz. El archivo de manifiesto proporciona información esencial sobre tu aplicación al sistema Android, información que el sistema debe tener para poder ejecutar el código de la app.

Entre otras cosas, el archivo de manifiesto hace lo siguiente:

▶ Nombra el paquete de Java para la aplicación. El nombre del paquete sirve como un identificador único para la aplicación.

▶ Describe los componentes de la aplicación, como las actividades, los servicios, los receptores de mensajes y los proveedores de contenido que la integran. También nombra las clases que implementa cada uno de los componentes y publica sus capacidades, como los mensajes Intent con los que pueden funcionar. Estas declaraciones notifican al sistema Android los componentes y las condiciones para el lanzamiento.

▶ Determina los procesos que alojan a los componentes de la aplicación.

▶ Declara los permisos debe tener la aplicación para acceder a las partes protegidas de una API e interactuar con otras aplicaciones. También declara los permisos que otros deben tener para interactuar con los componentes de la aplicación.

▶ Enumera las clases Instrumentación que proporcionan un perfil y otra información mientras la aplicación se ejecuta. Estas declaraciones están en el manifiesto solo mientras la aplicación se desarrolla y se quitan antes de la publicación de esta.

▶ Declara el nivel mínimo de Android API que requiere la aplicación.

▶ Enumera las bibliotecas con las que debe estar vinculada la aplicación.

Teoría Sobre el Manifiesto

1. Nombra el paquete de Java para la aplicación. El nombre del paquete sirve como un identificador único para la aplicación.

2. Describe los componentes de la aplicación, como las actividades, los servicios, los receptores de mensajes y los proveedores de contenido que la integran. También nombra las clases que implementa cada uno de los componentes y publica sus capacidades, como los mensajes Intent con los que pueden funcionar. Estas declaraciones notifican al sistema Android los componentes y las condiciones para el lanzamiento.

3. Determina los procesos que alojan a los componentes de la aplicación.

4. Declara los permisos debe tener la aplicación para acceder a las partes protegidas de una API e interactuar con otras aplicaciones. También declara los permisos que otros deben tener para interactuar con los componentes de la aplicación.

5. Enumera las clases Instrumentación que proporcionan un perfil y otra información mientras la aplicación se ejecuta. Estas declaraciones están en el manifiesto solo mientras la aplicación se desarrolla y se quitan antes de la publicación de esta.

6. Declara el nivel mínimo de Android API que requiere la aplicación.

7. Enumera las bibliotecas con las que debe estar vinculada la aplicación.

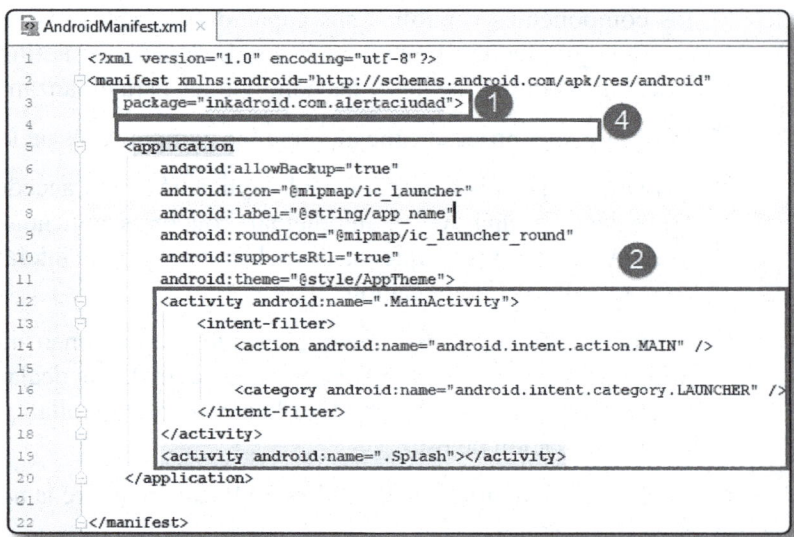

ⓘ NOTA

Este archivo se genera automáticamente y se declara información básica como: Nombre Paquete, Actividades, Estilos, iconos, permisos, etc.

AndroidManifest.xml

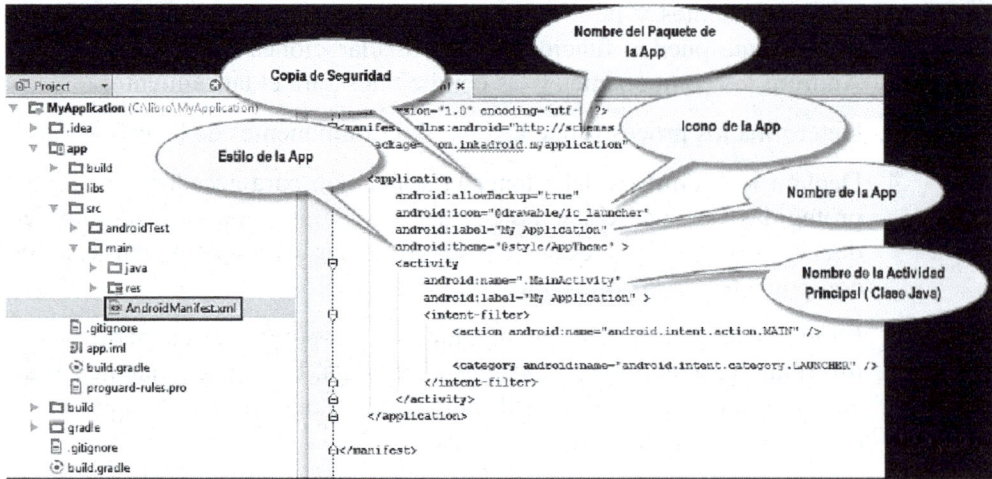

2.1.7 Archivo Gradle

Gradle es un sistema de construcción de App a través de plugins, a continuación, mostramos su estructura:

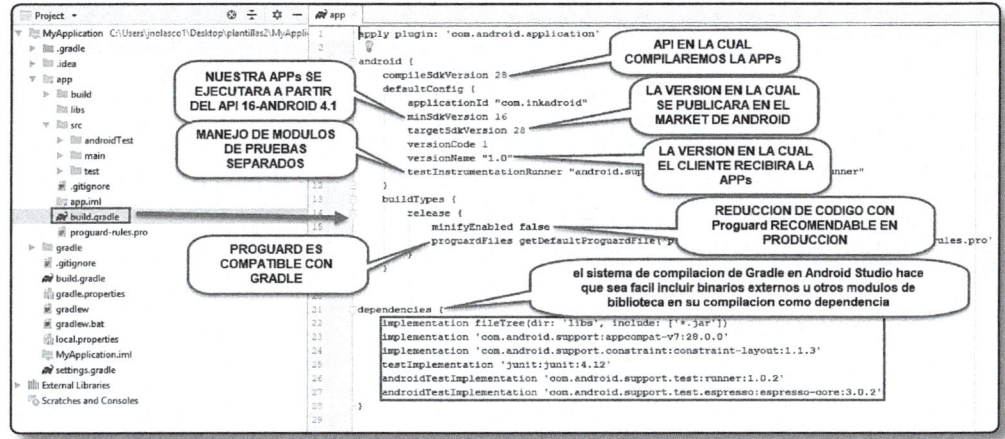

2.1.8 En Otros Archivos Importantes

local.properties.

Archivo que establece la ubicación del SDK.

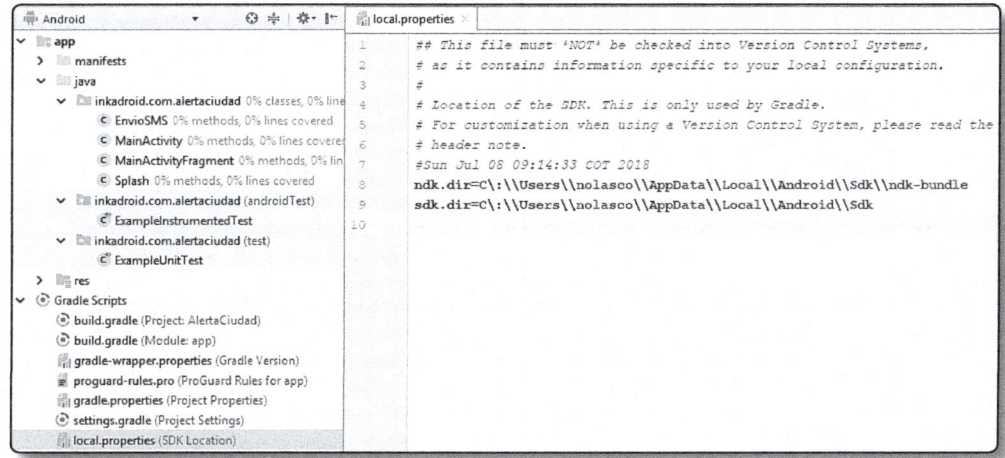

2.1.9 Conociendo la Interfaz

Ahora comenzaremos a conocer más sobre la Interfaz:

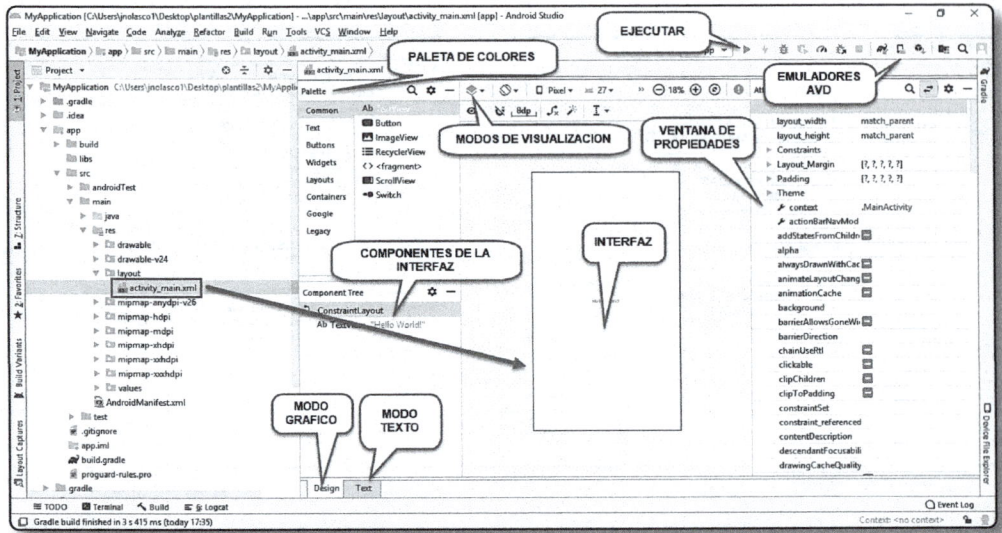

2.1.10 Ejecutando la Aplicación

Ahora para ejecutar la App podemos hacerlo utilizando el emulador o un dispositivo físico recomiendo usar un dispositivo físico para ello procedemos a conectar nuestro dispositivo o celular.

Hecho esto seguimos los siguientes pasos:

Presione el botón Run.

Ahora indicamos si utilizamos un dispositivo físico o un emulador:

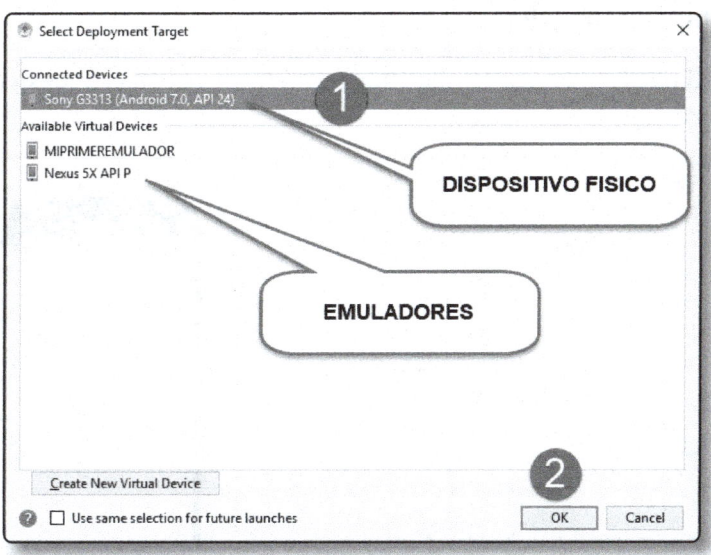

ⓘ **NOTA**

Se recomiendo utilizar un dispositivo físico.

Emulador en acción:

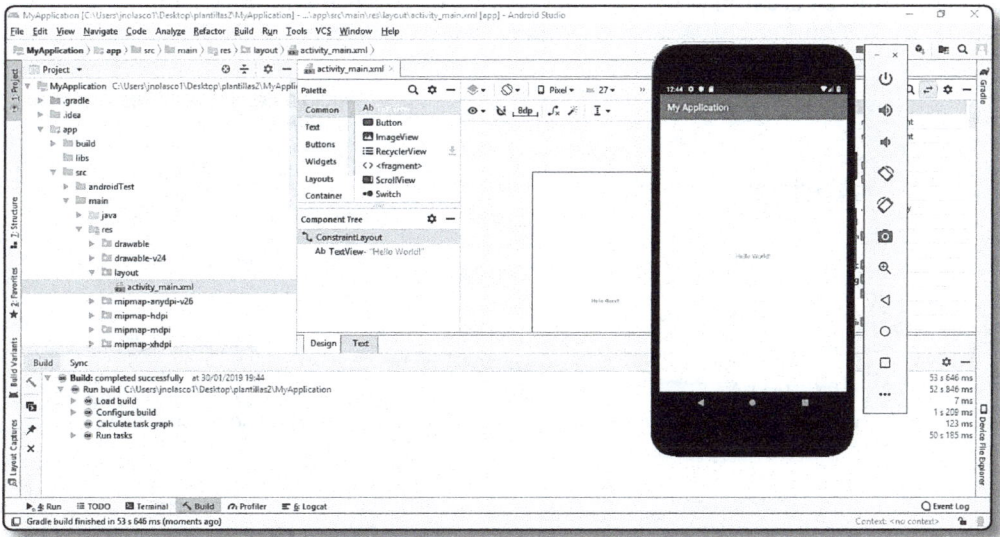

2.1.11 Captura de Pantalla

Usted puede observar la ejecución de su App presionando el siguiente botón (Captura de Pantalla):

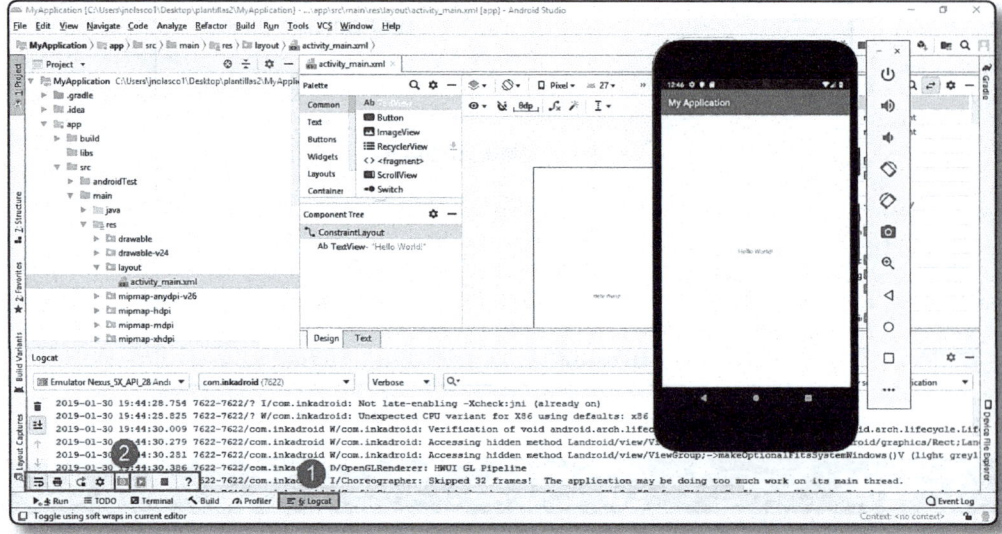

2.2 CREANDO APPS – LECTOR CÓDIGO BARRAS

Ante de crear la primera App describiremos las distintas opciones:

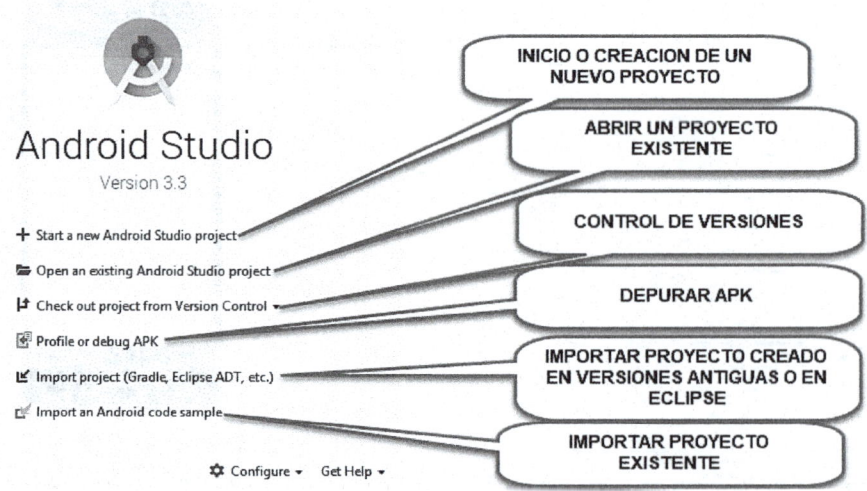

Para comenzar a crear un nuevo proyecto haga clic en Start a new Android Studio Project (Inicie un nuevo proyecto Android Studio):

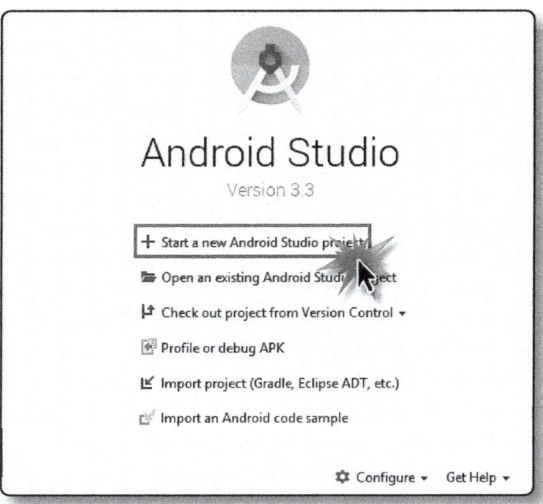

Ahora elegimos usar actividad en Blanco y luego presionamos el botón Next (Siguiente):

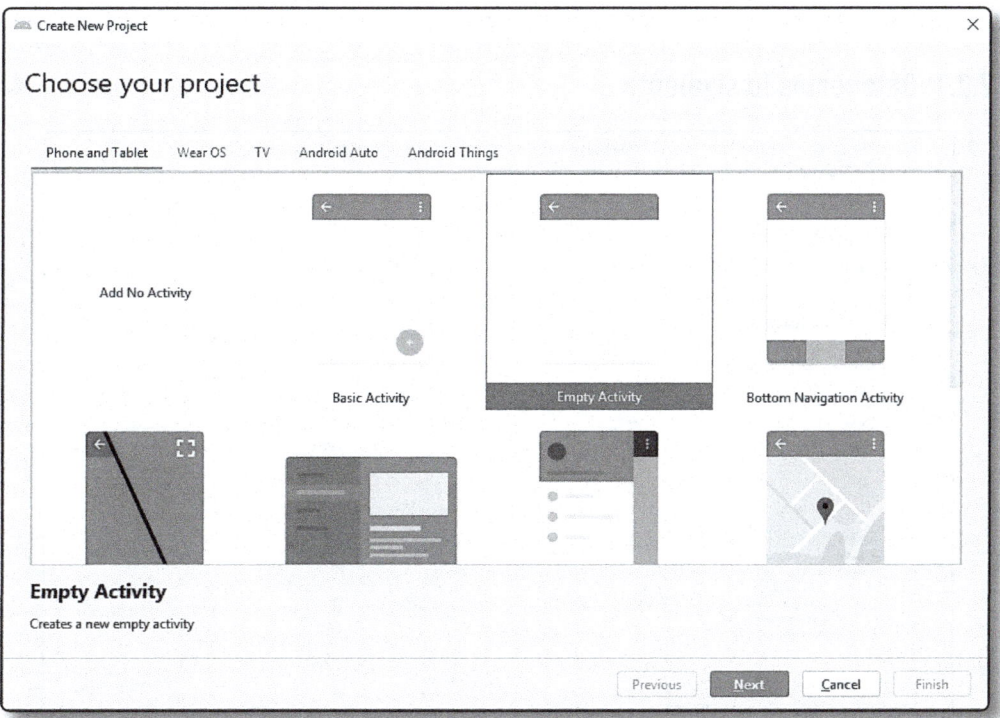

Ahora comenzamos a crear el proyecto indicando los siguientes datos y luego presionamos el botón Finish (Finalizar):

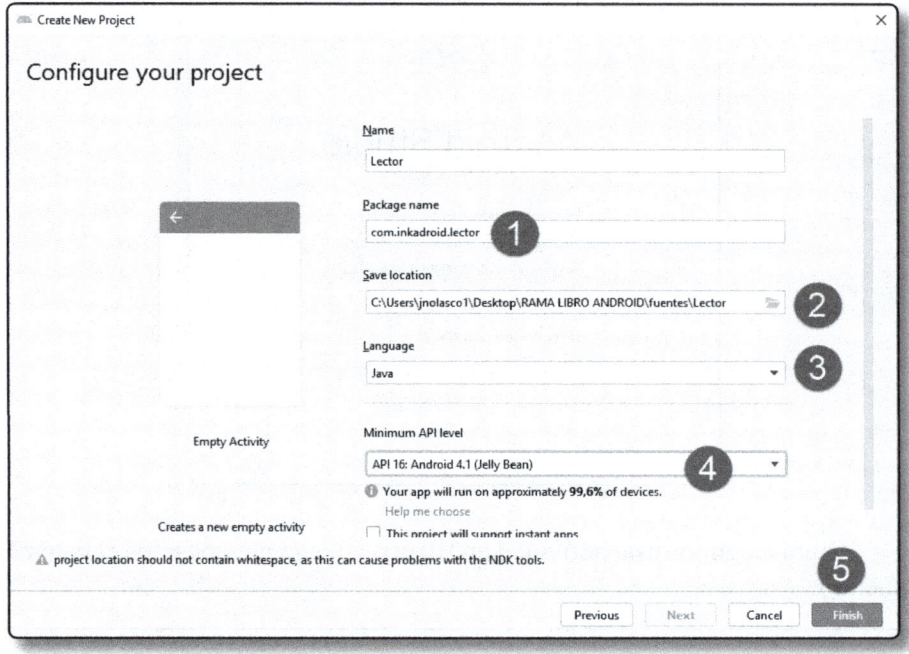

2.2.1 Obtenemos lo siguiente

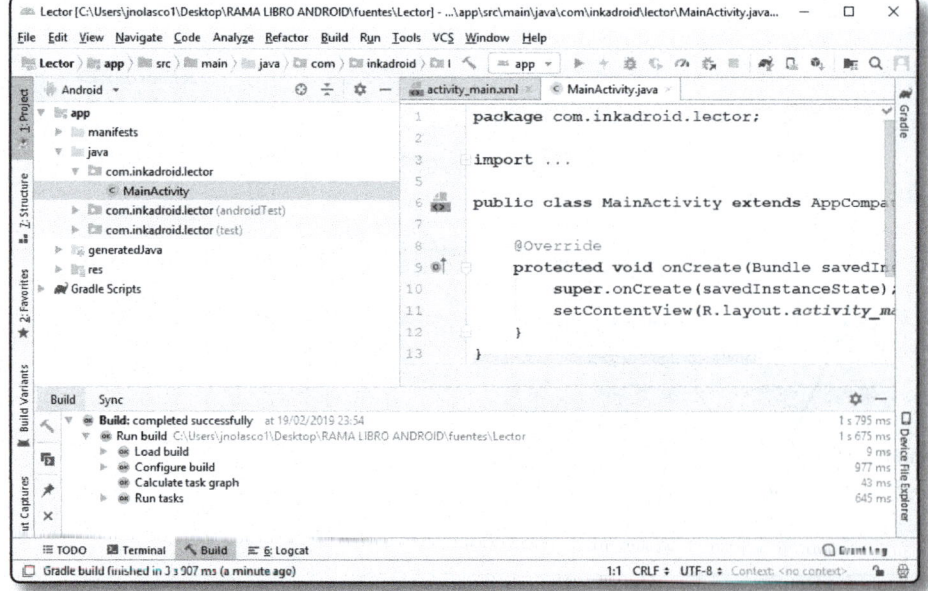

2.2.2 Biblioteca de escaneo

Hacemos referencia a la Biblioteca de escaneo de código de barras para Android, utilizando ZXing para decodificación:

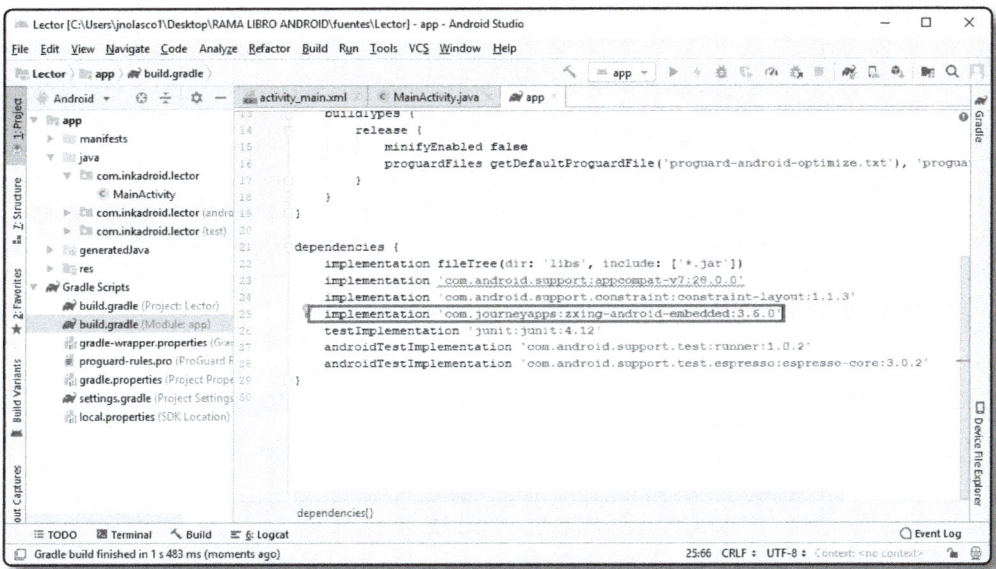

2.2.3 Diseñamos la Interfaz

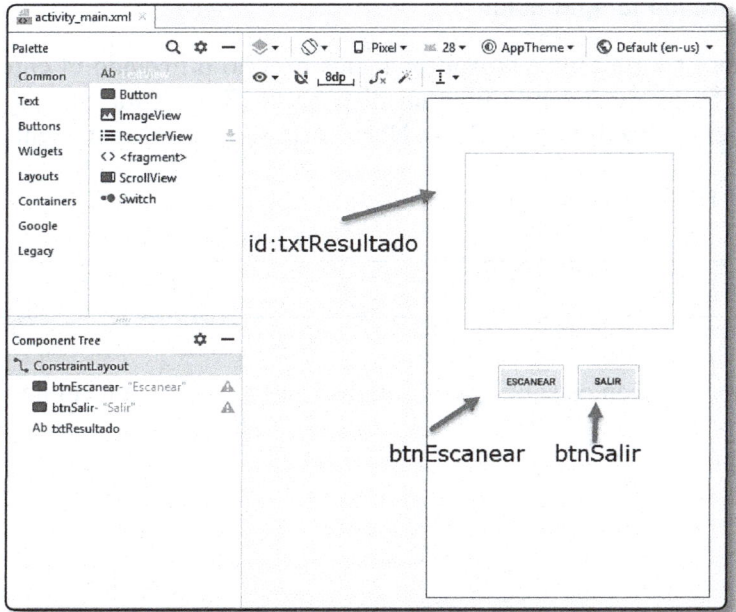

2.2.4 Codificación de la Actividad

```java
package com.inkadroid.lector;
import ...
public class MainActivity extends AppCompatActivity implements View.OnClickListener {
    private TextView txtResultado;
    private Button btnEscanear,btnSalir;
    @Override
    protected void onCreate(Bundle savedInstanceState) {
        super.onCreate(savedInstanceState);
        setContentView(R.layout.activity_main);
        //enlazar controles
        txtResultado =(TextView) findViewById(R.id.txtResultado);
        btnEscanear = (Button) findViewById(R.id.btnEscanear);
        btnSalir = (Button) findViewById(R.id.btnSalir);
        btnSalir.setOnClickListener(this);
        btnEscanear.setOnClickListener(this);
    }
    @Override
    public void onClick(View v) {

        switch (v.getId())
        {
            case R.id.btnEscanear:
                new IntentIntegrator( activity: this).initiateScan(); // inciar el escaneo
                break;
            case R.id.btnSalir:
                finish();
                break;
        }
    }
    @Override
    protected final void onActivityResult(final int requestCode, final int resultCode, final Intent data) {
        IntentResult result = IntentIntegrator.parseActivityResult(requestCode, resultCode, data);
        if(result != null) {
            if(result.getContents() == null) {
                Toast.makeText( context: this,  text: "Cancelled", Toast.LENGTH_LONG).show();
            } else {
                txtResultado.setText(result.getContents());
            }
        } else {
            super.onActivityResult(requestCode, resultCode, data);
        }
    }
}
```

2.2.5 Ejecutando la Aplicación

Ahora para ejecutar la App podemos hacerlo utilizando el emulador o un dispositivo físico recomiendo usar un dispositivo físico para ello procedemos a conectar nuestro dispositivo o celular. Hecho esto seguimos los siguientes pasos:

Presione el botón Run

Ahora indicamos si utilizamos un dispositivo físico o un emulador:

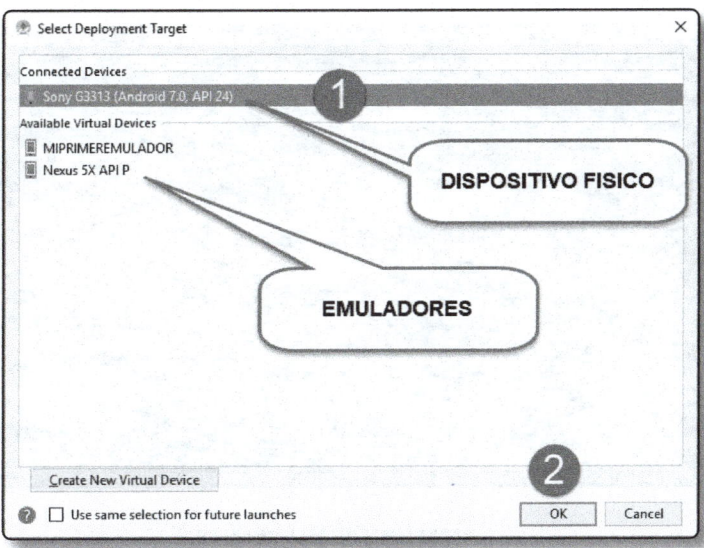

> ℹ️ **NOTA**
>
> Se recomiendo utilizar un dispositivo físico.

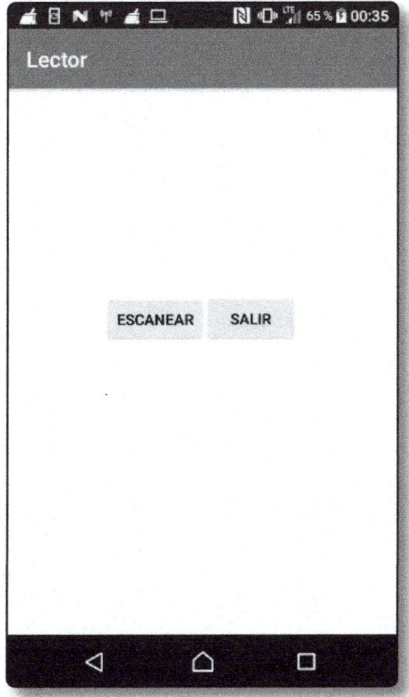

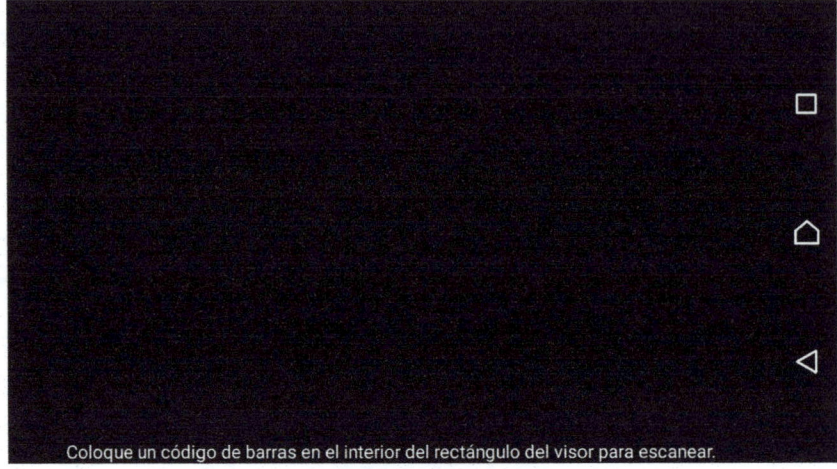

Coloque un código de barras en el interior del rectángulo del visor para escanear.

3

GIT Y GITHUB

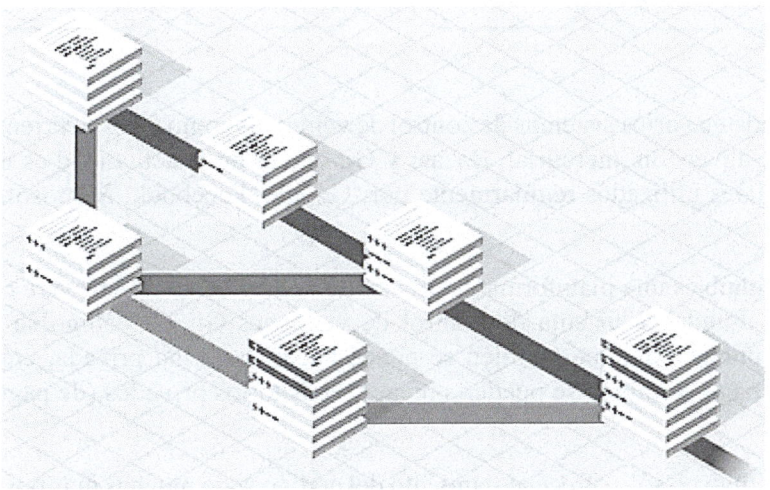

3.1 QUE ES UN SISTEMA DE CONTROL DE VERSIONES

Llevar un control del código y como se accede a las versiones anteriores era un dolor de cabeza para los desarrolladores, en conclusión, como controlar el código fuente para ello se utiliza sistemas de control de versiones como Microsoft SourceSafe, subversión y ahora Git diseñado por Linus Torvalds, pensando en la eficiencia y la confiabilidad del mantenimiento de versiones de las aplicaciones.

3.2 QUE ES GIT Y GITHUB

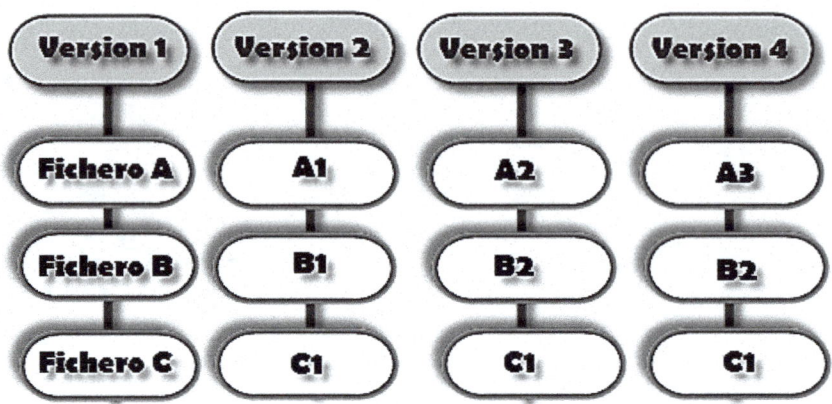

Existen varios sistemas de control de versiones como CVS (Current Versions System), Subversión, mercurial, Bazaar y Git que es en la actualidad es uno de los más populares utilizados regularmente por: Google, Facebook, Microsoft, Twitter, Netflix, etc.

Github es una plataforma de desarrollo colaborativo de software para alojar proyectos usando el sistema de control de versiones Git. El código se almacena de forma pública, aunque también se puede hacer de forma privada, creando una cuenta de pago. También se pueden obtener repositorios privados (de pago) si se es estudiante.

Github no sólo ofrece alojamiento del código si no muchas más posibilidades asociadas a los repos como son, forks, issues, pull requests, diffs, etc.

> ### ⓘ NOTA
>
> La diferencia entre Git y los otros Sistema de Control de Versiones , la mayoría de los otros almacenan información como una lista de cambios basados en archivos Git piensa más como un conjunto de instantáneas de un sistema de archivos. Cada vez que confirma o guardar el estado de su proyecto en Git, que básicamente toma una foto de lo que todos sus archivos se parecen en ese momento y almacena una referencia a esa instantánea

3.3 MIS PRIMEROS PASOS CON GITHUB

Antes de iniciar es importante descargar git del siguiente link:*http://git-scm.com/downloads*.

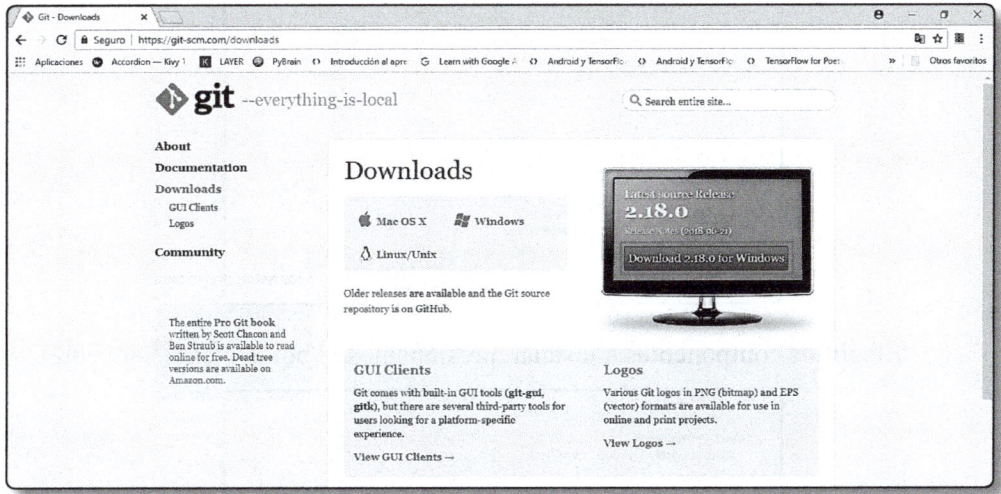

Una vez descargado comenzaremos a instalarlo, presionamos el botón Next (Siguiente):

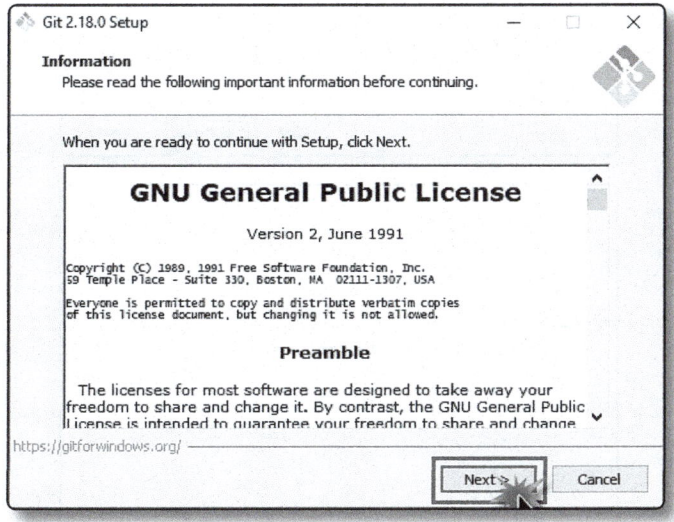

Carpeta o lugar de Instalación, presionamos el botón Next (Siguiente):

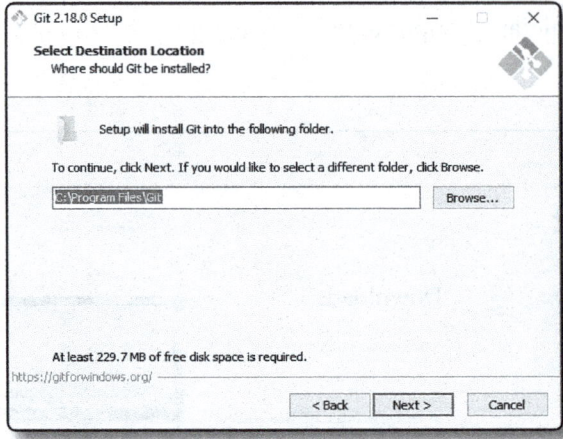

Elegir los componentes a instalar, presionamos el botón Next (Siguiente):

Presionamos el botón Next (Siguiente):

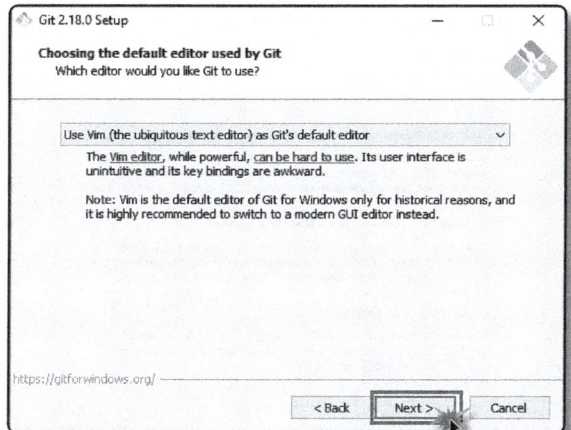

Seleccionamos la opción por defecto presionamos el botón Next (Siguiente):

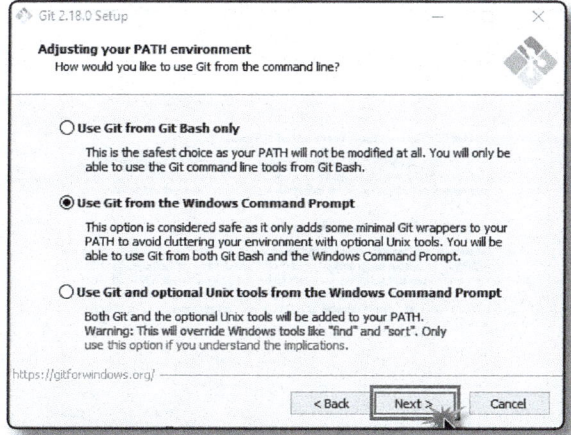

Presionamos el botón Next (Siguiente):

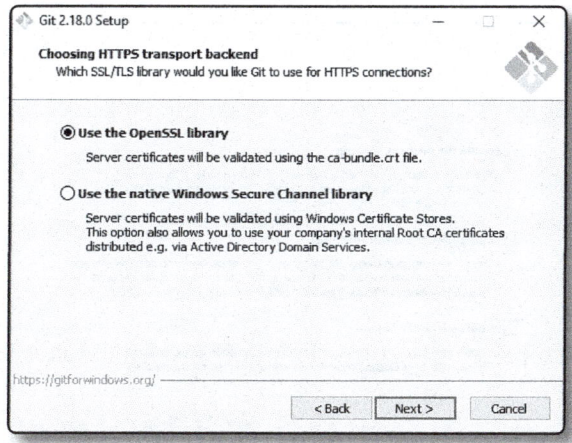

Presionamos el botón Next (Siguiente):

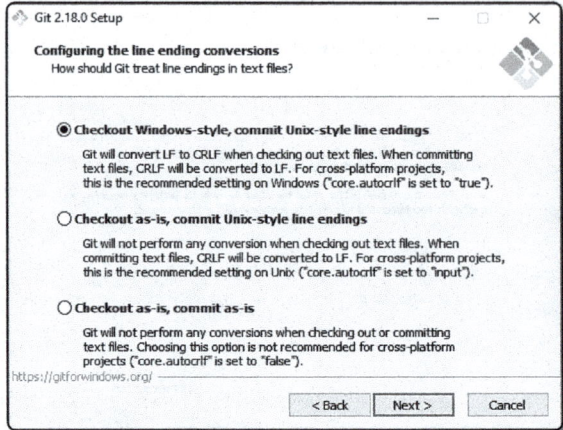

Presionamos el botón Next (Siguiente):

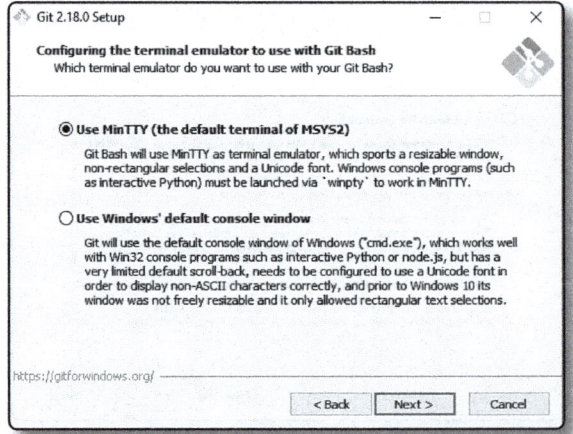

Presionamos el botón Install (Instalar):

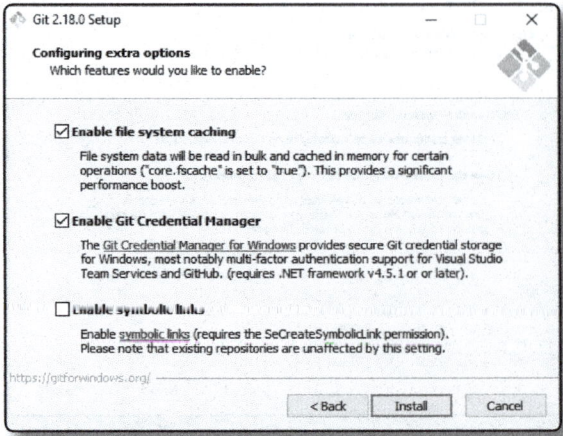

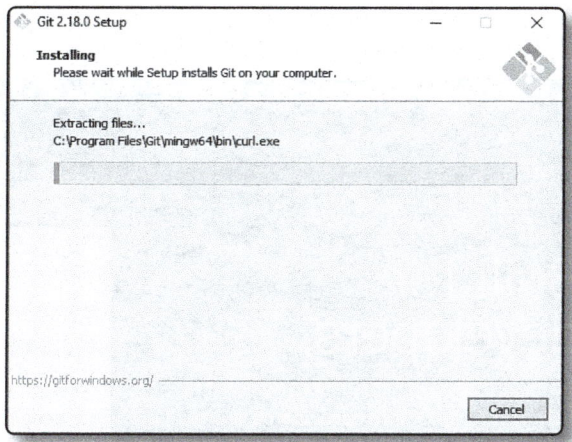

Presionamos el botón Finish (Finalizar):

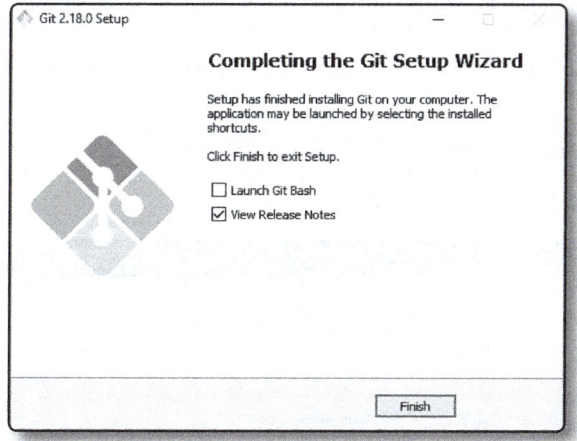

3.4 CUENTA GITHUB

Creando Cuenta en de **github**, Ahora para continuar es importante tener una cuenta de github:*https://github.com/.*

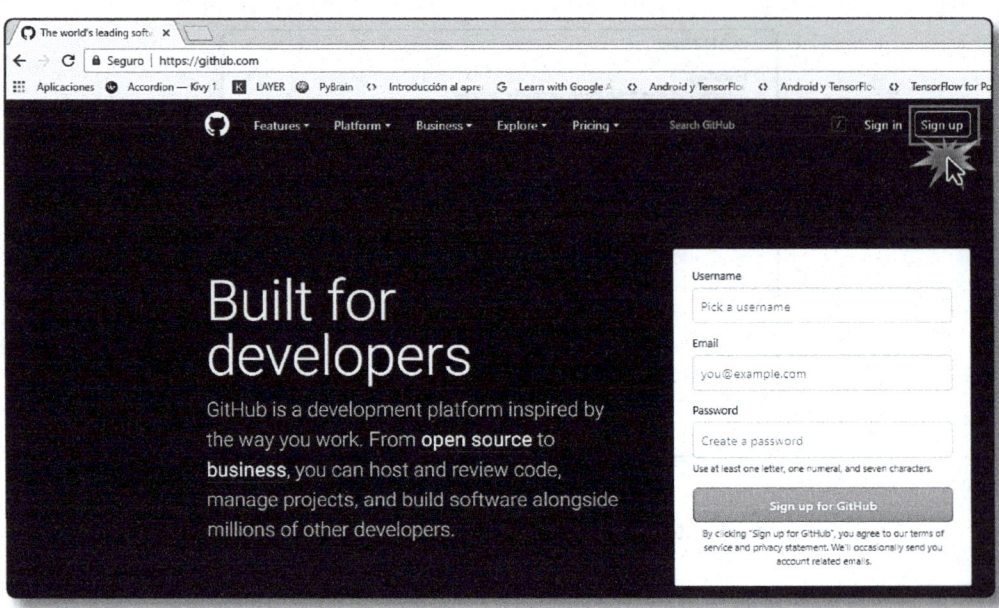

Procedemos a rellenar los datos solicitados y presionar el botón: créate an account.

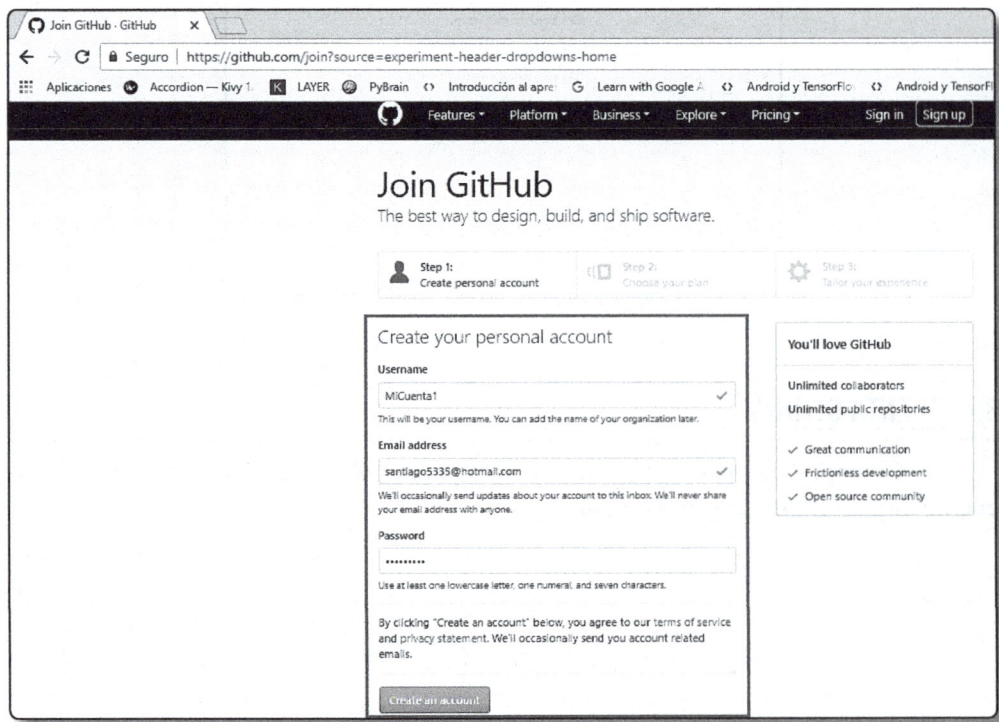

Selecciones tu Plan (Free -Sin Pago) y luego presionamos el botón y presionar el botón: continuar.

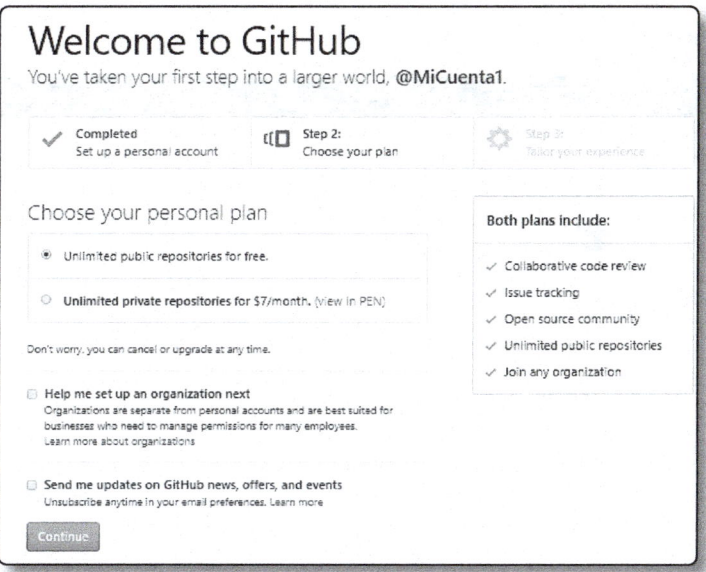

Presionar el botón: submit.

No olvide confirmar la cuenta a través del correo registrado:

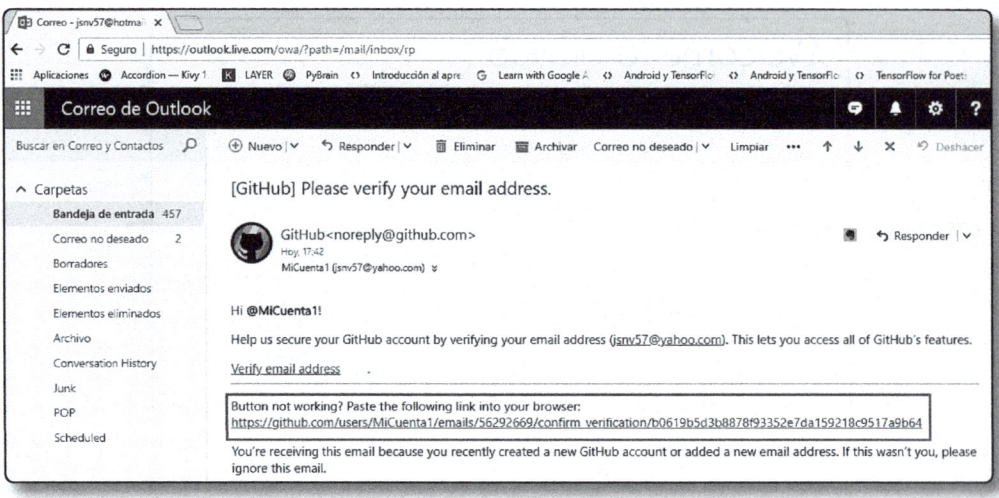

3.5 CREANDO UN NUEVO REPOSITORIO

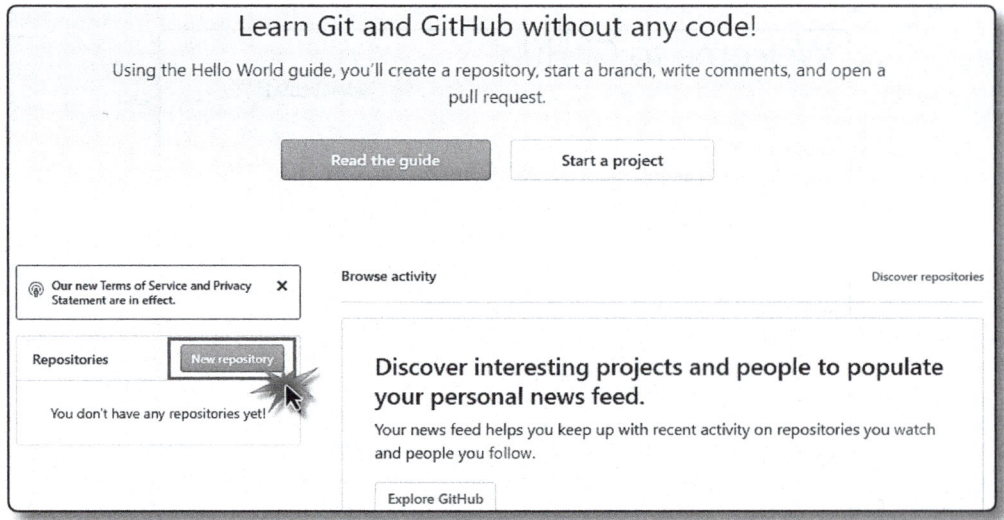

Le colocamos un nombre, una descripción – public (Publico) – Initialize this repository with a README, al final presione el botón Create Repository (Crear un Repositorio).

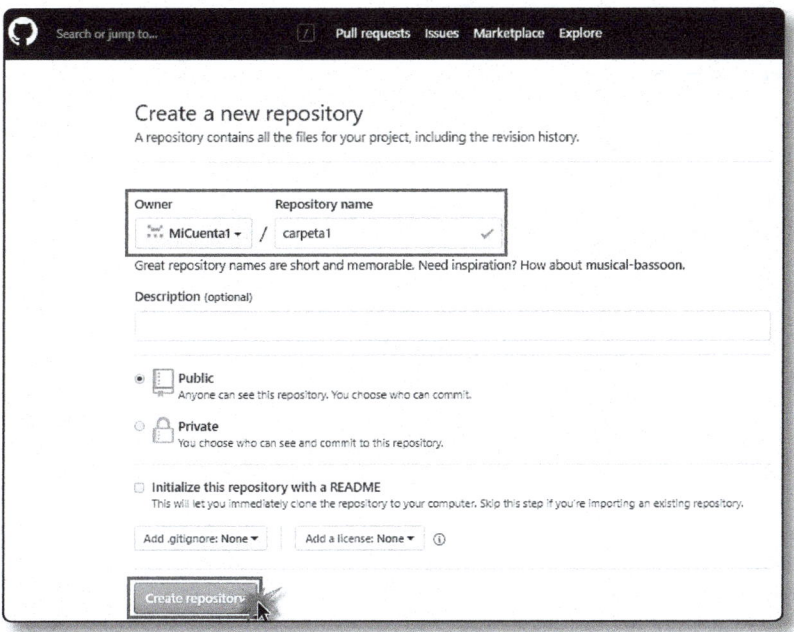

3.6 OBTENEMOS EL SIGUIENTE REPOSITORIO CREADO

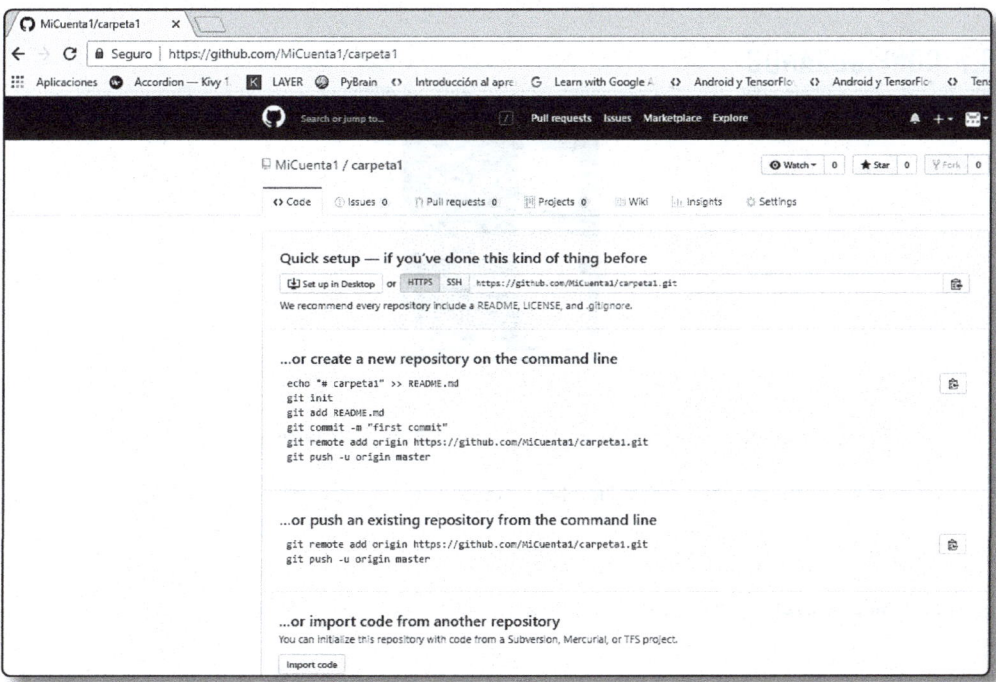

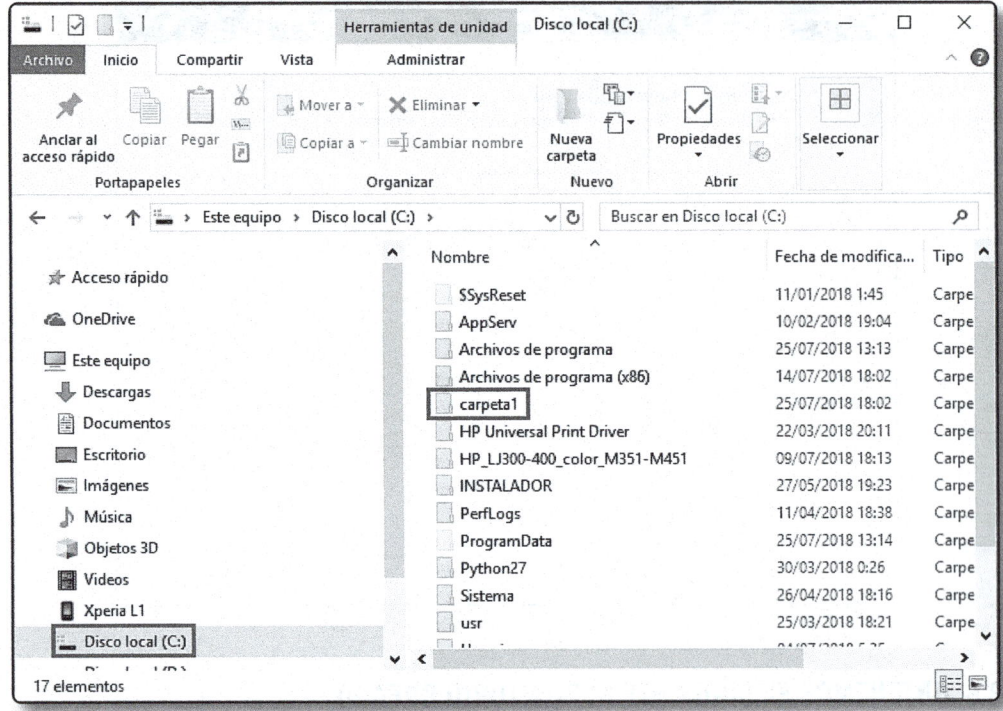

3.7 CONFIGURANDO

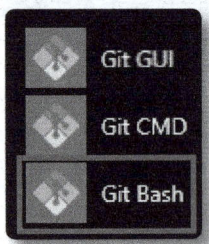

Vamos a configurar dos parámetros que a continuación mostramos:

```
git config --global user.name "Nombre que quieras mostrar"
```

y

```
git config  global user.email correo@dominio.com
```

Ingresamos al Git Bash:

Para nuestro caso sería lo siguiente primero Indicamos la carpeta de trabajo:

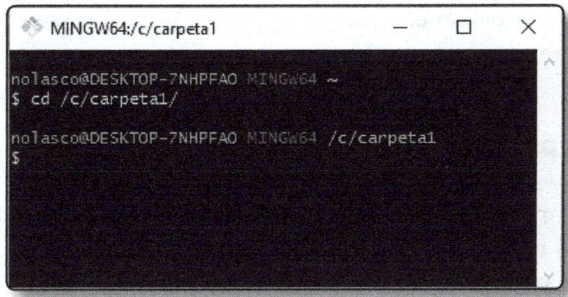

3.8 QUIENES REALIZARÍAN LOS CAMBIOS

Lo primero que hay que hacer antes de empezar a usar git es configurar un par de parámetros básicos que nos identifican como usuario, que son nuestro correo electrónico y nuestro nombre.

Git usará estos datos para identificar nuestros aportes o modificaciones a la hora de mostrarlos en logs, etc.

Configurar estos parámetros es muy fácil. Desde la línea de comandos escribimos las siguientes órdenes:

```
git config --global user.name "Inkadroid"
git config --global user.email atencion@inkadroid.com
```

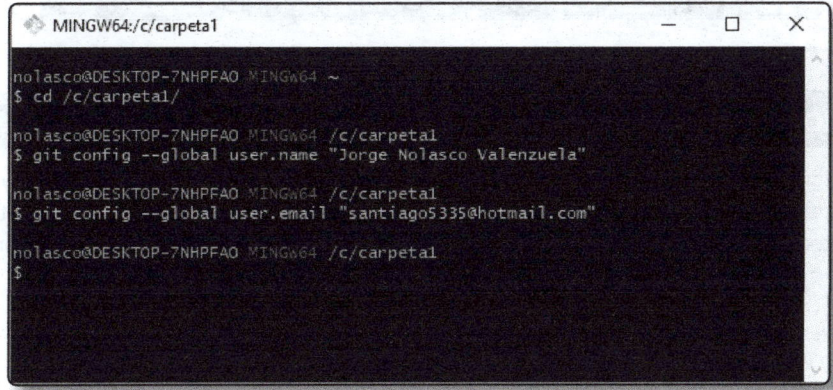

> ### ⓘ NOTA
>
> Todo los comandos git empiezan con la palabra git , en este caso estamos configurando el usuario y su correo electrónico , el parámetro - –global indica que se aplicara a todos los repositorios , puede utilizar el comando git ls para listas el contenido de su carpeta.

3.9 INICIANDO REPOSITORIO

Un repositorio de git no es más que un directorio de nuestro ordenador que está bajo el control de git. En la práctica, esto significa que en el directorio raíz de nuestro proyecto hay otro directorio oculto llamado ".git" donde se guardan, por ejemplo, los archivos para el control de historiales y los cambios.

Para iniciar un repositorio solo hay que situarse en el directorio de nuestro proyecto (el que contiene o va a contener los archivos que queremos controlar) y ejecutar la siguiente orden:

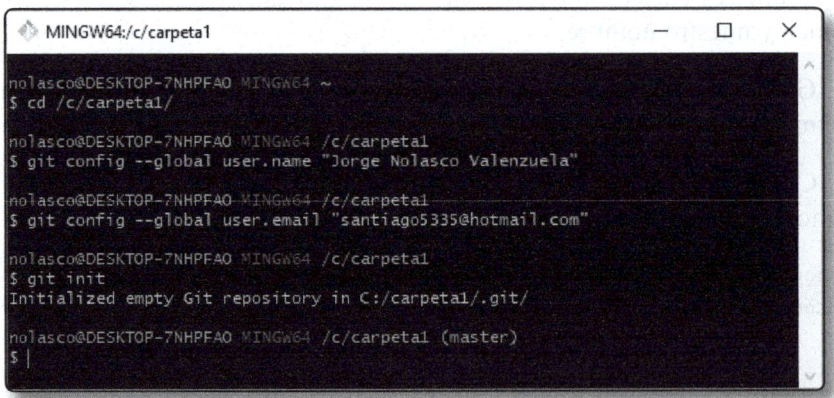

> ### ⓘ NOTA
>
> Que significa que ya tienes creado tu primer repositorio. Vacío, pero por algo hay que empezar. Si todo va bien, este comando responderá algo parecido a Initialized empty Git repository in /c/carpeta1 /.git/ , que significa que ya tienes creado tu primer repositorio.

3.10 CLONANDO REPOSITORIO

Un repositorio también puede iniciarse copiando (clonando) otro ya existente.

```
git clone REPOSITORIO
```

3.10.1 Primero copie la URL a clonar

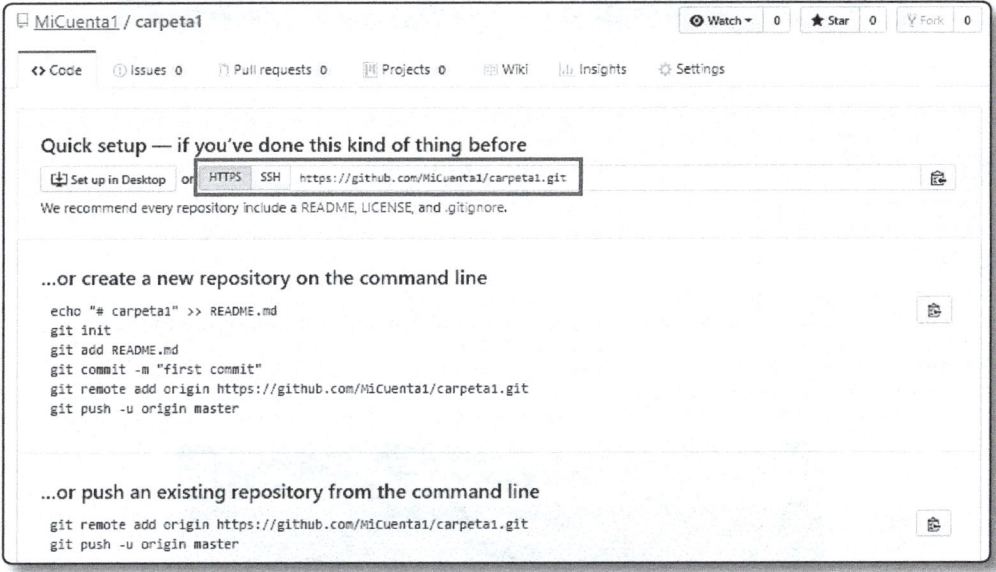

3.10.2 En el Git Bash a continuación el comando Git

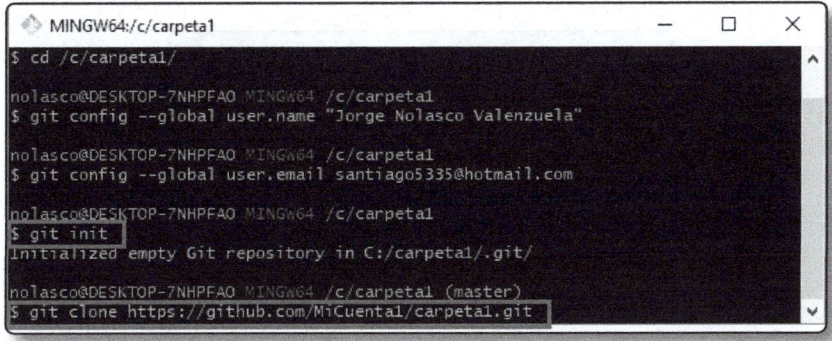

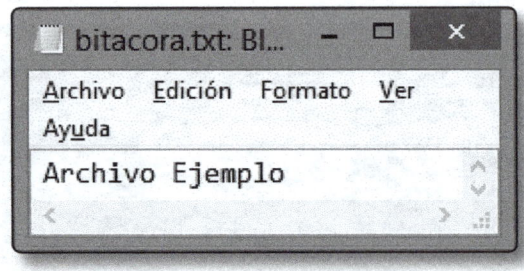

3.11 COMPROBANDO EL ESTADO DE SUS ARCHIVOS

Comando git status

Para determinar el estado de los archivos es el comando git status.

```
$ git status
```

Para nuestro caso vamos a crear el archivo bitácora.txt en nuestra carpeta de trabajo:

Al emitir este comando y si obtenemos lo siguiente:

```
# On branch master
nothing to commit, working directory clean
```

Me indica que tenemos un directorio de trabajo limpio.

> ⓘ **NOTA**
>
> Git posee su propio protocolo de comunicación para acceso remoto, al clonar git no tiene la necesidad de antes tener una carpeta git la crea automáticamente.

3.12 TRABAJANDO EN NUESTRO REPOSITORIO

Tienes tu repositorio iniciado (o clonado) con una serie de archivos con los que empiezas a trabajar, creándolos, editándolos, modificándolos, etc.

Para que git sepa que tiene que empezar a tener en cuenta un archivo (a esto se le llama preparar un archivo), usamos la orden git add de este modo:

Comando git add

Una vez que tu repositorio esta iniciada y deseas trabajar con una serie de archivos usamos el siguiente comando:

```
git add NOMBRE_DEL_ARCHIVO
```

En el Git Bash a continuación el comando Git:

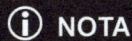

3.13 COMPROBANDO EL ESTADO

git status te da un resumen de cómo están las cosas ahora mismo respecto a la versión del repositorio (concretamente, respecto al HEAD): qué archivos has modificado, qué hay en el Index, etc. (también te cuenta cosas como en qué rama estás, pero eso lo veremos más adelante). Cada vez que no tengas muy claro qué has cambiado y qué no, consulta git status. En principio, si no has modificado nada, el mensaje básico que te da git status es este:

```
MINGW64:/c/carpeta1                                        —    □    ×

nolasco@DESKTOP-7NHPFAO MINGW64 ~
$ cd /c/carpeta1/

nolasco@DESKTOP-7NHPFAO MINGW64 /c/carpeta1
$ git config --global user.name "Jorge Nolasco Valenzuela"

nolasco@DESKTOP-7NHPFAO MINGW64 /c/carpeta1
$ git config --global user.email "santiago5335@hotmail.com"

nolasco@DESKTOP-7NHPFAO MINGW64 /c/carpeta1
$ git init
Initialized empty Git repository in C:/carpeta1/.git/

nolasco@DESKTOP-7NHPFAO MINGW64 /c/carpeta1 (master)
$ git add bitacora.txt

nolasco@DESKTOP-7NHPFAO MINGW64 /c/carpeta1 (master)
$ git status
On branch master

No commits yet

Changes to be committed:
  (use "git rm --cached <file>..." to unstage)

        new file:   bitacora.txt
```

3.14 COMANDO GIT COMMIT

Ahora cuando consideres confirmar los cambios realizados:

En el Git Bash a Continuación el comando Git:

```
git commit NOMBRE_DEL_ARCHIVO
```

Para nuestro caso.

```
git commit -m "mensaje"
```

```
MINGW64:/c/carpeta1                                              —    □    ×

nolasco@DESKTOP-7NHPFAO MINGW64 /c/carpeta1 (master)
$ git add bitacora.txt

nolasco@DESKTOP-7NHPFAO MINGW64 /c/carpeta1 (master)
$ git status
On branch master

No commits yet

Changes to be committed:
  (use "git rm --cached <file>..." to unstage)

        new file:   bitacora.txt


nolasco@DESKTOP-7NHPFAO MINGW64 /c/carpeta1 (master)
$ git commit -m "Realizando Cambios"
[master (root-commit) 7ac5102] Realizando Cambios
 1 file changed, 1 insertion(+)
 create mode 100644 bitacora.txt

nolasco@DESKTOP-7NHPFAO MINGW64 /c/carpeta1 (master)
$
```

ⓘ NOTA

Naturalmente, como ya hemos comentado, no puedes hacer push a un repositorio en el que no tengas permiso de escritura. Para eso puede ser que sea un repositorio abierto a todo el que conozca la dirección, pero eso sería muy raro (e inseguro). Lo usual es que cuentes con un usuario y contraseña que te permitan acceder (normalmente por ssh) al servidor. Recuerda lo que dijimos antes: si modificas un archivo después de haber hecho git add, esos cambios no estarán incluidos en tu commit (si quieres incluir la última versión, no tienes más que volver a hacer git add antes del commit).

3.15 COMANDO PUSH

Para guardar los cambios en el Repositorio remoto.

```
$ git push origin master
```

Para nuestro caso:

```
$ git push
```

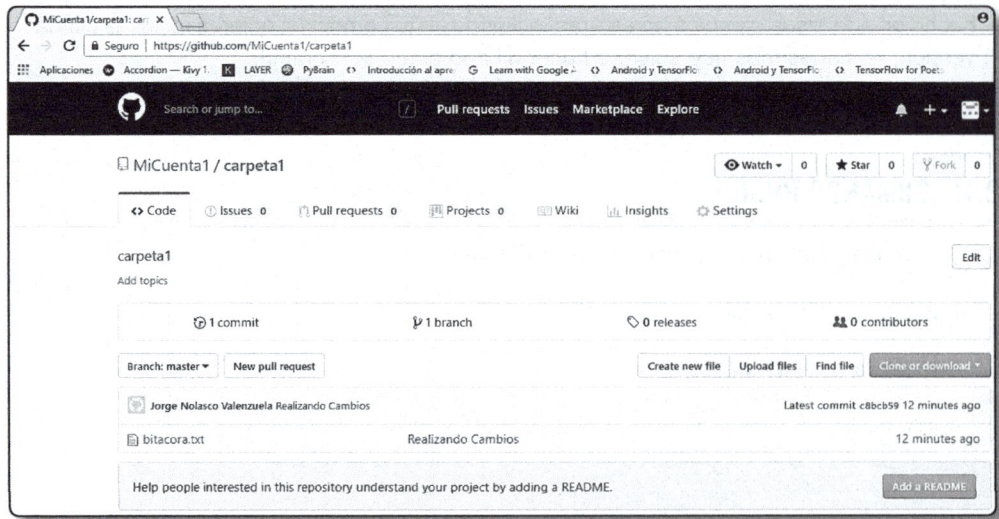

(i) NOTA

Naturalmente, como ya hemos comentado, no puedes hacer push a un repositorio en el que no tengas permiso de escritura. Para eso puede ser que sea un repositorio abierto a todo el que conozca la dirección, pero eso sería muy raro (e inseguro). Lo usual es que cuentes con un usuario y contraseña que te permitan acceder (normalmente por ssh) al servidorRecuerda lo que dijimos antes: si modificas un archivo después de haber hecho git add, esos cambios no estarán incluidos en tu commit (si quieres incluir la última versión, no tienes más que volver a hacer git add antes del commit).

Obtenemos lo siguiente:

Observamos el archivo: bitácora.txt.

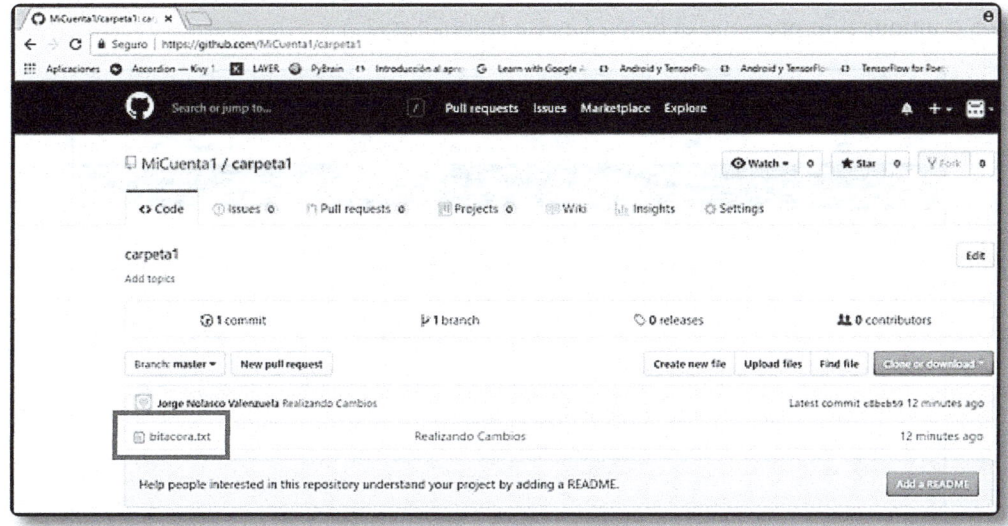

3.16 USO DE GITHUB EN ANDROID STUDIO

Ahora que hemos creado nuestra primeras App, es momento de colocar nuestro código en un lugar centralizado, actualmente la más utilizada es usar GitHub. Primero deberá crear una cuenta gratuita de GitHub a través del siguiente Link:

Una vez creada la cuenta, iniciamos sesión y creamos un nuevo repositorio:

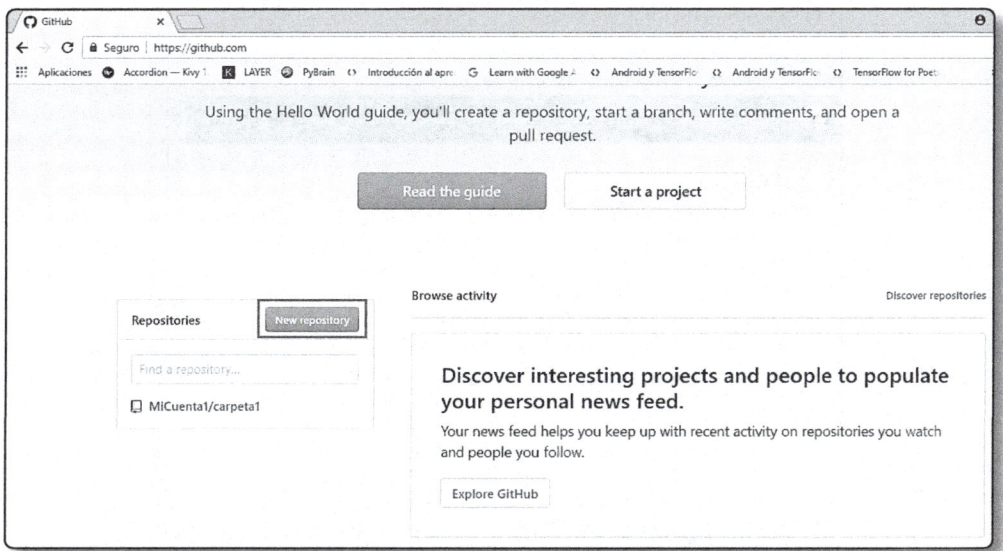

Ahora complete el formulario para crear un nuevo repositorio llamado MyApplication1. Deje la inicialización este repositorio con un README sin marcar y a continuación presione el botón Create Repository.

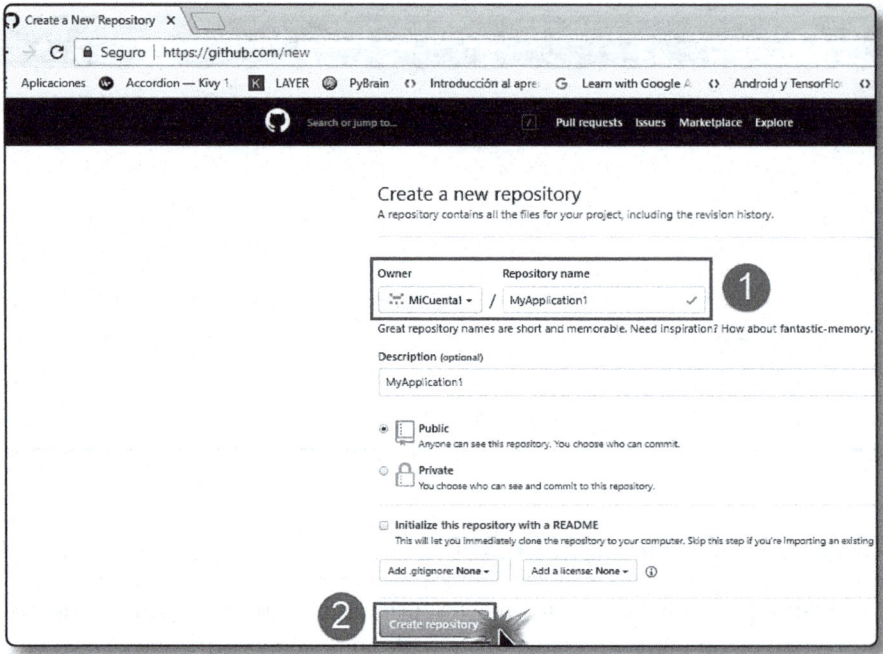

Obtenemos lo siguiente:

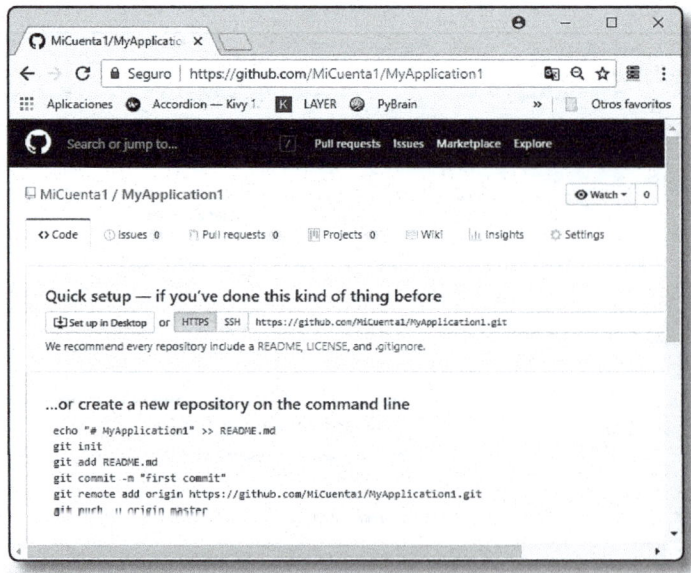

3.17 CREANDO LA APLICACIÓN MYAPPLICATION1

Para comenzar a crear un nuevo proyecto haga clic en Start a new Android Studio Project (Inicie un nuevo proyecto Android Studio):

Ahora elegimos usar actividad en Blanco y luego presionamos el botón Next (Siguiente):

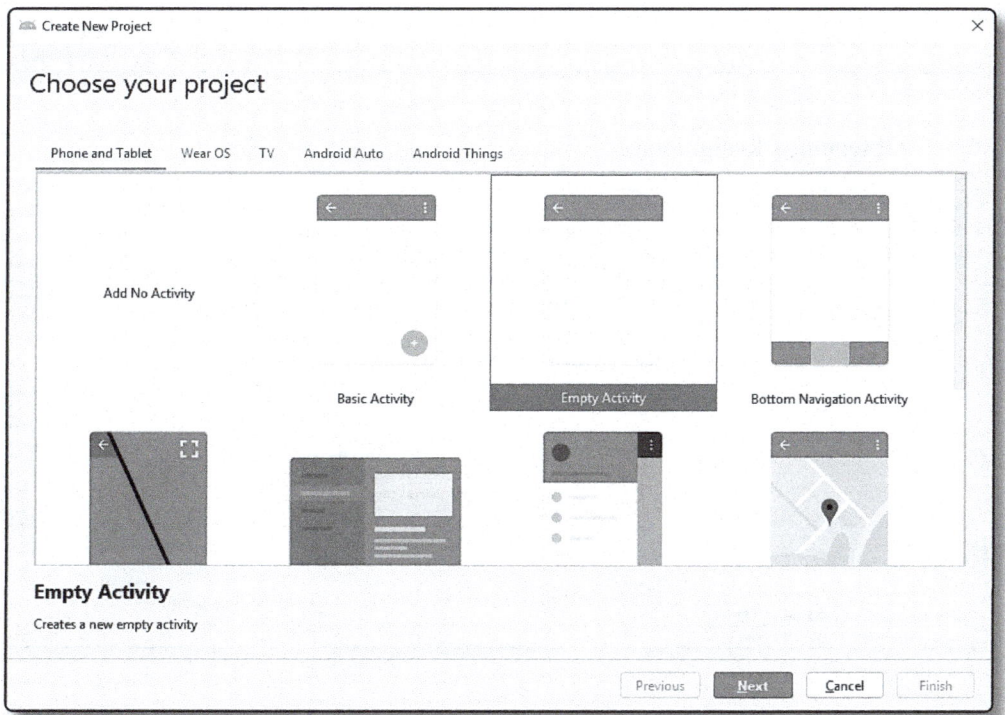

Ahora comenzamos a crear el proyecto indicando los siguientes datos y luego presionamos el botón Finish (Finalizar):

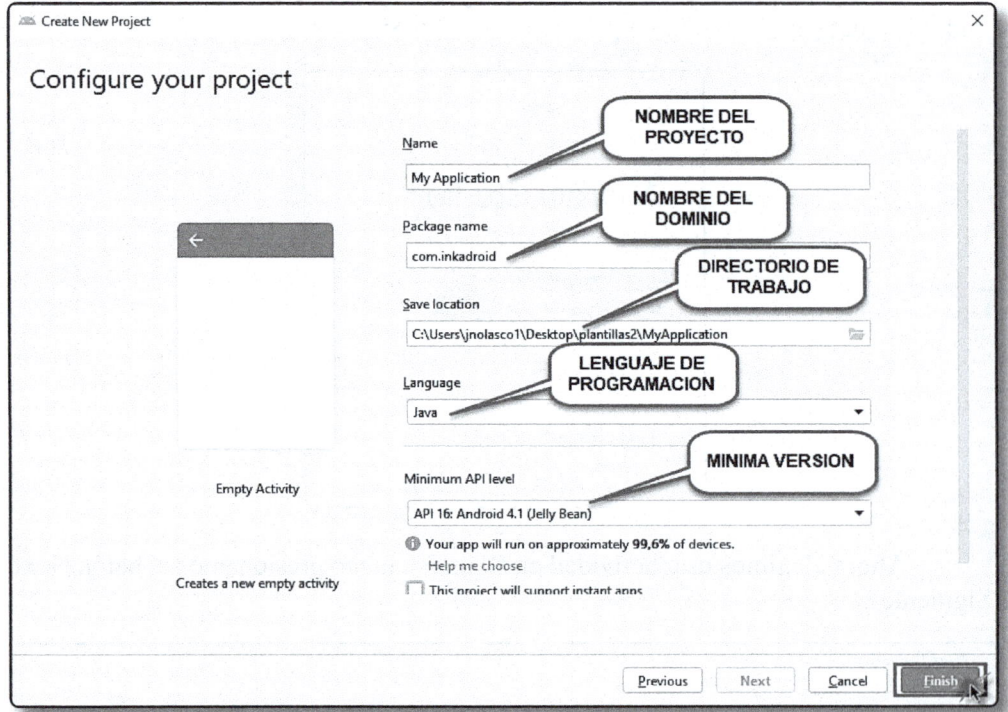

Obtenemos lo siguiente:

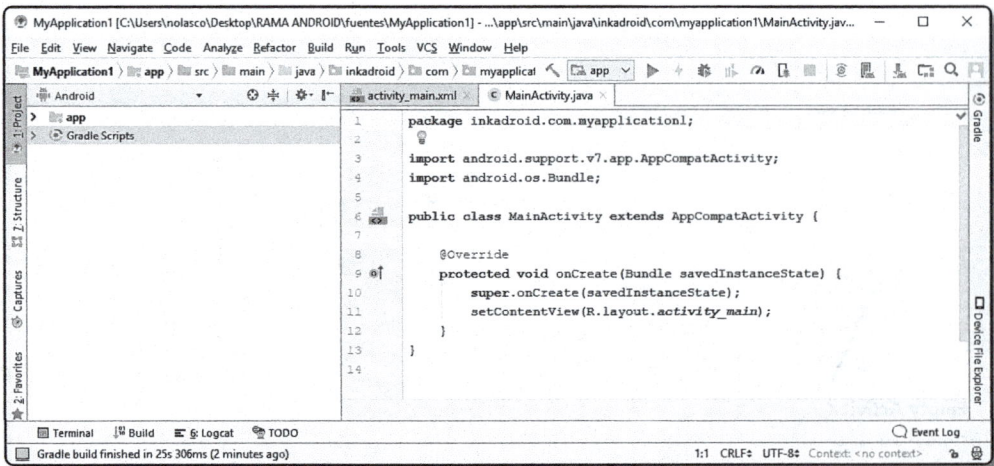

3.18 EN EL MENÚ SELECCIONE VCS - IMPORTAR A VERSIÓN CONTROL - CREAR GIT REPOSITORIO

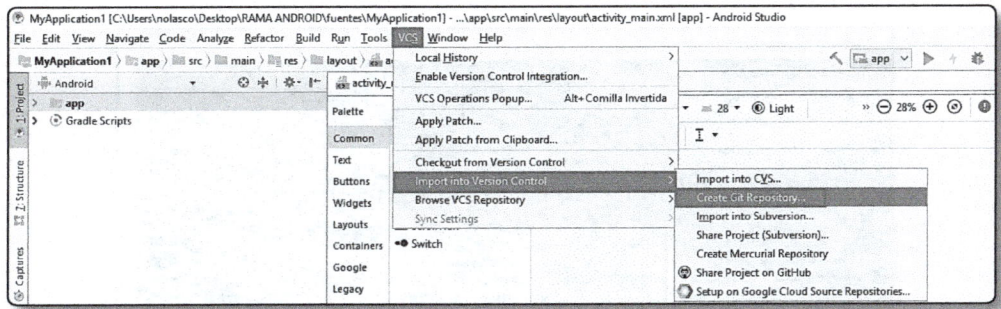

Seleccione la carpeta del proyecto:

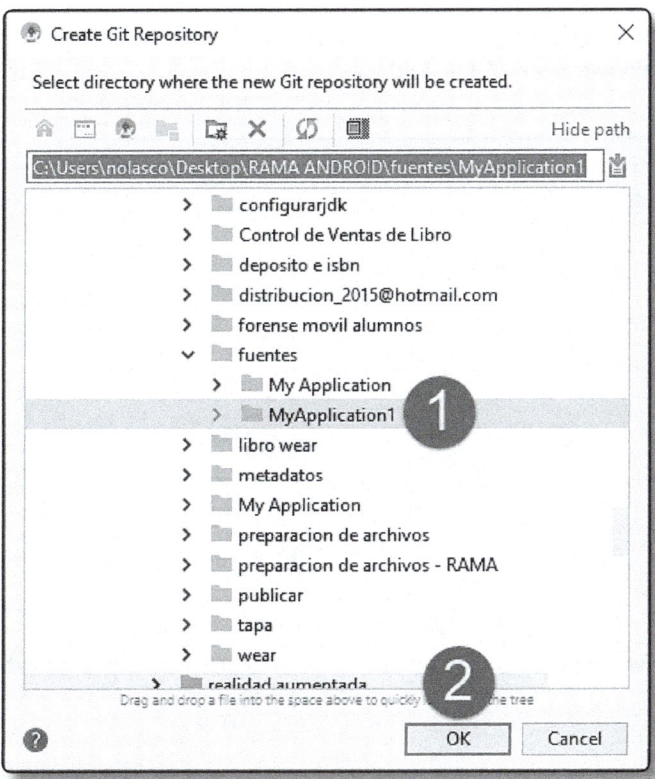

A continuación, saltar de nuevo en Android Studio, haga clic derecho el directorio raíz de los proyectos y seleccionar Git> Añadir. Esto agregará todos los archivos del proyecto a su repositorio Git:

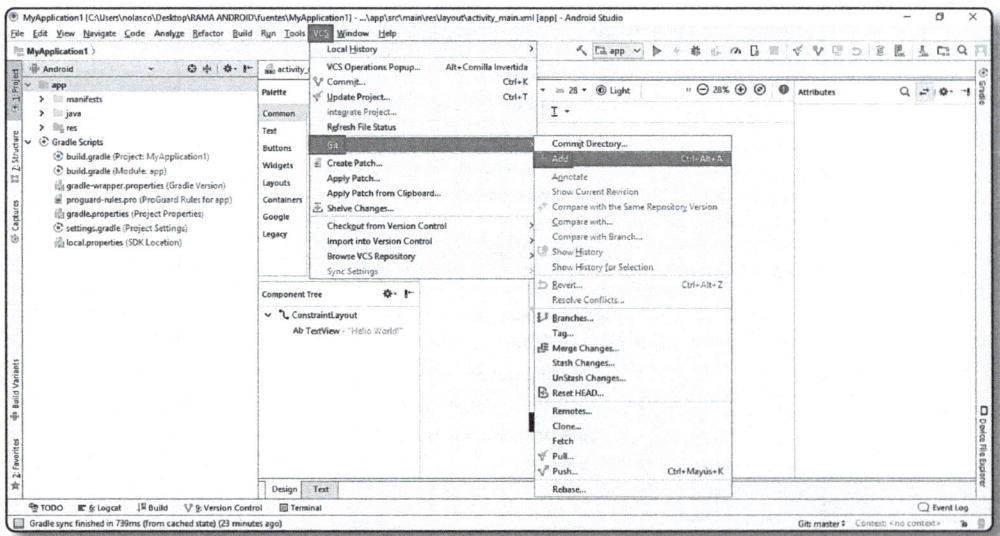

Indicamos que deseamos trabajar con los archivos del proyecto actual, Seleccionar el Proyectos – Git – Add.

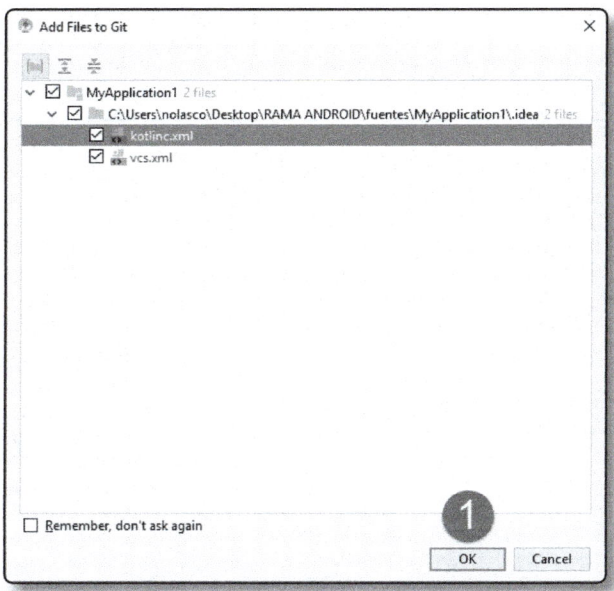

Parecerá como si nada hubiera sucedido, pero confía en mí, se añaden los archivos de proyecto. Ahora haga clic derecho en el nombre del proyecto de nuevo y esta vez seleccione **Git> Commit Directory.**

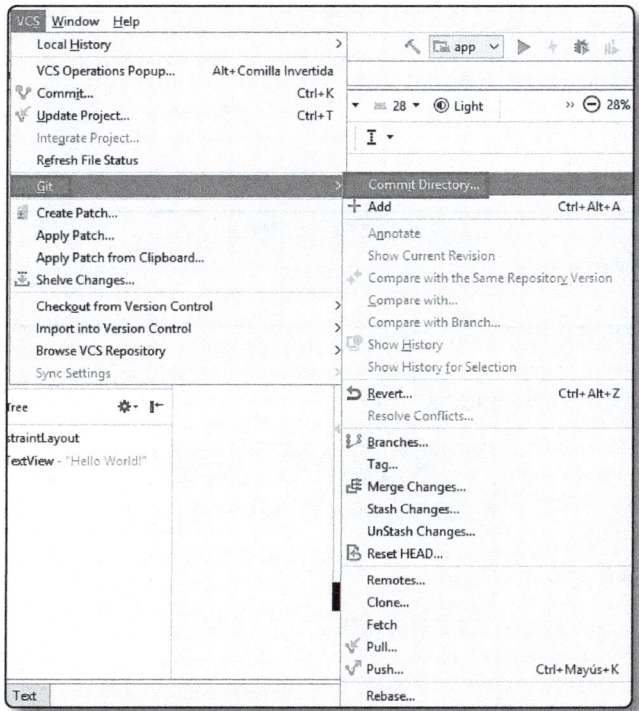

En la siguiente pantalla, escriba un mensaje de registro y seleccione Confirmar:

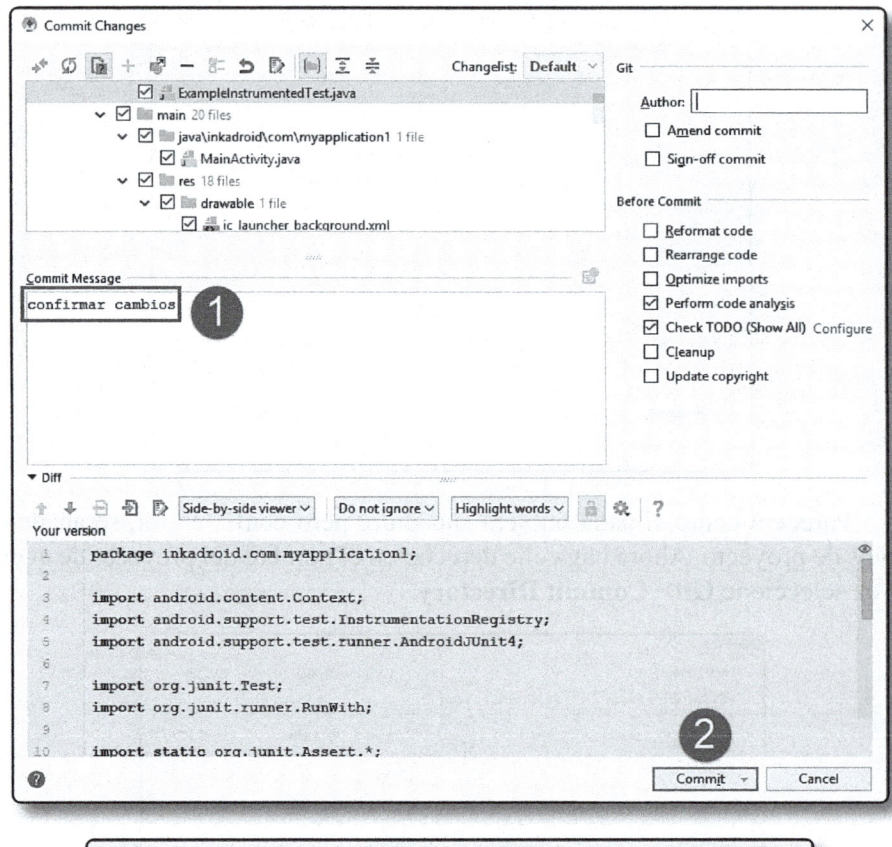

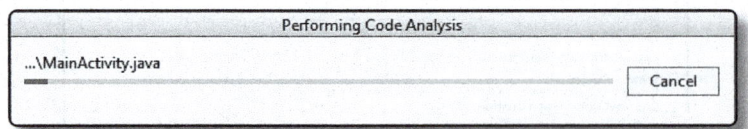

Mensaje de confirmación.

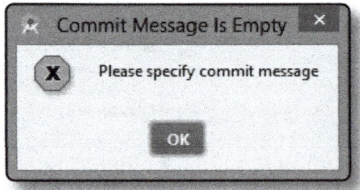

Ingresamos las credenciales:

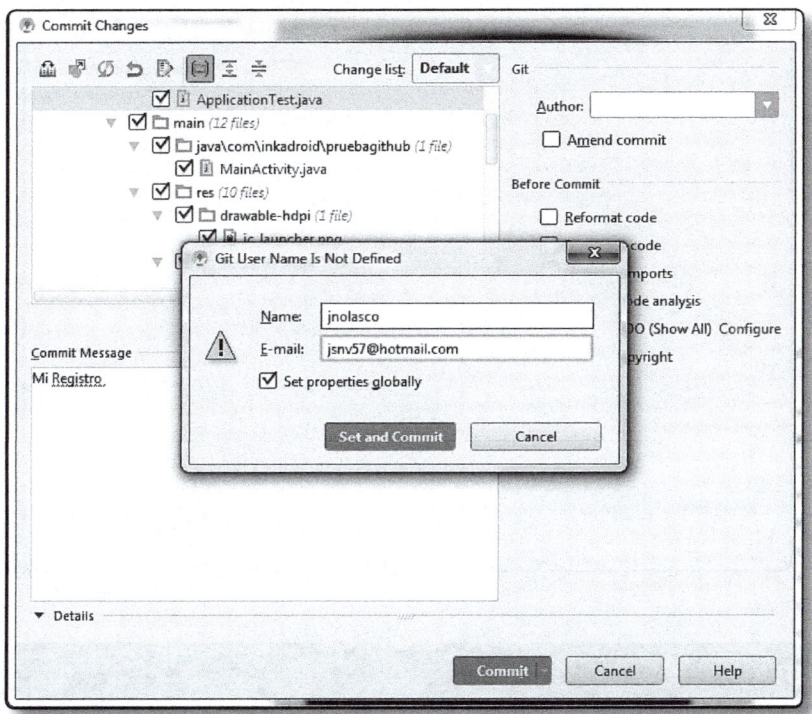

Ahora, haga clic derecho en el nombre del proyecto, seleccione Git> Repositorio> Push.

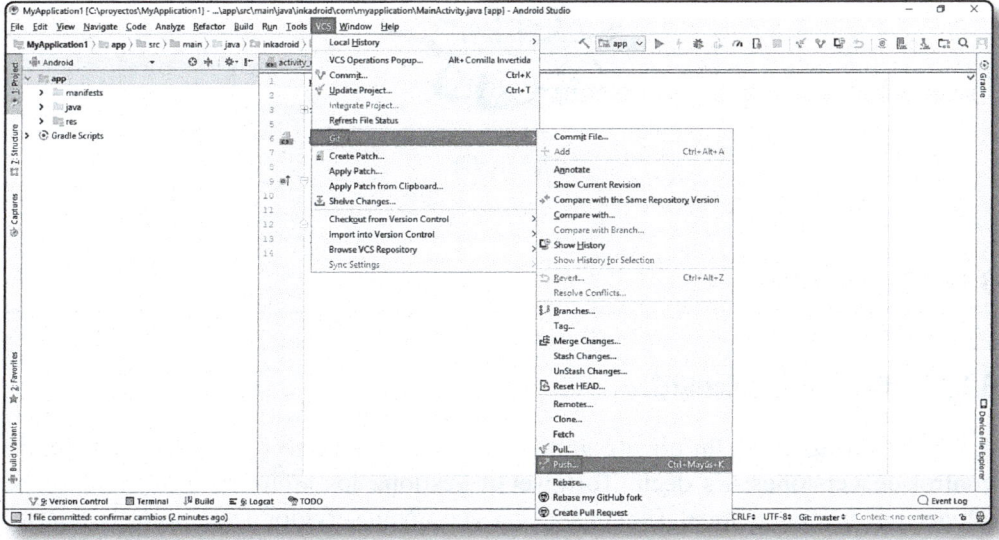

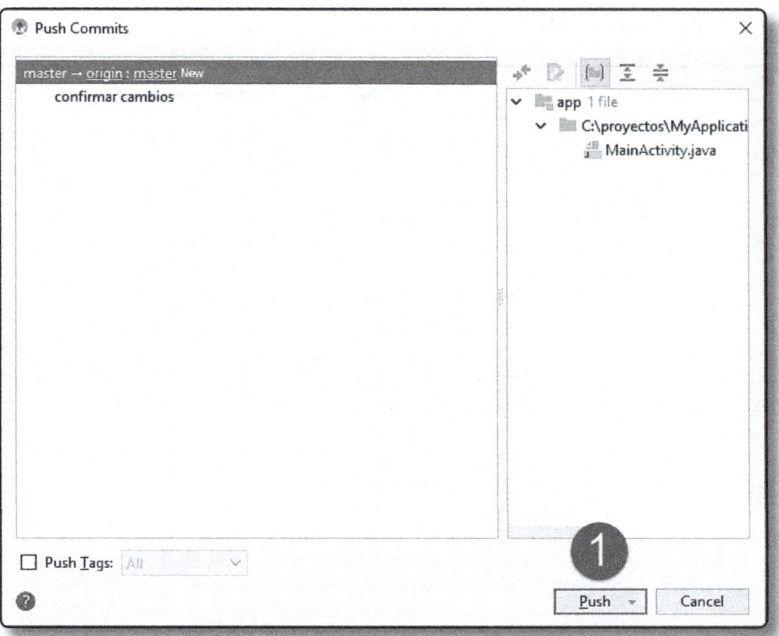

ⓘ NOTA

Si obtienen el mensaje de error "Push rejected" Puede utilizar el comando: git push --force <remote_repository>

TortoiseGit

3.19 TORTOISEGIT

3.19.1 ¿Qué es TortoiseGit?

TortoiseGit es un cliente gratuito de código abierto para el Git sistema de control de versiones. Es decir, TortoiseGit gestiona los archivos. Los archivos se almacenan de manera local. El repositorio es como un servidor de archivos ordinario, salvo que recuerda todos los cambios que se hayan hecho a sus archivos y directorios. Esto le permite recuperar versiones antiguas de sus archivos y examinar la historia de cómo y cuándo cambiaron sus datos, y quién lo cambió. Es por esto que mucha gente piensa de Git y los sistemas de control de versiones en general, como una especie de "máquina del tiempo".

3.19.2 Requisitos del sistema

TortoiseGit se ejecuta en Windows XP Service Pack 3 o superior. Windows 98, Windows ME, Windows 7,8,10.

3.19.3 Instalación

TortoiseGit viene con un instalador fácil de usar. Haga doble clic en el archivo de instalación y sigue las instrucciones. El instalador se encargará del resto.

https://tortoisegit.org/download/.

3.19.4 Paquetes de idiomas

La interfaz de usuario TortoiseGit ha sido traducido a muchos idiomas diferentes, por lo que puede ser capaz de descargar un paquete de idioma para que se adapte a sus necesidades.

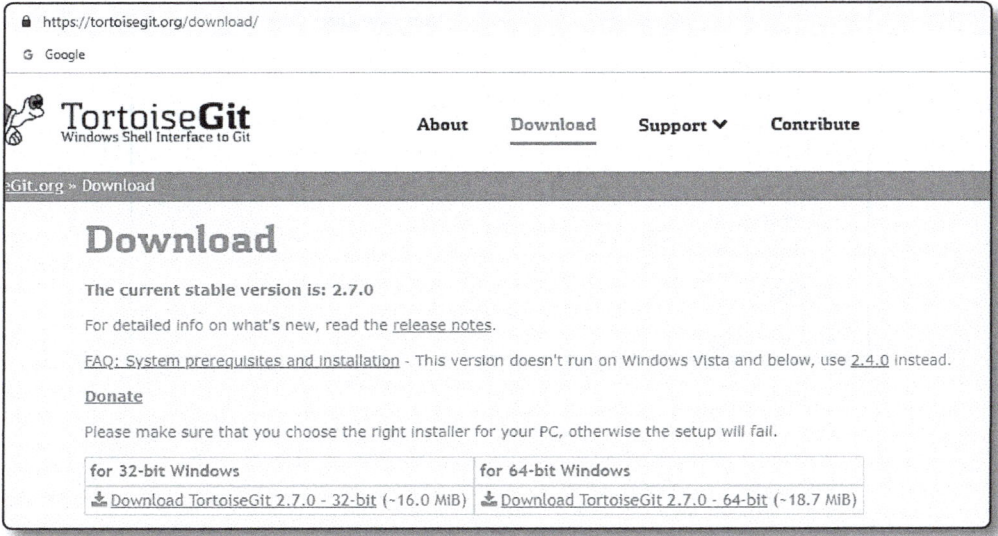

3.19.5 Crear el siguiente repositorio

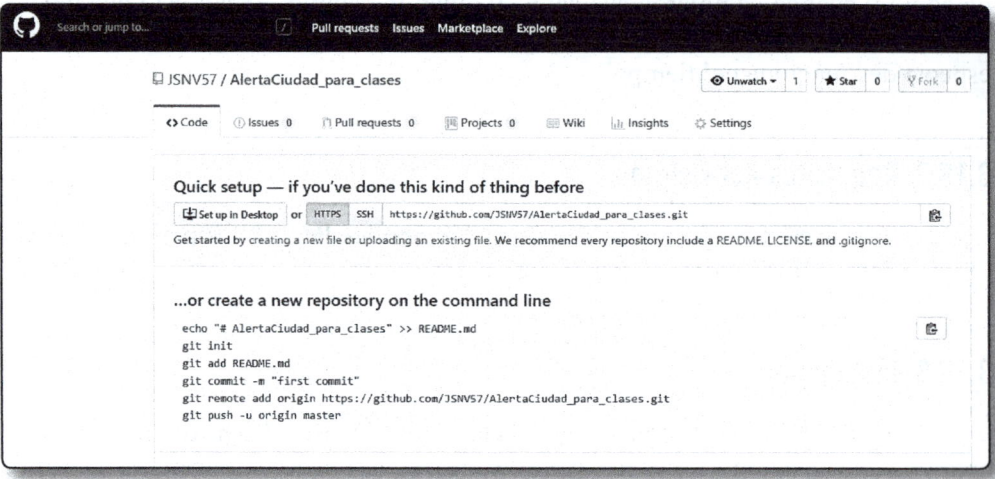

Tenemos la siguiente carpeta local de trabajo: AlertaCiudad_para_clases (de preferencia del mismo nombre del repositorio):

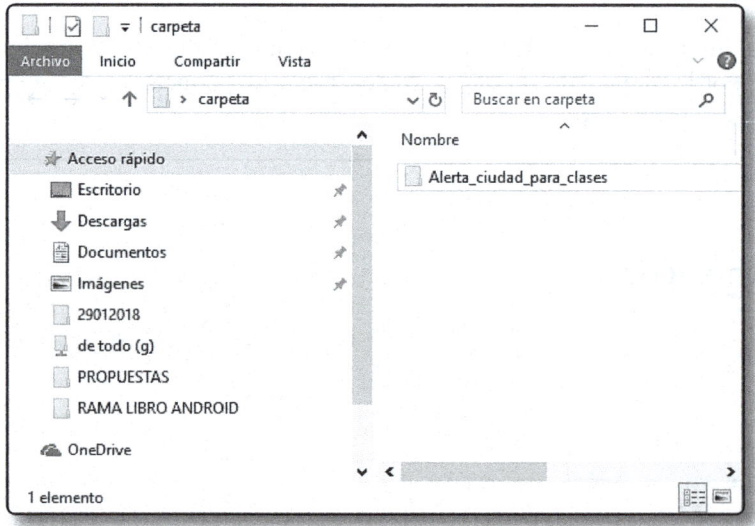

3.19.6 Iniciando Repositorio

Dentro de la carpeta presionamos clic derecho y seleccionamos: git Create repository here:

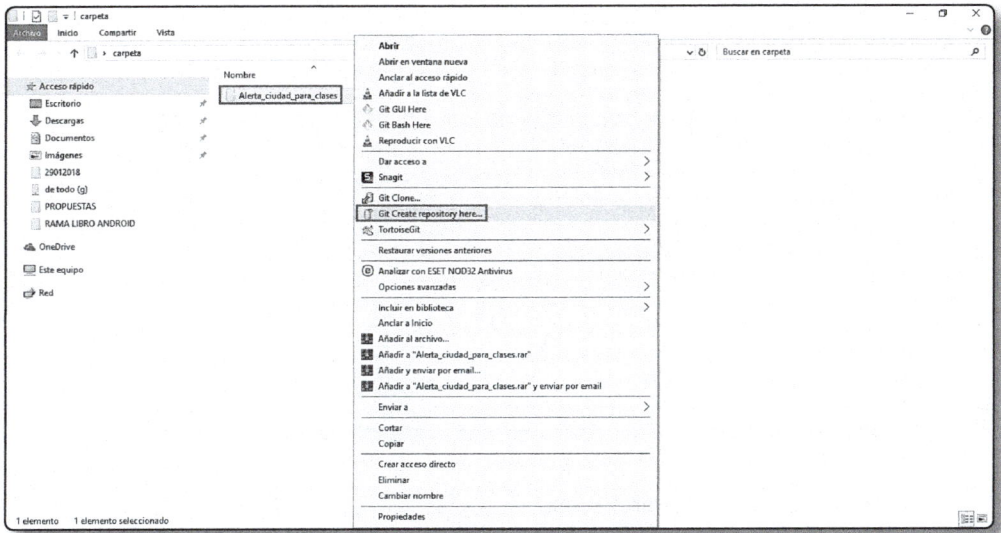

Indicar Ok:

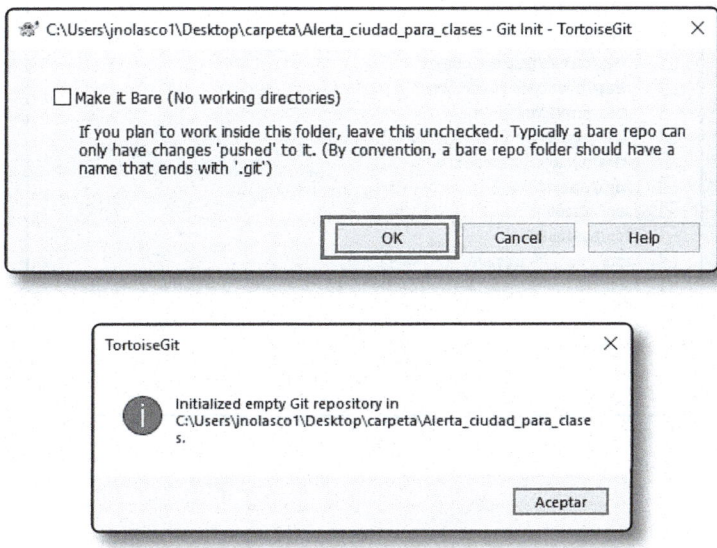

Ahora añadimos la carpeta a la Cola:

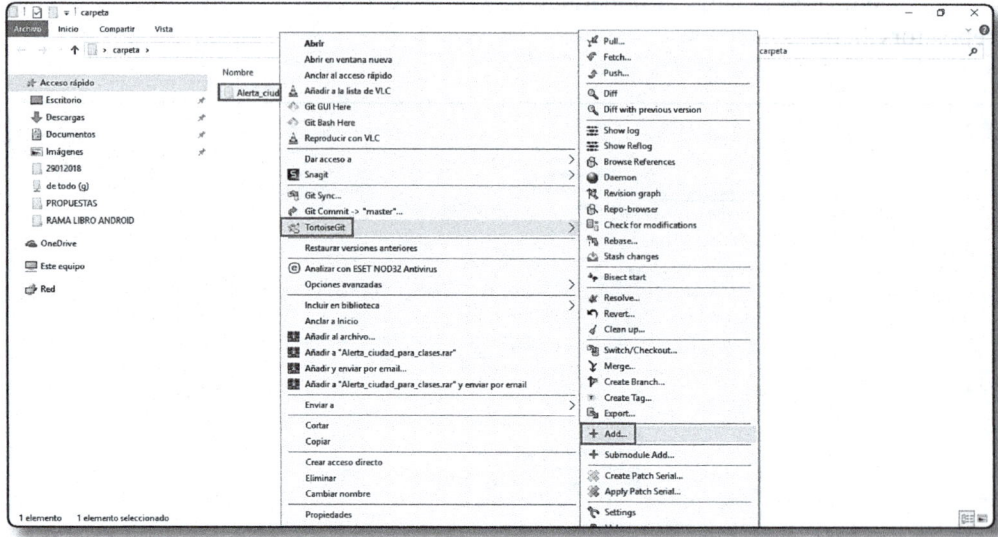

Selecciona todos los archivos:

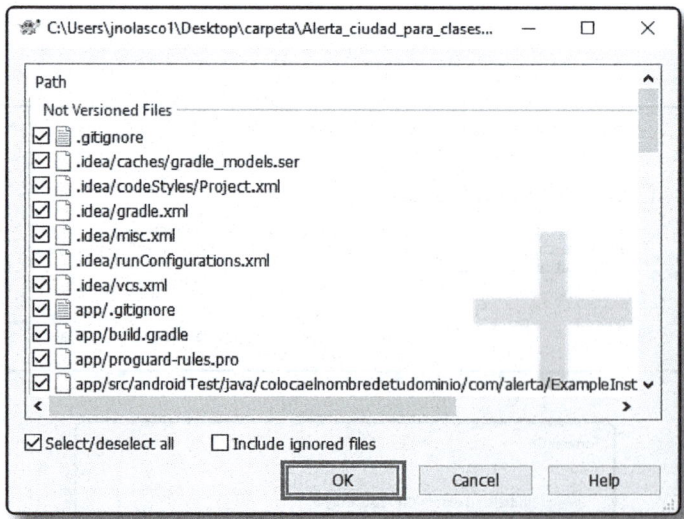

Confirmar Ok:

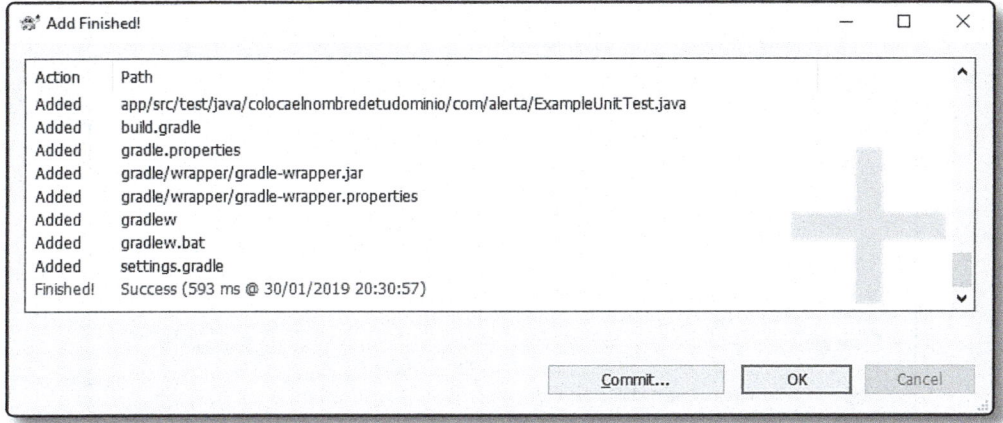

Comenzado a realizar los cambios, Haciendo Git Commit -> "master"….

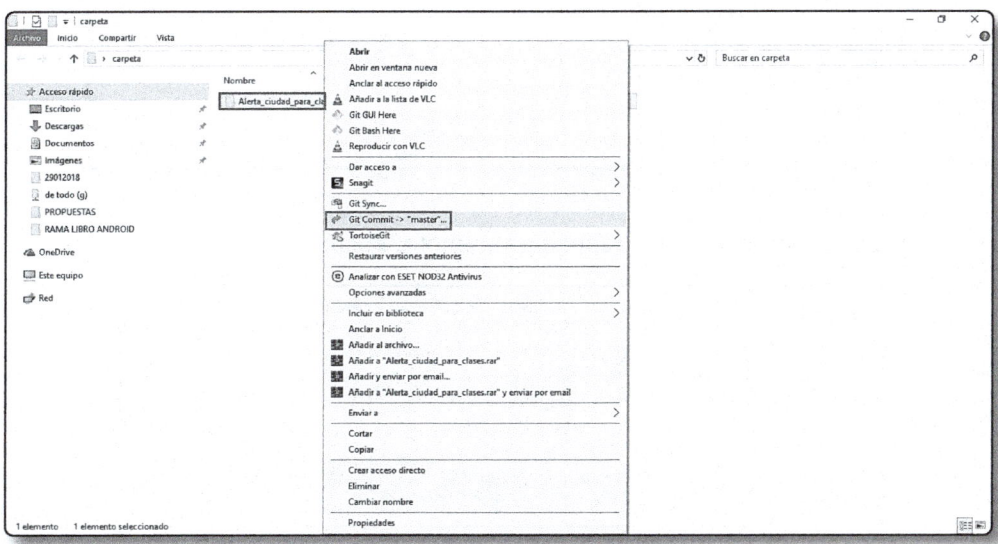

Realizamos algunos comentarios breves y presionamos Ok:

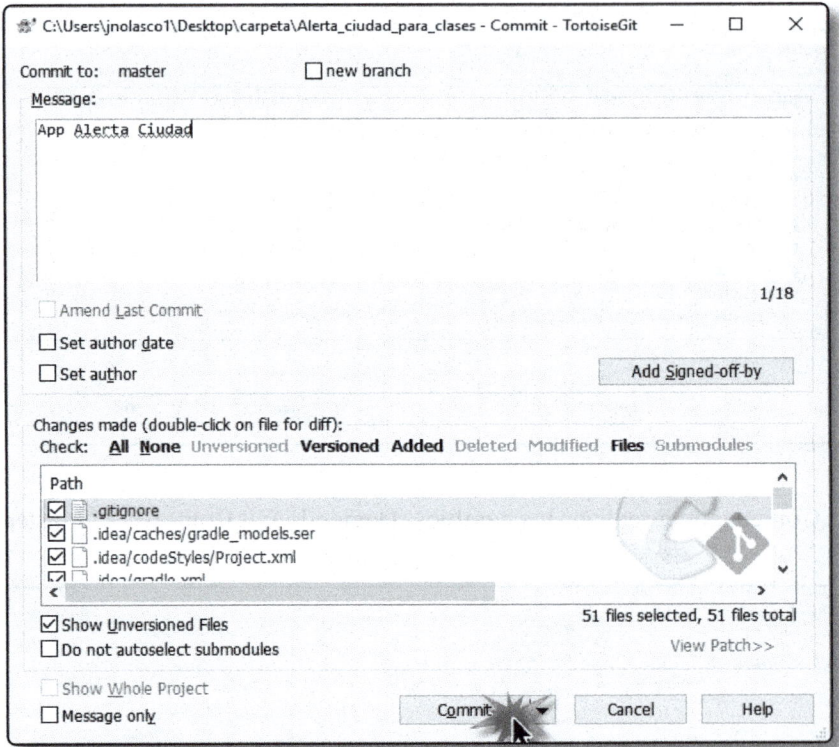

Comenzado el envío al repositorio remoto, Push:

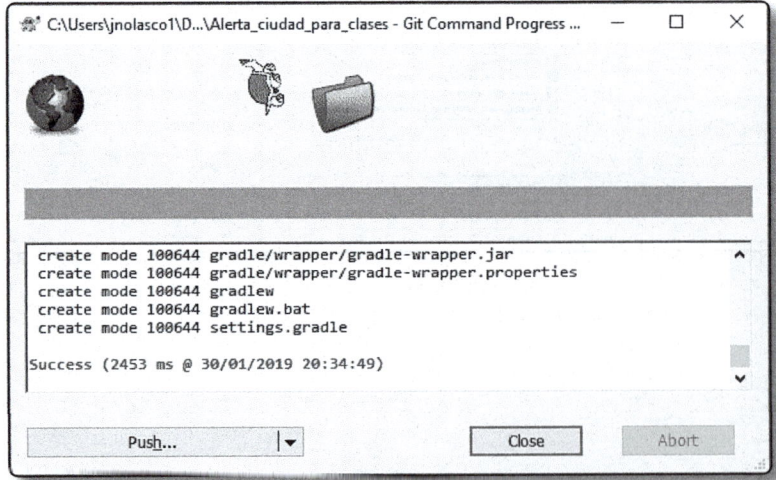

Indicar la ruta del repositorio:

| 🖥 JSNV57 / AlertaCiudad_para_clases | | | 👁 Unwatch ▾ | 1 | ★ Star | 0 | ✇ Fork | 0 |

<> Code · ① Issues 0 · 🗇 Pull requests 0 · 🔲 Projects 0 · 📖 Wiki · 📊 Insights · ⚙ Settings

Quick setup — if you've done this kind of thing before

⬇ Set up in Desktop or **HTTPS** SSH `https://github.com/JSNV57/AlertaCiudad_para_clases.git` 📋

Get started by creating a new file or uploading an existing file. We recommend every repository include a README, LICENSE, and .gitignore.

https://github.com/JSNV57/AlertaCiudad_para_clases.git

Indicamos la URL, Presione el botón Manage:

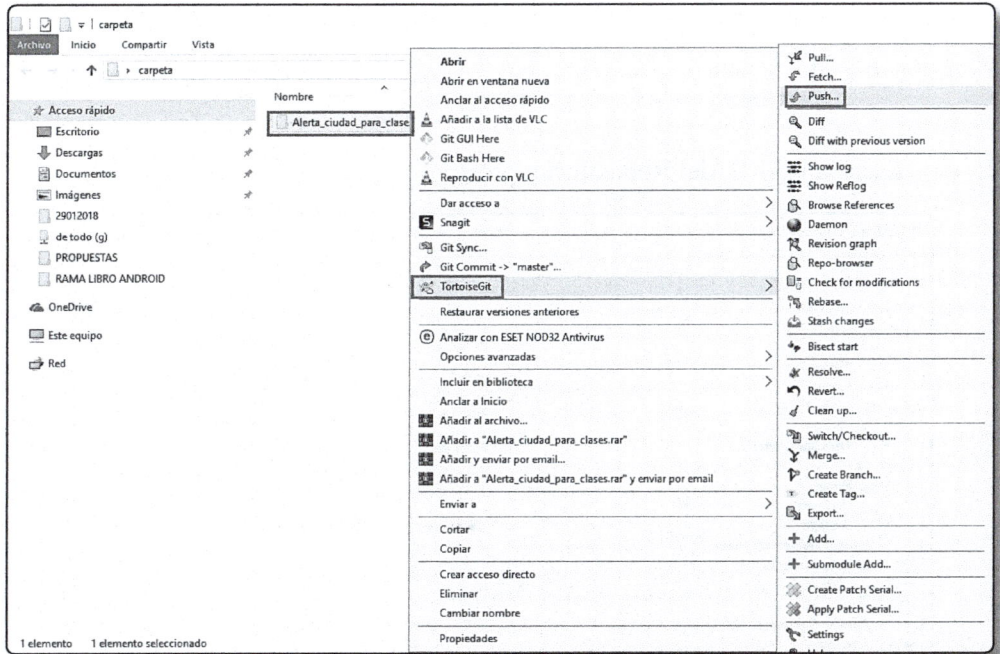

Presione clic en Manage:

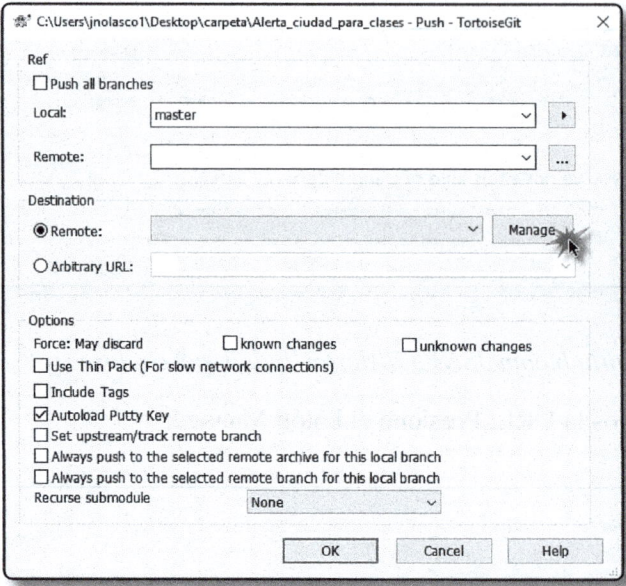

Escriba la URL del Repositorio, presione los botones: Aplica y aceptar:

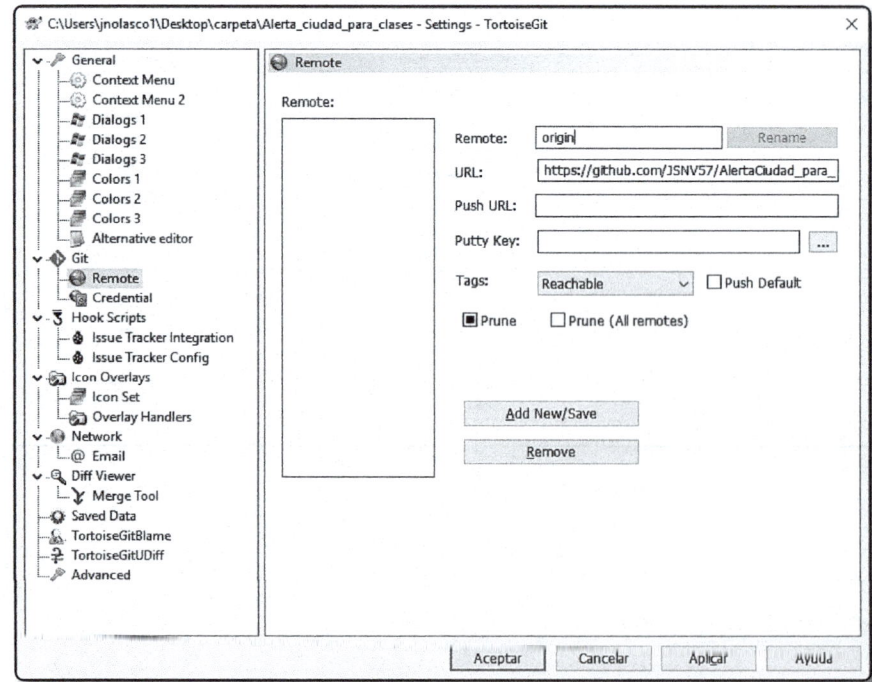

Presione el botón Ok:

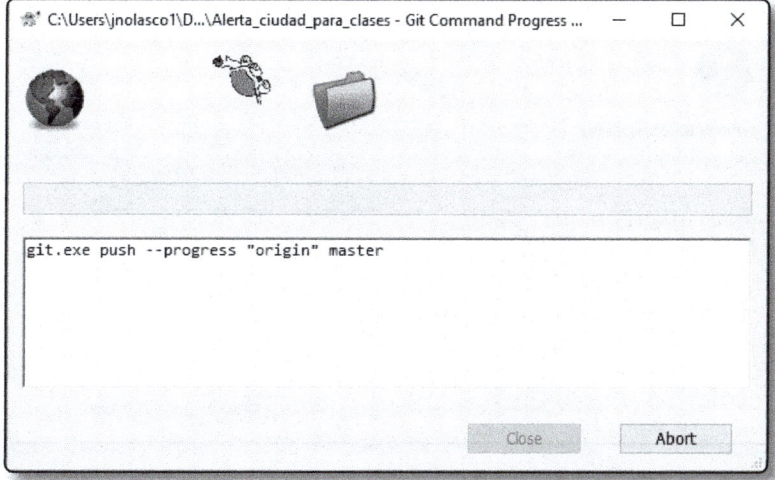

Ingrese tu usuario Git y presione el botón Ok:

Presione el botón close.

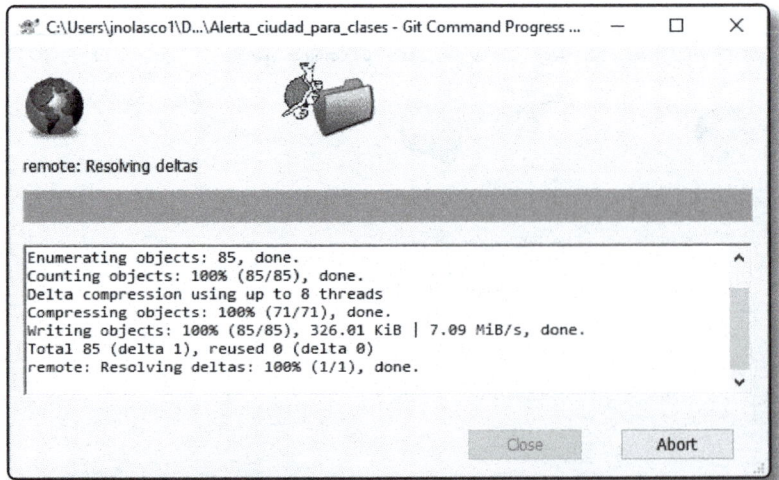

Observe el repositorio:

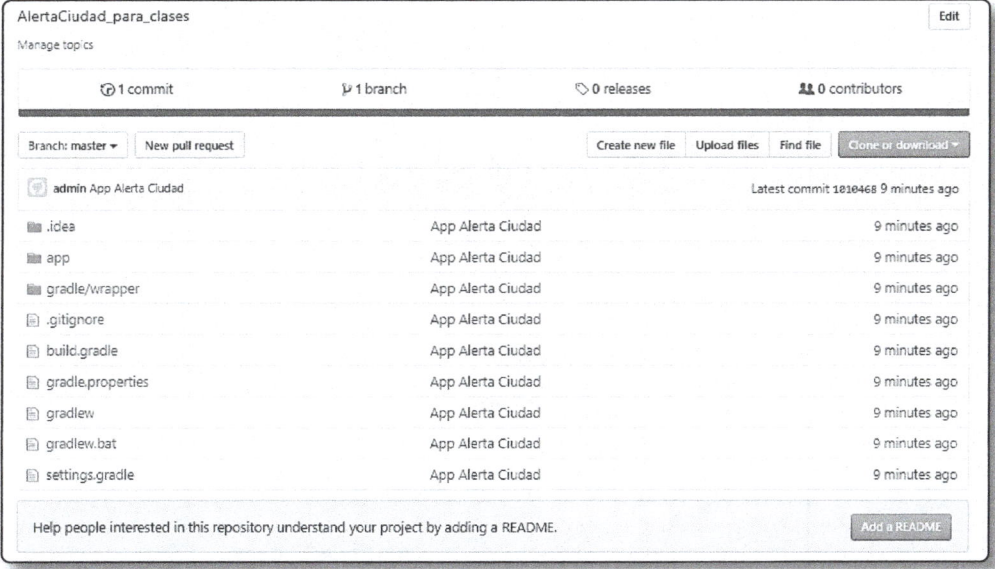

3.19.7 Uso de la App AlertaCiudad_para_clases desde el repositorio

Seleccione la Opción Check out Project from Version Control:

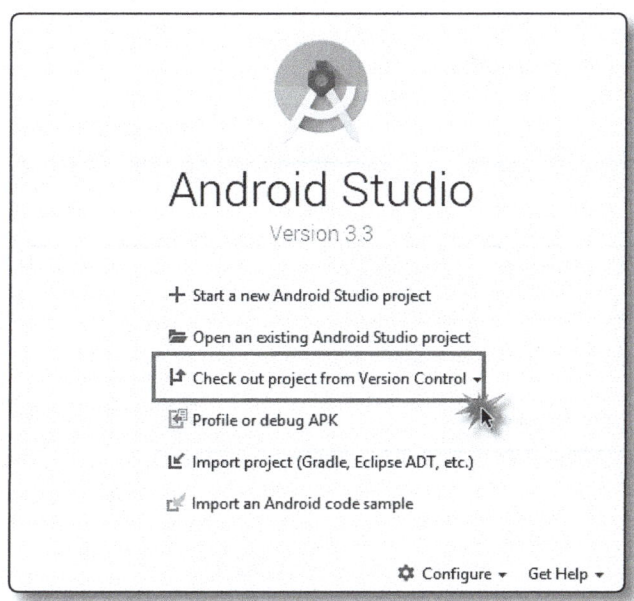

La opción Git.

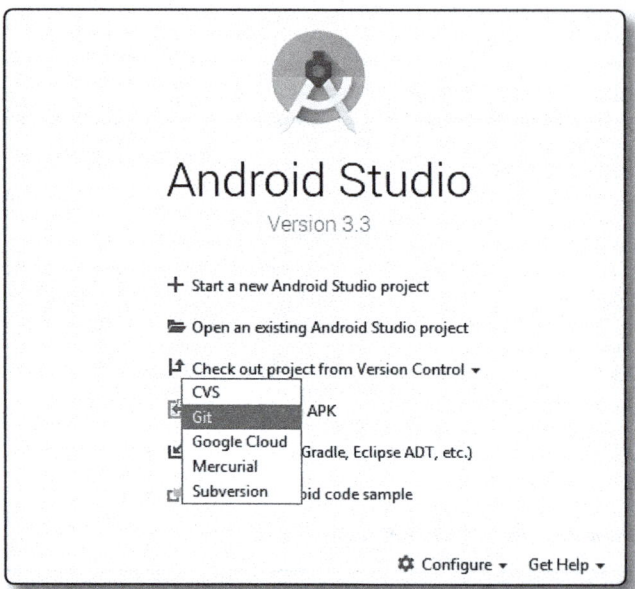

Indica el Repositorio origen y la carpeta local destino y presione el botón clone:

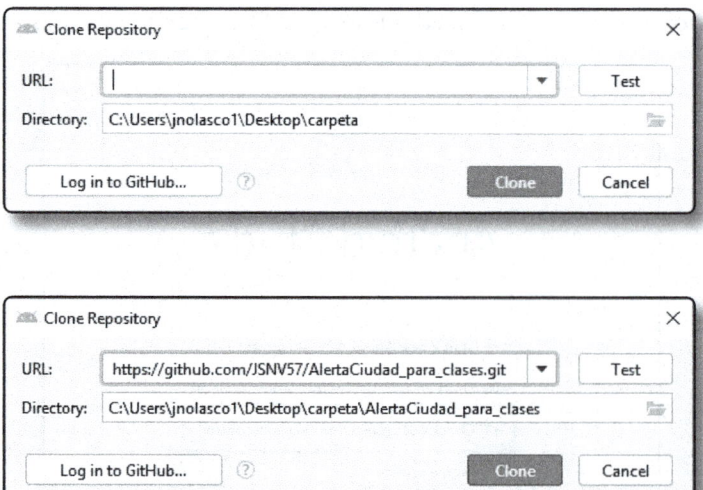

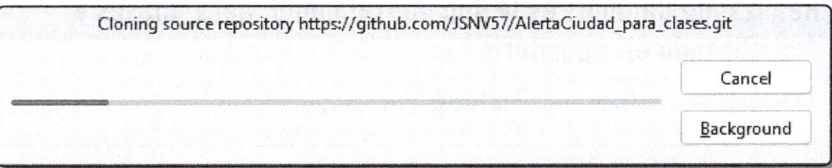

Presione el botón Yes:

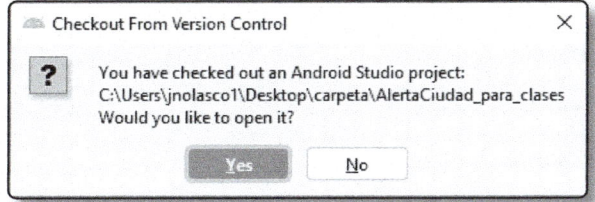

Obtenemos lo siguiente:

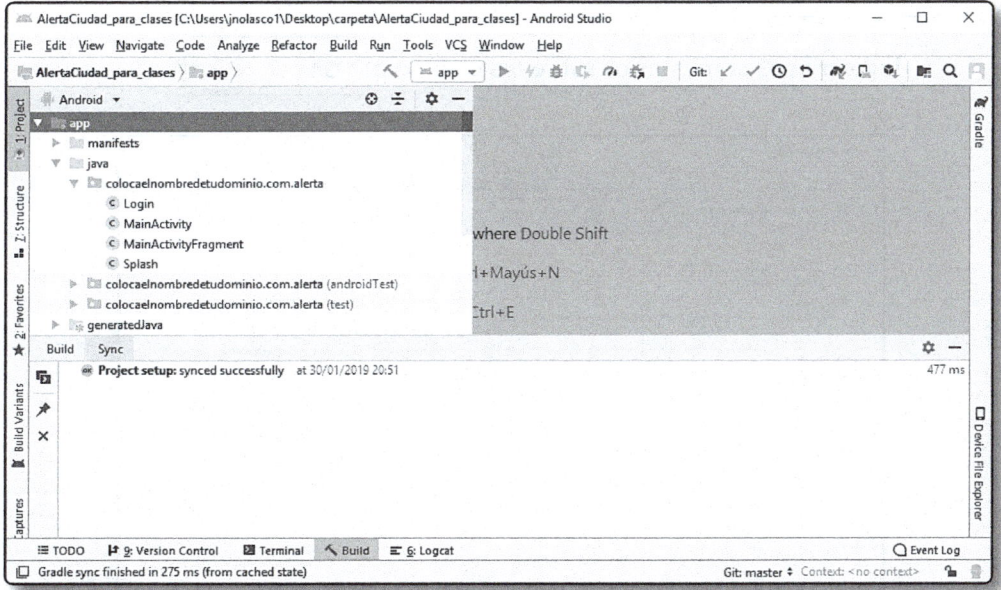

3.19.8 Realizando Cambios es la App AlertaCiudad_para_clases y Actualizando el repositorio

Después de realizar los cambios:

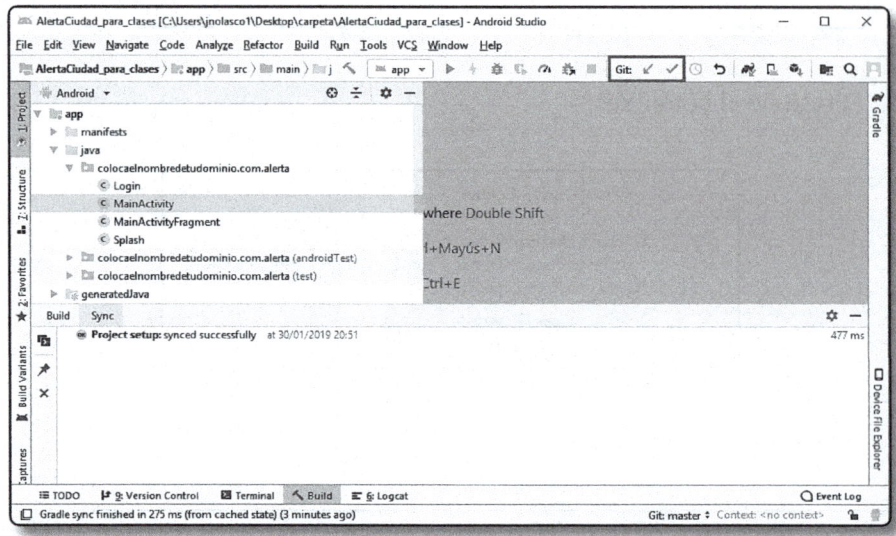

Indicar unos comentarios sobre los cambios:

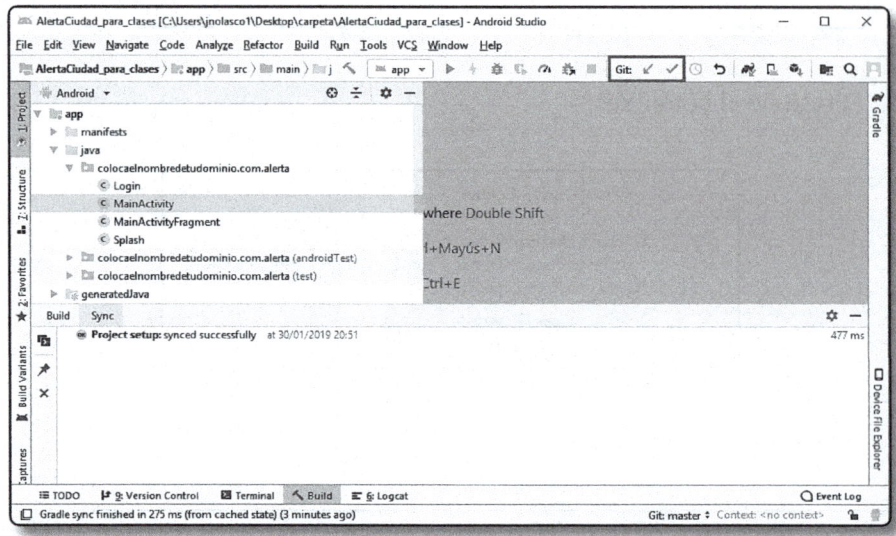

Presione el botón Commit and Push:

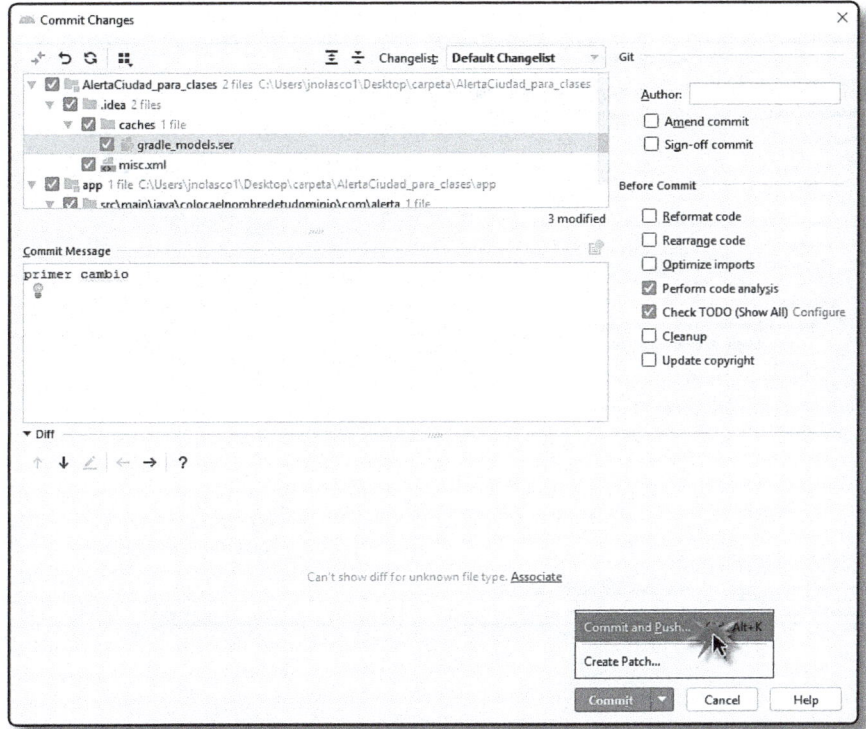

Realizando los cambios y presione el botón Push.

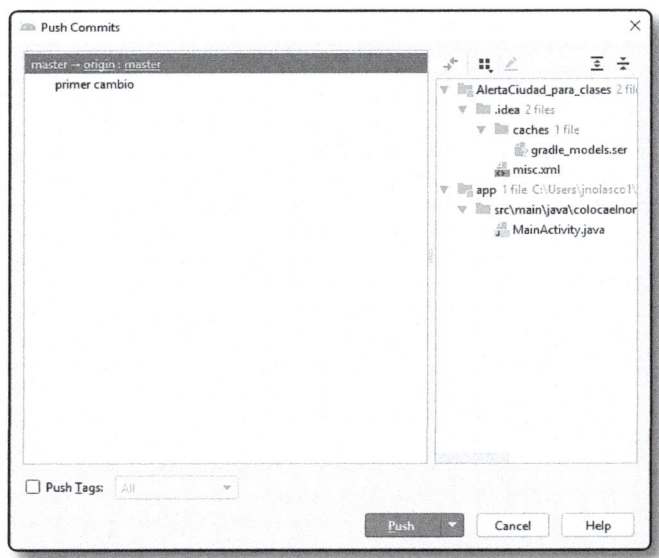

3.19.9 Actualización completada

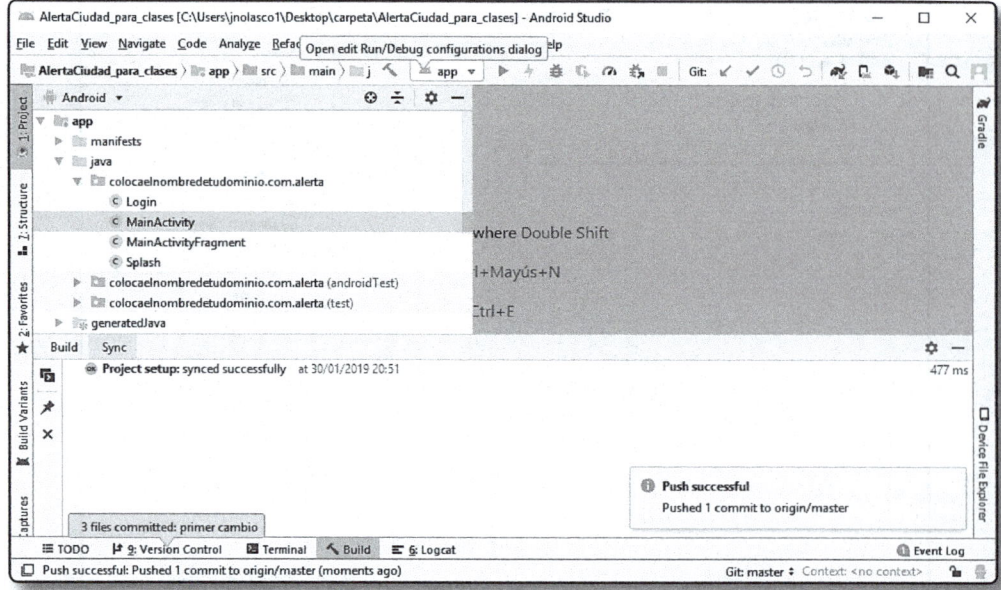

4

DEFINIENDO Y CONOCIENDO PALABRAS RESERVADAS, COMENTARIOS, VARIABLES Y OPERADORES

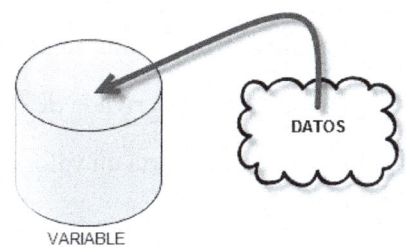

4.1 PALABRAS RESERVADAS EN JAVA

Java no admite el uso de estas palabras como nombres de variables, métodos y clases, debido a que están reservadas para el propio lenguaje.

▶ **abstract:** Especifica la clase o método que se va a implementar más tarde en una subclase.

▶ **boolean:** Tipo de dato que sólo puede tomar los valores verdadero o falso.

▶ **break:** Sentencia de control para salirse de los bucles.

▶ **byte:** Tipo de dato que soporta valores en 8 bits.

- **byvalue:** Reservada para uso futuro.

- **case:** Se utiliza en las sentencias switch para indicar bloques de texto.

- **cast:** Reservada para uso futuro.

- **catch:** Captura las excepciones generadas por las sentencias try.

- **char:** Tipo de dato que puede soportar caracteres Unicode sin signo en 16 bits.

- **class:** Declara una clase nueva.

- **const:** Reservada para uso futuro.

- **continue:** Devuelve el control a la salida de un bucle.

- **default:** Indica el bloque de código por defecto en una sentencia switch.

- **do:** Inicia un bucle do-while.

- **double:** Tipo de dato que soporta números en coma flotante, 64 bits.

- **else:** Indica la opción alternativa en una sentencia if.

- **extends:** Indica que una clase es derivada de otra o de una interfaz.

- **final:** Indica que una variable soporta un valor constante o que un método no se sobrescribirá.

- **finally:** Indica un bloque de código en una estructura try - catch que siempre se ejecutará.

- **flota:** Tipo de dato que soporta un número en coma flotante en 32 bits.

- **for:** Utilizado para iniciar un bucle for.

- **future:** Reservada para uso futuro.

- **generic:** Reservada para uso futuro.

- **goto:** Reservada para uso futuro.

- **if:** Evalúa si una expresión es verdadera o falsa y la dirige adecuadamente.

- **implements:** Especifica que una clase implementa una interfaz.

- **import:** Referencia a otras clases.

▼ **inner:** Reservada para uso futuro.

▼ **instanceof:** Indica si un objeto es una instancia de una clase específica o implementa una interfaz específica.

▼ **int:** Tipo de dato que puede soportar un entero con signo de 32 bits.

▼ **interface:** Declara una interfaz.

▼ **long:** Tipo de dato que soporta un entero de 64 bits.

▼ **native:** Especifica que un método está implementado con código nativo (específico de la plataforma).

▼ **new:** Crea objetos nuevos.

▼ **null:** Indica que una referencia no se refiere a nada.

▼ **operator:** Reservado para uso futuro.

▼ **outer:** Reservado para uso futuro.

▼ **package:** Declara un paquete Java.

▼ **private:** Especificador de acceso que indica que un método o variable sólo puede ser accesible desde la clase en la que está declarado.

▼ **protected:** Especificador de acceso que indica que un método o variable sólo puede ser accesible desde la clase en la que está declarado (o una subclase de la clase en la que está declarada u otras clases del mismo paquete).

▼ **public:** Especificador de acceso utilizado para clases, interfaces, métodos y variables que indican que un tema es accesible desde la aplicación (o desde donde la clase defina que es accesible).

▼ **rest:** Reservada para uso futuro.

▼ **return:** Envía control y posiblemente devuelve un valor desde el método que fue invocado.

▼ **short:** Tipo de dato que puede soportar un entero de 16 bits.

▼ **static:** Indica que una variable o método es un método de una clase (más que estar limitado a un objeto particular).

▶ **super:** Se refiere a una clase base de la clase (utilizado en un método o constructor de clase).

▶ **switch:** Sentencia que ejecuta código basándose en un valor.

▶ **synchronized:** Especifica secciones o métodos críticos de código multihilo.

▶ **this:** Se refiere al objeto actual en un método o constructor.

▶ **throw:** Crea una excepción.

▶ **throws:** Indica qué excepciones puede proporcionar un método,

▶ **transient:** Especifica que una variable no es parte del estado persistente de un objeto.

▶ **try:** Inicia un bloque de código que es comprobado para las excepciones.

▶ **var:** Reservado para uso futuro.

▶ **void:** Especifica que un método no devuelve ningún valor.

▶ **volatile:** Indica que una variable puede cambiar de forma asíncrona.

▶ **while:** Inicia un bucle while.

4.2 COMENTARIOS Y DOCUMENTACIÓN (JAVADOC)

Existen dos formas de declarar comentarios en java en una sola línea o multilínea.

La documentación del código en java o "javadoc" se realiza con anotaciones en los comentarios.

4.2.1 El comentario de línea simple

Empieza con dos barras diagonales //, su uso más común es el detallar una instrucción en específico, por ejemplo:

```
System.out.println(Math.PI*2); //Multiplica 2 con pi
```

4.2.2 Multi-Línea

Empieza con barra diagonal y un asterisco y termina con asterisco y barra diagonal /* */, su uso más común es el detallar un conjunto de instrucciones como métodos, clases o múltiples líneas de código, por ejemplo:

```
/*
Clase Suma
*/
public class Suma(){
private String a;
private String b;
public Suma(){
//contructor por defecto
}
/*
Inicializa las varibles a y b de la clase
*/
Public Suma(String a, String b){
this.a=a; //asigna el valor del parámetro "a" a la variable a de la clase
this.b=b; //asigna el valor del parámetro "b" a la variable b de la clase
}
}
```

4.2.3 Documentación con JavaDoc

Se define dentro de un comentario multi-línea con la siguiente característica comienza con una barra diagonal y dos asteriscos /* y termina con un asterisco y una barra diagonal */quedando de la siguiente forma /* */, el documento generado por el JavaDoc es un archivo HTML.

Al generar un documento html es posible agregar instrucciones html al comentario y obtener una mejor presentación del documento; para obtener instrucciones de html5 ingresar a ***http://www.tutorialspoint.com/html5/html5_entities.htm***

La siguiente tabla muestra las anotaciones de mayor uso en la generación de documentación en java para mayor información ver ***http://docs.oracle.com/javase/8/docs/technotes/tools/windows/javadoc.html***

Anotación	Descripción	Ejemplo
@author	Nombre del autor del código que se comenta. Se puede agregar más de un autor.	/** @author José Jara Barrientos */
@param	Documenta lo que se puede realizar con el parámetro dentro de un método o constructor. Siempre precede a un método o constructor.	/** @param a variable inicial de la suma */
@see	Brinda una referencia cruzada a otra clase.	/** @see java.lang.Integer @see Integer @see Integer#intValue @see Integer#getInteger(String) @see <a href="info.html">V&#233ase aqu&#237 para mayor informaci&#243n</a> */
@since	Establece cuando se incluyó una cierta característica, por ejemplo, desde cuándo se ha hecho disponible)	/** @since jdk1.0 */
@version	Sirve para indicar la versión del proyecto. No existe un formato para definir la versión, una forma es indicar la versión con la fecha de liberación.	/** @version 1.0 29.02.1980 */
@return	Documenta el retorno del método.	/** @return resultado Retorna el resultado de la suma. */
@throws	Documenta el error posible del método o clase. Se define un throws por cada excepción. También se puede documentar las excepciones unchecked.	/** @throws error en la suma valor no definido. */
@deprecated	Indica que el siguiente método o clase será cambiado en versiones futuras. De preferencia esta anotación debe seguirse de @see que dirija al lector punto de reemplazo. Esta anotación es reconocida por el compilador y presenta una alerta al usuario al momento de usar el método o clase.	/** @deprecated No estará disponible en las siguientes versiones. */

```
package com.inkadroid;
/**
Clase que contiene las variables de entrada de una suma
@author Jorge Nolasco
*
*/
package com.inkadroid;
public class Suma {
    public int Sumar(int Numero1 , int Numero2)
    {
        return Numero1+Numero1;
    }
}
```

4.2.4 Generar la documentación

JavaDoc es útil si se desea documentar código Java en formato HTML. La documentación Javadoc se genera a partir de los comentarios y etiquetas añadidas a las clases o métodos Java.

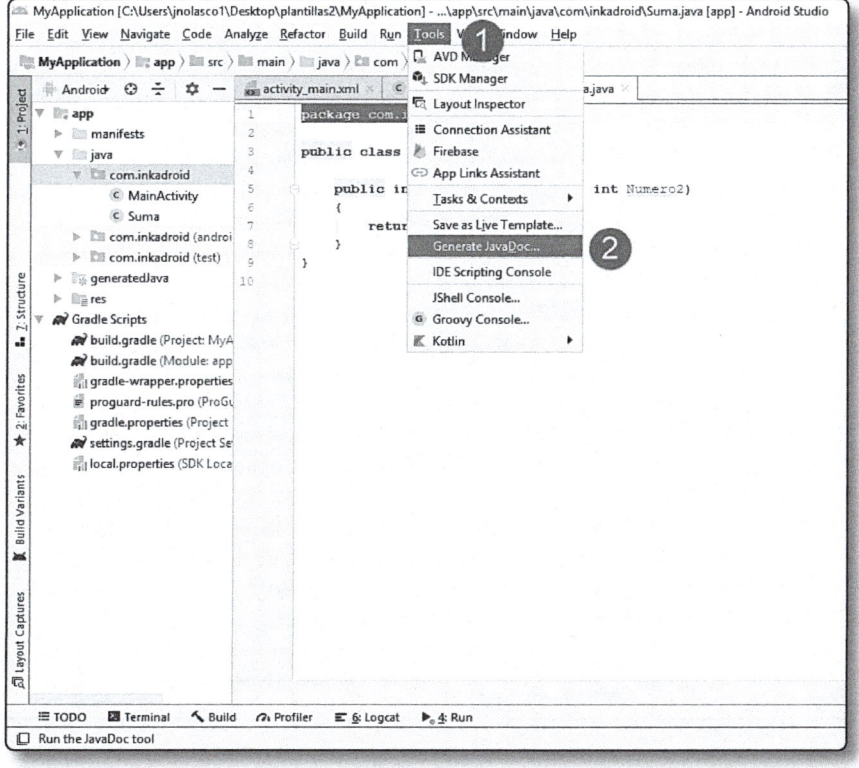

GENERA LA DOCUMENTACION DEL PROYECTO

GENERA LA DOCUMENTACION DE UNA CLASE

GENERA LA DOCUMENTACION DE UN MODULO DEL PROYECTO

RUTA DEL DIRECTORIO DONDE SE GENERARA LA DOCUMENTACION EN HTML

ESTRUCTURA DE LA PAGINA HTML

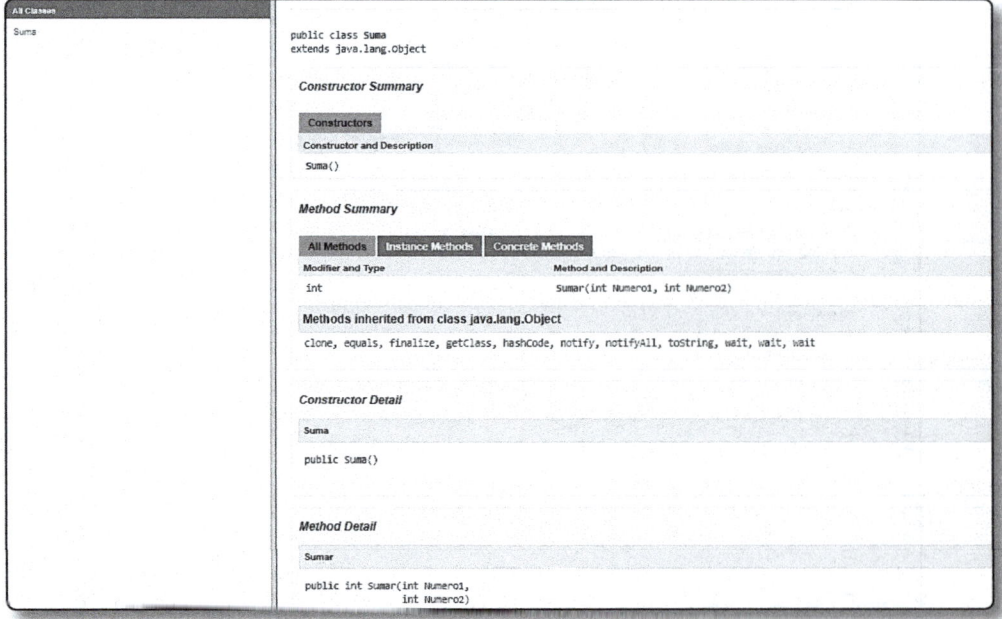

4.3 PARTES DE UNA CLASE DE JAVA

Antes de definir las partes de una clase vamos a dar unas pautas de como nombrar las clases, variables y métodos.

Todos los nombres comienzan con un carácter alfabético no números ni caracteres especiales: ñ, á, é, í, ó, ú, @, #, ·, -,….

Las clases comienzan siempre en Mayúscula, ejemplo: Suma, Figura, ControladorFiguras.

Los métodos comienzan en minúsculas, ejemplo: área, división, calculoVolumen.

Las variables al igual que los métodos comienzan en minúscula otro tipo de nomenclatura son con guión bajo (_), ejemplo: altura, variableA, variableB o variable_A, variable_B. Caso aparte son las variables estáticas (**static**) y constantes (**final**) estas son en mayúsculas, ejemplo: PI, MASCULINO, FEMENINO.

```
public class Suma extends Activity{ //Suma nombre de la clase, extends define que
hereda caracterices de la clase Activity
private   String variableA; //variableA nombre de la variable, String tipo de
variable
public static final float PI=3.1416f; //PI nombre de la variable statica y cons-
tante, float tipo de variable
  public String getVariableA() { // getVariableA nombre del método, String tipo
de dato que retorna
      return variableA; //Retorna el valor de la variableA
  }
  public void setVariableA(String variableA) { //void define que el método no
retorna valor
      variableA = variableA; //asigna un valor a la variableA
  }
}
```

Salida de texto: En java existe la instrucción **System.out.print** y **System.out.println** donde la primera imprime el texto en la misma seguidamente del texto anterior, y la segunda imprime el texto en una nueva línea, dentro del texto pueden ir secuencias de escape.

Secuencias de escape: Son los caracteres especiales que se pueden agregar a un texto, la siguiente tabla muestra estos caracteres.

Secuencias de Escape	Descripción
\\	Backslash (barradiagonal)
\"	Imprime comillas dobles
\'	Imprime comilla simple
\b	Backspace(borrado a la izquierda)
\f	Comienzo de pagina
\n	Nueva línea
\r	Retorno de carro
\t	Tabulador

4.4 VARIABLES

Las variables en java constan de dos fases la declaración y la inicialización donde la primera te reserva un espacio en memoria, mientras que la segunda le asigna un valor.

Existen dos tipos de variables en java los primitivos y por referencia.

4.4.1 Variables Primitivas

Son variables que almacenan un solo tipo de valor. En cambio, los objetos contienen un conjunto de variables y métodos.

En java las variables primitivas son: char, int, float, double, boolean, byte, short, long.

Tipo	Tamaño de bits	Valores	Estándar
Char	16	'\u0000' hasta '\uFFFF' (0 hasta 65535)	ISO, conjunto de caracteres Unicode
Int	32	-2,147,483,648 hasta +2,147,483,647 (-2^{31} hasta 2^{31}-1)	
float	32	Rango negativo: -3.4028234663852886E+38 hasta −1.40129846432481707e−45 Rango positivo: 1.40129846432481707e−45 hasta 3.4028234663852886E+38	IEEE 754, punto flotante

NOTA:
Para asignar un valor una variable de tipo **float** es necesario colocar la letra "**f**" al final del valor.
float pi= 3.1416f

double	64	Rango negativo: $-1.7976931348623157E+308$ a $-4.94065645841246544e-324$ Rango positivo: $4.94065645841246544e-324$ a $1.7976931348623157E+308$	IEEE 754, punto flotante
boolean		true o false	
Byte	8	-128 a $+127$ (-27 a $27-1$)	
short	16	$-32,768$ a $+32,767$ (-215 a $215-1$)	
Long	64	$-9,223,372,036,854,775,808$ a $+9,223,372,036,854,775,807$ (-263 a $263-1$)	

4.4.2 Variables por referencia

Son variables que referencia a un objeto o arreglo en la memoria del ordenador.

4.4.3 Declaración de variables

Los nombres de las variables por convención empiezan en minúsculas además debe tener un significado de lo que contendrá como por ejemplo peso, talla, variableA, variableB, etc. En vez de p, t vA, vB

Formas de declarar variables:

▰ Tipo variable
▰ Tipo variable, variable1
▰ Tipo variable = valor

A los tipos de variables les pueden preceder los siguientes modificadores:

static, final, volatile, transient.

▰ static: Define la variable como variable de clase y que sea único para todos los objetos de la clase. Por ejemplo cuando uno desea hacer el cálculo del área de una elipse se necesita el valor de **PI** este valor no es necesario tenerlo en cada instancia cuando lo más óptimo es que se cree una sola vez no importa las instancias u objetos que se creen.

▶ final: Defina la variable como constante, no puede ser redefinido o reescrito.

▶ volatile: Se utiliza cuando la variable es modificada asíncronamente por varias instancias en diferentes *threads* (hilos, tareas que se ejecutan en paralelo) impidiendo que el optimizador del compilador lo accese; con este tipo de modificador se asegura que se vuelva a cargar la variable (por si fue modificada) en cada llamada o uso (en vez de usar registros de almacenamiento como buffer).

▶ transient: Son aquellos atributos que no se graban al archivar un objeto, es decir, no forman parte del estado indeleble del objeto.

Ejemplo:

```
static String variableA;
final String variableA=4;
static final String variableA=4;
volatile String;
transient String;
```

Vista de la ventaja de declarar una variable static en memoria.

4.4.4 Modificador de acceso

Los modificadores se le agregan a variables y métodos, en java existen tres tipos de accesos:

▼ **Public**: Las clases, variables o métodos que tienen este modificador podrán ser accedidos desde cualquier clase.

▼ **Private**: Las variables o métodos que tiene este modificador solo podrán ser accedidos por la misma clase, ni las subclases podrán acceder a estas. Solo las subclases pueden tener este tipo de acceso.

```
public class Suma{
private String variableA;
private void metodo1(){
}
private class SubClase{
}
}
```

▼ **Friendly**: Si en caso que no se declara el modificador el tipo de acceso es "**friendly**", no es una palabra reservada de java, es solo la expresión usada cuando no se declara el modificador. Todas las variables o métodos expresados de esta forma solo pueden ser accedidos desde su mismo paquete. Java considera la misma carpeta de trabajo como un paquete.

Si desarrolla un paquete con clases sin modificadores de acceso, tendrá que agregar una declaración de paquete en el código fuente y debe compilar con la opción –d. Las clases que no agregaron el modificador de acceso serán accesible a todos los miembros del paquete, que es lo más probable que desee.

Las clases externas al paquete no tienen acceso a las características de las clases **friendly**.

```
class Suma{
String variableA;
    void metodo1()
{
SubClase subClase = new SubClase();
subClase.metodoSubClase1();//no está permitido
    }
class SubClase
{
        void metodoSubClase1(){
        }
}
}
```

▶ **Protected**: Las variables o métodos que tiene este modificador podrán ser accedidos por clases del mismo paquete (similar a **friendly**), y más aún, una característica protegida de una clase está disponible a todas las subclases de la clase que define la característica protegida. Establece un nivel intermedio entre public y private.

```
package model
public class Suma{
protected String varaibleA;
protected void metodo1(){}
}
package model2
public class Suma1 extends Suma{
protected String varaibleB;
   protected void metodo2(){}
@Override
   protected void metodo1(){ //Redefine el método
super.metodo1();
   }
}
```

```
package model2
public class Suma1 extends Suma{
protected String varaibleB;
    protected void metodo2(){
metodo1(); //Usa el método de la clase Suma
   }
}
```

4.4.5 Entorno de las variables

Las variables tienen dos entornos globales y locales.

Donde las globales o también llamadas variables de instancia, se declaran fuera de los métodos y se pueden usar en cualquier método interno o externo dependiendo este último de su modificador de acceso.

```
public class Suma{
private String variableA; //variable global
private void metodo1(){
 String variableA; //variable local
}
private class SubClase{
private String variableA; //variable global de la SubClase
```

```
    private void metodo1(){
      String variableA; //variable local del método de la SubClase
      }
  }
}
```

En el ejemplo anterior se puede observar que todas las variables tienen el mismo nombre eso es posible debido a su entorno, es normal hacer este tipo de expresiones ya que siempre es conveniente saber la expresión que se va a evaluar.

Para poder diferenciar las variables al momento de usar dentro de un método se usa la palabra reservada this seguida del nombre de la variable o método.

```
public class Suma{
private String variableA; //variable global
private void metodo1(){
    String variableA=this.variableA; //variable local se le asigna el valor de
la variable global
  }
}
```

4.5 OPERADORES

4.5.1 Aritméticos

▼ + Suma

▼ - Resta.

▼ * Multiplicación.

▼ / División. Los operadores pueden ser enteros o reales en caso de ser enteros el resultado es entero.

▼ % Modulo o Resto de la división.

Ejemplo:

```
int a=2, b=3
double d1=2.0, d2=3.0
char c1='c', c2='t'
```

Operación	Valor	Operación	Valor	Operación	Valor
a+b	5	d1+d2	5.0	c1	99
a-b	-1	d1-d2	-1.0	c1 + c2	215
a*b	6	d1*d2	6.0	c1 + c2 + 5	220
a/b	0	d1/d2	0.666666	c1 + c2 + '5'	268
a%b	2	d1%d2	2.0		

En aquellas operaciones en las que aparecen operadores de distinto tipo, java convierte los valores al tipo de dato de mayor precisión de todos los datos que intervienen. Esta conversión es de forma temporal, solamente para realizar la operación. Los tipos de datos originales permanecen igual después de la operación. Los tipos short y byte se convierten automáticamente a int.

```
Por ejemplo:
int i = 7;
double f = 5.5;
char c = 'w';
```

Operación	Valor	Tipo
i + f	12.5	double
i + c	126	int
i + c – '0'	78	int
(i + c) – (2 * f / 5)	123.8	double

4.5.2 Lógicos

Los operadores lógicos se utilizan con operandos de tipo boolean. A partir de estos se construyen expresiones lógicas, teniendo como resultado true o false.

Los operadores lógicos en Java son:

▶ **&& AND**. Si ambos operandos son verdaderos (true) el resultado es verdad (true). Si uno de los operandos es falso (false) el resultado es falso (false). Si el primer operando es falso (false) se termina la evaluación con el resultado falso (false); es conveniente tener como primer operando a evaluar el dato que tenga mayor probabilidad de ser falso.

▶ **|| OR.** Cuando ambos operandos son falsos (false) el resultado es falso. Si uno de ellos es verdad (true) el resultado es verdad (true). Si el primer operando es verdad (true) se termina la evaluación con el resultado de verdad (true); es conveniente tener como primer operando a evaluar el dato que tenga mayor probabilidad de ser verdad.

▼ **! NOT**. Se cambia el valor del operando de verdad (true) a falso (false) y viceversa.

Tablas de verdad, definen las operaciones lógicas de los operadores OR, AND y NOT.

A	B	A OR B
F	F	F
F	V	V
V	F	V
V	V	V

A	B	A AND B
F	F	F
F	V	F
V	F	F
V	V	V

A	NOT A
F	V
V	F

F: Falso

V: Verdadero

Como ejemplo, en la siguiente tabla vemos una serie de expresiones lógicas y su valor:

```
int i = 8;
float f = 6.5F;
char c = 'w';
```

Expresión	Resultado
(i >= 6) && (c == 'w')	true
(i >= 6) || (c == 119)	true
(f < 11) && (i > 100)	false
(c != 'p') || ((i + f) <= 10)	true
i + f <= 10	false
i >= 6 && c == 'w'	true
c != 'p' || i + f <= 10	true

Toda expresión lógica en java se evalúa hasta establecer el valor de verdad (true) o falso (false) del conjunto. Cuando, por ejemplo, una expresión es falsa por el valor que ha tomado uno de sus operandos, no se evalúa el resto de expresión.

4.5.3 Relacionales

Los operadores relacionales comparan dos operandos y dan como resultado de la comparación verdad (true) ó falso (false).

Los operadores relacionales en java son:

▼ < Menor que.
▼ > Mayor que.
▼ <= Menor o igual.
▼ >= Mayor o igual
▼ != Distinto.
▼ == Igual.

Los operandos tienen que ser de tipo primitivo.

Por ejemplo:

int a = 7, b = 9, c = 7;

Operación	Resultado
a==b	false
a >=c	true
b < c	false
a != c	false

4.5.4 Unitarios

Los operadores unitarios en java son:

▼ – + signos negativo y positivo
▼ ++ -- incremento y decremento.
▼ ~ complemento a 1.
▼ ! NOT. Negación.

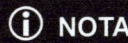 **NOTA**

Estos operadores afectan a un solo operando

El operador ++ (operador incremento) incrementa en 1 el valor de la variable.

Ejemplo de operador incremento:

```
int i = 1;
i++; // Esta instrucción incrementa en 1 la variable i.
// Es lo mismo que hacer i = i + 1; i toma el valor 2
```

El operador — (operador decremento) decremento en 1 el valor de la variable.

Ejemplo de operador decremento:

```
int i = 1;
i--; // decremento en 1 la variable i.
// Es lo mismo que hacer i = i - 1; i toma el valor 0
```

Los operadores incremento y decremento pueden utilizarse como prefijo o sufijo, es decir, se pueden colocar antes o después de la variable.

Por ejemplo:

```
i = 5;
i++; // i =6
++i; // i =7
```

En una expresión el orden del operador ++ influye de la siguiente forma:

```
int x, i = 3;
x = i++;
```

En esta instrucción la variable x toma el valor 3 y la variable i se incrementa, teniendo como resultado después de la ejecución:

x contiene 3, i contiene 4.

Si las instrucciones son:

```
int x, i = 3;
x = ++i;
```

En esta instrucción primero se incrementa la variable i y el resultado se asigna a la variable x, teniendo como resultado después de la ejecución:

x contiene 4, i contiene 4.

Otro ejemplo:

```
protected void onCreate(Bundle savedInstanceState) {
        super.onCreate(savedInstanceState);
        setContentView(R.layout.activity_main);
        int i = 1;
        System.out.println(i);
        System.out.println (++i);
        System.out.println (i);
}
```

Estas instrucciones mostrarían el siguiente resultado en el log de Android:

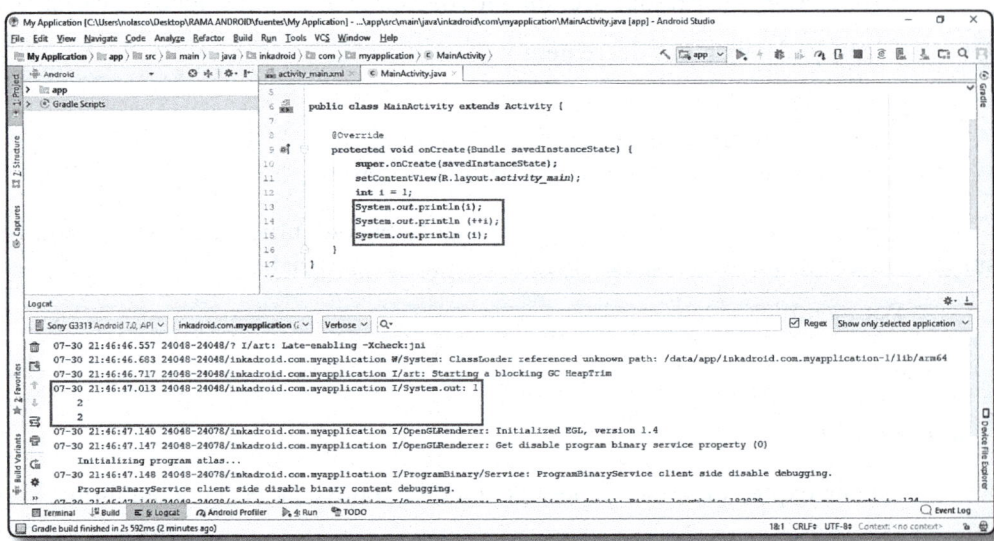

En cambio, si se cambia la posición del operador:

```
int i = 1;
System.out.println(i);
System.out.println (i++);
System.out.println (i);
```

Estas instrucciones mostrarían el siguiente resultado en el log de Android:

```
01-17 18:43:15.596    2244-2244/com.inkadroid.suma I/System.out: 1
01-17 18:43:15.597    2244-2244/com.inkadroid.suma I/System.out: 1
01-17 18:43:15.597    2244-2244/com.inkadroid.suma I/System.out: 2
```

El operador complemento a 1 ~ cambia de valor todos los bits del operando (cambia unos por ceros y ceros por unos). Solo puede usarse con datos de tipo entero. El carácter ~ es el ASCII 126.

```
Por ejemplo:
int a = 1, b = 0, c = 0;
c = ~a;
```

4.5.5 A nivel de Bits

Realiza operaciones de bits de datos con los operadores. Los datos deben ser de tipo entero.

Los operadores a nivel de bits en java son:

- & and a nivel de bits.
- | or a nivel de bits.
- ^ xor a nivel de bits.
- << Desplazamiento a la izquierda, rellenando con ceros a la derecha.
- >> Desplazamiento a la derecha, rellenando con el bit de signo por la izquierda.
- >>> Desplazamiento a la derecha rellenando con ceros por la izquierda.

4.5.6 Asignación

Se utilizan para asignar el valor de una expresión a una variable. Los operandos deben ser de tipo primitivo. Los operadores de asignación en java son:

- = Asignación.
- += Suma y asignación.
- – = Resta y asignación.
- *= Producto y asignación.
- /= División y asignación.
- %= Resto de la división entera y asignación.
- <<= Desplazamiento a la izquierda y asignación.
- >>= Desplazamiento a la derecha y asignación.
- >>>= Desplazamiento a la derecha y asignación rellenando con ceros.
- &= and sobre bits y asignación
- |= or sobre bits y asignación.
- ^= xor sobre bits y asignación.

Si los dos operandos de una expresión de asignación (el de la izquierda y el de la derecha) son de distinto tipo de datos, el valor de la expresión de la derecha se convertirá al tipo del operando de la izquierda. Por ejemplo, una expresión de tipo real (float, double) se truncará si se asigna a un entero, o una expresión en de tipo double se redondeará si se asigna a una variable de tipo float. En Java están permitidas las asignaciones múltiples.

Ejemplo: x = y = z = 3; equivale a x = 3; y = 3; z = 3;

Ejemplo de asignaciones en Java:

a += 3; equivale a   a = a + 3;

a *= 3; equivale a   a = a * 3;

En general:

Variable op= expresión   equivale a: variable = variable op expresión

En la siguiente tabla vemos más ejemplos de asignaciones:

```
int i = 5, j = 7, x = 2, y = 2, z = 2;
float f = 5.5F, g = -3.25F;
```

Expresión	Expresión equivalente	Valor final
i += 5	i = i + 5	10
f -= g	f = f – g	8.75
j *= (i – 3)	j = j * (i – 3)	14
f /= 3	f = f / 3	1.833333
i %= (j - 2)	i = i % (j – 2)	0
x *= -2 * (y + z) / 3	x = x * (-2 * (y + z) / 3)	-4

4.5.7 Prioridad y orden de ejecución de los operadores en JAVA

La tabla muestra los operadores de java ordenados de mayor a menor prioridad. La primera fila contiene los operadores de mayor prioridad y la ultima de menor prioridad. Aquellos que aparecen en la misma fila tienen la misma prioridad. Las expresiones se evalúan igual que una operación matemática desde el paréntesis interno hacia el externo.

Operador	Asociatividad
( ) [ ] .	Izquierda a derecha
++ -- ~ !	Derecha a izquierda
new	Derecha a izquierda
* / %	Izquierda a derecha
+ -	Izquierda a derecha
>> >> <<	Izquierda a derecha
>>= <<=	Izquierda a derecha
== !=	Izquierda a derecha
&	Izquierda a derecha
^	Izquierda a derecha
|	Izquierda a derecha
&&	Izquierda a derecha
||	Izquierda a derecha
?:	Derecha a izquierda
= += -= *= ...	Derecha a izquierda

4.5.8 Operador new

Este operador se usa al momento de crear un objeto a partir de una clase, después de este operador le sigue el constructor si en caso tiene argumentos se le asignara su respectivo valor.

```
MiClase miclase=new Miclase();
MiClase miclase=new Miclase(valor1);
```

En arreglos se debe indicar la dimensión de este.

```
Int a[]=new int[2];
```

4.5.9 Operador cast

Un cast cambia el tipo de variable, siempre que no viole las reglas de compatibilidad. Las reglas de cambio están relacionadas a la teoría de herencia, que se verá más adelante.

El operador cast es un tipo de dato encerrado entre paréntesis seguido de la variable a cambiar.

(TipoDato) Variable

4.6 EXPRESIONES LAMBDAS

Las expresiones **Lambdas** es un primer paso a la programación funcional en java, su aplicación seda en las interfaces SAM (Single Abstract Method Interfaces), en otras palabras, interfaces con un único método abstracto. Las clases en java que usan este tipo de programación son, Runnable, ActionListener, Comparator o Callable.

4.6.1 Sintaxis Lambda

Las expresiones Lambda usan la siguiente sintaxis:

(Argumento) -> (body)

(arg1, arg2, …) -> {body}

(type1 arg1, type2 arg2, …) -> {body}

4.6.2 Ejemplos Lambda

A continuación, vamos a ver unos ejemplos sencillos:

(int a, int b) -> {return a +b;}

() -> {System.out.println("Hola Mundo");}

(String a) -> { System.out.println(a);}

() -> 13

() -> { return 3}

5

ESTRUCTURAS DE CONTROL, MANEJO DE ARREGLOS, LISTAS, COLECCIONES, HASHMAPS Y CASE OBJECT

5.1 INSTRUCCIONES DE CONTROL

Las instrucciones de control son usadas en toda la programación con el objetivo de plasmar la resolución de algún problema, su estructura común es:

```
Intruccion (){
….;
…;
}
Algunas se puede expresar sin las llaves "{,}".
Instrucción ()
….;
```

5.1.1 If

La instrucción if es una de las más usadas en la programación, la evaluación que seda es lógica por lo que se ciñe a las tablas de verdad indicadas en 4.5.2, solo si en caso la evaluación de la condición da verdad se operara la(s) sentencia(s) interna(s).

Estructura:

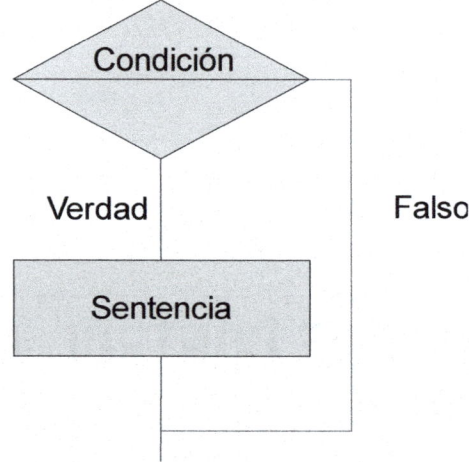

```
if (Condición)
Sentencia;
ó
if (Condición){
Sentencia1;
Sentencia2;
}
```

5.1.2 if – else

La instrucción **if - else** agrega la opción de operar cuando la condición evaluada en el **if** da falso con la instrucción **else**

Estructura:

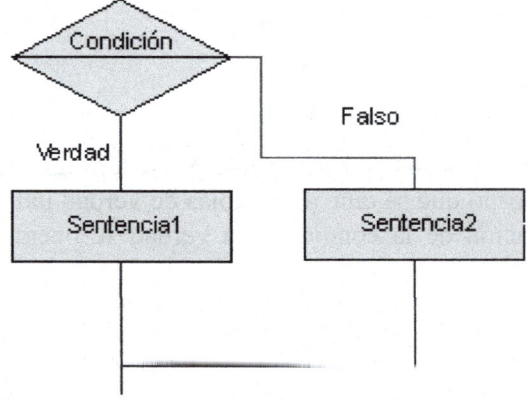

```
If(Condición)
Sentencia1;
else
Sentencia2;
ó
If(Condición){
Sentencia1;
}else{
Sentencia2;
}
```

Si se quiere ingresar personas que sean mayores de 18 años al establecimiento A y en caso sean menores ingresaran al establecimiento B.

```
if(edad>=18){
System.out.println("Establecimiento A");
}
else{
System.out.println("Establecimiento B");
}
ó
if(edad>=18)
System.out.println("Establecimiento A");
else
System.out.println("Establecimiento B");
```

Problema del else suelto: se da cuando no se agrega las llaves "{}" a la instrucción if debido a que el else se asocia con el ultimo if pero esto puede llevar a confusión al momento de programar, por ejemplo:

```
if(x>18)
    System.out.println("x es mayor que 18");
    if(y>18)
    System.out.println("y es mayor que 18");
else
System.out.println("x es menor que 18");
```

En este ejemplo se piensa que si la expresión x>18 es falsa se debe ir a la instrucción else, pero solo se evaluara si la expresión y>18 es falsa, en otras palabras, cuando el ultimo if de falso.

5.1.3 Condicional

Es otra opción a las instrucciones if – else, con la desventaja de hacer menos claras instrucciones.

¿El operador condicional java? y:

Se utiliza de la forma siguiente:

expresión1 ? expresión2 : expresión3

Si expresión1 es verdad (true) entonces se evalúa expresión2 y éste será el valor de la expresión condicional. Si expresión1 es falsa (false), se evalúa la expresión3 y éste será el valor de la expresión condicional.

Ejemplo de operador condicional:

```
int i = 10, j;
j = (i < 0) ? 0 : 100;
```

La operación asigna 100 a la variable j. Su significado es: si el valor de i es menor que 0 asigna a j el valor 0, sino asigna a j el valor 100. Como i vale 10, a j se le asigna 100.

La instrucción anterior es equivalente a escribir:

```
if(i < 0)
   j = 0;
else
   j = 100;
```

Más ejemplos de operador condicional:

```
int a=1, b=2, c=3;
c+=(a>0 && a<= 10) ? ++a : a/b;    // c toma el valor 5
int a=50, b=10, c=20;
c+=(a>0 && a<=10) ? ++a : a/b;    // c toma el valor 25
```

5.1.4 else if

Con la instrucción else if se puede evaluar varios casos dentro de un if.

Estructura:

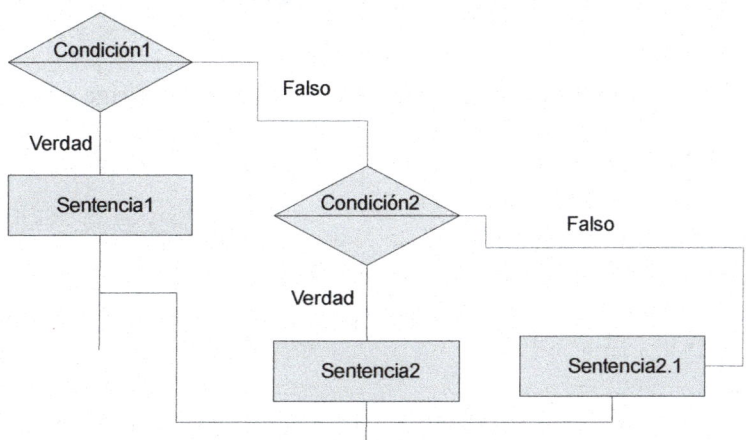

```
if(Condición1){
Sentencia1;
}elseif(Condición2){
Sentencia2;
else{
Sentencia2.1;
}
```

```
if (x>15){
System.out.println("aprobado");
} else if(x>=10 && x <=15){
System.out.println("nueva evaluación");
} else{
System.out.println("Desaprobado");
}
```

5.1.5 Switch

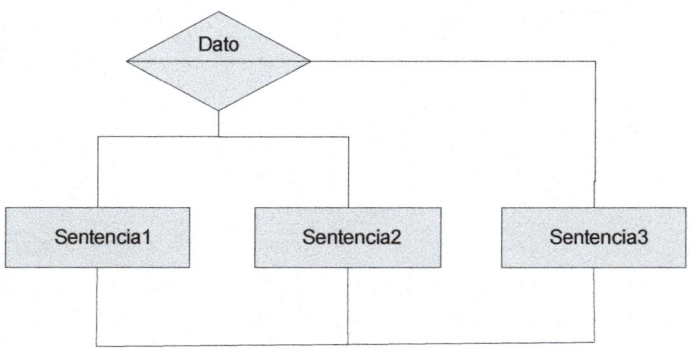

La instrucción **switch** funciona de forma similar al **if** con la salvedad que solo evalúa los posibles valores que pueda tomar las variables de tipo **int, char, byte, short o String**, pero no **long.**

La instrucción **break** detiene la iteración o bucle y se dirige a la siguiente.

Estructura:

```
switch(dato){
case valor1:
sentencia1;
break;
case valor2:
sentencia2;
break;
default:
sentencia3;
break;
}T
```

```
switch (resultado){
case "aprobado":
                System.out.println("nota mayor a 15");
                break;
                case "nueva evaluación":
                System.out.println("nota entre 10 y 15");
                break;
                case "desaprobado":
                System.out.println("nota menor a 10");
break;
    default:
                System.out.println("notas");
                break;
        }
```

5.1.6 For

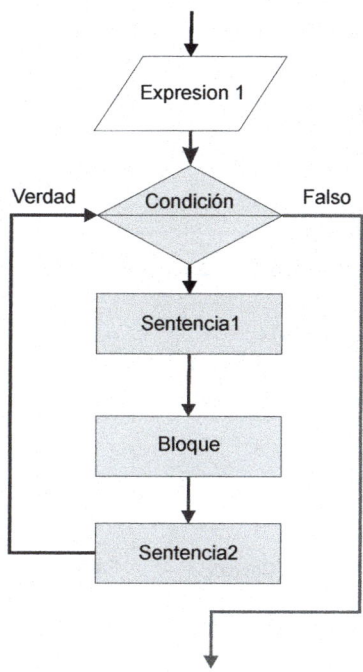

La instrucción for es un bucle controlado al igual que el while.

Estructura:

```
for(Inicialización; condición; incremento)
Sentencia;
ó
for(Inicialización; condición; incremento){
Sentencia1;
Sentencia2;
}
```

```
int x=10;
        for(int a=0;a<x;a++){
            System.out.println(a);
}
```

5.1.7 foreach

Se parece mucho a la instrucción for con la diferencia que no tiene la parte de inicialización y solo funciona con arreglos o listas.

Estructura:

```
for(Variable:Arreglo/lista){
Sentencia;
}
```

```
String [] z={"aprobado","nueva evaluación","desaprobado"};
for(String a:z){
          System.out.println(a);
        }
```

5.1.8 while

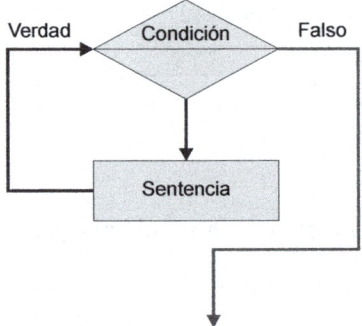

La instrucción while es un bucle controlado.

Estructura:

```
while (Condición){
Sentencia;
}
```

```
int nota=12;
while(nota>10 && nota<=15){
System.out.println("Volver a evaluar");
}
```

5.1.9 do while

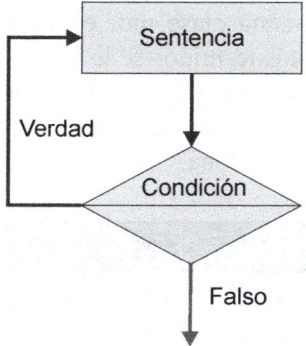

La instrucción do while permite ingresar el valor a evaluar en cualquier parte del bucle ya que siempre se ejecuta antes de evaluar la expresión por lo que siempre se ejecuta al menos una vez.

Estructura:

```
do{
...;
}while(condición);
```

```
int nota;
do{
//ingresando nota
// Instrucción de ingreso de nota
System.out.println("Volver a evaluar");
}
while(nota>10 && nota<=15);
```

5.2 ATRIBUTOS Y MÉTODOS

Las clases por lo general contienen atributos y métodos.

Los **atributos** indican las características del objeto.

Los **métodos** indican los comportamientos del objeto.

5.2.1 Atributos

Como se indicó anteriormente brinda características individuales a cada objeto que se genera de una misma clase, por ejemplo, la clase persona, tendría nombre, peso, talla, y edad; a estos términos se le denomina **variables** debido a que solo representan una característica, pero carecen de valor o **dato**. Es el **dato** que brinda la particularidad del objeto y solo se da en la vida del objeto. Por ejemplo, creamos dos personas de la clase Persona.

Nombre	Peso	Talla	Edad
José	70 kg	1,72 mt	32
Juan	75 kg	1,65 mt	20

5.2.2 Métodos

Los métodos definen el comportamiento de cada objeto, así como que se le va a modificar, por ejemplo:

saludar: Hola José.

ingresarEdad: 32.

Los métodos pueden devolver un valor de cualquier tipo de dato para esto se debe colocar la instrucción *return* **con el tipo de variable adecuado e indicar el tipo de variable** o **no devolver valor alguno para este último se usa la instrucción** *void,* además su acceso depende de su modificador de acceso (public, protected, private, friendly) se habla de estos en 4.4.4

Estructura:

```
"Modificador de acceso" "tipo de variable a devolver/void" (parametro1, parame-
tro2, ….){
return "tipo de variable a devolver";
}
```

Ejemplo.

```
Sin retorno.
public void saludar(String nombre){
System.out.println("Hola "+nombre);
}
```

Con retorno de dato.

```
public int ingresarEdad(int edad){
return edad;
}
```

5.2.3 Algunas convenciones para el nombre de los métodos

▶ Se en minúsculas.

▶ Si el nombre involucra varias palabras siempre a partir de la segunda palabra es mayúscula la primera letra, por ejemplo: ingresarArea.

▶ Existe una convención aceptada y difundida por la comunidad de programadores en el mundo que son los prefijos **get** y **set** donde el primero obtiene o devuelve un valor y el segundo reemplaza o agrega un valor, por ejemplo:

En vez de poner el nombre **devolverVariableA** se debería colocar **getVariableA**

Lo mismo seria para i**ngresarVariableA** debería ser **setVariableA.**

▶ Si el método devuelve un valor lógico el nombre deberá estar en forma de pregunta.

5.3 ARRAYS (ARREGLOS)

Java brinda una estructura de almacenamiento para un conjunto de objetos de la misma clase, bajo un mismo nombre. La forma de acceder a cada valor del arreglo se hace por medio de su índice.

El primer índice de un arreglo es **0,...,i** siendo **i = n-1** donde **n** seria la cantidad de valores que contendrá dicho array.

Los arrays son un tipo de variable objeto, lo que significa que se puede declarar y luego generar una instancia o inicializar el contenido:

5.3.1 Declaración de un array

```
String[] variableA;
Suma[] variableB;
```

5.3.2 Instalando un array

```
String[] variableA = new String[5];
Suma[] variableB= new String[5];
```

5.3.3 Inicializando el array

Se quiere solo 5 Nombres de figuras, las cuales son triangulo, rectángulo, círculo, cuadrilátero y elipse. Nuestro array tendría la siguiente forma:

String[]figuras = new String[5];

Si bien se indica **5** como cantidad de valores que tendrá el array el último índice será **4**, como se muestra a continuación:

```
String[] figuras = new String[5];
figuras[0]= "triangulo";
figuras[1]= "rectángulo";
figuras[2]= "círculo";
figuras[3]= "cuadrilátero";
figuras[4]= "elipse";
ó
String[] figuras ={"triangulo", "rectángulo", "círculo", "cuadrilátero", "elip-
se"}
```

Si en caso se quisiera agregar un valor en el índice 5 (i=5) del arreglo saldría un error de *"ArrayIndexOutBoundsException"* que indica desbordamiento del array que significa que se trata de acceder a una posición del array que no existe.

5.3.4 Almacenamiento y visualización de un array mediante un for, foreach y while

Se puede almacenar la información dentro de un arreglo mediante las instrucciones **for y while.** Ya se vio anteriormente el uso de esas instrucciones, ahora se abordara un poco más en el uso de los arrays unidimensionales y multidimensionales.

La visualización será por medio de la instrucción **foreach** y se mostrará el uso de **Lambdas.**

5.3.5 Unidimensional

A estos tipos de arrays se le conoce como **vectores** debido a que poseen una sola dimensión.

Uso de la instrucción for.

El array brinda el método *length* que nos muestra la longitud de dicho array, como se muestra en el siguiente ejemplo:

```
String[] varaibleA= new String[5];
for(int i=0;i<variableA.length;i++){
variableA[i]="dato: "+i;
}
```

Uso de la instrucción while.

Al igual que en la instrucción for se usa el método length del array, como se muestra en el siguiente ejemplo:

```
String[] variableA= new String[5];
int i=0;
while(i<variableA.length){
variableA[i]="dato: "+i;
i++;
}
```

Visualizando la información contenida en el array mediante el foreach y Lambdas:

```
String [] a={"dato 0", "dato 1", "dato 2", "dato 3", "dato 4"};
List<String> variableA =  Arrays.asList(a);
    for(String valor:a){
            System.out.println(valor);
        }
System.out.println("*****************************************");
        System.out.println("Lambda1");
        // Usando expression lambda
        variableA.forEach((variableAa) -> System.out.print(variableAa + "; "));
System.out.println("*****************************************");
        System.out.println("Lambda2");
// Usando doble puntos in Java 8
variableA.forEach(System.out::println);
```

Salida por consola:

```
*****************************************
Lambda1
dato 0; dato 1; dato 2; dato 3; dato 4; *****************************************
Lambda2
dato 0
dato 1
dato 2
dato 3
dato 4
```

5.3.6 Multidimensional

Para el almacenamiento de un array multidimensional es necesario agregar instrucciones for o while, teniendo de esta manera que cada dimensión requiere una instrucción de esos tipos, por ejemplo:

```
String[][] a = new String [2][3] //Es un array de 2 dimensiones
String[][][] b = new String [2][2][3] //Es un array de 3 dimensiones
```

Inicializando:

```
String[][] a = {{ "dato: 0; 0","dato: 0; 1","dato: 0; 2","dato: 0; 3","dato: 0;
4"}, { "dato: 1; 0","dato: 1; 1","dato: 1; 2","dato: 1; 3","dato: 1; 4"}};
```

Uso de la instrucción for.

```
for (int i = 0; i < a.length; i++) {
        for (int j = 0; j < a[i].length; j++) {
            a[i][j] = "dato: " + i + "; " + j;
        }
    }
    for (int i = 0; i < b.length; i++) {
        for (int j = 0; j < b[i].length; j++) {
            for (int q = 0; j < b[i][j].length; q++) {
                b[i][j][q] = "dato: " + i + "; " + j + "; " + q;
}
        }
    }
```

Uso de la instrucción while.

```
int i = 0;
int j = 0;
        int q = 0;
        while (i < a.length) {
            while (j < a[i].length) {
                a[i][j] = "datos: " + i + "; " + j;
```

```
                j++;
            }
            i++;
        }
        i = 0;
        j = 0;
        while (i < b.length) {
            while (j < b[i].length) {
                while (q < b[i][j].length) {
                    b[i][j][q] = "datos: " + i + "; " + j + "; " + q;
q++;
                }
                j++;
            }
            i++;
        }
```

Visualizando la información contenida en el array mediante el foreach y Lambdas:

Usando **foreach.**

```
for(String[] valor:a){
        for(String valor2:valor){
            System.out.println(valor2);
        }
    }
        for(String[][] valor:b){
            for(String[] valor2:valor){
                for(String valor3:valor2){
                    System.out.println(valor3);
}
            }
        }
Usando Lambdas
System.out.println("Lambda");
        // Usando expression lambda
variableA.forEach((v) -> {
            Arrays.asList(v).forEach((v1) -> System.out.println(v1));
        });
        System.out.println("*****************************");
        System.out.println("Lambda2");
// Usando doble puntos in Java 8
variableA.forEach((v) -> {
            Arrays.asList(v).forEach(System.out::println);
        });
        System.out.println("*****************************");
        System.out.println("Lambda1.1");
        List<String[][]> variableAA = Arrays.asList(b);
```

```
        variableAA.forEach((v) -> {
            Arrays.asList(v).forEach((v1) -> {
                Arrays.asList(v1).forEach((v2)->System.out.println(v2));
            });
        });
        System.out.println("******************************");
        System.out.println("Lambda1.2");
        variableAA.forEach((v) -> {
            Arrays.asList(v).forEach((v1) -> {
                Arrays.asList(v1).forEach(System.out::println);
    });
        });
```

Salida por consola.

No se muestra la salida del **for** debido a que proporciona el mismo resultado de la instrucción **lambda.**

```
******************************
Lambda
dato= 0, 0
dato= 0, 1
dato= 0, 2
dato= 0, 3
dato= 0, 4
dato= 1, 0
dato= 1, 1
dato= 1, 2
dato= 1, 3
dato= 1, 4
******************************
Lambda2
dato= 0, 0
dato= 0, 1
dato= 0, 2
dato= 0, 3
dato= 0, 4
dato= 1, 0
dato= 1, 1
dato= 1, 2
dato= 1, 3
dato= 1, 4
******************************
Lambda1_1
datos= 0, 0, 0
datos= 0, 0, 1
datos= 0, 1, 0
datos= 0, 1, 1
datos= 0, 2, 0
datos= 0, 2, 1
datos= 1, 0, 0
datos= 1, 0, 1
datos= 1, 1, 0
datos= 1, 1, 1
datos= 1, 2, 0
datos= 1, 2, 1
******************************
```

```
Lambda1_2
datos= 0, 0, 0
datos= 0, 0, 1
datos= 0, 1, 0
datos= 0, 1, 1
datos= 0, 2, 0
datos= 0, 2, 1
datos= 1, 0, 0
datos= 1, 0, 1
datos= 1, 1, 0
datos= 1, 1, 1
datos= 1, 2, 0
datos= 1, 2, 1
```

5.4 COLECCIONES Y TIPOS GENÉRICOS

Una colección es un objeto que permite agrupar otros objetos, están contenidas en el paquete **java.util** .Su uso es dado por el Java Collections Framework (JFC), las principales interfaces son: Collection, Set, List, Queue y Map.

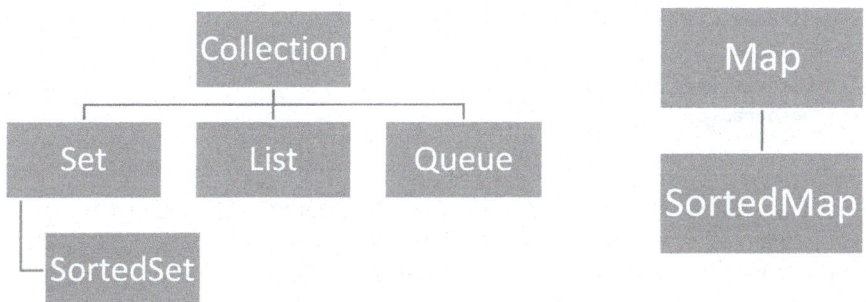

Diferencia entre Collection, List o ArrayList

▶ El tipo Collection da una ventaja que puede almacenar cualquier objeto que cumpla con la interface. Ese objeto puede ser un ArrayList, HashSet, LinkedList, Stack, TreeSet, Vector, etc.

▶ List admite menos tipos que Collection.

▶ ArrayList solo admite tipo ArrayList

5.4.1 Iteator<E>

El iterador (Iterator) sirve para recorrer una colección. Los iteradores solo tienen tres métodos:

▶ hasNext(), comprueba si hay elementos en el iterador.

▶ next(), devuelve el siguiente elemento del iterador.

▶ remove(), elimina un elemento del iterador.

El siguiente ejemplo muestra el uso del iterador en su forma más simple.

```
Iterator<String> myIterator= myArrayList.iterator();
While(myIterator.hasNext()){
String element= myIterator.next();
   System.out.println(element+" / ");
}
```

El siguiente ejemplo trata sobre el recorrido de un objeto contenido en un ArrayList que se explicara más adelante.

```
Class Circulo{
private double radio;
public double getRadio(){
return this.radio;
}
public void setRadio(double radio){
this.radio=radio;
}
public Circulo(double radio){
this. Radio=radio
}
}
ArrayList<Circulo> circulos= new ArrayList<Circulo>()
circulos.add(new Circulo(2.3));
Iterator<Circulo> itrCirculos=circulos.iterator();
while(itrCirculos.hasNext()){
Circulo circulo= itrCirculos.next();
System.out.print(circulo.getRadio());
}
```

5.4.2 Collection<E>

Declaración de una colección.

```
Collection <MyClase> myCollection = new ArrayList<MyClase>();
```

5.4.3 List<E>

Consta de 3 tipos de constructores:

▶ ArrayList<E>: EL acceso a un elemento es ínfimo. Su desventaja es que, al momento de eliminar un elemento, se mueve toda la lista para eliminar ese hoyo.

▼ Vector<E>: Funciona igual al ArrayList, pero de forma sincronizada. Es útil cuando se maneja varios hilos.

▼ LinkedList<E>: Los elementos están relacionados con el anterior y posterior. Su ventaja es más fácil mover y eliminar elementos de la lista, solo con mover o eliminar sus referencias hacia otros elementos. La desventaja es que al momento de usar el elemento N, debemos realizar N movimientos a través de la lista.

```
List <String> myList  = new ArrayList<String>();
List <String> myList  = new Vector<String>();
List <String> myList  = new LinkedList<String>();
```

5.4.3.1 ARRAYLIST<E>

Algunos ejemplos del manejo de esta clase.

```
int n=2
//El tipo "String" puede cambiarse por cualquier otro tipo de variable
ArrayList <String> myArrayList  = new ArrayList<String>();
//Añadir element a mi lista
myArrayList .add("Elemento");
//Añadir un elemento en la posición n
myArrayList .add(n,"Elemento 2");
//Obtiene la cantidad de elementos del Arraylist
myArrayList .size();
//obtiene el valor de la posición n
myArrayList .get(n);
//Comprueba la existencia de un element
myArrayList .contains("Elemento");
//Obtiene la primera ocurrencia de un "Elemento"
myArrayList .indexOf("Elemento");
// Obtiene la ultima ocurrencia de un "Elemento"
myArrayList .lastIndexOf("Elemento");
//Elimina un elemento en la posición n
myArrayList .remove(n);
//Elimina la primera ocurrencia de un "Elemento"
myArrayList .remove("Elemento");
//Elimina todos los elementos del ArrayList
myArrayList .clear();
//Devuelve True si el ArrayList esta vacio
myArrayList .isEmpty();
//Copiar un ArrayList
ArrayList myCopia=(ArrayList)myArrayList .clone();
//Pasar el ArrayList a un Array
Object[] arreglo =myArrayList .toArray();
}
```

5.4.4 Set<E>

Todos los elementos son únicos, no permite duplicados, se debe redefinir el método equals (). Los métodos add(n) y addAll(n) devuelve false si ya está en la lista.

5.4.5 Queue<E>

Colección ordenada con extracción por el inicio o inserción por el inicio (LIFO – Last Input, First Ouput) o por el final (FIFO – First Input, First Ouput). Permite duplicados, no lanza excepción cuando una la cola esta vacía o llena. Los métodos put(), take() se bloquea hasta que haya espacio en la cola.

5.4.6 Map<K,V>

Es una estructura de datos que almacena pares de objeto clave, valor, no permitiendo duplicados en su clave, no utiliza la interfaz Collection. Se le conoce también como "diccionarios".

Existe varias implementaciones de la interfaz Map las 4 principales son:

▸ HashMap<K,V>: Esta basada en una tabla hash. No es sincronizada.

▸ HashTable<K,V>: Es sincronnizada, no permite clave null.

▸ TreeMap<K,V>: Ordena los valores según las claves y está basada en un implementación de árboles. Su uso es muy lento.

▸ LinkedHashMap<K,V>: Hereda del HashMap y utiliza una lista doblemente enlazada para recorrer en el orden que se añadieron. Es más rápida en el acceso a los datos, pero es un poco más lenta en el ingreso comparado con su superclase.

```
Map <String,MiClase> myMap=new HashMap<String,Miclase>();
Map <String,MiClase> myMap=new HashTable<String,Miclase>();
Map <String,MiClase> myMap= new TreeMap<String,Miclase>();
Map <String,MiClase> myMap= new  LinkedHashMap<String,Miclase>();
//Recorriendo los datos del mapa
myMap.put("a",new MiClase());
myMap.put("b",new MiClase());
Iterator it= myMap.keySet().iterator();
While(it.hasNext()){
String key=it.next();
System.out.println("Clave: "+key+ " valor: " + myMap.get(key));
}
```

5.4.7 Tipos Genéricos

Fuerza la seguridad de los tipos, en tiempo de compilación, en colecciones, métodos o clases que usen esta parametrización.

Ejemplo.

```
//sin tipos genericos
public Class MiClase {
private Object o;
public void add(Object o){
   this.o=o;
}
//Cuando devuelve este objeto es necesario hacer un casting
//cuando se realiza varios casting de varios tipos
//genera una excepción en tiempo de ejecución
public Object get(){
         return this.o;
}
}
//Con tipo genérico
public Class MiClase<T>{
   private T t;
public void add(T t){
   this.t=t
}
public T get(){
return t;
}
}
//Instanciando la clase
MiClase<String>miClase= new MiClase<String>();
```

Convenciones:

- E, Elemento (usado por las colecciones de java).
- K, key
- N, number.
- T, type.
- V, value.

5.5 CLASE OBJECT

Todas las clases de java heredan de la clase object de forma directa o indirecta y son capaces de reutilizar los 11 métodos que brinda, a continuación, se muestra una lista con los métodos más usados.

▶ **finalize.**

Este método se ejecuta con la llamada del recolector de basura (garbage collector) antes de eliminar al objeto.

Se puede sobrescribir para que realice ciertas tareas antes de la eliminación del objeto. No se puede depender de este método para realizar una limpieza ya que su invocación es incierta.

▶ **getClass.**

Este método es final lo que significa que no se puede modificar, devuelve un objeto Class. Brinda información útil del objeto como el nombre de la clase a través del método getName.

El siguiente ejemplo brinda información del nombre de la clase del objeto.

```
void PrintClassName(Object obj) {
    System.out.println("La clase del Objeto es " +
    obj.getClass().getName());
}
```

▶ **Equals.**

▶ **hashCode.**

Este método devuelve un entero sin signo de tipo que sirve para colecciones de tipo Hash que da un mejor rendimiento. Este método debe ser sobrescrito en todas las clases donde se modifique el método equals debido a que el valor de salida debe siempre coincidir cuando ambos objetos son iguales.

```
private int dato;
  public Prueba(int dato){
     this.dato=dato;
  }
  Public int getDato(){
    return this.dato;
  }
@Override
  public boolean equals(Object o){
```

```
if((o instanceof Prueba) && (((Prueba)o).getDato()== this.dato))
{
      return true;
  }else{
      return false;
  }
 }
}
```

En la actividad.

```
@Override
protected void onCreate(Bundle savedInstanceState) {
  super.onCreate(savedInstanceState);
  setContentView(R.layout.activity_main);
  Demo demoA = new Demo(20);
  Demo demoB = new Demo(20);
  System.out.println(demoA.equals(demoB));
  System.out.println(demoA.hashCode());
  System.out.println(demoB.hashCode());
 }
```

Obteniendo la siguiente salida.

True.

1414159026.

1569228633.

Para obtener el mismo hash modificaremos el método de la siguiente forma. Lo importante es que genere el mismo valor para ese objeto, por ejemplo. Si la clase tendría dos datos y luego se crean dos objetos, pero ambos conteniendo la misma información el hash del objeto debería ser igual para ambos, por ese motivo se estila, devolver la suma de todos los datos del objeto.

Ejemplo con dos datos uno de tipo int y otro String

```
public class Prueba{
private int dato1;
private String dato2;
OtraClase otraClase;
//metodos de la clase
@Override
    public int hashCode() {
        int hash = 1;//Valor inicial del hash
        hash = hash * 17 + dato1;
```

```
        hash = hash * 31 + dato2.hashCode();
hash = hash * 13 + ((otraClase== null) ? 0 : otraClase.hashCode());
        return hash;
    }
}
```

```
Salida de la comparación anterior, teniendo como datos los siguientes
Dato1=20
Dato2=h
otraClase=null
True
1251
1251
```

- **notify, notifyAll, wait.**

  Estos métodos están relacionados con el subprocesamiento múltiple que se verá en el capítulo 5.

- **toString.**

  Devuelve una representación en forma de String de un objeto.

- **Clone.**

  Es un método de tipo protected que no recibe parámetros y devuelve una referencia Object. El clonar un objeto significa tener dos objetos idénticos en un mismo tiempo.

  La ejecución de este método depende de la máquina virtual donde se está trabajando, reserva la misma cantidad de memoria del objeto hacer clonada para el nuevo objeto y pasa todos los datos de la dirección anterior a la nueva y al final se devuelven un java.lang.Object el cual es la referencia al nuevo objeto (el clon).

  Para sobrescribir este método es necesario que se cambie a tipo public y además debe implementar la interfaz Cloneable.

6

CONSTRUCCIÓN DE CLASES

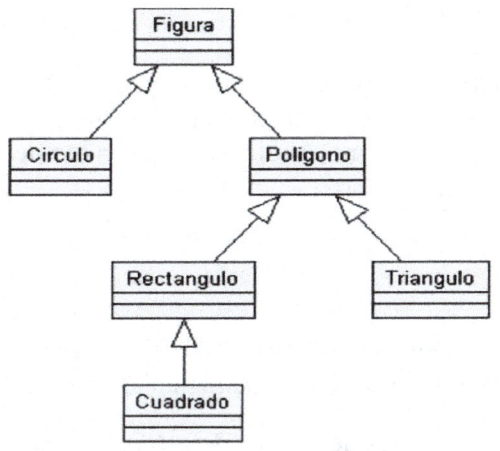

6.1 DEFINICIÓN DE UNA CLASE Y OBJETO

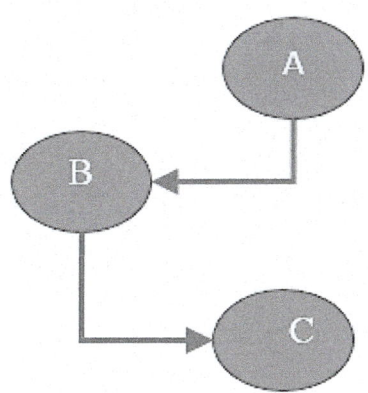

Las clases definen de forma abstracta el comportamiento y características que poseerá el objeto.

Aclararemos mejor esta definición a través de un ejemplo. Suponga que desea dibujar figuras geométricas, un tipo de entidad con la tendrá que trabajar es Triángulo. ¿Qué es un triángulo en nuestro contexto? ¿Es una clase u objeto? Para poder responder nos plantearemos las siguientes preguntas.

¿Qué tipo de triángulo es?

¿Qué altura tiene?

¿Qué base tiene?

Para poder responder a estas preguntas es necesario definir el triángulo. La razón es que la palabra "triángulo" se refiere a la clase triángulo debido a que estamos hablando de triángulos en general y no de uno en particular.

Si dijera "Un triángulo isósceles con altura 1 mt y base de 0.5 mt" podemos responder a todas las preguntas anteriores: Este triángulo es isósceles con una altura de 1 mt y con una base de 0.5 mt. Ahora estoy hablando de un objeto ya que me refiero a un triángulo en particular.

6.2 CONSTRUCTOR

Las clases contienen constructores que definen el estado inicial de un objeto, en java los nombres de los constructores son igual al nombre de la Clase.

En java todas las clases tienen por defecto un constructor inicial el cual no tiene parámetros, no es necesario reescribirlo, en caso se declare otro constructor que incluya parámetros será necesario reescribirlo, aunque no realice ninguna acción.

```
public class MiClase{
//Constructor por defecto
MiClase(){
;
}
}
Ejemplo de constructor con dos parámetros:
public class MiClase{
private String A;
private OtraClase B;
//Constructor por defecto
MiClase(){
```

```
;
}
MiClase(String A,OtraClase B){
this.A = A;
this.B = B;
}
}
```

6.3 HERENCIA

La herencia es uno de los pilares de la programación orientada a objetos (POO), permite la reutilización de código de otra clase generando así una jerarquía de clases, pudiendo redefinir o usar métodos de la clase anterior.

Por ejemplo, la Clase **B** Hereda de la Clase **A** y la Clase C Hereda de la **B**

Un ejemplo más práctico:

Se crea una Clase **Elipse**, la elipse cuenta con 2 radios, tiene un área y puede medir su arco.

Luego se crea otra Clase **Círculo**, tiene solo un radio, también tiene un área, puede medir su arco e imprime **diagonal**. Como se sabe el **Círculo** es un derivado de la **Elipse** por lo que solo heredara esta y luego creara un método propio donde imprime su **diámetro.**

```
public class Elipse {
private double r1;
private double r2;
public Elipse(){
;
}
public Elipse(double r1,double r2 ){
this.r1=r1;
this.r2=r2;
}
public double area(){
return Math.PI*r1*r2;
}
public double perimetro(){
return Math.PI*2*Math.sqrt((r1*r1+r2*r2)/2);
}
}
public class Circulo extends Elipse{
```

```
private double r=0;
public Circulo(){
;
}
public Circulo(double r){
//Usa el constructor de la clase padre Elipse
super(r,r);
this.r=r;
}
public void imprimeDiametro(){
System.out.println("Diámetro del círculo: "+2*this.r);
}
}
```

La clase **Circulo** en su constructor en la **línea8** llama al método **super** el cual invoca al constructor de la clase padre (**Elipse**) para este caso invoca al constructor con 2 parámetros **r1** y **r2.**

Como se ve en la clase **Elipse** las variables **r1** y **r2** son usadas en los métodos **area** y **perímetro**; si no se hubiese inicializado esas variables daría error el uso de estos en la clase derivada o que hereda.

En el método **onCreate** de la clase **MainActivity** agregamos lo siguiente.

```
protected void onCreate(Bundle savedInstanceState) {
super.onCreate(savedInstanceState);
setContentView(R.layout.activity_main);
area =(TextView)this.findViewById(R.id.area);
perimetro=(TextView)this.findViewById(R.id.perimetro);
Circulo circulo= new Circulo(2.0);
//Imprime en consola
circulo.imprimeDiametro();
//Imprime en pantalla
area.setText("Area: " + circulo.area());
perimetro.setText("Perimetro: "+circulo.perimetro());
    }
```

Salida por consola:

Diámetro del círculo: 4.0

6.4 POLIMORFISMO

El polimorfismo es la capacidad de tener "múltiples formas", en java se aplica a nivel de clase como de métodos, en este apartado se verá solo por métodos.

6.4.1 Dispatching dinámico de métodos (Polimorfismo en tiempo de ejecución)

El **Dispatching dinámico** espera a que le programa se ejecute y en ese momento especifica el tipo de objeto que estará en una variable en particular del objeto.

Para entender mejor este comportamiento plantearemos el siguiente problema.

En nuestro proyecto Suma se tiene un método suma, pero como se sabe existen muchos tipos de sumas determinadas por su base, imaginaria, fracciones, etc.

```
public class Sumas {
    public String operacionSuma(){
System.out.println("No hay suma");
return "No hay suma";
    }
}
public class SumaBase10 extends Sumas {
    @Override
    public String operacionSuma() {
        return "SumaBase10";
    }
}
```

```
public class SumaAlgebraica extends Sumas {
@Override
    public String operacionSuma() {
        return "Suma algebraica";
    }
}
```

En el método onCreate del MainActivity.

```
        Sumas sumas= new Sumas();
        sumas.operacionSuma();
//Polimorfismo
        Sumas sumAlgebraica= new SumaAlgebraica();
        Sumas sumBase10=new SumaBase10();
        area.setText("Algebraica: " + sumAlgebraica.operacionSuma());
        perimetro.setText("Base 10: "+sumBase10.operacionSuma());
```

Salidas:

No hay suma

7

CLASES ABSTRACTAS E INTERFACES

7.1 CLASES ABSTRACTAS Y MÉTODOS ABSTRACTOS

Las clases abstractas se declaran con la palabra **abstract** de la siguiente forma:

```
public abstract Class MiClase
```

No pueden ser instanciadas directamente por tal motivo solo pueden ser base de otra clase. Sin embargo, se pueden crear variables de estas.

Los métodos abstractos se declaran con la palabra **abstract** de la siguiente manera:

```
public abstrac double método();
```

No se implementan en la clase padre solo en las hijas.

Para comprender el uso de este tipo de clases y métodos veamos el siguiente caso.

Se quiere un sistema que registre a todos los seres vivos. Se sabe que no todos los seres vivos tienen ojos, nariz y carecen de otros sentidos, por lo que su complejidad de crear una clase que represente a cada ser vivo sería difícil, pero sabemos que por lo menos todos tienen algo en común su movilidad, apareamiento, tiempo de vida y otros más. Como se da cuenta es imposible definir cada uno de ellos de forma directa por ejemplo un caracol y un perro ambos tienen distintos tipos de movilidad y apareamiento y además poseen otras características propias.

Es en ese sentido que las clases y métodos abstractos nos ayudan, primero definimos una clase abstracta **SeresVivos** la cual cumple los requisitos de ser abstracto debido a que esta encierra a animales, insectos, bactérias u otro.

Dentro de este declaramos los métodos abstractos movilidad y apareamiento como se explicó anteriormente son abstractos.

Ahora necesitaremos dos clases más para poder entender mejor este ejemplo que son Perro y CaballitoMar.

La clase abstracta **SeresVivos** como se ve solo tiene un método **imprimirNombre** y dos métodos abstractos que serán implementados en las clases hijas.

```
public abstract class  SeresVivos {
    public void imprimirNombre(String nombre){
        System.out.println(nombre);
    }
    public abstract String movilidad();
public abstract String apareamiento();
}
```

Las clases hijas **Perro** y **CaballitoMar** implementan de forma obligatoria los métodos **movilidad** y **apareamiento** de la clase padre **SeresVivos** como se ve estos usan la anotación **@Override** la cual se coloca en la parte superior de estos métodos.

```
public class Perro extends SeresVivos {
    @Override
    public String movilidad() {
        return "anda";
    }
    @Override
    public String apareamiento() {
```

```
        return "copula";
    }
}
public class CaballitoMar extends SeresVivos {
    @Override
    public String movilidad() {
        return "Nada";
    }
    @Override
    public String apareamiento() {
return "Marino";
    }
}
```

En el método onCreate del MainActivity.

```
    SeresVivos perro= new Perro();
    SeresVivos caballitoMar=new CaballitoMar();
    perro.imprimirNombre("sultan");
    caballitoMar.imprimirNombre("rosinante");
    movilidad1.setText("Movilidad de perro: " + perro.movilidad());
    movilidad2.setText("Movilidad caballito de mar: "+caballitoMar.movili-
dad());
```

Como se ve no se ha instanciado la clase **SeresVivos** debido a que es una clase abstracta, pero si se ha se ha declarado como variable e instanciado de las clases que heredan de esta. En las líneas 3 y 4 se está usando el método **imprimirNombre** de la clase padre **SeresVivos**.

Salidas:

1. **sultan**
2. **rosinante**

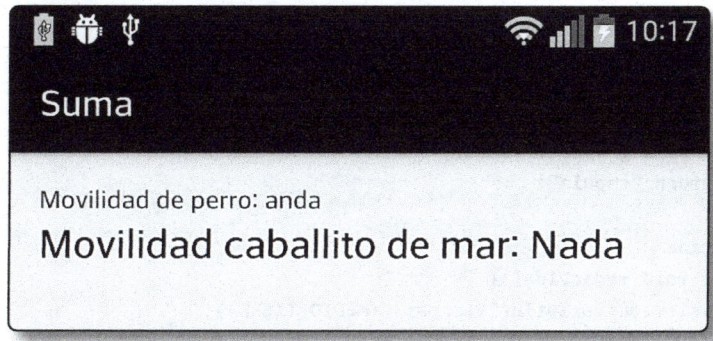

7.2 CLASE INTERFACES

Las interfaces tienen un funcionamiento similar al de las clases abstractas con la diferencia que en esta solo se pueden declarar métodos y variables las cuales por defecto son **static** y **final** y su uso se da por la palabra **implements** en lugar de **extends.**

Una anotación más todos los métodos y variables no pueden tener otro tipo de acceso que no sea público.

El uso de esta es solo para indicar comportamientos y características comunes.

Del ejemplo anterior no es necesario que la clase **SeresVivos** imprima un nombre, pero tal vez si sea necesario tener un dato constante (final) y estático (static) como el medio de vida AGUA Y TIERRA.

Quedando de la siguiente forma:

Como se ve no se usa la palabra **Class** y es reemplazada por la de **interface.**

```
public interface SeresVivos {
    int MEDIO_TIERRA = 1;
    int MEDIO_AGUA = 2;
    public String movilidad();
    public String apareamiento();
}
```

Las clases Perro y CaballlitoMar ya no usan la palabra **extends** sino **implements** debido a que la clase padre es una **interface** y los métodos de esta serán implementados en las clases hijas.

```
public class Perro implements SeresVivos {
    @Override
    public String movilidad() {
        return "anda";
    }
    @Override
    public String apareamiento() {
        return "copula";
    }
    @Override
    public void medioVida(){
        System.out.println("tierra: "+MEDIO_TIERRA);
    }
}
}
```

```
public class CaballitoMar implements SeresVivos {
    @Override
    public String movilidad() {
        return "Nada";
    }
    @Override
    public String apareamiento() {
        return "Marino";
    }
    @Override
    public void medioVida() {
System.out.println("agua: "+MEDIO_AGUA);
    }
}
```

En el método onCreate del MainActivity.

```
SeresVivos perro= new Perro();
        SeresVivos caballitoMar=new CaballitoMar();
        perro.medioVida();
        caballitoMar.medioVida();
        movilidad1.setText("Movilidad de perro: " + perro.movilidad());
        movilidad2.setText("Movilidad caballito de mar:
"+caballitoMar.movilidad());
```

Como se ve no se ha instanciado la clase **SeresVivos** debido a que es una clase interface, pero si se ha se ha declarado como variable e instanciado de las clases que heredan de esta. En las líneas 3 y 4 se está usando el método **medioVida** que imprime las constantes **MEDIO_TIERRA, MEDIO_AGUA** de cada una de las clases.

8

PATRONES DE DISEÑO

Patrones de diseño.

Los patrones de diseño son formas de resoluciones a problemas tipo que se presentan a lo largo de la vida profesional.

Son un conjunto de clases y objetos que se comunican entre sí para la resolución de un problema tipo según el GOF (Gang of Four), proveen un alto desempeño al tener un bajo acoplamiento, debido a que separa los comportamientos o funcionalidades.

No hay que ver los patrones como: Frameworks, bibliotecas de clase, programación extrema entre otros.

A continuación, solo se van a describir unos cuantos patrones en capítulos posteriores se verá cómo utilizarlos en una aplicación Android.

8.1 PATRONES DEL GOF

- ▶ Método.
- ▶ Fábrica.
- ▶ Fábrica Abstracta.
- ▶ Constructor, Prototipo.
- ▶ Singleton.
- ▶ Estructural Adaptador.
- ▶ Adaptador, Puente.
- ▶ Compuesto, Decorador.
- ▶ Fachada, Peso Mosca.
- ▶ Apoderado.
- ▶ Comportamiento.
- ▶ Intérprete.
- ▶ Método.
- ▶ Plantilla.
- ▶ Cadena de.
- ▶ Responsabilidad.
- ▶ Comando, Iterador.
- ▶ Mediador, Memento.
- ▶ Observador, Estado.
- ▶ Estrategia y Visitante.

Propósito	Clases	Objetos
Creacional.	Factory Method.	Abstract Factory. Builder. Prototype. Singleton.
Estructural.	Adapter (de clases).	Adapter (de objetos). Bridge. Composite. Decorator. Facade. Flyweight. Proxy.
Comportamiento.	Interpreter. Template Method.	Chain of Responsibility. Command. Iterator. Mediator. Memento. Observer. State. Strategy. Visitor.

8.2 MVC DE SMALLTALK

Antes de MVC (Modelo Vista Controlador) se programaba casi todo en la interface o vista, actualmente con esta separación la programación se volvió más ordenada.

El Modelo es la representación de los datos o del dominio del sistema.

La Vista contiene solo los formularios o el diseño de la pantalla.

El Controlador es la reacción de la interfaz frente al usuario.

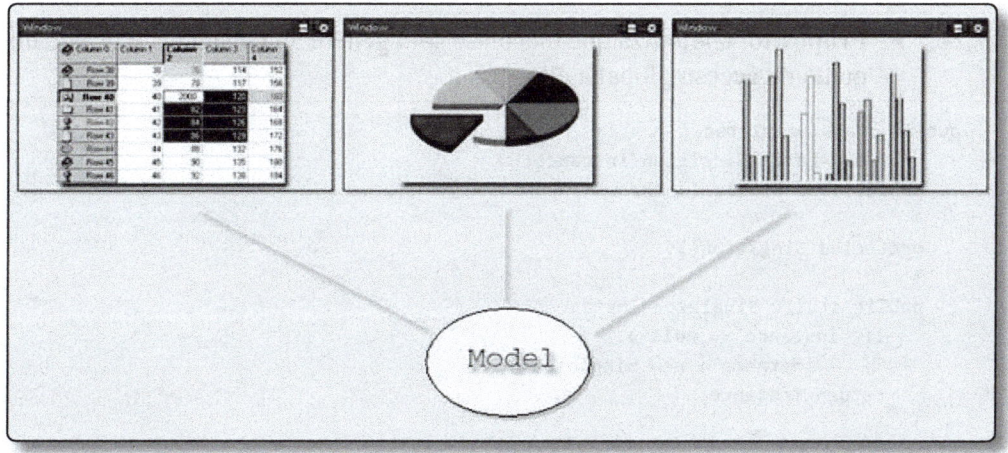

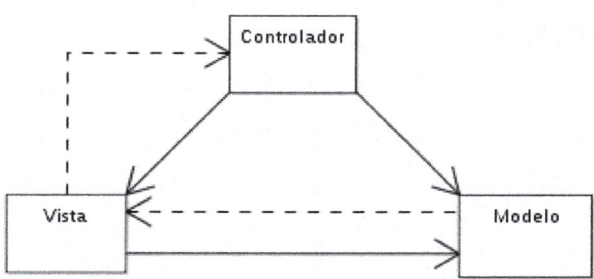

8.3 PATRONES DE CREACIÓN

Identifica los patrones de creación de objetos.

8.3.1 Singleton (Único)

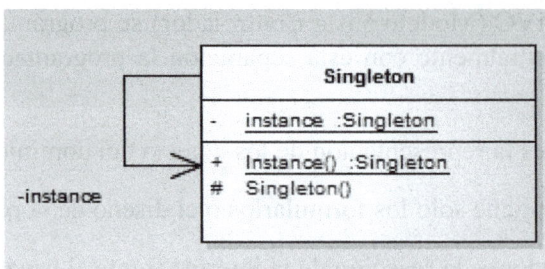

▸ **Tipo:** Creacional.

▸ **Propósito**: Garantiza que una clase solo genere una instancia y brinda un punto de acceso global a ella.

```
public class Singleton {
    private static Singleton instance;
    public void finalize() throws Throwable {
    }
    protected Singleton(){
    }
    public static Singleton Instance(){
        if( instance == null )
                instance = new Singleton();
        return instance;
    }
}//end Singleton
```

8.3.2 Abstrac Factory

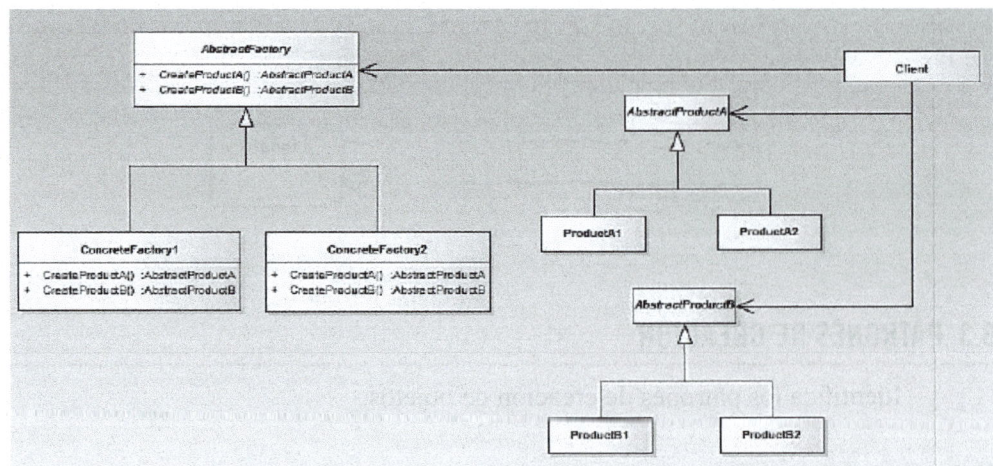

▶ **Tipo:** Creacional.

▶ **Propósito**: Proporciona una interfaz para crear familias de objetos relacionados o dependientes sin especificar su clase concreta.

Clase Cliente.

```
public class Client {
   public AbstractProductA m_AbstractProductA;
   public AbstractFactory m_AbstractFactory;
   public AbstractProductB m_AbstractProductB;
   public Client(){
   }
   public void finalize() throws Throwable {
   }
}//end Client
```

Clase AbstractFactory.

```
public abstract class AbstractFactory {
   public AbstractFactory(){
   }
   public void finalize() throws Throwable {
   }
   public abstract AbstractProductA CreateProductA();
   public abstract AbstractProductB CreateProductB();
}//end AbstractFactory
```

Clase ConcreteFactory1.

```
public class ConcreteFactory1 extends AbstractFactory {
   public ConcreteFactory1(){
   }
   public void finalize() throws Throwable {
      super.finalize();
   }
   public AbstractProductA CreateProductA(){
      return new ProductA1();
   }
   public AbstractProductB CreateProductB(){
      return new ProductB1();
   }
}//end ConcreteFactory1
```

Clase ConcreteFactory2

```
public class ConcreteFactory2 extends AbstractFactory {
    public ConcreteFactory2(){
    }
    public void finalize() throws Throwable {
        super.finalize();
    }
    public AbstractProductA CreateProductA(){
        return new ProductA2();
    }
    public AbstractProductB CreateProductB(){
        return new ProductB2();
    }
}//end ConcreteFactory2
```

Clase ProductA1

```
public class ProductA1 extends AbstractProductA {
    public ProductA1(){
    }
    public void finalize() throws Throwable {
        super.finalize();
    }
}//end ProductA1
```

Clase ProductA2

```
public class ProductA2 extends AbstractProductA {
    public ProductA2(){
    }
    public void finalize() throws Throwable {
        super.finalize();
    }
}//end ProductA2
```

Clase ProductB1

```
public class ProductB1 extends AbstractProductB {
    public ProductB1(){
    }
    public void finalize() throws Throwable {
        super.finalize();}
}//end ProductB1
```

Clase ProductB2.

```
public class ProductB2 extends AbstractProductB {
   public ProductB2(){
   }
   public void finalize() throws Throwable {
      super.finalize();
   }
}//end ProductB2
```

8.3.3 Factory Method

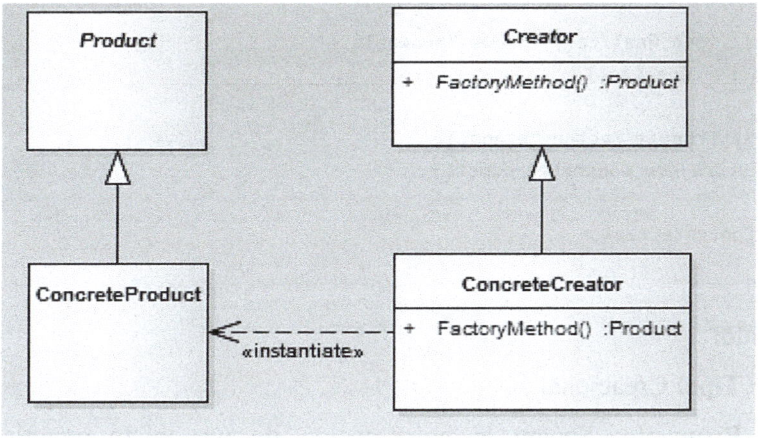

- **Tipo:** Creacional.
- **Propósito**: Define una interfaz para crear un objeto delegando la decisión de qué clase crear en las subclases. Este enfoque también puede ser llamado constructor "virtual".

```
public abstract class Product {
   public Product(){
   }
   public void finalize() throws Throwable {
   }
}//end Product
```

```
public class ConcreteProduct extends Product {
   public ConcreteProduct(){
   }
   public void finalize() throws Throwable {
      super.finalize();
```

```
        }
}//end ConcreteProduct
```

```
public abstract class Creator {
    public Creator(){
    }
    public void finalize() throws Throwable {
    }
    public abstract Product FactoryMethod();
```

```
}//end Creator
public class ConcreteCreator extends Creator {
    public ConcreteCreator(){
    }
    public void finalize() throws Throwable {
        super.finalize();
    }
    public Product FactoryMethod(){
        return new ConcreteProduct();
    }
}//end ConcreteCreator
```

8.3.4 Builder

▶ **Tipo:** Creacional.

▶ **Propósito**: Separa la construcción de un objeto complejo de su representación, de forma que el mismo proceso de construcción pueda crear diferentes representaciones. Simplifica la construcción de objetos con estructura interna compleja y permite la construcción de objetos paso a paso.

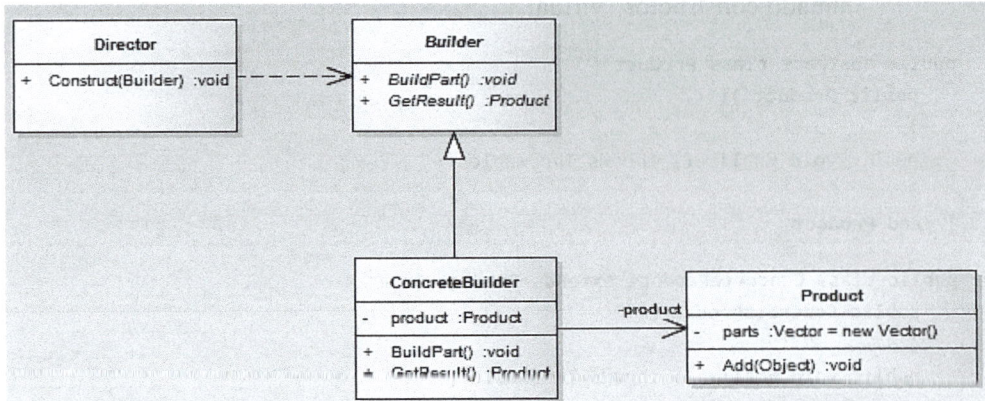

```java
public class Director {
    public Director(){
    }
    public void finalize() throws Throwable {
    }
    /**
     *
     * @param builder
     */
    public void Construct(Builder builder){
        builder.BuildPart();   }
}//end Director
```

```java
public abstract class Builder {
    public Builder(){
    }
    public void finalize() throws Throwable {
    }
    public abstract void BuildPart();
    public abstract Product GetResult();
}//end Builder
public class ConcreteBuilder extends Builder {
    private Product product;
    public ConcreteBuilder(){
    }
    public void finalize() throws Throwable {
        super.finalize();
    }
    public void BuildPart(){
        product = new Product();
        product.Add( "Part" );
    }
    public Product GetResult(){
        return product;
    }
}//end ConcreteBuilder
```

```java
public class Product {
    private Vector parts = new Vector();
    public Product(){
    }
    public void finalize() throws Throwable {
    }
    /**
     *
```

```
     * @param part
     */
    public void Add(Object part){
        parts.addElement(part);
    }
}//end Product
```

8.3.5 Prototype

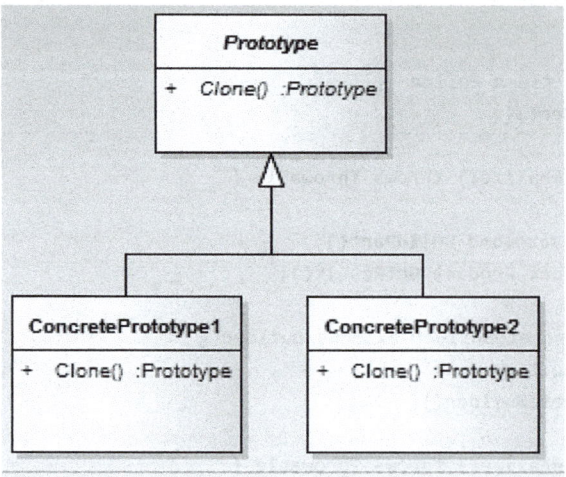

▼ **Tipo:** Creacional.

▼ **Propósito**: Facilita la creación dinámica de objetos mediante la definición de clases cuyos objetos pueden crear duplicados de sí mismos. Estos objetos son llamados prototipos.

```
public abstract class Prototype {
    public Prototype(){
    }
    public void finalize() throws Throwable {
    }
    public abstract Prototype Clone();
}//end Prototype
```

```
public class ConcretePrototype1 extends Prototype {
    public ConcretePrototype1(){
    }
    public void finalize() throws Throwable {
```

```
        super.finalize();
    }
    public Prototype Clone(){
        return (Prototype)this.Clone();
    }
}//end ConcretePrototype1
```

```
public class ConcretePrototype2 extends Prototype {
    public ConcretePrototype2(){
    }
    public void finalize() throws Throwable {
        super.finalize();
    }
    public Prototype Clone(){
        return (Prototype)this.Clone();
    }
}//end ConcretePrototype2
```

8.4 PATRONES ESTRUCTURALES

Indentifica los patrones de creación de objetos por composición.

8.4.1 Adapter

▶ **Tipo:** Estructural.

▶ **Propósito**: Oficia de intermediario entre dos clases cuyas interfaces son incompatibles de manera tal que puedan ser utilizadas en conjunto.

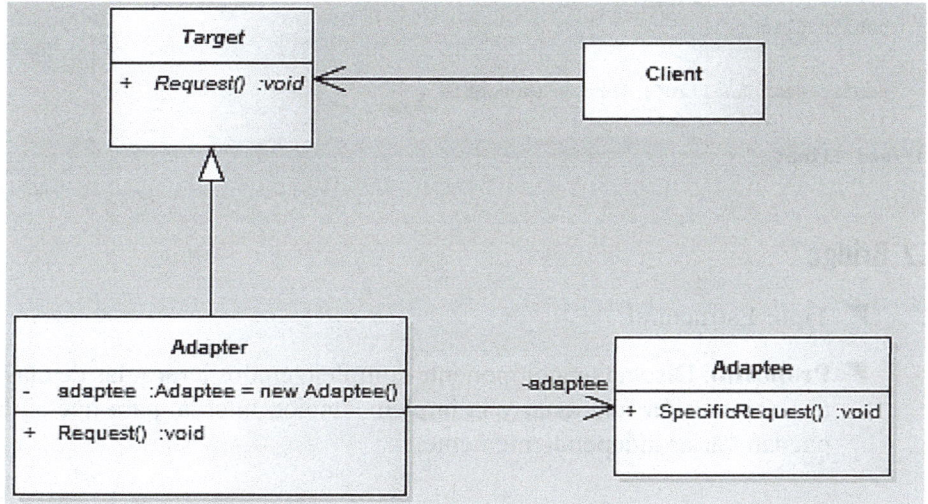

```
public abstract class Target {
   public Target(){
   }
   public void finalize() throws Throwable {
   }
   public abstract void Request();
}//end Target
```

```
public class Adapter extends Target {
   private Adaptee adaptee = new Adaptee();
   public Adapter(){
   }
   public void finalize() throws Throwable {
       super.finalize();
   }
   public void Request(){
       adaptee.SpecificRequest();
   }
}//end Adapter
```

```
public class Adaptee {
   public Adaptee(){
   }
   public void finalize() throws Throwable {
   }
   public void SpecificRequest(){
   }
}//end Adaptee
```

```
public class Client {
   public Target m_Target;
   public Client(){
   }
   public void finalize() throws Throwable {
   }
}//end Client
```

8.4.2 Bridge

▶ **Tipo:** Estructural.

▶ **Propósito**: Disocia un componente complejo en dos jerarquías de clases: una abstracción funcional y la implementación interna, para que ambas puedan variar independientemente.

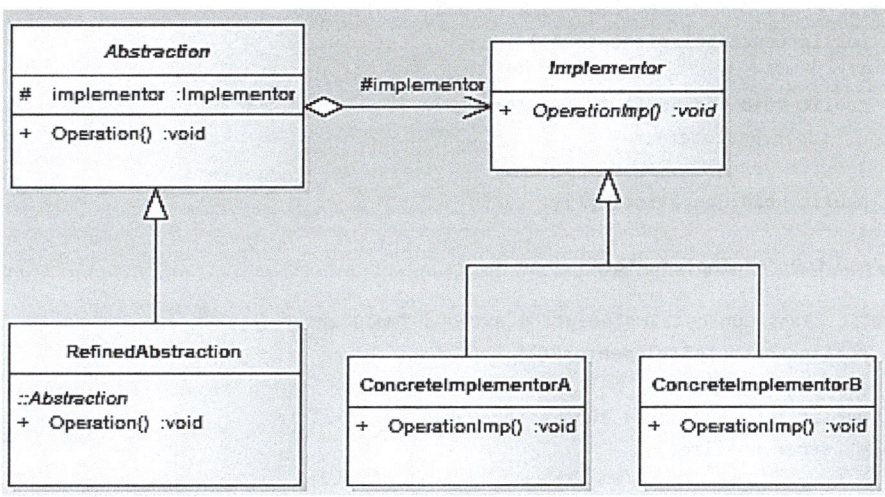

```
public abstract class Abstraction {
    protected Implementor implementor;
    public Abstraction(){
    }
    public void finalize() throws Throwable {
    }
    public void Operation(){
        implementor.OperationImp();
    }
}//end Abstraction
```

```
public class RefinedAbstraction extends Abstraction {
    public RefinedAbstraction(){
    }
    public void finalize() throws Throwable {
        super.finalize();
    }
}//end RefinedAbstraction
```

```
public abstract class Implementor {
    public Implementor(){
    }
    public void finalize() throws Throwable {
    }
    public abstract void OperationImp();
}//end Implementor
```

```
public class ConcreteImplementorA extends Implementor {
    public ConcreteImplementorA(){
    }
    public void finalize() throws Throwable {
        super.finalize();
    }
    public void OperationImp(){
    }
}//end ConcreteImplementorA
```

```
public class ConcreteImplementorB extends Implementor {
    public ConcreteImplementorB(){
    }
    public void finalize() throws Throwable {
        super.finalize();
    }
    public void OperationImp(){
    }
}//end ConcreteImplementorB
```

8.4.3 Composite

▼ **Tipo:** Estructural.

▼ **Propósito**: Compone objetos en estructuras de árboles para representar jerarquías parte-todo. Permite que los clientes traten de manera uniforme a los objetos individuales y a los complejos.

```
public abstract class Component {
    public Component(){
    }
    public void finalize() throws Throwable {
    }
    /**
     *
     * @param component
     */
    public abstract void Add(Component component);
    /**
     *
     * @param component
     */
    public abstract void Remove(Component component);
}//end Component
```

```java
public class Leaf extends Component {
   public Leaf(){
   }
   public void finalize() throws Throwable {
      super.finalize();
   }
   /**
    *
    * @param component
    */
   public void Add(Component component){
      // cannot add to a leaf
   }
   /**
    *
    * @param component
    */
   public void Remove(Component component){
      // cannot remove from a leaf
   }
}//end Leaf
```

```java
public class Composite extends Component {
   private Vector children = new Vector();
   public Composite(){
   }
   public void finalize() throws Throwable {
      super.finalize();
   }
   /**
    *
    * @param component
    */
   public void Add(Component component){
      children.addElement( component );
   }
   /**
    *
    * @param component
    */
   public void Remove(Component component){
      children.removeElement( component );
   }
}//end Composite
```

8.4.4 Decorator

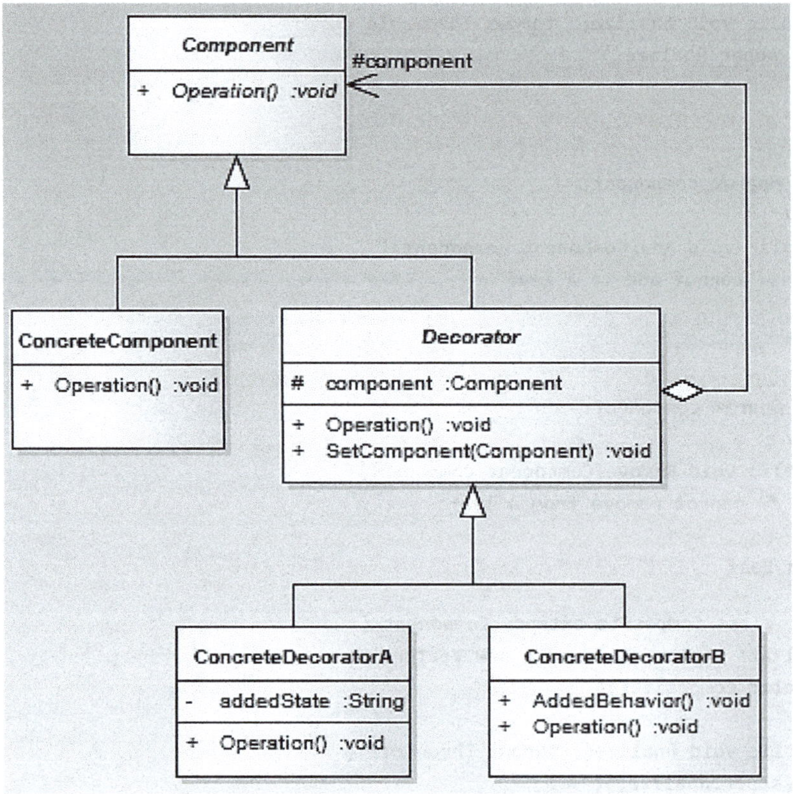

- **Tipo:** Estructural.
- **Propósito**: Agrega o limita responsabilidades adicionales a un objeto de forma dinámica, proporcionando una alternativa flexible a la herencia para extender funcionalidad.

```
public abstract class Component {
    public Component(){
    }
    public void finalize() throws Throwable {
    }
    public abstract void Operation();
}//end Component
```

```
public class ConcreteComponent extends Component {
    public ConcreteComponent(){
```

```java
    }
    public void finalize() throws Throwable {
        super.finalize();
    }
    public void Operadion(){
    }
}//end ConcreteComponent
```

```java
public abstract class Decorator extends Component {
    protected Component component;
    public Decorator(){
    }
    public void finalize() throws Throwable {
        super.finalize();
    }
    public void Operation(){
        if( component != null )
                component.Operation();
    }
    /**
     *
     * @param component
     */
    public void SetComponent(Component component){
        this.component = component;
    }
}//end Decorator
public class ConcreteDecoratorA extends Decorator {
    private String addedState;
    public ConcreteDecoratorA(){
    }
    public void finalize() throws Throwable {
        super.finalize();
    }
    public void Operation(){
        super.Operation();
        addedState = "new state";
    }
}//end ConcreteDecoratorA
```

```java
public class ConcreteDecoratorB extends Decorator {
    public ConcreteDecoratorB(){
    }
    public void finalize() throws Throwable {
        super.finalize();
```

```
    }
    public void AddedBehavior(){
    }
    public void Operation(){
        super.Operation();
        AddedBehavior();
    }
}//end ConcreteDecoratorB
```

8.4.5 Facade

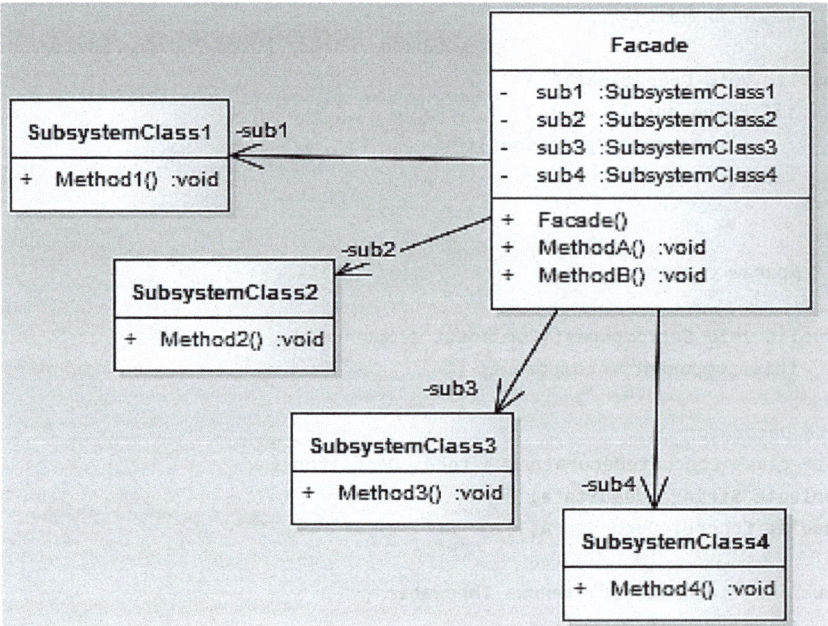

▶ **Tipo:** Estructural.

▶ **Propósito**: Proporciona una interfaz simplificada para un conjunto de interfaces de subsistemas. Define una interfaz de alto nivel que hace que un subsistema sea más fácil de usar.

```
public class Facade {
    private SubsystemClass1 sub1;
    private SubsystemClass2 sub2;
    private SubsystemClass3 sub3;
    private SubsystemClass4 sub4;
```

```
   public void finalize() throws Throwable {
   }
   public Facade(){
      sub1 = new SubsystemClass1();
      sub2 = new SubsystemClass2();
      sub3 = new SubsystemClass3();
      sub4 = new SubsystemClass4();
   }
   public void MethodA(){
      sub1.Method1();
      sub2.Method2();
      sub4.Method4();
   }
   public void MethodB(){
      sub3.Method3();
      sub4.Method4();
   }
}//end Facade
```

```
public class SubsystemClass1 {
   public SubsystemClass1(){
   }
   public void finalize() throws Throwable {
   }
   public void Method1(){
   }
}//end SubsystemClass1
```

```
public class SubsystemClass2 {
   public SubsystemClass2(){
   }
   public void finalize() throws Throwable {
   }
   public void Method2(){
   }
}//end SubsystemClass2
```

```
public class SubsystemClass3 {
   public SubsystemClass3(){
   }
   public void finalize() throws Throwable {
   }
   public void Method3(){
   }
}//end SubsystemClass3
```

```
public class SubsystemClass4 {
    public SubsystemClass4(){
    }
    public void finalize() throws Throwable {
    }
    public void Method4(){
    }
}//end SubsystemClass4
```

8.4.6 Flyweight

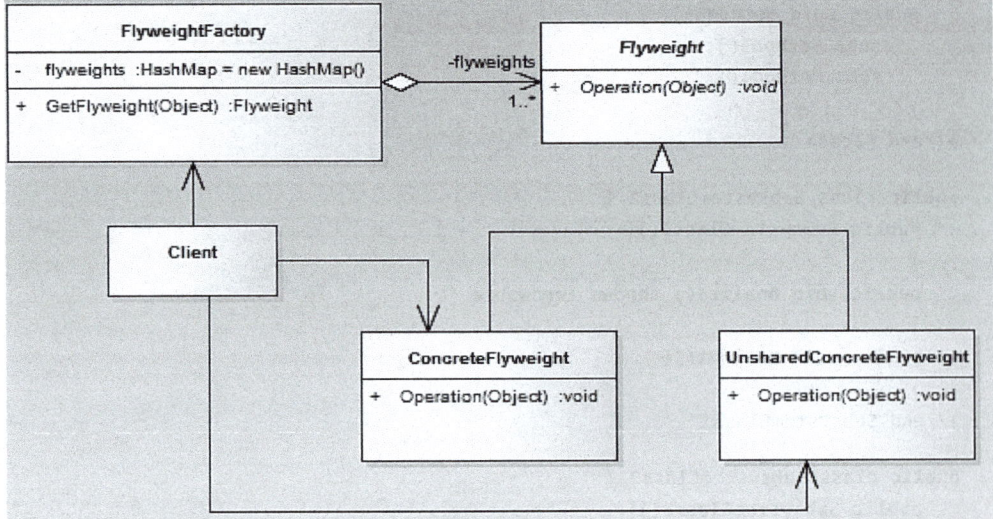

▼ **Tipo:** Estructural.

▼ **Propósito**: Permite el uso de un gran número de objetos de grano fino de forma eficiente mediante compartimiento.

```
public class FlyweightFactory {
    private HashMap flyweights = new HashMap();
    public FlyweightFactory(){
    }
    public void finalize() throws Throwable {
    }
    /**
    *
    * @param key
```

```
     */
    public Flyweight GetFlyweight(Object key){
        return (Flyweight)flyweights.get(key);
    }
}//end FlyweightFactory
```

```
public abstract class Flyweight {
    public Flyweight(){
    }
    public void finalize() throws Throwable {
    }
    /**
     *
     * @param extrinsicState
     */
    public abstract void Operation(Object extrinsicState);
}//end Flyweight
```

```
public class ConcreteFlyweight extends Flyweight {
    public ConcreteFlyweight(){
    }
    public void finalize() throws Throwable {
        super.finalize();
    }
    /**
     *
     * @param extrinsicState
     */
    public void Operation(Object extrinsicState){
    }
}//end ConcreteFlyweight
```

```
public class UnsharedConcreteFlyweight extends Flyweight {
    public UnsharedConcreteFlyweight(){
    }
    public void finalize() throws Throwable {
        super.finalize();
    }
    /**
     *
     * @param extrinsicState
     */
    public void Operation(Object extrinsicState){
    }
}//end UnsharedConcreteFlyweight
```

```
public class Client {
    public UnsharedConcreteFlyweight m_UnsharedConcreteFlyweight;
    public FlyweightFactory m_FlyweightFactory;
    public ConcreteFlyweight m_ConcreteFlyweight;
    public Client(){
    }
    public void finalize() throws Throwable {
    }
}//end Client
```

8.4.7 Proxy

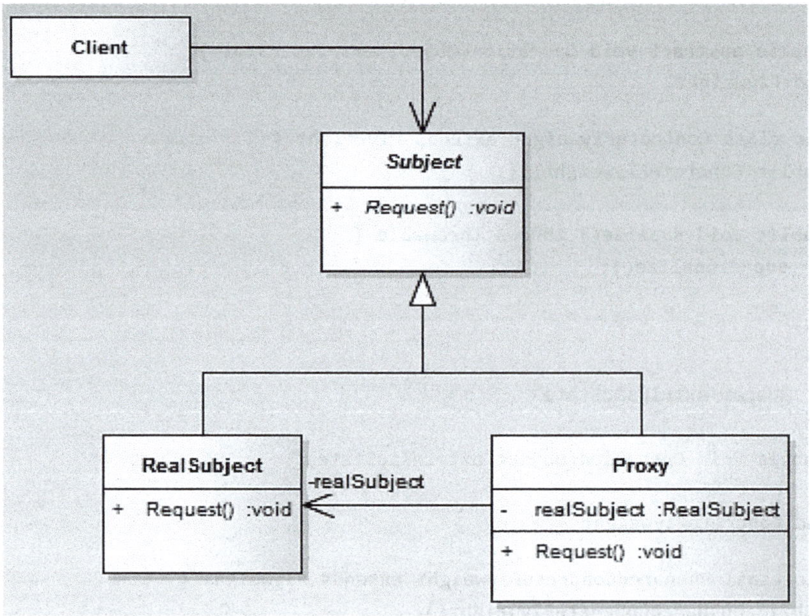

- **Tipo:** Estructural.
- **Propósito**: Provee un sustituto o representante de un objeto para controlar el acceso a éste. Este patrón posee las siguientes variantes:
  - Proxy remoto: Se encarga de representar un objeto remoto como si estuviese localmente.
  - Proxy virtual: Se encarga de crear objetos de gran tamaño bajo demanda.

- Proxy de protección: se encarga de controlar el acceso al objeto representado.

```
public class Client {
   public Subject m_Subject;
   public Client(){
   }
   public void finalize() throws Throwable {
   }
}//end Client
```

```
public abstract class Subject {
   public Subject(){
   }
   public void finalize() throws Throwable {
   }
   public abstract void Request();
}//end Subject
```

```
public class RealSubject extends Subject {
   public RealSubject(){
   }
   public void finalize() throws Throwable {
      super.finalize();
   }
   public void Request(){
   }
}//end RealSubject
```

```
public class Proxy extends Subject {
   private RealSubject realSubject;
   public Proxy(){
   }
   public void finalize() throws Throwable {
      super.finalize();
   }
   public void Request(){
      if (realSubject == null)
         realSubject = new RealSubject();
      realSubject.Request();
   }
}//end Proxy
```

8.5 PATRONES DE COMPORTAMIENTO

Identifican los patrones de comunicación entre los objetos. Cooperando y distribuyendo responsabilidades para lograr sus objetivos.

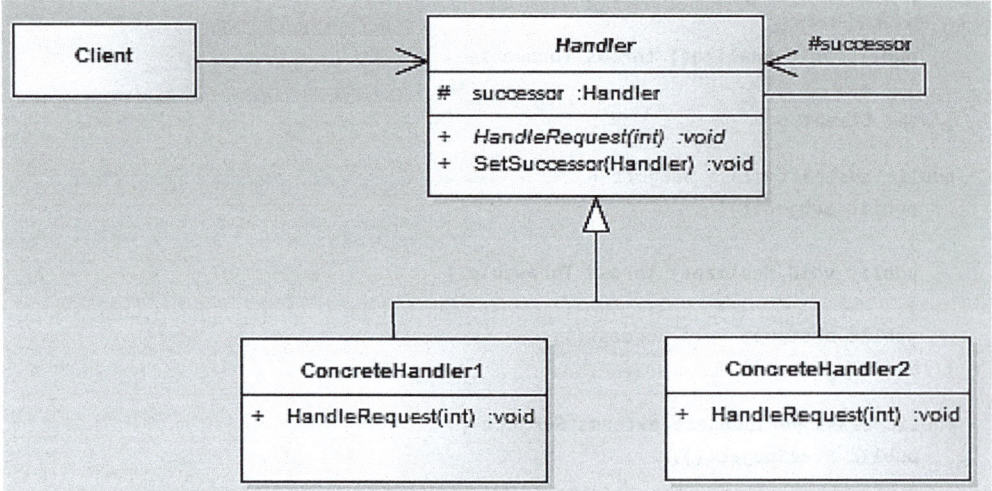

8.5.1 Chain of Responsibility

▶ **Tipo:** Comportamiento.

▶ **Propósito**: Establece una cadena de mensajes dentro del sistema de manera tal que dicho mensaje sea manejado en el mismo nivel donde fue emitido, o redirigido a un objeto capaz de manejarlo. Evita acoplar el emisor del mensaje con un receptor, dando a más de un objeto la posibilidad de responder al mensaje.

```
public class Client {
    public Handler m_Handler;
    public Client(){
    }
    public void finalize() throws Throwable {
    }
}//end Client
```

```java
public abstract class Handler {
   protected Handler successor;
   public Handler(){
   }
   public void finalize() throws Throwable {
   }
   /**
    * @param request
    */
   public abstract void HandleRequest(int request);
   /**
    * @param successor
    */
   public void SetSuccessor(Handler successor){
      this.successor = successor;
   }
}//end Handler
public class ConcreteHandler1 extends Handler {
   public ConcreteHandler1(){
   }
   public void finalize() throws Throwable {
      super.finalize();
   }
   /**
    *
    * @param request
    */
   public void HandleRequest(int request){
   }
}//end ConcreteHandler1
```

```java
public class ConcreteHandler2 extends Handler {
   public ConcreteHandler2(){
   }
   public void finalize() throws Throwable {
      super.finalize();
   }
   /**
    *
    * @param request
    */
   public void HandleRequest(int request){
   }
}//end ConcreteHandler2
```

8.5.2 Command

▶ **Tipo:** Comportamiento.

▶ **Propósito**: Representa una solicitud con un objeto, de manera tal de poder parametrizar a los clientes con distintas solicitudes, encolarlas o llevar un registro de las mismas, y poder deshacer las operaciones. Estas solicitudes, al ser representadas como un objeto también pueden pasarse como parámetro o devolverse como resultados.

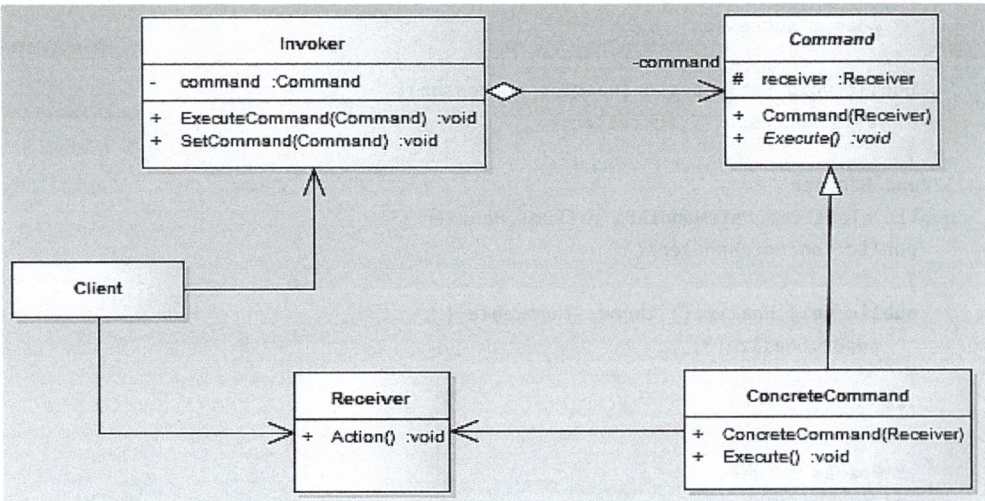

```
public abstract class Command {
    protected Receiver receiver;
    public Command(){
    }
    public void finalize() throws Throwable {
    }
    /**
     *
     * @param receiver
     */
    public Command(Receiver receiver){
        this.receiver = receiver;
    }
    public abstract void Execute();
}//end Command
```

```java
public class ConcreteCommand extends Command {
   public Receiver m_Receiver;
   public ConcreteCommand(){
   }
   public void finalize() throws Throwable {
      super.finalize();
   }
   /**
    *
    * @param receiver
    */
   public ConcreteCommand(Receiver m_Receiver){
this.m_Receiver= m_Receiver
   }
   public void Execute(){
      m_Receiver.Action();
   }
}//end ConcreteCommand
```

```java
public class Receiver {
   public Receiver(){
   }
   public void finalize() throws Throwable {
   }
   public void Action(){
   }
}//end Receiver
```

```java
public class Invoker {
   private Command command;
   public Invoker(){
   }
   public void finalize() throws Throwable {
   }
   /**
    *
    * @param command
    */
   public void ExecuteCommand(Command command){
      command.Execute();
   }
}//end Invoker
```

```java
public class Client {
   public Receiver m_Receiver;
public Invoker m_Invoker;
```

```
    public Client(){
    }
    public void finalize() throws Throwable {
    }
}//end Client
```

8.5.3 Interpreter

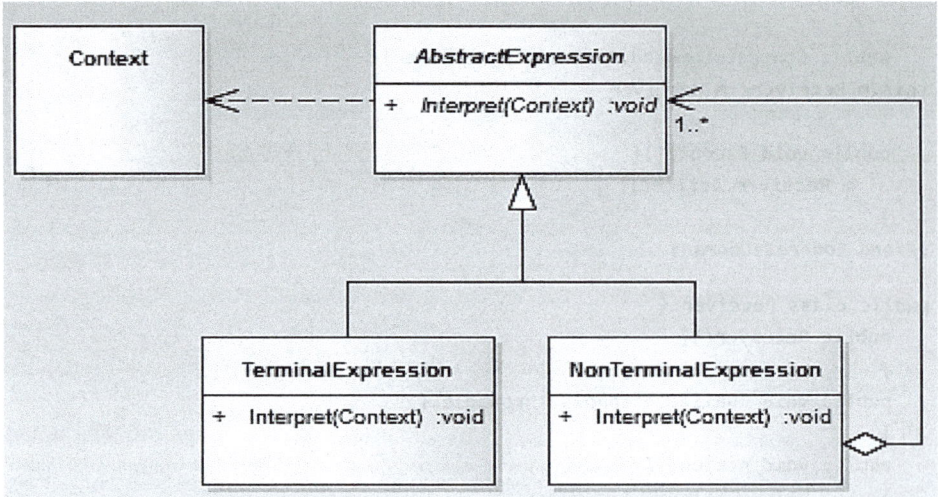

▼ **Tipo:** Comportamiento.

▼ **Propósito**: En un contexto donde se repite una determinada clase de problemas y el dominio es bien conocido, se pueden caracterizar estos problemas como un lenguaje y, a su vez, estos problemas pueden ser tratados por un "motor" de interpretación. Este patrón busca definir un intérprete para dicho lenguaje, para el cual define una gramática y un intérprete de la misma para poder resolver los problemas.

```
public class Context {
    public Context(){
    }
    public void finalize() throws Throwable {
    }
}//end Context
```

```
public abstract class AbstractExpression {
   public AbstractExpression(){
   }
   public void finalize() throws Throwable {
   }
   /**
    * @param context
    */
   public abstract void Interpret(Context context);
}//end AbstractExpression
public class TerminalExpression extends AbstractExpression {
   public TerminalExpression(){
   }
   public void finalize() throws Throwable {
      super.finalize();
   }
   /**
    *
    * @param context
    */
   public void Interpret(Context context){
   }
}//end TerminalExpression
public class NonTerminalExpression extends AbstractExpression {
   public AbstractExpression m_AbstractExpression;
   public NonTerminalExpression(){
   }
   public void finalize() throws Throwable {
      super.finalize();}
   /**
    *
    * @param context
    */
   public void Interpret(Context context){
   }
}//end NonTerminalExpression
```

8.5.4 Iterator

▶ **Tipo:** Comportamiento.

▶ **Propósito**: Provee un modo de acceder secuencialmente a los elementos de un objeto agregado (una colección) sin exponer su representación interna. El iterador está altamente acoplado al objeto agregado.

```
public abstract class Aggregate {
   public Aggregate(){
   }
   public void finalize() throws Throwable {
   }
   public abstract Iterator CreateIterator();
}//end Aggregate
```

```
public class ConcreteAggregate extends Aggregate {
   public ConcreteAggregate(){
   }
   public void finalize() throws Throwable {
      super.finalize();
   }
   public Iterator CreateIterator(){
      return new ConcreteIterator(this);
   }
}//end ConcreteAggregate
```

```
public abstract class Iterator {
   public Iterator(){
   }
   public void finalize() throws Throwable {
   }
   public abstract Object CurrentItem();
   public abstract Object First();
   public abstract boolean IsDone();
   public abstract Object Next();
}//end Iterator
```

```
public class ConcreteIterator extends Iterator {
   private ConcreteAggregate aggregate;
   public ConcreteIterator(){
   }
   public void finalize() throws Throwable {
      super.finalize();
   }
   /**
    *
    * @param agg
    */
   public ConcreteIterator(ConcreteAggregate agg){
      aggregate = agg;
   }
   public Object CurrentItem(){
      return null;
   }
```

```
    public Object First(){
        return null;
    }
    public boolean IsDone(){
        return false;
    }
    public Object Next(){
        return null;
    }
}//end ConcreteIterator
```

8.5.5 Mediator

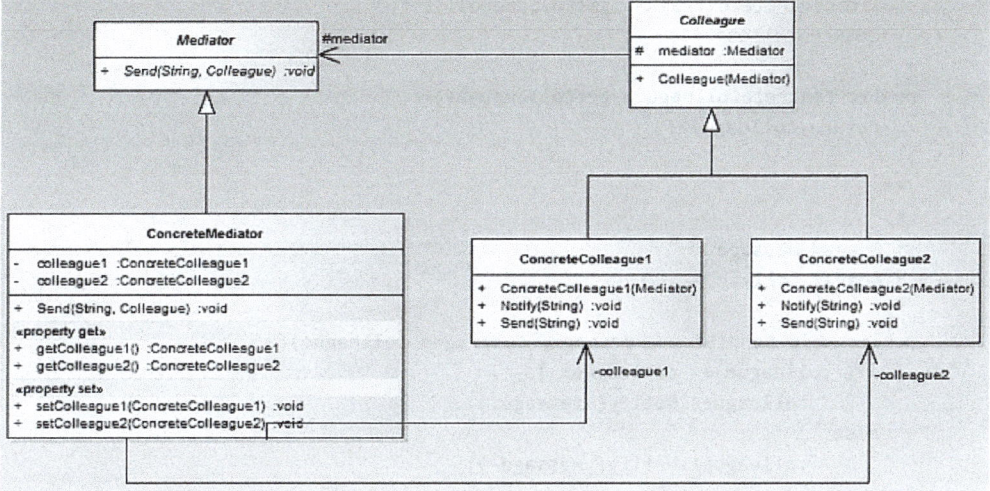

▶ **Tipo:** Comportamiento.

▶ **Propósito**: Simplifica la comunicación entre objetos dentro del sistema mediante la introducción de un objeto mediador que administra la distribución de mensajes entre objetos. Promueve bajo acoplamiento al evitar que los objetos se referencien unos a otros explícitamente, permitiendo variar la interacción entre ellos independientemente.

```
public abstract class Mediator {
    public Mediator(){
    }
    public void finalize() throws Throwable {
    }
    /**
```

```
    *
    * @param s
    * @param colleague
    */
   public abstract void Send(String s, Colleague colleague);
}//end Mediator
```

```
public class ConcreteMediator extends Mediator {
   private ConcreteColleague1 colleague1;
   private ConcreteColleague2 colleague2;
   public ConcreteMediator(){
   }
   public void finalize() throws Throwable {
      super.finalize();
   }
   public ConcreteColleague1 getColleague1(){
      return colleague1;
   }
   public ConcreteColleague2 getColleague2(){
      return colleague2;
   }
   /**
    *
    * @param message
    * @param colleague
    */
   public void Send(String message, Colleague colleague){
      if( colleague == colleague1 )
            colleague2.Notify( message );
      else
            colleague1.Notify( message );
   }
   /**
    *
    * @param newVal
    */
   public void setColleague1(ConcreteColleague1 newVal){
      colleague1 = newVal;
   }
   /**
    *
    * @param newVal
    */
   public void setColleague2(ConcreteColleague2 newVal){
      colleague2 = newVal;
   }
}//end ConcreteMediator
```

```java
public abstract class Colleague {
    protected Mediator mediator;
    public Colleague(){
    }
    public void finalize() throws Throwable {
    }
    /**
     *
     * @param m
     */
    public Colleague(Mediator m){
       mediator = m;
    }
}//end Colleague
```

```java
public class ConcreteColleague1 extends Colleague {
    public ConcreteColleague1(){
    }
    public void finalize() throws Throwable {
       super.finalize();
    }
    /**
     *
     * @param m
     */
    public ConcreteColleague1(Mediator m){
       mediator = m;
    }
    /**
     *
     * @param message
     */
    public void Notify(String message){
    }
    /**
     *
     * @param message
     */
    public void Send(String message){
       mediator.Send( message, this  );
    }
}//end ConcreteColleague1
public class ConcreteColleague2 extends Colleague {
    public ConcreteColleague2(){
    }
    public void finalize() throws Throwable {
       super.finalize();
```

```java
    }
    /**
     *
     * @param m
     */
    public ConcreteColleague2(Mediator m){
        mediator = m;
    }
    /**
     *
     * @param message
     */
    public void Notify(String message){
    }
    /**
     *
     * @param message
     */
    public void Send(String message){
        mediator.Send( message, this  );
    }
}//end ConcreteColleague2
```

8.5.6 Memento

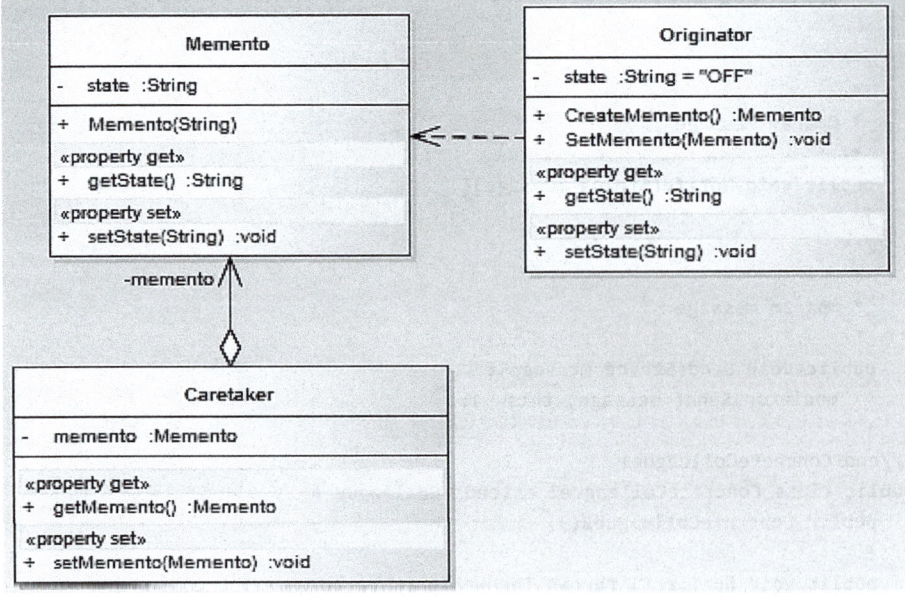

- **Tipo:** Comportamiento.
- **Propósito**: Preserva una “fotografía instantánea” del estado de un objeto con el fin de permitirle volver a su estado original, sin revelar su contenido al mundo exterior.

```
public class Memento {
   private String state;
   public Memento(){
   }
   public void finalize() throws Throwable {
   }
   /**
    *
    * @param state
    */
   public Memento(String state){
      this.state = state;
   }
   public String getState(){
      return state;
   }
   /**
    *
    * @param newVal
    */
   public void setState(String newVal){
      state = newVal;
   }
}//end Memento
```

```
public class Originator {
   private String state = “OFF”;
   public Originator(){
   }
   public void finalize() throws Throwable {
   }
   public Memento CreateMemento(){
      return (new Memento( state ));
   }
   public String getState(){
      return state;
   }
   /**
    *
    * @param memento
    */
   public void SetMemento(Memento memento){
      state = memento.getState();
```

```
    }
    /**
     *
     * @param newVal
     */
    public void setState(String newVal){
        state = newVal;
    }
}//end Originator
```

```
public class Caretaker {
    private Memento memento;
    public Caretaker(){
    }
    public void finalize() throws Throwable {
    }
    public Memento getMemento(){
        return memento;
    }
    /**
     *
     * @param newVal
     */
    public void setMemento(Memento newVal){
        memento = newVal;
    }
}//end Caretaker
```

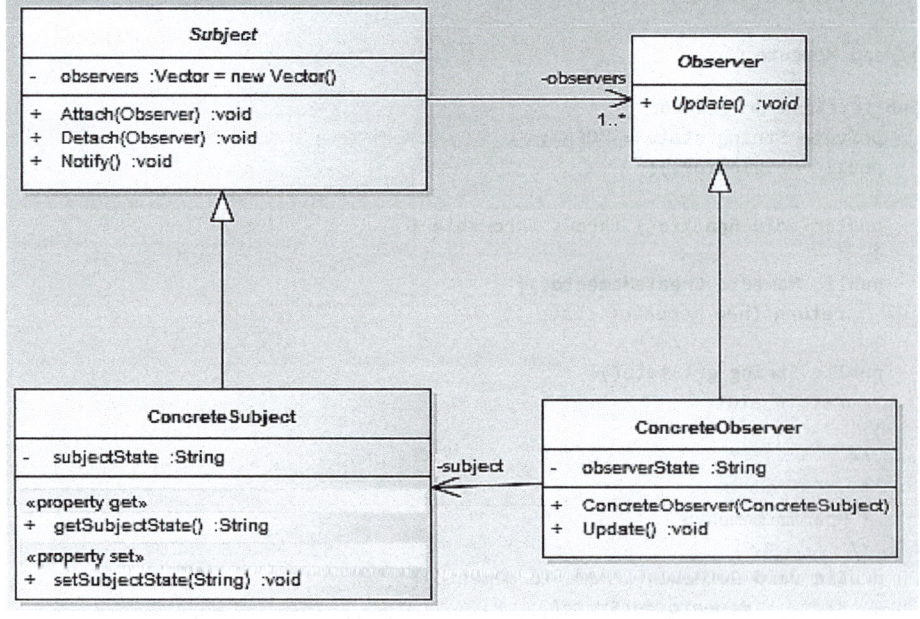

8.5.7 Observer

▶ **Tipo:** Comportamiento.

▶ **Propósito**: Brinda un mecanismo que permite a un componente transmitir de forma flexible mensajes a aquellos objetos que hayan expresado interés en él. Estos mensajes se disparan cuando el objeto ha sido actualizado, y la idea es que quienes hayan expresado interés reaccionen ante este evento.

```
public abstract class Subject {
    private Vector observers = new Vector();
    public Subject(){
    }
    public void finalize() throws Throwable {
    }
    /**
     *
     * @param observer
     */
    public void Attach(Observer observer){
        observers.addElement(observer);
    }
    /**
     *
     * @param observer
     */
    public void Detach(Observer observer){
        observers.removeElement(observer);
    }
    public void Notify(){
        // foreach( Observer o in observers ) o.Update();
    }
}//end Subject
```

```
public class ConcreteSubject extends Subject {
    private String subjectState;
    public ConcreteSubject(){
    }
    public void finalize() throws Throwable {
        super.finalize();
    }
```

```
   public String getSubjectState(){
      return subjectState;
   }
   /**
    *
    * @param newVal
    */
   public void setSubjectState(String newVal){
      subjectState = newVal;
   }
}//end ConcreteSubject
```

```
public abstract class Observer {
   public Observer(){
   }
   public void finalize() throws Throwable {
   }
   public abstract void Update();
}//end Observer
public class ConcreteObserver extends Observer {
   private String observerState;
   private ConcreteSubject subject;
   public ConcreteObserver(){
   }
   public void finalize() throws Throwable {
      super.finalize();
   }
   /**
    *
    * @param subject
    */
   public ConcreteObserver(ConcreteSubject subject){
      this.subject = subject;
   }
   public void Update(){
      observerState = subject.getSubjectState();
   }
}//end ConcreteObserver
```

8.5.8 State

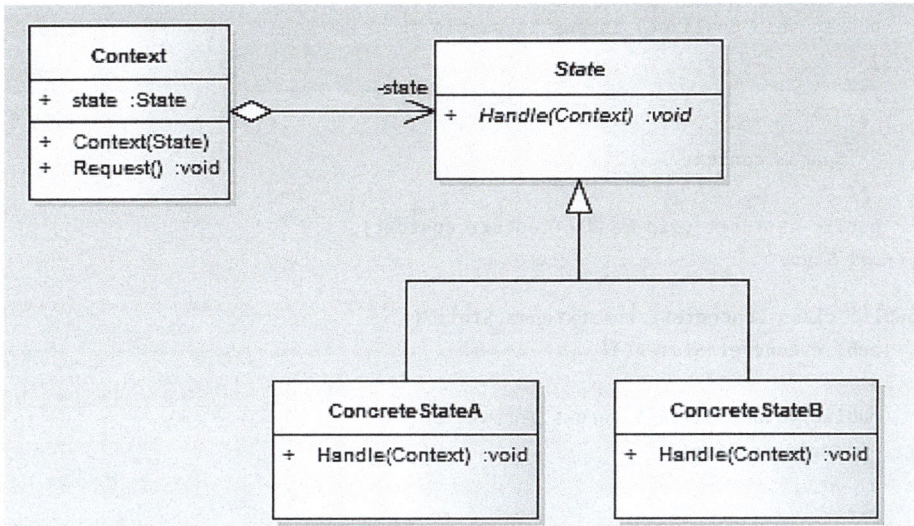

▶ **Tipo:** Comportamiento.

▶ **Propósito**: Permiteque un objeto modifique su comportamiento cada vez que cambie su estado interno. El objeto parecerá que cambió de clase.

```
public class Context {
    public State state;
    public Context(){
    }
    public void finalize() throws Throwable {
    }
    /**
     *
     * @param state
     */
    public Context(State state){
        this.state = state;
    }
    public void Request(){
        state.Handle(this);
    }
}//end Context
```

```java
public abstract class State {
   public State(){
   }
   public void finalize() throws Throwable {
   }
   /**
    *
    * @param context
    */
   public abstract void Handle(Context context);
}//end State
```

```java
public class ConcreteStateA extends State {
   public ConcreteStateA(){
   }
   public void finalize() throws Throwable {
      super.finalize();
   }
   /**
    *
    * @param context
    */
   public void Handle(Context context){
      // transition to next state
      context.state = new ConcreteStateB();
   }
}//end ConcreteStateA
public class ConcreteStateB extends State {
   public ConcreteStateB(){
   }
   public void finalize() throws Throwable {
      super.finalize();
   }
   /**
    *
    * @param context
    */
   public void Handle(Context context){
      // transition to next state
      context.state = new ConcreteStateA();
   }
}//end ConcreteStateB
```

8.5.9 Strategy

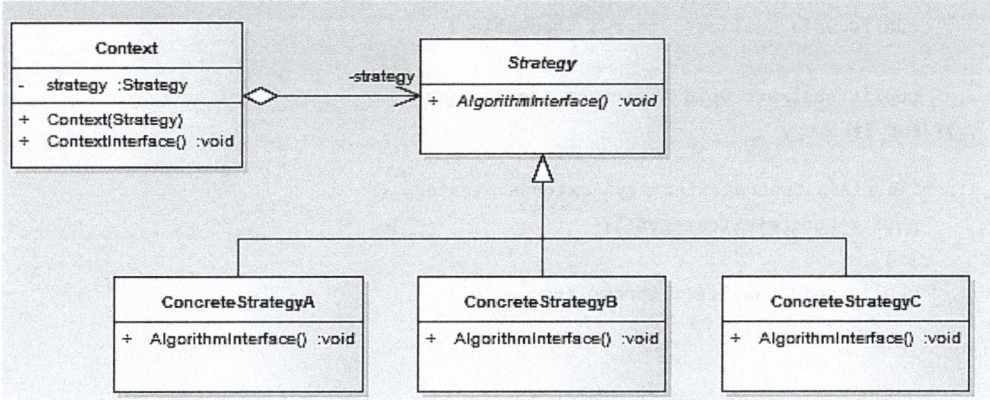

▼ **Tipo:** Comportamiento.

▼ **Propósito**: Define una jerarquía de clases que representan algoritmos, los cuales son intercambiables. Estos algoritmos pueden ser intercambiados por la aplicación en tiempo de ejecución.

```
public class Context {
    private Strategy strategy;
    public Context(){
    }
    public void finalize() throws Throwable {
    }
    /**
     *
     * @param strategy
     */
    public Context(Strategy strategy){
        this.strategy = strategy;
    }
    public void ContextInterface(){
        strategy.AlgorithmInterface();
    }
}//end Context
```

```
public abstract class Strategy {
   public Strategy(){
   }
   public void finalize() throws Throwable {
   }
   public abstract void AlgorithmInterface();
}//end Strategy
```

```
public class ConcreteStrategyA extends Strategy {
   public ConcreteStrategyA(){
   }
   public void finalize() throws Throwable {
      super.finalize();
   }
   public void AlgorithmInterface(){
   }
}//end ConcreteStrategyA
```

```
public class ConcreteStrategyB extends Strategy {
   public ConcreteStrategyB(){
   }
   public void finalize() throws Throwable {
      super.finalize();
   }
   public void AlgorithmInterface(){
   }
}//end ConcreteStrategyB
```

```
public class ConcreteStrategyC extends Strategy {
   public ConcreteStrategyC(){
   }
   public void finalize() throws Throwable {
      super.finalize();
   }
   public void AlgorithmInterface(){
   }
}//end ConcreteStrategyC
```

8.5.10 Template Method

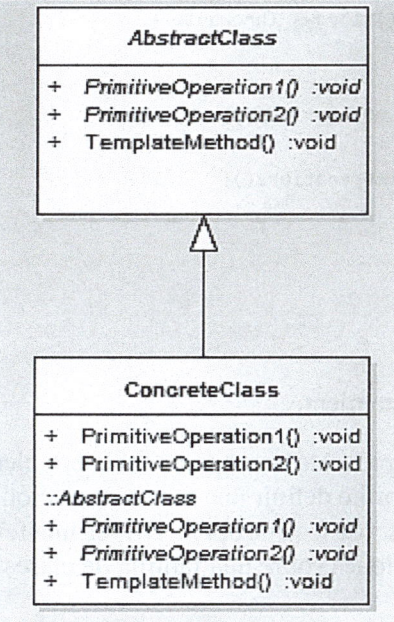

▼ **Tipo:** Comportamiento.

▼ **Propósito**: Define en una operación el esqueleto de un algoritmo, delegando en las subclases algunos de sus pasos. Permite que las subclases redefinan ciertos pasos del algoritmo sin cambiar su estructura.

```
public abstract class AbstractClass {
   public AbstractClass(){
   }
   public void finalize() throws Throwable {
   }
   public abstract void PrimitiveOperation1();
   public abstract void PrimitiveOperation2();
   public void TemplateMethod(){
      // do something
      PrimitiveOperation1();
      // do something
      PrimitiveOperation2();
      // do something
   }
}//end AbstractClass
```

```
public class ConcreteClass extends AbstractClass {
   public ConcreteClass(){
   }
   public void finalize() throws Throwable {
      super.finalize();
   }
   public void PrimitiveOperation1(){
   }
   public void PrimitiveOperation2(){
   }
}//end ConcreteClass
```

8.5.11 Visitor

▼ **Tipo:** Comportamiento.

▼ **Propósito**: Representa una operación sobre elementos de una estructura de objetos. Permite definir una nueva operación sin cambiar las clases de los elementos sobre los que opera. Brinda una forma sencilla y mantenible de realizar acciones sobre una familia de clases.

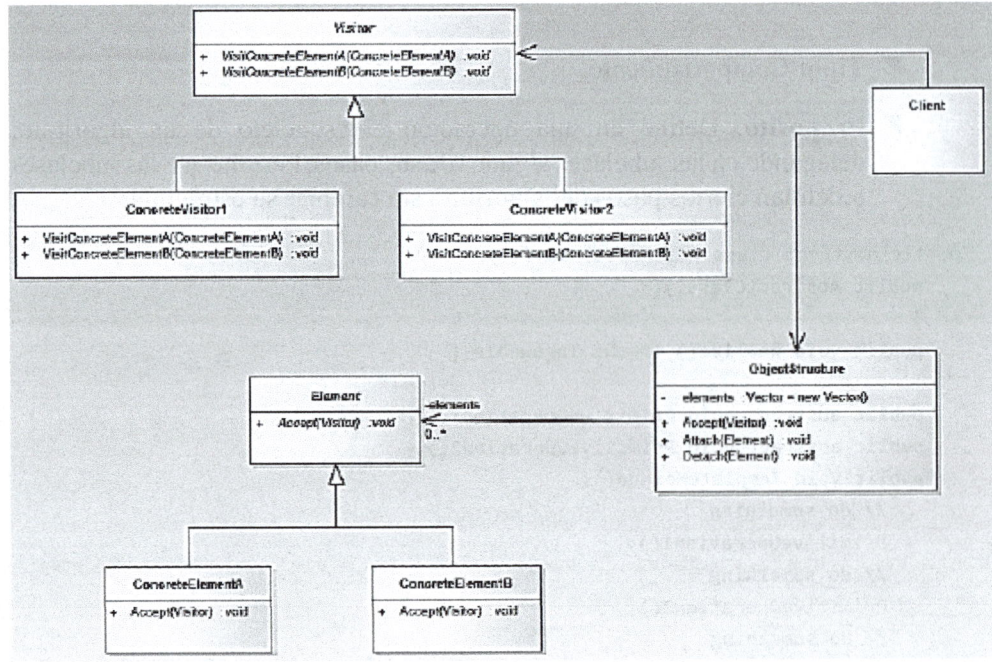

```java
public abstract class Visitor {
    public Visitor(){
    }
    public void finalize() throws Throwable {
    }
    /**
     *
     * @param concreteElementA
     */
    public abstract void VisitConcreteElementA(ConcreteElementA concreteElemen-
tA);
    /**
     *
     * @param concreteElementB
     */
    public abstract void VisitConcreteElementB(ConcreteElementB concreteEle-
mentB);
}//end Visitor
```

```java
public class ConcreteVisitor1 extends Visitor {
    public ConcreteVisitor1(){}
    public void finalize() throws Throwable {
        super.finalize();
    }
    /**
     *
     * @param concreteElementA
     */
    public void VisitConcreteElementA(ConcreteElementA concreteElementA){
    }
    /**
     *
     * @param concreteElementB
     */
    public void VisitConcreteElementB(ConcreteElementB concreteElementB){
    }
}//end ConcreteVisitor1
```

```java
public class ConcreteVisitor2 extends Visitor {
    public ConcreteVisitor2(){
    }
    public void finalize() throws Throwable {
        super.finalize();
    }
    /**
     *
```

```
     * @param concreteElementA
     */
    public void VisitConcreteElementA(ConcreteElementA concreteElementA){
    }
    /**
     *
     * @param concreteElementB
     */
    public void VisitConcreteElementB(ConcreteElementB concreteElementB){
    }
}//end ConcreteVisitor2
```

```
public class ObjectStructure {
    private Vector elements = new Vector();
    public ObjectStructure(){
    }
    public void finalize() throws Throwable {
    }
    /**
     *
     * @param visitor
     */
    public void Accept(Visitor visitor){
       // foreach (Element e in elements) e.Accept( visitor );
    }
    /**
     *
     * @param element
     */
    public void Attach(Element element){
       elements.addElement( element );
    }
    /**
     *
     * @param element
     */
    public void Detach(Element element){
       elements.removeElement( element );
    }
}//end ObjectStructure
```

```
public abstract class Element {
    public Element(){
    }
    public void finalize() throws Throwable {
```

```
    }
    /**
     *
     * @param visitor
     */
    public abstract void Accept(Visitor visitor);
}//end Element
public class ConcreteElementA extends Element {
    public ConcreteElementA(){
    }
    public void finalize() throws Throwable {
        super.finalize();
    }
    /**
     *
     * @param visitor
     */
    public void Accept(Visitor visitor){
        visitor.VisitConcreteElementA( this );
    }
}//end ConcreteElementA
```

```
public class ConcreteElementB extends Element {
    public ConcreteElementB(){
    }
    public void finalize() throws Throwable {
        super.finalize();
    }
    /**
     *
     * @param visitor
     */
    public void Accept(Visitor visitor){
        visitor.VisitConcreteElementB( this );
    }
}//end ConcreteElementB
```

```
public class Client {
    public Visitor m_Visitor;
    public ObjectStructure m_ObjectStructure;
    public Client(){
    }
    public void finalize() throws Throwable {
    }
}//end Client
```

9

MANEJO DE CONTROLES

9.1 APP SUMA

[Ab] Plain TextView [I] Plain Text [OK] Button

Vamos a Desarrollar una App que ayuda que realice la suma de dos numeros, como ya hemos creado la primera App obviamos los pasos de crear la App Suma.

Borramos el TextView para comenzar con una interfaz limpia:

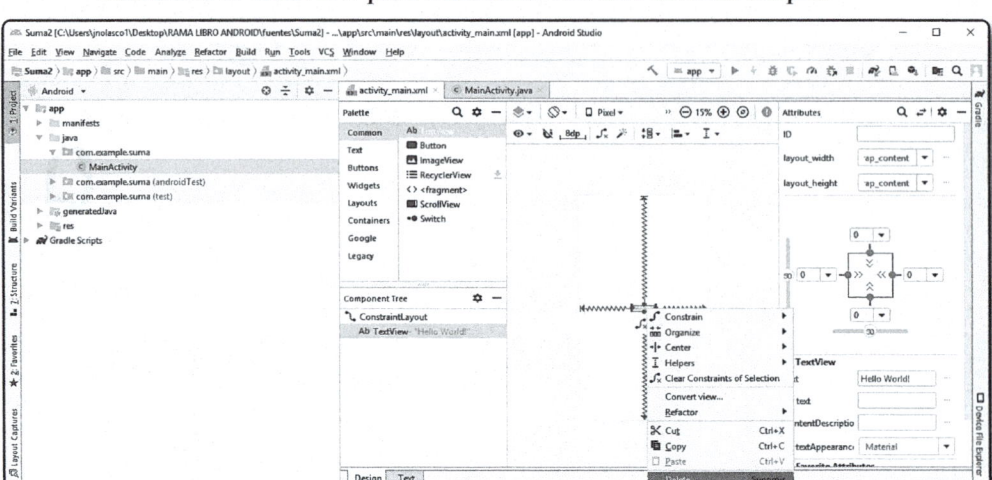

Vamos a crear una App de suma de 2 números que tendrá por objetivo la utilización de controles básicos, Necesitamos dos etiquetas (TextView), dos textos editables donde ingresaremos los numero a sumar (EditText) y dos Buttons que a continuación mostramos:

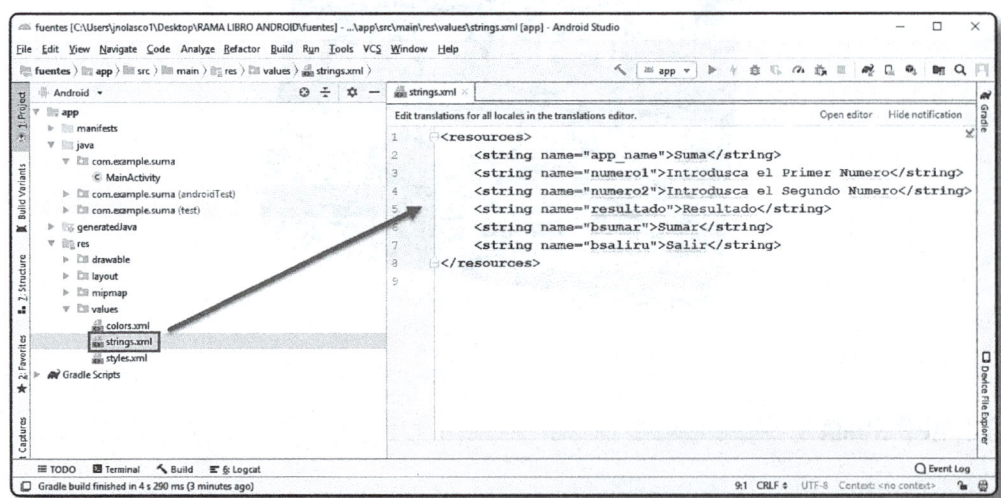

ⓘ NOTA

Esto permite externalizar valores de propiedades como cadenas de texto de forma sencilla en ficheros XML de recursos. Por defecto, en un proyecto Android se crea dentro de "res > values" un fichero strings.xml en el cual se localizan cadenas de texto reutilizables desde cualquier punto del proyecto.

Lo primero que Debemos hacer es eliminar el TextView, los seleccionamos –presionamos clic derecho - delete.

Ahora recomendamos crear algunas constantes para definir el contenido de los textviews, buttons Primero Crearemos un Textview:

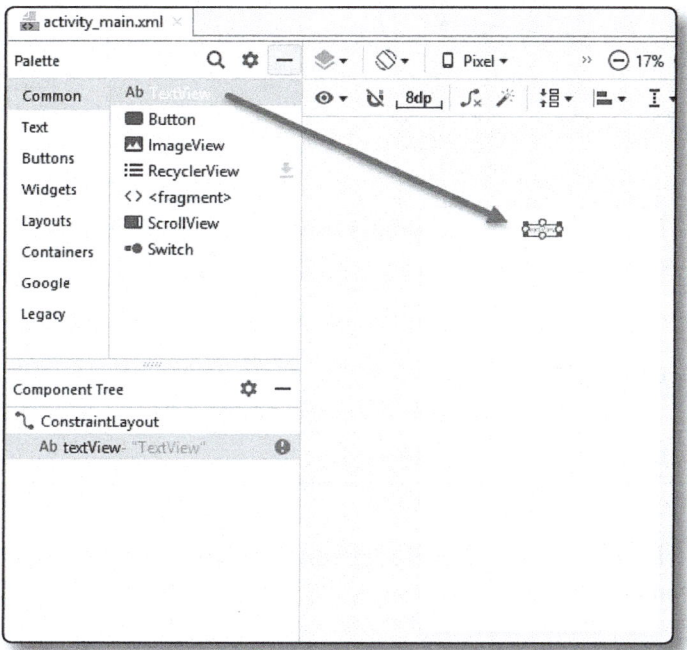

Al comenzar a crear el primer TextView no se olvide de colocar márgenes.

Esto permitirá posicionar el control en el lugar designado:

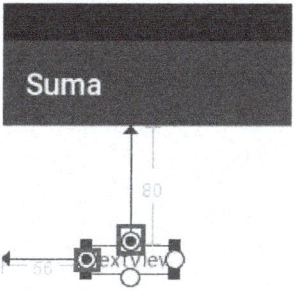

Ahora comenzamos a trabajar con las propiedades de textview:

Propiedad text

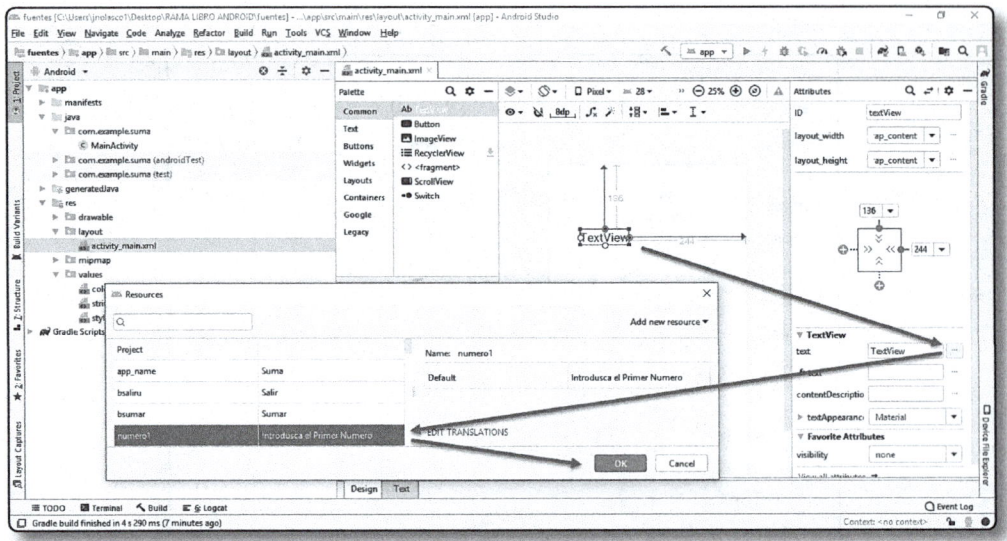

De la misma manera crear el segundo textview con el contenido "Introduzca el segundo Número".

Ahora crearemos dos editText.

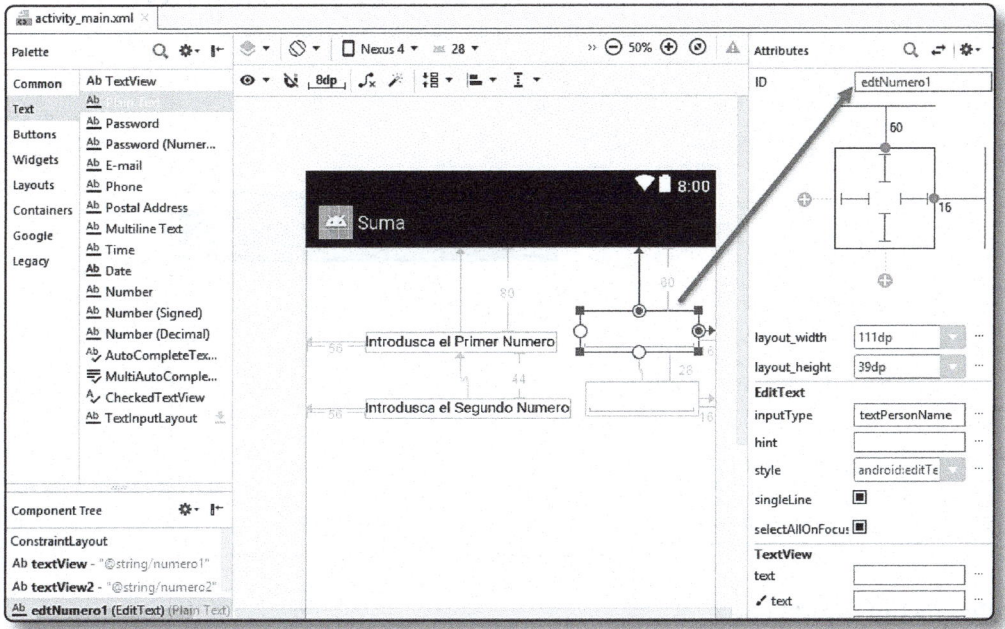

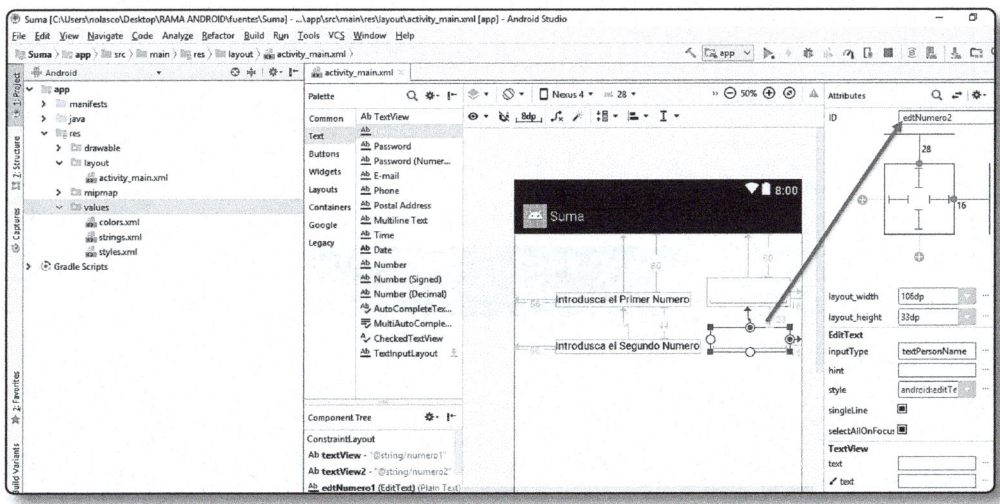

Ahora comenzamos a trabajar con las propiedades de editText:

Propiedad id.

Id es la propiedad que representa el identificador o nombre del control:

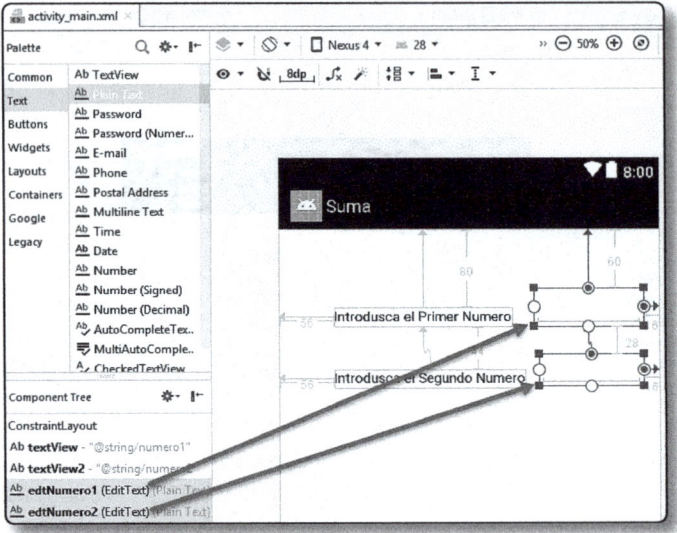

Propiedad inputType.

Utilizamos esta propiedad para que solo nos permita ingresar números:

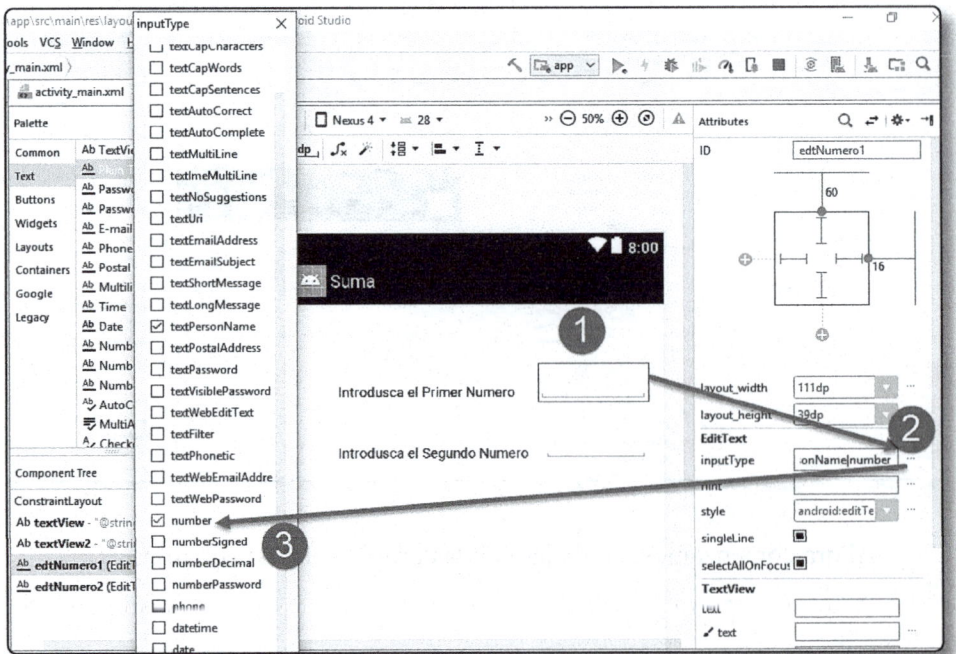

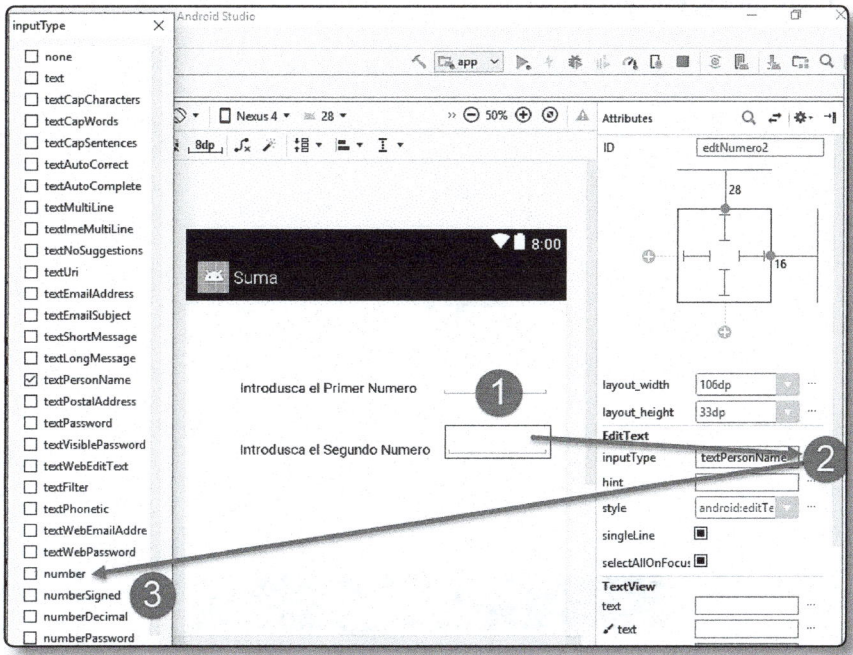

Ahora creamos un TextView donde mostramos el resultado de la suma

Ahora manipularemos algunas propiedades del TextView:

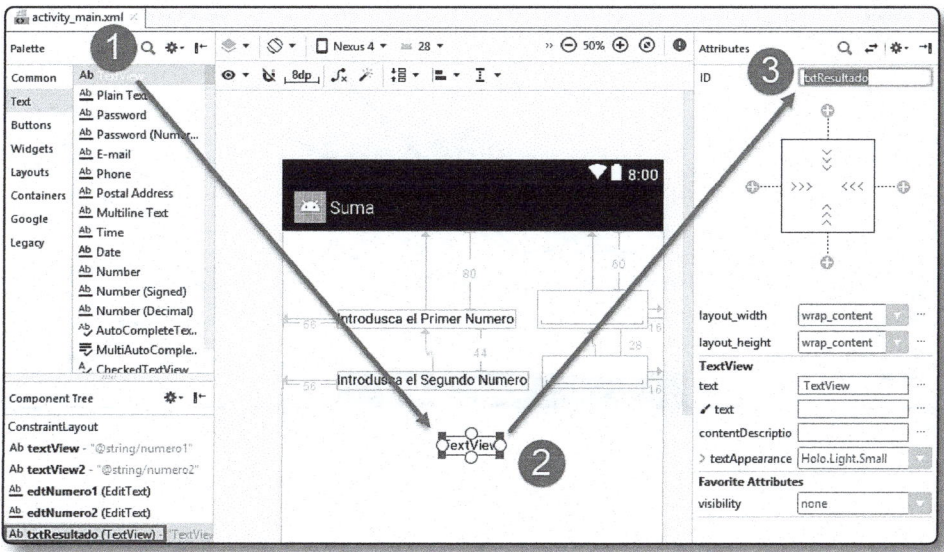

No se olvide de los márgenes.

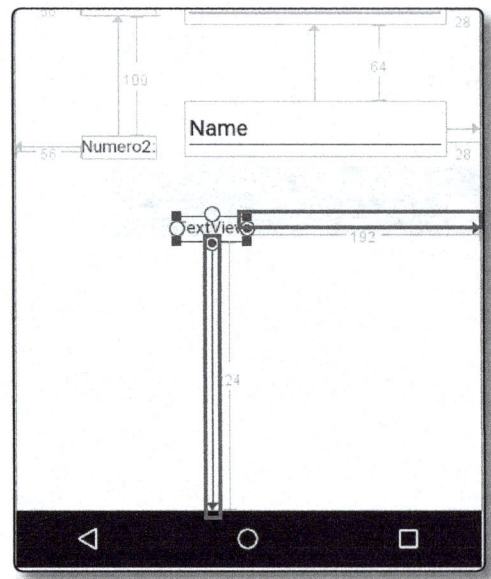

Ahora crearemos dos Buttons.

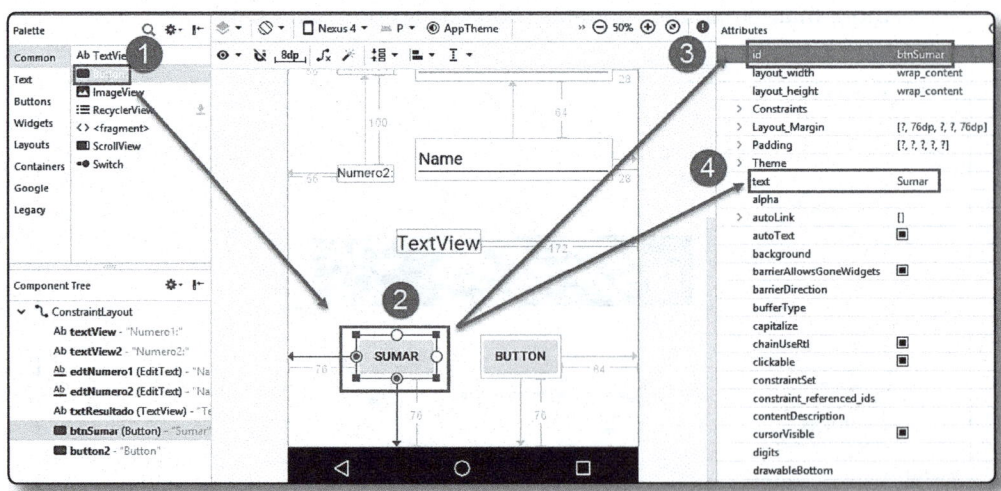

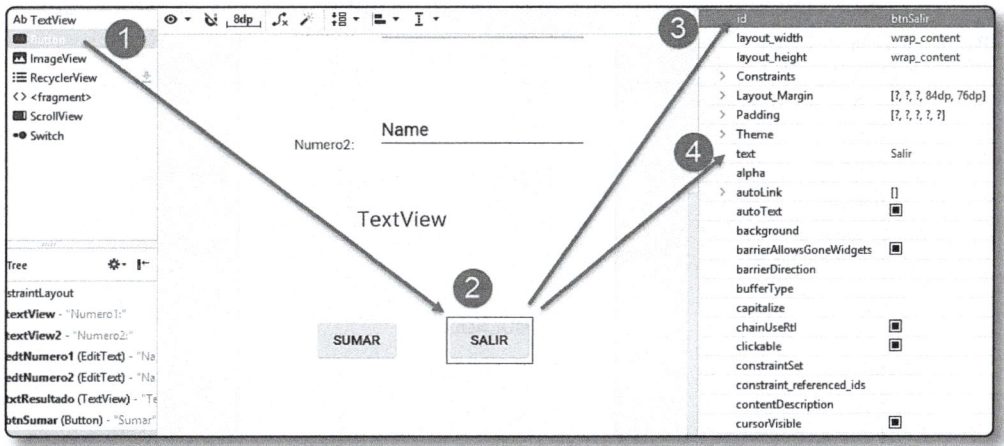

No se olvide de los márgenes.

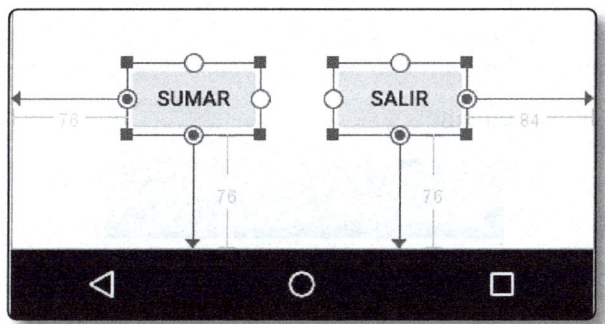

9.1.1 Ejecutando la Aplicación

Ahora para ejecutar la App podemos hacerlo utilizando el emulador o un dispositivo físico recomiendo usar un dispositivo físico para ello procedemos a conectar nuestro dispositivo o celular. Hecho esto seguimos los siguientes pasos:

Presione el botón Run.

Ahora indicamos si utilizamos un dispositivo físico o un emulador y presionamos el botón Ok.

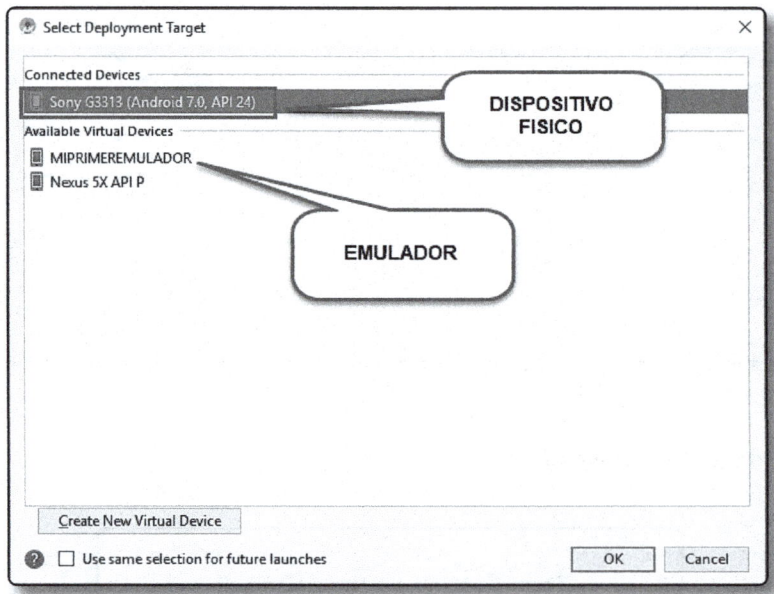

Obtenemos lo siguiente:

> **(i) NOTA**
>
> Ojo si utiliza el emulador, una vez cargado el emulador no lo cierre , vuelva a utilizarlo para ahorra tiempo y recursos.

9.1.2 Algo de Teoría - Actividad

Antes de comenzar a codificar definamos algunos conceptos: En Android, una actividad es una ventana que contiene la interfaz de usuario (pantalla) para su aplicación y los usuarios interactuar directamente con las actividades de sus aplicaciones. La actividad es el componente más habitual de las aplicaciones para Android. Un componente Activity refleja una determinada actividad llevada a cabo por una aplicación, y que lleva asociada típicamente una ventana o interfaz de usuario.

9.1.3 Codificando la Aplicación Suma

Antes de comenzar a codificar definamos algunos conceptos:

En Android, una actividad es una ventana que contiene la interfaz de usuario (pantalla) para su aplicación y los usuarios interactuar directamente con las actividades de sus aplicaciones.

La actividad es el componente más habitual de las aplicaciones para Android. Un componente Activity refleja una determinada actividad llevada a cabo por una aplicación, y que lleva asociada típicamente una ventana o interfaz de usuario.

Descripción de la Activity MainActivity

Una vez finalizado el diseño procedemos a comenzar con la codificación:

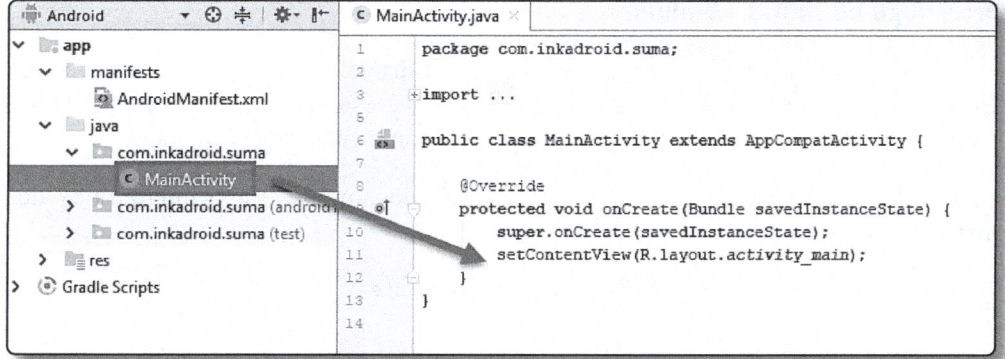

Una vez finalizado el diseño procedemos a comenzar con la codificación:

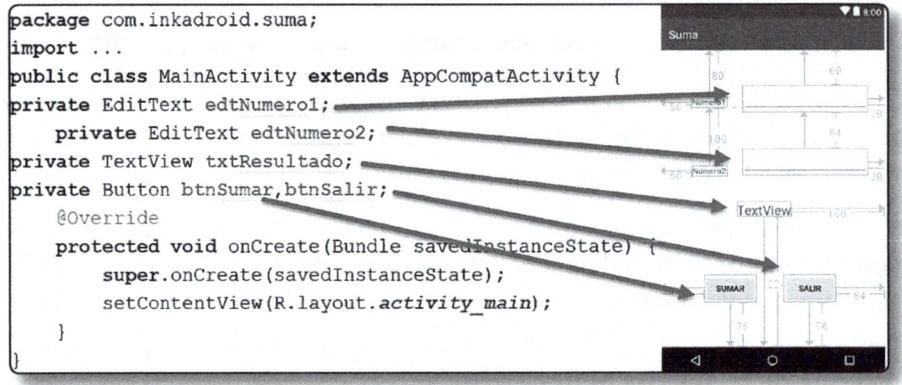

Ahora comenzamos codificando creando algunas variables que serán necesarias para hacer referencia a los objetos de la interfaz:

```
package com.inkadroid.suma;
import ...
public class MainActivity extends AppCompatActivity {
private EditText edtNumero1;
    private EditText edtNumero2;
private TextView txtResultado;
private Button btnSumar,btnSalir;
    @Override
    protected void onCreate(Bundle savedInstanceState) {
        super.onCreate(savedInstanceState);
        setContentView(R.layout.activity_main);
    }
}
```

9.1.4 Algo de Teoría - Bundle

Una forma de guardar datos cuando se destruye una actividad es a través del Bundle. Esto es exactamente como la intención que usaste antes, ya que guarda los datos en pares clave / valor. Vamos a establecer cómo funciona el paquete.

Eche un vistazo al método onCreate nuevamente. La primera línea del método es esta:

```
protected void onCreate( Bundle savedInstanceState )
```

La parte Bundle es un tipo, al igual que Int o String es un tipo. Pero este tipo maneja las claves y sus valores. La parte savedInstanceState es solo un nombre de variable.

Puede llamar a varios métodos en su nombre de Bundle. Uno de estos métodos es putInt . Otro es putString . Estos métodos se usan para poner datos en un par clave / valor. Queremos guardar un valor entero, así que podríamos usar esto:

```
savedInstanceState.putInt ("HIGH_SCORE", someScore);
```

9.1.5 Continuando con la Codificando la Aplicación Suma

Ahora comenzamos codificando creando algunas variables que serán necesarias para hacer referencia a los objetos de la interfaz.

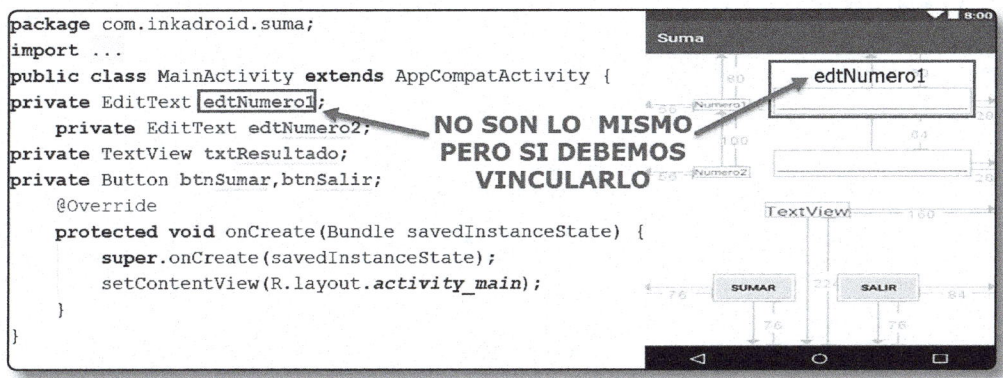

Ahora obtenemos referencia a cada uno de los elementos de nuestra interfaz mediante el método findViewById :

9.1.6 Implementar el escucha de eventos

Los eventos los encontramos en muchos lenguajes de programación, para ello en Android tenemos disponibles un gran numero distinto de eventos que podemos tener, desde el touch o clics, hasta eventos generados por movimientos en un acelerómetro, termómetro u otros sensores de los dispositivos Android.

Podemos implementar uno de los eventos más simples, el OnClicListener, para escuchar eventos de clics realizados sobre un botón.

```
public class MainActivity extends AppCompatActivity implements
View.OnClicListener {
```

```
package com.inkadroid.suma;
import ...
public class MainActivity extends AppCompatActivity implements Oncli {
private EditText edtNumero1;                          OnClickListener (android.view.Vi...
private EditText edtNumero2;                          OnClickListener (android.content...
private TextView txtResultado;                        OnClientUpdateListener (android...
private Button btnSumar,btnSalir;                     OnCancelListener (android.app.Se...
    @Override                                         OnCancelListener (android.os.Can...
    protected void onCreate(Bundle savedInstanceState) {   OnCancelListener (android.conten...
        super.onCreate(savedInstanceState);           OnCloseListener (android.widget...
        setContentView(R.layout.activity_main);       OnCloseListener (android.os.Parc...
        edtNumero1=(EditText) findViewById(R.id.edtNumero1   OnCompletionListener (android.me...
        edtNumero2=(EditText) findViewById(R.id.edtNumero2   OnCancelListener (android.suppor...
        txtResultado=(TextView) findViewById(R.id.txtResul
        btnSumar=(Button) findViewById(R.id.btnSumar);
        btnSalir=(Button) findViewById(R.id.btnSalir);
    }
}
```

9.1.6.1 IMPLEMENTAMOS LA ESCUCHA DE EVENTOS I

```
 1    package com.inkadroid.suma;
 2   +import ...
 8    public class MainActivity extends AppCompatActivity implements View.OnClickListener {
 9    private EditText edtNumero1;
10    private EditText edtNumero2;
11    private TextView txtResultado;
12    private Button btnSumar,btnSalir;
13        @Override
14        protected void onCreate(Bundle savedInstanceState) {
15            super.onCreate(savedInstanceState);
16            setContentView(R.layout.activity_main);
17            edtNumero1=(EditText) findViewById(R.id.edtNumero1);
18            edtNumero2=(EditText) findViewById(R.id.edtNumero2);
19            txtResultado=(TextView) findViewById(R.id.txtResultado);
20            btnSumar=(Button) findViewById(R.id.btnSumar);
21            btnSalir=(Button) findViewById(R.id.btnSalir);
22        }
23    }
```

9.1.6.2 IMPLEMENTAMOS LA ESCUCHA DE EVENTOS II

```
MainActivity.java
1      package com.inkadroid.suma;
2    +import ...
8     public class MainActivity extends AppCompatActivity implements View.OnClickListener {
9      private EditText edtNumero1;
10     private EditText edtNumero2;
11     private TextView txtResultado;
12     private Button btnSumar,btnSalir;
13         @Override
14     protected void onCreate(Bundle savedInstanceState) {
15         super.onCreate(savedInstanceState);
16         setContentView(R.layout.activity_main);
17         edtNumero1=(EditText) findViewById(R.id.edtNumero1);
18         edtNumero2=(EditText) findViewById(R.id.edtNumero2);
19         txtResultado=(TextView) findViewById(R.id.txtResultado);
20         btnSumar=(Button) findViewById(R.id.btnSumar);
21         btnSalir=(Button) findViewById(R.id.btnSalir);
22     }
23  }
```

Ahora presione clic en el Foco de color rojo

9.1.6.3 IMPLEMENTAMOS LA ESCUCHA DE EVENTOS III

```
package com.inkadroid.suma;
import ...
public class MainActivity extends AppCompatActivity implements View.OnClickListener {
  Implement methods
  Make 'MainActivity' abstract        xt edtNumero1;
  Adjust code style settings          xt edtNumero2;
  Create Test                         w txtResultado;
  Create subclass
  Make package-private                btnSumar,btnSalir;
       @Override
    protected void onCreate(Bundle savedInstanceS
        super.onCreate(savedInstanceState);
        setContentView(R.layout.activity_main);
        edtNumero1=(EditText) findViewById(R.id.edtNumero1);
        edtNumero2=(EditText) findViewById(R.id.edtNumero2);
        txtResultado=(TextView) findViewById(R.id.txtResultado);
        btnSumar=(Button) findViewById(R.id.btnSumar);
        btnSalir=(Button) findViewById(R.id.btnSalir);
    }
}
```

Ahora presione clic en Implement methods

9.1.6.4 IMPLEMENTAMOS LA ESCUCHA DE EVENTOS IV

9.1.6.5 MÉTODO ONCLIC

```java
 9      private EditText edtNumero1;
10      private EditText edtNumero2;
11      private TextView txtResultado;
12      private Button btnSumar,btnSalir;
13          @Override
14      protected void onCreate(Bundle savedInstanceState) {
15          super.onCreate(savedInstanceState);
16          setContentView(R.layout.activity_main);
17          edtNumero1=(EditText) findViewById(R.id.edtNumero1);
18          edtNumero2=(EditText) findViewById(R.id.edtNumero2);
19          txtResultado=(TextView) findViewById(R.id.txtResultado);
20          btnSumar=(Button) findViewById(R.id.btnSumar);
21          btnSalir=(Button) findViewById(R.id.btnSalir);
22      }
23
24          @Override
25      public void onClick(View v) {          METODO onClick
26
27          }
28      }
```

9.1.6.6 IMPLEMENTAMOS LA ESCUCHA DE EVENTOS DE BOTONES

```java
// MainActivity.java
1   package com.inkadroid.suma;
2   import ...
8   public class MainActivity extends AppCompatActivity implements View.OnClickListener {
9       private EditText edtNumero1;
10      private EditText edtNumero2;
11      private TextView txtResultado;
12      private Button btnSumar,btnSalir;
13          @Override
14      protected void onCreate(Bundle savedInstanceState) {
15          super.onCreate(savedInstanceState);
16          setContentView(R.layout.activity_main);
17          edtNumero1=(EditText) findViewById(R.id.edtNumero1);
18          edtNumero2=(EditText) findViewById(R.id.edtNumero2);
19          txtResultado=(TextView) findViewById(R.id.txtResultado);
20          btnSumar=(Button) findViewById(R.id.btnSumar);
21          btnSalir=(Button) findViewById(R.id.btnSalir);
22          btnSumar.setOnClickListener(this);
23          btnSalir.setOnClickListener(this);
24      }
25          @Override
26      public void onClick(View v) {
27          switch (v.getId())
28          {
29              case R.id.btnSumar:
30                  int numero1 = Integer.parseInt(edtNumero1.getText().toString());
31                  int numero2 = Integer.parseInt(edtNumero2.getText().toString());
32                  int suma=numero1+numero2;
33                  txtResultado.setText(String.valueOf(suma));
34                  break;
35              case R.id.btnSalir:
36                  finish();
37                  break;
38          }
39      }
40  }
```

Líneas 22-23: **ESCUCHA DE EVENTOS PARA LOS BOTONES**

9.1.6.7 IMPLEMENTAMOS LA CODIFICACIÓN

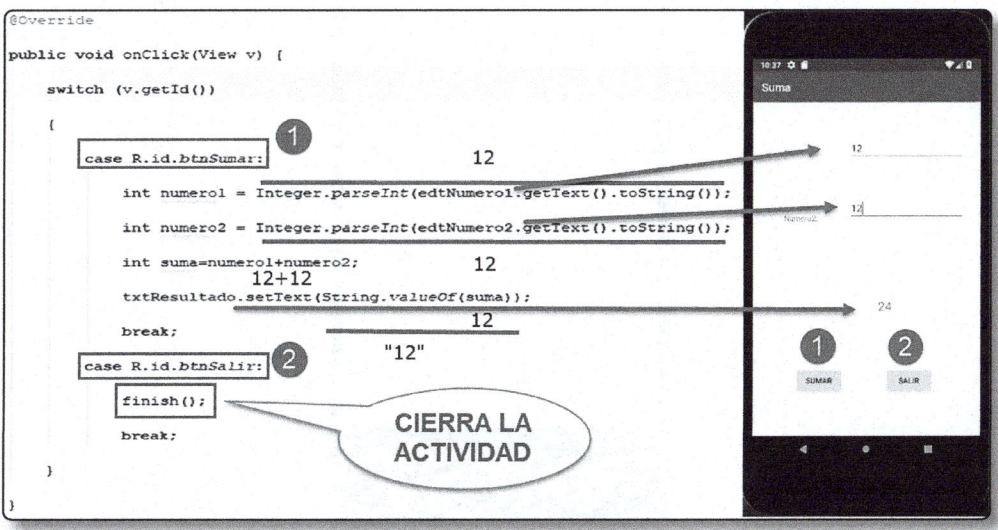

9.1.7 Ahora volvemos a ejecutar la Apps Suma.

9.1.8 Utilizando Lambda

9.1.9 Cambios necesarios en el Gradle- Lambda

```
1    apply plugin: 'com.android.application'
2    android {
3        compileSdkVersion 28
4        defaultConfig {
5            applicationId "inkadroid.com.suma"
6            minSdkVersion 16
7            targetSdkVersion 28
8            versionCode 1
9            versionName "1.0"
10           testInstrumentationRunner "android.support.test.runner.AndroidJUnitRunner"
11           compileOptions {
12               sourceCompatibility JavaVersion.VERSION_1_8
13               targetCompatibility JavaVersion.VERSION_1_8
14           }
15       }
16       buildTypes {
17           release {
18               minifyEnabled false
19               proguardFiles getDefaultProguardFile('proguard-android.txt'), 'proguard-rules.pro'
20           }
21       }
22   }
23   dependencies {
24       implementation fileTree(dir: 'libs', include: ['*.jar'])
25       implementation 'com.android.support.constraint:constraint-layout:1.1.2'
26       testImplementation 'junit:junit:4.12'
27       androidTestImplementation 'com.android.support.test:runner:1.0.2'
28       androidTestImplementation 'com.android.support.test.espresso:espresso-core:3.0.2'
29   }
```

9.1.10 Volviendo a Ejecutar la Aplicación Suma

Ahora para ejecutar la App podemos hacerlo utilizando el emulador o un dispositivo físico recomiendo usar un dispositivo físico para ello procedemos a conectar nuestro dispositivo o celular. Hecho esto seguimos los siguientes pasos:

Presione el botón Run.

Ahora indicamos si utilizamos un dispositivo físico o un emulador y presionamos el botón Ok.

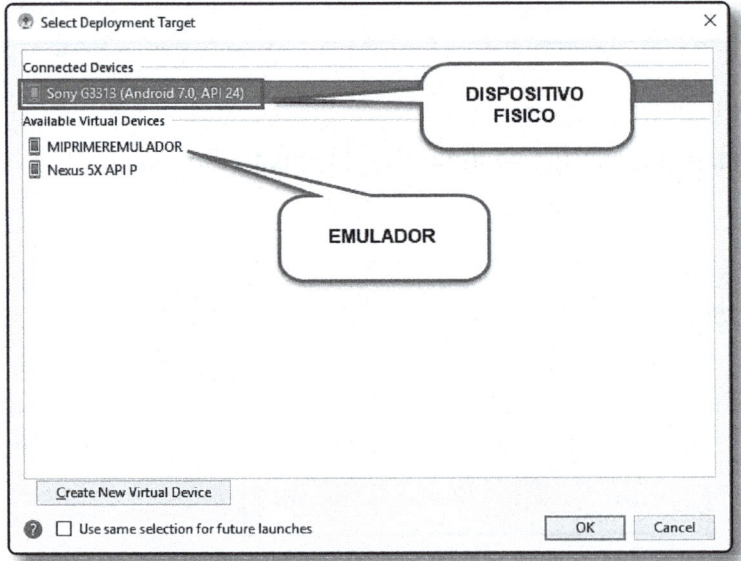

Obtenemos lo siguiente:

9.2 APP ALERTA

Vamos a Desarrollar una App que ayuda a la comunidad a prevenir y auxiliarse en casos de delincuencia, y con ello los ciudadanos contribuyan con su comunidad en la reducción de la criminalidad, como ya hemos creado la primera App obviamos los pasos de crear la App Alerta.

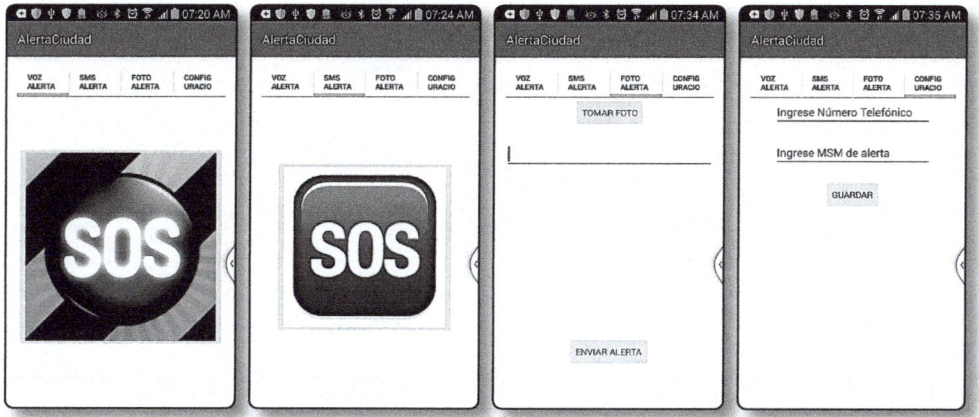

9.2.1 Creación del Splash

Primero vamos a crear un "splash screen" o pantalla de presentación que cargamos a la espera de cargar todo el contenido completo de nuestro programa.

Creamos una nueva actividad en Blanco (a continuación, indicamos los pasos):

Clic derecho en el paquete: inkadroid.com.alertaciudad

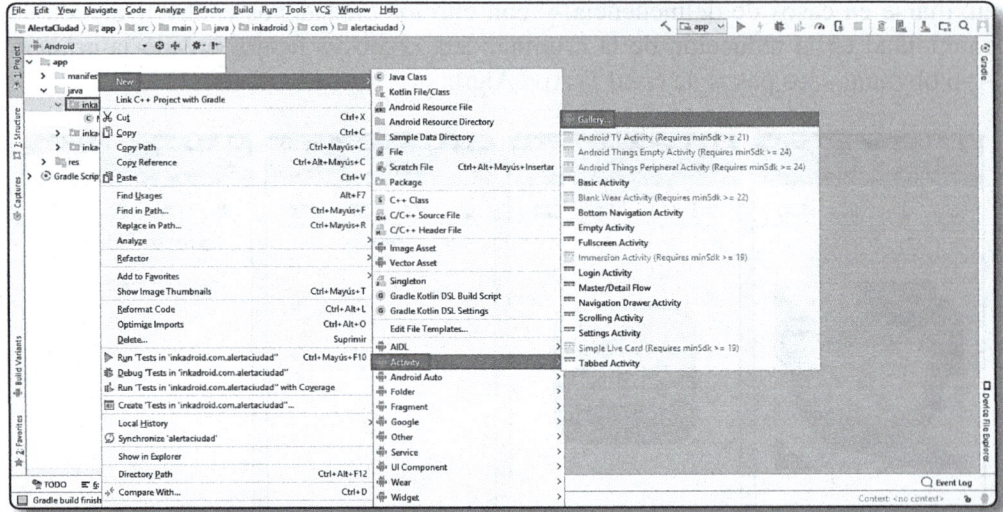

Creamos una nueva actividad en Blanco:

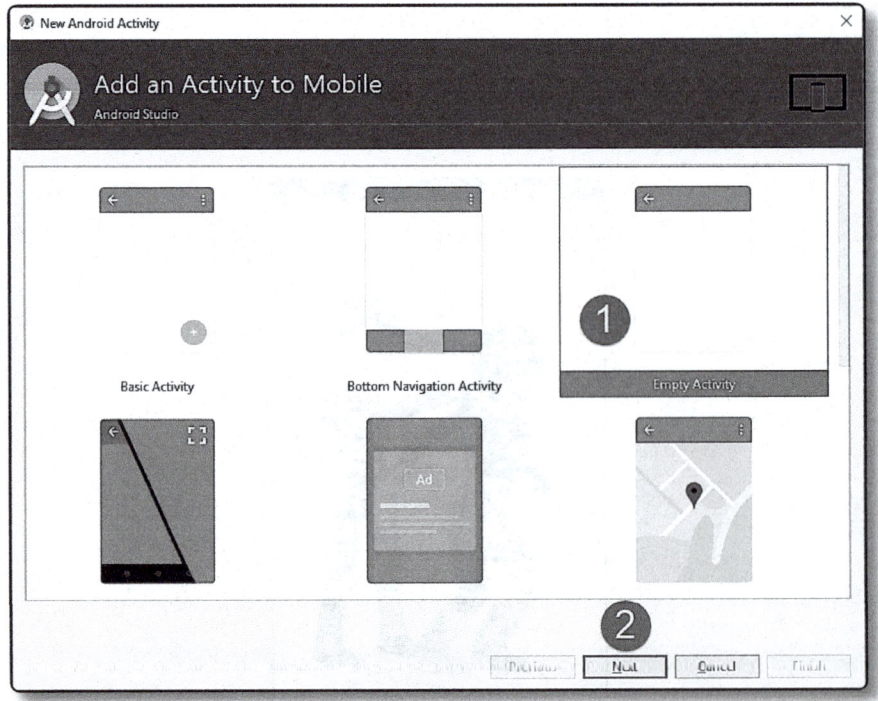

Indicamos su nombre y presionamos el botón finish(Finalizar):

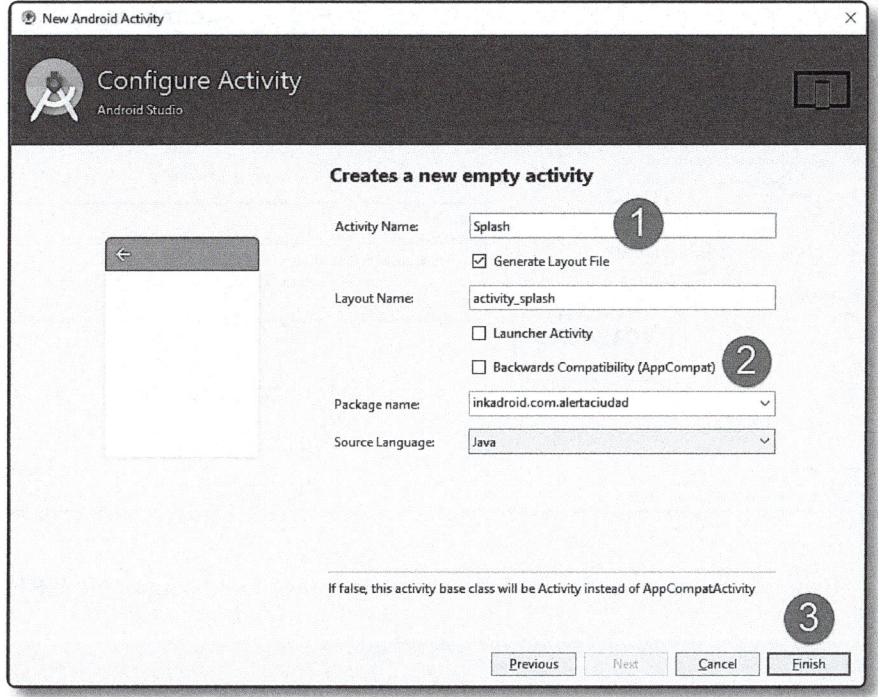

Al finalizar la creación de la actividad Splash obtenemos lo siguiente.

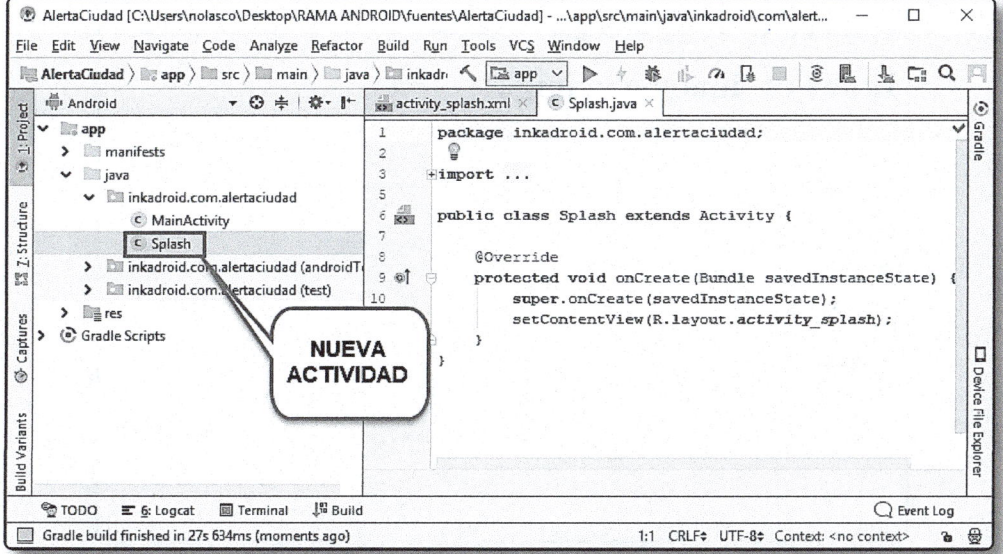

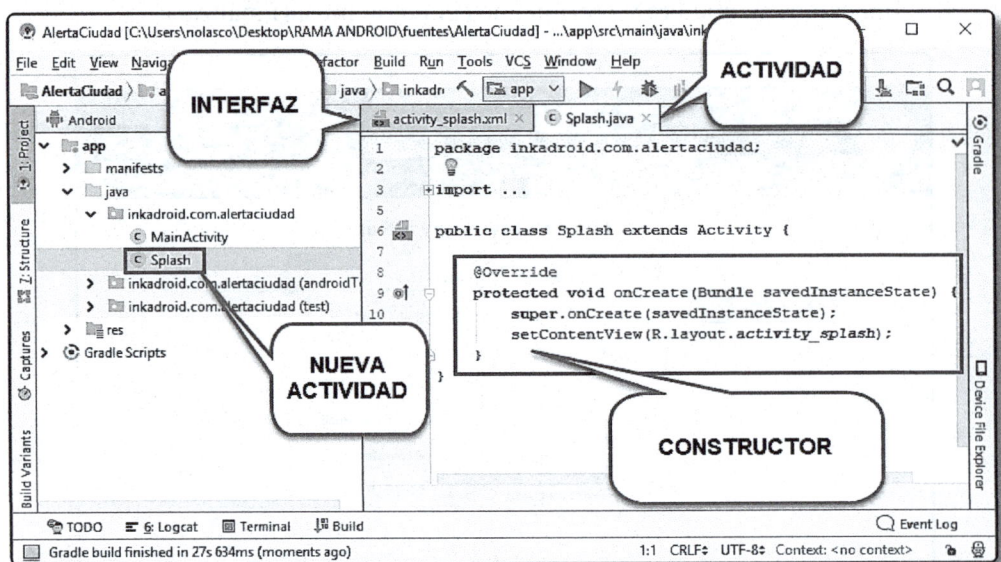

Para continuar procedemos a descargar la imagen de la siguiente URL:

http://www.inkadroid.com/imagenes/img2.

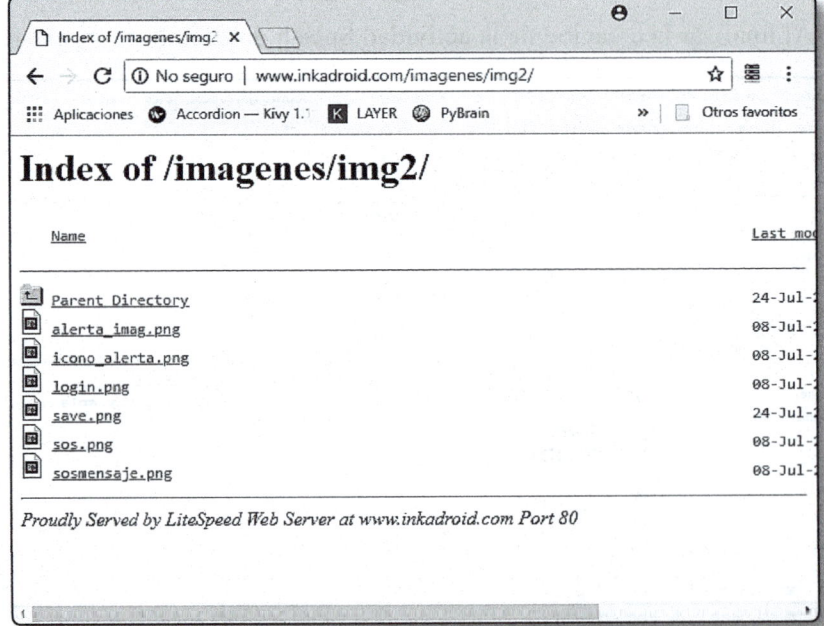

Procedemos copiarlos a la carpeta drawable.

Añadimos un ImageView en la Interfaz: activity_splash.

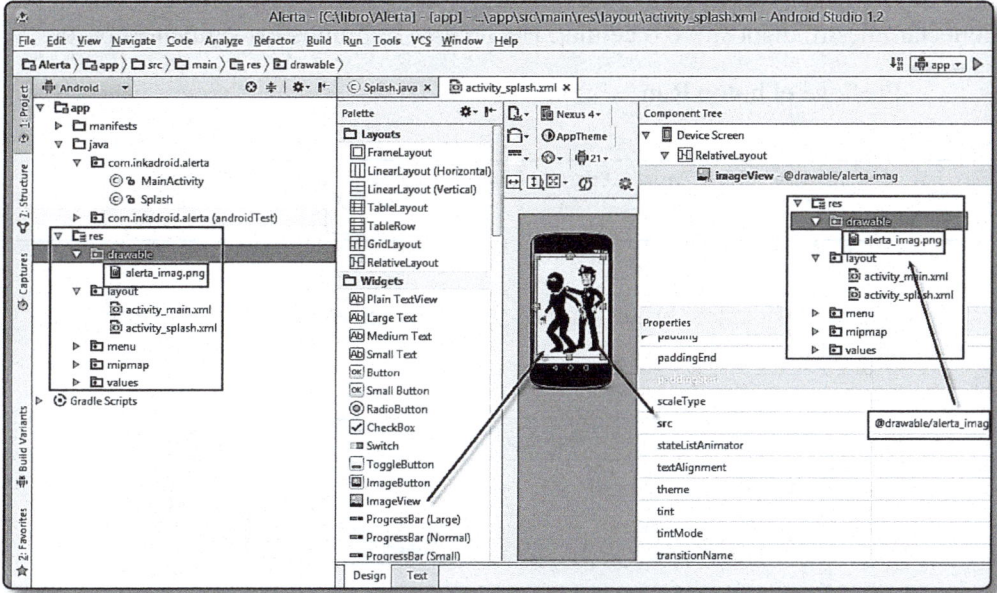

Verificar que la Actividad Splash sea la de arranque en el Manifest.

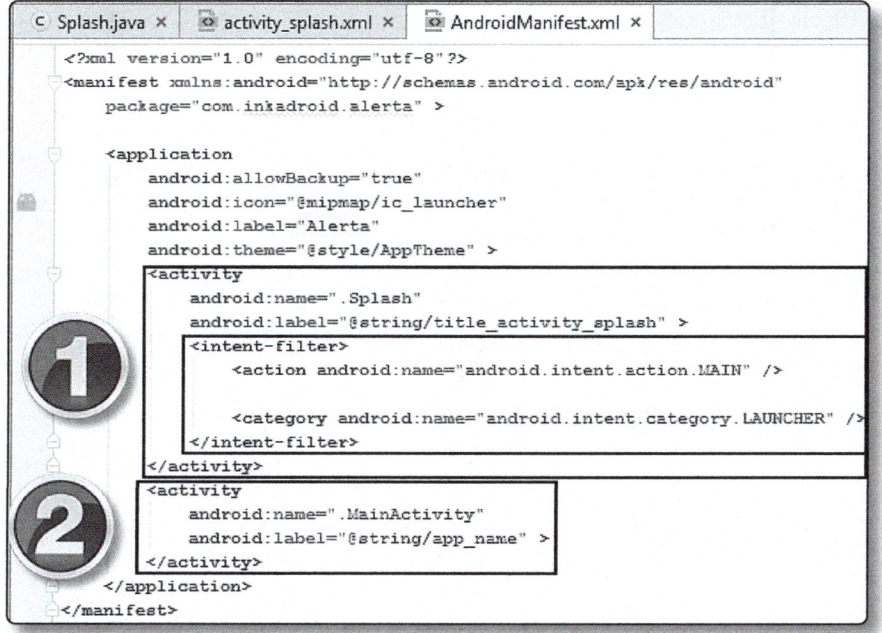

9.2.2 Ejecutando la Aplicación

Ahora para ejecutar la App podemos hacerlo utilizando el emulador o un dispositivo físico recomiendo usar un dispositivo físico para ello procedemos a conectar nuestro dispositivo o celular. Hecho esto seguimos los siguientes pasos:

Presione el botón Run.

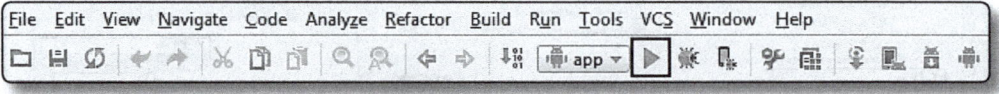

Ahora indicamos si utilizamos un dispositivo físico o un emulador y presionamos el botón Ok.

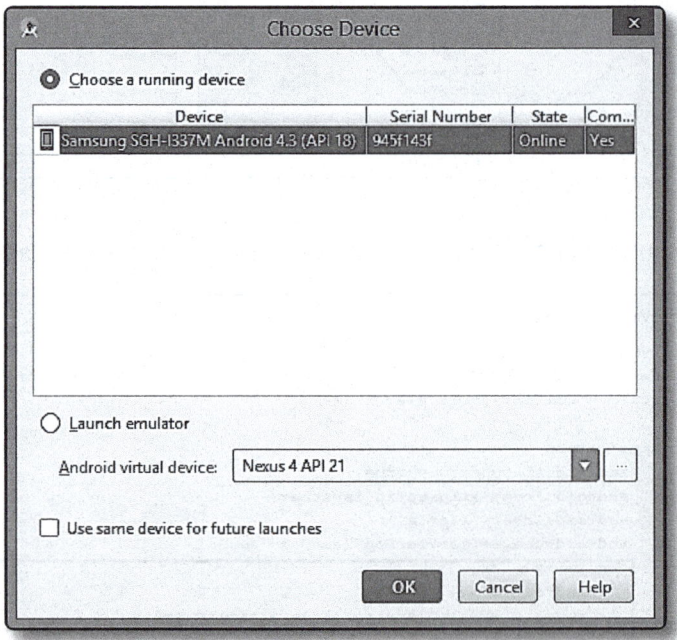

Obtenemos lo siguiente:

En la actividad codificamos para mostrar pantalla completa u ocultar el titulo.

```
getSupportActionBar().hide();
//Antes del setContentView..........................
setContentView(R.layout.activity_splash);
```

```
C Splash.java ×     activity_splash.xml ×

    package com.inkadroid.alerta;
    import ...

    public class Splash extends ActionBarActivity {

        @Override
        protected void onCreate(Bundle savedInstanceState) {
            super.onCreate(savedInstanceState);
            //OCULTAMOS EL TITULO
            getSupportActionBar().hide();
            setContentView(R.layout.activity_splash);
        }

    }
```

9.2.3 Volviendo a Ejecutar la Aplicación

Ahora para ejecutar la App podemos hacerlo utilizando el emulador o un dispositivo físico recomiendo usar un dispositivo físico para ello procedemos a conectar nuestro dispositivo o celular. Hecho esto seguimos los siguientes pasos:

Presione el botón Run.

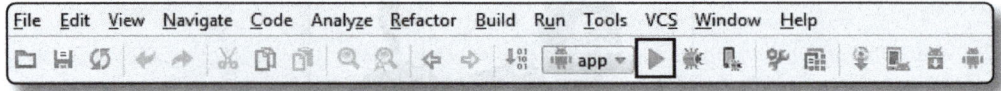

Ahora indicamos si utilizamos un dispositivo físico o un emulador y presionamos el botón Ok.

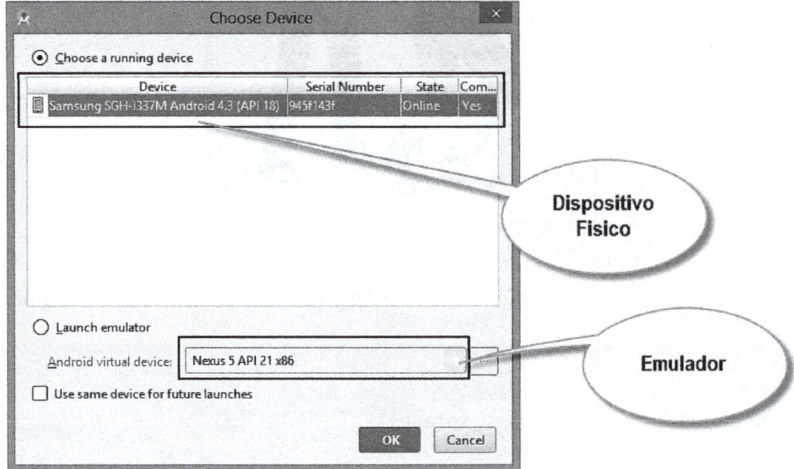

Obtenemos lo siguiente:

Ahora codificaremos para que el splash se muestre algunos segundos y luego muestre una segunda Interfaz.

```
Splash.java ×    activity_splash.xml ×

    package com.inkadroid.alerta;
    import ...

    public class Splash extends ActionBarActivity {

        @Override
        protected void onCreate(Bundle savedInstanceState) {
            super.onCreate(savedInstanceState);
            //OCULTAMOS EL TITULO
            getSupportActionBar().hide();
            setContentView(R.layout.activity_splash);
        }

        @Override
        protected void onStart(){
            super.onStart();
            new Timer().schedule(new TimerTask() {
                @Override
                public void run() {
                    Intent intent = new Intent(Splash.this, MainActivity.class);
                    intent.addFlags(Intent.FLAG_ACTIVITY_CLEAR_TOP);
                    startActivity(intent);
                }
            }, 4000);
        }

    }
```

Volvemos a ejecutar y Observamos el Orden de Actividades:

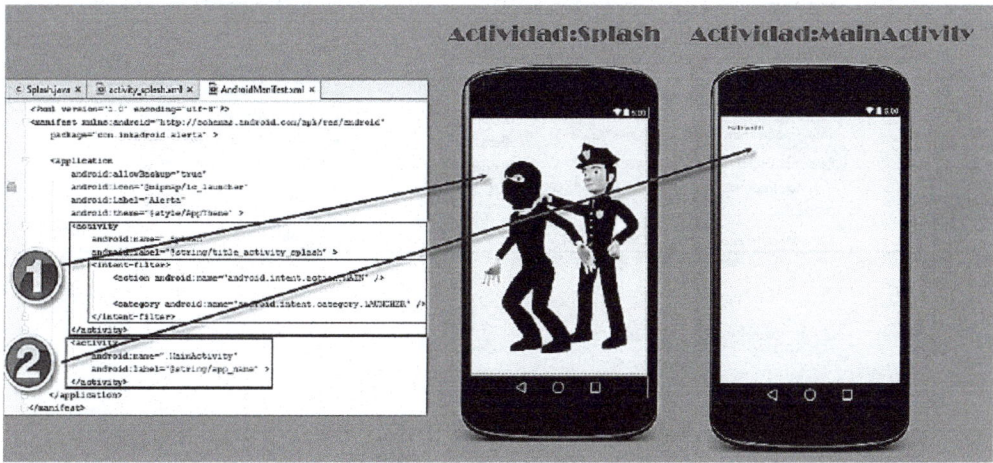

Explicación del uso de Intent (Actividad:Splash)

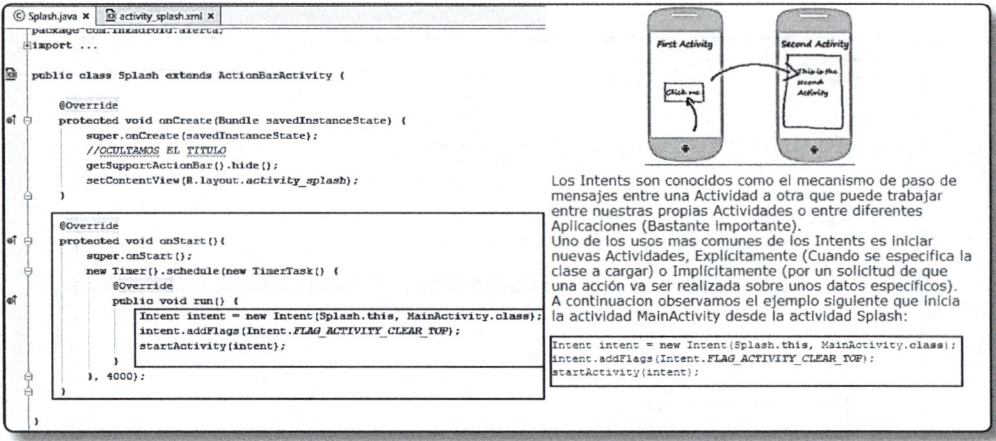

Ahora crearemos una actividad don realizaremos la verificación de las credenciales del usuario para ello creamos una nueva actividad en Blanco:

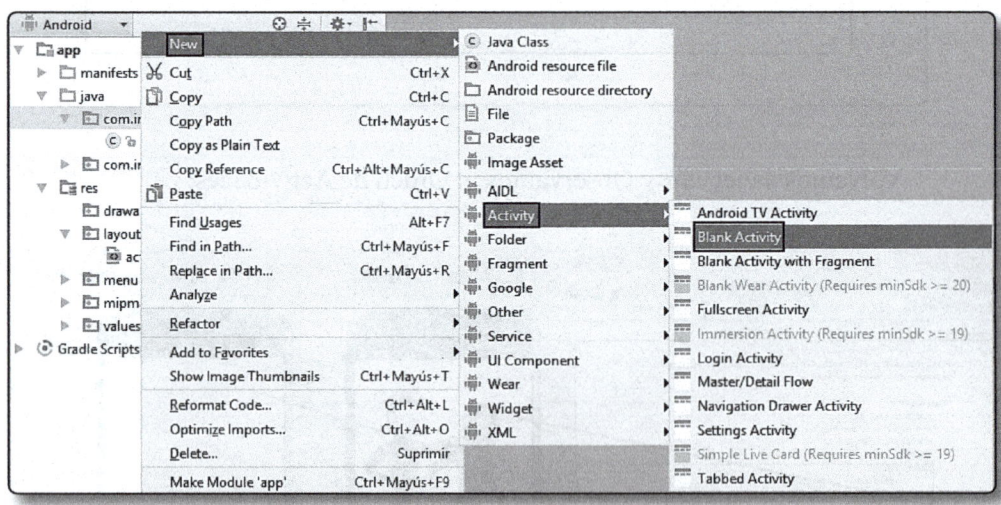

Presiones clic en el botón finish.

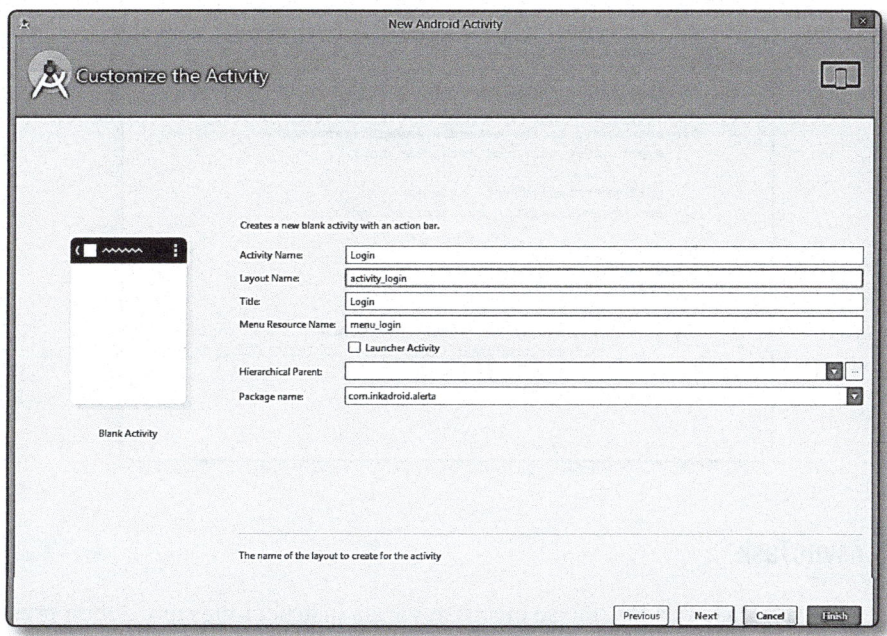

Diseñamos la Interfaz de la siguiente manera:activity_login.

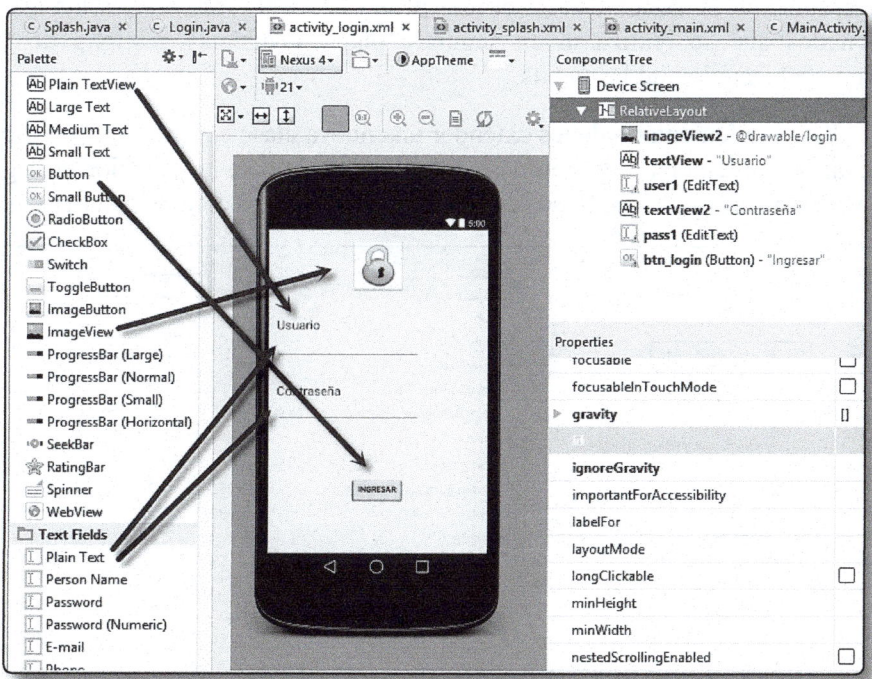

Modificamos la actividad Splash, para iniciar a Login.

```java
package com.inkadroid.alerta;
import ...
public class Splash extends ActionBarActivity {
    @Override
    protected void onCreate(Bundle savedInstanceState) {
        super.onCreate(savedInstanceState);
        //OCULTAMOS EL TITULO
        getSupportActionBar().hide();
        setContentView(R.layout.activity_splash);
    }
    @Override
    protected void onStart(){
        super.onStart();
        new Timer().schedule(() -> {
            Intent intent = new Intent(Splash.this, Login.class);
            intent.addFlags(Intent.FLAG_ACTIVITY_CLEAR_TOP);
            startActivity(intent);
            finish();
        }, 4000);
    }
}
```

9.2.4 AsyncTask.

Existen casos en los que se ejecutan varias instrucciones que deben presentar cambios en el hilo principal, por esta razón ha sido creada la interfaz AsyncTask, cuyo objetivo es liberar al programador del uso de hilos, la sincronización entre ellos y la presentación de resultados en el hilo primario. Esta clase unifica los aspectos relacionados que se realizarán en segundo plano y además gestiona de forma asíncrona la ejecución de las tareas.

Para implementarla debes extender una nueva clase con las características de AsyncTask e implementar los métodos correspondientes para la ejecución en segundo plano y la publicación de resultados en el UI Thread. Vamos a crear una nueva clase:

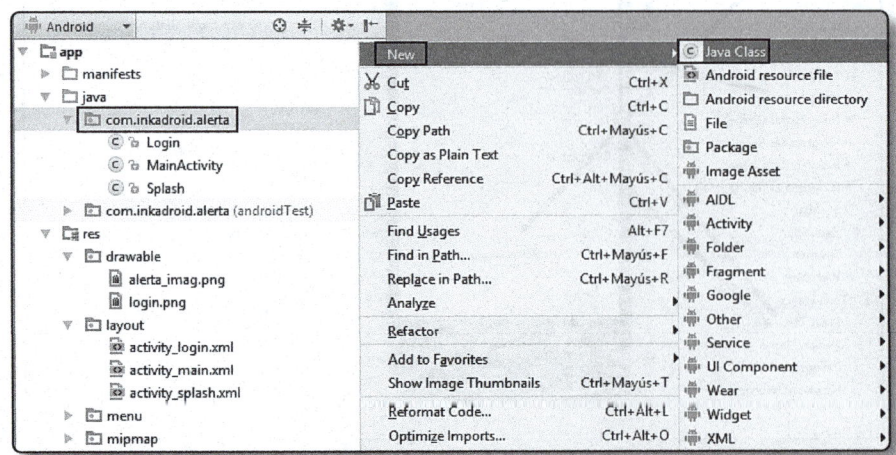

Indicamos el Nombre de la Clase.

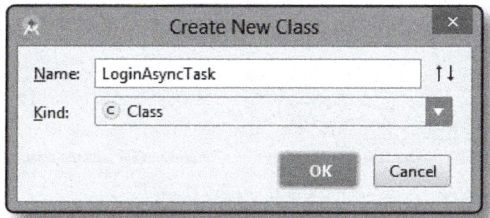

Observamos la clase LoginAsyncTask:

```
LoginAsyncTask.java ×

    package com.inkadroid.alerta;

    /**
     * Created by JorgeSantiago on 06-May-15.
     */
    public class LoginAsyncTask {
    }
```

Ahora comenzamos con la codificación:

```
LoginAsyncTask.java ×
    package com.inkadroid.alerta;
    import ...
    /**
     * Created by JorgeSantiago on 06-May-15.
     */
    public class LoginAsyncTask extends AsyncTask<Void,Void,String> {
        private Activity activity;
        private ProgressDialog dialog;
        private String username ,password;
        public LoginAsyncTask(Activity activity, String username, String password) {
            super();
            this.activity = activity;
            this.username = username.replace(" ","+");
            this.password = password;
            this.dialog = new ProgressDialog(activity);}
        @Override
        protected void onPreExecute(){
            this.dialog.setMessage("Conectandose...");
            this.dialog.setTitle("App Alerta");
            this.dialog.setCancelable(false);
            this.dialog.show();}
        @Override
        protected String doInBackground(Void... voids) {
            HttpClient httpclient = new DefaultHttpClient();
            HttpPost httppost = new HttpPost("http://www.inkadroid.com/inkadroid/webservice/acces2.php?usuario='"+ username + "'&password='" +password+"'");
            try {
                HttpResponse response = httpclient.execute(httppost);
                String str ;
                if(response.getStatusLine().getStatusCode()== HttpStatus.SC_OK){
                    str = EntityUtils.toString(response.getEntity());
                }else{
                    str = "error";
                }
                return str;
            } catch (ClientProtocolException e) {
                e.printStackTrace();
            } catch (IOException e) {
                e.printStackTrace();
            }
            return null;
        }
```

Continuamos con la codificación.

```java
@Override
protected void onPostExecute(String result){
    this.dialog.dismiss();
    try {
        if(!result.equalsIgnoreCase("error")){
            JSONArray jsonArray = new JSONArray(result);
            JSONObject json = jsonArray.getJSONObject(0);
            int status = json.getInt("logstatus");
            Toast.makeText(activity.getApplicationContext(), "" + status, Toast.LENGTH_LONG).show();
            if(status == 1){
                Intent i = new Intent((Login)activity, MainActivity.class);
                activity.startActivity(i);
                activity.finish();
            }else{
                Toast.makeText(activity.getApplicationContext(), "Incorrecto Usuario o Contraseña", Toast.LENGTH_LONG).show();
            }
        }else{
            Toast.makeText(activity.getApplicationContext(), "Incorrecto Usuario o Contraseña", Toast.LENGTH_LONG).show();
        }
    }catch (JSONException e){
        e.printStackTrace();
    }
}
}
```

Agregamos los permisos necesarios en el Archivo de Manifiesto:

```xml
AndroidManifest.xml ×

<?xml version="1.0" encoding="utf-8"?>
<manifest xmlns:android="http://schemas.android.com/apk/res/android"
    package="com.inkadroid.alerta" >

    <uses-permission android:name="android.permission.INTERNET" />
    <uses-permission android:name="android.permission.ACCESS_NETWORK_STATE" />
    <application
        android:allowBackup="true"
        android:icon="@mipmap/ic_launcher"
        android:label="Alerta"
        android:theme="@style/AppTheme" >
        <activity
            android:name=".Splash"
            android:label="Splash" >
            <intent-filter>
                <action android:name="android.intent.action.MAIN" />

                <category android:name="android.intent.category.LAUNCHER" />
            </intent-filter>
        </activity>
        <activity
            android:name=".MainActivity"
            android:label="Alerta" >
        </activity>
        <activity
            android:name=".Login"
            android:label="Login" >
        </activity>
    </application>

</manifest>
```

> **ⓘ NOTA**
>
> AndroidManifest.xml Este archivo generado de forma automática representa un manifiesto escrito en XML que describe de forma genérica cada uno de los componentes que forman la aplicación. Esta descripción abarca aspectos como sus capacidades y requisitos, las clases que los implementan.
>
> En este fichero también pueden concretarse permisos que afectan a toda la aplicación.
>
> Observe que definimos Permiso para acceder a Internet

9.2.5 Volviendo a Ejecutar la Aplicación

Ahora para ejecutar la App podemos hacerlo utilizando el emulador o un dispositivo físico recomiendo usar un dispositivo físico para ello procedemos a conectar nuestro dispositivo o celular. Hecho esto seguimos los siguientes pasos:

Presione el botón Run.

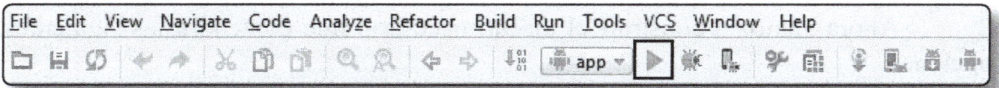

Ahora indicamos si utilizamos un dispositivo físico o un emulador y presionamos el botón Ok

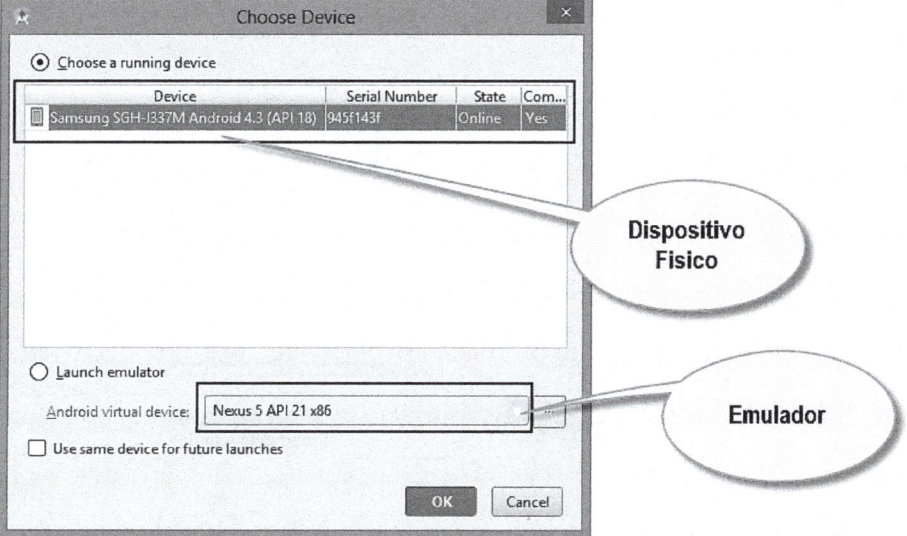

Obtenemos lo siguiente:

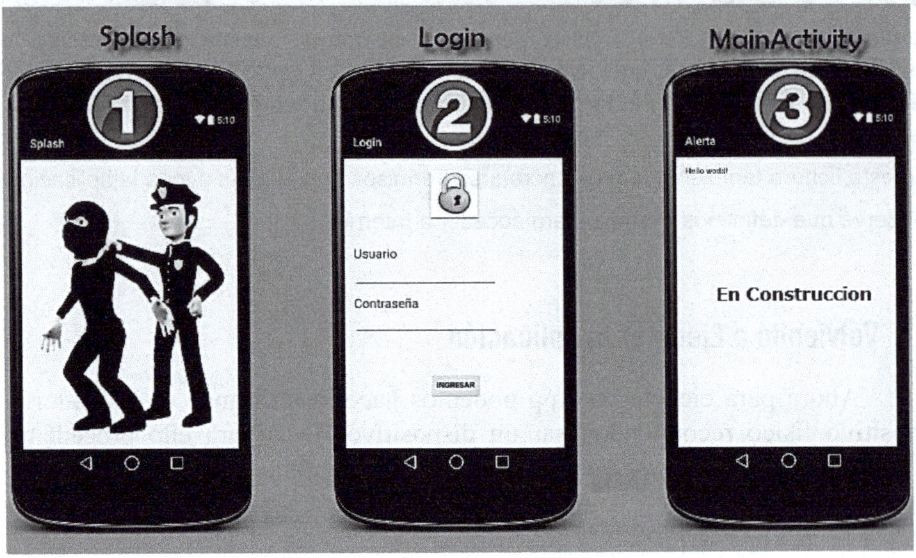

Ahora vamos a construir el diseño necesario que contendrá las siguientes opciones:

- **Alerta Voz.**
- **Alerta MSM.**
- **Alerta Fotografía.**
- **Configuración.**

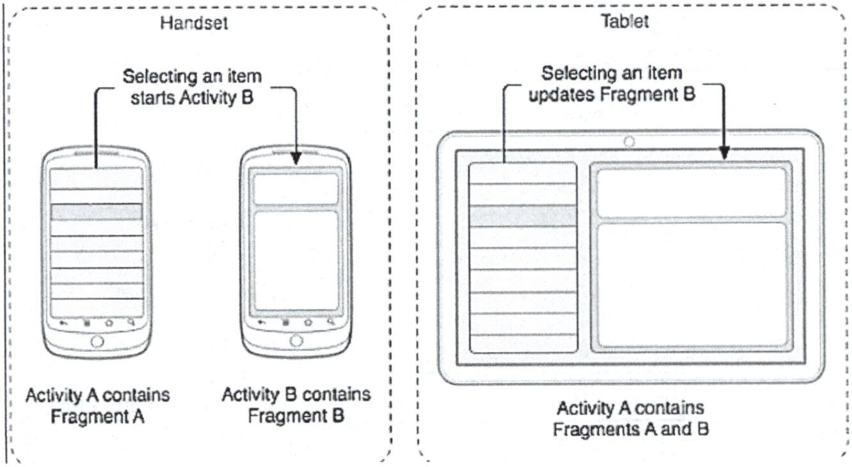

Vamos a utilizar un Tabhost que consiste en la utilización de Tabs.

Creación del Tabhost:

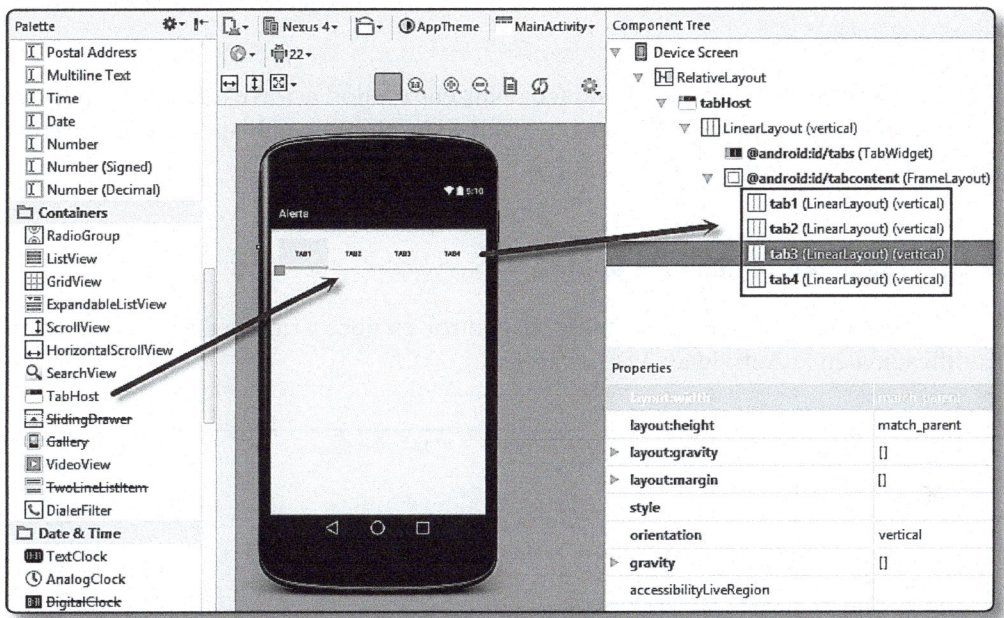

ⓘ **NOTA**

Los tabs nos van a permitir crear una interfaz de usuario basada en pestañas, donde, de una forma muy intuitiva, podemos ofrecer al usuario diferentes vistas, que son seleccionadas al pulsar una de las pestañas que se muestran en la parte superior.

Ahora será necesario la utilización de Fragmentos para ello es necesario describir algunos fundamentos básicos.

9.2.6 Buenas prácticas usando Fragments en Android

Un fragment es un objeto pensado para ser cargado desde un Activity y sustituir a este último como encargado de mostrar la interfaz e incluir el código de la interfaz gráfica. De este modo, dónde antes hacíamos un setContentView() en nuestro Activity, lo que ahora hacemos es "añadir" un Fragment al Activity, que es el que muestra el layout que queremos mostrar.

Esto lógicamente tiene muchas implicaciones, pero la principal ventaja que tiene con respecto al modelo Vista-Activity es que dentro de un solo Activity podemos lanzar.

Varios Fragments que interaccionan entre ellos a través de su Activity, y de este modo nos ahorramos tener que estar todo el rato cambiando entre distintas actividades, con el consecuente gasto de memoria.

9.2.7 Fragmento Tomando el Control

Para que el Fragmento tome el control es necesario Realizar la siguiente codificación en la Actividad: MainActivity:

```
package com.inkadroid.alerta;
import ...

public class MainActivity extends ActionBarActivity {
    private TabHost tabHost;
    private ImageButton sosButton;
    private MainActivityFragment mainActivityFragment;
    @Override
    protected void onCreate(Bundle savedInstanceState) {
        super.onCreate(savedInstanceState);

        //Visualiza el Fragment MainActivityFragment
        if (savedInstanceState == null) {
            // Add the fragment on initial activity setup
            mainActivityFragment = new MainActivityFragment();
            getSupportFragmentManager()
                    .beginTransaction()
                    .add(android.R.id.content, mainActivityFragment)
                    .commit();
        } else {
            // Or set the fragment from restored state info
            mainActivityFragment = (MainActivityFragment) getSupportFragmentManager()
                    .findFragmentById(android.R.id.content);
        }

    }

}
```

9.2.8 Creación del Fragmento: MainActivityFragment

Procedemos a crear el siguiente fragmento:

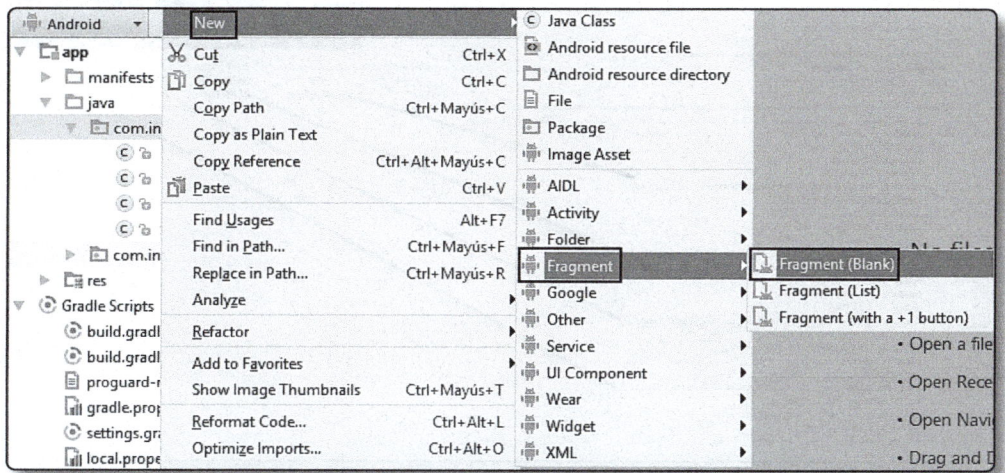

Presiones clic en el botón finish.

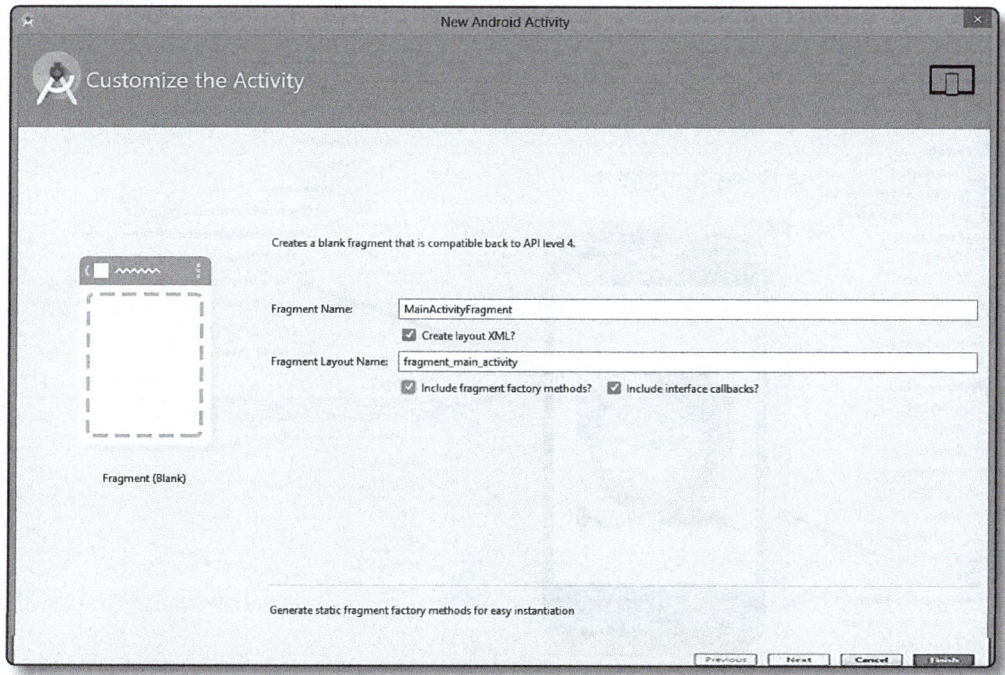

Ahora procedemos a configurar el Tabhost en el Fragmento:

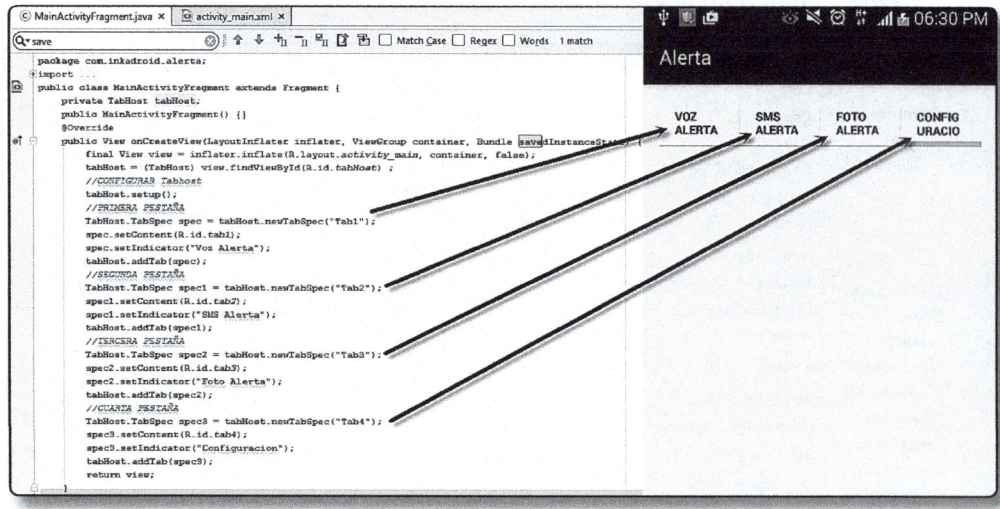

Ahora procedemos a diseñar cada pestaña:

▶ **Primera pestaña: Alerta Voz.**

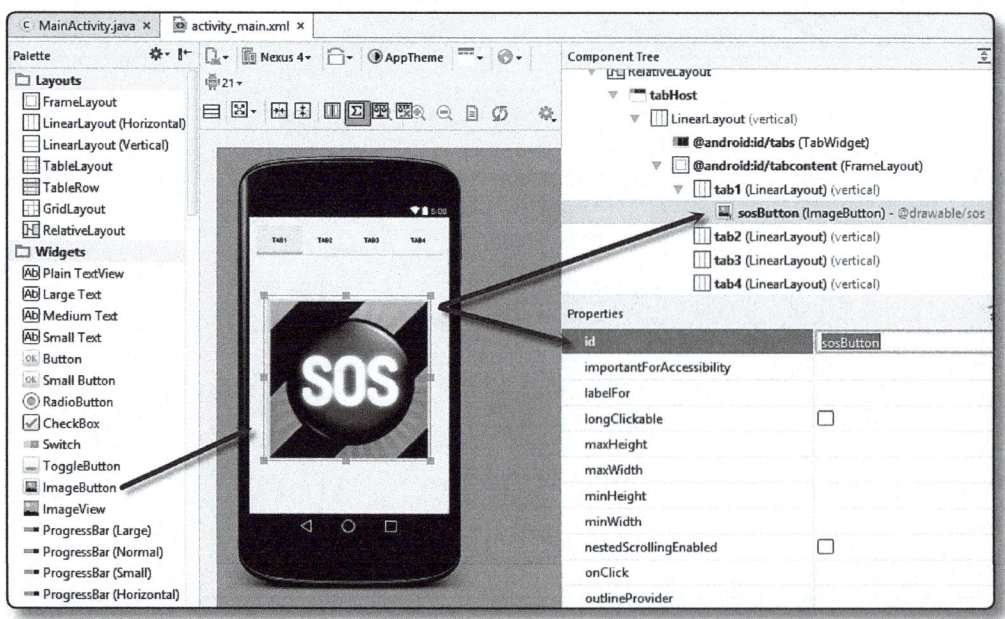

- **Segunda pestaña: Alerta SMS.**

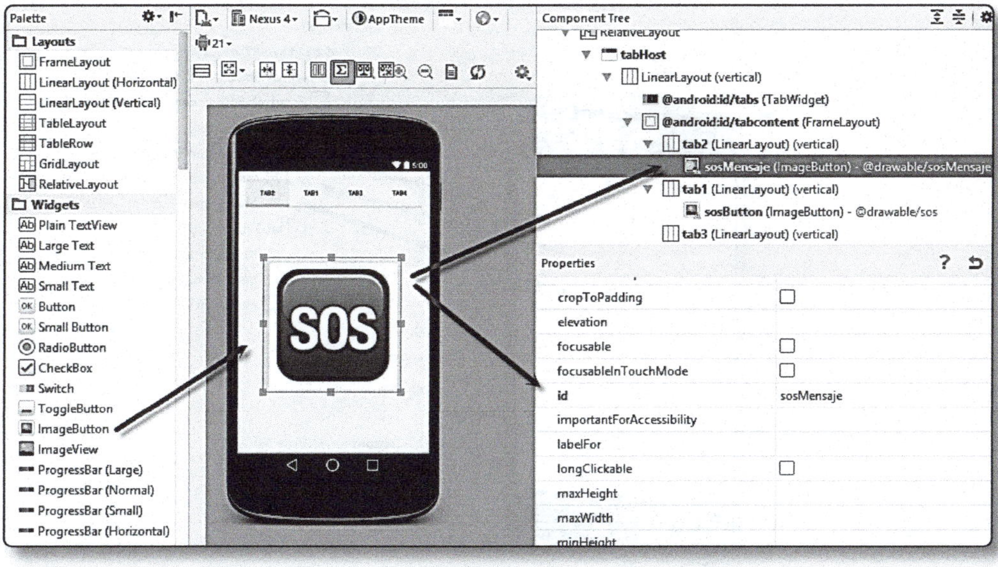

- **Tercera pestaña: Alerta Fotografía.**

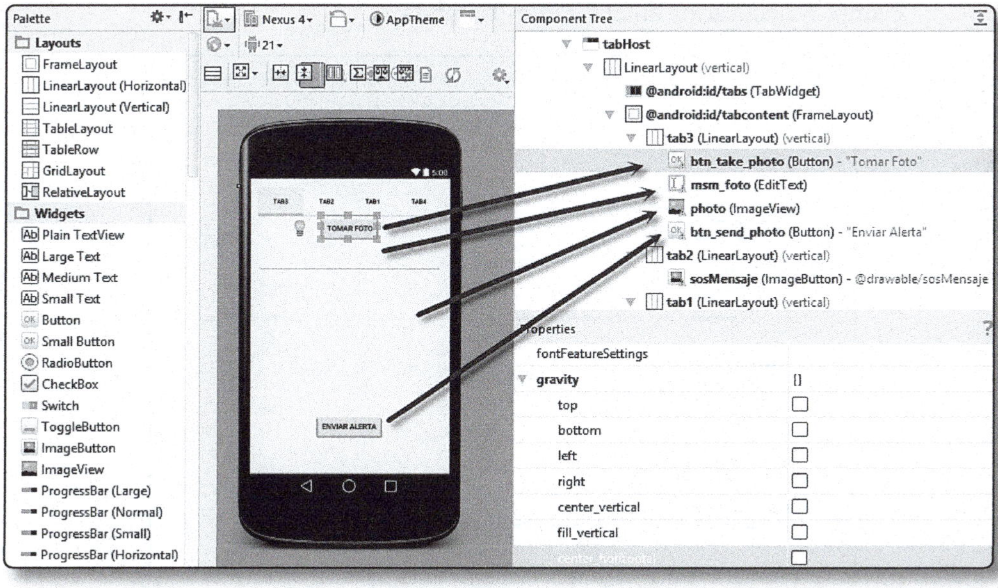

▶ **Cuarta pestaña: Configuración.**

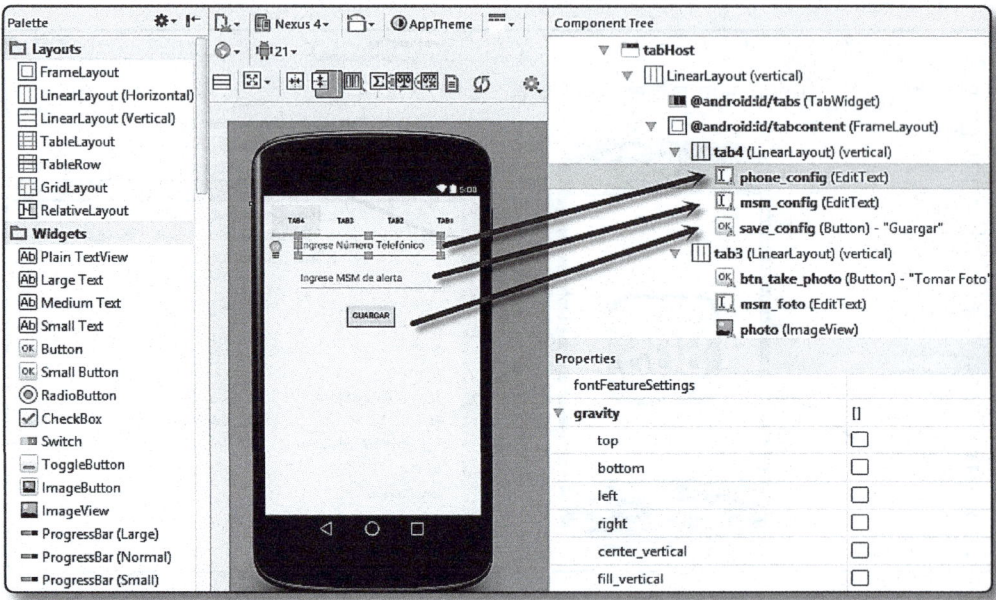

9.2.9 Lambda

Cambios necesarios en el Gradle- Lambda:

```
apply plugin: 'com.android.application'
android {
    compileSdkVersion 22
    buildToolsVersion "22.0.1"
    defaultConfig {
        applicationId "com.inkadroid.alerta"
        minSdkVersion 10
        targetSdkVersion 22
        versionCode 1
        versionName "1.0"
    }
    buildTypes {
        release {
            minifyEnabled false
            proguardFiles getDefaultProguardFile('proguard-android.txt'), 'proguard-rules.pro'
        }
    }
    compileOptions {
        sourceCompatibility JavaVersion.VERSION_1_8
        targetCompatibility JavaVersion.VERSION_1_8
    }
}
buildscript {
    repositories {
        mavenCentral()
    }
    dependencies {
        classpath 'me.tatarka:gradle-retrolambda:2.5.0'
    }
}
// Required because retrolambda is on maven central
repositories { mavenCentral() }
apply plugin: 'me.tatarka.retrolambda'
dependencies {
    compile fileTree(dir: 'libs', include: ['*.jar'])
    compile 'com.android.support:appcompat-v7:22.0.0'
    compile 'com.android.support:support-v4:22.0.0'
}
```

9.2.10 Almacenamiento de Ficheros

El almacenamiento de ficheros en la memoria interna debemos tener en cuenta las limitaciones de espacio que tienen muchos dispositivos, lo que recomendamos no abusar de este espacio utilizando ficheros de gran tamaño.

A continuación, enumeramos los modos de acceso:

- ▼ MODE_PRIVATE (por defecto) para acceso privado desde nuestra aplicación.

- ▼ MODE_APPEND para añadir datos a un fichero ya existente.

- ▼ MODE_WORLD_READABLE para permitir a otras aplicaciones leer el fichero.

- ▼ MODE_WORLD_WRITABLE para permitir a otras aplicaciones escribir sobre el fichero.

```
try
{
OutputStreamWriter fout=
new OutputStreamWriter(
openFileOutput(«Nombre del archivo», Context.MODE_PRIVATE));
fout.write(«Escribir o enviar texto para el archivo»);
fout.close();
}
catch (Exception ex)
{
Log.e("Ficheros", "Error al escribir fichero a memoria interna");
}
```

9.2.11 Método rellenarEditTexts

Este método servirá para mostrar el número telefónico: phone_config y el mensaje: msm_config:

```
private final static String FILE = "alarmas.txt";
```

```
private boolean rellenarEditTexts(View view) {
    EditText phone_config = (EditText) view.findViewById(R.id.phone_config);
    EditText msm_config = (EditText) view.findViewById(R.id.msm_config);
```

```
        try {
            // Creamos un objeto InputStreamReader, que será el que nos permita
            // leer el contenido Del archivo de texto.
InputStreamReader archivo = new InputStreamReader(
                    getActivity().openFileInput(FILE));
            // Creamos un objeto buffer, en el que iremos almacenando el conte-
nido
            // del archivo.
            BufferedReader br = new BufferedReader(archivo);
            // Por cada EditText leemos una línea y escribimos el contenido en
el
            // EditText.
String texto = br.readLine();
    phone_config.setText(texto);
            texto = br.readLine();
        msm_config.setText(texto);
            // Cerramos el flujo de lectura del archivo.
br.close();
            return true;
        } catch (Exception e) {
            return false;
        }
}
```

Invocando al método rellenarEditTexts:

```
tabHost = (TabHost) view.findViewById(R.id.tabHost) ;
//CONFIGURAR Tabhost
tabHost.setup();
//PRIMERA PESTAÑA
TabHost.TabSpec spec = tabHost.newTabSpec("Tab1");
spec.setContent(R.id.tab1);
spec.setIndicator("Voz Alerta");
tabHost.addTab(spec);
//SEGUNDA PESTAÑA
TabHost.TabSpec spec1 = tabHost.newTabSpec("Tab2");
spec1.setContent(R.id.tab2);
spec1.setIndicator("SMS Alerta");
tabHost.addTab(spec1);
//TERCERA PESTAÑA
TabHost.TabSpec spec2 = tabHost.newTabSpec("Tab3");
spec2.setContent(R.id.tab3);
spec2.setIndicator("Foto Alerta");
tabHost.addTab(spec2);
//CUARTA PESTAÑA
TabHost.TabSpec spec3 = tabHost.newTabSpec
spec3.setContent(R.id.tab4);
spec3.setIndicator("Notificaciones");
tabHost.addTab(spec3);
rellenarEditTexts(view);
return view;
```

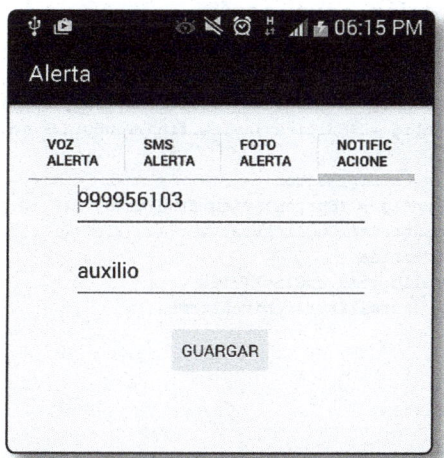

9.2.12 Método Para Salvar la Configuracion:actualizarArchivoAlarmas

Este método servirá para guardar la configuración:

```
private void actualizarArchivoAlarmas() {
    try {
        OutputStreamWriter outSWMensaje = new OutputStreamWriter(
                getActivity().openFileOutput(FILE, Context.MODE_PRIVATE));
        // Por cada tiempo escrito en los EditText escribimos una línea
        // en el archivo de alarmas.
        outSWMensaje.write(phone_config.getText() + "\n" + msm_config.getText() +
"\n");
        outSWMensaje.close();
        Toast.makeText(getActivity(), "Se registro correctamente",
                Toast.LENGTH_LONG).show();
        tabHost.setCurrentTab(0);
    } catch (Exception e) {
        Toast.makeText(getActivity(), "No se pudo crear el archivo de alarmas "
+ e.getMessage(),
                Toast.LENGTH_LONG).show();
    }
}
```

9.2.13 Botón Configuración: save_config

```
            phone_config = (EditText) view.findViewById(R.id.phone_config);
            msm_config = (EditText) view.findViewById(R.id.msm_config);

            //Boton Configuracion
            save_config = (Button) view.findViewById(R.id.save_config);
            save_config.setOnClickListener(new View.OnClickListener() {
                @Override
                public void onClick(View v) {
                    actualizarArchivoAlarmas();
                }
            });

            return view;
        }
```

| VOZ ALERTA | SMS ALERTA | FOTO ALERTA | CONFIG URACIO |

9.2.14 Método startVoiceRecognitionActivity

```
//Métodos de reconocimiento de voz
private void startVoiceRecognitionActivity() {
    // Definición del intent para realizar en análisis del mensaje
    Intent intent = new Intent(RecognizerIntent.ACTION_RECOGNIZE_SPEECH);
    // Indicamos el modelo de lenguaje para el intent
    intent.putExtra(RecognizerIntent.EXTRA_LANGUAGE_MODEL,
            RecognizerIntent.LANGUAGE_MODEL_FREE_FORM);
    // Definimos el mensaje que aparecerá
    intent.putExtra(RecognizerIntent.EXTRA_PROMPT, "Diga, " + "llamar a ...");
    // Lanzamos la actividad esperando resultados
    startActivityForResult(intent, VOICE_RECOGNITION_REQUEST_CODE);
}
```

9.2.15 Método onActivityResult

```
//Recogemos los resultados del reconocimiento de voz
@Override
public void onActivityResult(int requestCode, int resultCode, Intent data) {
    super.onActivityResult(requestCode, resultCode, data);
    //Si el reconocimiento a sido bueno
    if (requestCode == VOICE_RECOGNITION_REQUEST_CODE && resultCode == getActi-
vity().RESULT_OK) {
```

```
            //El intent nos envia un ArrayList aunque en este caso solo
            //utilizaremos la pos.0
            ArrayList<String> matches = data.getStringArrayListExtra
                    (RecognizerIntent.EXTRA_RESULTS);
            //Separo el texto en palabras.
            String[] palabras = matches.get(0).toString().split(" ");
            //Si la primera palabra es LLAMAR
            if (palabras[0].equals("llamar")) {
                envioBotonSos();
            } else {
                Toast.makeText(getActivity(), "No se envio el mensaje", Toast.
LENGTH_LONG).show();
            }
        } else {
            Toast.makeText(getActivity(), "No llega", Toast.LENGTH_LONG).show();
        }
        //Vemos si el código de la foto es igual a de nuestra constante FOTO
        if (requestCode == FOTO) {
            //recogemos foto en objeto Bitmap
            photoBit = (Bitmap) data.getExtras().get("data");
            //Lo colocamos en el ImageView
            photo.setImageBitmap(photoBit);
            ByteArrayOutputStream stream = new ByteArrayOutputStream();
            photoBit.compress(Bitmap.CompressFormat.JPEG, 100, stream);
            byteArray = stream.toByteArray();
        }
        // si el resultado del codigo es 100
        if (resultCode == 100) {
            Intent intent = getActivity().getIntent();
            getActivity().finish();
            startActivity(intent);
        }
    }
```

9.2.16 Método envioBotonSos

```
//Envió de mensaje por medio del botón de voz
public void envioBotonSos() {
    //envió de mensaje a un celular
    SmsManager sms = SmsManager.getDefault();
    sms.sendTextMessage(phone_config.getText().toString(), null, "llamar", null, null);
    Toast.makeText(getActivity().getApplicationContext(), "Se envio el mensa-
je!", Toast.LENGTH_LONG).show();
}
```

9.2.17 Botón Configuración: save_config

```
//Botón de voz
sosButton = (ImageButton) view.findViewById(R.id.sosButton);
sosButton.setOnClicListener(v -> {
    startVoiceRecognitionActivity();
});
```

Volvemos a ejecutar y Observamos lo siguiente (Voz Alerta):

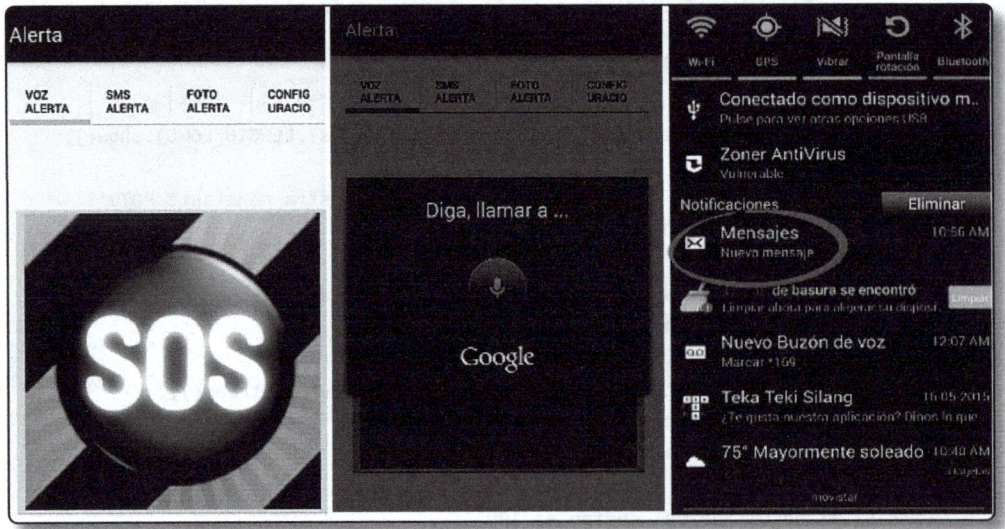

9.2.18 Método sendSMS

```
protected void sendSMS() {;
    String telefono = "01" + phone_config.getText();
    String mensaje = "Auxilio";
    //Envio al web service (imagen,latitud,longitud,mensaje,telefono)
    try {
        if (txtmsg.getText().toString().trim().length() > 0) {
            mensaje = txtmsg.getText().toString();
        }
```

```
            if (photoBit == null) {
                ParserJSONa.getInstance().getJsonData
                        ("http://www.inkadroid.com/adduserSinImagen1.
php?&xlati=" + latitud +
                                "&xx=" + longitud +
                                "&xmensaje=" + mensaje +
                                "&xtelefono=" + telefono +
                                "&xtipoMensaje=" + tipoMensaje +
                                "&xtelefonoPropio=" + "contacto" +
                                "&xusuarioFacebook=" + userFacebook);
            } else {
                HttpClient httpclient = new DefaultHttpClient();
// URL del servicio que almacenara la imagen
                HttpPost httppost = new HttpPost("http://www.inkadroid.com/addu-
ser1.php");
// Creamos los parámetros de la petición
                List<BasicNameValuePair> nameValuePairs = new ArrayList<BasicNam
eValuePair>();
// Codificamos en base64 los bytes de la imagen
                nameValuePairs.add(new BasicNameValuePair("ximagen", Base64.
encodeToString(byteArray, Base64.DEFAULT)));
                nameValuePairs.add(new BasicNameValuePair("xlati", latitud +
""));
                nameValuePairs.add(new BasicNameValuePair("xx", longitud + ""));
                nameValuePairs.add(new BasicNameValuePair("xmensaje", mensaje));
                nameValuePairs.add(new BasicNameValuePair("xtelefono", telefo-
no));
                nameValuePairs.add(new BasicNameValuePair("xtipoMensaje", tipo-
Mensaje + ""));
                nameValuePairs.add(new BasicNameValuePair("xtelefonoPropio",
"contacto"));
                nameValuePairs.add(new BasicNameValuePair("xusuarioFacebook",
userFacebook));
                httppost.setEntity(new UrlEncodedFormEntity(nameValuePairs));
// Ejecutamos la petición
                HttpResponse response = httpclient.execute(httppost);
                BufferedReader in = new BufferedReader(new
InputStreamReader(response.getEntity().getContent()));
                StringBuffer sb = new StringBuffer("");
                String line = "";
                String NL = System.getProperty("line.separator");
                while ((line = in.readLine()) != null) {
                    sb.append(line + NL);
                }
                in.close();
```

```
            }
            //inicializo la imagen
            photoBit = null;
            photo = null;
            //envió de mensaje a un celular
            SmsManager sms = SmsManager.getDefault();
            sms.sendTextMessage("contacto", null, mensaje, null, null);
            Toast.makeText(getActivity().getApplicationContext(), "Se envio el
mensaje!",
                Toast.LENGTH_LONG).show();
        } catch (ClientProtocolException e) {
            Log.e("ErrorProtcolo", e.getMessage());
            e.printStackTrace();
        } catch (IOException e) {
            Log.e("ErrorEntradaSalida", e.getMessage());
            e.printStackTrace();
        } catch (URISyntaxException e) {
            Log.e("ErrorSintaxisUri", e.getMessage());
            e.printStackTrace();
        } catch (Exception e) {
            Log.e("EnvioMensaje", "Problema con el envio del mensaje " +
e.getMessage());
            Toast.makeText(getActivity().getApplicationContext(),
                "Problema con el envio del SMS",
                Toast.LENGTH_LONG).show();
            e.printStackTrace();
        }
    }
```

Botón: sosMensaje.

```
//envio de mensaje
ImageButton sosMensaje = (ImageButton) view.findViewById(R.id.sosMensaje);
sosMensaje.setOnClickListener(v -> {
    //Lanzamos el envio del mensaje
    tipoMensaje=2;
    sendSMS();
    tabHost.setCurrentTab(0);
});
```

| VOZ ALERTA | SMS ALERTA | FOTO ALERTA | CONFIG URACIO |

9.2.19 Método tomarFotoPintarla

```
//Tomar foto y pintarla
private void tomarFotoPintarla() {
    // generamos intent, starActivityForResult, es para lanzar el intent
    //con intención de recoger resultado
    Toast.makeText(getActivity().getApplicationContext(), "Tomando foto", Toast.
LENGTH_LONG).show();
    Intent irAcamara = new Intent(android.provider.MediaStore.ACTION_IMAGE_CAP-
TURE);
    startActivityForResult(irAcamara, FOTO);
}
```

Botón: sosMensaje.

```
//boton con imagen
btn_take_photo = (Button) view.findViewById(R.id.btn_take_photo);
btn_take_photo.setOnClickListener(v -> {
    tomarFotoPintarla();
});
```

(i) NOTA

A través de su código de cliente podrá acceder a este mismo ejemplo usando el API de Facebook.

9.3 APP PAGO

Vamos a Desarrollar una App que ayuda a calcular el pagao de cada comensal en un restaurante, como ya hemos creado la primera App obviamos los pasos de crear la App Pago.

Pasos:

Creación del Splash.

Primero vamos a crear un "splash screen" o pantalla de presentación que cargamos a la espera de cargar todo el contenido completo de nuestro programa.

Creamos una nueva actividad en Blanco:

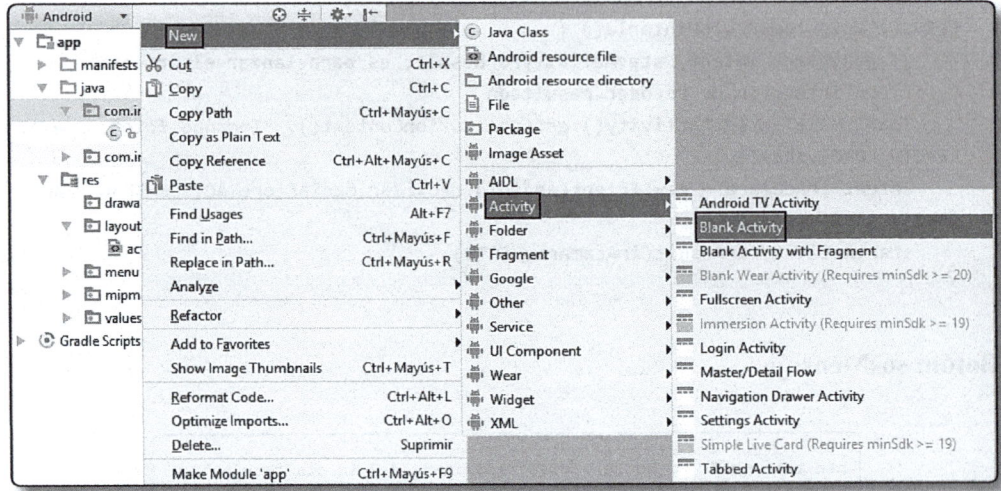

Presiones clic en el botón finish.

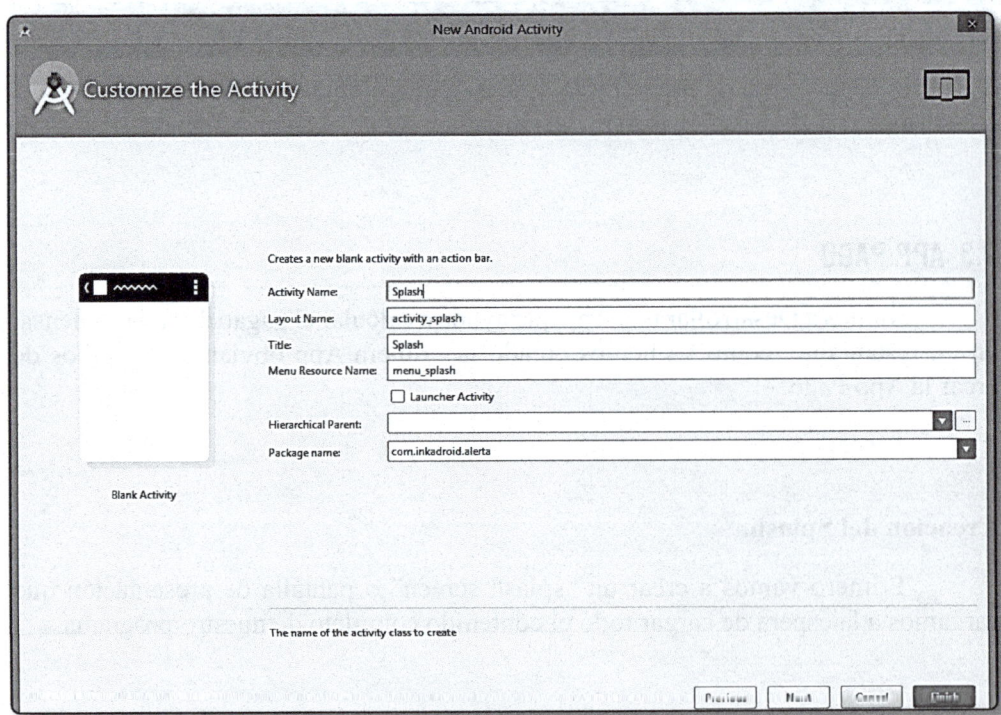

Añadimos un ImageView en la Interfaz: activity_splash.

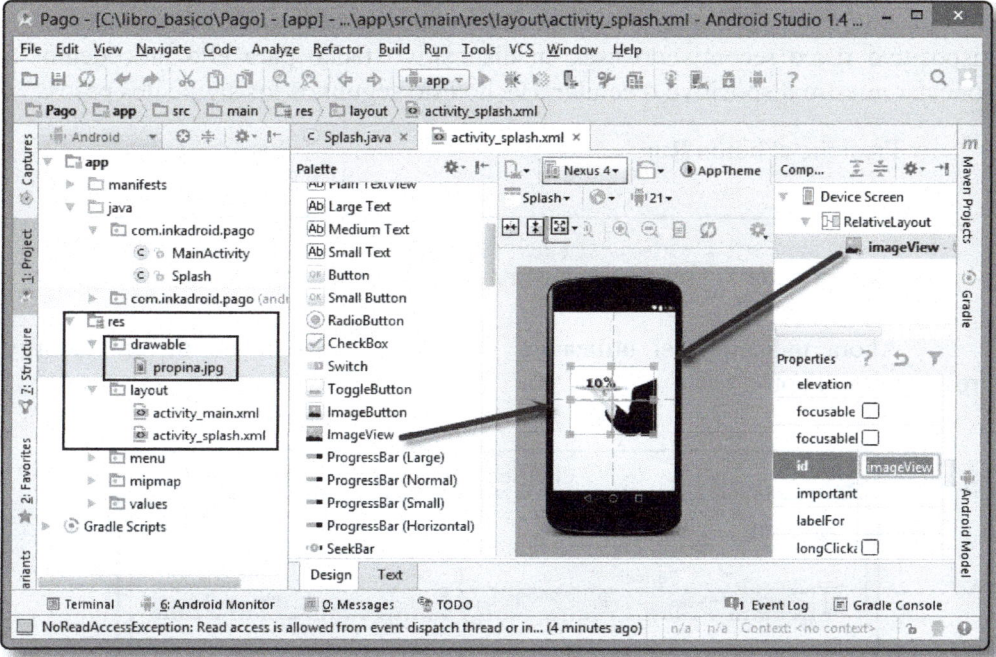

Verificar que la Actividad Splash sea la de arranque en el Manifest.

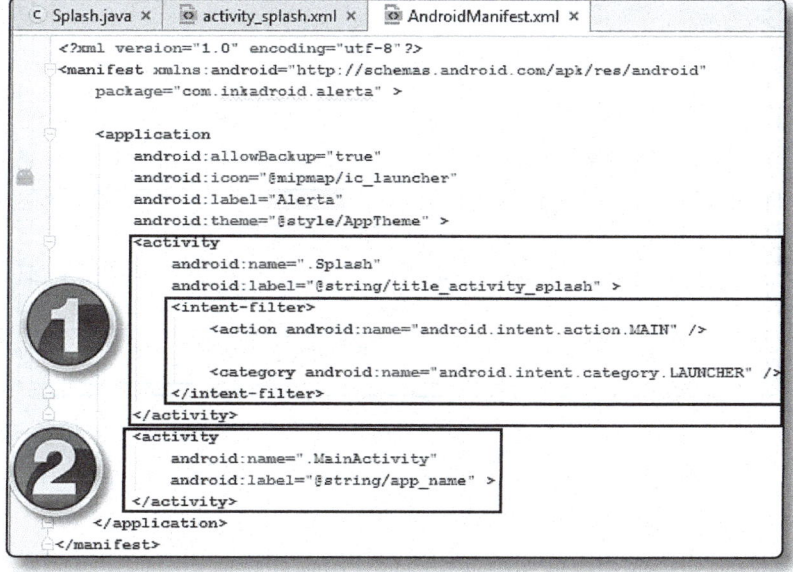

9.3.1 Ejecutando la Aplicación

Ahora para ejecutar la App podemos hacerlo utilizando el emulador o un dispositivo físico recomiendo usar un dispositivo físico para ello procedemos a conectar nuestro dispositivo o celular. Hecho esto seguimos los siguientes pasos:

Presione el botón Run.

Ahora indicamos si utilizamos un dispositivo físico o un emulador y presionamos el botón Ok.

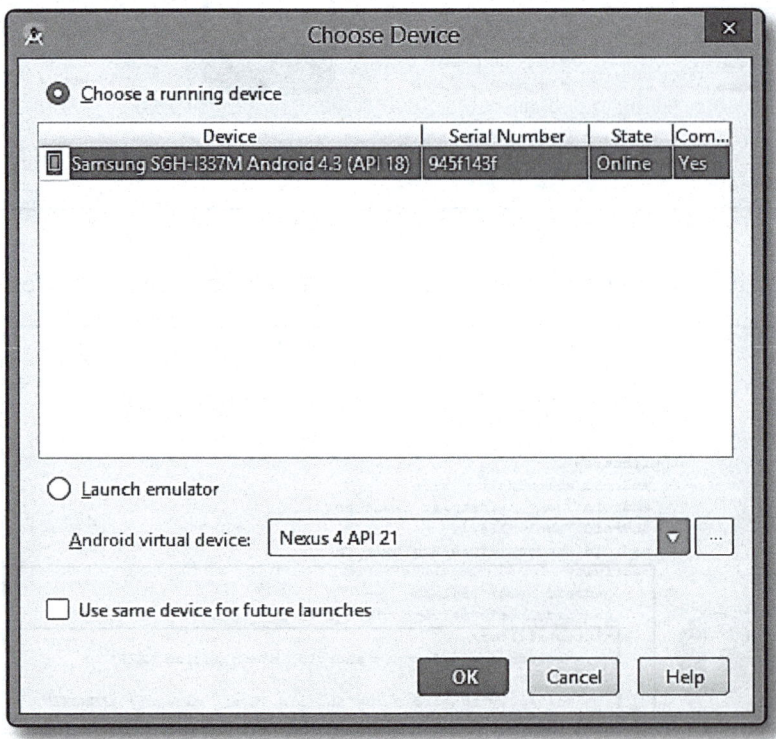

Obtenemos lo siguiente:

9.3.2 Mostrando Pantalla completa

En la actividad codificamos para mostrar pantalla completa u ocultar el titulo.

```
getSupportActionBar().hide();
//Antes del setContentView........................
setContentView(R.layout.activity_splash);
```

```
Splash.java ×    activity_splash.xml ×

    package com.inkadroid.alerta;
    import ...

    public class Splash extends ActionBarActivity {

        @Override
        protected void onCreate(Bundle savedInstanceState) {
            super.onCreate(savedInstanceState);
            //OCULTAMOS EL TITULO
            getSupportActionBar().hide();
            setContentView(R.layout.activity_splash);
        }

    }
```

9.3.3 Volviendo a Ejecutar la Aplicación

Ahora para ejecutar la App podemos hacerlo utilizando el emulador o un dispositivo físico recomiendo usar un dispositivo físico para ello procedemos a conectar nuestro dispositivo o celular. Hecho esto seguimos los siguientes pasos:

Presione el botón Run.

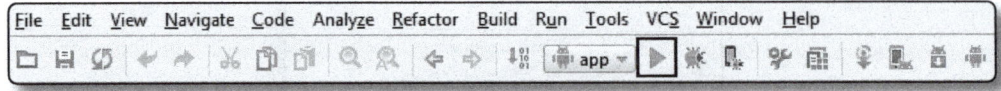

Ahora indicamos si utilizamos un dispositivo físico o un emulador y presionamos el botón Ok.

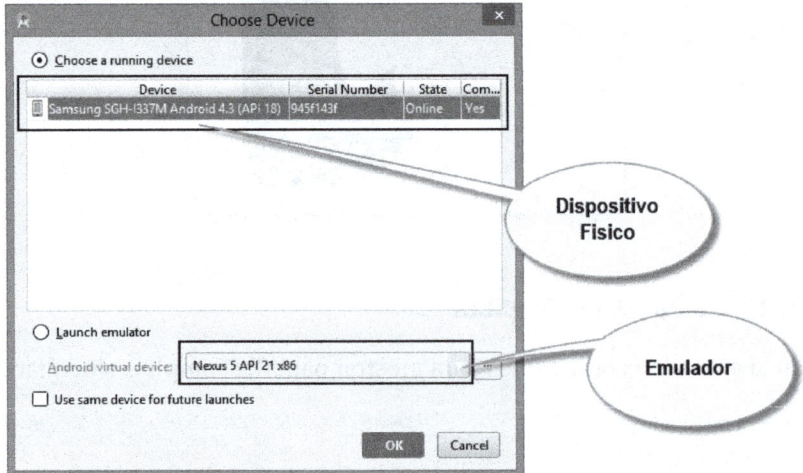

Obtenemos lo siguiente:

9.3.4 Codificación del Splash

Ahora codificaremos para que el splash se muestre algunos segundos y luego muestre una segunda Interfaz:

```java
package com.inkadroid.alerta;
import ...

public class Splash extends ActionBarActivity {

    @Override
    protected void onCreate(Bundle savedInstanceState) {
        super.onCreate(savedInstanceState);
        //OCULTAMOS EL TITULO
        getSupportActionBar().hide();
        setContentView(R.layout.activity_splash);
    }

    @Override
    protected void onStart(){
        super.onStart();
        new Timer().schedule(new TimerTask() {
            @Override
            public void run() {
                Intent intent = new Intent(Splash.this, MainActivity.class);
                intent.addFlags(Intent.FLAG_ACTIVITY_CLEAR_TOP);
                startActivity(intent);
            }
        }, 4000);
    }

}
```

Volvemos a ejecutar y Observamos el Orden de Actividades:

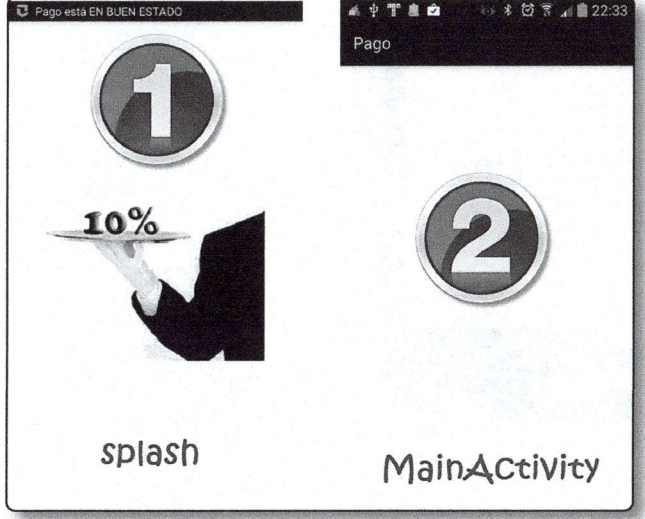

Explicación del uso de Intent (Actividad:Splash)

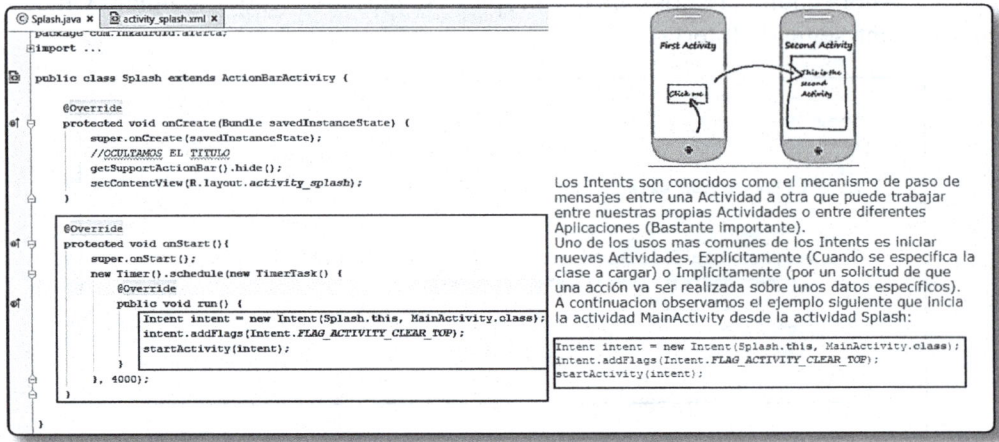

Ahora diseñamos la interfaz activity_main.xml:

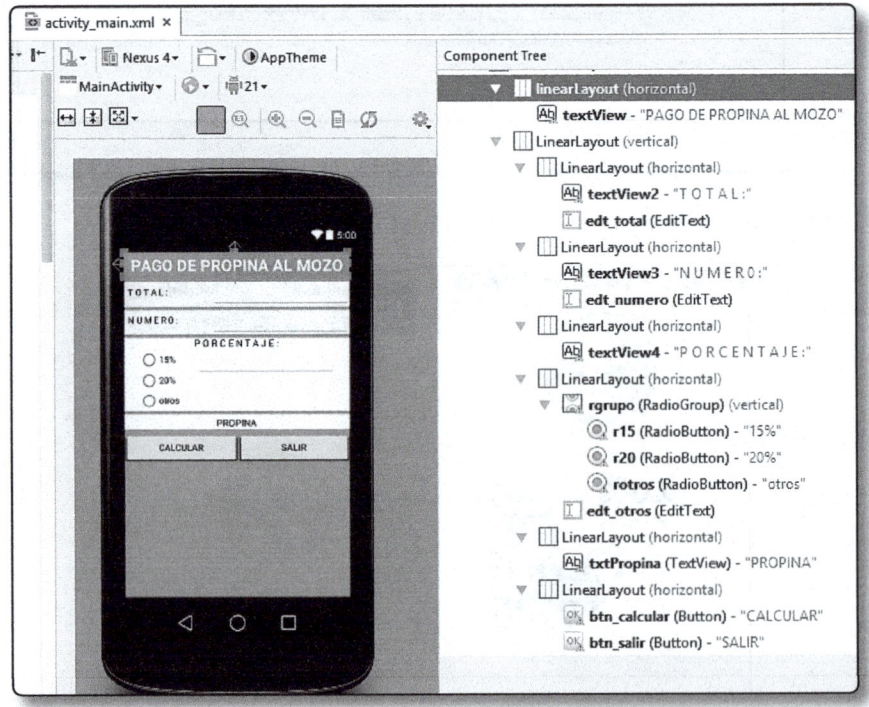

Ahora comenzamos con la codifican en la actividad principal:

```java
package com.inkadroid.pago;
import ...
public class MainActivity extends AppCompatActivity {
    private EditText edt_total;
    private EditText edt_numero;
    private EditText edt_otros;
    private RadioGroup rgrupo;
    private Button btn_limpiar;
    private Button btn_calcular;
    private TextView txtPropina;
    @Override
    protected void onCreate(Bundle savedInstanceState) {
        super.onCreate(savedInstanceState);
        setContentView(R.layout.activity_main);
    }
}
```

Ahora implementamos OnClicListener, enlazamos los controles.

```java
package com.inkadroid.pago;
import ...
public class MainActivity extends AppCompatActivity implements View.OnClickListener {
    private EditText edt_total;
    private EditText edt_numero;
    private EditText edt_otros;
    private RadioGroup rgrupo;
    private Button btn_calcular;
    private Button btn_salir;
    private TextView txtPropina;
    @Override
    protected void onCreate(Bundle savedInstanceState) {
        super.onCreate(savedInstanceState);
        setContentView(R.layout.activity_main);
        //ENLAZAMOS LOS CONTROLES
        edt_total= (EditText) findViewById(R.id.edt_total);
        edt_numero= (EditText) findViewById(R.id.edt_numero);
        edt_otros= (EditText) findViewById(R.id.edt_otros);
        rgrupo= (RadioGroup) findViewById(R.id.rgrupo);
        btn_calcular= (Button) findViewById(R.id.btn_calcular);
        btn_salir= (Button) findViewById(R.id.btn_salir);
        txtPropina= (TextView) findViewById(R.id.txtPropina);
        btn_calcular.setOnClickListener(this);
        btn_salir.setOnClickListener(this);
    }

    @Override
    public void onClick(View v) {

    }
}
```

Ahora queremos manejar el RadioGroup cuando seleccionamos la opción de 15% y 20% el EditText edt_otros se desactivan y se inicializa su contenido:

```java
© MainActivity.java ×

        @Override
        protected void onCreate(Bundle savedInstanceState) {
            super.onCreate(savedInstanceState);
            setContentView(R.layout.activity_main);
            //ENLAZAMOS LOS CONTROLES
            edt_total= (EditText) findViewById(R.id.edt_total);
            edt_numero= (EditText) findViewById(R.id.edt_numero);
            edt_otros= (EditText) findViewById(R.id.edt_otros);
            rgrupo= (RadioGroup) findViewById(R.id.rgrupo);
            btn_calcular= (Button) findViewById(R.id.btn_calcular);
            btn_salir= (Button) findViewById(R.id.btn_salir);
            txtPropina= (TextView) findViewById(R.id.txtPropina);
            btn_calcular.setOnClickListener(this);
            btn_salir.setOnClickListener(this);

            rgrupo.setOnCheckedChangeListener((group, checkedId) -> {
                    if (checkedId == R.id.r15 || checkedId == R.id.r20) {
                        edt_otros.setText("");
                        edt_otros.setEnabled(false);
                    }
                    if (checkedId == R.id.rotros) {
                        edt_otros.setText("");
                        edt_otros.setEnabled(true);
                        edt_otros.requestFocus();
                    }
            });

        }
```

Ahora calculamos la propina a pagar:

```java
@Override
    public void onClic(View v) {
        switch (v.getId())
        {
            case R.id.btn_calcular:
                int radioCheckedId = rgrupo.getCheckedRadioButtonId();
                if (radioCheckedId==R.id.r15)
                {
                    txtPropina.setText(Double.parseDouble(edt_total.getText().
toString())*0.15+"");
                }
                if (radioCheckedId==R.id.r20)
                {
                    txtPropina.setText(Double.parseDouble(edt_total.getText().
toString()) * 0.20 + "");
                }
                if (radioCheckedId==R.id.rotros)
                {
                    txtPropina.setText(Double.parseDouble(edt_total.getText().
```

```
toString()) *
                              ( Double.parseDouble(edt_otros.getText().toString())
/ 100 ) + "");
            }
          break;
        case R.id.btn_salir:
            finish();
          break;
      }
    }
}
```

9.3.5 Volviendo a Ejecutar la Aplicación

Ahora para ejecutar la App podemos hacerlo utilizando el emulador o un dispositivo físico recomiendo usar un dispositivo físico para ello procedemos a conectar nuestro dispositivo o celular. Hecho esto seguimos los siguientes pasos:

Presione el botón Run.

Ahora indicamos si utilizamos un dispositivo físico o un emulador y presionamos el botón Ok.

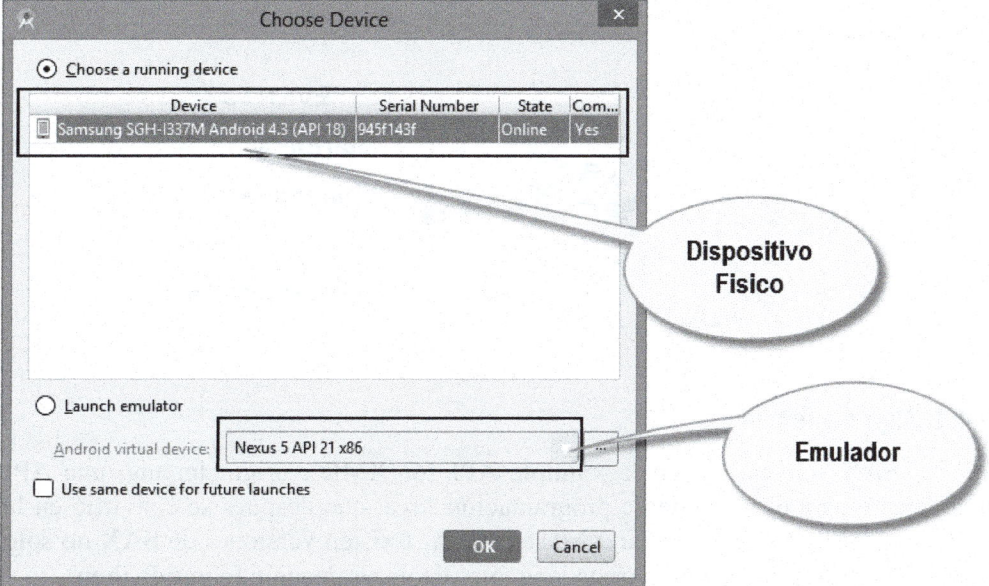

Obtenemos lo siguiente:

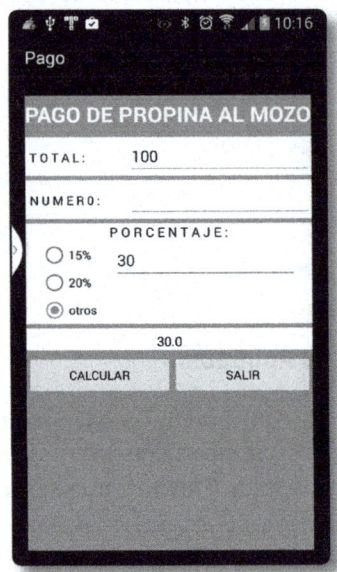

9.4 APP RSS1

Vamos a Desarrollar una App que realice la lectura de XML, como ya hemos creado la primera App obviamos los pasos de crear la App Rss1, previamente veremos algunos conceptos básicos.

SAX Clásico.

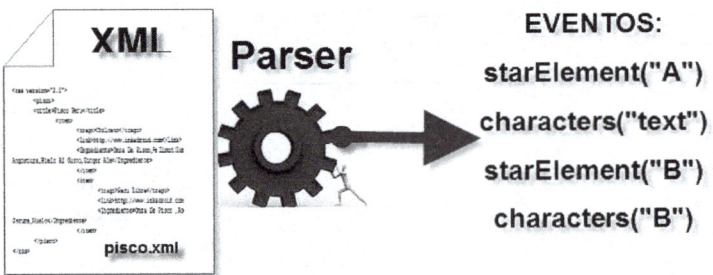

9.4.1 Algo de Teoría

SAX son las siglas de "Simple API for XML", originalmente, una API únicamente para el lenguaje de programación Java, que después se convirtió en la API estándar de facto para usar XML en JAVA. Existen versiones de SAX no sólo para JAVA, sino también para otros lenguajes de programación (como Python).

Ventajas y Desventajas del uso de SAX.

▼ Eficiencia en cuanto al tiempo y la memoria empleados en el análisis.

▼ No dispone de la estructura en árbol.

▼ Es más difícil de manipular.

▼ Realiza una lectura secuencial del documento por lo que una vez leído no se puede volver atrás, algo que DOM sí permite.

▼ Permite la escalabilidad.

▼ Flexibilidad sobre la estructura de datos.

▼ Fácil manejo de los errores.

▼ Probablemente el mayor problema l con SAX es que por sí misma no proporciona acceso aleatorio a los datos XML. Su secuencia de eventos es " sólo hacia delante ": usted no puede ir hacia atrás o cambiar el orden.

▼ Es importante señalar que SAX se limita intencionadamente. Es el núcleo de una biblioteca de soporte de XML, y que " S " en su nombre realmente significa "simple", una funcionalidad compleja es para las capas en la parte superior de SAX y no forma parte de la propia SAX. Incluso los servicios básicos como la salida de texto XML (impresión) se colocan sobre SAX. Mientras que el código de fuente abierta para manejar este tipo de funciones puede estar disponibles en Internet, es posible que aún tiene que buscar y elegir entre las bibliotecas. Eventos:

▼ startDocument().
Nos avisa cuando empieza a leer el documento.

▼ starElement().
Se produce al comenzar el procesado de una etiqueta XML. Es aquí donde se leen los atributos de las etiquetas.

▼ characters().
Devuelve los caracteres dentro de una etiqueta/elemento. Para pasarnos la información, lo que hace es que nos pasa un array de caracteres con todo el contenido del documento, pero nos pasa un puntero que indica en que caractér empieza el contenido y otro parámetro que nos da la longitud.

▶ endElement().
Avisa que acaba de leer un elemento, es decir ha encontrado etiqueta de cerrado "</".
▶ enDocument().
Avisa de finalización de lectura del documento.

Para más información: *http://developer.android.com/reference/org/xml/sax/helpers/DefaultHandler.html.*

9.4.2 Creand App Rss1

Con todas las herramientas y el SDK descargado e instalado, ahora es el momento de iniciar, este ejemplo lo utilizaremos para demostrar un simple ejemplo de lectura de un archivo XML.

Pisco.xml

```
▼<rss version="2.0">
  ▼<pisco>
    <title>Pisco Peru</title>
  ▼<item>
    <title>Chilcano</title>
    <link>http://www.inkadroid.com</link>
  ▼<Ingrediente>
    Onza De Pisco,½ Limón(Zumo),Gotas De Amargo De Angostura,Hielo Al Gusto,Ginger Ale
    </Ingrediente>
  </item>
  ▼<item>
    <title>Peru Libre</title>
    <link>http://www.inkadroid.com</link>
  ▼<Ingrediente>
    Onza De Pisco ,Rodaja De Limon,Gaseosa Oscura,Hielo
    </Ingrediente>
  </item>
  </pisco>
</rss>
```

```
<rss version="2.0">
    <pisco>
    <title>Pisco Peru</title>
        <item>
```

```
        <trago>Chilcano</trago>
        <link>http://www.inkadroid.com</link>
        <Ingrediente>Onza De Pisco,½ Limón(Zumo),Gotas De Amargo De
Angostura,Hielo Al Gusto,Ginger Ale</Ingrediente>
        </item>
        <item>
            <trago>Peru Libre</trago>
            <link>http://www.inkadroid.com</link>
            <Ingrediente>Onza De Pisco ,Rodaja De Limon,Gaseosa Oscura,Hielo</
Ingrediente>
        </item>
    </pisco>
</rss>
```

Diseñamos la Interfaz activity_main.xml:

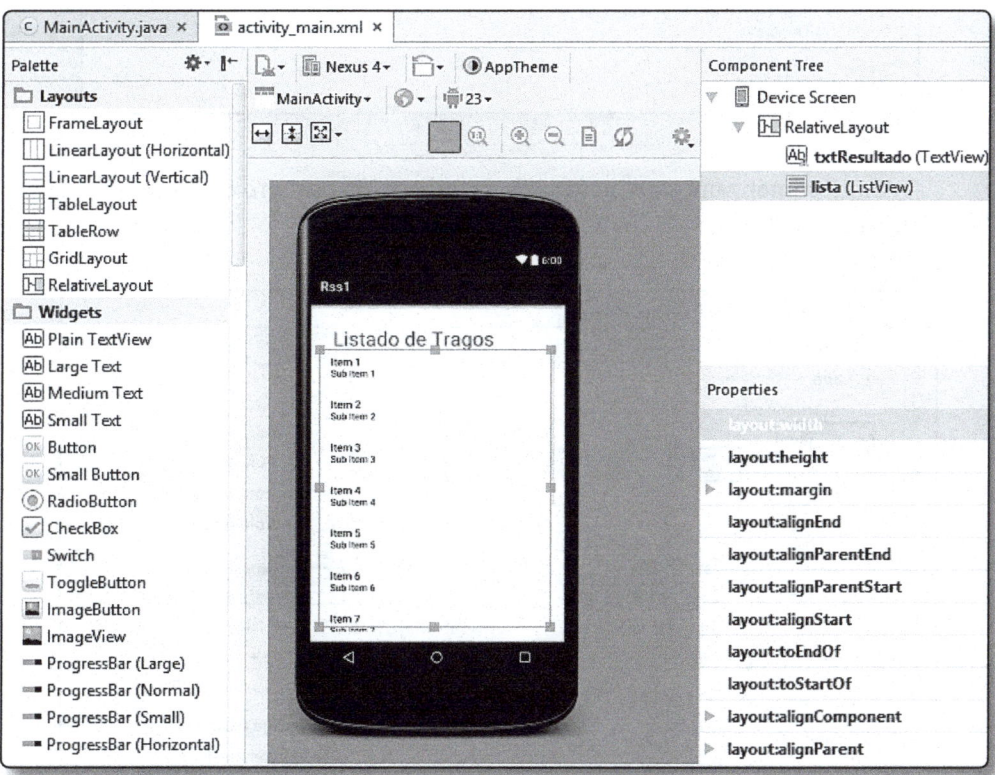

```xml
activity_main.xml ×

<RelativeLayout xmlns:android="http://schemas.android.com/apk/res/android"
    xmlns:tools="http://schemas.android.com/tools" android:layout_width="match_parent"
    android:layout_height="match_parent" android:paddingLeft="16dp"
    android:paddingRight="16dp"
    android:paddingTop="16dp"
    android:paddingBottom="16dp" tools:context=".MainActivity">

    <TextView
        android:id="@+id/txtResultado"
        android:layout_width="wrap_content"
        android:layout_height="wrap_content"
        android:layout_alignParentLeft="true"
        android:layout_alignParentRight="true"
        android:layout_marginLeft="19dp"
        android:layout_marginTop="18dp"
        android:text="Listado de Tragos"
        android:textSize="30sp" />

    <ListView
        android:id="@+id/lista"
        android:layout_width="match_parent"
        android:layout_height="wrap_content"
        android:layout_marginTop="53dp" >
    </ListView>

</RelativeLayout>
```

Ahora comenzamos estructurando la aplicación primero creamos un paquete Modelo, clic derecho en src – new - package.

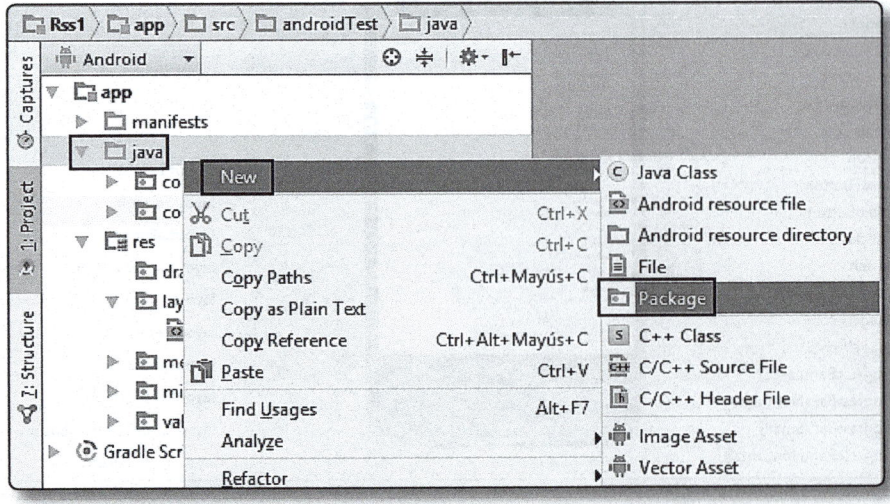

Seleccionamos el directorio:

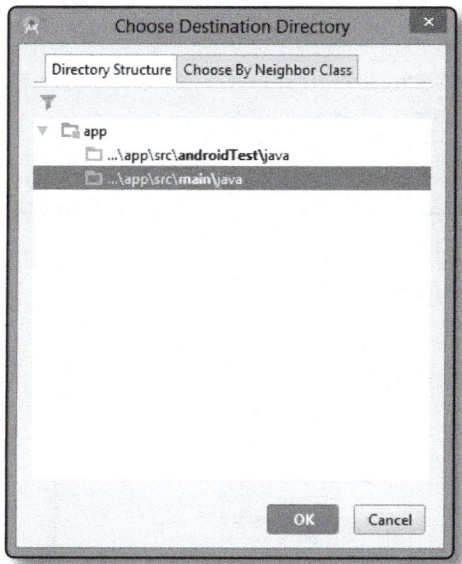

Especificamos el nombre del paquete.

Ahora creamos la clase Trago.

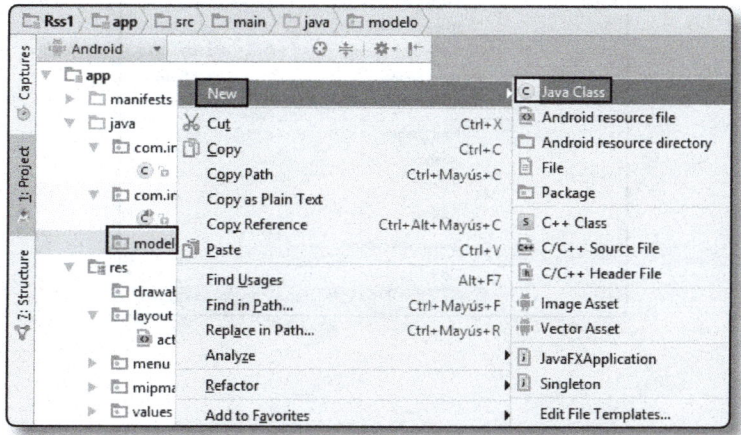

Especificamos el nombre de la Clase.

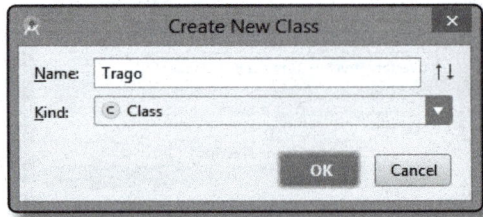

Declaramos algunos atributos:

```
Trago.java ×

    package modelo;

    /**
     * Created by jnolasco on 30/08/2015.
     */
    public class Trago {
        private String trago;
        private String link;
        private String ingrediente;
    }
```

Ahora generamos los metodos get and set.

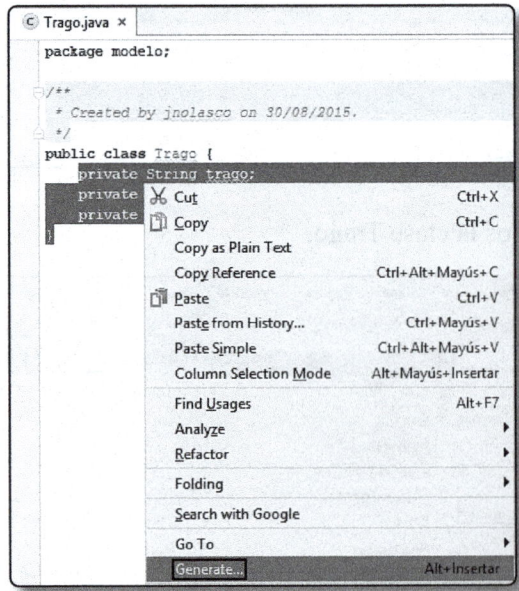

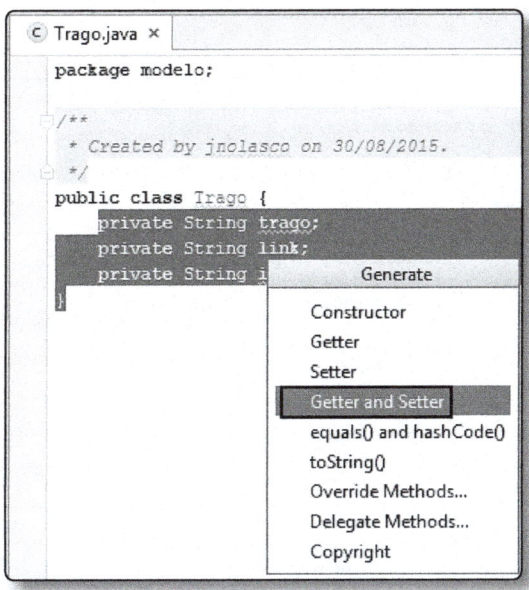

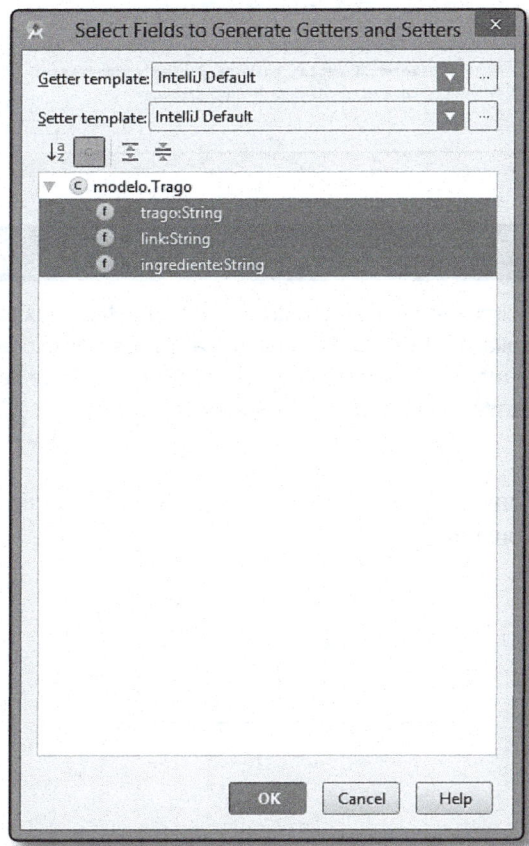

Los metodos set and get generados.

```java
package modelo;
/**
 * Created by jnolasco on 30/08/2015.
 */
public class Trago {

    private String trago;
    private String link;
    private String ingrediente;

    public String getTrago() {
        return trago;
    }
    public void setTrago(String trago) {
        this.trago = trago;
    }
    public String getLink() {
        return link;
    }
    public void setLink(String link) {
        this.link = link;
    }
    public String getIngrediente() {
        return ingrediente;
    }
    public void setIngrediente(String ingrediente) {
        this.ingrediente = ingrediente;
    }
}
```

> **(i) NOTA**
>
> Ahora tenemos conocimiento cual es la estructura y que clase auxiliar vamos a trabajar procederemos a detallar cada modelo, cualquiera de los mencionados anteriormente pueden tratar XML de manera online como local, pero dependiendo del contexto veremos cual resulta más eficiente. Es recomendable hacer via Online.

Ahora crearemos un paqueta denominado util, dentro de este paquete creamos la Clase : Constantes.

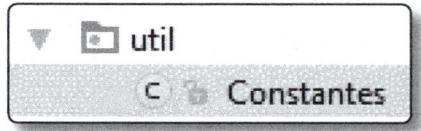

```
C Constantes.java ×

  package util;



  public class Constantes {

      public static final String ITEM_INIT = "item";

  }
```

Ahora crearemos un paqueta denominado manejador , dentro de este paquete creamos la Clase : ManejadorTrago.

Vamos a generar un listado de Tragos:

```
C ManejadorTrago.java ×

  package manejador;
  import ...
  /**
   * Created by jnolasco on 30/08/2015.
   */
  public class ManejadorTrago extends DefaultHandler {
      private List<Trago> tragos;
      private Trago tragoActual;
      private StringBuffer sbTexto;
      public List<Trago> getTragos() {
```

Vamos a generar un listado de Tragos con el método getTragos para obtener el listado de tragos:

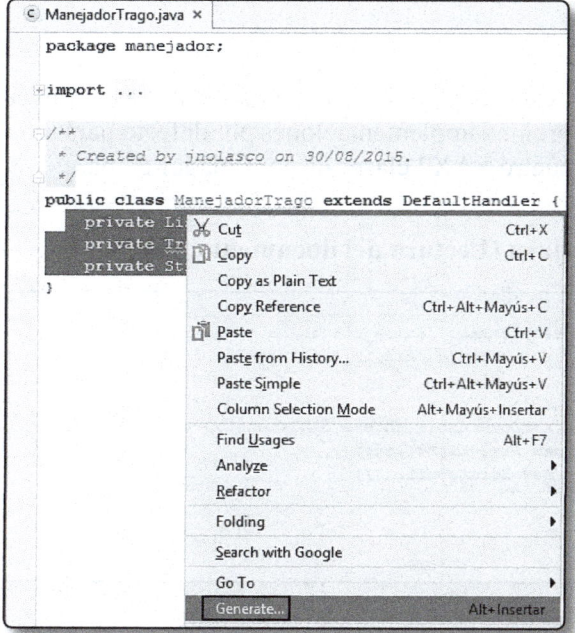

```
ManejadorTrago.java ×
    package manejador;
    import ...
    /**
     * Created by jnolasco on 30/08/2015.
     */
    public class ManejadorTrago extends DefaultHandler {
        private List<Trago> tragos;
        private Trago tragoActual;
        private StringBuffer sbTexto;
        public List<Trago> getTragos() {
            return tragos;
        }
        public void setTragos(List<Trago> tragos) {
            this.tragos = tragos;
        }
        public Trago getTragoActaul() {
            return tragoActual;
        }
```

9.4.2.1 COMENZAMOS LA LECTURA DEL XML QUE SE ENCUENTRA EN EL SIGUIENTE LINK

http://www.inkadroid.com/xml/pisco.xml.

9.4.2.2 ALGO DE TEORÍA

DefaultHandler.

Esta clase está disponible como una clase base conveniente para SAX2 aplicaciones: proporciona implementaciones por defecto para todas las devoluciones de llamada en los cuatro SAX2 clases de controlador de base:

ManejadorTrago.java (Lectura del documento XML).

```
    /*
    startDocument() este evento indica que se ha comenzado a leer el documento XML,
    por lo que lo aprovecharemos para inicializar la lista de Tragos y variables a utilizar
    */

    public void startDocument() throws SAXException {
        tragos = new ArrayList<Trago>();
        sbTexto = new StringBuffer();
    }

}
```

```
    /*
   Se ejecuta cada vez se encuentra un fragmento de texto dentro del interior de una etiqueta
   */
   public void characters(char[] ch, int start, int length) throws SAXException {
       if (this.tragoActual != null) {
   /*
          Vamos adicionando los fragmentos de texto en la variable   sbTexto
   */
           sbTexto.append(ch, start, length);
       }
   }
```

```
    /*
   endElement() En El objeto tragoActual vamos almacenando el texto adicionando a la variable sbTexto.
   Al finalizar vamos a añadir el tragoActual a la lista de tragos (tragos.add(tragoActual))
   */

   public void endElement(String uri, String localName, String qName) throws SAXException {

       if (this.tragoActual != null) {
           if (localName.equals("trago")) {
               tragoActual.setTrago(sbTexto.toString());
           } else if (localName.equals("link")) {
               tragoActual.setLink(sbTexto.toString());
           } else if (localName.equals("Ingrediente")) {
               tragoActual.setIngrediente(sbTexto.toString());

//agregar el trago al listado
           } else if (localName.equals("item")) {
               tragos.add(tragoActual);
           }

//blanquear sbTexto
           sbTexto.setLength(0);
       }
   }
```

ManejadorTrago.java.

```java
package manejador;
import util.Constantes;
import org.xml.sax.Attributes;
import org.xml.sax.SAXException;
import org.xml.sax.helpers.DefaultHandler;
import java.util.ArrayList;
import java.util.List;
import modelo.Trago;
public class ManejadorTrago extends DefaultHandler {
    /*
Vamos a generar un Listado de Tragos
El método getTragos() sirve para obtener los tragos tras el termino de lectura
del documento.
```

```java
*/
    private List<Trago> tragos;
    private Trago tragoActual;
    private StringBuffer sbTexto;
    //Lectura de la lista de tragos
    public List<Trago> getTragos() {
        return tragos;
    }
    public void setTragos(List<Trago> tragos) {
        this.tragos = tragos;
    }
    public Trago getTragoActaul() {
        return tragoActual;
    }
    /*
 startDocument() este evento indica que se ha comenzado a leer el documento XML,
 por lo que lo aprovecharemos para inicializar la lista de Tragos y variables a
utilizar
*/
    public void startDocument() throws SAXException {
        tragos = new ArrayList<Trago>();
        sbTexto = new StringBuffer();
    }
    /*
startElement() se lanza cada vez que se encuentra una nueva etiqueta de apertu-
ra.
*/
    public void startElement(String uri, String localName, String qName,
                        Attributes attributes) throws SAXException {
        /*
La etiqueta que nos interesará será <item>, momento en el que inicializaremos un
nuevo objeto auxiliar de tipo Trago
 donde almacenaremos posteriormente los datos del trago actual
*/
        if (localName.equals(Constantes.ITEM_INIT)) {
            tragoActual = new Trago();
        }
    }
/*
Se ejecuta cada vez se encuentra un fragmento de texto dentro del interior de
una etiqueta
*/
    public void characters(char[] ch, int start, int length) throws SAXException
```

```java
{
        if (this.tragoActual != null) {
            /*
          Vamos adicionando Los fragmentos de texto en la variable    sbTexto
            */
            sbTexto.append(ch, start, length);
        }
    }
    /*
endElement() En El objeto tragoActual vamos almacenando el texto adicionando a
la variable sbTexto.
Al finalizar vamos a añadir el tragoActual a La lista de tragos (tragos.
add(tragoActual))
*/
    public void endElement(String uri, String localName, String qName) throws
SAXException {
        if (this.tragoActual != null) {
            if (localName.equals("trago")) {
                tragoActual.setTrago(sbTexto.toString());
            } else if (localName.equals("link")) {
                tragoActual.setLink(sbTexto.toString());
            } else if (localName.equals("Ingrediente")) {
                tragoActual.setIngrediente(sbTexto.toString());
                //agregar el trago al listado
            } else if (localName.equals("item")) {
                tragos.add(tragoActual);
            }
            //blanquear sbTexto
            sbTexto.setLength(0);
        }
    }
}
```

9.4.2.3 CLASE TRAGOPARSERSAX

Ahora creamos un paquete parser (obtener de la URL el XML) y Ahora creamos la clase TragoParserSax:

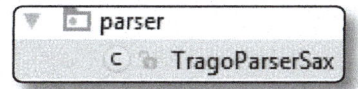

TragoParserSax.java

```java
package parser;
import java.io.IOException;
import java.io.InputStream;
import java.net.MalformedURLException;
import java.net.URL;
import java.util.List;
import javax.xml.parsers.SAXParser;
import javax.xml.parsers.SAXParserFactory;
import manejador.ManejadorTrago;
import modelo.Trago;
public class TragoParserSax {
    private URL noticiaUrl;
    public TragoParserSax(String url){
        try{
            this.noticiaUrl = new URL(url);
        }catch (MalformedURLException e){
            throw new RuntimeException(e);
        }
    }
    public List<Trago> parse(){
        SAXParserFactory factory = SAXParserFactory.newInstance();
        try{
            SAXParser parser = factory.newSAXParser();
            ManejadorTrago handler = new ManejadorTrago();
            parser.parse(this.getInputStream(), handler);
            return handler.getTragos();
        }catch (Exception e){
            throw new RuntimeException(e);
        }
    }
    private InputStream getInputStream(){
        try{
            return noticiaUrl.openConnection().getInputStream();
        }catch (IOException e){
            throw new RuntimeException(e);
        }
    }
}
```

9.4.2.4 AHORA CONFIGURAMOS EL PERMISO DE INTERNET EN EL ARCHIVO DE MANIFIESTO - ANDROIDMANIFEST.XML

```xml
AndroidManifest.xml ×

<?xml version="1.0" encoding="utf-8"?>
<manifest xmlns:android="http://schemas.android.com/apk/res/android"
    package="com.inkadroid.rss1" >
    <uses-permission android:name="android.permission.INTERNET"/>
    <application
        android:allowBackup="true"
        android:icon="@mipmap/ic_launcher"
        android:label="Rss1"
        android:theme="@style/AppTheme" >
        <activity
            android:name=".MainActivity"
            android:label="Rss1" >
            <intent-filter>
                <action android:name="android.intent.action.MAIN" />

                <category android:name="android.intent.category.LAUNCHER" />
            </intent-filter>
        </activity>
    </application>

</manifest>
```

9.4.2.5 EJECUTANDO LA APLICACIÓN

Ahora para ejecutar la App podemos hacerlo utilizando el emulador o un dispositivo físico recomiendo usar un dispositivo físico para ello procedemos a conectar nuestro dispositivo o celular. Hecho esto seguimos los siguientes pasos:

Presione el botón Run.

Ahora indicamos si utilizamos un dispositivo físico o un emulador y presionamos el botón Ok.

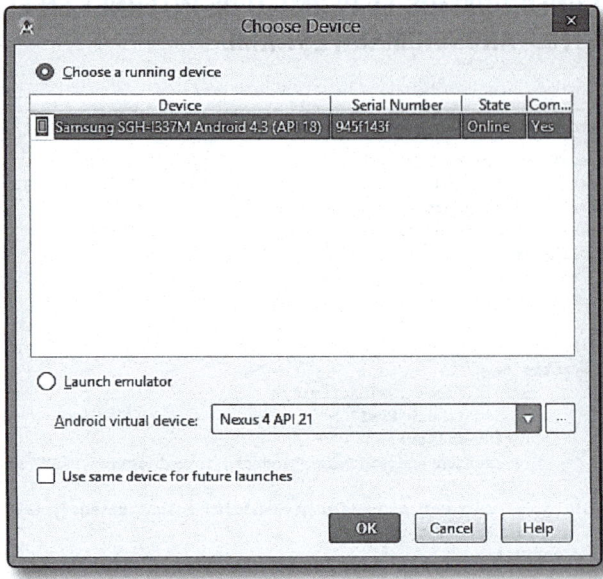

Obtenemos lo siguiente:

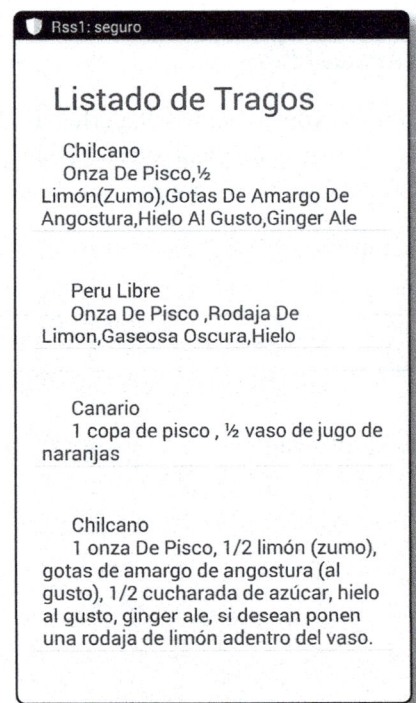

10

ALMACENAMIENTO

10.1 INTRODUCCIÓN A MANEJO DE FICHEROS

Vamos a aprender a manipular ficheros almacenados en cualquiera de estos lugares, comentando las particularidades de cada caso:

- ▶ La memoria interna del dispositivo.
- ▶ La tarjeta SD externa, si existe.
- ▶ La propia aplicación, en forma de recurso.

10.2 ALMACENAMIENTO

Almacenamiento y Content Providers Base de datos SQLite: consulta, inserción, actualización, eliminación de datos. Shared Preferences. Procesamiento de XML. Content Providers: Llamadas, Contactos y SMS.

10.3 MANEJO DE FICHEROS MEMORIA INTERNA

10.3.1 Memoria Interna-WRITE

Veamos en primer lugar cómo trabajar con la memoria interna del dispositivo.

Cuando almacenamos ficheros en la memoria interna debemos tener en cuenta las limitaciones de espacio que tienen muchos dispositivos, por lo que no deberíamos abusar de este espacio utilizando ficheros de gran tamaño.

```
openFileOutput()
MODO DE ACCESO:
MODE_PRIVATE(por defecto) para acceso privado desde nuestra aplicación,
MODE_APPEND para añadir datos a un fichero ya existente,
MODE_WORLD_READABLE para permitir a otras aplicaciones leer el fichero,  MODE_
WORLD_WRITABLE para permitir a otras aplicaciones escribir sobre el fichero
```

```
try
{
OutputStreamWriter fout=
new OutputStreamWriter(
openFileOutput(«Nombre del archivo», Context.MODE_PRIVATE));
fout.write(«Escribir o enviar texto para el archivo»);  fout.close();
}
catch (Exception ex)
{
Log.e("Ficheros", "Error al escribir fichero a memoria interna");
}
```

10.3.2 Creación de Proyecto Fichero1

Puedes guardar archivos directamente en el almacenamiento interno del dispositivo. De forma predeterminada, los archivos que se guardan en el almacenamiento interno son privados para tu aplicación y otras aplicaciones no pueden tener acceso a ellos (tampoco el usuario). Cuando el usuario desinstala tu aplicación, estos archivos se quitan.

Vamos a crear un proyecto que me permita el almacenamiento interno, como ya hemos creado proyecto anteriormente, obviamos los pasos de crear Fichero1:

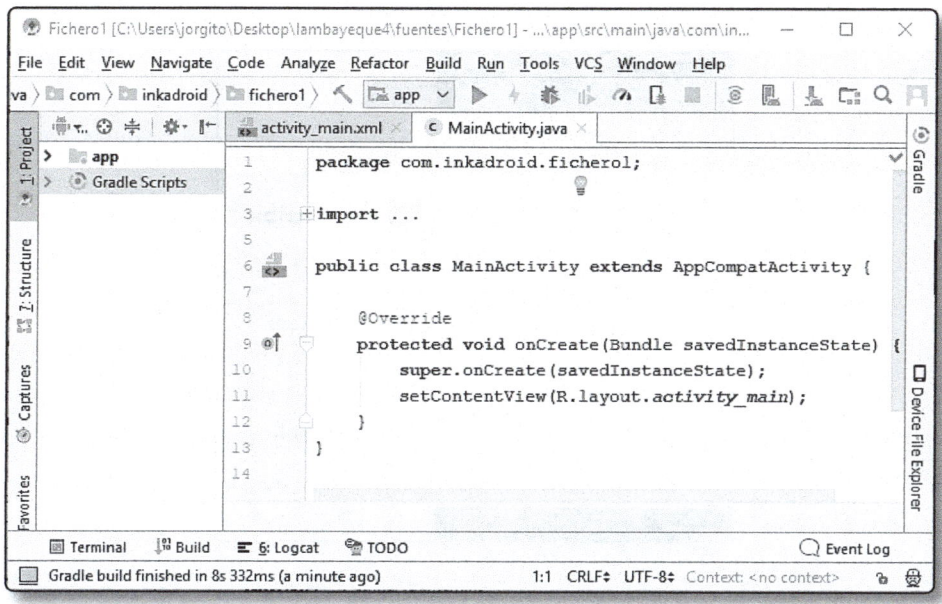

Borramos el TextView para comenzar con una interfaz limpia:

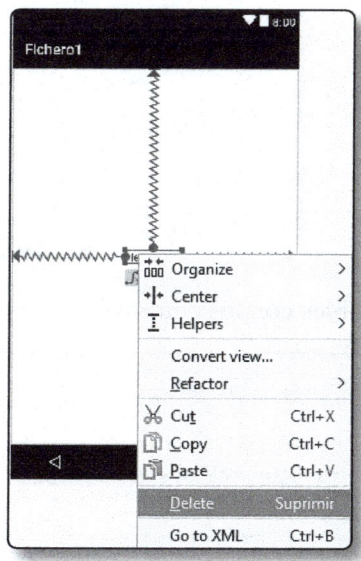

Lo primero es crear los controles necesarios:

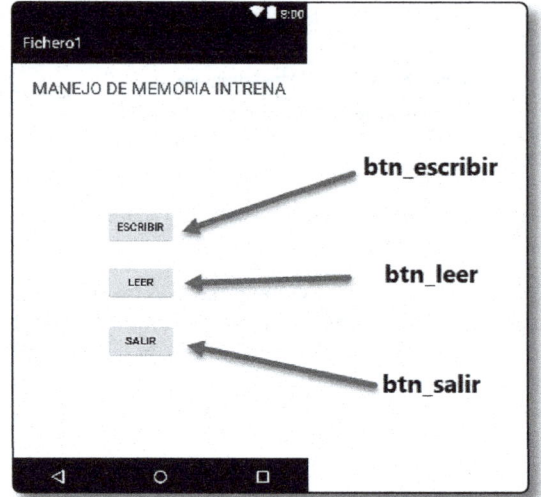

Comenzamos a codificar:

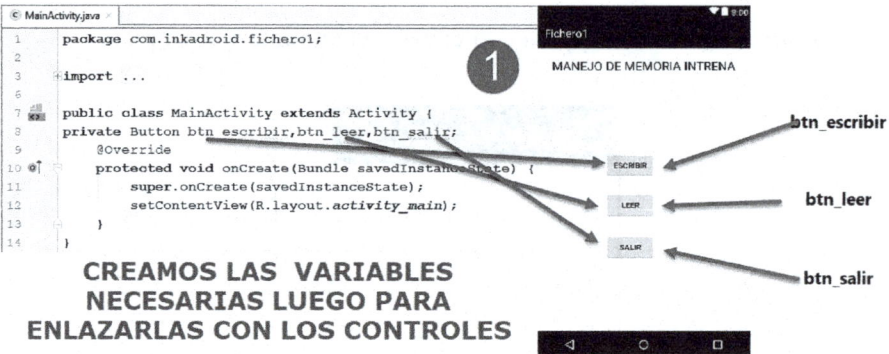

Enlazamos las variables con los controles.

```
© MainActivity.java

1        package com.inkadroid.fichero1;
2
3      +import ...
6
7        public class MainActivity extends Activity {
8        private Button btn_escribir,btn_leer,btn_salir;
9            @Override
10           protected void onCreate(Bundle savedInstanceState) {
11               super.onCreate(savedInstanceState);
12               setContentView(R.layout.activity_main);
13               btn_escribir=(Button) findViewById(R.id.btn_escribir);
14               btn_leer=(Button) findViewById(R.id.btn_leer);
15               btn_salir=(Button) findViewById(R.id.btn_salir);
16
17           }
18       }
```

Implementamos la escucha de eventos:

```java
package com.inkadroid.fichero1;

import ...

public class MainActivity extends Activity implements View.OnClickListener {
    private Button btn_escribir,btn_leer,btn_salir;
        @Override
        protected void onCreate(Bundle savedInstanceState) {
            super.onCreate(savedInstanceState);
            setContentView(R.layout.activity_main);
            btn_escribir=(Button) findViewById(R.id.btn_escribir);
            btn_leer=(Button) findViewById(R.id.btn_leer);
            btn_salir=(Button) findViewById(R.id.btn_salir);


        }


        @Override
        public void onClick(View view) {


        }
}
```

```java
package com.inkadroid.fichero1;
import ...
public class MainActivity extends Activity implements View.OnClickListener {
    private Button btn_escribir,btn_leer,btn_salir;
        @Override
        protected void onCreate(Bundle savedInstanceState) {
            super.onCreate(savedInstanceState);
            setContentView(R.layout.activity_main);
            btn_escribir=(Button) findViewById(R.id.btn_escribir);
            btn_leer=(Button) findViewById(R.id.btn_leer);
            btn_salir=(Button) findViewById(R.id.btn_salir);

            btn_escribir.setOnClickListener(this);
            btn_leer.setOnClickListener(this);
            btn_salir.setOnClickListener(this);
        }
        @Override
        public void onClick(View view) {


        }
}
```

Ahora codificamos según la acción:

```
@Override
public void onClick(View view) {
    switch (view.getId()) {
        case R.id.btn_escribir:
            try{
                OutputStreamWriter fichero= new OutputStreamWriter(openFileOutput( name: "documento.txt", Context.MODE_PRIVATE));
                fichero.write( str: "Mi Primer Texto");
                fichero.close();
                Toast.makeText(getApplication(), text: "Creacion OK",Toast.LENGTH_LONG).show();
            }
            catch (Exception ex){
                Toast.makeText(getApplication(), text: "Error al Crear",Toast.LENGTH_LONG).show();
            }
            break;
```

CREACION DEL ARCHIVO : documento.txt
EN MEMORIA INTERNA

```
case R.id.btn_leer:
    String contenido="";
    try{
        BufferedReader fichero = new BufferedReader(new InputStreamReader(openFileInput( name: "documento.txt")));
        contenido = fichero.readLine();
        fichero.close();
        Toast.makeText(getApplication(), text: "Contenido :"+contenido,Toast.LENGTH_LONG).show();
    }
    catch (Exception ex){
        Toast.makeText(getApplication(), text: "Error al Leer",Toast.LENGTH_LONG).show();
    }
    break;
```

LECTURA DEL ARCHIVO : documento.txt
EN MEMORIA INTERNA

Código Completo de la actividad:

```
MainActivity.java
1      package com.inkadroid.fichero1;
2    +import ...
13     public class MainActivity extends Activity implements View.OnClickListener {
14     private Button btn_escribir,btn_leer,btn_salir;
15         @Override
16         protected void onCreate(Bundle savedInstanceState) {
17             super.onCreate(savedInstanceState);
18             setContentView(R.layout.activity_main);
19             btn_escribir=(Button) findViewById(R.id.btn_escribir);
20             btn_leer=(Button) findViewById(R.id.btn_leer);
21             btn_salir=(Button) findViewById(R.id.btn_salir);
22             btn_escribir.setOnClickListener(this);
23             btn_leer.setOnClickListener(this);
24             btn_salir.setOnClickListener(this);
25         }
26         @Override
27         public void onClick(View view) {
28             switch (view.getId()) {
29                 case R.id.btn_escribir:
30                     try{
31                         OutputStreamWriter fichero= new OutputStreamWriter(openFileOutput( name: "documento.txt", Context.MODE_PRIVATE));
32                         fichero.write( str: "Mi Primer Texto");
33                         fichero.close();
34                         Toast.makeText(getApplication(), text: "Creacion OK",Toast.LENGTH_LONG).show();
35                     }
36                     catch (Exception ex){
37                         Toast.makeText(getApplication(), text: "Error al Crear",Toast.LENGTH_LONG).show();
38                     }
39                     break;
40                 case R.id.btn_leer:
41                     String contenido="";
42                     try{
43                         BufferedReader fichero = new BufferedReader(new InputStreamReader(openFileInput( name: "documento.txt")));
44                         contenido = fichero.readLine();
45                         fichero.close();
46                         Toast.makeText(getApplication(), text: "Contenido :"+contenido,Toast.LENGTH_LONG).show();
47                     }
48                     catch (Exception ex){
49                         Toast.makeText(getApplication(), text: "Error al Leer",Toast.LENGTH_LONG).show();
50                     }
51                     break;
52                 case R.id.btn_salir:
53                     finish();
54                     break;
55             }
56         }
```

10.3.3 Ejecución del proyecto Fichero1

Ahora probamos la ejecución mediante el emulador para ello es necesario seguir los siguientes pasos:

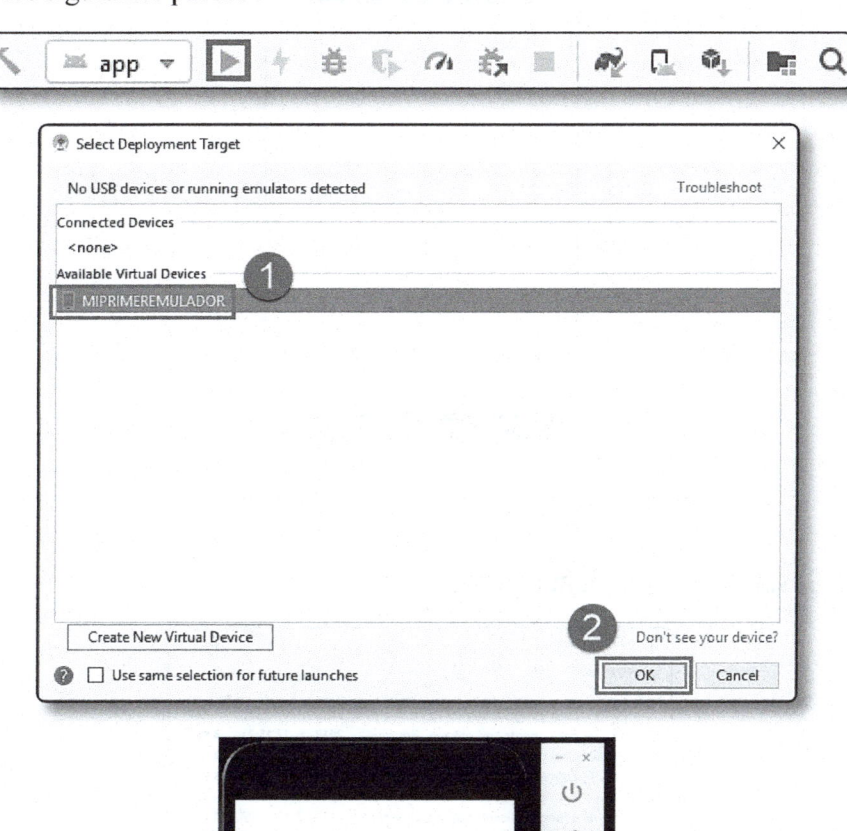

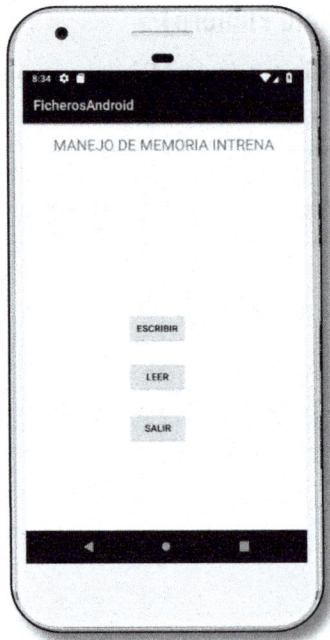

10.3.4 Observación del Fichero Creado

10.4 MANEJO DE FICHEROS MEMORIA EXTERNA

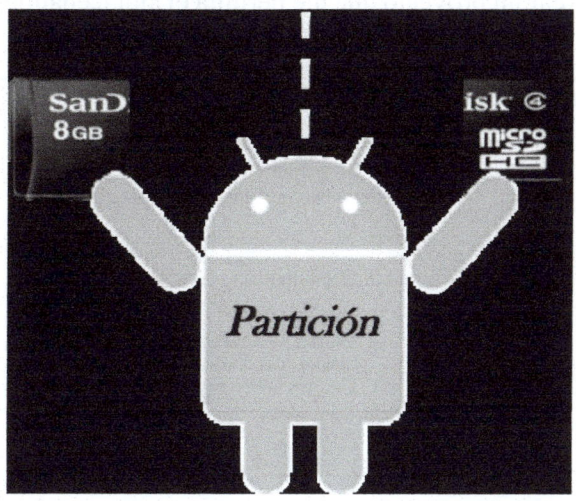

Los teléfonos Android suelen disponer de memoria adicional de almacenamiento, conocido como almacenamiento externo. Este almacenamiento suele ser de mayor capacidad, por lo que resulta ideal para almacenar ficheros de música o vídeo. Suele ser una memoria extraíble, como una tarjeta SD, o una memoria interna no extraíble (algunos modelos incorporan los dos tipos de memoria, es decir, almacenamiento externo extraíble y almacenamiento interno no extraíble). Cuando conectamos el dispositivo Android a través del cable USB permitimos el acceso a esta memoria externa, de forma que los ficheros aquí escritos podrán ser leídos, modificados o borrados por cualquier usuario.

Como sabemos esta memoria puede estar presente como no o en ciertos casos pueden estar, pero no ser reconocida, para ello procederemos a validar.

Ahora veremos cómo utilizar el método getExternalStorageStatus(), este es un método estático de la clase Environment.

Este método devuelve una serie de valores siendo los más importantes:

▶ MEDIA_MOUNTED, que indica que la memoria externa está disponible y podemos tanto leer como escribir en ella.

▶ MEDIA_MOUNTED_READ_ONLY, que indica que la memoria externa está disponible, pero sólo podemos leer de ella.

10.4.1 Creación de Proyecto Fichero2

Vamos a crear un proyecto que me permita el almacenamiento interno, como ya hemos creado proyecto anteriormente, obviamos los pasos de crear Fichero2:

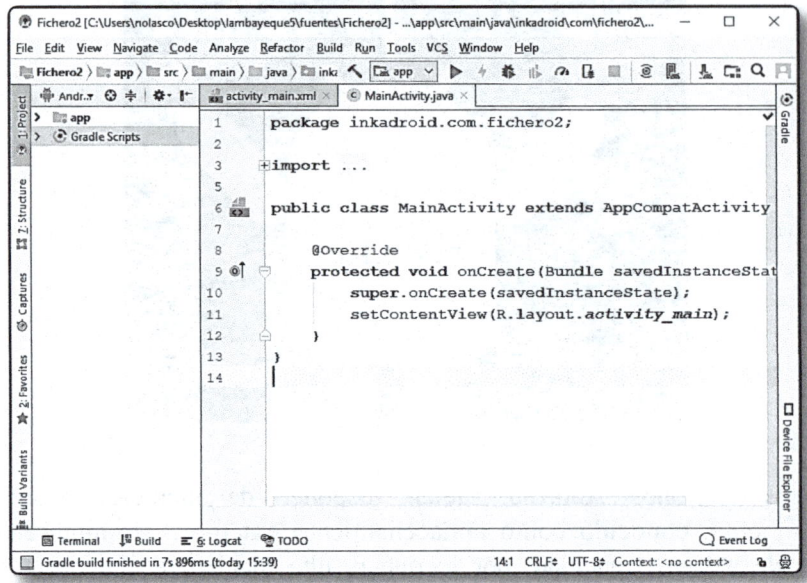

Borramos el TextView para comenzar con una interfaz limpia:

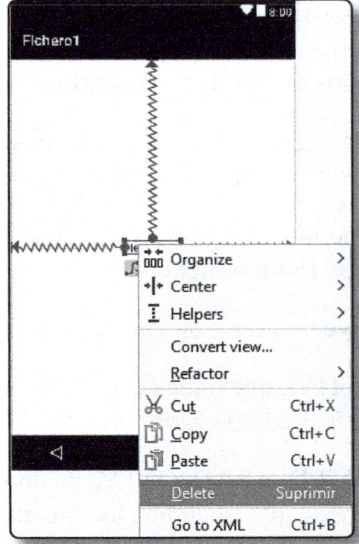

10.4.2 Permisos Necesarios

Ahora debemos dar permisos a nuestro proyecto de acceso en la memoria externa, para ello abrimos el archivo de manifiesto y agregamos la siguiente línea:

```
AndroidManifest.xml
1    <?xml version="1.0" encoding="utf-8"?>
2    <manifest xmlns:android="http://schemas.android.com/apk/res/android"
3        package="inkadroid.com.fichero2">
4
5        <uses-permission android:name="android.permission.WRITE_EXTERNAL_STORAGE"/>
6
7        <application
8            android:allowBackup="true"
9            android:icon="@mipmap/ic_launcher"
10           android:label="Fichero2"
11           android:roundIcon="@mipmap/ic_launcher_round"
12           android:supportsRtl="true"
13           android:theme="@style/AppTheme">
14           <activity android:name=".MainActivity">
15               <intent-filter>
16                   <action android:name="android.intent.action.MAIN" />
17
18                   <category android:name="android.intent.category.LAUNCHER" />
19               </intent-filter>
20           </activity>
21       </application>
22
23   </manifest>
```

Lo primero es crear los controles necesarios:

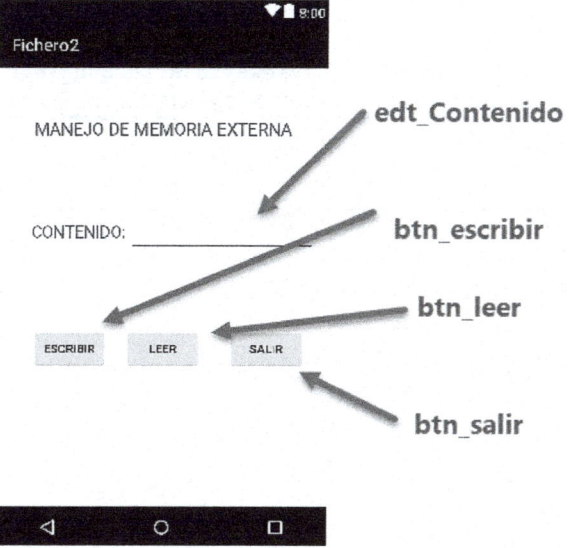

Comenzamos a codificar:

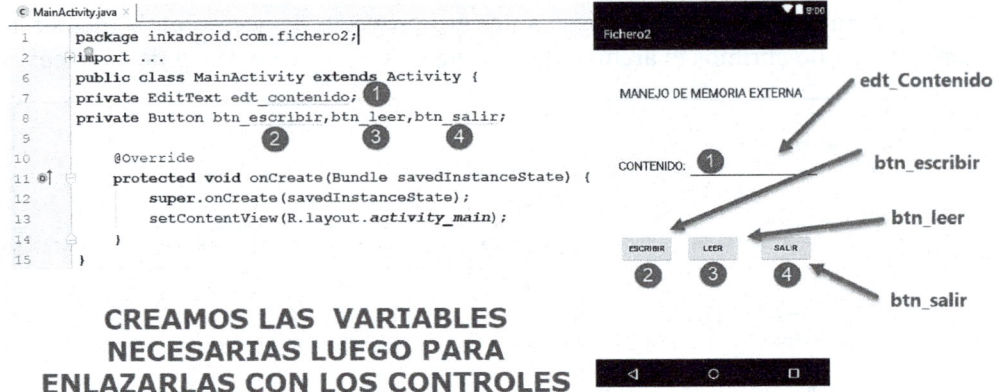

CREAMOS LAS VARIABLES NECESARIAS LUEGO PARA ENLAZARLAS CON LOS CONTROLES

Enlazamos las variables con los controles:

```
MainActivity.java

1    package inkadroid.com.fichero2;
2    import ...
6    public class MainActivity extends Activity {
7    private EditText edt_contenido;
8    private Button btn_escribir,btn_leer,btn_salir;
9        @Override
10   protected void onCreate(Bundle savedInstanceState) {
11           super.onCreate(savedInstanceState);
12           setContentView(R.layout.activity_main);
13           edt_contenido=(EditText) findViewById(R.id.edt_Contenido);
14           btn_escribir=(Button) findViewById(R.id.btn_escribir);
15           btn_leer=(Button) findViewById(R.id.btn_leer);
16           btn_salir=(Button) findViewById(R.id.btn_salir);
17
18       }
19   }
```

Implementamos la escucha de eventos:

```java
MainActivity.java

1       package inkadroid.com.fichero2;
2      +import ...
7       public class MainActivity extends Activity implements View.OnClickListener{
8       private EditText edt_contenido;
9       private Button btn_escribir,btn_leer,btn_salir;
10          @Override
11          protected void onCreate(Bundle savedInstanceState) {
12              super.onCreate(savedInstanceState);
13              setContentView(R.layout.activity_main);
14              edt_contenido=(EditText) findViewById(R.id.edt_Contenido);
15              btn_escribir=(Button) findViewById(R.id.btn_escribir);
16              btn_leer=(Button) findViewById(R.id.btn_leer);
17              btn_salir=(Button) findViewById(R.id.btn_salir);
18          }
19          @Override
20          public void onClick(View view) {
21
22          }
23      }
```

```java
MainActivity.java

1       package inkadroid.com.fichero2;
2      +import ...
7       public class MainActivity extends Activity implements View.OnClickListener{
8       private EditText edt_contenido;
9       private Button btn_escribir,btn_leer,btn_salir;
10          @Override
11          protected void onCreate(Bundle savedInstanceState) {
12              super.onCreate(savedInstanceState);
13              setContentView(R.layout.activity_main);
14              edt_contenido=(EditText) findViewById(R.id.edt_Contenido);
15              btn_escribir=(Button) findViewById(R.id.btn_escribir);
16              btn_leer=(Button) findViewById(R.id.btn_leer);
17              btn_salir=(Button) findViewById(R.id.btn_salir);
18
19              btn_escribir.setOnClickListener(this);
20              btn_leer.setOnClickListener(this);
21              btn_salir.setOnClickListener(this);
22          }
23          @Override
24          public void onClick(View view) {
25
26          }
27      }
```

Codificamos las diferentes opciones:

```
switch (view.getId()) {
    case R.id.btn_escribir:
        /*PRIMERO COMPROBAREMOS EL ESTADO DE LA MEMORIA,QUE PODRIA TENER LAS SIGUIENTES CARACTERISTICAS:
        1.- DISPONIBLE Y SE PUEDE ESCRIBIR
        2.- SOLO DISPONIBLE Y NO  SE PUEDE ESCRIBIR
        3.- NO DISPONIBLE Y NO  SE PUEDE ESCRIBIR
        PARA NUESTRO CASO ES IMPORTANTE EL NUMERO 1*/
        //Comprobamos el estado de la memoria externa (tarjeta SD)
        String estado = Environment.getExternalStorageState();
        if (estado.equals(Environment.MEDIA_MOUNTED)) {
            String titulo = edt_contenido.getText().toString();
            try{
                File ruta_sd = Environment.getExternalStorageDirectory();
                String rutaBase = ruta_sd.getAbsolutePath();
                //CREAR CARPETA ADICIONAL LLAMADA "pruebaSD"
                File dir = new File( pathname: rutaBase+"/SD");
                dir.mkdir();
                File f = new File(rutaBase,  child: "documento.txt");
                OutputStreamWriter fout = new OutputStreamWriter( new FileOutputStream(f));
                fout.write(titulo);
                fout.close();
                Toast.makeText(getApplication(), text: "Exito al Escribir",Toast.LENGTH_LONG).show();
            }
            catch (Exception ex){
                Log.e( tag: "Ficheros",  msg: "Error al escribir fichero a tarjeta SD");
                Toast.makeText(getApplication(), text: "Error",Toast.LENGTH_LONG).show();
            }
        }
        break;
```

```
case R.id.btn_leer:
    String contenido="";
    try{
        File ruta_sd = Environment.getExternalStorageDirectory();
        File f = new File(ruta_sd.getAbsolutePath(),  child: "/SD/"+"documento.txt");
        BufferedReader fin =   new BufferedReader(new InputStreamReader(new FileInputStream(f)));
        contenido = fin.readLine();
        fin.close();
        Toast.makeText(getApplication(), text: "Contenido :"+contenido,Toast.LENGTH_LONG).show();
    }catch (Exception ex){
        Toast.makeText(getApplication(), text: "Exito al Leer",Toast.LENGTH_LONG).show();
    }
    break;
```

```
case R.id.btn_salir:
    finish();
    break;
```

11

INTENT AND SERVICES

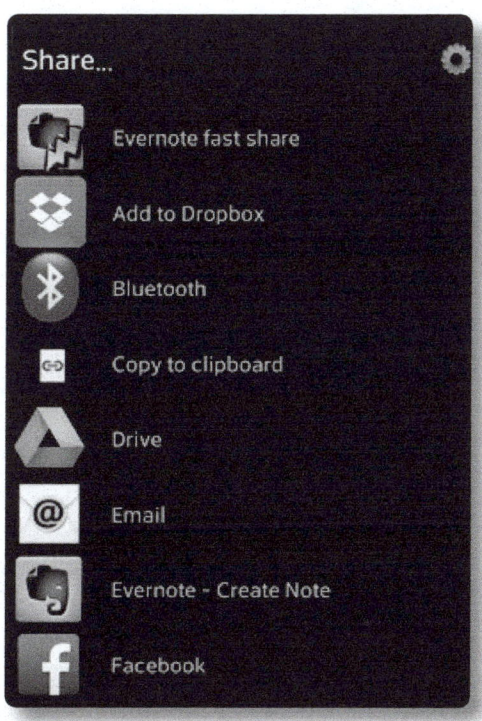

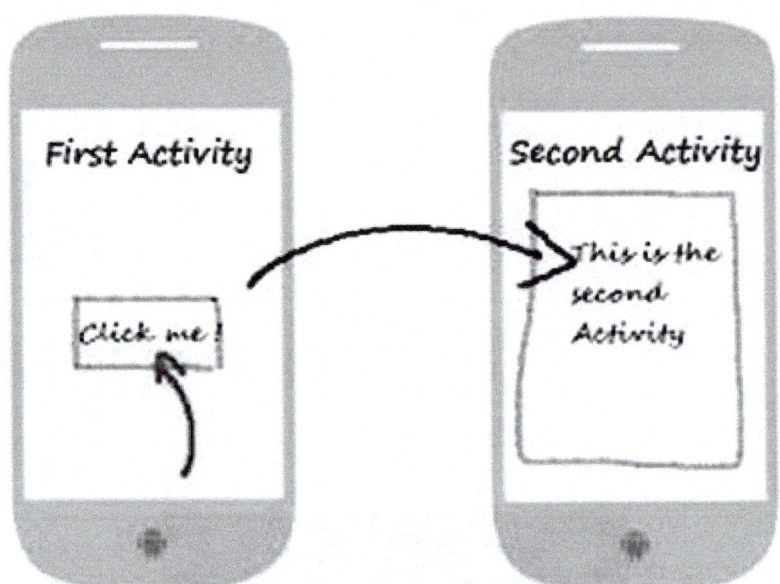

11.1 QUE SON LOS INTENTS

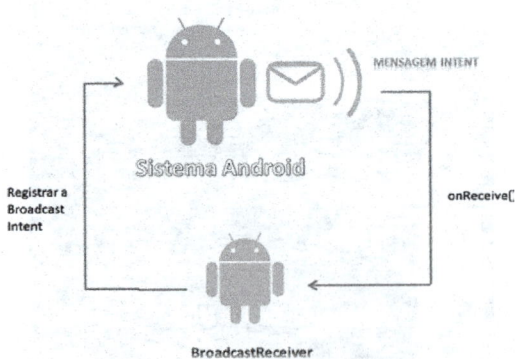

Los Intents son conocidos como el mecanismo de paso de mensajes entre una Actividad a otra que puede trabajar entre nuestras propias Actividades o entre diferentes Aplicaciones (Bastante importante). Los Intents puede ser utilizados como:

1. Declara la intención de una Actividad o Servicio que va ser iniciada al realizar una acción.

2. Difundir que un evento ha ocurrido.

3. Iniciar un Servicio en particular o una actividad.

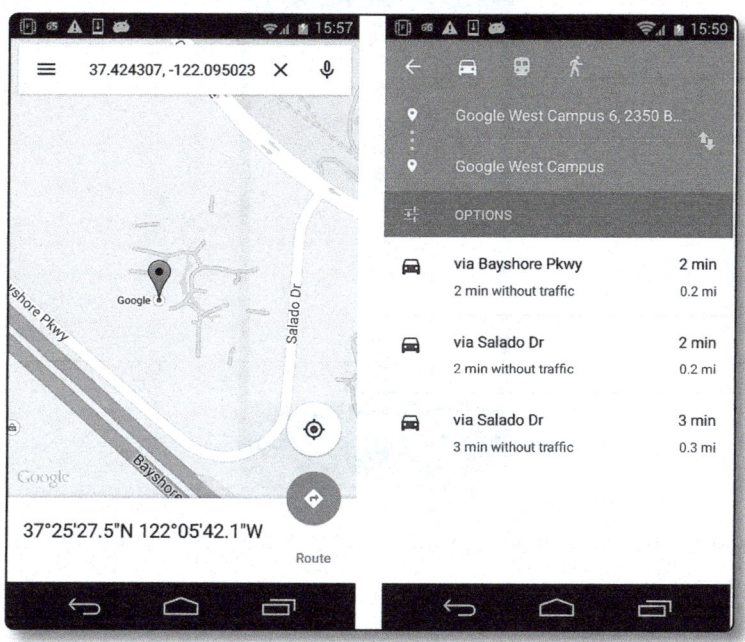

Uno de los usos más comunes de los Intentos es iniciar nuevas Actividades, Explícitamente (Cuando se especifica la clase a cargar) o Implícitamente (por una solicitud de que una acción va ser realizada sobre unos datos específicos).

Los Intents, también puede ser utilizados como emisores o comunicadores (broadcast) de eventos a través del sistema. Cualquier aplicación puede registrar este tipo de Emisiones o Eventos y reaccionar por medio de los Intents.

Por ejemplo, los Intents pueden anunciar eventos del sistema como el cambio de estado en la conexión de internet o el nivel de batería. Aplicaciones nativas de Android como el marcador del teléfono (Phone Dialer) o el SMS messeger registran componentes para escuchar eventos específicos como una llamada entrante o un mensaje SMS recibido.

Después de haber creado la primera aplicación para Android, ahora para crear un nuevo proyecto se puede crear seleccionando Archivo - Nuevo - Android proyecto, el nombre de proyecto: Ejemplo_Intents (los pasos de creación de un proyecto ya se detallaron en ejemplos anteriores).

11.2 APP EJEMPLOINTENTS

Crear una aplicación que permita demostrar el uso de intents invocando a:

1. Una URL.
2. Youtube.
3. Calculadora.
4. Cámara.

11.2.1 Creación de las Cadenas o Constantes

Para nuestra aplicación crearemos las siguientes cadenas o constantes:

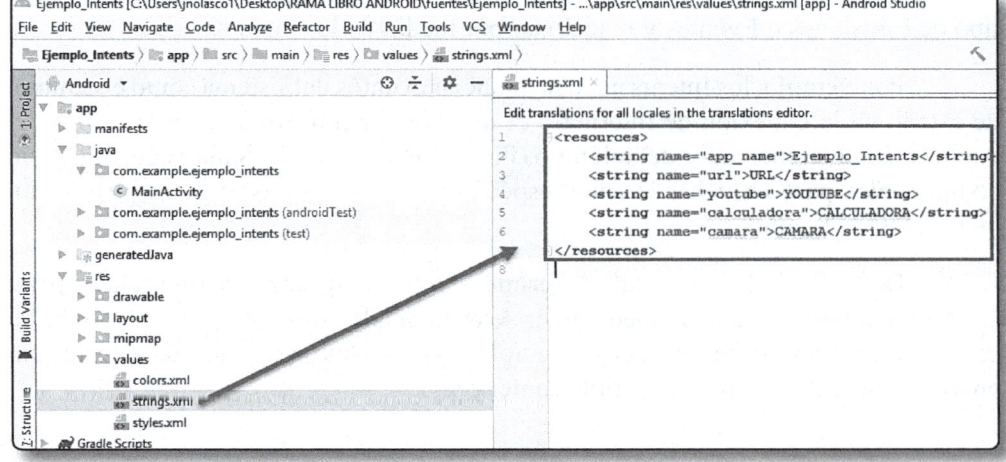

11.2.2 Manejo de Imágenes

Copiamos las imágenes en la carpeta: drawable.

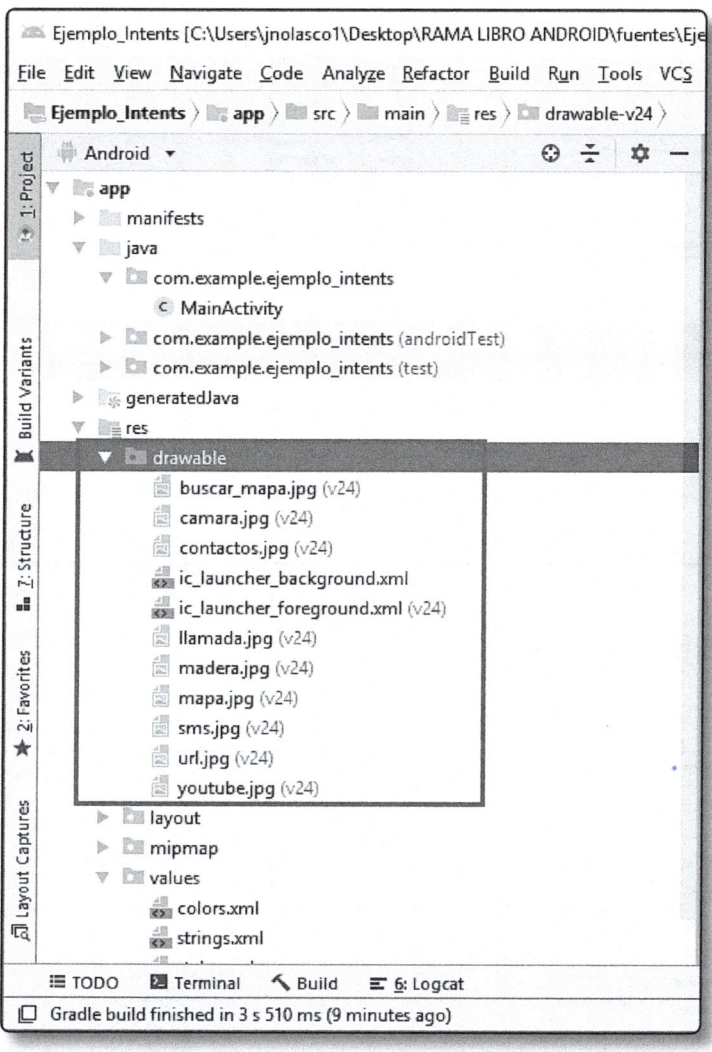

11.2.3 Diseñamos la Interfaz

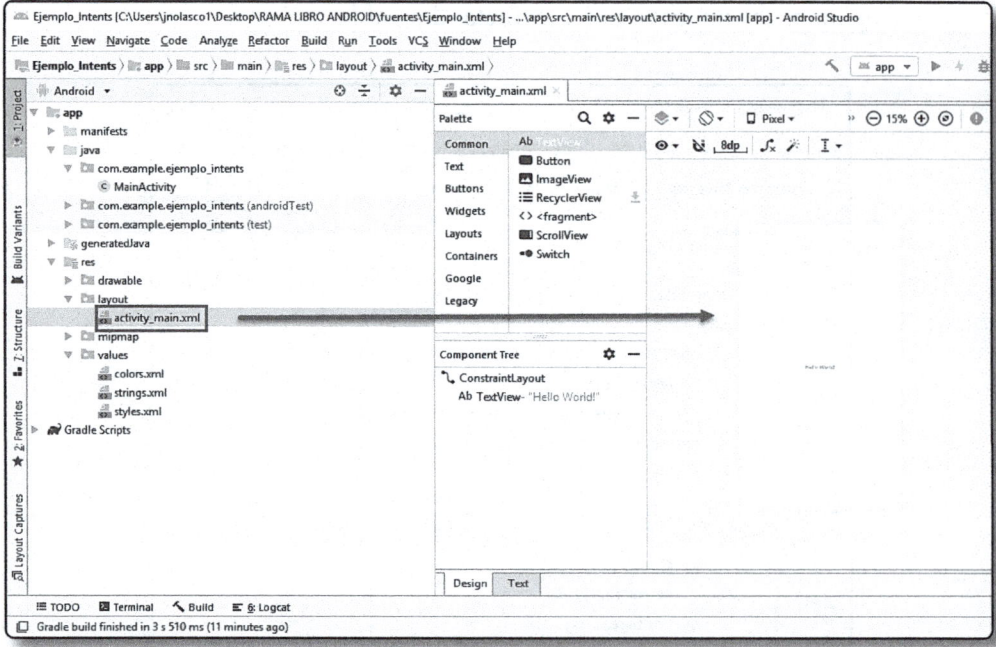

11.2.4 Manejo de TextView

Creamos los TextView y imageButton:

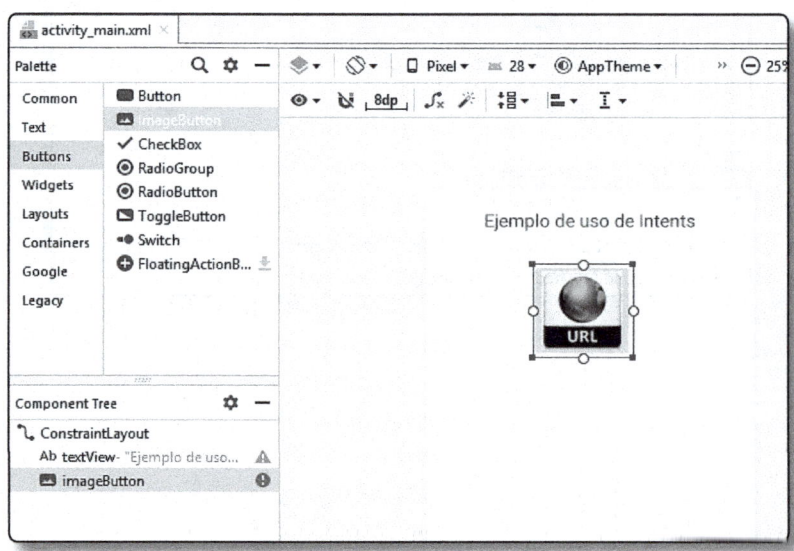

Asignamos IDs:

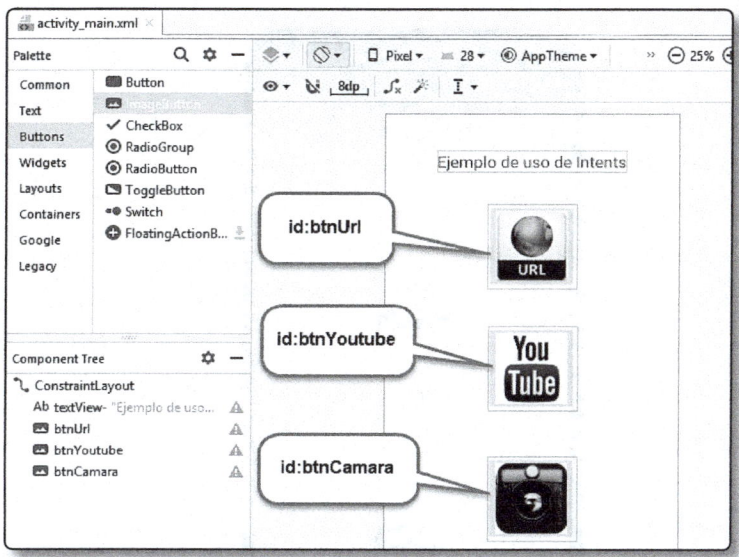

11.2.5 Ejecución del proyecto EjemploIntents

Ahora probamos la ejecución mediante el emulador para ello es necesario seguir los siguientes pasos:

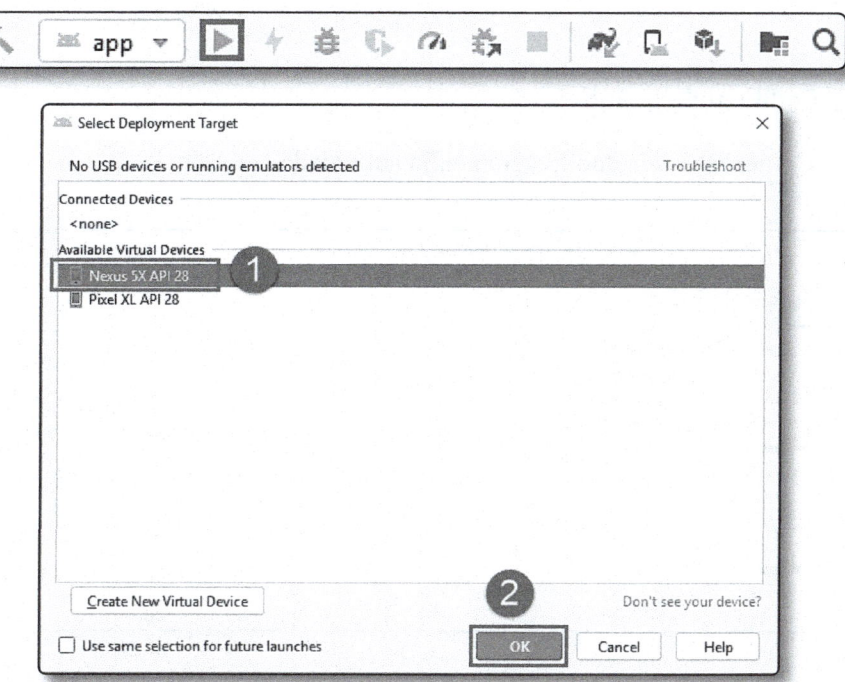

Obtenemos lo siguientes:

11.2.6 Codificando la Actividad

Comenzamos la codificación en la actividad:

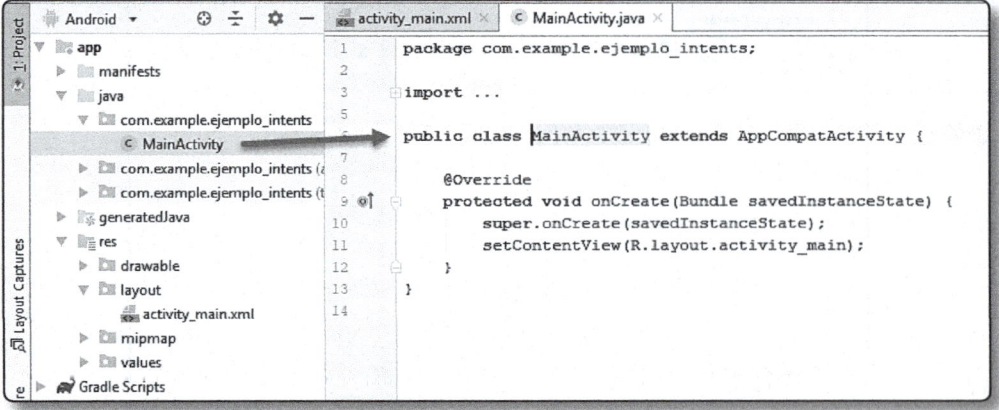

Declaramos las variables necesarias:

```
  MainActivity.java
1       package com.example.ejemplo_intents;
2
3       import ...
6
7       public class MainActivity extends AppCompatActivity {
8
9          ImageButton btnUrl,btnYoutube,btnCamara;
10
11             @Override
12             protected void onCreate(Bundle savedInstanceState) {
13                 super.onCreate(savedInstanceState);
14                 setContentView(R.layout.activity_main);
15             }
16      }
```

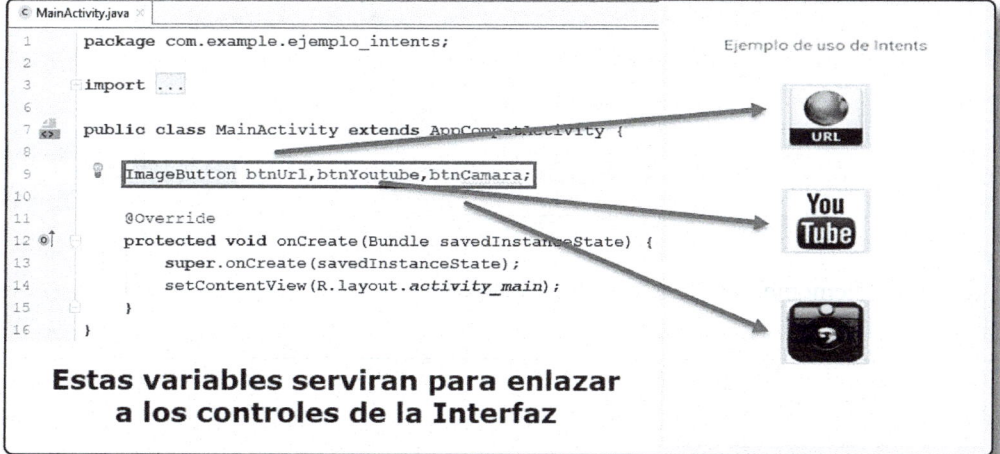

```
  MainActivity.java
1       package com.example.ejemplo_intents;
2
3       import ...
6
7       public class MainActivity extends AppCompatActivity {
8
9          ImageButton btnUrl,btnYoutube,btnCamara;
10
11             @Override
12             protected void onCreate(Bundle savedInstanceState) {
13                 super.onCreate(savedInstanceState);
14                 setContentView(R.layout.activity_main);
15             }
16      }
```

Ejemplo de uso de Intents

**Estas variables serviran para enlazar
a los controles de la Interfaz**

Enlazamos variables con controles:

```
  MainActivity.java
1       package com.example.ejemplo_intents;
2
3       import ...
6
7       public class MainActivity extends AppCompatActivity {
8
9          ImageButton btnUrl,btnYoutube,btnCamara;
10
11             @Override
12             protected void onCreate(Bundle savedInstanceState) {
13                 super.onCreate(savedInstanceState);
14                 setContentView(R.layout.activity_main);
15
16                 btnUrl=(ImageButton) findViewById(R.id.btnUrl);
17                 btnYoutube=(ImageButton) findViewById(R.id.btnYoutube);
18                 btnCamara=(ImageButton) findViewById(R.id.btnCamara);
19
20             }
21      }
```

Escucha de eventos:

```
MainActivity.java
1       package com.example.ejemplo_intents;
2
3       import ...|
6
7       public class MainActivity extends AppCompatActivity {
8
9           ImageButton btnUrl,btnYoutube,btnCamara;
10
11          @Override
12          protected void onCreate(Bundle savedInstanceState) {
13              super.onCreate(savedInstanceState);
14              setContentView(R.layout.activity_main);
15
16              btnUrl=(ImageButton) findViewById(R.id.btnUrl);
17              btnYoutube=(ImageButton) findViewById(R.id.btnYoutube);
18              btnCamara=(ImageButton) findViewById(R.id.btnCamara);
19
20              btnUrl.setOnClickListener(this);
21              btnYoutube.setOnClickListener(this);
22              btnCamara.setOnClickListener(this);
23
24
25          }
26      }
```

Implementación de Escucha de eventos:

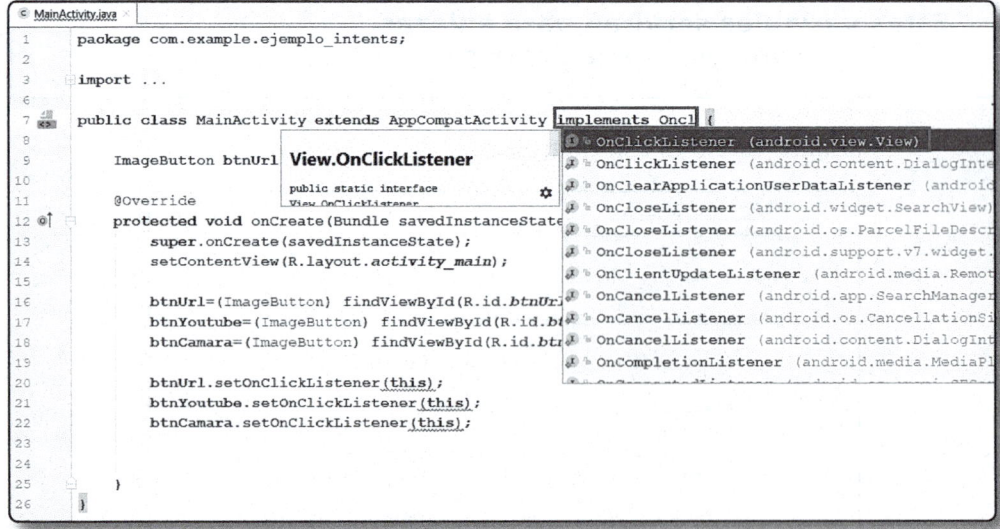

```java
MainActivity.java

1       package com.example.ejemplo_intents;
2
3     import ...
7
8       public class MainActivity extends AppCompatActivity implements View.OnClickListener {
9          Implement methods
          Make 'MainActivity' abstract   Url,btnYoutube,btnCamara;
10
11         Create Test               ▶
12         Create subclass           ▶
13         Make package-private      ▶ onCreate(Bundle savedInstanceState) {
14              super.onCreate(savedInstanceState);
15              setContentView(R.layout.activity_main);
16
17              btnUrl=(ImageButton) findViewById(R.id.btnUrl);
18              btnYoutube=(ImageButton) findViewById(R.id.btnYoutube);
19              btnCamara=(ImageButton) findViewById(R.id.btnCamara);
20
21              btnUrl.setOnClickListener(this);
22              btnYoutube.setOnClickListener(this);
23              btnCamara.setOnClickListener(this);
24
25
26          }
27      }
```

```
MainActivity.java
1    package com.example.ejemplo_intents;
2    import ...
6    public class MainActivity extends AppCompatActivity implements View.OnClickListener {
7        ImageButton btnUrl,btnYoutube,btnCamara;
8        @Override
9        protected void onCreate(Bundle savedInstanceState) {
10           super.onCreate(savedInstanceState);
11           setContentView(R.layout.activity_main);
12
13           btnUrl=(ImageButton) findViewById(R.id.btnUrl);
14           btnYoutube=(ImageButton) findViewById(R.id.btnYoutube);
15           btnCamara=(ImageButton) findViewById(R.id.btnCamara);
16
17           btnUrl.setOnClickListener(this);
18           btnYoutube.setOnClickListener(this);
19           btnCamara.setOnClickListener(this);
20       }
21       @Override
22       public void onClick(View v) {
23
24       }
25   }
```

Procedemos a la Codificación en el método onclic:

Código de llamada a una URL:

```
MainActivity.java
1    package com.example.ejemplo_intents;
2    import ...
8    public class MainActivity extends AppCompatActivity implements View.OnClickListener {
9        ImageButton btnUrl,btnYoutube,btnCamara;
10       @Override
11       protected void onCreate(Bundle savedInstanceState) {
12           super.onCreate(savedInstanceState);
13           setContentView(R.layout.activity_main);
14           btnUrl=(ImageButton) findViewById(R.id.btnUrl);
15           btnYoutube=(ImageButton) findViewById(R.id.btnYoutube);
16           btnCamara=(ImageButton) findViewById(R.id.btnCamara);
17           btnUrl.setOnClickListener(this);
18           btnYoutube.setOnClickListener(this);
19           btnCamara.setOnClickListener(this);
20       }
21       @Override
22       public void onClick(View v) {
23           Intent i;
24           switch (v.getId())
25           {
26               case R.id.btnUrl:
27                   i=new Intent(Intent.ACTION_VIEW, Uri.parse("https://www.inkadroid.com"));
28                   startActivity(i);
29                   break;
30           }
31       }
32   }
```

Código de llamada a YOUTUBE:

```
 MainActivity.java

12          super.onCreate(savedInstanceState);
13          setContentView(R.layout.activity_main);
14          btnUrl=(ImageButton) findViewById(R.id.btnUrl);
15          btnYoutube=(ImageButton) findViewById(R.id.btnYoutube);
16          btnCamara=(ImageButton) findViewById(R.id.btnCamara);
17          btnUrl.setOnClickListener(this);
18          btnYoutube.setOnClickListener(this);
19          btnCamara.setOnClickListener(this);
20      }
21      @Override
22      public void onClick(View v) {
23          Intent i;
24          switch (v.getId())
25          {
26              case R.id.btnUrl:
27                  i=new Intent(Intent.ACTION_VIEW, Uri.parse("https://www.inkadroid.com"));
28                  startActivity(i);
29                  break;
30              case R.id.btnYoutube:
31                  String id="5aYSxW1e638&feature";
32                  Intent webIntent = new Intent(Intent.ACTION_VIEW, Uri.parse("http://www.youtube.com/watch?v=" + id));
33                  startActivity(webIntent);
34                  break;
35          }
36      }
37  }
```

Código de llamada a la CÁMARA:

```
 MainActivity.java

13          super.onCreate(savedInstanceState);
14          setContentView(R.layout.activity_main);
15          btnUrl=(ImageButton) findViewById(R.id.btnUrl);
16          btnYoutube=(ImageButton) findViewById(R.id.btnYoutube);
17          btnCamara=(ImageButton) findViewById(R.id.btnCamara);
18          btnUrl.setOnClickListener(this);
19          btnYoutube.setOnClickListener(this);
20          btnCamara.setOnClickListener(this);
21      }
22      @Override
23      public void onClick(View v) {
24          Intent i;
25          switch (v.getId())
26          {
27              case R.id.btnUrl:
28                  i=new Intent(Intent.ACTION_VIEW, Uri.parse("https://www.inkadroid.com"));
29                  startActivity(i);
30                  break;
31              case R.id.btnYoutube:
32                  String id="5aYSxW1e638&feature";
33                  Intent webIntent = new Intent(Intent.ACTION_VIEW, Uri.parse("http://www.youtube.com/watch?v=" + id));
34                  startActivity(webIntent);
35                  break;
36              case R.id.btnCamara:
37                  i = new Intent(MediaStore.ACTION_IMAGE_CAPTURE);
38                  startActivityForResult(i, requestCode: 0);
39                  break;
40          }
41      }
42  }
```

11.2.7 Volviendo a Ejecutar del proyecto EjemploIntents

Ahora probamos la ejecución mediante el emulador para ello es necesario seguir los siguientes pasos:

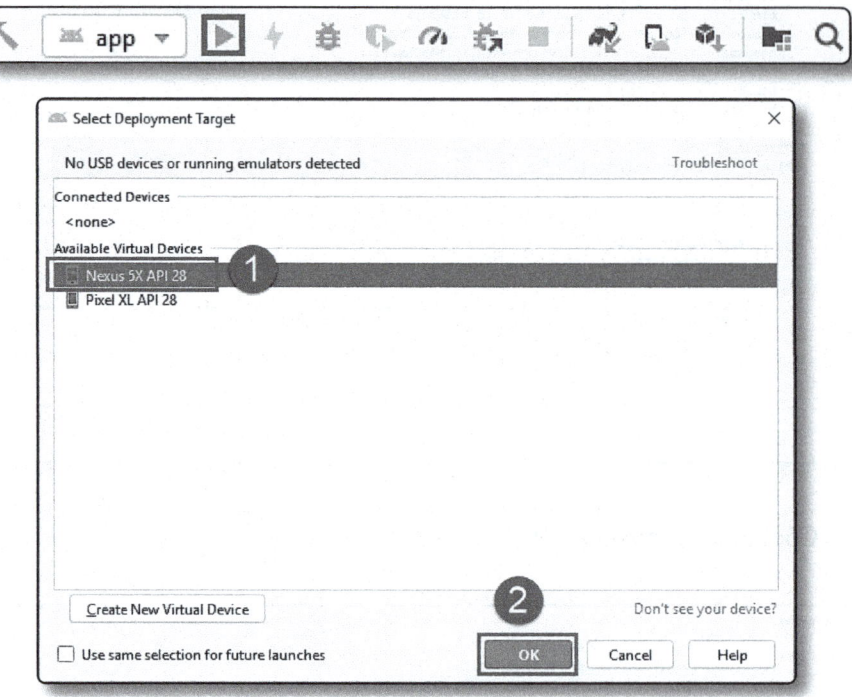

Obtenemos lo siguientes:

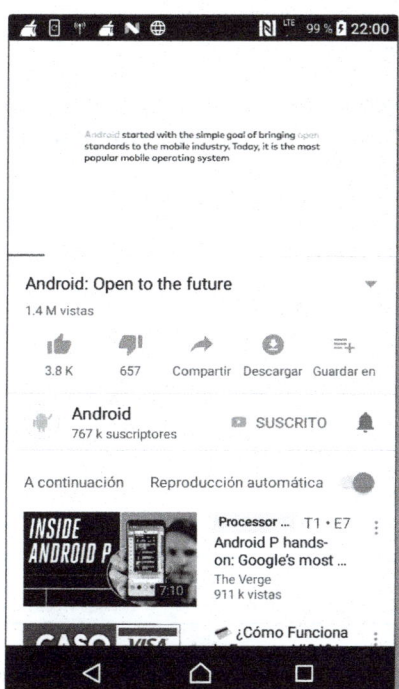

11.3 APP RUTAS

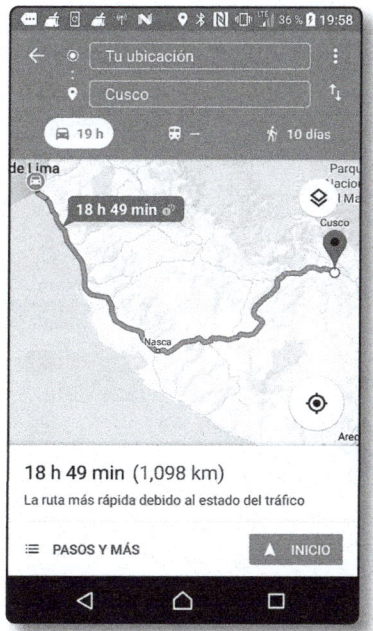

Crear una aplicación que permita demostrar el uso de intents construyendo la ruta hacia un destino final.

Para comenzar a crear un nuevo proyecto haga clic en Start a new Android Studio Project (Inicie un nuevo proyecto Android Studio):

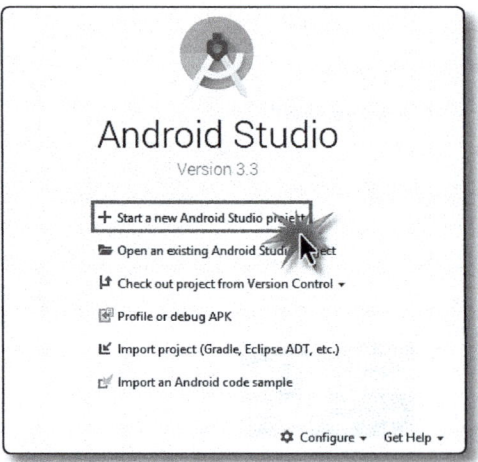

Ahora elegimos usar actividad en Blanco y luego presionamos el botón Next (Siguiente):

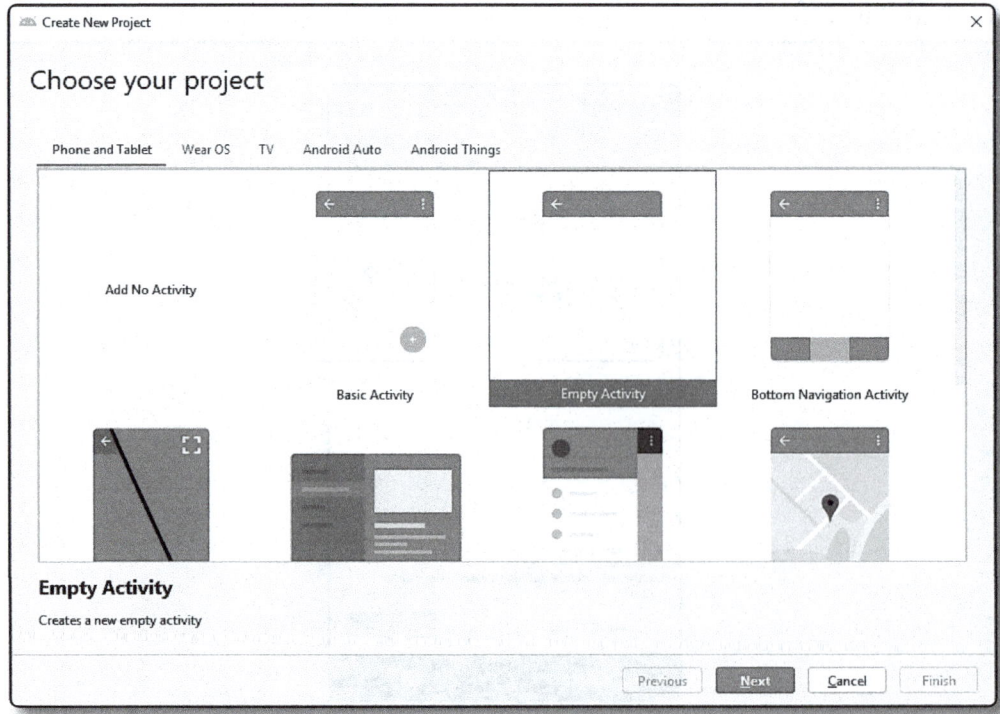

Ahora comenzamos a crear el proyecto indicando los siguientes datos y luego presionamos el botón Finish (Finalizar):

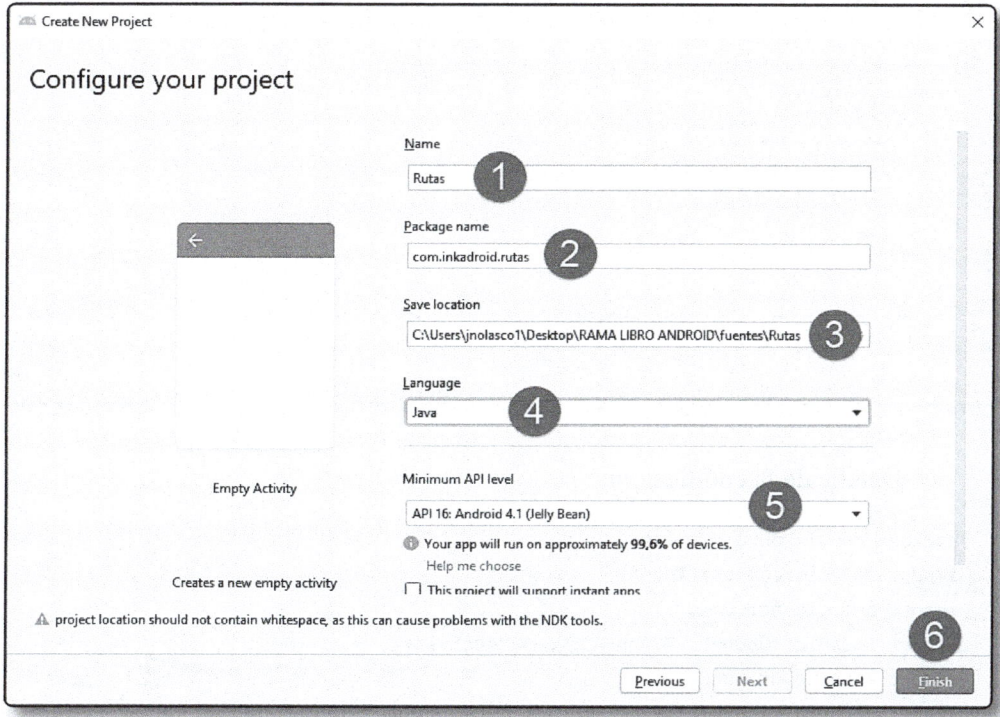

11.3.1 Diseñamos la Interfaz

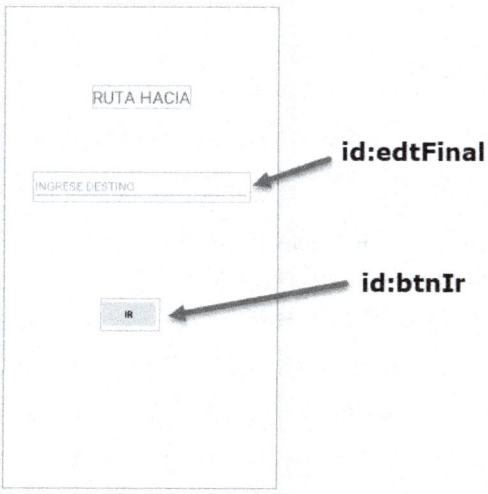

11.3.2 Codificamos la Actividad

```
MainActivity.java
1    package com.inkadroid.rutas;
2    import ...
9    public class MainActivity extends AppCompatActivity implements View.OnClickListener {
10   private Button btnIr;
11   private EditText edtFinal;
12       @Override
13       protected void onCreate(Bundle savedInstanceState) {
14           super.onCreate(savedInstanceState);
15           setContentView(R.layout.activity_main);
16           edtFinal=(EditText) findViewById(R.id.edtFinal);
17           btnIr=(Button) findViewById(R.id.btnIr);
18           btnIr.setOnClickListener(this);
19       }
20       @Override
21       public void onClick(View v) {
22           switch (v.getId())
23           {
24               case R.id.btnIr:
25           Intent geoIntent = new Intent (android.content.Intent.ACTION_VIEW, Uri.parse ("geo:0,0?q=" + edtFinal.getText().toString().trim()));
26               startActivity(geoIntent);
27               break;
28           }
29       }
30   }
```

Detalle de la codificación:

```java
package com.inkadroid.rutas;
import android.content.Intent;
import android.net.Uri;
import android.support.v7.app.AppCompatActivity;
import android.os.Bundle;
import android.view.View;
import android.widget.Button;
import android.widget.EditText;
public class MainActivity extends AppCompatActivity implements View.OnClicListe-
ner {
private Button btnIr;
private EditText edtFinal;
    @Override
    protected void onCreate(Bundle savedInstanceState) {
        super.onCreate(savedInstanceState);
        setContentView(R.layout.activity_main);
        edtFinal=(EditText) findViewById(R.id.edtFinal);
        btnIr=(Button) findViewById(R.id.btnIr);
        btnIr.setOnClicListener(this);
    }
    @Override
    public void onClic(View v) {
        switch (v.getId())
        {
```

```
            case R.id.btnIr:
    Intent geoIntent = new Intent (android.content.Intent.ACTION_VIEW, Uri.parse
("geo:0,0?q=" + edtFinal.getText().toString().trim()));
            startActivity(geoIntent);
            break;
    }
  }
}
```

11.3.3 Ejecución del proyecto EjemploIntents

Ahora probamos la ejecución mediante el emulador para ello es necesario seguir los siguientes pasos:

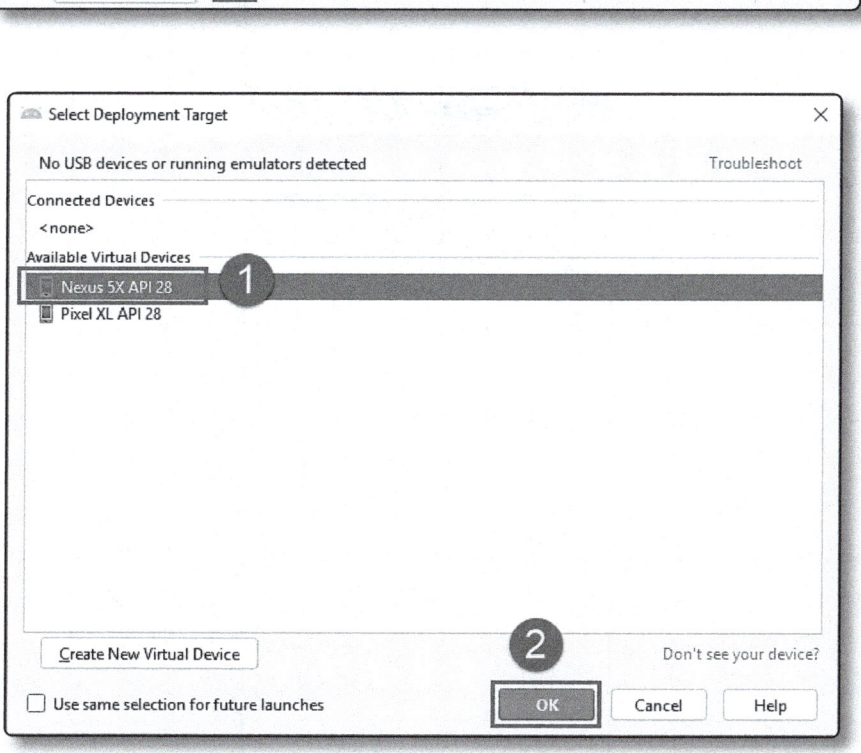

Obtenemos lo siguientes:

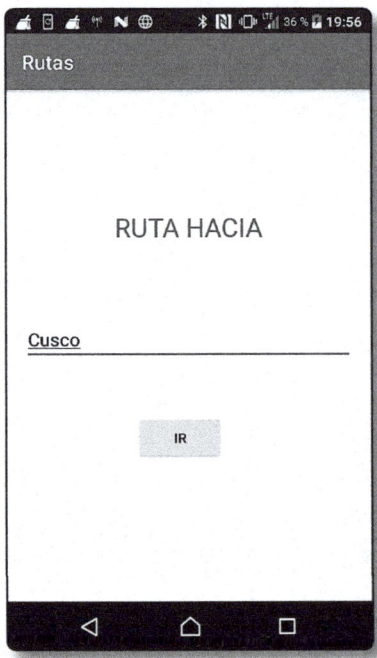

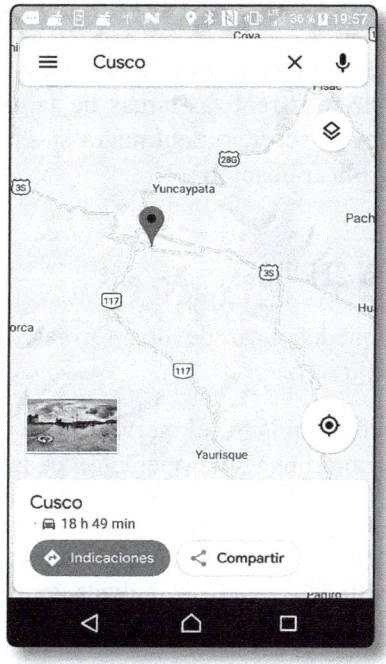

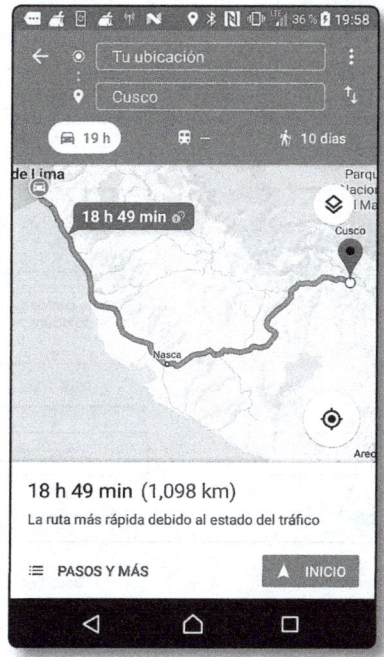

11.4 UTILIZANDO SERVICIOS EN INTENT EXPLICITOS

Los servicios son componentes que se ejecuta en segundo plano en el hilo principal y con el que podremos realizar tareas de larga ejecución sin necesidad de una interface de usuario. El servicio continuara su ejecución en segundo plano incluso si el usuario finaliza la aplicación.

11.5 CICLO DE VIDA DE UN SERVICE

Los servicios se pueden usar de dos formas, dependiendo de cómo lo lancemos, su ciclo será uno u otro.

▼ **Started** una vez iniciado el servicio se podrá ejecutar de forma indefinida realizando una sola operación cada vez. Se inicia llamando a "startService()".

▼ **Bound** un servicio con el que podremos interactuar enviándole solicitudes, obteniendo resultados e incluso realizar comunicaciones IPC. Se inicia con "bindService()".

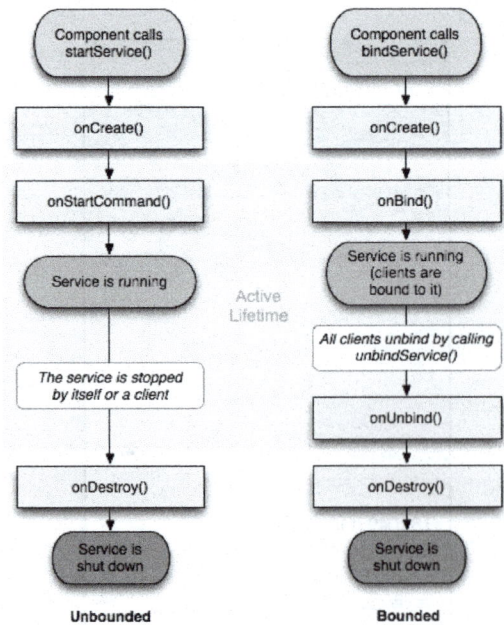

11.6 CREANDO DE LA APP EJEMPLO_SERVICE

Vamos a desarrollar un ejemplo de uso de servicios.

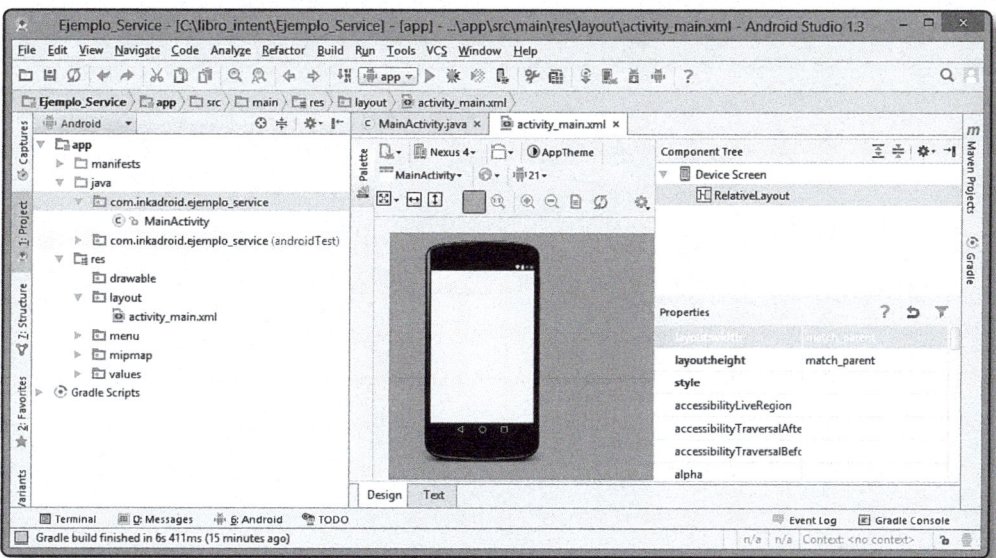

11.6.1 Creando el Servicio

Ahora deberemos crear el servicio.

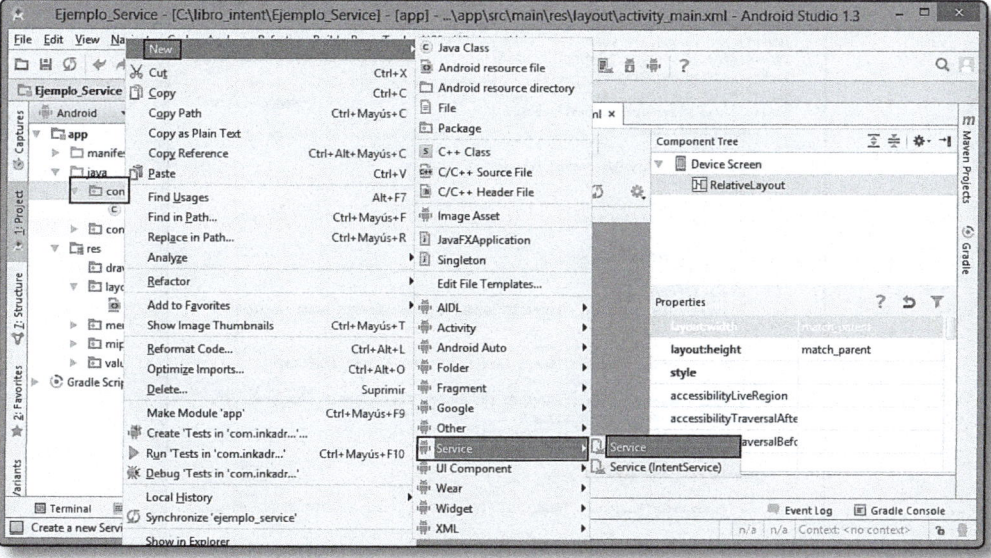

Escribimos el nombre del Servicio:

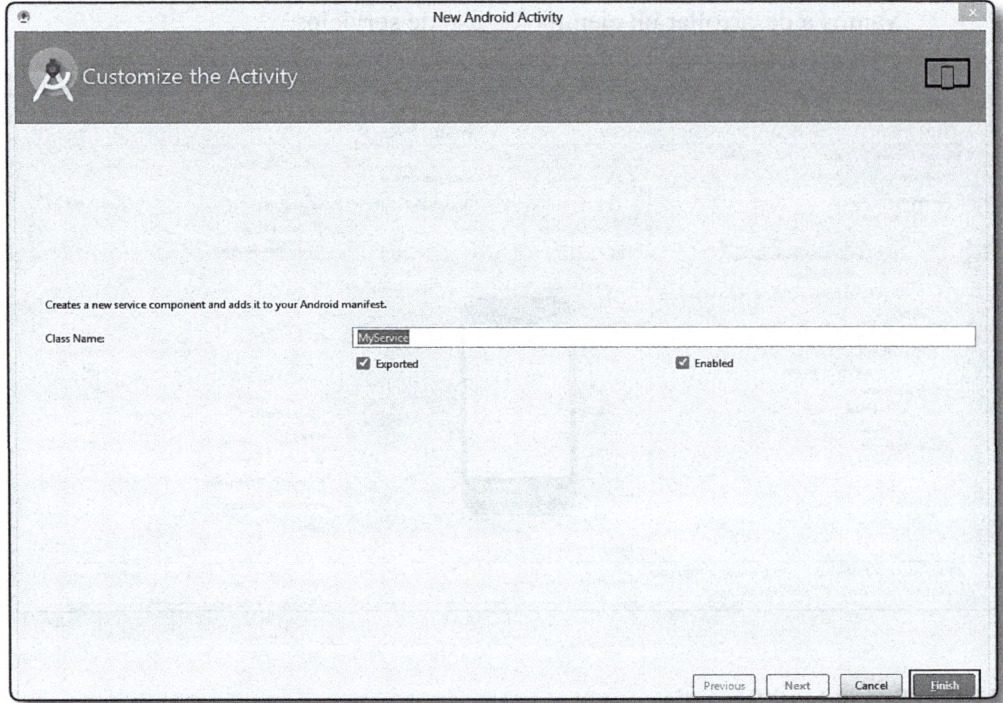

MyService.java.

```java
package com.inkadroid.ejemplo_service;
import android.app.Service;
import android.content.Intent;
import android.os.IBinder;
import android.widget.Toast;
public class MyService extends Service {
    public MyService(){}
    @Override
    public IBinder onBind(Intent intent)
    {
        return null;
    }
    @Override
    public void onCreate()
    {
        super.onCreate();
        Toast.makeText(this, "SERVICIO CREADO", Toast.LENGTH_LONG).show();
    }
    @Override
    public int onStartCommand(Intent intent, int flags, int startId)
    {
        Toast.makeText(this, "SERVICIO INICIADO", Toast.LENGTH_SHORT).show();
        return Service.START_STICKY;
    }
    @Override
    public void onDestroy()
    {
        Toast.makeText(this, "SERVICIO FINALIZADO", Toast.LENGTH_SHORT).show();
    }
}
```

11.6.2 Diseñando la Interfaz

La interfaz activity_main.xml:

11.6.3 Codificando la Actividad

Codificamos la actividad principal MainActivity.xml:

```java
package com.inkadroid.ejemplo_service;
import android.content.Intent;
import android.support.v7.app.AppCompatActivity;
import android.os.Bundle;
import android.view.View;

public class MainActivity extends AppCompatActivity {
private Intent trabajo;
    @Override
    protected void onCreate(Bundle savedInstanceState) {
        super.onCreate(savedInstanceState);
        setContentView(R.layout.activity_main);

        findViewById(R.id.btn_iniciar).setOnClickListener(new View.OnClickListener() {
            @Override
            public void onClick(View v) {
                trabajo = new Intent(getApplication(), MyService.class);
                startService(trabajo);
            }
        });
        findViewById(R.id.btn_stop).setOnClickListener(new View.OnClickListener() {
            @Override
            public void onClick(View v) {
                trabajo = new Intent(getApplication(), MyService.class);
                stopService(trabajo);
            }
        });
        findViewById(R.id.btn_salir).setOnClickListener(new View.OnClickListener() {
            @Override
            public void onClick(View v) {
                finish();
            }
        });
    }
}
```

 NOTA

No es necesario declarar el Servicio en el Manifiesto.

11.6.4 Ejecutando la Aplicación

Ahora para ejecutar la App podemos hacerlo utilizando el emulador o un dispositivo físico recomiendo usar un dispositivo físico para ello procedemos a conectar nuestro dispositivo o celular. Hecho esto seguimos los siguientes pasos:

Presione el botón Run.

Ahora indicamos si utilizamos un dispositivo físico o un emulador:

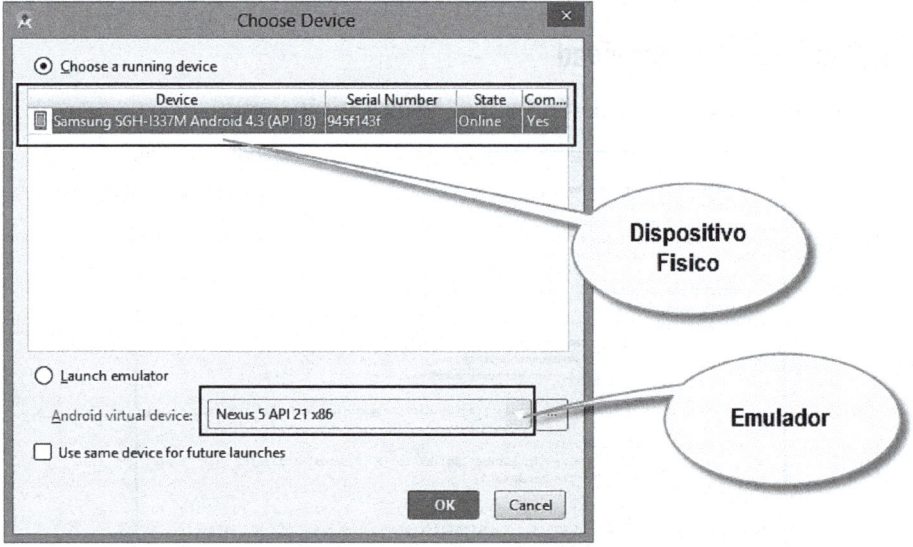

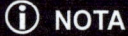 NOTA

Se recomiendo utilizar un dispositivo físico

Usted puede observar la ejecución de su App presionando el siguiente botón (Captura de Pantalla):

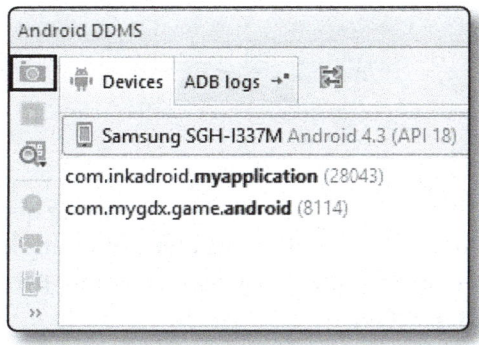

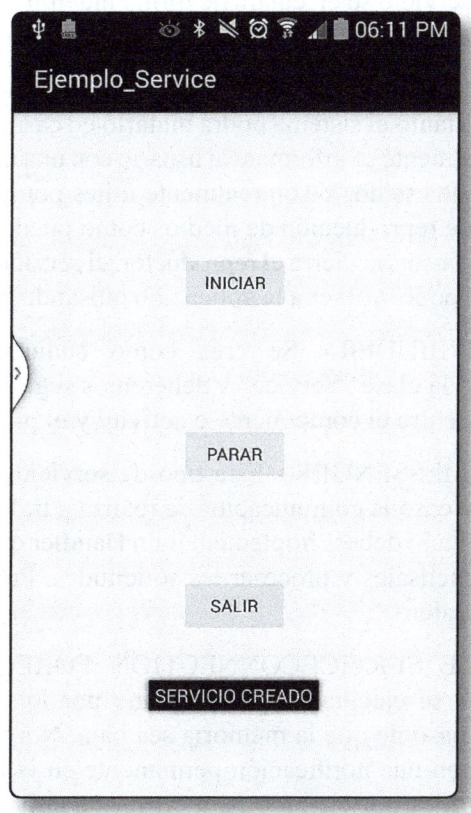

11.7 OTROS TIPOS DE SERVICES

▸ INTENT SERVICE .- es una subclase de service que maneja las peticiones una a una. Ideal si no necesitamos manejar múltiples peticiones al mismo tiempo. Una vez termine de ejecutar la última petición automáticamente el servicio terminara.

▸ SERVICE .- es la clase base para crear cualquier servicio. Una vez iniciado el servicio se ejecutara de forma indefinida en segundo plano. Es importante crear un hilo para hacer todo el trabajo.

▸ SERVICE FOREGROUND .- Este tipo de servicios se ejecuta en primer plano por lo tanto el sistema podrá matarlo en caso de que la memoria sea baja. Normalmente se informará al usuario con una notificación permanente en la barra de estado. Y son realmente útiles por ejemplo para crear una aplicación de reproducción de medios como puede ser un reproductor de música. Si el usuario cierra el reproductor, el servicio seguirá ejecutándose y el usuario podrá volver a la aplicación pulsando la notificación.

▸ SERVICE IBINDER.- Se crea como cualquier servicio anterior, extendiendo la clase "Service" y deberemos seguir unos pasos para crear la conexión entre el componente o activity y el propio servicio.

▸ SERVICE MESSENGER.- Este tipo de servicios es similar al anterior pero en este caso la comunicación se realiza a través de mensajes. Por lo tanto, el servicio deberá implementar un Handler que será el encargado de recibir los mensajes y procesar las solicitudes. Prácticamente el handler será el mensajero.

▸ INTERFACE SERVICECONNECTION FOREGROUND.- Este tipo de servicios se ejecuta en primer plano por lo tanto el sistema podrá matarlo en caso de que la memoria sea baja. Normalmente se informará al usuario con una notificación permanente en la barra de estado. Y son realmente útiles por ejemplo para crear una aplicación de reproducción de medios como puede ser un reproductor de música. Si el usuario cierra el reproductor, el servicio seguirá ejecutándose y el usuario podrá volver a la aplicación pulsando la notificación.

11.8 CREANDO DE LA APP EJEMPLO_SERVICE2

Vamos a desarrollar una App Ejemplo_Service2 ejemplo de uso de los anteriores tipos de services para ello primero vamos a diseñar la interfaz:

Primero necesitamos un estilo para el ProgressBar:

```xml
fondo.xml ×
<layer-list
    xmlns:android="http://schemas.android.com/apk/res/android">
    <item
        android:id="@android:id/background">
        <shape>
            <corners
                android:radius="5dip" />
            <gradient
                android:startColor="#ff0000"
                android:centerColor="#ff0000"
                android:centerY="0.75"
                android:endColor="#ff0000"
                android:angle="270"/>
        </shape>
    </item>
    <item
        android:id="@android:id/progress">
        <clip>
            <shape>
                <corners
                    android:radius="5dip" />
                <gradient
                    android:startColor="#ffffd300"
                    android:centerColor="#ffffb600"
                    android:centerY="0.75"
                    android:endColor="#ffffcb00"
                    android:angle="270"/>
            </shape>
        </clip>
    </item>
</layer-list>
```

11.8.1 Diseñando la Interfaz

Ahora diseñaremos la Interfaz para el "USO DE INTENT SERVICE":

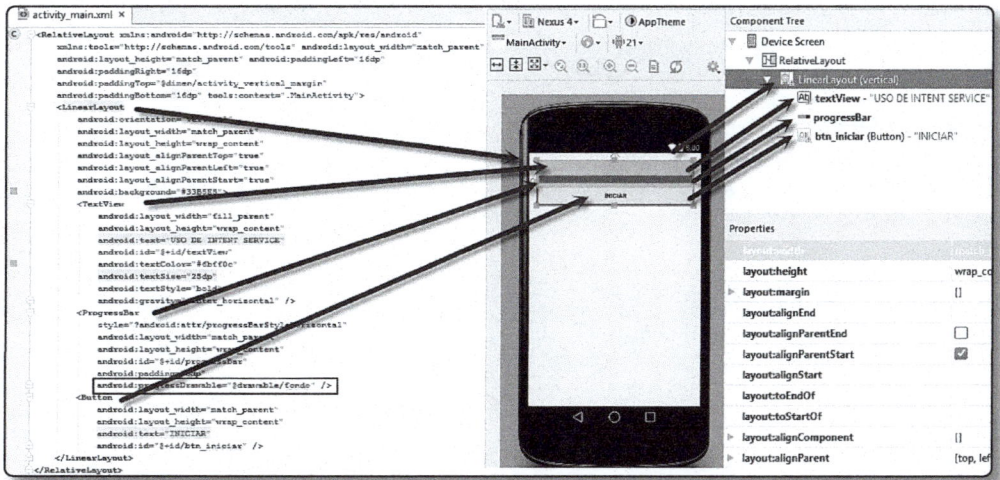

11.8.2 Creando INTENT SERVICE

Ahora creamos un INTENT SERVICE:

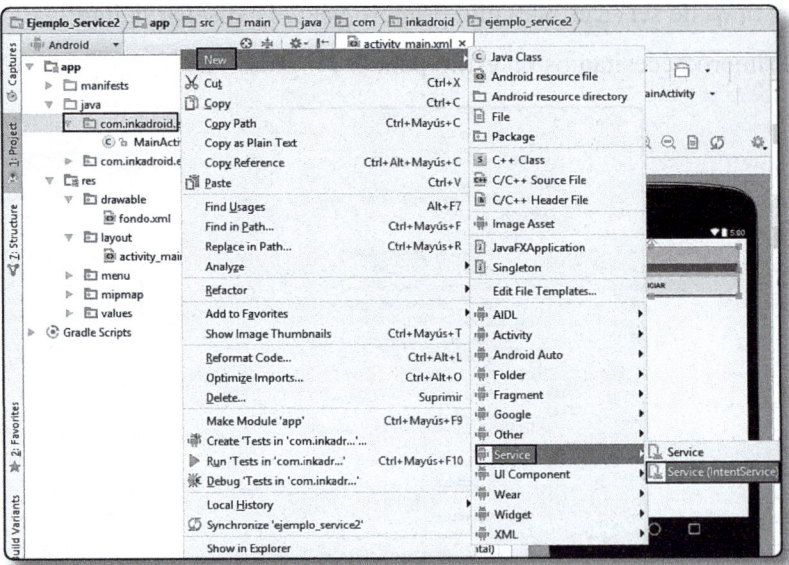

Ingresamos el nombre del INTENT SERVICE:

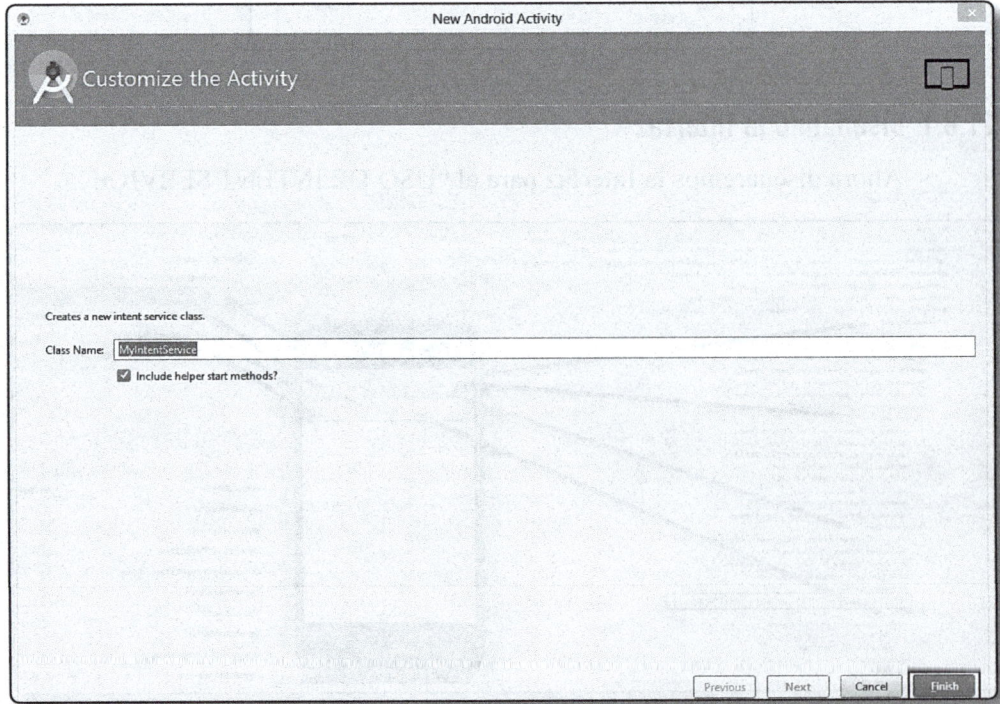

11.8.3 Codificando INTENT SERVICE

Ahora Codificamos el INTENT SERVICE:

```java
© MyIntentService.java ×

    package com.inkadroid.ejemplo_service2;
    +import ...
    /*Lo primero que tenemos que hacer para crear este tipo de servicio es crear una nueva clase que extienda la subclase "IntentService" */
    public class MyIntentService extends IntentService {
        public static final String INTENTSERVICE = "intentservice";
    //necesitamos tener un constructor
        public MyIntentService() {
            super("MyIntentService");
        }
        @Override
    //tendríamos creado un servicio que podríamos poner en marcha en cualquier momento.
        public int onStartCommand(Intent intent, int flags, int startId) {
            Toast.makeText(this, "IntentService iniciado", Toast.LENGTH_SHORT).show();
            return super.onStartCommand(intent,flags,startId);
        }
        @Override
    //el método "onHandleIntent()" que se utiliza para realizar las tareas , como por ejemplo la  descarga de un archivo:*/
        protected void onHandleIntent(Intent intent) {
            for (int i = 0; i <= 20; i++) {
                try {
                    Thread.sleep(150);
                } catch (Exception e) {}
                Intent set_progreso = new Intent(INTENTSERVICE);
                set_progreso.putExtra("progreso", i*5);
                sendBroadcast(set_progreso);
            }
        }
    //Finalizacion del  IntentService
        @Override
        public void onDestroy() {
            Toast.makeText(this, "IntentService finalizado", Toast.LENGTH_SHORT).show();
        }
    }
```

11.8.4 Codificando la actividad Principal

Ahora Codificamos la actividad Principal MainActivity.java:

```java
© MainActivity.java ×

    package com.inkadroid.ejemplo_service2;
    +import ...
    public class MainActivity extends AppCompatActivity {
        private BroadcastReceiver receiver;
        private Intent trabajo;
        @Override
        protected void onCreate(Bundle savedInstanceState) {
            super.onCreate(savedInstanceState);
            setContentView(R.layout.activity_main);

            // USO DE  INTENT SERVICE
            final ProgressBar progressBar = (ProgressBar)findViewById(R.id.progressBar);
            Button bt_IntentService = (Button) findViewById(R.id.btn_iniciar);
            bt_IntentService.setOnClickListener(new View.OnClickListener() {
                public void onClick(View v) {
                    trabajo = new Intent(MainActivity.this, MyIntentService.class);
                    startService(trabajo);
                }
            });
            //pasamos el progressBar por un  BroadcastReceiver
            receiver = new BroadcastReceiver() {
                public void onReceive(Context context, Intent intent) {
                    progressBar.setProgress(intent.getIntExtra("progreso", 0));
                }
            };
            registerReceiver(receiver, new IntentFilter(MyIntentService.INTENTSERVICE));
            // USO DE  INTENT SERVICE
        }
    }
```

11.8.5 Ejecutando la Aplicación

Ahora para ejecutar la App podemos hacerlo utilizando el emulador o un dispositivo físico recomiendo usar un dispositivo físico para ello procedemos a conectar nuestro dispositivo o celular. Hecho esto seguimos los siguientes pasos:

Presione el botón Run.

Ahora indicamos si utilizamos un dispositivo físico o un emulador:

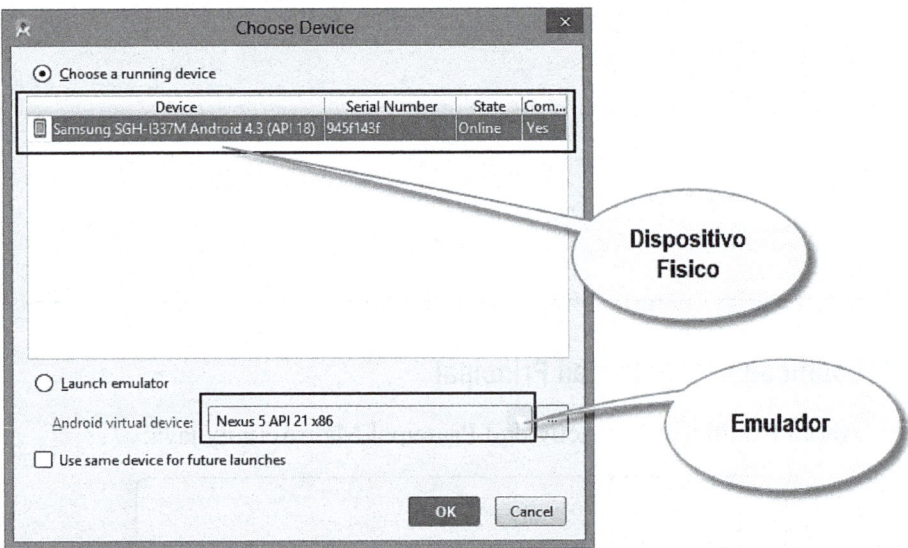

Usted puede observar la ejecución de su App presionando el siguiente botón (Captura de Pantalla):

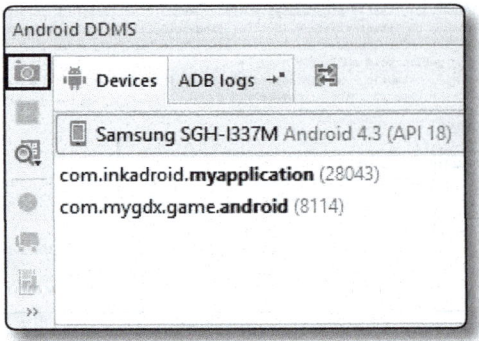

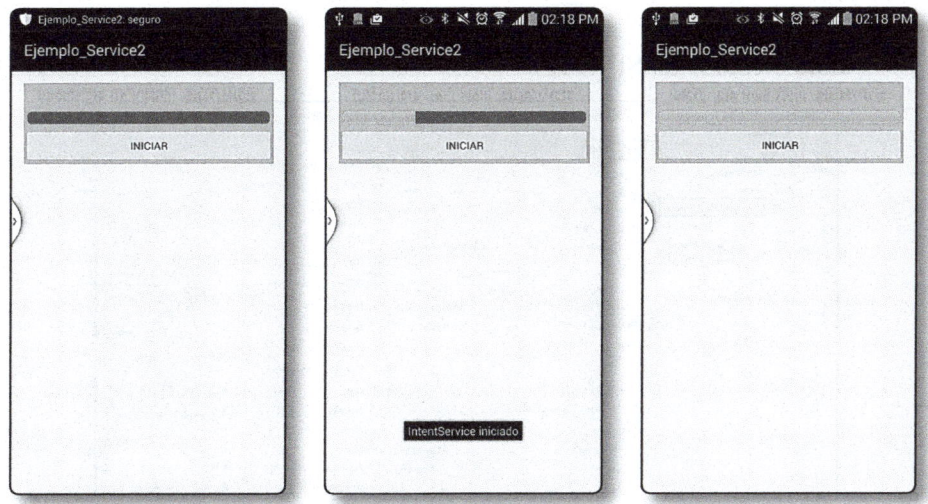

11.8.6 Diseñando la Interfaz para el "USO DE SERVICE"

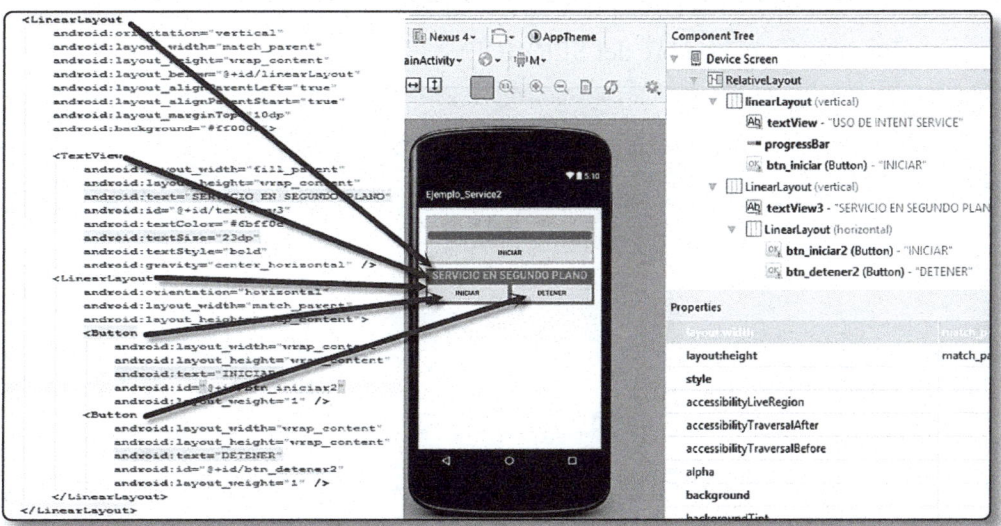

11.8.7 SERVICE

Ahora creamos un SERVICE:

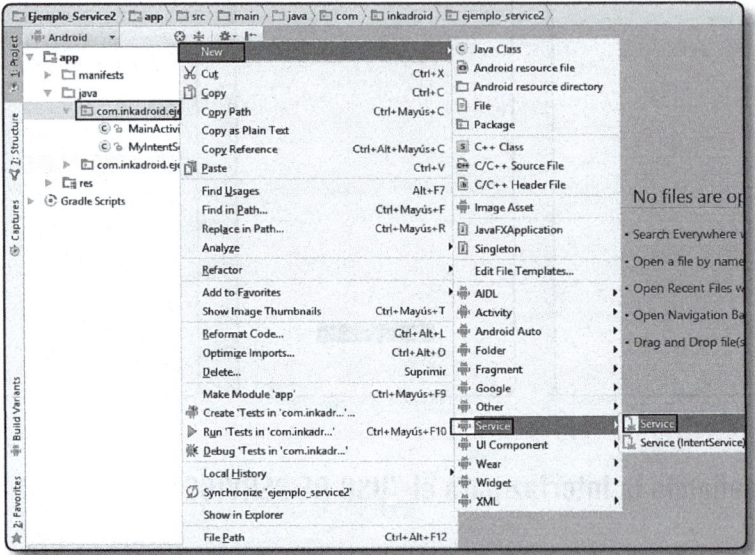

Ingresamos el nombre del SERVICE:

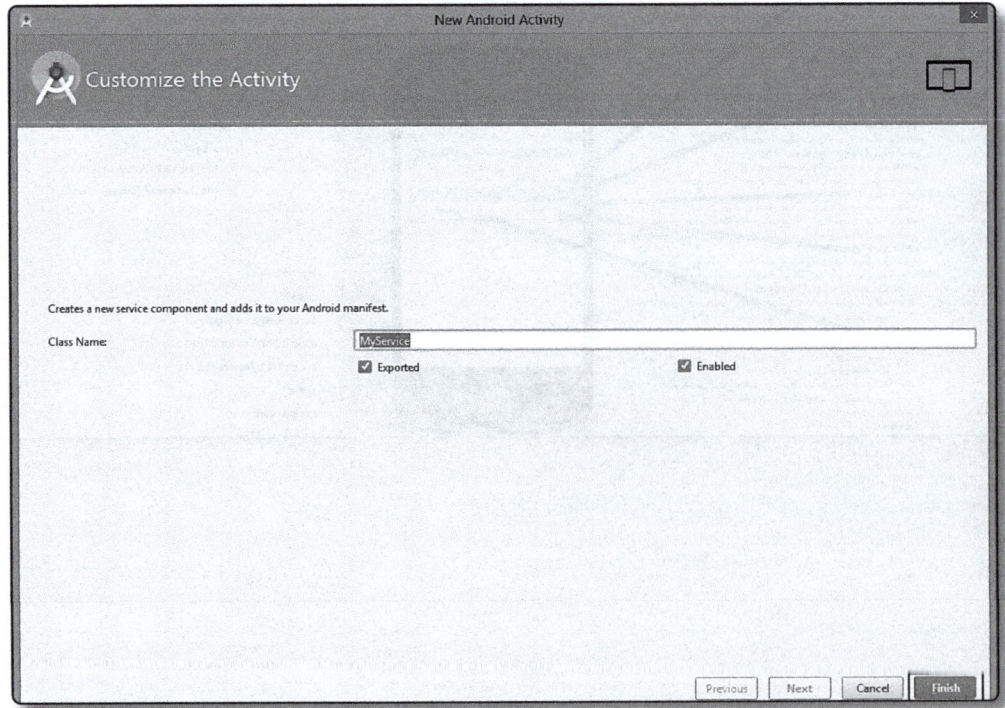

11.8.8 Codificando el SERVICE

```
C MyService.java ×

    package com.inkadroid.ejemplo_service2;
  ⊕import ...

    public class MyService extends Service {
        public MyService(){}
        @Override
        public IBinder onBind(Intent intent) { return null; }
        @Override
        public void onCreate()
        {
            super.onCreate();
            Toast.makeText(this, "SERVICIO CREADO", Toast.LENGTH_LONG).show();
        }
        @Override
        public int onStartCommand(Intent intent, int flags, int startId)
        {
            Toast.makeText(this, "SERVICIO INICIADO", Toast.LENGTH_SHORT).show();
            return Service.START_STICKY;
        }
        @Override
        public void onDestroy()
        {
            Toast.makeText(this, "SERVICIO FINALIZADO", Toast.LENGTH_SHORT).show();
        }
    }
```

Seguimos Codificamos la actividad Principal MainActivity.java:

```
C MainActivity.java ×

                bt_IntentService.setOnClickListener((v) → {
                    trabajo = new Intent(MainActivity.this, MyIntentService.class);
                    startService(trabajo);
                });
                //pasamos el progressBar por un  BroadcastReceiver
                receiver = (BroadcastReceiver) (context, intent) → {
                    progressBar.setProgress(intent.getIntExtra("progreso", 0));
                };
                registerReceiver(receiver, new IntentFilter(MyIntentService.INTENTSERVICE));
                // USO DE  INTENT SERVICE

                //USO DE SERVICE
                Button btn_iniciar2 = (Button) findViewById(R.id.btn_iniciar2);  //INICIAR SERVICIO
                btn_iniciar2.setOnClickListener(new View.OnClickListener() {
                    public void onClick(View v) {
                        Intent intent = new Intent(MainActivity.this, MyService.class);
                        startService(intent);
                    }
                });
                Button btn_detener2 = (Button) findViewById(R.id.btn_detener2); //DETENER SERVICIO
                btn_detener2.setOnClickListener((v) → {
                    stopService(new Intent(MainActivity.this, MyService.class));
                });
                //USO DE SERVICE

    }
}
```

11.8.9 Volviendo a Ejecutar la Aplicación

Ahora para ejecutar la App podemos hacerlo utilizando el emulador o un dispositivo físico recomiendo usar un dispositivo físico para ello procedemos a conectar nuestro dispositivo o celular. Hecho esto seguimos los siguientes pasos:

Presione el botón Run.

Ahora indicamos si utilizamos un dispositivo físico o un emulador:

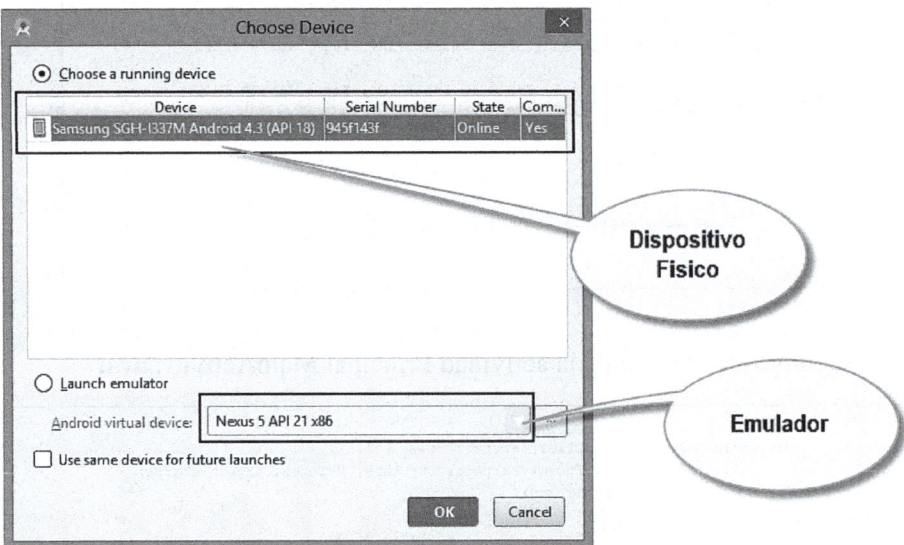

Usted puede observar la ejecución de su App presionando el siguiente botón (Captura de Pantalla):

ⓘ NOTA

Se recomiendo utilizar un dispositivo físico.

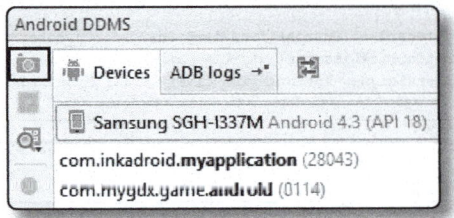

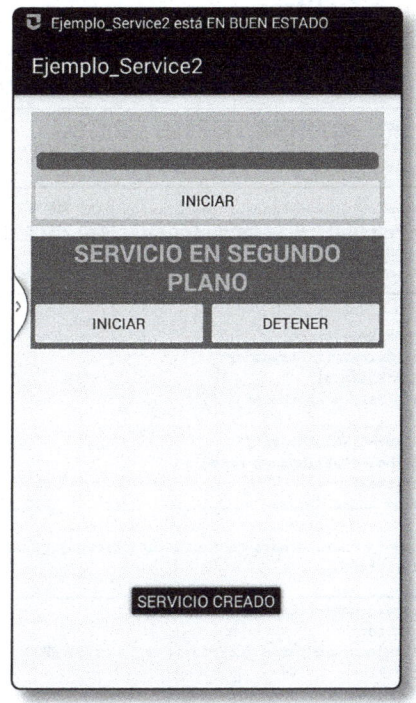

11.9 CREACIÓN DE APP – CONTROL LLAMADAS

Ahora vamos a crear la App denominada Control Llamadas, como ya hemos creado la primera App obviamos los pasos de crear la App.

La App me permitirá controlar las llamadas recibidas, al momento de recibir una llamada la App enviare un SMS a un número específico del número que llamaron.

Antes de continuar definimos algunos conceptos Importantes:

11.9.1 BroadcastReceiver

Un BroadcastReceiver es un componente de Android que reacciona cuando el sistema envía los Intent para los que estaba preparado. Un ejemplo clásico es el del Receiver que se registra para que reaccione cada vez que se recibe una llamada de teléfono o un SMS.

11.9.2 Definiendo Permisos y Otros

```xml
AndroidManifest.xml ×

<?xml version="1.0" encoding="utf-8"?>
<manifest xmlns:android="http://schemas.android.com/apk/res/android"
    package="com.inkadroid.ejemplo1" >

    <uses-permission android:name="android.permission.READ_SMS"></uses-permission>
    <uses-permission android:name="android.permission.READ_PHONE_STATE"></uses-permission>
    <uses-permission android:name="android.permission.INTERNET"></uses-permission>
    <uses-permission android:name="android.permission.SEND_SMS"></uses-permission>

    <application
        android:allowBackup="true"
        android:icon="@mipmap/ic_launcher"
        android:label="Ejemplo1"
        android:theme="@style/AppTheme" >
        <activity
            android:name=".MainActivity"
            android:label="@string/app_name" >
            <intent-filter>
                <action android:name="android.intent.action.MAIN" />

                <category android:name="android.intent.category.LAUNCHER" />
            </intent-filter>
        </activity>
        <receiver android:name=".Call">
            <intent-filter>
                <action android:name="android.intent.action.PHONE_STATE"></action>
            </intent-filter>
        </receiver>
    </application>

</manifest>
```

11.9.3 Call.java

Ahora definamos la clase que recibirá la llamada Call.java.

```java
Call.java ×

package com.inkadroid.ejemplo1;
import android.content.BroadcastReceiver;
import android.content.Context;
import android.content.Intent;
import android.telephony.PhoneStateListener;
import android.telephony.TelephonyManager;
public class Call extends BroadcastReceiver {
    @Override
    public void onReceive(Context context, Intent intent) {
        //RECIBIENDO LLAMADA
        //numero telefonico
        String numero = intent.getStringExtra(TelephonyManager.EXTRA_INCOMING_NUMBER);
        EscuchaTelefono phoneListener=new EscuchaTelefono(context,numero);
        TelephonyManager telephony = (TelephonyManager) context.getSystemService(Context.TELEPHONY_SERVICE);
        telephony.listen(phoneListener, PhoneStateListener.LISTEN_CALL_STATE);
    }
}
```

11.9.4 EscuchaTelefono.java

Ahora definamos la clase de escucha de llamada EscuchaTelefono.java :

```
EscuchaTelefono.java ×
package com.inkadroid.ejemplo1;
import ...
public class EscuchaTelefono extends PhoneStateListener {
    Context context;
    private String numerophone;

    public EscuchaTelefono(Context c, String numero)
    {
        this.context=c;
        this.numerophone=numero;
    }
    public void onCallStateChanged(int state, String incomingNumber){
        switch(state){
            case TelephonyManager.CALL_STATE_IDLE:
                break;
            case TelephonyManager.CALL_STATE_OFFHOOK:
                break;
            case TelephonyManager.CALL_STATE_RINGING:
            Toast.makeText(this.context,"LLAMADA ENTRANTE",Toast.LENGTH_LONG).show();
                String phoneNumber = numerophone;
                envioBotonSos(phoneNumber);
                break;
        }
    }
    public void envioBotonSos(String phoneNumber) {
        //envio de mensaje a un celular
        SmsManager smsx = SmsManager.getDefault();
        smsx.sendTextMessage("        ", null, "NUMERO :"+phoneNumber, null, null);
    }

}
```

11.9.5 Codificando la Actividad Principal

```
MainActivity.java ×
package com.inkadroid.ejemplo1;

import ...

public class MainActivity extends AppCompatActivity {

    @Override
    protected void onCreate(Bundle savedInstanceState) {
        super.onCreate(savedInstanceState);
        setContentView(R.layout.activity_main);
        Intent control = new Intent(this, Call.class);
        sendBroadcast(control);
    }

}
```

11.9.6 Ejecutando la Aplicación

Ahora para ejecutar la App podemos hacerlo utilizando el emulador o un dispositivo físico recomiendo usar un dispositivo físico para ello procedemos a conectar nuestro dispositivo o celular. Hecho esto seguimos los siguientes pasos:

Presione el botón Run.

Ahora indicamos si utilizamos un dispositivo físico o un emulador:

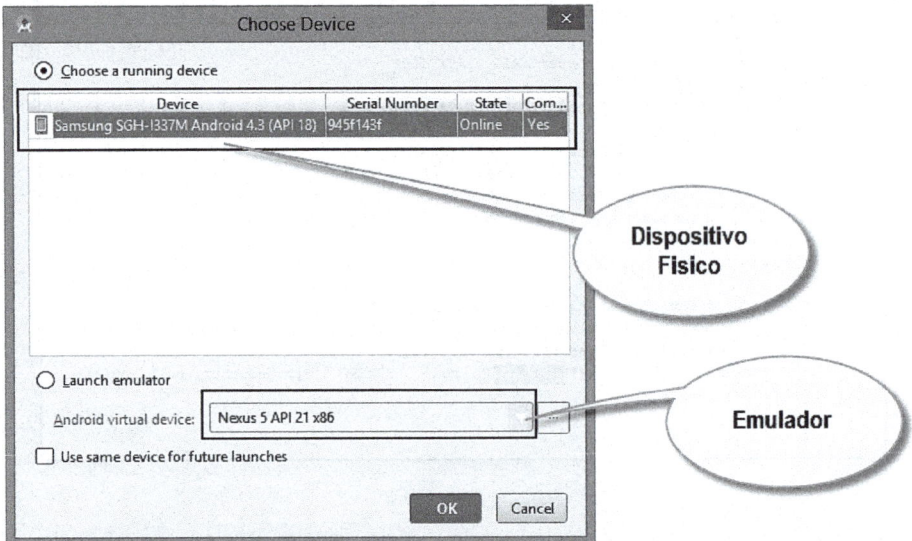

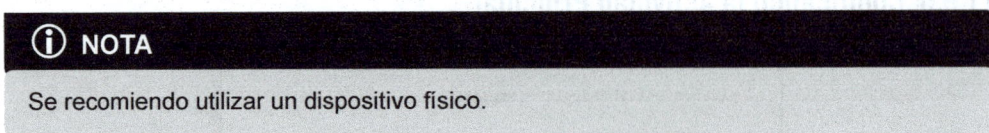

ⓘ NOTA

Se recomiendo utilizar un dispositivo físico.

Usted puede observar la ejecución de su App presionando el siguiente botón (Captura de Pantalla):

Llamada entrante.

SMS Enviado:

Ahora lo que debemos hacer que la App se inicie apenas se encienda el celular y que se ejecute en segundo plano:

11.9.7 Modificar el archivo de manifiestos

Indicamos la clase que recibirá las llamadas

```xml
AndroidManifest.xml ×
<?xml version="1.0" encoding="utf-8"?>
<manifest xmlns:android="http://schemas.android.com/apk/res/android"
    package="com.inkadroid.ejemplo1" >

    <uses-permission android:name="android.permission.READ_SMS"></uses-permission>
    <uses-permission android:name="android.permission.READ_PHONE_STATE"></uses-permission>
    <uses-permission android:name="android.permission.INTERNET"></uses-permission>
    <uses-permission android:name="android.permission.SEND_SMS"></uses-permission>

    <application android:icon="@mipmap/ic_launcher" android:label="Ejemplo1">
        <receiver android:name="Call">
            <intent-filter>
                <action android:name="android.intent.action.PHONE_STATE"/>
            </intent-filter>
        </receiver>
    </application>

</manifest>
```

11.9.8 Volviendo a Ejecutar la Aplicación

Ahora para ejecutar la App podemos hacerlo utilizando el emulador o un dispositivo físico recomiendo usar un dispositivo físico para ello procedemos a conectar nuestro dispositivo o celular. Hecho esto seguimos los siguientes pasos:

Presione el botón Run.

Ahora indicamos si utilizamos un dispositivo físico o un emulador:

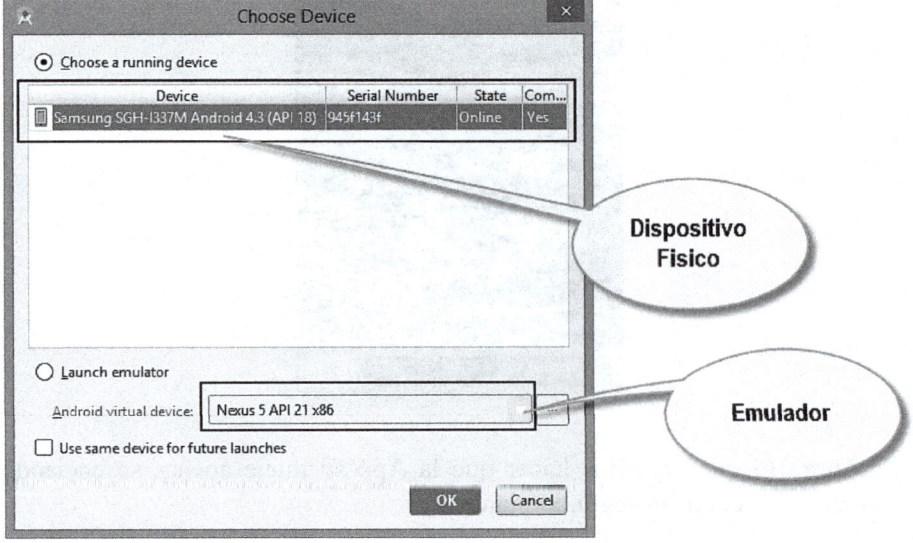

> **ⓘ NOTA**
>
> Se recomiendo utilizar un dispositivo físico

Usted puede observar la ejecución de su App presionando el siguiente botón (Captura de Pantalla):

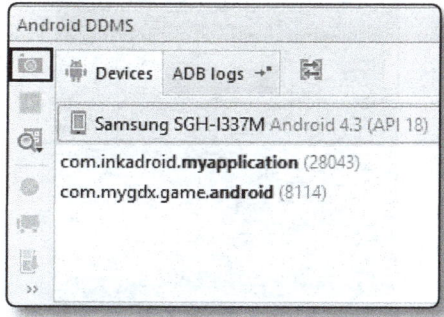

Llamada entrante:

SMS Enviado:

ⓘ **NOTA**

Observamos que la aplicación se ejecuta en segundo plano al encender el teléfono móvil

12

CONSTRUCCIÓN DE UN PROYECTO USANDO EL PATRÓN MVP (MODELO VISTA PRESENTADOR)

12.1 QUE ES MVP

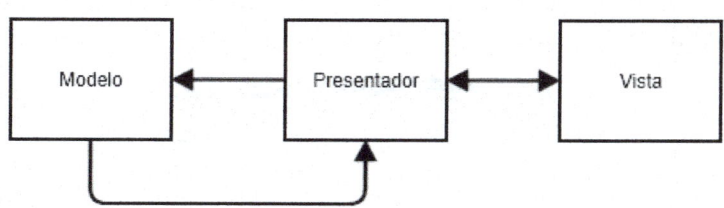

Es un patrón de diseño similar al MVC que se tocara en el siguiente capítulo con la particularidad de que este se adapta más a los proyectos móviles.

El Modelo es donde se mantiene el negocio.

La vista solo maneja la parte de entrada y salida de datos.

El presentador es el encargado de orquestar la comunicación entre los datos que provienen de la vista al modelo donde se encuentra la parte del negocio del sistema.

El proyecto para este ejemplo solo contendrá una entrada de dato y su salida.

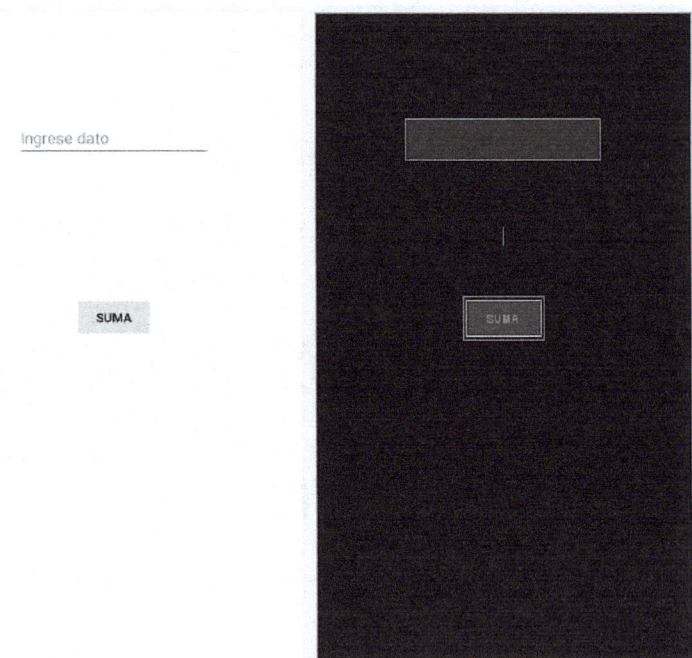

Si no se ingresa ningún dato te mostrara el mensaje de ingresar un dato y si ingresas un número lo sumara por el mismo.

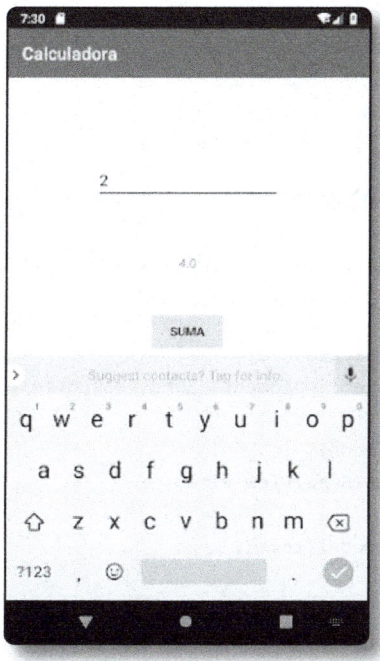

12.2 CLASES EN LA QUE VA ESTAR DIVIDIDA EL PROYECTO

▰ Suma.
▰ SumaPresentador.
▰ SumaModel.
▰ CalculadoraView.

La Suma es la interface de donde las demás clases implementaran su código, sirve para la comunicación entre todas estas.

```
package com.inkadroid.calculadora;
public interface Suma {
    interface View{
        void showResult(String result);
        void showError(int error);
    }
    interface Presenter{
        void suma(String data);
        void showResult(String result);
        void showError(int error);
    }
}
```

```
    interface Model{
        void suma(String data);
    }
}
```

12.2.1 clase SumaPresentador

La clase SumaPresentador es como se indicó la que orquestara el envió de información entre la vista y la capa de negocio.

```
package com.inkadroid.calculadora;
public class SumaPresenter implements Suma.Presenter {
    private Suma.View view;
    private Suma.Model model;
    public SumaPresenter(Suma.View view){
        this.view=view;
        model= new SumaModel(this);
    }
    @Override
    public void showResult(String result) {
        if(view!=null){
            view.showResult(result);
        }
    }
    @Override
    public void showError(int error) {
        if(view!=null){
            view.showError(error);
        }
    }
    @Override
    public void suma(String data) {
        if(view!=null){
            model.suma(data);
        }
    }
}
```

12.2.2 clase SumaModel

La clase SumaModel es la que contendrá el modelo de negocio, para este sencillo ejemplo es el cálculo de la suma.

```java
package com.inkadroid.calculadora;
public class SumaModel implements Suma.Model {
    private Suma.Presenter presenter;
    private double resultado;
    public SumaModel(Suma.Presenter presenter){
        this.presenter =presenter;
    }
    @Override
    public void suma(String data) {
        if(data==null || data.isEmpty()){
            presenter.showError(R.string.error_data);
        }else {
            resultado = Double.valueOf(data) + Double.valueOf(data);
            presenter.showResult(String.valueOf(resultado));
        }
    }
}
```

12.2.3 CalculadoraView

Y por ultimo la clase que esta relaciona con la vista y que implementa la parte view(vista) de nuestra interface Suma.

El método que se ejecuta al hacer clic es el **calcular**.

```java
package com.inkadroid.calculadora;
import android.support.v7.app.AppCompatActivity;
import android.os.Bundle;
import android.view.View;
import android.widget.EditText;
import android.widget.TextView;
public class CalculadoraView extends AppCompatActivity implements Suma.View {
private EditText numero;
private TextView result;
private Suma.Presenter presenter;
    @Override
    protected void onCreate(Bundle savedInstanceState) {
        super.onCreate(savedInstanceState);
        setContentView(R.layout.activity_main);
        numero=(EditText)findViewById(R.id.data);
        result=(TextView)findViewById(R.id.result);
        presenter= new SumaPresenter(this);
        presenter= new SumaPresenter(this);
    }
```

```java
    public void calcular (View view){
        presenter.suma(numero.getText().toString());
    }
    @Override
    public void showResult(String result) {
        this.result.setText(result);
    }
    @Override
    public void showError(int error) {
        this.result.setText(getText(error));
    }
}
```

13

CONSTRUCCION DE UN PROYECTO USANDO EL PATRÓN MVC CON SINGLETON

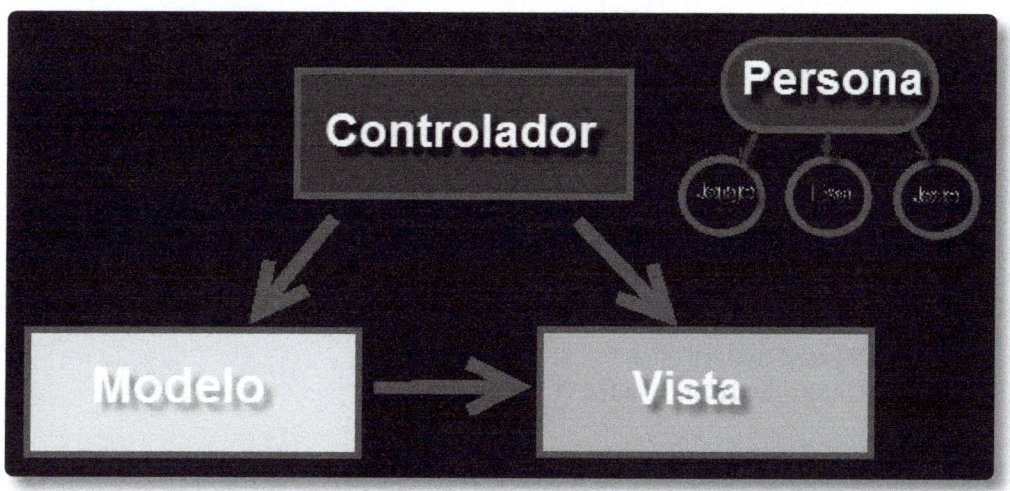

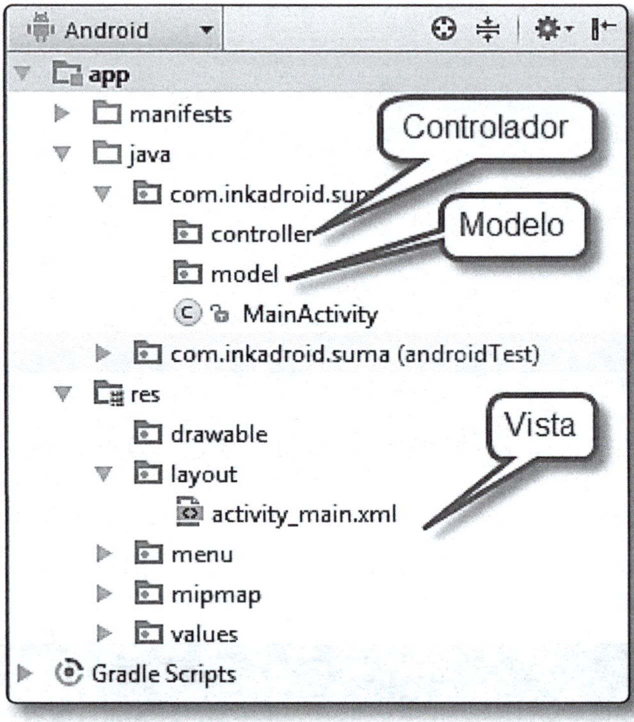

Proyecto Android con el patrón MVC

Construcción de un proyecto Android, llamado **Suma** con el Patrón, para este fin se contará con tres paquetes:

- Model (modelo "Dominio").
- Vista (Layout).
- Controller (Controlador "Eventos").

La estructura del proyecto quedaría de la siguiente forma:

13.1 PROYECTO MVC CON UN SOLO BOTÓN

En un proyecto Android la vista la tenemos separadas y se maneja con la clase MainActivity.

En el paquete **model** solo tendremos una clase **Suma** que contiene los atributos **variableA, variableB** y **resultado** todos ellos de tipo string Con sus respectivos **get** y **set**, debido a que los datos de una suma pueden ser valores imaginarios u otro que necesite un carácter.

En el paquete **controller** tendremos una clase **Operaciones** de tipo *OnClicListener*, que controlara los eventos del botón.

A continuación, se muestra las clases:

```
public class Suma {
private String variableA;
private String variableB;
private String resultado;
public String getVariableA() {
return variableA;
}
public void setVariableA(String variableA) {
this.variableA = variableA;
}
public String getVariableB() {
return variableB;
}
```

```
public void setVariableB(String variableB) {
this.variableB = variableB;
}
public String getResultado() {
return resultado;
}
public void setResultado(String resultado) {
this.resultado = resultado;
}
}
```

El controlador en la línea 5 declaramos la vista **MainActivity**, para manejar los campos de la vista es necesario que sean públicas, para ese fin se usa el método **get** para cada una de las variables como se observa en la línea 11 con el *getSuma* y en la línea 12 *getValor*. Ademas en la misma línea 11 se ve el uso del método **setResultado** este método cambia el valor actual de la variable **resultado** de la clase **Suma.**

```
import android.support.v7.app.ActionBarActivity;
import android.view.View;
import com.inkadroid.suma.MainActivity;
public class Operaciones implements View.OnClicListener {
MainActivity mainActivity;
```

```
public  Operaciones(ActionBarActivity vista){
mainActivity=(MainActivity)vista;
}
@Override
public void onClic(View v) {
mainActivity.getSuma().setResultado("Hola");
mainActivity.getValor().setText(mainActivity.getSuma().getResultado());
System.out.println("Hola");
}
}
```

En la línea 11 se declara la variable **valor** que mostrara un resultado en pantalla, si el proyecto se trabajase todo en la misma clase no habría necesidad de crear un método **get** por el cual podremos modificar su contenido lo mismo sucede con la variable **suma** en la línea 10. En la línea 19 se usa al controlador **Operacion** para que realice las opciones del botón.

```
import android.support.v7.app.ActionBarActivity;
import android.os.Bundle;
import android.view.Menu;
import android.view.MenuItem;
import android.widget.Button;
import android.widget.TextView;
import com.inkadroid.suma.controller.Operaciones;
import com.inkadroid.suma.model.Suma;
public class MainActivity extends ActionBarActivity {
private Suma suma;
private TextView valor;
private Button operacion;
@Override
protected void onCreate(Bundle savedInstanceState) {
super.onCreate(savedInstanceState);
setContentView(R.layout.activity_main);
valor=(TextView)this.findViewById(R.id.respuesta);
operacion=(Button)this.findViewById(R.id.suma);
operacion.setOnClicListener(new Operaciones(this));
}
public TextView getValor() {
return valor;
}
public void setValor(TextView valor) {
this.valor = valor;
}
@Override
public boolean onCreateOptionsMenu(Menu menu) {
```

```
// Inflate the menu; this adds items to the action bar if it is present.
getMenuInflater().inflate(R.menu.menu_main, menu);
return true;
}
@Override
public boolean onOptionsItemSelected(MenuItem item) {
// Handle action bar item clics here. The action bar will
// automatically handle clics on the Home/Up button, so long
// as you specify a parent activity in AndroidManifest.xml.
int id = item.getItemId();
//noinspection SimplifiableIfStatement
if (id == R.id.action_settings) {
return true;
}
return super.onOptionsItemSelected(item);
}
    public Suma getSuma() {
        return suma;
}
    public void setSuma(Suma suma) {
        this.suma = suma;
    }
}
```

Actualmente no se ve el gran aporte de esta metodología debido a la simpleza del programa.

13.2 PROYECTO MVC CON LA OPERACIÓN SUMA

El proyecto se expande un poco más debido a la operación de la suma, aun en este paso no se puede ver la ventaja de usar este patrón MVC.

Modificaciones, en la clase **MainActivity** se agregan dos variables más que son de tipo **EditText** y en la clase **Operaciones** se modifica el proceso para obtener la suma de esas dos variables.

MainActivity

```
private EditText variableA;
private EditText variableB;
// Proporcionar sus métodos get de cada variable
…..
El método onCreate queda de la siguiente forma.
@Override
protected void onCreate(Bundle savedInstanceState) {
super.onCreate(savedInstanceState);
setContentView(R.layout.activity_main);
suma= new Suma();
valor=(TextView)this.findViewById(R.id.respuesta);
variableA=(EditText)this.findViewById(R.id.variableA);
variableB=(EditText)this.findViewById(R.id.variableB);
operacion=(Button)this.findViewById(R.id.suma);
operacion.setOnClicListener(new Operaciones(this));
}
```

Clase **Operaciones.**

Solo varía el método **onClic** quedando de la siguiente forma:

```
@Override
    public void onClic(View v) {
        double va=Double.parseDouble(String.valueOf(mainActivity.getVariableA().
getText()));
        double vb=Double.parseDouble(String.valueOf(mainActivity.getVariableB().
getText()));
        double resultado=va+vb;
        mainActivity.getSuma().setVariableA(String.valueOf(va));
        mainActivity.getSuma().setVariableB(String.valueOf(vb));
        mainActivity.getSuma().setResultado(String.valueOf(resultado));
        mainActivity.getValor().setText(mainActivity.getSuma().getResultado());
System.out.println("resultado: "+mainActivity.getSuma().getResultado());
    }
```

Entradas.

```
Dato 1: 2
Dato 2: 3
```

Salidas

5

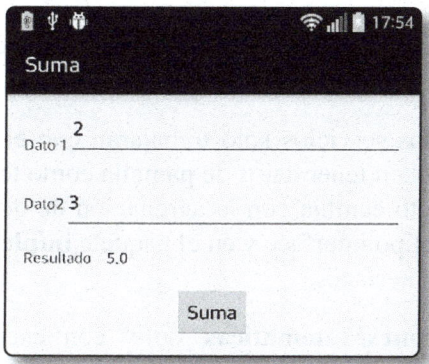

13.3 PROYECTO MVC CON DOS BOTONES Y USO DE INTERFACE

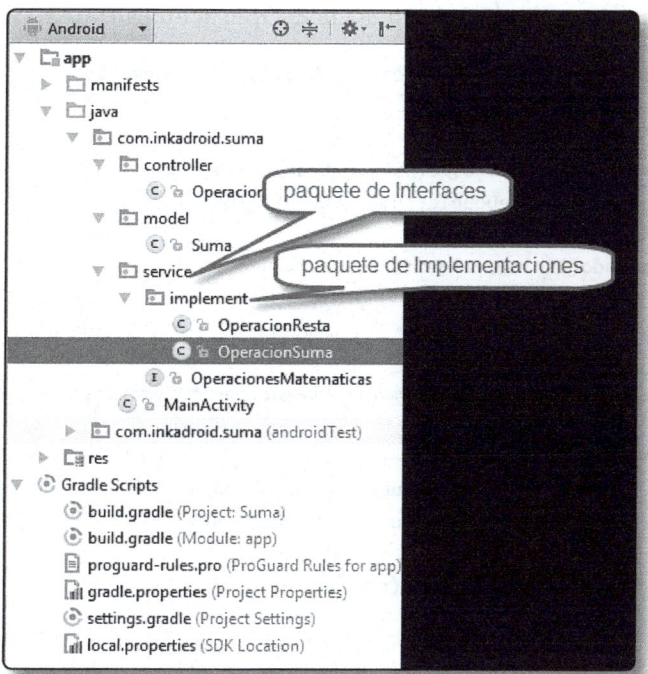

En los proyectos anteriores se tenía la lógica de la suma dentro del controlador (clase **Operaciones**) a continuación se van agregar una clase de tipo **Interface** llamada **OperacionesMatematicas** y otras dos que implementen de esta llamada **OperacionSuma y OperacionResta** además se va agregar otro botón **Resta**.

Con este cambio separamos la lógica del controlador obteniendo un menor acoplamiento.

Como consejo los servicios solo trabajaran con el modelo y por ende las implementaciones, no deben tener datos de pantalla como textView, editText u otro. La estructura del proyecto cambia con la agregación de dos paquetes más **service donde** irán las clases de tipo interface y en el paquete **implement**arán las clases que implementen las clases interfaces.

Clase **OperacionesMatematicas** solo contiene un método llamado *operacion* que retorna y recibe la clase **Suma** del paquete modelo.

```
public interface OperacionesMatematicas {
public Suma operacion(Suma suma);
}
```

Las clases que implementa a la clase **OperacionesMatematicas**.

```
public class OperacionResta implements OperacionesMatematicas{
@Override
public Suma operacion(Suma suma) {
double varA=Double.parseDouble(suma.getVariableA());
double varB=Double.parseDouble(suma.getVariableB());
double respuesta= varA-varB;
suma.setResultado(String.valueOf(respuesta));
return suma;
}
}
public class OperacionSuma implements OperacionesMatematicas{
@Override
public Suma operacion(Suma suma) {
double varA=Double.parseDouble(suma.getVariableA());
double varB=Double.parseDouble(suma.getVariableB());
double respuesta= varA+varB;
suma.setResultado(String.valueOf(respuesta));
return suma;
}
}
```

En el controlador **Operaciones** varia el código de la siguiente manera, se crea un nuevo constructor el cual recibe la vista (**MainActivity**) como el servicio (Interface **OperacionesMatematicas**) asimismo se crea sus respectivas variables. El trabajo de *polimorfismo* es posible mediante el parámetro Interface.

La principal ventaja de esta forma es evitar los **if, swicth** ya que el polimorfismo hace esa discriminación.

```
import android.support.v7.app.ActionBarActivity;
import android.view.View;
import com.inkadroid.suma.MainActivity;
import com.inkadroid.suma.service.OperacionesMatematicas;
/**
Created by José on 26/02/2015.
*/
public class Operaciones implements View.OnClicListener {
private MainActivity mainActivity;
private OperacionesMatematicas operacionesMatematicas;
public  Operaciones(ActionBarActivity vista){
this.mainActivity=(MainActivity)vista;
}
public Operaciones(ActionBarActivity vista, OperacionesMatematicas operaciones-
Matematicas){
this.mainActivity=(MainActivity)vista;
this.operacionesMatematicas=operacionesMatematicas;
}
@Override
public void onClic(View v) {
mainActivity.getSuma().setVariableA(String.valueOf(mainActivity.getVariableA().
getText()));
mainActivity.getSuma().setVariableB(String.valueOf(mainActivity.getVariableB().
getText()));
//Introducimos nuestra clase interface y le pasamos la variable suma
//La cual procesa en su respectiva implementación
operacionesMatematicas.operacion(mainActivity.getSuma());
mainActivity.getValor().setText(mainActivity.getSuma().getResultado());
System.out.println("resultado: "+mainActivity.getSuma().getResultado());
}
}
```

En el método **onClic** se reduce debido a que la lógica de la resta y suma esta en cada implementación.

¿Cómo sabe que método ejecutar el controlador?, como se ve en la línea 15 solo se ejecuta el método **operacion** de la interface y se le pasa la variable **suma** de la vista. La magia esta que al ser una interface se usa el concepto de *polimorfismo* y donde se indica la operación a realizar esta al momento de llamar al controlador en la vista, se explicara en la siguiente sección.

```
@Override
    public void onClic(View v) {
        mainActivity.getSuma().setVariableA(String.valueOf(mainActivity.getVa-
riableA().getText()));
        mainActivity.getSuma().setVariableB(String.valueOf(mainActivity.getVa-
riableB().getText()));
//Introducimos nuestra clase interface y le pasamos la variable suma
        //La cual procesa en su respectiva implementación
        operacionesMatematicas.operacion(mainActivity.getSuma());
        mainActivity.getValor().setText(mainActivity.getSuma().getResultado());
        System.out.println("resultado: "+mainActivity.getSuma().getResultado());
    }
```

En la clase **MainActivity** como se indicó se agrega el botón resta que usara la clase **OperacionResta** y así mismo el botón suma a la clase **OperacionSuma.**

En la línea 18 se llama al controlador **Operaciones** y se instancia mediante el constructor que recibe como parámetros la vista mediante la instrucción **this** y el siguiente parámetro es la implementación **OperacionSuma.** Lo mismo sucede en la línea 19 con la diferencia que se pasa el parámetro **OperacionResta.**

```
public class MainActivity extends ActionBarActivity {
private Suma suma;
private EditText variableA;
private EditText variableB;
private TextView valor;
private Button operacionSuma;
private Button operacionResta;
@Override
protected void onCreate(Bundle savedInstanceState) {
super.onCreate(savedInstanceState);
setContentView(R.layout.activity_main);
suma= new Suma();
valor=(TextView)this.findViewById(R.id.respuesta);
variableA=(EditText)this.findViewById(R.id.variableA);
variableB=(EditText)this.findViewById(R.id.variableB);
operacionSuma =(Button)this.findViewById(R.id.suma);
operacionResta =(Button)this.findViewById(R.id.resta);
//Aquí sucede la magia
operacionSuma.setOnClicListener(new Operaciones(this, new OperacionSuma()));
operacionResta.setOnClicListener(new Operaciones(this, new OperacionResta()));
```

```
}
public TextView getValor() {
return valor;
}
public void setValor(TextView valor) {
this.valor = valor;
}
@Override
public boolean onCreateOptionsMenu(Menu menu) {
// Inflate the menu; this adds items to the action bar if it is present.
getMenuInflater().inflate(R.menu.menu_main, menu);
return true;
}
@Override
public boolean onOptionsItemSelected(MenuItem item) {
// Handle action bar item clics here. The action bar will
// automatically handle clics on the Home/Up button, so long
// as you specify a parent activity in AndroidManifest.xml.
int id = item.getItemId();
//noinspection SimplifiableIfStatement
if (id == R.id.action_settings) {
return true;
}
return super.onOptionsItemSelected(item);
}
public EditText getVariableA() {
return variableA;
}
public EditText getVariableB() {
return variableB;
}
public Suma getSuma() {
return suma;
}
public void setSuma(Suma suma) {
this.suma = suma;
}
}
```

Entradas.

```
Dato 1: 2
Dato 2: 3
```

Salidas.

Botón **suma**

```
5.0
```

Botón **resta**

```
-1.0
```

13.4 COMBINANDO EL PATRÓN MVC CON SINGLETON

En el proyecto anterior se crea dos objetos distintos Operaciones al momento de hacer clic en cada botón. Para solucionar este problema se va usar el patrón singleton en la clase Operaciones con el objetivo de asegurarnos que solo exista un ejemplar (instancia) de este objeto en el sistema.

Para convertir nuestra clase Operaciones a un patrón Singleton es necesario que los constructores cambien su acceso a tipo private, para asegurarse que no pueda ser creado, además se proveerá de un método de creación de tipo public y es en este dónde tendremos que pasar los parámetros que necesitamos para el constructor. El problema con esta modificación es que se vuelve a usar el switch para distinguir el tipo de implementación que va a usar cada botón.

En la clase MainActivity solo se modifica el parámetro de los métodos setOnClicListener de los botones en la cual se agrega el método static del controlador Operaciones que crea un ejemplar de esta.

```
operacionSuma.setOnClicListener(Operaciones.getInstance(this));
operacionResta.setOnClicListener(Operaciones.getInstance(this));
```

En la clase Operaciones sufre la modificación de su constructor y se agrega el método getInstance que recibe como parámetro la vista otra modificación se da en el método onClic donde se agrega la sentencia switch en la que se crea los ejemplares de las clases OperacionSuma y OperacionResta según el botón que se presione.

```
import android.support.v7.app.ActionBarActivity;
import android.view.View;
import com.inkadroid.suma.MainActivity;
import com.inkadroid.suma.R;
import com.inkadroid.suma.service.OperacionesMatematicas;
import com.inkadroid.suma.service.implement.OperacionResta;
import com.inkadroid.suma.service.implement.OperacionSuma;
public class Operaciones implements View.OnClicListener {
```

```
private static Operaciones operaciones;
private MainActivity mainActivity;
private OperacionesMatematicas operacionesMatematicas;
private Operaciones() {
}
public static Operaciones getInstance(ActionBarActivity vista) {
if (operaciones == null) { operaciones = new Operaciones();
}
//actualiza la vista
operaciones.mainActivity = (MainActivity) vista;
return operaciones;
}
@Override
public void onClic(View v) {
mainActivity.getSuma().setVariableA(String.valueOf(mainActivity.getVariableA().
getText()));
mainActivity.getSuma().setVariableB(String.valueOf(mainActivity.getVariableB().
getText()));
switch (v.getId()) {
case R.id.suma:
operacionesMatematicas = new OperacionSuma();
break;
case R.id.resta:
        operacionesMatematicas = new OperacionResta();
break;
}
//Introducimos nuestra clase interface y le pasamos la variable suma
//La cual procesa en su respectiva implementación
operacionesMatematicas.operacion(mainActivity.getSuma());
mainActivity.getValor().setText(mainActivity.getSuma().getResultado());
System.out.println("resultado: " + mainActivity.getSuma().getResultado());
}
}
```

Entradas

```
Dato 1: 2
Dato 2: 3
```

Salidas.

Botón **suma**

```
5.0
```

Botón **resta**

```
-1.0
```

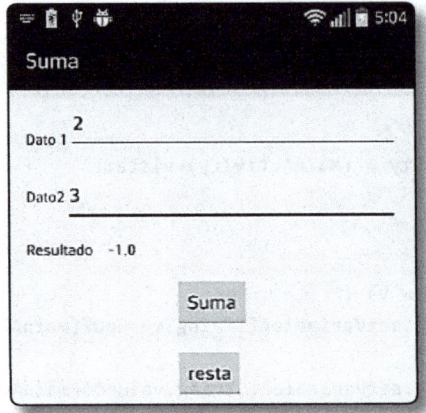

14

CONTROL DE EXCEPCIONES

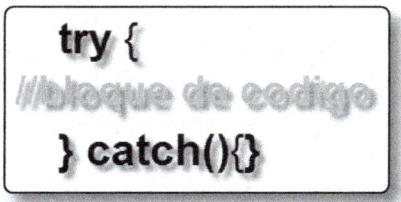

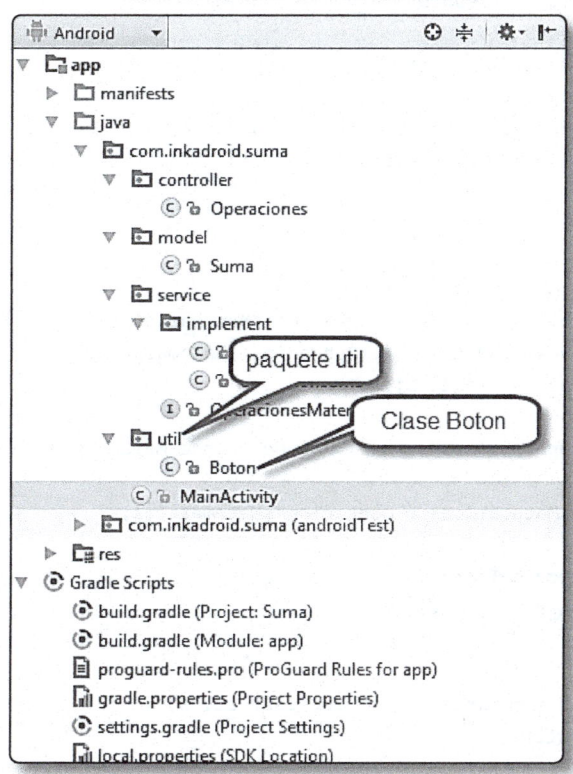

Eliminando el swicth del controlador y agregando control de excepciones en las implementaciones **OperacionSuma** y **OperacionResta**.

En el proyecto anterior se modificó el controlador para seguir el patrón singleton lo que nos asegura que solo exista un ejemplar de esta en el sistema pero nos obligó a introducir un switch lo que no está mal pero nos obligaría agregar un case por cada botón o clase que use este controlador, para solucionar esto necesitamos crear nuestra propia clase de tipo Button que se llamara Botón donde se le pasara la implementación a usar además estará contenida en el paquete útil que contiene a todas las clases de utilidad general para el sistema, no confundir con las implementaciones que llevan lógica de negocio.

Estructura del proyecto

Clase Boton: esta clase hereda de la clase Button de android para su correcto funcionamiento es necesario importar todos sus constructores, la modificación que se ha realizar consiste en agregar una variable de la clase OperacionesMatematicas del paquete Service con acceso private y agregando sus métodos get y set.

```
import android.annotation.TargetApi;
import android.content.Context;
import android.os.Build;
import android.util.AttributeSet;
import android.widget.Button;
import com.inkadroid.suma.controller.Operaciones;
import com.inkadroid.suma.service.OperacionesMatematicas;
/**
Created by nolasco on 28/02/2015.
*/
public class Boton extends Button {
private OperacionesMatematicas operacionesMatematicas;
public OperacionesMatematicas getOperacionesMatematicas() {
return operacionesMatematicas;
}
public void setOperacionesMatematicas(OperacionesMatematicas operacionesMatema-
ticas) {
this.operacionesMatematicas = operacionesMatematicas;
}
//contructores por defecto de la clase Button
public Boton(Context context) {
super(context);
}
public Boton(Context context, AttributeSet attrs) {
super(context, attrs);
```

```
}
public Boton(Context context, AttributeSet attrs, int defStyleAttr) {
super(context, attrs, defStyleAttr);
}
@TargetApi(Build.VERSION_CODES.LOLLIPOP)
public Boton(Context context, AttributeSet attrs, int defStyleAttr, int defS-
tyleRes) {
super(context, attrs, defStyleAttr, defStyleRes);
}
}
```

Clase **MainActivity** la modificación consiste en cambiar el tipo **Button** de los botones suma y resta por **Boton** además esto mismo debe hacerse en la parte grafica de la siguiente forma , Se puede agregar directamente en el archivo **activity_main.xml** el tag **view** donde indicamos la clase en su atributo **class.**

```
<view
android:layout_width="wrap_content"
android:layout_height="wrap_content"
class="com.inkadroid.suma.util.Boton"
android:id="@+id/suma"
android:text="Suma"
android:layout_below="@+id/respuesta"
android:layout_toRightOf="@+id/textView3"
android:layout_toEndOf="@+id/textView3" />
```

En la parte grafica se dirige a las opciones de la Palette -> Custom -> Boton (Escogemos nuestra clase Boton) -> ok y lo arrastramos a la posición deseada y le ingresamos un texto y su id.

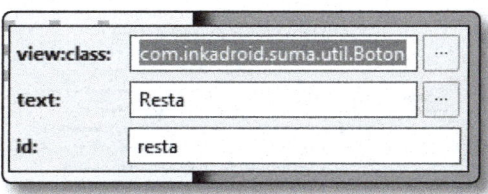

Variables Boton, se necesita importar la clase Boton "import com.inkadroid.suma.util.Boton;".

```
    private Boton operacionSuma;
    private Boton operacionResta;
```

El método **onCreate** asignamos los botones operacionSuma y operacionResta con las variables Botón del activity_main.xml como se indica en las **líneas 9 y 10**, a estos botones antes de llamar al método setOnClicListener se tiene que agregar las implementacionescorrespondientes de cada botón como se observa en las **líneas11 y 12**:

```
@Override
protected void onCreate(Bundle savedInstanceState) {
super.onCreate(savedInstanceState);
setContentView(R.layout.activity_main);
suma= new Suma();
valor=(TextView)this.findViewById(R.id.respuesta);
variableA=(EditText)this.findViewById(R.id.variableA);
variableB=(EditText)this.findViewById(R.id.variableB);
operacionSuma =(Boton)this.findViewById(R.id.suma);
operacionResta =(Boton)this.findViewById(R.id.resta);
//Agregando las implementaciones OperacionSuma y OperacionResta
operacionSuma.setOperacionesMatematicas(new OperacionSuma());
operacionResta.setOperacionesMatematicas(new OperacionResta());
operacionSuma.setOnClicListener(Operaciones.getInstance(this));
operacionResta.setOnClicListener(Operaciones.getInstance(this));
}
```

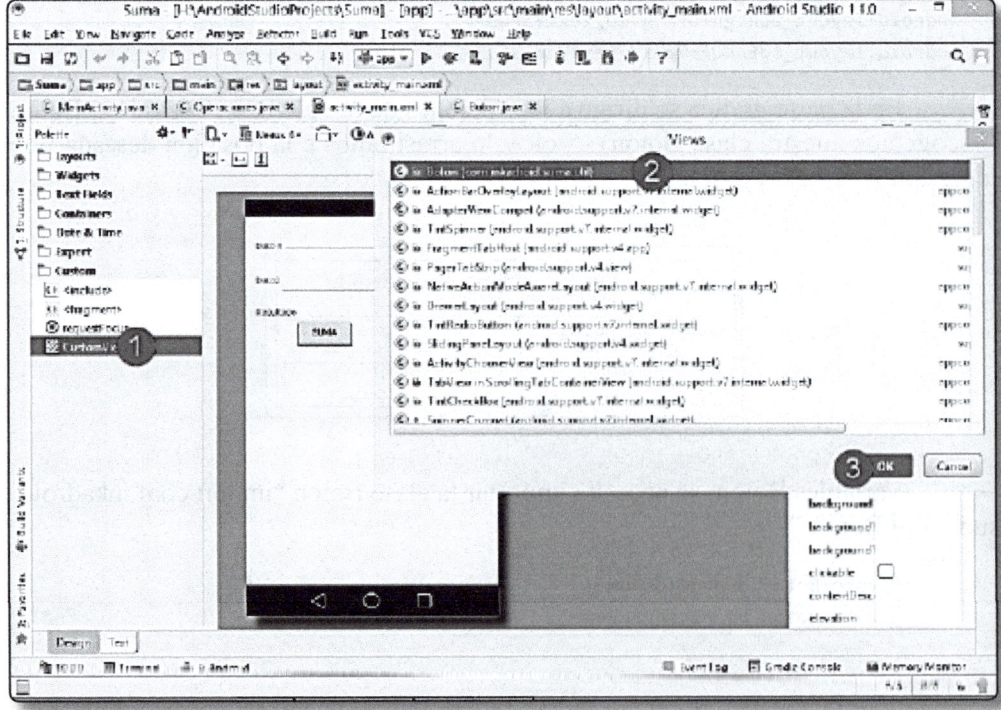

La clase Operaciones le quitamos el **switch** del método **onClic** y le agregamos las siguientes instrucciones:

Primero necesitamos parsear la clase View a nuestra clase Boton como se observa en la **línea19**, debido a que nuestro botón tiene métodos que no presenta la clase Button en concreto el get y set de OperacionesMatematicas.

Una vez realizado el parseo y otras instrucciones ejecutamos la instrucción operación que es provista por el método getOperacionesMatematicas de la clase Boton como se observa en la **línea 26.**

```
import android.support.v7.app.ActionBarActivity;
import android.view.View;
import com.inkadroid.suma.MainActivity;
import com.inkadroid.suma.util.Boton;
public class Operaciones implements View.OnClicListener {
private static Operaciones operaciones;
private MainActivity mainActivity;
private Operaciones() {;}
public static Operaciones getInstance(ActionBarActivity vista) {
if (operaciones == null) {
operaciones = new Operaciones();
}
operaciones.mainActivity = (MainActivity) vista;
return operaciones;
}
@Override
public void onClic(View v) {
//parseando la clase View a nuestra clase Boton
Boton boton=(Boton)v;
mainActivity.getSuma().setVariableA(String.valueOf(mainActivity.getVariableA().
getText()));
mainActivity.getSuma().setVariableB(String.valueOf(mainActivity.getVariableB().
getText()));
System.out.println(String.valueOf(mainActivity.getVariableA().getText()));
System.out.println(String.valueOf(mainActivity.getVariableB().getText()));
//Introducimos nuestra clase interface y le pasamos la variable suma
//La cual procesa en su respectiva implementación
boton.getOperacionesMatematicas().operacion(mainActivity.getSuma());
mainActivity.getValor().setText(mainActivity.getSuma().getResultado());
System.out.println("resultado: " + mainActivity.getSuma().getResultado());
}
}
```

14.1 CONTROL DE EXCEPCIONES

Anteriormente no se realizó un control de excepciones en nuestras implementaciones, el control que se va a mostrar es uno muy básico.

Problemas con el código anterior sino se ingresa alguno o ninguno de los datos sale una excepción de tipo **NumberFormatException** o tal vez salga un error de tipo **NullPointerException,** estos errores podemos tratarlos debido a que se trata de números y sabemos que si la persona no ingresa algún dato está queriendo decir que es cero "0" y es ese el valor que le agregamos cuando salte la excepción. Solo se mostrará el código del método **operacion** de la clase **OperacionSuma** debido a que es el mismo algoritmo para la clase **OperacionResta.**

```
public Suma operacion(Suma suma) {
double varA;
double varB;
double respuesta;
try {
varA= Double.parseDouble(suma.getVariableA());
varB = Double.parseDouble(suma.getVariableB());
}
catch (NumberFormatException e){
if (suma.getVariableA().equals("") && suma.getVariableB().equals("")){
varA=0;
varB=0;
}else if(suma.getVariableA().equals("")){
varA=0;
varB = Double.parseDouble(suma.getVariableB());
}else if(suma.getVariableB().equals("")){
varA= Double.parseDouble(suma.getVariableA());
varB=0;
}
else{
varA= Double.parseDouble(suma.getVariableA());
varB = Double.parseDouble(suma.getVariableB());
}
} catch (NullPointerException e){
if (suma.getVariableA()==null && suma.getVariableB()==null){
varA=0;
varB=0;
}else if(suma.getVariableA()==null){
varA=0;
varB = Double.parseDouble(suma.getVariableB());
}else if(suma.getVariableB()==null){
varA= Double.parseDouble(suma.getVariableA());
```

```
varB=0;
}
else{
varA= Double.parseDouble(suma.getVariableA());
varB = Double.parseDouble(suma.getVariableB());
}
}
respuesta= varA+varB;
suma.setResultado(String.valueOf(respuesta));
return suma;
}
```

Entradas

```
Dato 1: 2
Dato 2: 3
```

Salidas

Botón **suma.**

```
5.0
```

Botón **resta.**
```
-1.0
```

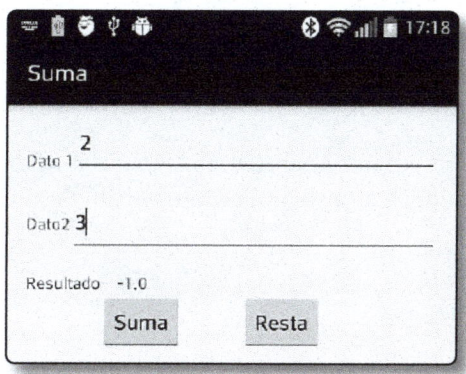

15

FORENSE MÓVIL SANTOKU

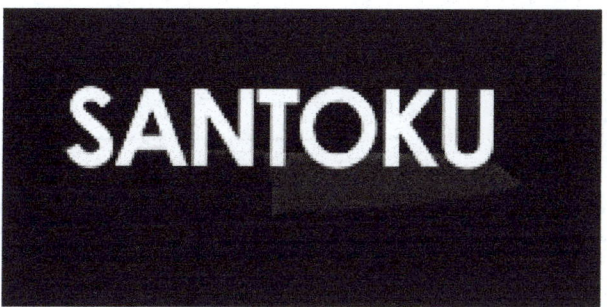

15.1 QUE ES SANTOKU

Santoku Community Edition es un proyecto de colaboración para ofrecer un entorno pre configurado Linux con utilidades orientada al Análisis Forense Móvil.

Este programa es de gran ayuda si estamos interesados en la investigación de la seguridad móvil, pruebas o ciencia forense. Se necesita una gran cantidad de herramientas las cuales están en Santoku. El objetivo es acelerar el proceso cuando hagamos este tipo de trabajo.

La palabra santoku se traduce libremente como:"tres virtudes" o "tres usos".

Santoku Linux fue creado para el apoyo de las siguientes iniciativas:

▶ **Herramientas para analizar datos:**
- Herramientas Firmware flashing para múltiples fabricantes.
- Herramientas para NAND, media cards y RAM.
- Versiones libres de algunas Herramientas Forenses Comerciales

▶ **Herramientas para el análisis de código malicioso:**
- Mobile device emulators.
- Utilities to simulate network services for dynamic analysis.
- Decompilation and disassembly tools.
- Access to malware databases

▶ **Evaluación de Aplicaciones Móviles.**
- Herramientas de descompilación y desmontaje.
- Scripts para detectar problemas comunes en Aplicaciones Móviles.
- Scripts para desencriptar archivos binarios, distribución de apps y descripción de datos de Apps.

15.2 HERRAMIENTAS

En esta sección se presenta la lista de herramientas de Santoku-Linux, organizadas por categorías, tal y como aparecen en la web oficial, sin embargo, sólo se hará el detalle de las herramientas más interesantes relacionadas a móviles.

15.2.1 Herramientas de desarrollo

▶ Android SDK Manager.
▶ AXMLPrinter2.
▶ Fastboot.
▶ Heimdall.
▶ Heimdall (GUI).
▶ SBF Flash.
▶ Testing de penetración.
▶ Burp Suite.
▶ Ettercap.
▶ Mercury.
▶ nmap.
▶ OWASP ZAP.
▶ SSL Strip.
▶ w3af (Console).
▶ w3af (GUI).
▶ Zenmap (As Root).

15.2.2 Analizadores de redes inalámbricas

- Chaosreader.
- dnschef.
- DSniff.
- TCPDUMP.
- Wireshark.
- Wireshark (As Root).
- Forénsica de dispositivos móviles.
- AFLogical Open Source Edition.
- Android Brute Force Encryption.
- ExifTool.
- iPhone Backup Analyzer (GUI).
- libimobiledevice.
- scalpel.
- Sleuth Kit.

15.2.3 Ingeniería inversa

- Androguard
- Antilvl.
- APK Tool.
- Baksmali.
- Dex2Jar.
- Jasmin.
- JD-GUI.
- Mercury.
- Radare2.
- Smali.

15.3 REQUERIMIENTOS

- Santoku – Alpha 0.1 (or later).

- Virtual Box ó VMWare Player - Maquina Virtual con las siguientes especificaciones:

- Procesador dual-core o más.

- Memoria real de 2GB o más.

- Disco duro de 40GB (libres) o más.

15.4 INSTALACIÓN

▶ Máquina Virtual.

- Descargar e instalar el VistualBox de la siguiente URL: *https://www.virtualbox.org/wiki/Downloads*

▶ Santoku

- Descargar Santoku de la siguiente URL: *https://santoku-linux.com/download*

Ahora vamos al icono de VirtualBox presionamos doble clic:

Presionar el Botón New (Nuevo).

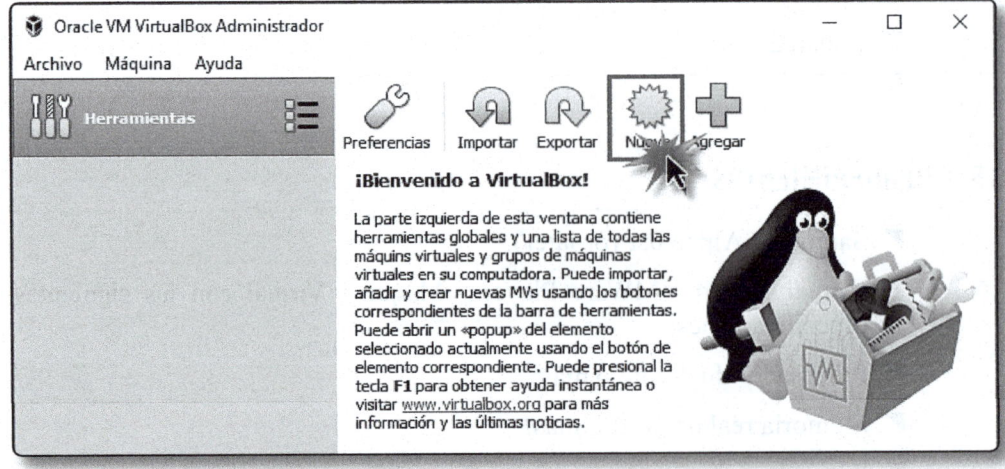

El paso por el Asistente, cree un nombre para la máquina virtual y seleccione el sistema operativo.

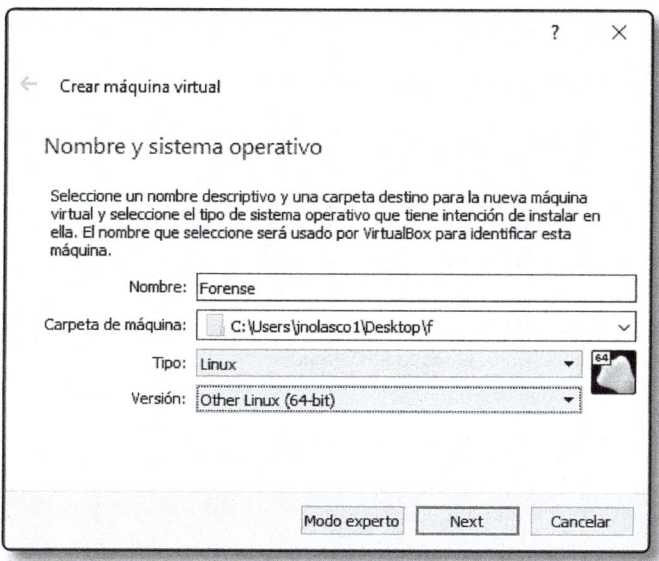

La ventana siguiente le daremos el espacio que queramos que tenga en el disco duro nuestra máquina virtual. Presionar el Botón Next.

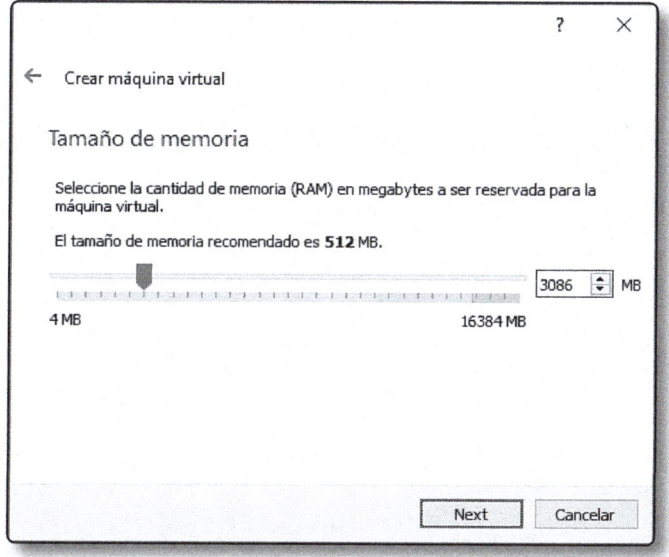

Crear una nueva máquina virtual, Presionar el Botón Create.

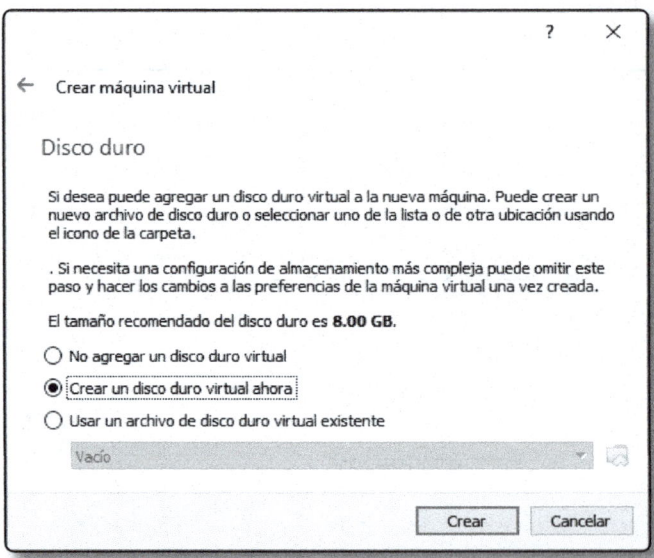

La ventana siguiente le daremos el espacio que queramos que tenga en el disco duro nuestra máquina virtual. Presionar el Botón Next.

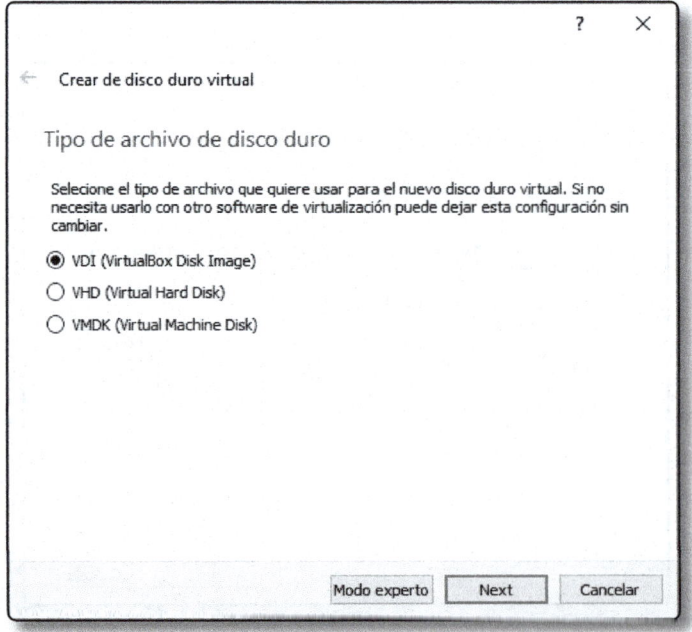

Reservado dinámicamente.

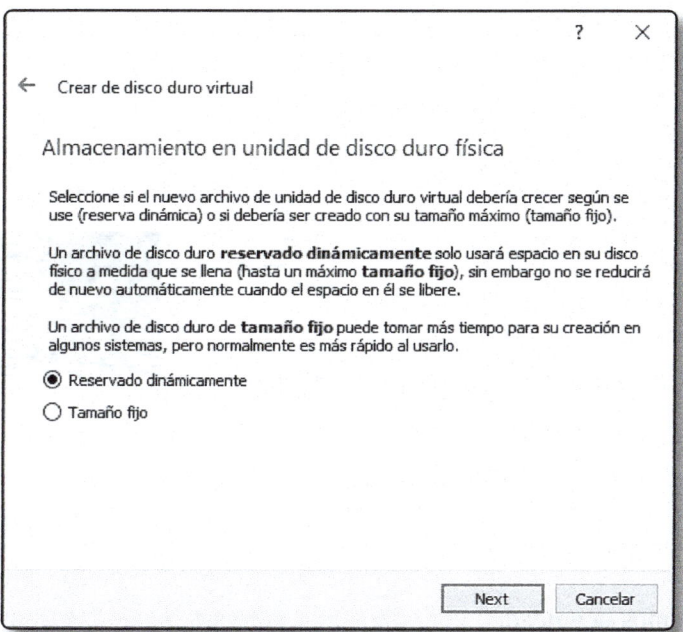

Debemos separar aproximadamente 20 gb, Presionar el Botón crear.

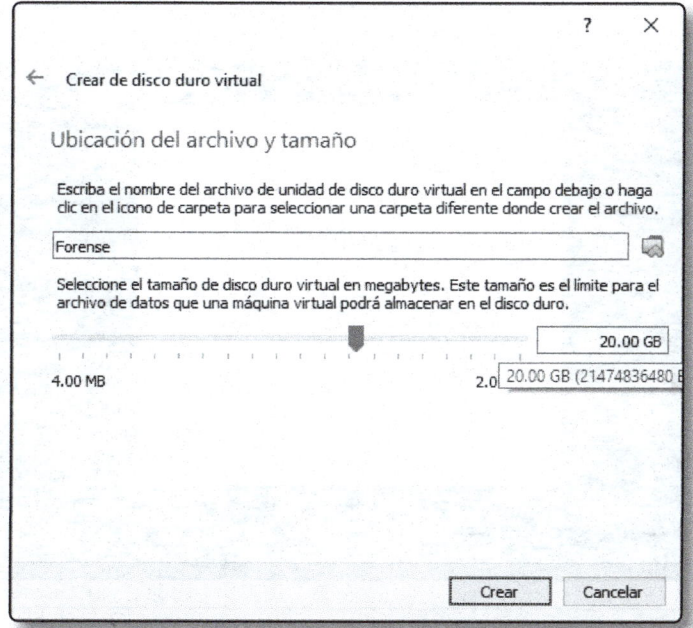

Presionar el Botón Forense:

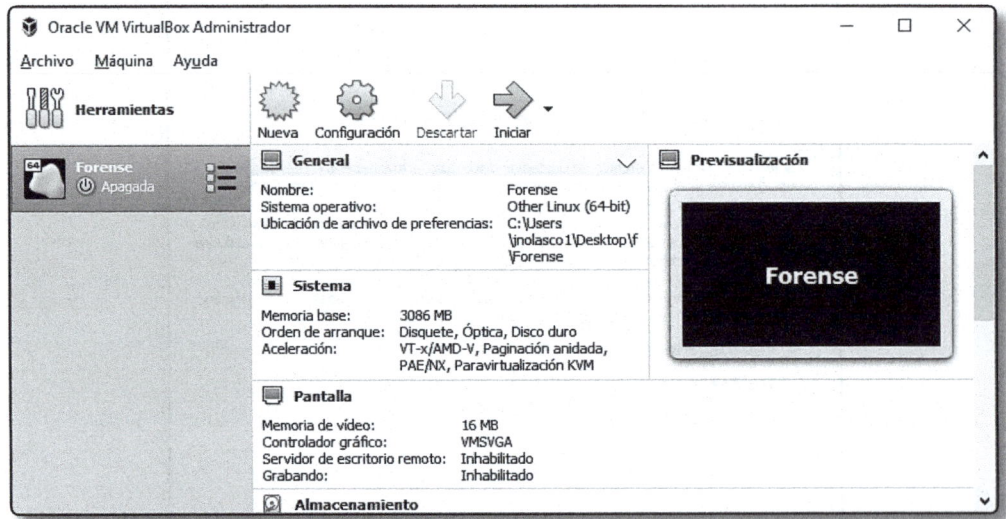

Ubicamos la unidad.

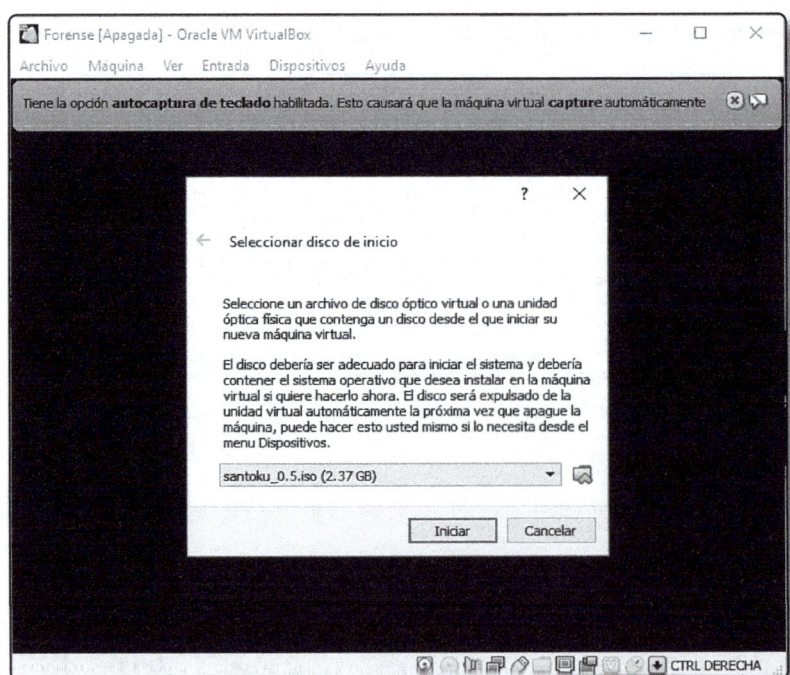

Espera hasta que se inicie, Seleccione Live – Boot the Live System.

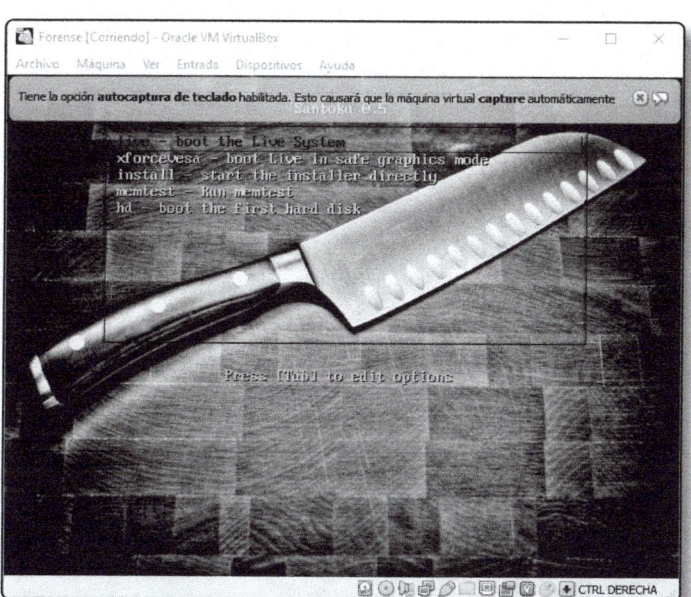

Es importante tener en cuenta cómo un dispositivo Android en realidad se conecta a una máquina virtual. Los Dispositivos Android, hasta la fecha, tiene una interfaz USB físico que les permita conectar, compartir datos y recursos, y por lo general para recargar desde un ordenador o estación de trabajo. Si sólo está ejecutando un solo sistema operativo, el dispositivo USB, deberá tener detectado y accesible. Sin embargo, la configuración adicional o controladores podrían estar requerida. Si está ejecutando una máquina virtual, sin embargo, usted simplemente desea que el sistema operativo anfitrión a pasar la conexión a través de la máquina virtual. Por ejemplo, si es tu sistema operativo anfitrión OS X y está ejecutando VMware Fusión, se seleccionan los menús de Virtual Machine / USB y luego conectar el dispositivo (High teléfono Android en este caso), como se muestra en La figura. 3.25. Del mismo modo, cuando el sistema operativo anfitrión es Linux, y está ejecutando la máquina virtual mediante VirtualBox Oracle, primero debe asegurarse de que usted es un miembro de las usbusers grupo. Por lo tanto, desde una sesión de terminal, ejecute lo siguiente:

Agregado Dispositivo USB

Instalar:

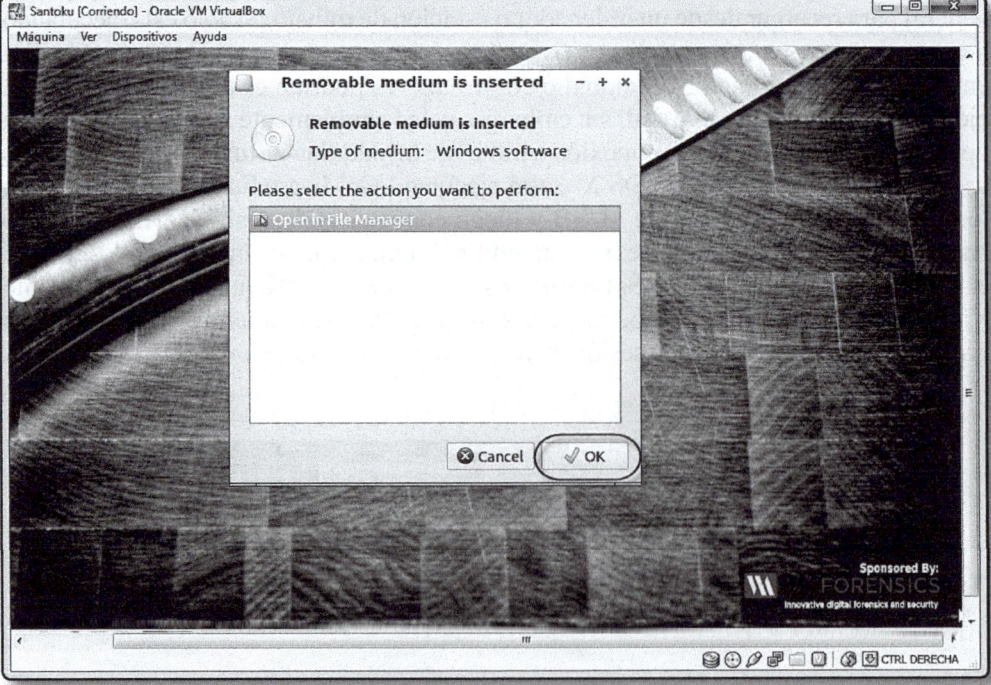

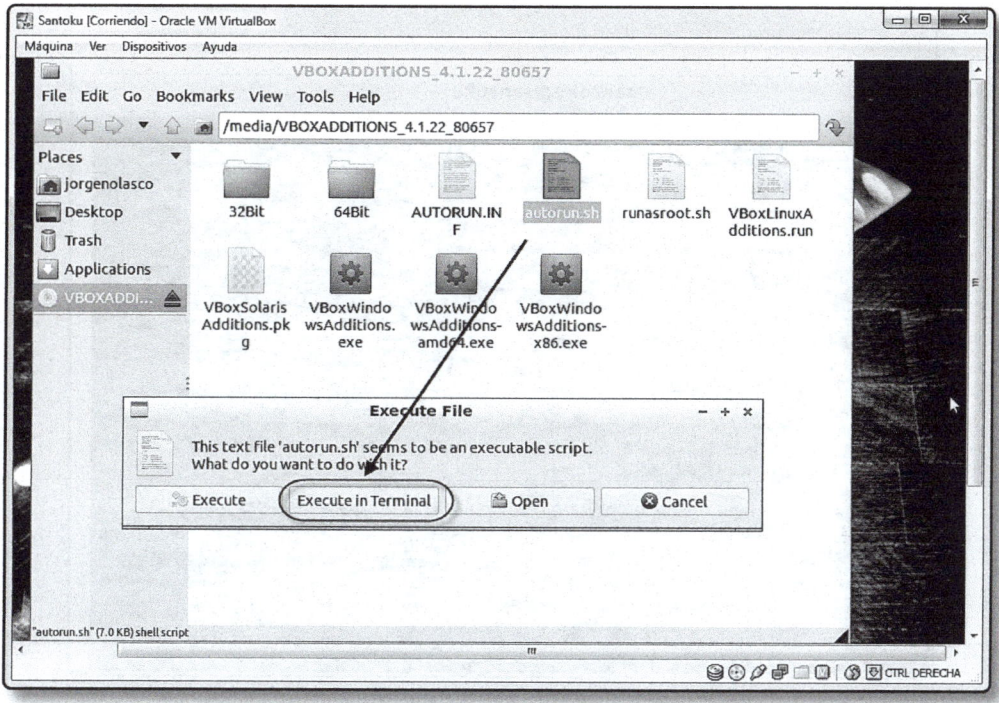

Ahora procedemos a instalar con el siguiente comando:

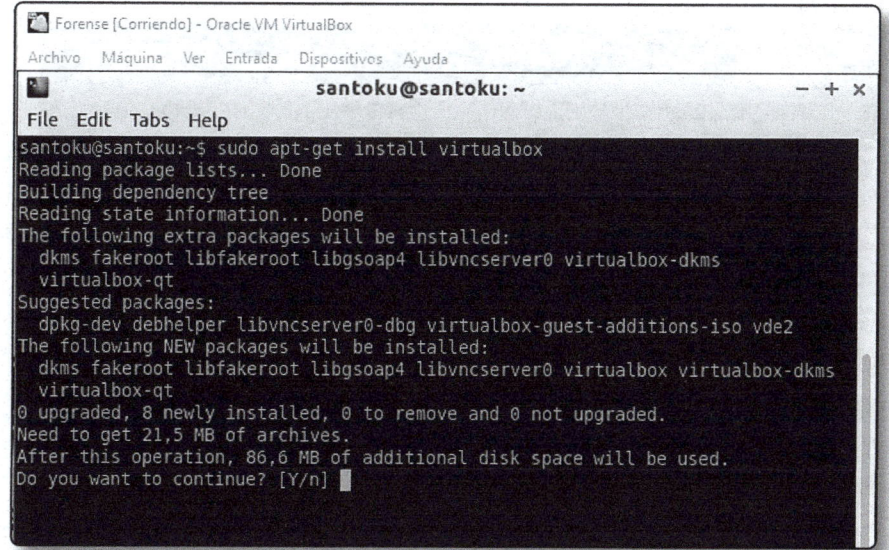

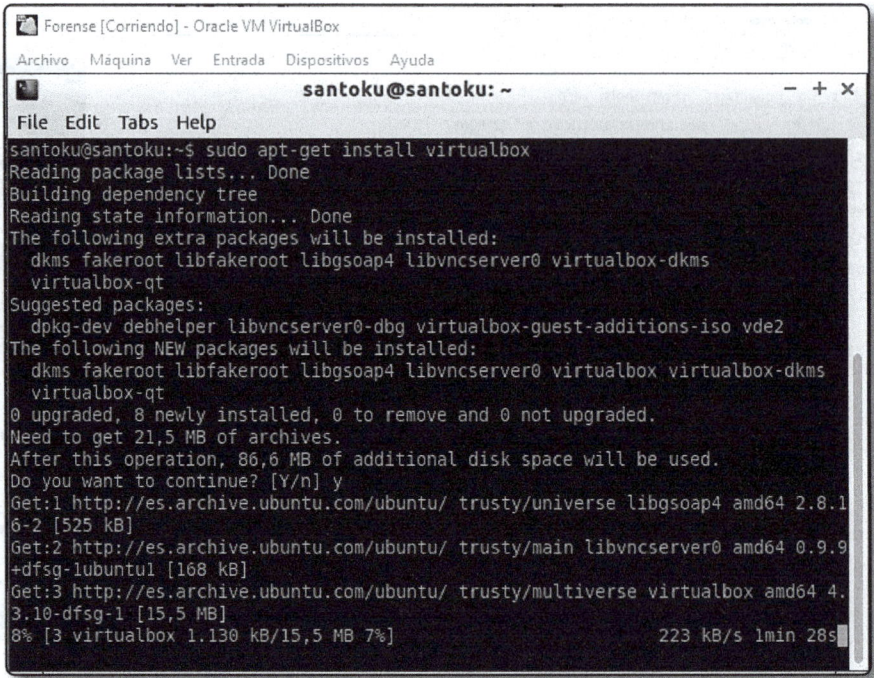

Esperamos que concluya:

Usando el Comando VBoxManage list.

El comando list proporciona información relevante acerca de su sistema para este caso suministra información sobre los dispositivos USB conectados al host, en particular información útil para la construcción de filtros USB y si están actualmente en uso por el anfitrión.

sudo VBoxManage list usbhost.

AFLogical OSE:

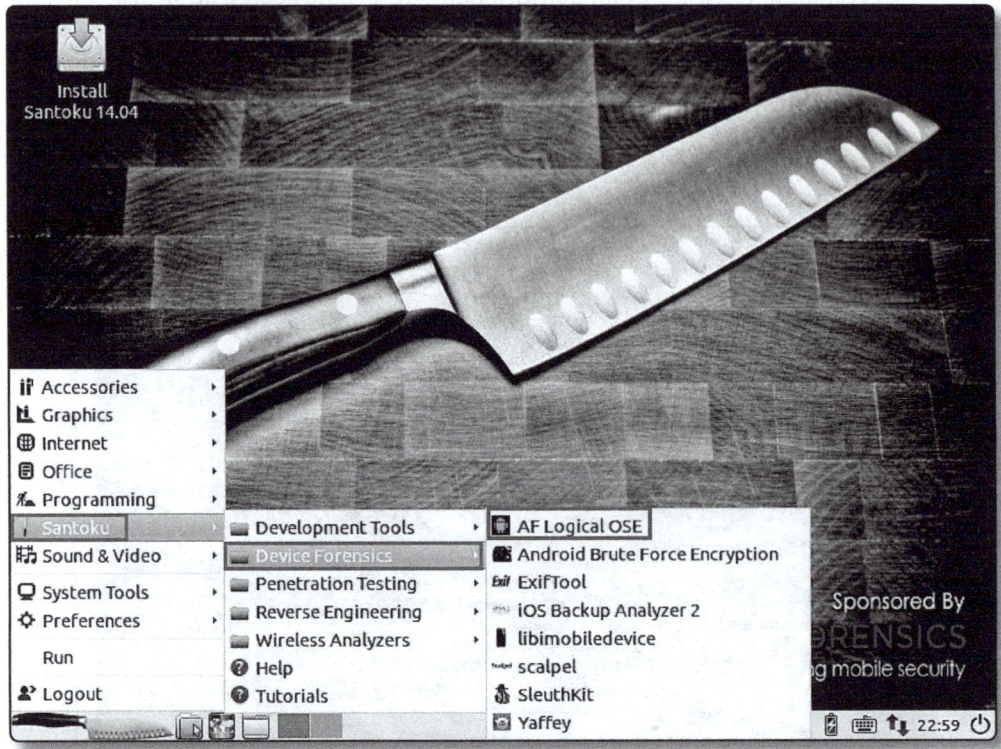

Activar USB debugging en tu dispositivo. Para Android 3.x y inferior, ir a Settings –> Applications –> Development, activar 'USB debugging'.

En Android 4.x y superior ir a Settings –> Developer Options, activar check 'USB debugging'.

Extrayendo información del dispositivo móvil:

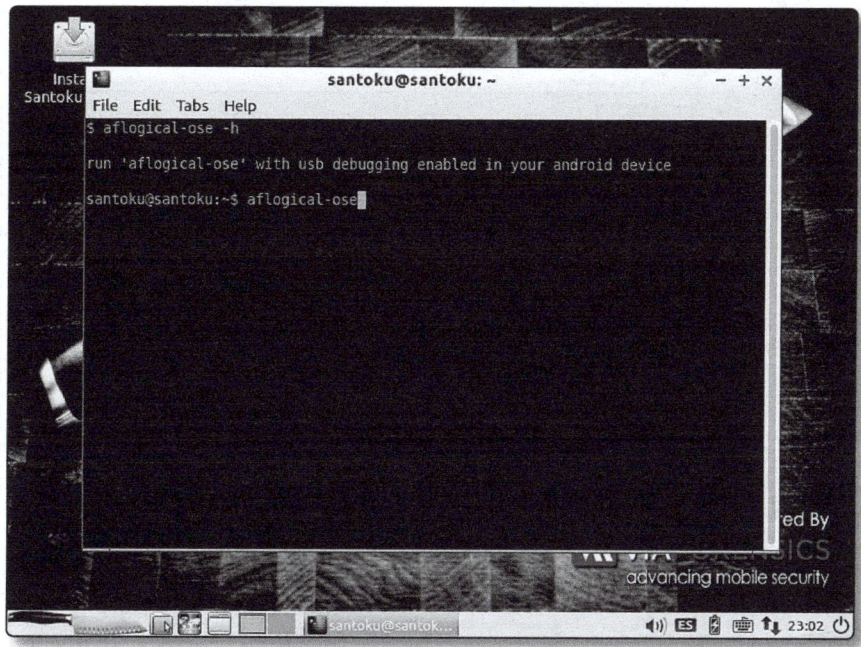

Extrayendo información del dispositivo móvil:

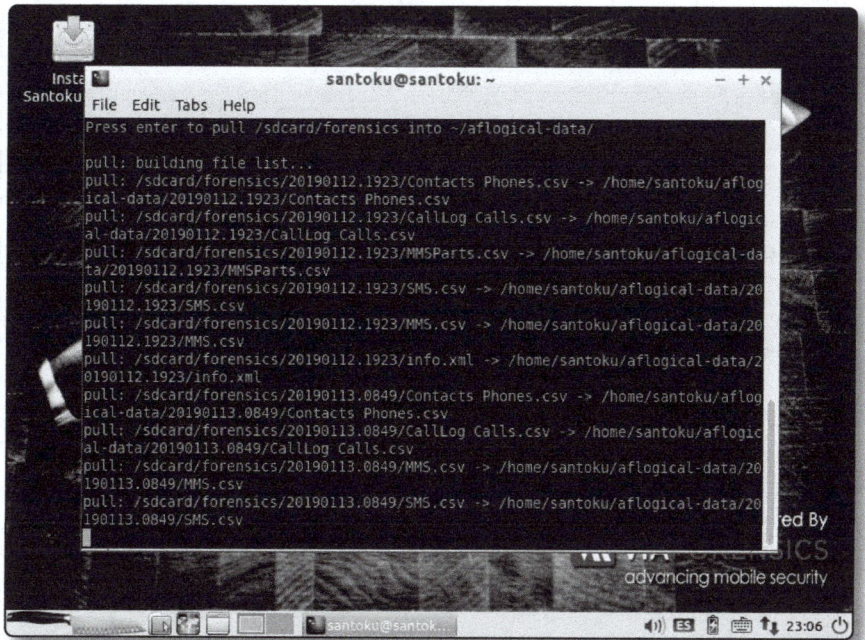

Extrayendo información del dispositivo móvil:

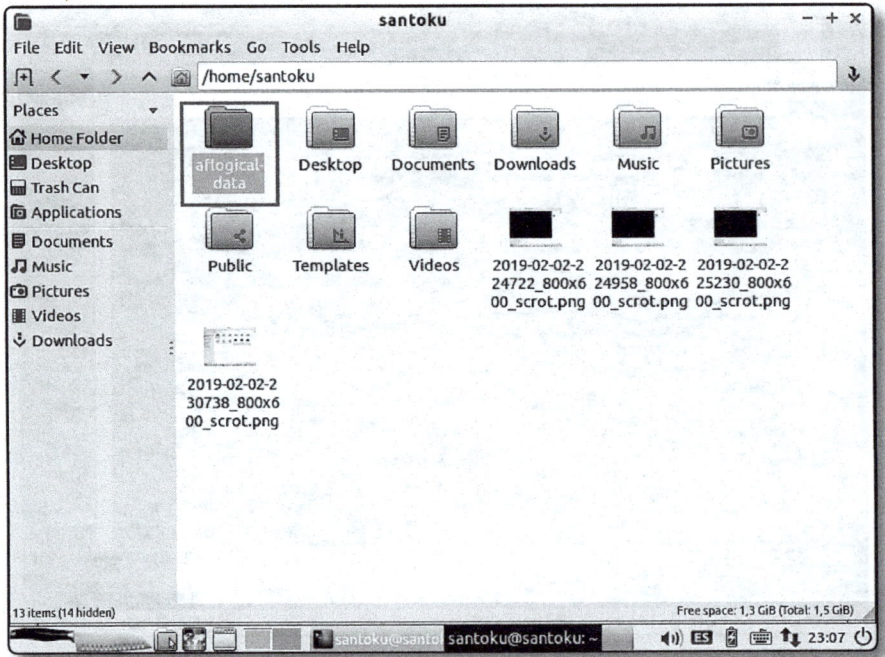

Extrayendo información del dispositivo móvil:

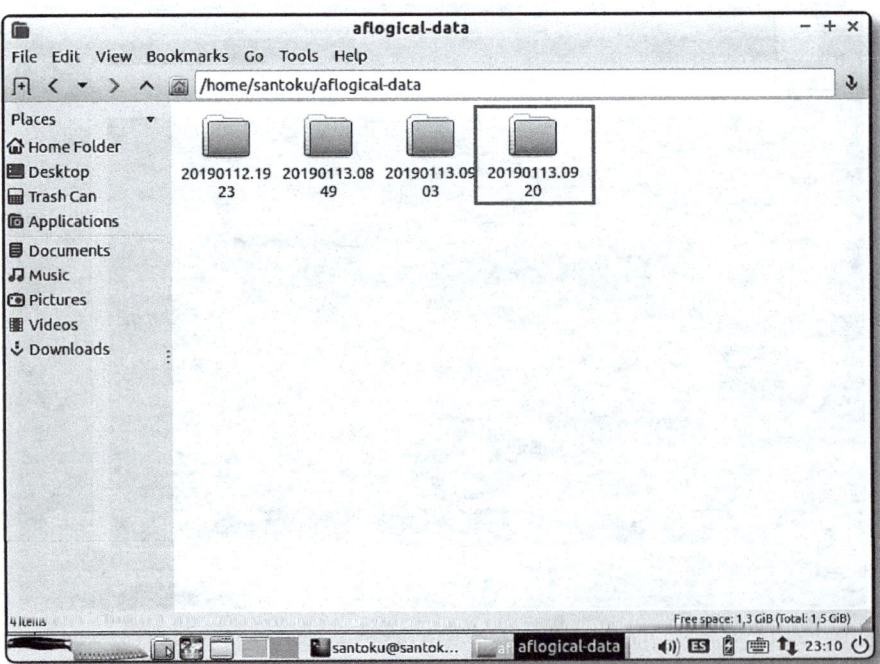

Extrayendo información del dispositivo móvil:

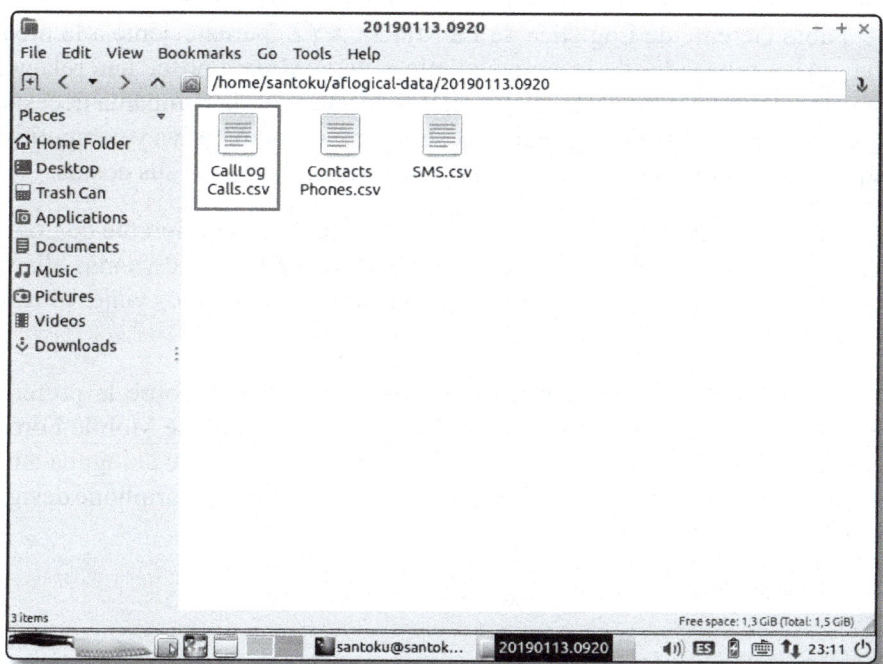

Extrayendo información del dispositivo móvil:

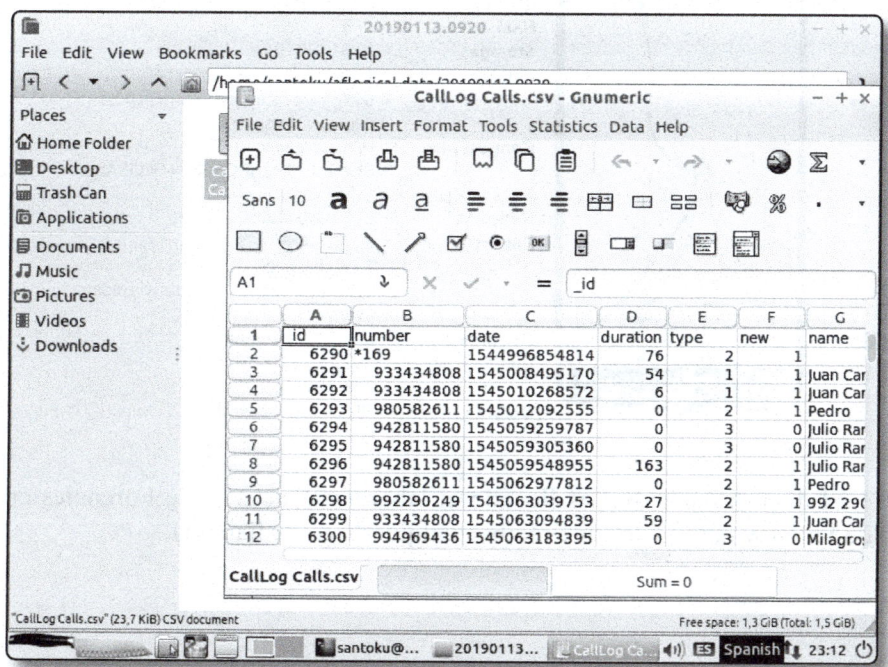

15.5 APLICACIÓN

Pablo Gerente de Logística de La Minera XYZ pertenecuente a la mediana minería y Alex proveedor de insumos químicos de la Minera posee una relación de amistad, debido a la disminución de Precios de los Metales la compañía necesita ser más competitiva para ellos es necesario poseer ventaja comparativa y competitiva en la búsqueda de la misma la Gerencia General requiere disminuir sus costos.

Debido a rumores sobre la amistad del proveedor con el Gerente de Logística y preferencias, llego a oídos del Gerente General que esta amistad va más allá y que El proveedor de insumos y el Gerente de logística realizan algunos viajes al exterior de placer.

Dado los hechos ocurridos y una denuncia anónima sobre la preferencia del gerente de logística, la gerencia general a través del equipo de Mobile Forensics realizará una auditoría, el gerente de logística declara que no posee ninguna amistad con el proveedor. Se le solicita a dicho gerente que entregue el Smartphone designado por la cia.

El Smartphone posee las siguientes características:

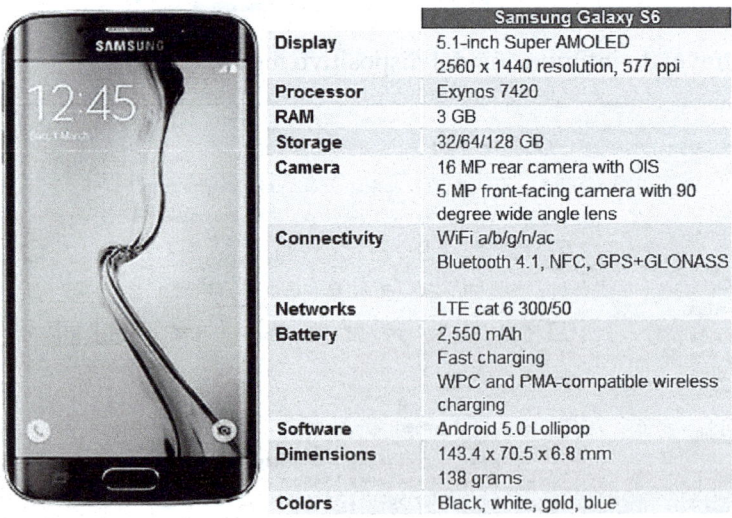

Samsung Galaxy S6	
Display	5.1-inch Super AMOLED 2560 x 1440 resolution, 577 ppi
Processor	Exynos 7420
RAM	3 GB
Storage	32/64/128 GB
Camera	16 MP rear camera with OIS 5 MP front-facing camera with 90 degree wide angle lens
Connectivity	WiFi a/b/g/n/ac Bluetooth 4.1, NFC, GPS+GLONASS
Networks	LTE cat 6 300/50
Battery	2,550 mAh Fast charging WPC and PMA-compatible wireless charging
Software	Android 5.0 Lollipop
Dimensions	143.4 x 70.5 x 6.8 mm 138 grams
Colors	Black, white, gold, blue

El dispositivo móvil es llevado al laboratorio de Mobile Forensics en una bolsa de Faraday para evitar que reciba cualquier tipo de llamada.

Herramientas- AFLogical OSE.

▼ Debido a las prestaciones que tiene para hacer de manera sencilla una evaluación forense básica de dispositivos móviles con SO Android.

▼ Y la segunda ExifTool, que nos permitirá averiguar la ubicación en la que se han tomado ciertas fotos.

Proceso.

Extracción de información del Smartphone mensajes o logs de llamada, procederemos a utilizar la herramienta AF Logical OSE. Para utilizar esta herramienta se debe de contar con el Depuramiento USB activado en el teléfono a analizar.

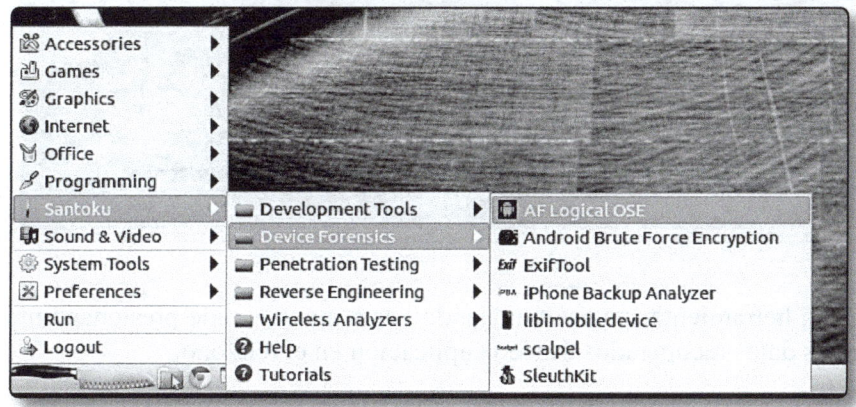

Al ejecutar la herramienta se muestra la ventana de comandos con el aviso de contar la depuración USB activada.

Escribimos el comando **aflogical-ose** y presionamos enter.

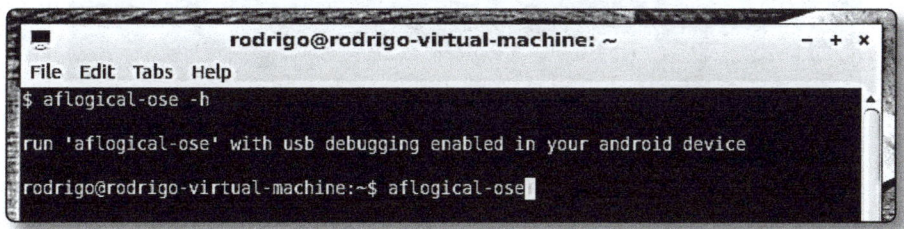

Se nos pedirá el password el cual debemos de ingresar y presionar Enter. Una vez hecho esto la aplicación de AF Logical OSE será enviada al teléfono en investigación.

La herramienta seguirá trabajando hasta que nos pide presionar Enter para extraer los datos recuperados desde la aplicación en el teléfono.

Se mostrará la lista de archivos recuperados.

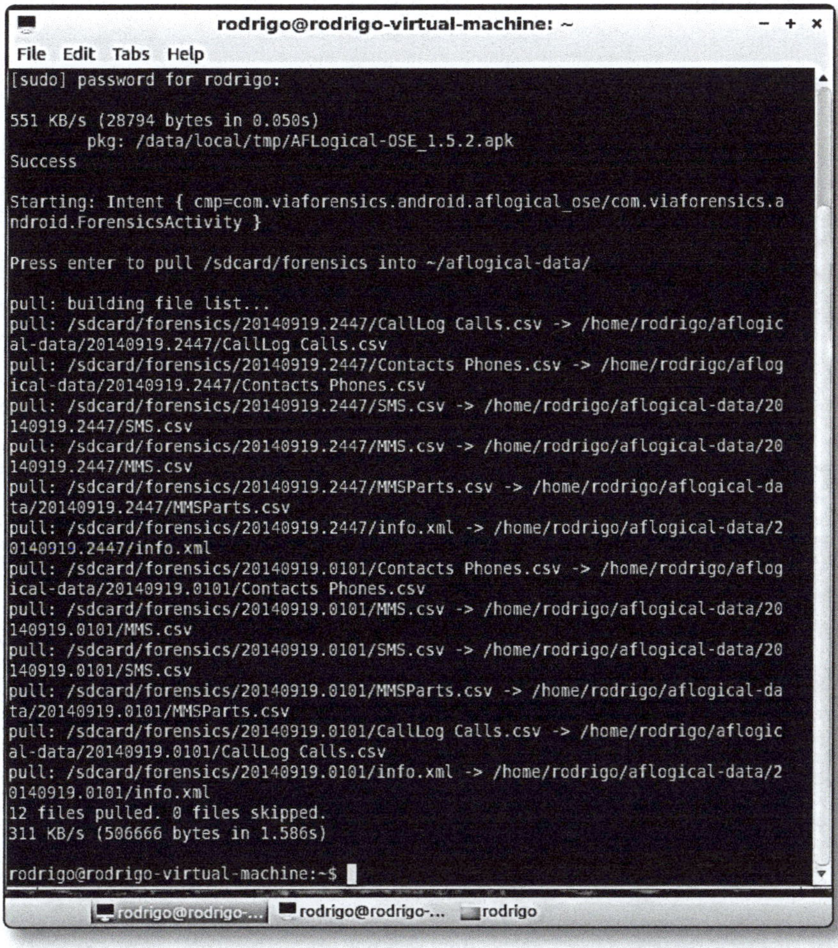

rodrigo@rodrigo-virtual-machine: ~
File Edit Tabs Help
[sudo] password for rodrigo:
551 KB/s (28794 bytes in 0.050s)
pkg: /data/local/tmp/AFLogical-OSE_1.5.2.apk
Success
Starting: Intent { cmp=com.viaforensics.android.aflogical_ose/com.viaforensics.android.ForensicsActivity }
Press enter to pull /sdcard/forensics into ~/aflogical-data/
pull: building file list...
pull: /sdcard/forensics/20140919.2447/CallLog Calls.csv -> /home/rodrigo/aflogical-data/20140919.2447/CallLog Calls.csv
pull: /sdcard/forensics/20140919.2447/Contacts Phones.csv -> /home/rodrigo/aflogical-data/20140919.2447/Contacts Phones.csv
pull: /sdcard/forensics/20140919.2447/SMS.csv -> /home/rodrigo/aflogical-data/20140919.2447/SMS.csv
pull: /sdcard/forensics/20140919.2447/MMS.csv -> /home/rodrigo/aflogical-data/20140919.2447/MMS.csv
pull: /sdcard/forensics/20140919.2447/MMSParts.csv -> /home/rodrigo/aflogical-data/20140919.2447/MMSParts.csv
pull: /sdcard/forensics/20140919.2447/info.xml -> /home/rodrigo/aflogical-data/20140919.2447/info.xml
pull: /sdcard/forensics/20140919.0101/Contacts Phones.csv -> /home/rodrigo/aflogical-data/20140919.0101/Contacts Phones.csv
pull: /sdcard/forensics/20140919.0101/MMS.csv -> /home/rodrigo/aflogical-data/20140919.0101/MMS.csv
pull: /sdcard/forensics/20140919.0101/SMS.csv -> /home/rodrigo/aflogical-data/20140919.0101/SMS.csv
pull: /sdcard/forensics/20140919.0101/MMSParts.csv -> /home/rodrigo/aflogical-data/20140919.0101/MMSParts.csv
pull: /sdcard/forensics/20140919.0101/CallLog Calls.csv -> /home/rodrigo/aflogical-data/20140919.0101/CallLog Calls.csv
pull: /sdcard/forensics/20140919.0101/info.xml -> /home/rodrigo/aflogical-data/20140919.0101/info.xml
12 files pulled. 0 files skipped.
311 KB/s (506666 bytes in 1.586s)
rodrigo@rodrigo-virtual-machine:~$
rodrigo@rodrigo-...
rodrigo@rodrigo-...
rodrigo

Una vez concluida la extracción de información del teléfono procederemos a analizar las fotos que se encontraban en el dispositivo utilizando la herramienta **EXIF Tool**.

Accessories
Games
Graphics
Internet
Office
Programming
Santoku
Sound & Video
System Tools
Preferences
Run
Logout
rodrigo
Templates
Videos
wifi
Development Tools
Device Forensics
Penetration Testing
Reverse Engineering
Wireless Analyzers
Help
Tutorials
AF Logical OSE
Android Brute Force Encryption
ExifTool
iPhone Backup Analyzer
libimobiledevice
scalpel
SleuthKit

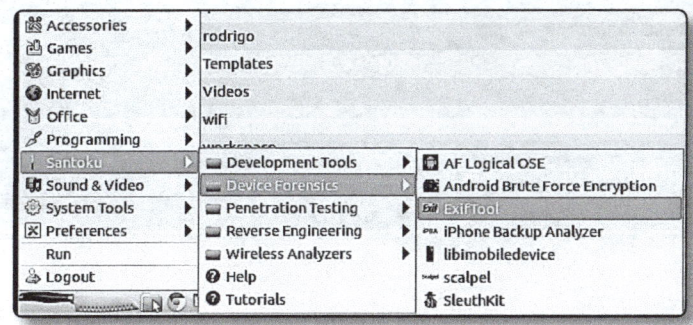

Se abrirá la ventana de comandos en donde debemos de escribir **exiftool [nombre del archivo]**.

Una vez hecho esto obtendremos toda la información de la fotografía.

Resultados

La información extraída nos ha sido de utilidad para poder determinar que existe una relación entre el Gerente de Logística y el Proveedor comprobado a través del análisis de los mensajes de texto en el cual se habla de posibles viajes financiados por el proveedor.

Se comprobó luego de analizar las etiquetas GPS de las fotografías que fueron encontradas en el dispositivo del Gerente de Logística con lo cual se puede asegurar de que si existía una relación con el Proveedor.

Los resultados fueron presentados a la gerencia General la cual tomará la decisión de tomar acciones legales contra el Gerente de Logística.

> ⓘ **NOTA**
>
> Santoku es una distribución Linux con amplias prestaciones para forense móvil, y con una amplia gama de herramientas para establecer o dar acciones en tu móvil según lo conveniente.
>
> Para un uso y ejecución más sencilla y rápida de Santoku es recomendable hacerlo en una máquina virtual ya sea en VMWARE u otro según el criterio del usuario. Sin embargo si se requiere usar todo el poder de procesamiento del equipo es mejor instalarlo en forma nativa dentro de una partición del disco real.
>
> Las herramientas de Santoku pueden ser usadas para el bien, como en el caso práctico presentado, o también para el mal, ya que hay algunas que ayudan a crackear aplicaciones.

15.6 OTRAS HERRAMIENTAS: NMAP

Nmap (Network Mapper, mapeador de redes) es una utilidad para la exploración y auditoría de seguridad de redes TCP/IP. Ha sido diseñado para escanear de forma rápida, sigilosa y eficaz tanto equipos individuales como redes de gran tamaño. Es una herramienta gratuita, de código abierto bajo licencia GPL, bien documentada, multiplataforma, disponible para consola, y que ofrece también una interfaz gráfica para facilitar su uso.

Comenzando a utilizar:

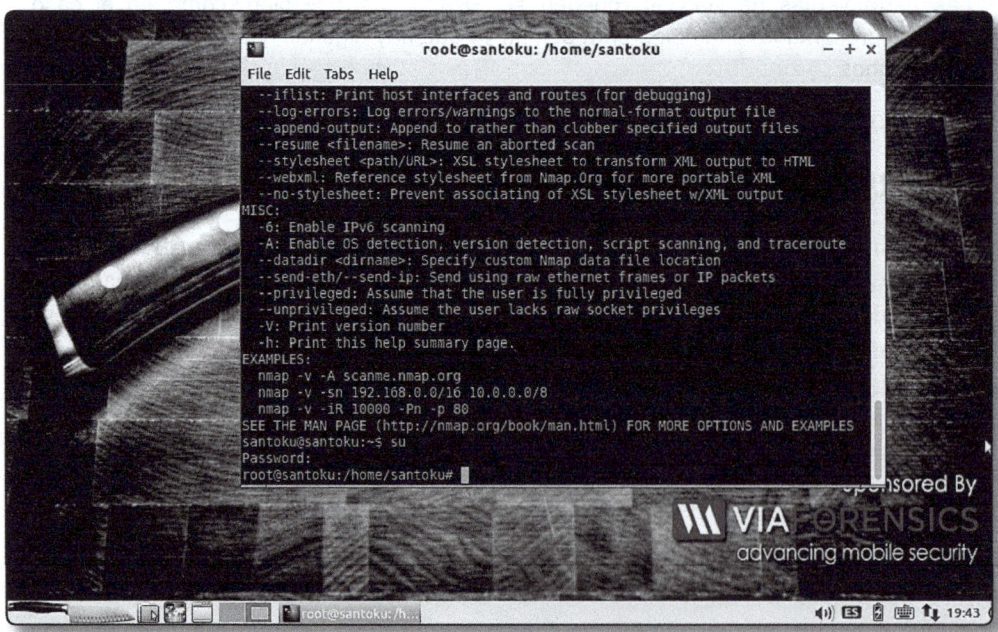

Ahora emitimos el comando nmap:

Iniciando el escaneo.

15.7 OTRAS HERRAMIENTAS: APKTOOL

Una herramienta para la ingeniería inversa Puede decodificar recursos de forma casi original y reconstruirlas después de hacer algunas modificaciones; hace posible depurar código paso a paso. También hace que trabajar con una aplicación más fácil debido a la estructura de archivos como en proyectos y la automatización de algunas tareas repetitivas como la construcción de apk, etc.

Ahora mostraremos su utilización:

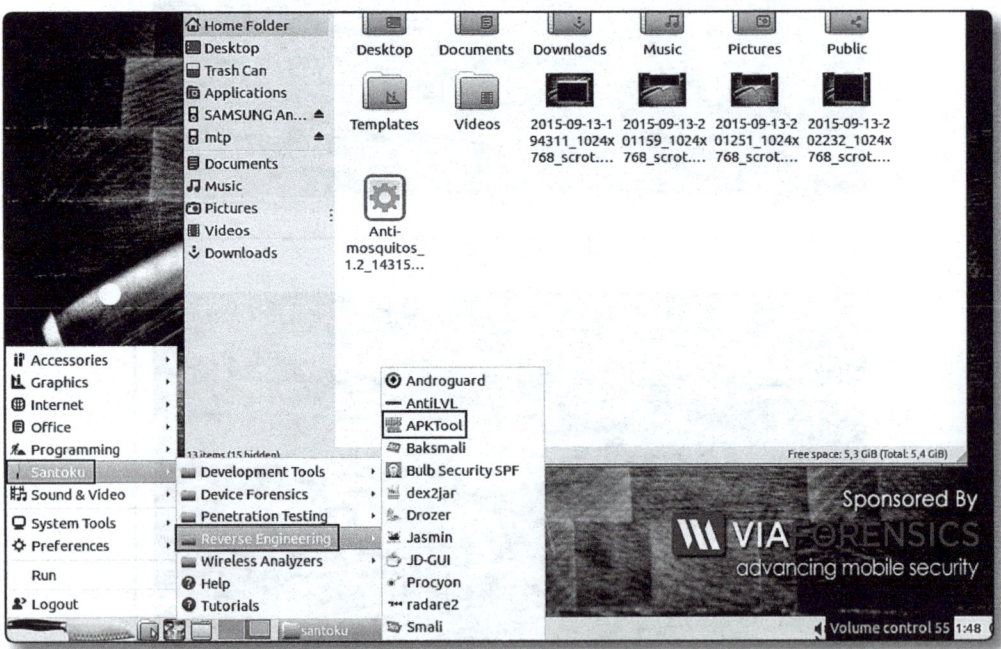

Primero vamos a observar el contenido de la carpeta:

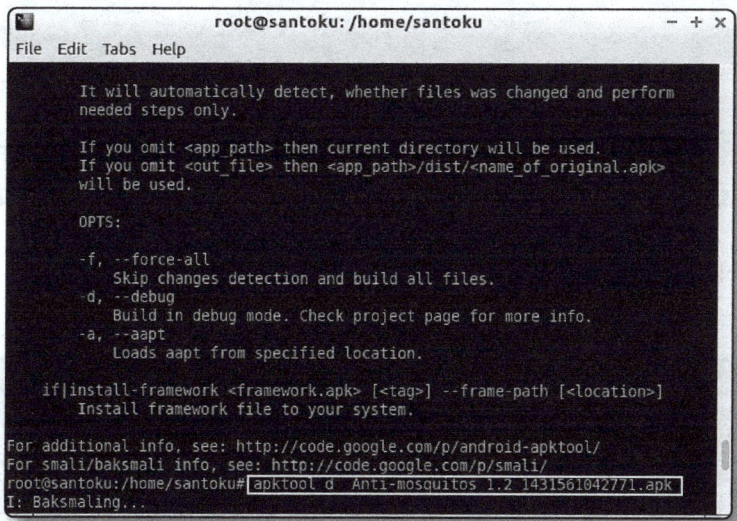

Descompilando el archivo:

15.8 OTRAS HERRAMIENTAS: BACKUP WHATSAPP

Whatsapp es la aplicación de mensajería instantánea más utilizada. Ahora vamos a mostrar cómo sacar copias de las conversaciones.

1º. Vamos a sacar la key (llave) para poder desencriptar las copias de seguridad. Para ello necesitaremos un programa llamado WhatsAppKeyExtract donde lo podréis descargar desde el siguiente enlace: *https://drive.google.com/file/ d/0B4Wle0DQU7iMeWE2Qmk2YVBwR3c/view*

Una vez descargado WhatsAppKeyExtract conectamos nuestro dispositivo móvil con el ordenador y lo pondremos en modo depuración USB (Ajustes->Opciones de desarrollador o desarrollo-> Depuración USB). Una vez enchufado el teléfono al ordenador, descargado y descomprimido el programa, vamos a iniciar el WhatsAppKeyExtract.

Iniciando:

Confirme la copia de seguridad.

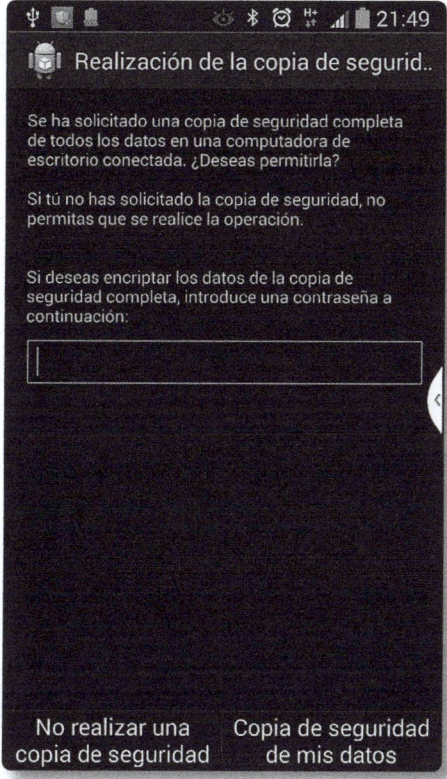

Extrayendo la Información:

```
WhatsApp Key/DB Extractor 1.6 (Official)

Strong AES encryption not allowed
Magic: ANDROID BACKUP
Version: 1
Compressed: 1
Algorithm: none
5237248 bytes written to tmp\whatsapp.tar.
apps/com.whatsapp/f/key
apps/com.whatsapp/db/msgstore.db
apps/com.whatsapp/db/wa.db

Extracting whatsapp.key ...
        1 archivo(s) copiado(s).

Extracting msgstore.db ...
        1 archivo(s) copiado(s).

Extracting wa.db ...
        1 archivo(s) copiado(s).

Pushing cipher key to: /sdcard/WhatsApp/Databases/.nomedia
78 KB/s (158 bytes in 0.001s)

Uploading cipher key to: http://whatcrypt.com/?cmd=_cryptkey
```

Ahora observamos la información mediante el programa: WhatsApp Viewer. exe.

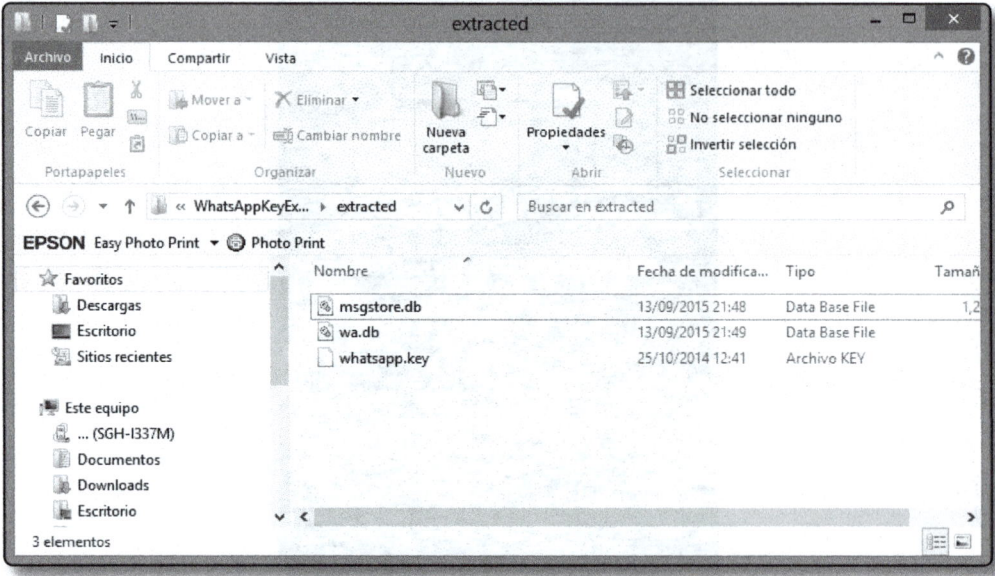

Seleccionamos la opción File:

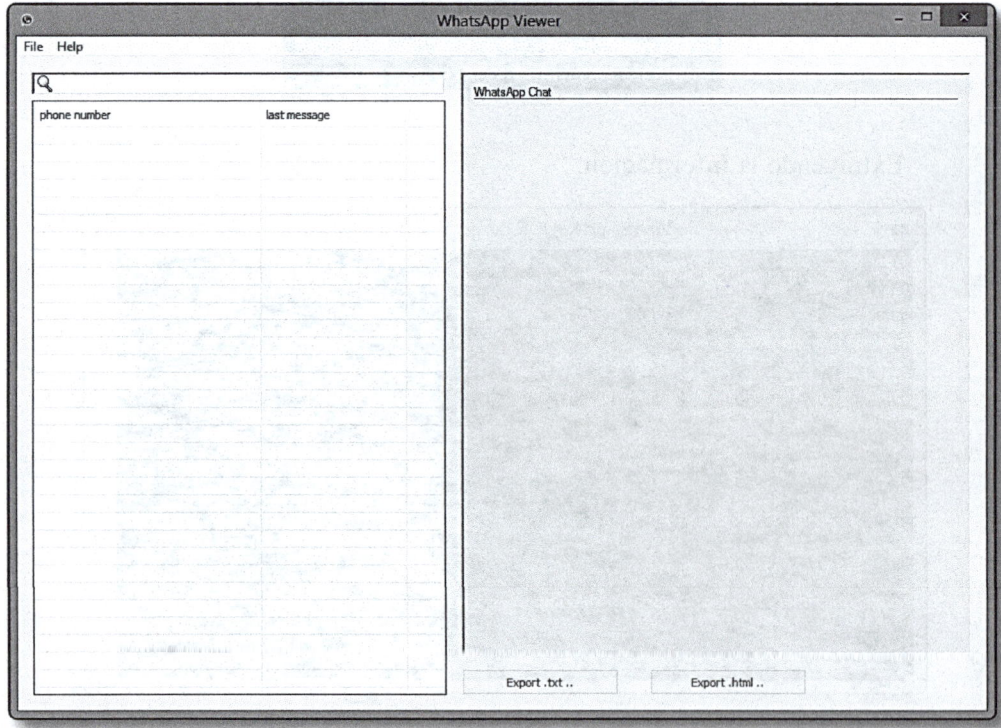

Seleccionamos la opción File – Open para apertura la Base de Datos:

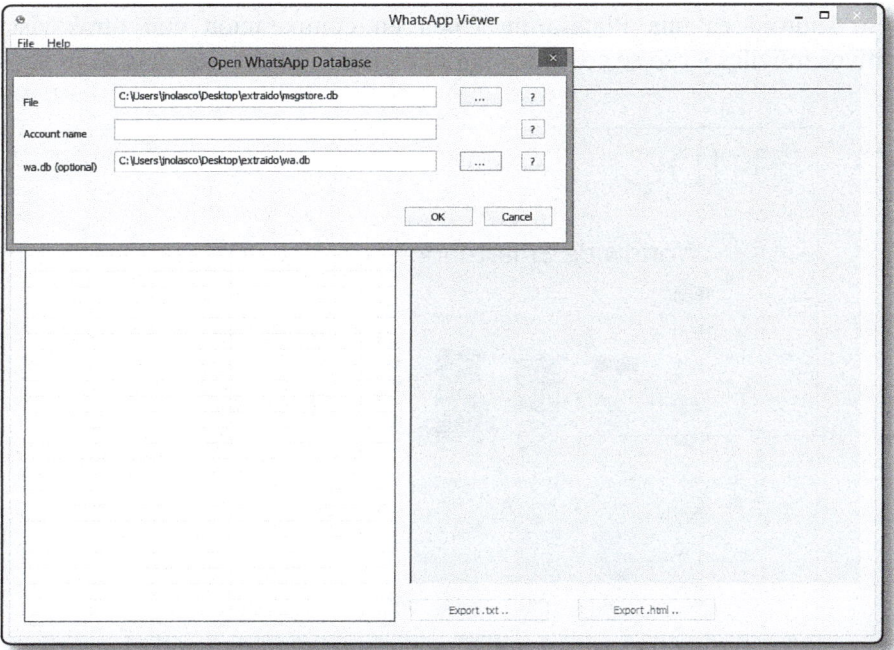

Ahora Observamos la conversación.

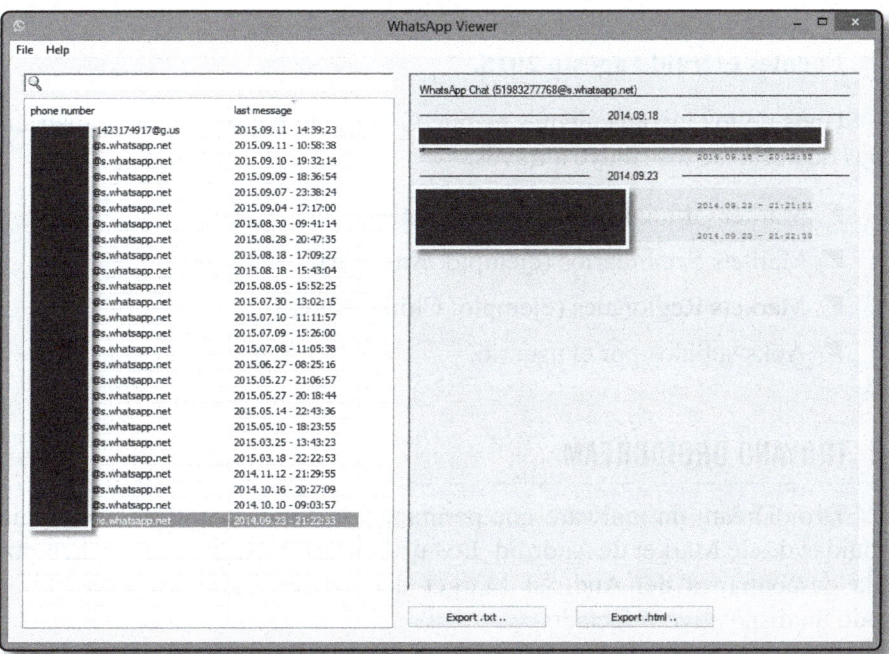

15.9 ATAQUE A ANDROID

Android es una Plataforma Open en comparación con otros sistemas operativos móviles y eso se complica por el mercado que abarca más de un 80%.

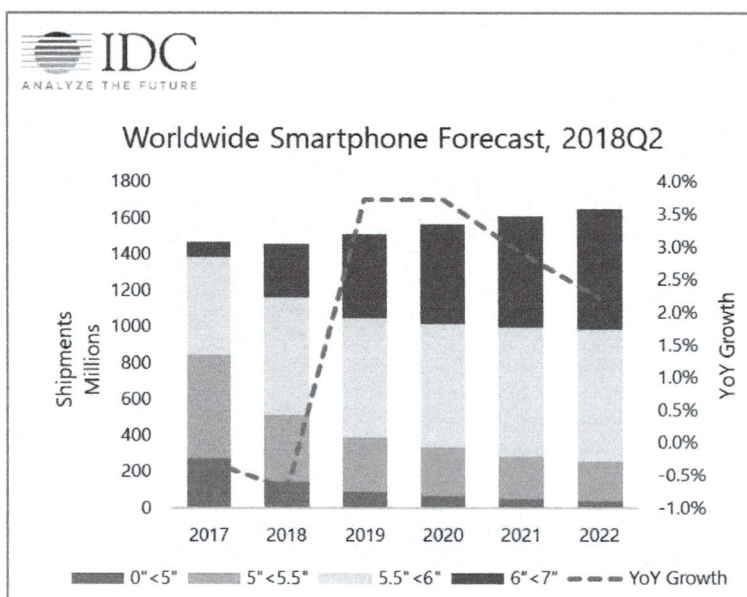

Fuentes extraída agosto 2018.

Unos de los inconvenientes es que Google no controla toda la distribución de Apps de hecho se distribuye a través:

▼ Market Official de Android (Google).

▼ Markets Secundarios (ejemplo: Amazon).

▼ Markets Regionales (ejemplo: China, Korea).

▼ Apks subidos por el usuario.

15.10 TROYANO DROIDDREAM

DroidDream un malware que permaneció oculto en aplicaciones legitimas distribuidas desde Market de Android. Los usuarios normales que no tienen razones para la desconfianza del Android Market descargan la aplicación y terminaron teniendo un dispositivo infectado.

Tras el estallido de este malware, Google tomó una extraordinaria paso a la limpieza remota de dispositivos que eran infectadas (aproximadamente 50 aplicaciones se consideraron malicioso). DroidDream y sus variantes obtuvieron acceso a datos sensibles de los usuarios y a la información del dispositivo y el acceso de root.

Al analizar este malware se revisó sus permisos:

PERMISO	DESCRIPCIÓN
READ_PHONE_STATE	Acceso de lectura a todo el teléfono
SET_WALLPAPER	Configuración del Fondo de Pantalla
INTERNET	Apertura de la Red

Teniendo estos permisos fácilmente el malware puedes acceder a datos sensibles como:

▼ IMEI (Identidad Internacional del equipo Móvil).

▼ Número Telefónico.

▼ Sim Serial Number.

▼ Subscriber ID (IMSI- Identidad Internacional de un Abonado Movil).

16

API FACEBOOK

16.1 INICIO DE SESIÓN EN FACEBOOK

El SDK de Facebook para Android es la forma más sencilla de integrar tu aplicación para Android con Facebook. Incluye:

- Facebook Analytics: te permite entender cómo usan tu producto las personas.

- Inicio de sesión con Facebook: permite la autenticación con las credenciales de Facebook.

- Account Kit: permite que las personas inicien sesión solo con su número de teléfono o dirección de correo electrónico.

- Cuadros de diálogo de envío y contenido compartido: permiten compartir contenido en Facebook desde tu aplicación.

- Eventos de la aplicación: registran eventos en tu aplicación.

- API Graph: lee y escribe en la API Graph.

Hay dos formas de configurar tu aplicación para usar el SDK de Facebook:

- Con el inicio rápido.

- Al configurar tu proyecto con el SDK de Facebook.

16.2 CREAR PROYECTO EN FACEBOOK

Lo primero es contar con una cuenta en Facebook en la siguiente dirección: *https://developers.facebook.com/docs/android/* luego seguimos los siguientes pasos para agregar un proyecto a nuestra cuenta.

Pulsamos sobre la opción Get Started.

16.2.1 Start for Android

En la siguiente pantalla pulsamos en Quick Start for Android.

16.2.2 Create App ID

En esta página creamos nuestro proyecto App para Facebook. Seleccionamos la opción Skip and Create App ID.

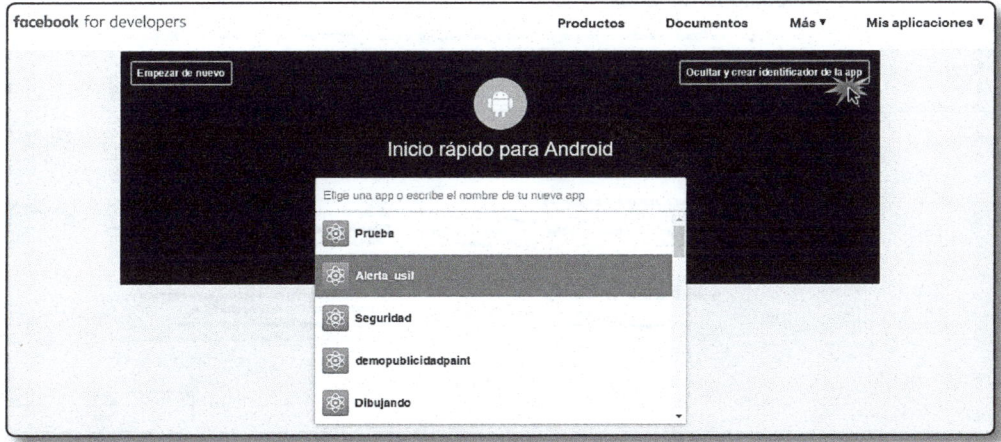

16.2.3 App ID

Ingresamos el nombre del proyecto "Ingreso Facebook", correo de contacto, los demás campos los dejamos igual y pulsamos Create App ID.

16.2.4 Seleccionar escenario

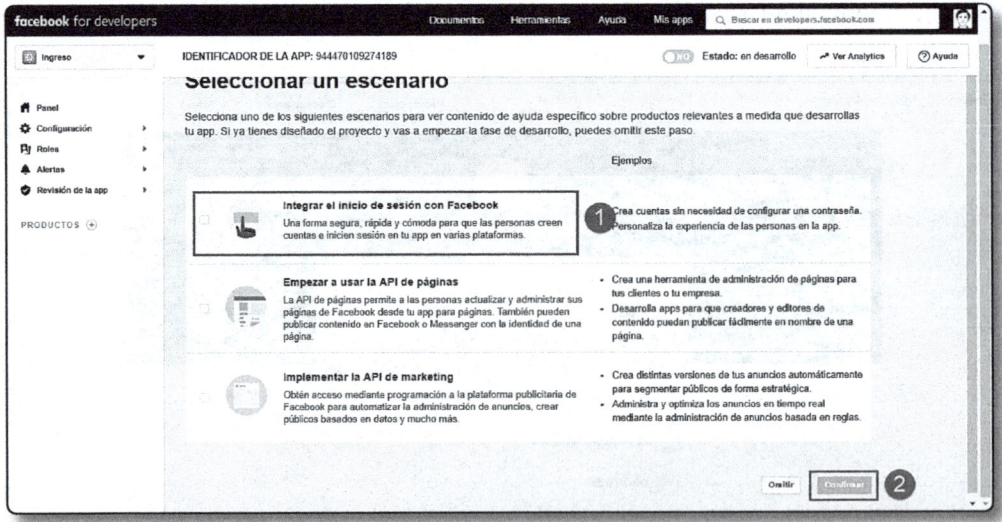

Con lo anterior ya se creó un proyecto en la página de Facebook la cual te genera un código el cual deberás ingresar a tu proyecto en Android Studio:

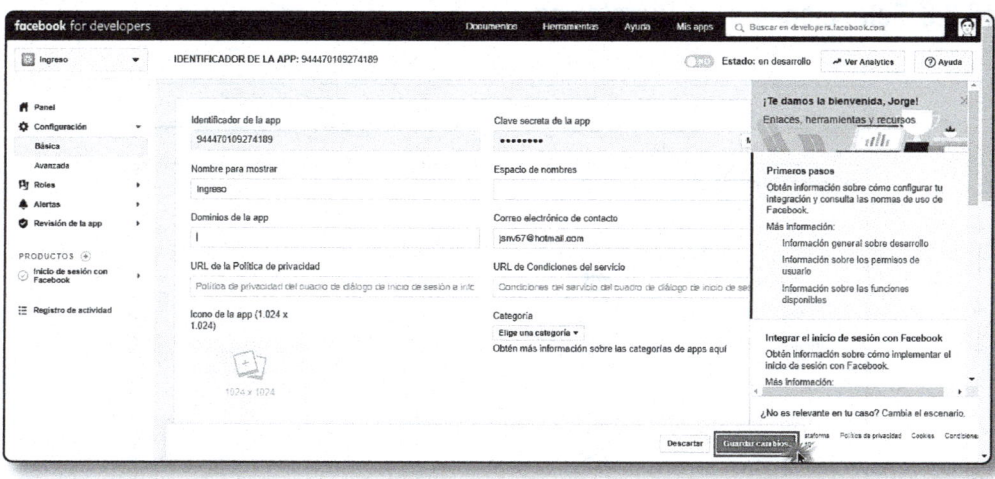

16.2.5 APP-IDSeleccionar escenario

Con lo anterior ya se creó un proyecto en la página de Facebook la cual te genera un código el cual deberás ingresar a tu proyecto en Android Studio:

APP-ID : 944470109274189

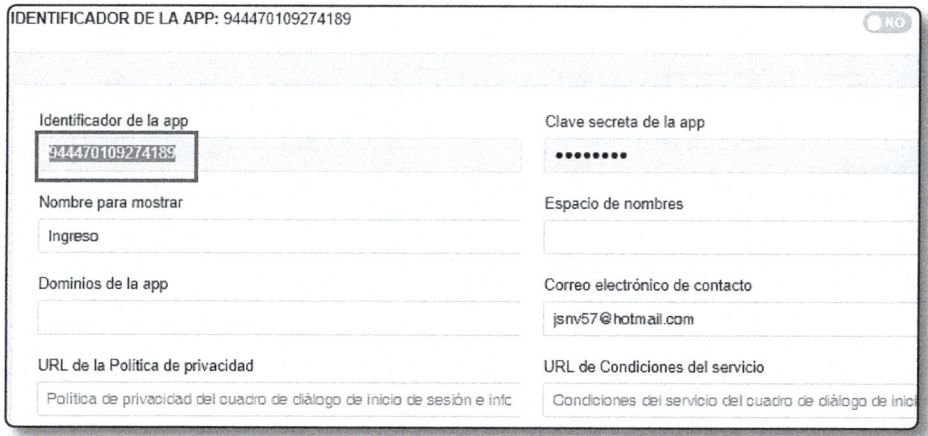

16.2.6 Seleccionamos la Plataforma

Antes de programar es necesario contar con el api de Facebook.

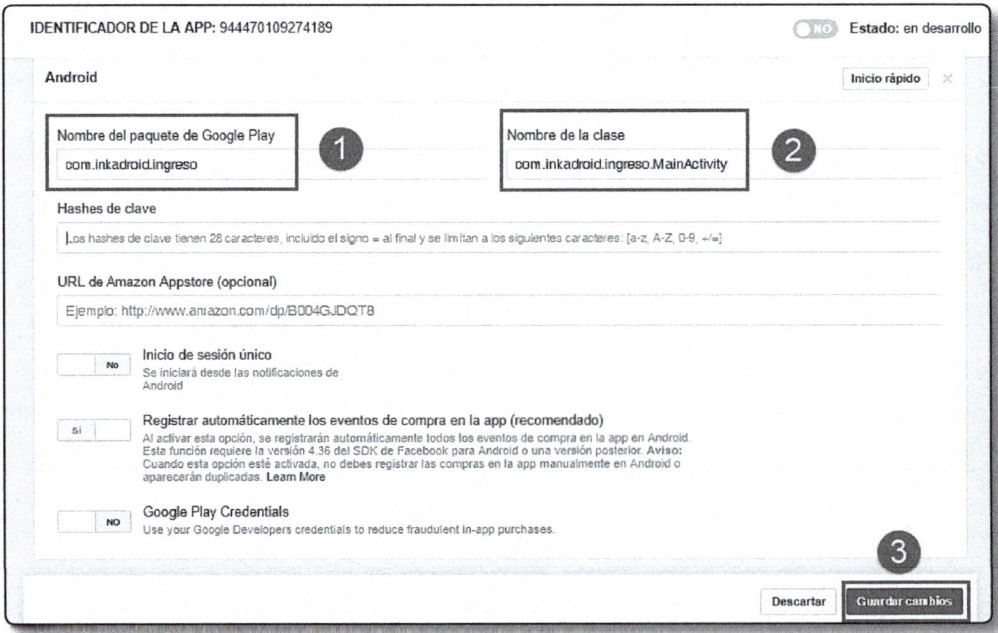

16.2.7 Creando el proyecto para loguearse con Facebook

Para comenzar a crear un nuevo proyecto haga clic en Start a new Android Studio Project (Inicie un nuevo proyecto Android Studio):

Ahora comenzamos a crear el proyecto indicando los siguientes datos y luego presionamos el botón Next (Siguiente):

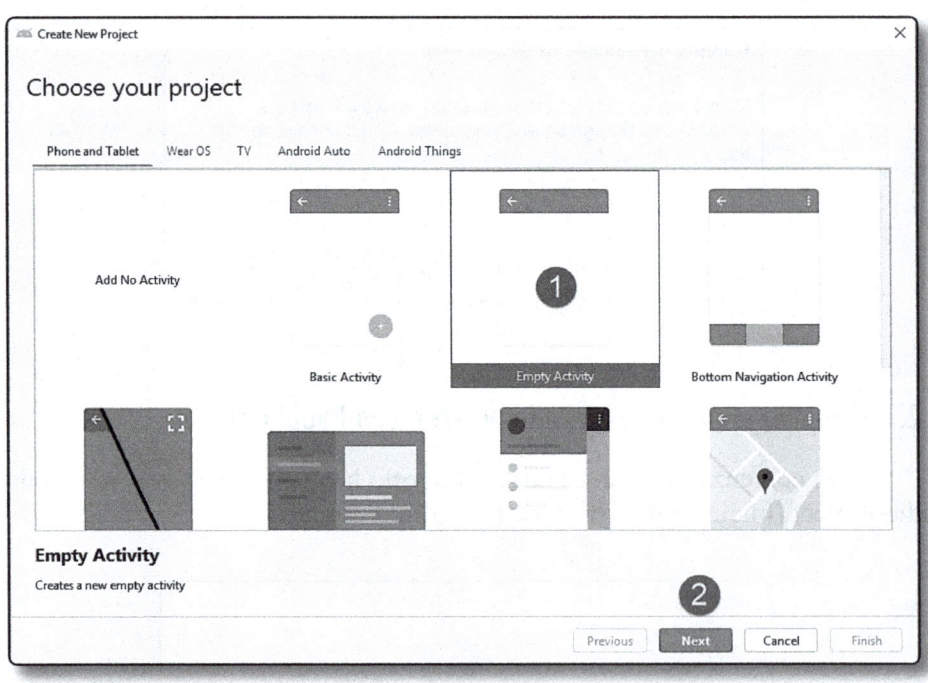

Ahora comenzamos a crear el proyecto indicando los siguientes datos y luego presionamos el botón finish (Finalizar):

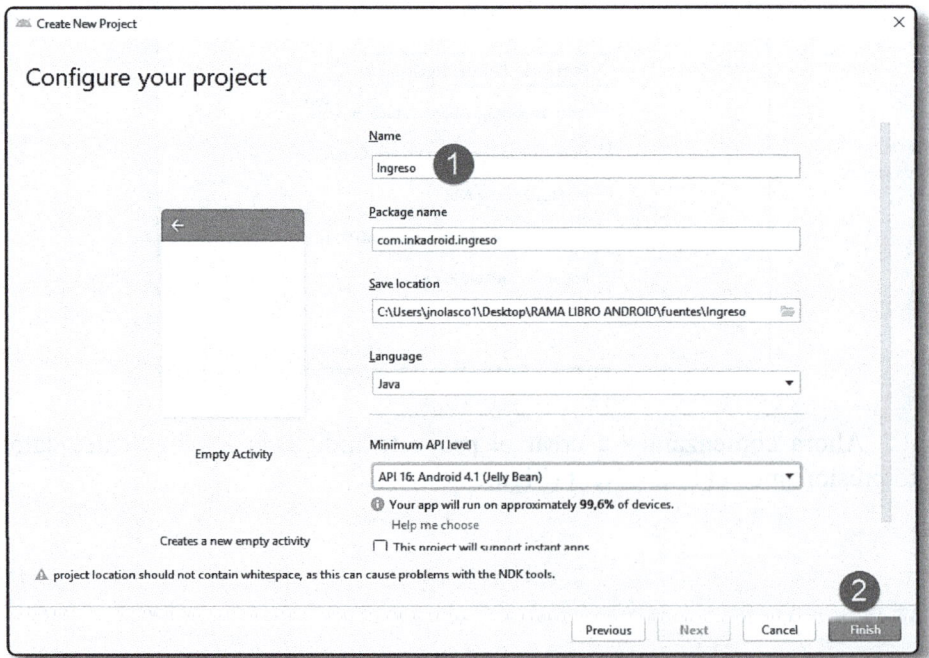

16.2.8 Modificando el archivo build.gradle

16.2.8.1 AGREGANDO EL REPOSITORIO MAVEN

```
apply plugin: 'com.android.application'

android {
    compileSdkVersion 28
    defaultConfig {
        applicationId "com.inkadroid.ingreso"
        minSdkVersion 16
        targetSdkVersion 28
        versionCode 1
        versionName "1.0"
        testInstrumentationRunner "android.support.test.runner.AndroidJUnitRunner"
    }
    buildTypes {
        release {
            minifyEnabled false
            proguardFiles getDefaultProguardFile('proguard-android-optimize.txt'), 'proguard-rules.pro'
        }
    }
}

repositories { mavenCentral() }

dependencies {
    implementation fileTree(dir: 'libs', include: ['*.jar'])
    implementation 'com.android.support:appcompat-v7:28.0.0'
    implementation 'com.android.support.constraint:constraint-layout:1.1.3'
    testImplementation 'junit:junit:4.12'
    androidTestImplementation 'com.android.support.test:runner:1.0.2'
    androidTestImplementation 'com.android.support.test.espresso:espresso-core:3.0.2'
}
```

16.2.9 Modificando el archivo build.gradle

16.2.9.1 AGREGANDO EL API DE FACEBOOK

```
apply plugin: 'com.android.application'

android {
    compileSdkVersion 28
    defaultConfig {
        applicationId "com.inkadroid.ingreso"
        minSdkVersion 16
        targetSdkVersion 28
        versionCode 1
        versionName "1.0"
        testInstrumentationRunner "android.support.test.runner.AndroidJUnitRunner"
    }
    buildTypes {
        release {
            minifyEnabled false
            proguardFiles getDefaultProguardFile('proguard-android-optimize.txt'), 'proguard-rules.pro'
        }
    }
}

repositories { mavenCentral() }

dependencies {
    implementation fileTree(dir: 'libs', include: ['*.jar'])
    implementation 'com.android.support:appcompat-v7:28.0.0'
    implementation 'com.android.support.constraint:constraint-layout:1.1.3'
    testImplementation 'junit:junit:4.12'
    androidTestImplementation 'com.android.support.test:runner:1.0.2'
    androidTestImplementation 'com.android.support.test.espresso:espresso-core:3.0.2'
    implementation 'com.facebook.android:facebook-android-sdk:[4,5)'
}
```

16.2.10 Sincronización con Gradle

Luego grabamos y ejecutamos la **Sincronización del Proyecto con Gradle.**

16.2.11 Agrega el identificador de la aplicación de Facebook

A continuación, agrega el identificador de la aplicación de Facebook al archivo "strings" de tu proyecto y actualiza el manifiesto de Android:

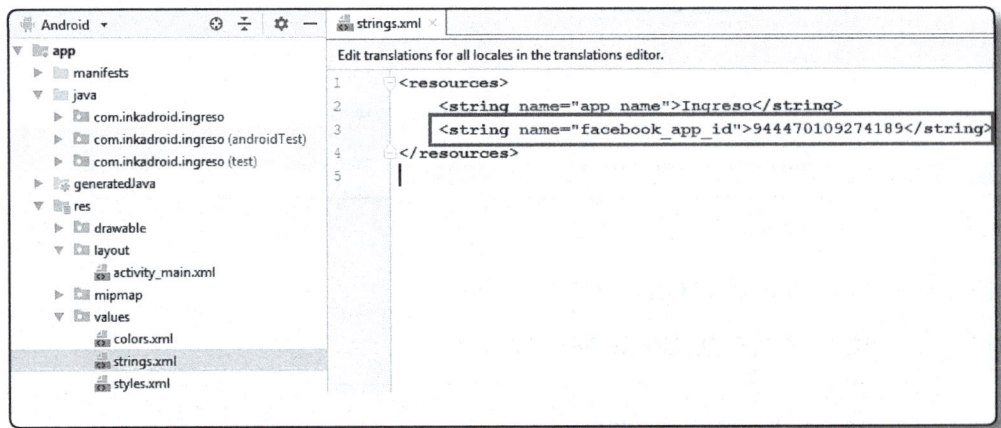

16.2.12 Agregar Permiso

A continuación, agregaremos los permisos necesarios:

```
<uses-permission android:name="android.permission.INTERNET"/>
```

```xml
AndroidManifest.xml
1    <?xml version="1.0" encoding="utf-8"?>
2    <manifest xmlns:android="http://schemas.android.com/apk/res/android"
3        package="com.inkadroid.ingreso">
4
5        <uses-permission android:name="android.permission.INTERNET"/>
6
7        <application
8            android:allowBackup="true"
9            android:icon="@mipmap/ic_launcher"
10           android:label="Ingreso"
11           android:roundIcon="@mipmap/ic_launcher_round"
12           android:supportsRtl="true"
13           android:theme="@style/AppTheme">
14           <activity android:name=".MainActivity">
15               <intent-filter>
16                   <action android:name="android.intent.action.MAIN" />
17
18                   <category android:name="android.intent.category.LAUNCHER" />
19               </intent-filter>
20           </activity>
21
22           <meta-data android:name="com.facebook.sdk.ApplicationId" android:value="944470109274189"/>
23
24       </application>
25
```

16.2.13 Agregar Meta-Data

Agrega un elemento meta-data al elemento application:

```xml
AndroidManifest.xml
1    <?xml version="1.0" encoding="utf-8"?>
2    <manifest xmlns:android="http://schemas.android.com/apk/res/android"
3        package="com.inkadroid.ingreso">
4
5        <uses-permission android:name="android.permission.INTERNET"/>
6
7        <application
8            android:allowBackup="true"
9            android:icon="@mipmap/ic_launcher"
10           android:label="Ingreso"
11           android:roundIcon="@mipmap/ic_launcher_round"
12           android:supportsRtl="true"
13           android:theme="@style/AppTheme">
14           <activity android:name=".MainActivity">
15               <intent-filter>
16                   <action android:name="android.intent.action.MAIN" />
17
18                   <category android:name="android.intent.category.LAUNCHER" />
19               </intent-filter>
20           </activity>
21
22           <meta-data android:name="com.facebook.sdk.ApplicationId" android:value="@string/facebook_app_id"/>
23
24       </application>
25
```

16.2.14 Generar el KeyHash

Primero debemos generar el KeyHash:

```java
package com.inkadroid.ingreso;
import ...
public class MainActivity extends AppCompatActivity {
    @Override
    protected void onCreate(Bundle savedInstanceState) {
        super.onCreate(savedInstanceState);
        setContentView(R.layout.activity_main);
        try {
            PackageInfo info = getPackageManager().getPackageInfo( packageName: "com.inkadroid.ingreso",
                PackageManager.GET_SIGNATURES);
            for (Signature signature : info.signatures) {
                MessageDigest md = MessageDigest.getInstance("SHA");
                md.update(signature.toByteArray());
                Log.d( tag: "KeyHash:", Base64.encodeToString(md.digest(), Base64.DEFAULT));
            }
        } catch (PackageManager.NameNotFoundException e) {

        } catch (NoSuchAlgorithmException e) {
        }
    }
}
```

Obtenemos el siguiente KeyHash:

Pegando el key a la página de Facebook:
QQpQcPla9o3yvSDW0ywCTLOSNew=

16.3 ACTIVANDO INGRESO SIMPLE

Es necesario activar Inicio de Sesión Única y luego **Guardar Cambios** para un correcto funcionamiento del aplicativo.

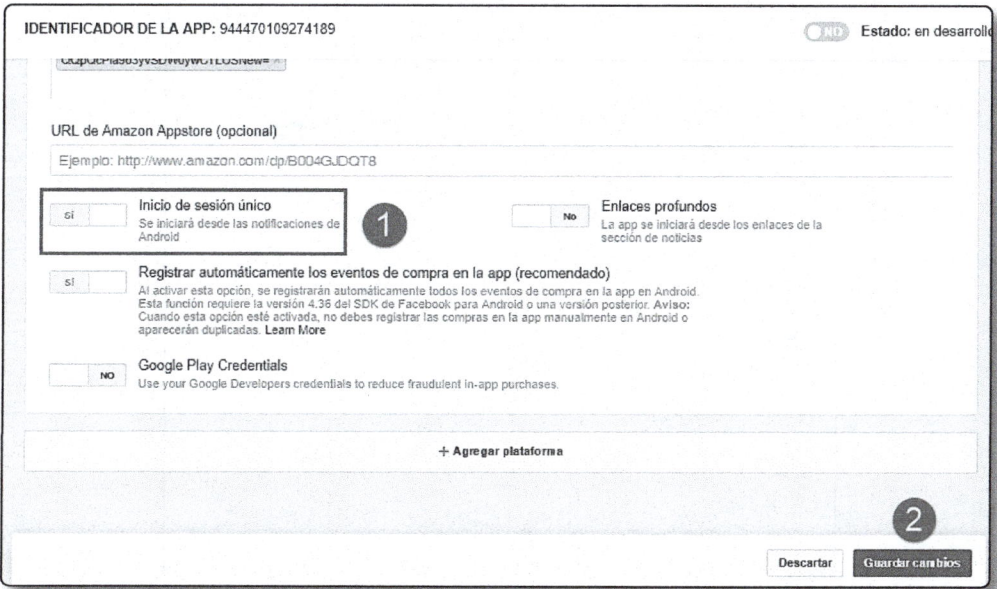

16.4 AGREGAR EL BOTÓN "INICIAR SESIÓN CON FACEBOOK"

El modo más sencillo de agregar el inicio de sesión con Facebook a tu aplicación es agregar LoginButton desde el SDK. El botón LoginButton es un elemento de la interfaz de usuario que reúne funciones disponibles en LoginManager, de modo que cuando alguien hace clic en el botón, el inicio de sesión se inicia con los permisos establecidos en LoginManager. El botón controla el estado de inicio de sesión y muestra el texto correcto en función del estado de autenticación.

Para agregar el botón de inicio de sesión con Facebook, primero agrégalo a tu archivo XML:

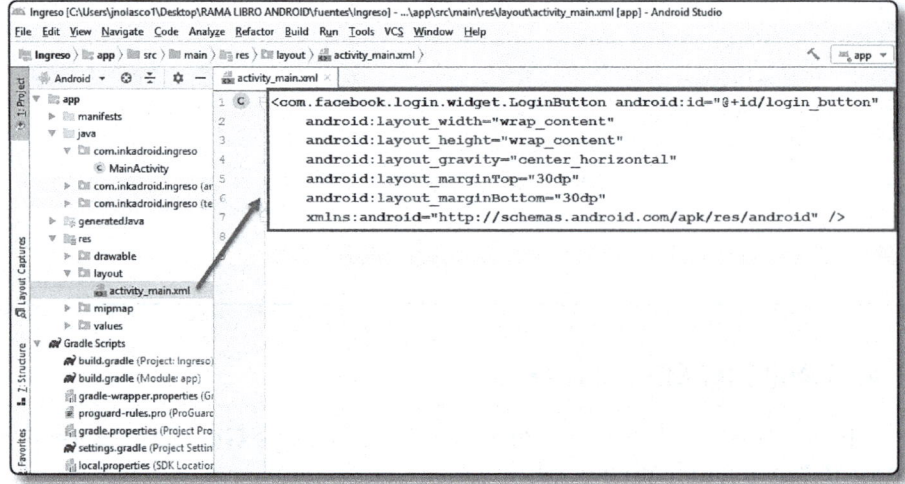

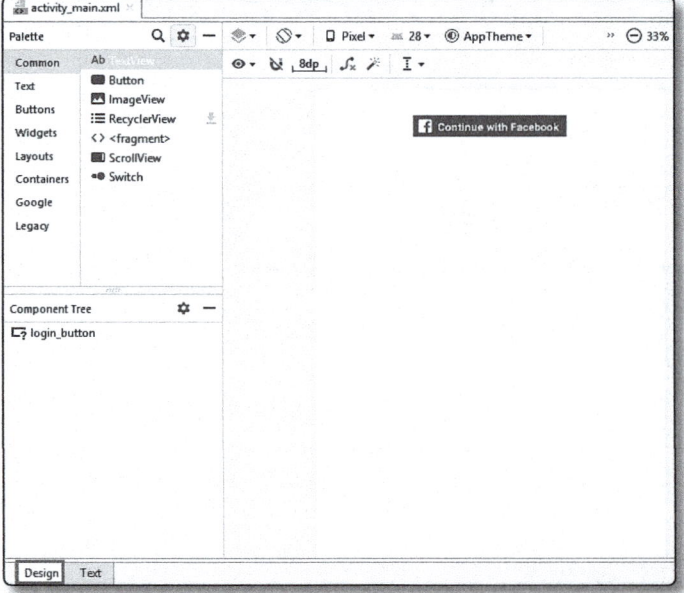

16.5 EJECUTANDO LA APLICACIÓN

Ahora para ejecutar la App podemos hacerlo utilizando el emulador o un dispositivo físico recomiendo usar un dispositivo físico para ello procedemos a conectar nuestro dispositivo o teléfono móvil. Hecho esto seguimos los siguientes pasos:

Presione el botón Run.

Ahora indicamos si utilizamos un dispositivo físico o un emulador:

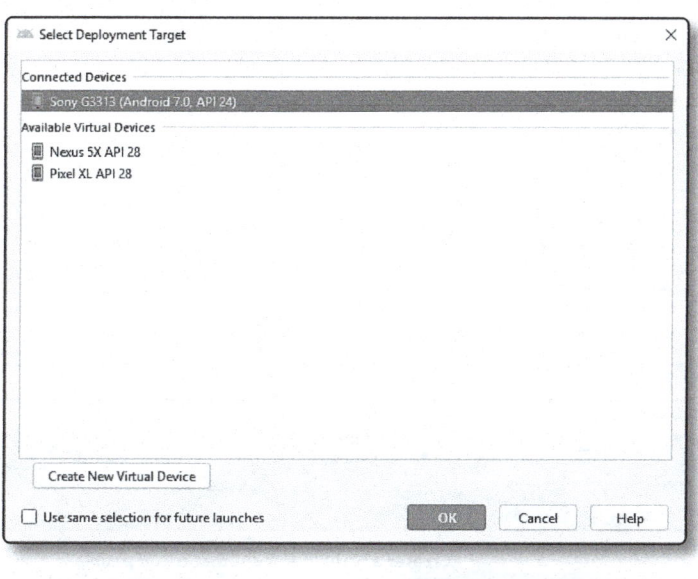

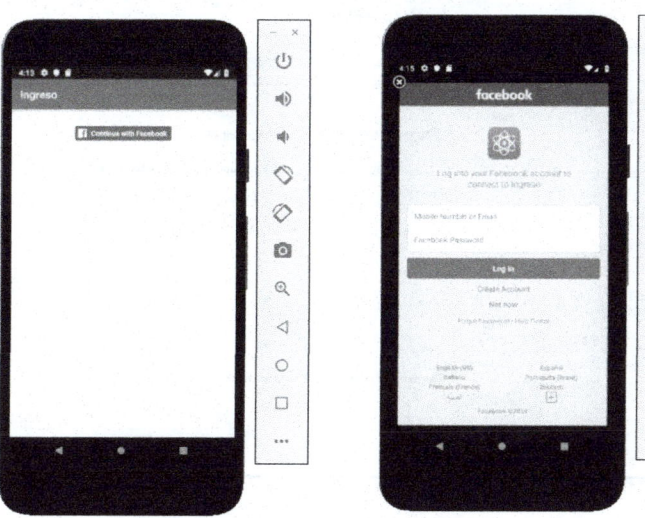

16.6 CREANDO FRAGMENTO

Ahora necesitamos crear un fragmento:

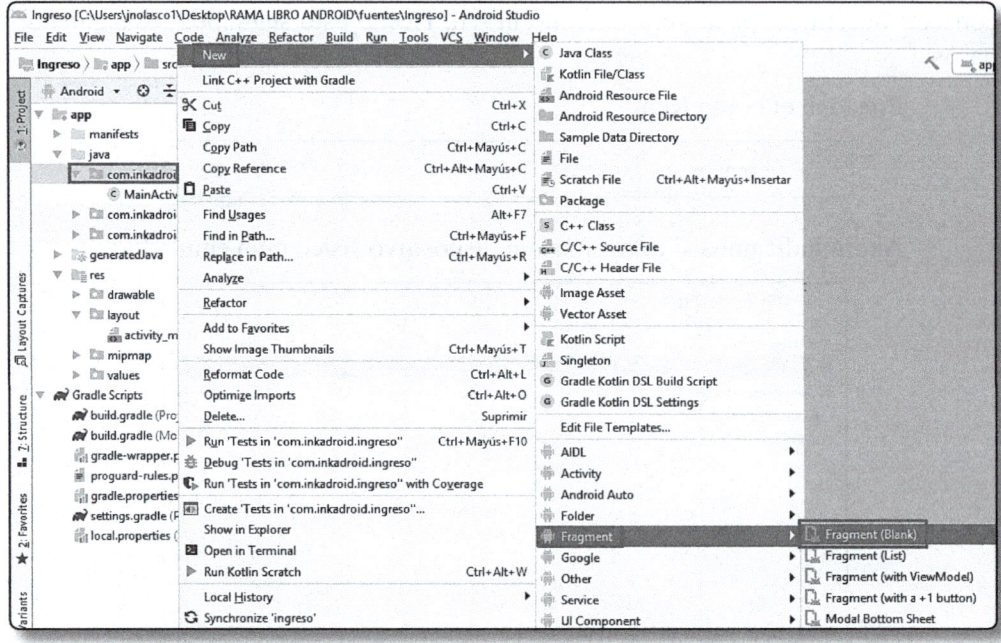

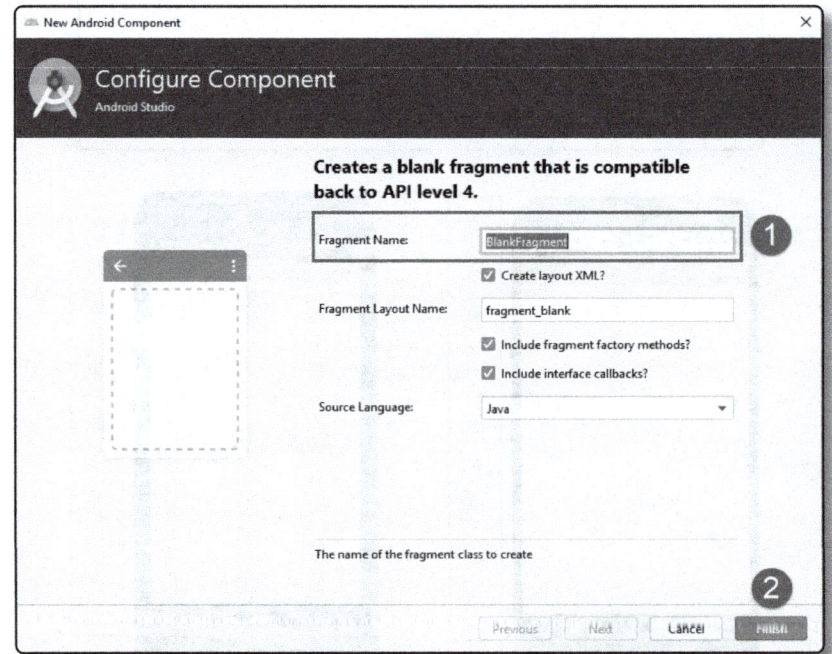

16.7 PASANDO EL CONTROL A UN FRAGMENTO

Agregamos lo siguiente al método **onCreate** de la Clase **MainActivity.**

16.7.1 Codificación de MainFragment

```java
public class MainFragment extends Fragment {
    private Session.StatusCallback statusCallback =
            new SessionStatusCallback();
    private void onClicLogin() {
        Session session = Session.getActiveSession();
        if (!session.isOpened() && !session.isClosed()) {
            session.openForRead(new Session.OpenRequest(this)
                    .setPermissions(Arrays.asList("public_profile"))
                    .setCallback(statusCallback));
        } else {
            Session.openActiveSession(getActivity(), this, true, statusCall-
back);
        }
    }
    private class SessionStatusCallback implements Session.StatusCallback {
        @Override
        public void call(Session session, SessionState state, Exception excep-
tion) {
            // Respond to session state changes, ex: updating the view
        }
    }
    private static final String TAG = "MainFragment";
    private UiLifecycleHelper uiHelper;
    private Session.StatusCallback callback = new Session.StatusCallback() {
        @Override
        public void call(Session session, SessionState state, Exception excep-
tion) {
            onSessionStateChange(session, state, exception);
        }
    };
    @Override
    public void onCreate(Bundle savedInstanceState) {
        super.onCreate(savedInstanceState);
        uiHelper = new UiLifecycleHelper(getActivity(), callback);
        uiHelper.onCreate(savedInstanceState);
    }
    private void onSessionStateChange(Session session, SessionState state, Ex-
ception exception) {
        if (state.isOpened()) {
```

```
            Log.i(TAG, "Logged in...");
        } else if (state.isClosed()) {
            Log.i(TAG, "Logged out...");
        }
    }
    @Override
    public View onCreateView(LayoutInflater inflater, ViewGroup container,
                            Bundle savedInstanceState) {
        View view= inflater.inflate(R.layout.activity_main,container,false);
        LoginButton authButton = (LoginButton) view.findViewById(R.
id.authButton);
        authButton.setFragment(this);
        authButton.setReadPermissions(Arrays.asList("public_profile"));
        return view;
    }
    @Override
    public void onResume() {
        super.onResume();
        Session session = Session.getActiveSession();
        if (session != null &&
                (session.isOpened() || session.isClosed()) ) {
            onSessionStateChange(session, session.getState(), null);
        }
        uiHelper.onResume();
    }
    @Override
    public void onActivityResult(int requestCode, int resultCode, Intent data) {
        super.onActivityResult(requestCode, resultCode, data);
        uiHelper.onActivityResult(requestCode, resultCode, data);
    }
    @Override
    public void onPause() {
        super.onPause();
        uiHelper.onPause();
    }
    @Override
    public void onDestroy() {
        super.onDestroy();
        uiHelper.onDestroy();
    }
    @Override
    public void onSaveInstanceState(Bundle outState) {
        super.onSaveInstanceState(outState);
        uiHelper.onSaveInstanceState(outState);
    }
}
```

17

GOOGLE MAPS

17.1 CREAR UN PROYECTO EN LA PÁGINA DE GOOGLE DEVELOPERS

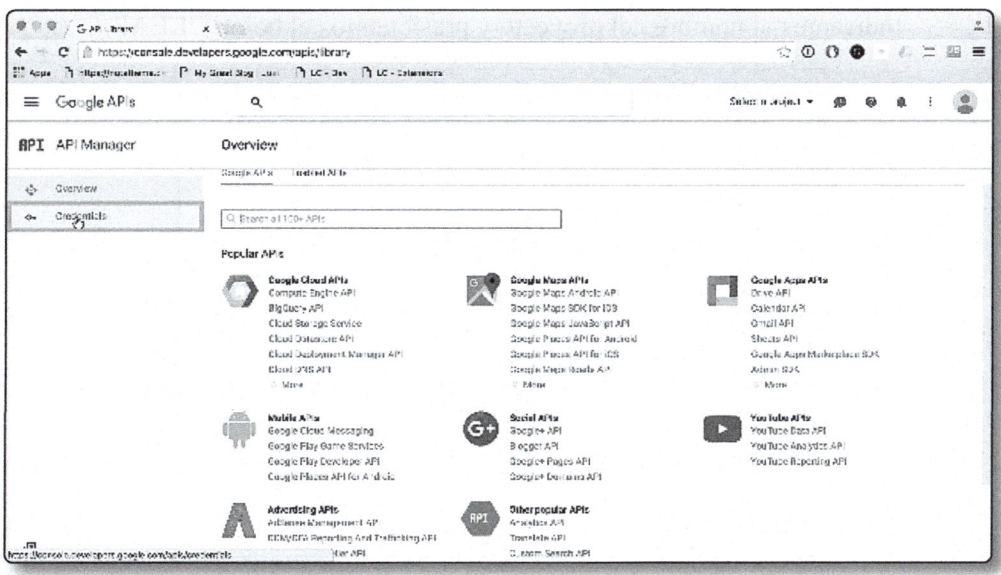

A continuación, se mostrará la creación de un proyecto de mapa en Android studio.

Para poder desarrollar aplicativos de este tipo es necesario ingresar a la siguiente página *https://console.developers.google.com/* y ahí creamos un proyecto, para nuestro caso tendrá el nombre MiMapa:

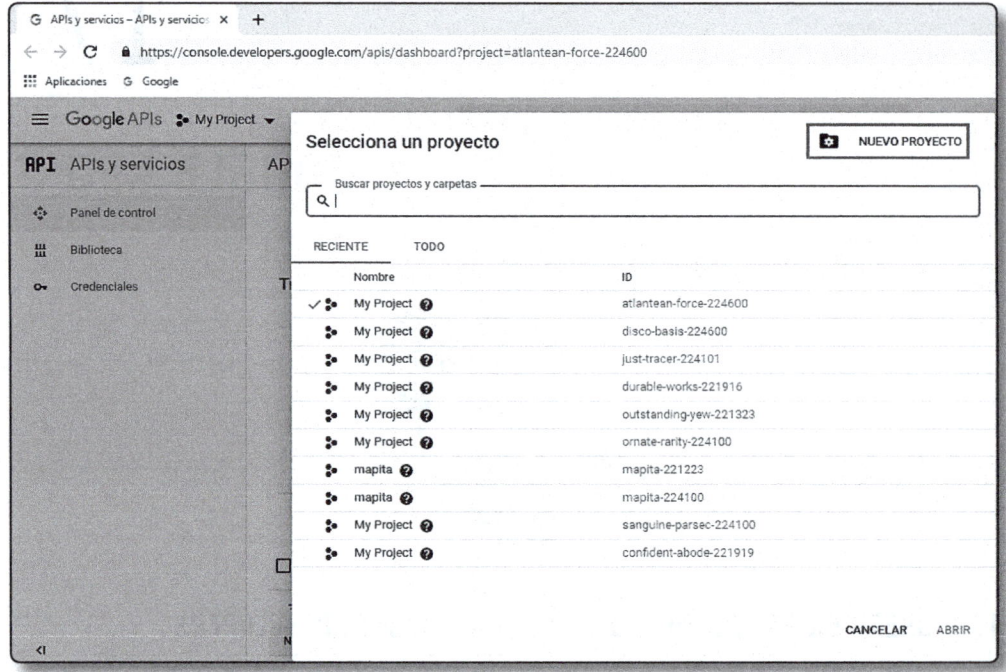

Indicamos el nombre del proyecto y presionamos el botón CREAR:

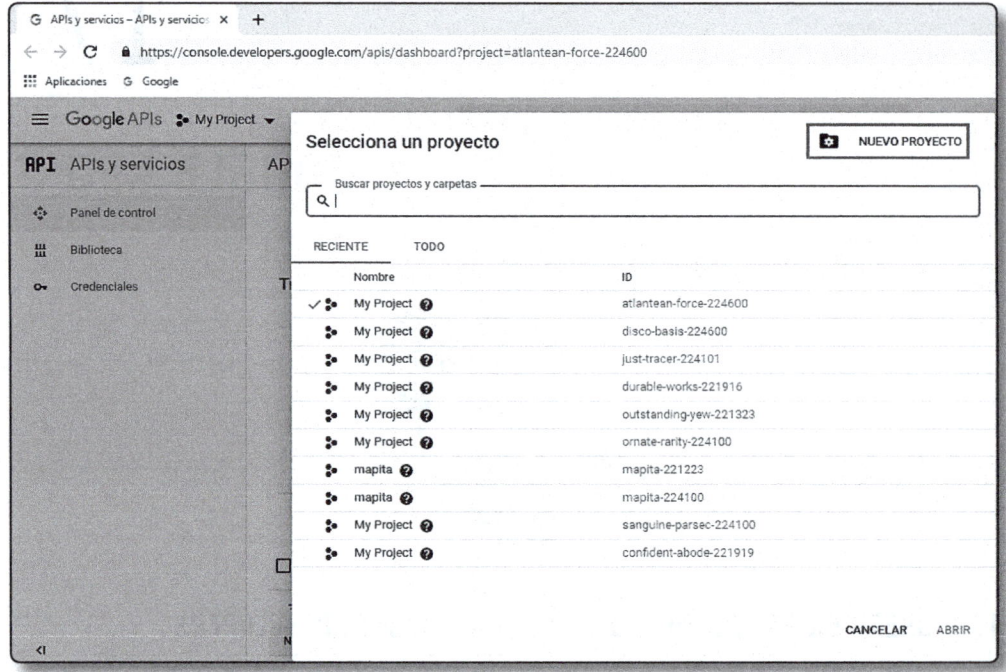

Observamos los datos del proyecto:

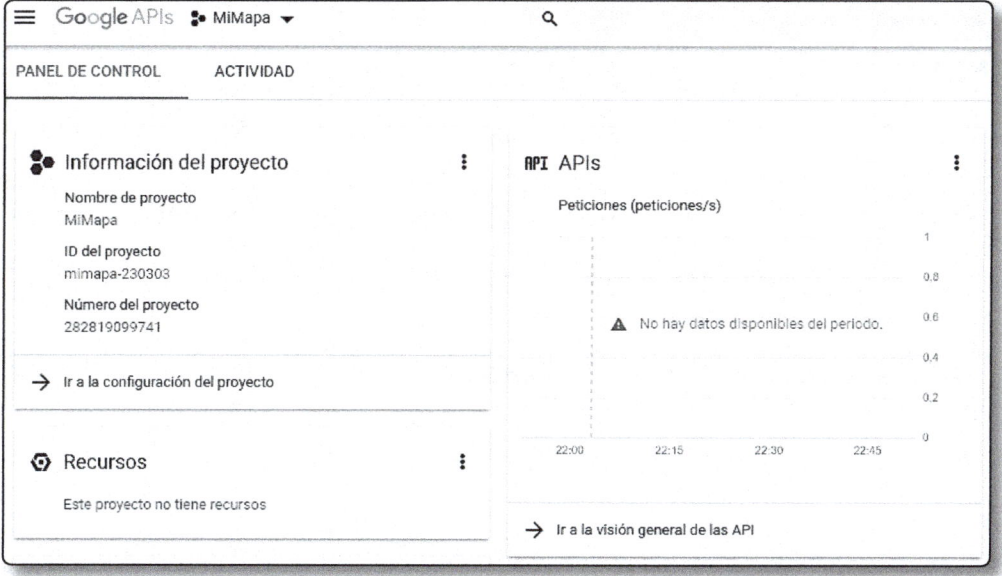

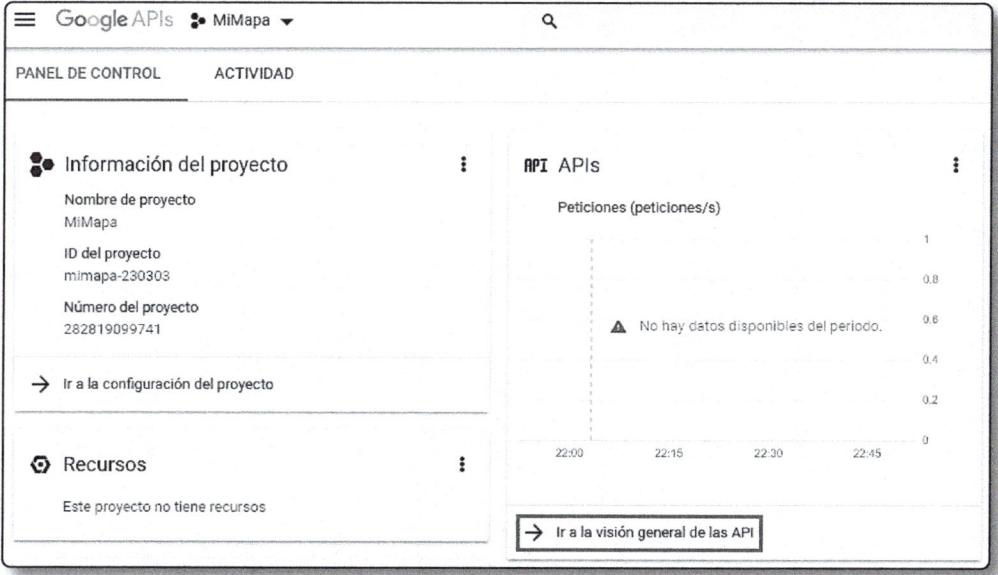

Habilitamos el API:

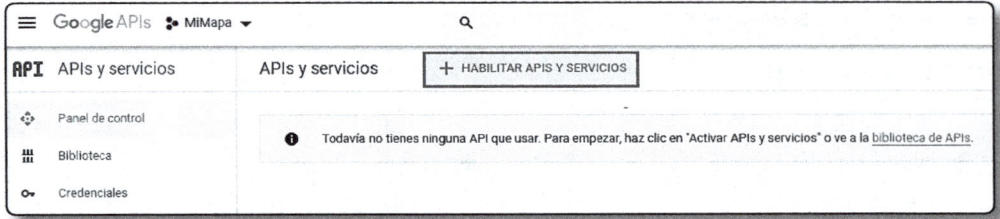

Seleccionamos Maps SDK:

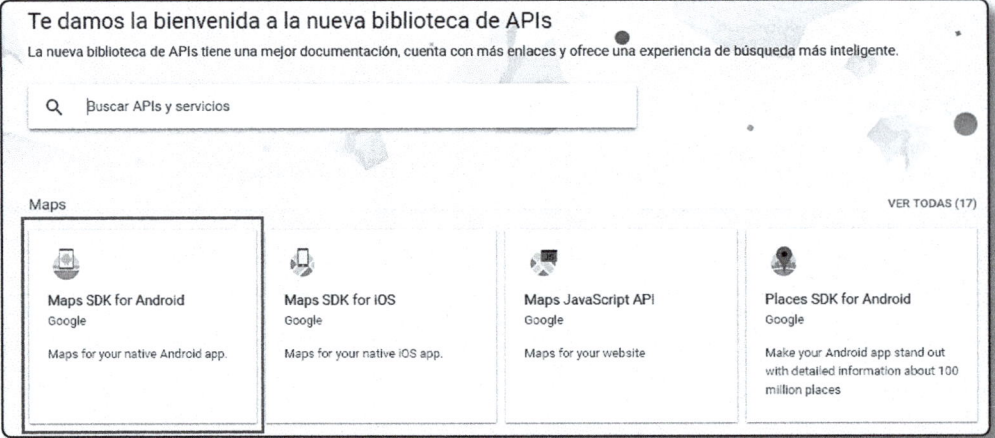

Clic en HABILITAR:

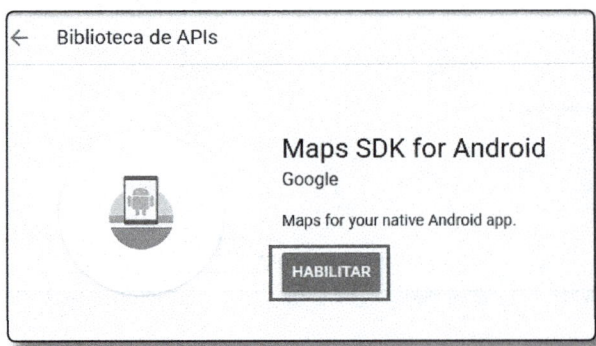

Credenciales:

Crear credenciales:

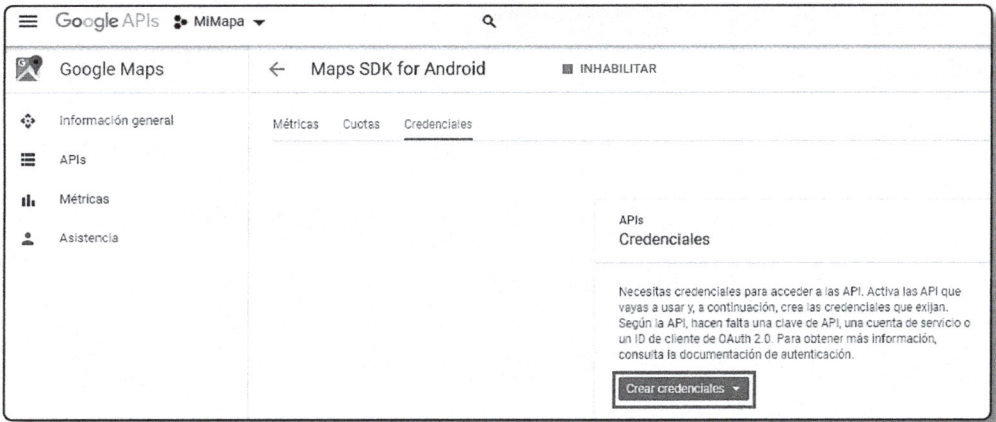

Clave de API:

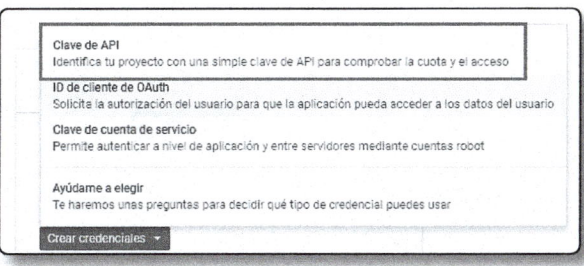

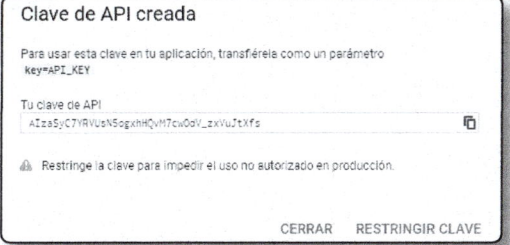

AIzaSyC7YRVUsN5ogxhHQvM7cwOdV_zxVuJtXfs

17.1.1 Crear proyecto - MiMapa

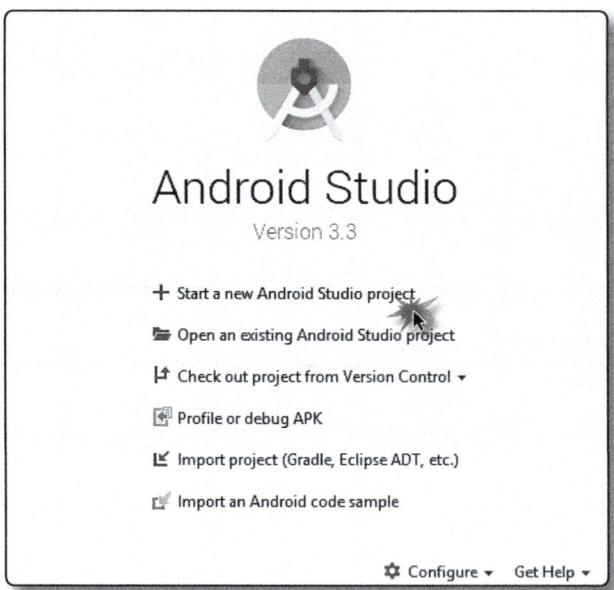

Seleccionamos el tipo de actividad:

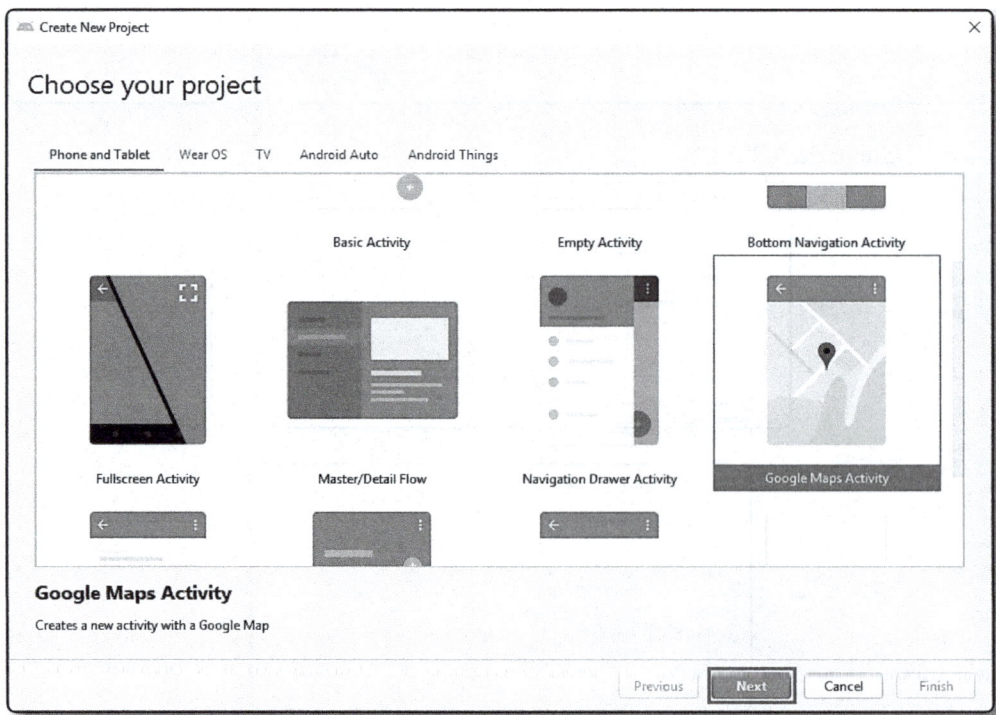

Indicamos el nombre del proyecto:

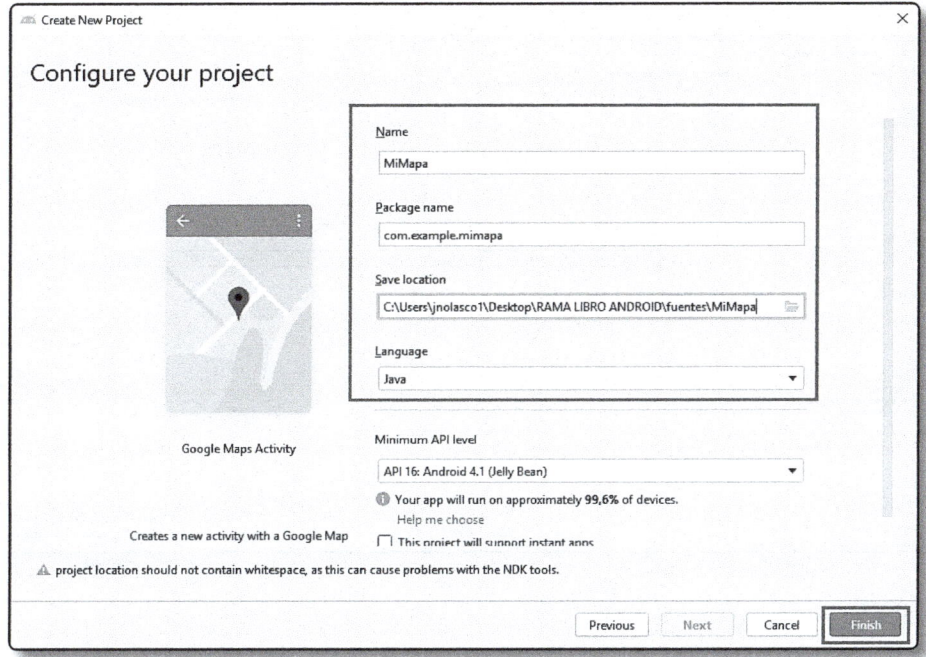

17.1.2 google_maps_api.xml

Luego de crear el proyecto será necesario copiar el id que se generó en la página de Google Developer. Abrir el archivo **google_maps_api.xml:**

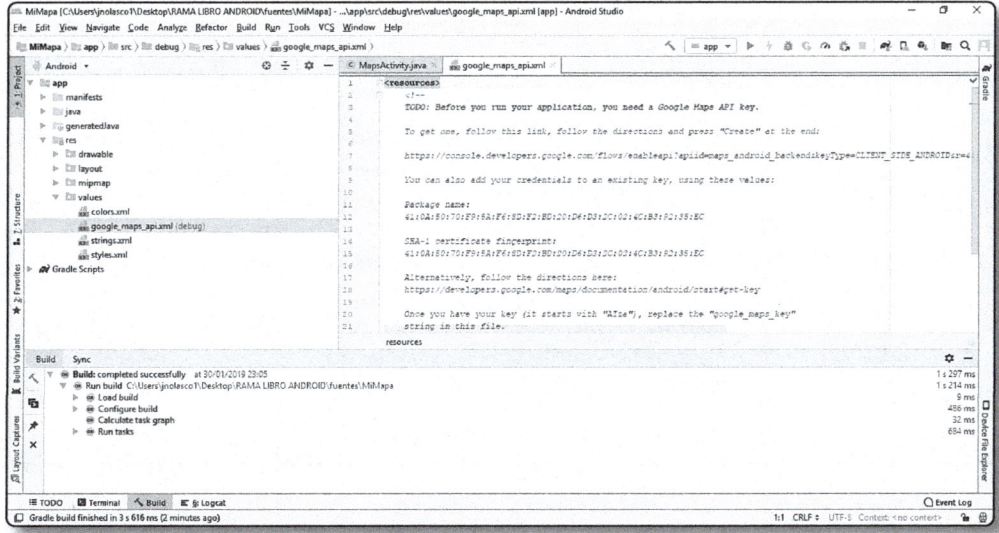

google_maps_api.xml:

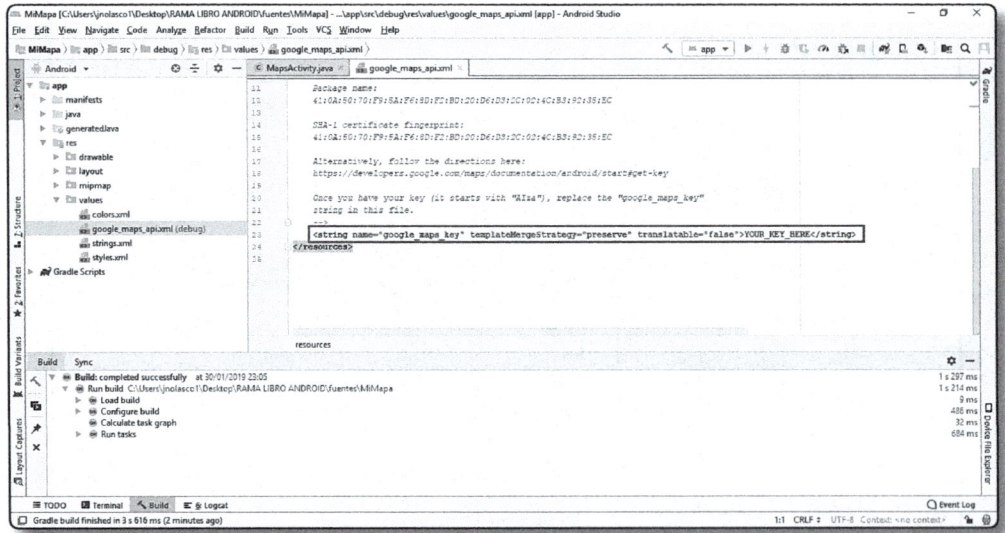

17.1.3 Indicamos la Clave

Pegamos la clave obtenida de Google Developer.

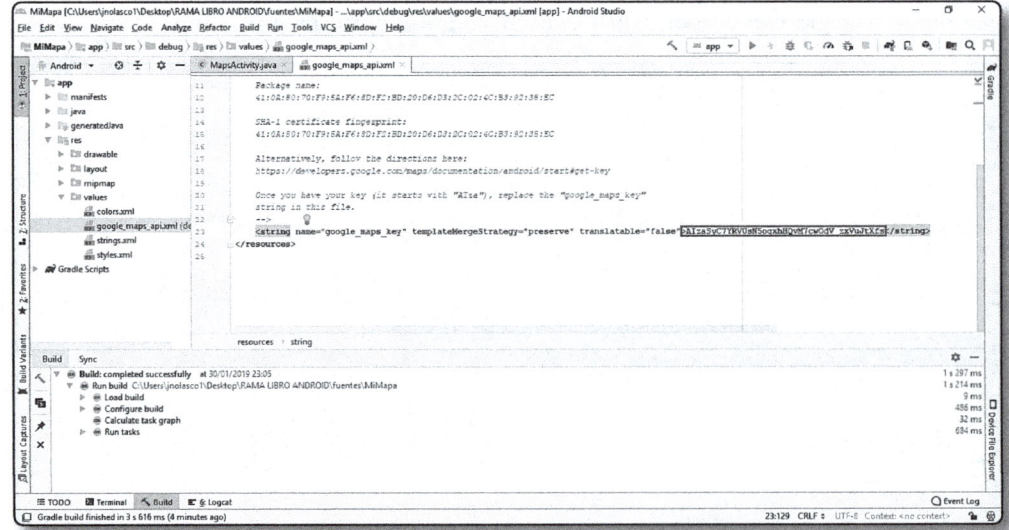

17.1.4 Dependencias

El proyecto generado de esta forma te evita hacer modificaciones en un proyecto básico de Android si es el caso donde existe ya un proyecto al cual hay que agregarle el Api de Google maps se debe hacer lo siguiente:

En el Archivo **build.gradle** revise la siguiente dependencia **com.google. android.gms:play-services-maps:16.0.0**

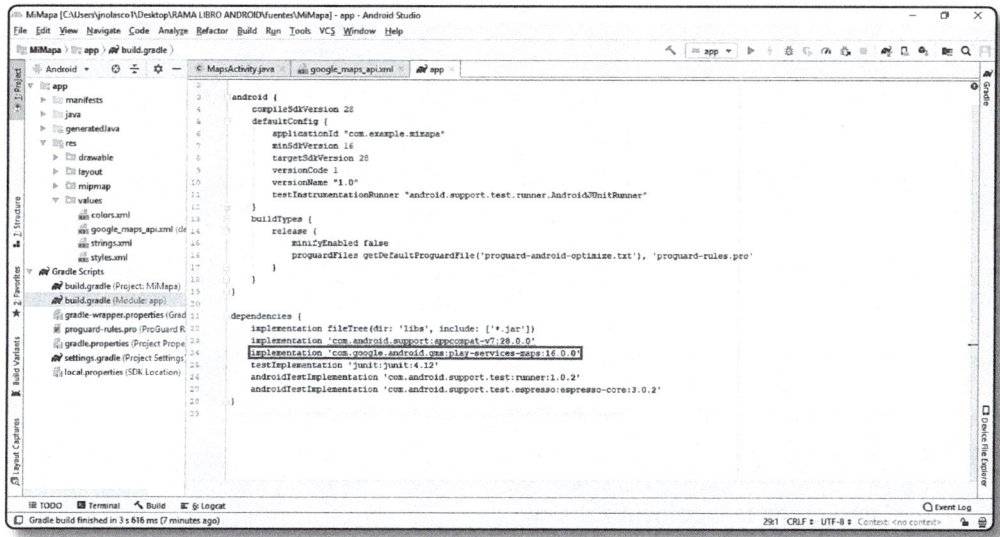

En el **AndroidManifest.xml** agregamos los permisos y metadatos:

Permisos:

▶ android.permission.ACCESS_FINE_LOCATION

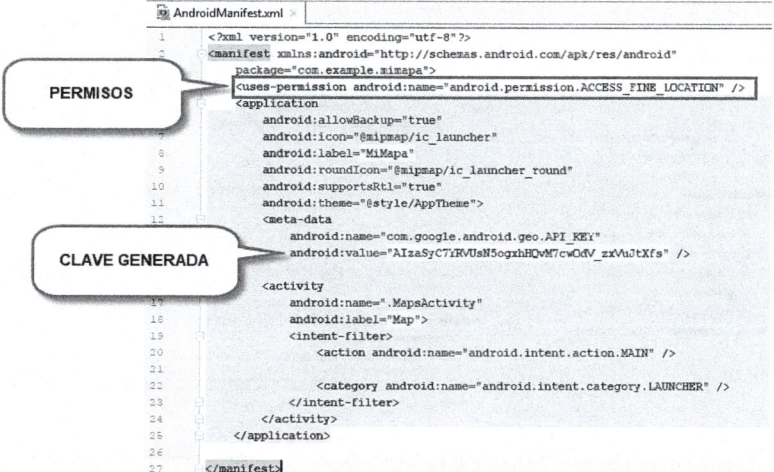

▶ Ejecutamos la aplicación: la posición inicial se da en la latitud y longitud 0,0.

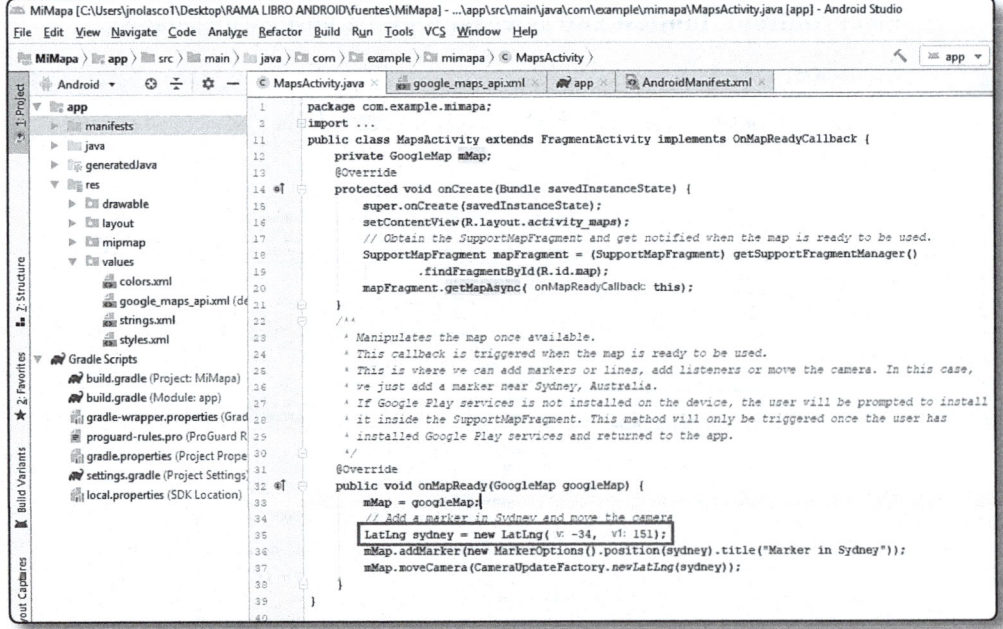

17.1.5 Localización

Cambiemos la Geolocalización:

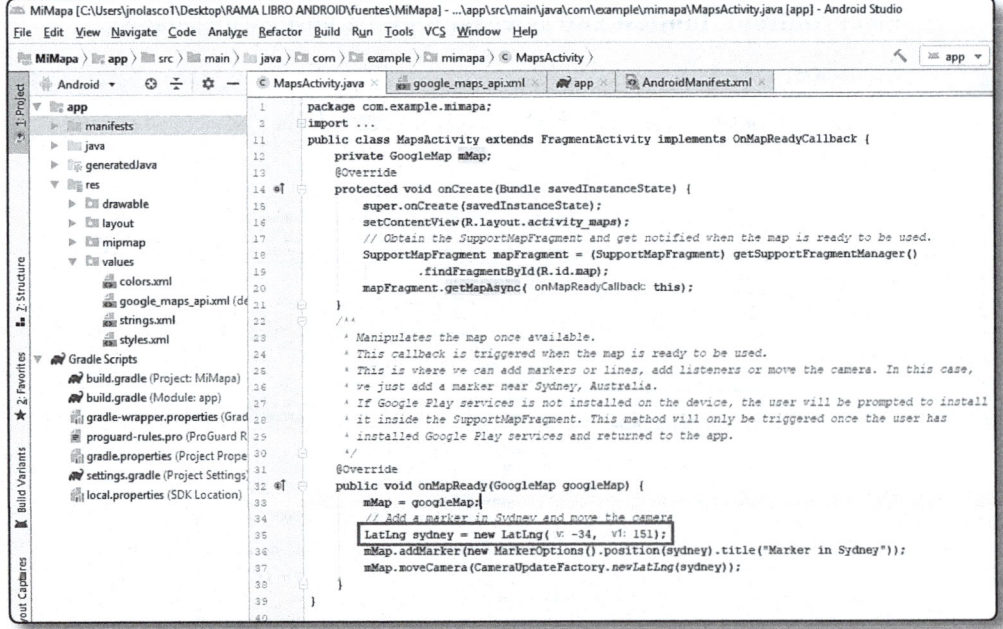

Cambiemos la Geolocalización hacia Cuzco - Machu Picchu:

17.1.6 Modificamos la Actividad

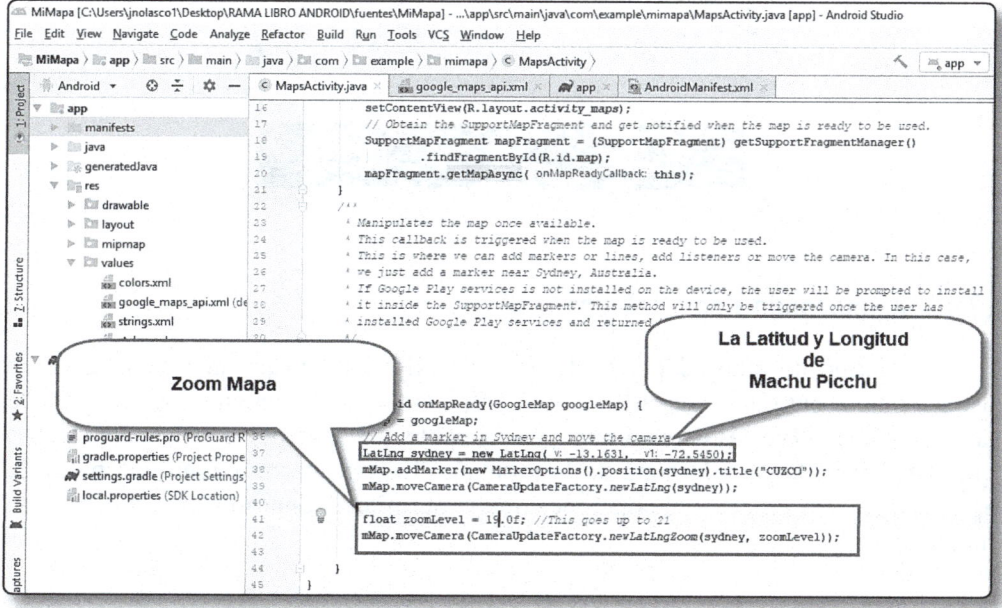

Volvemos a Ejecutar la aplicación: la posición inicial se da en la latitud y longitud: -13.1631, -72.5450.

17.1.7 Adicionando Tipo de Mapas

El tipo de mapa depende del tipo de información que necesitan. Cuando use los mapas para navegar en su automóvil, es útil ver claramente los nombres de las calles. Cuando estás de excursión, es probable que te importe más cuánto tienes que subir para llegar a la cima de la montaña. En este paso, agrega una barra de aplicaciones con un menú de opciones que le permite al usuario cambiar el tipo de mapa.

Modificar el archivo strings.xml:

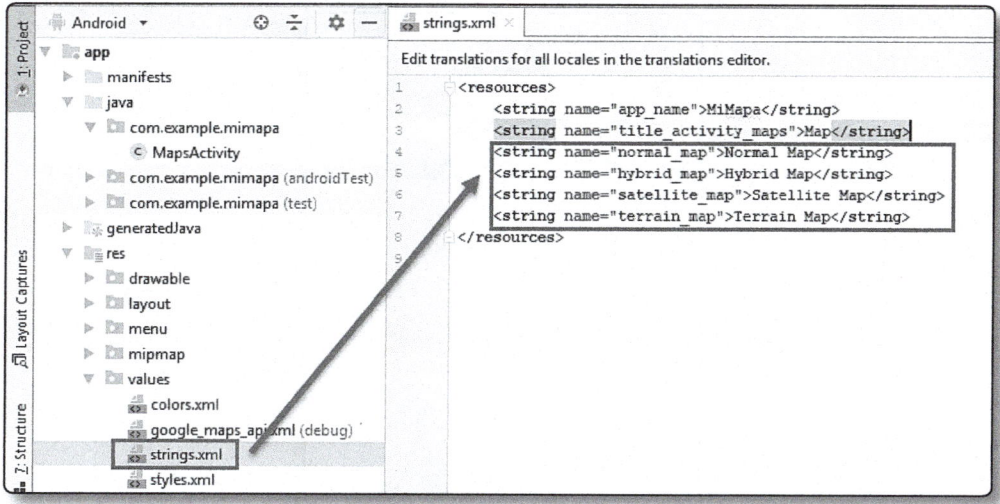

Crear la Siguiente Carpeta:

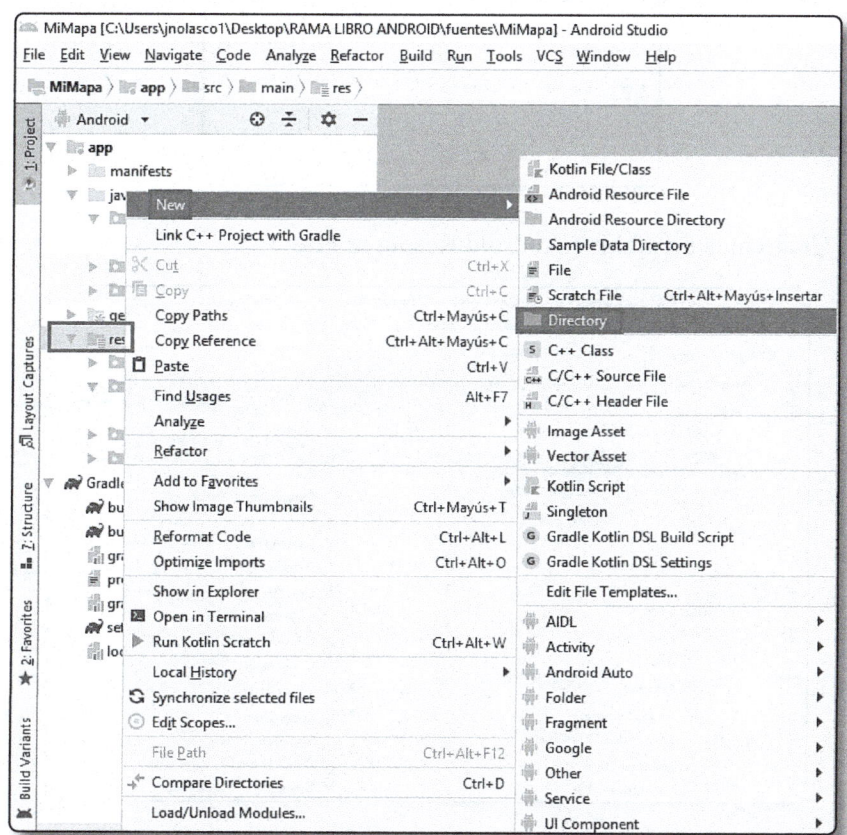

Presione Ok

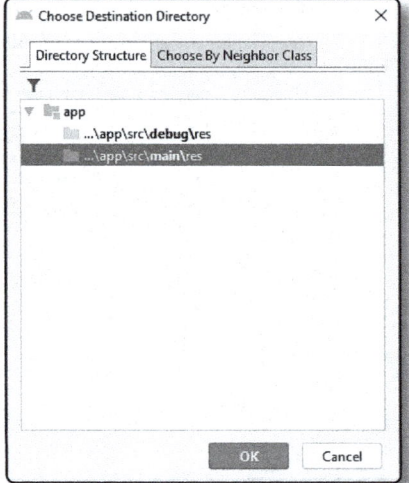

Indicar el nombre de la carpeta:

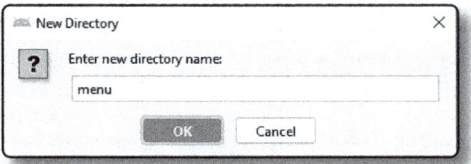

Crearemos un archivo Android Resource File:

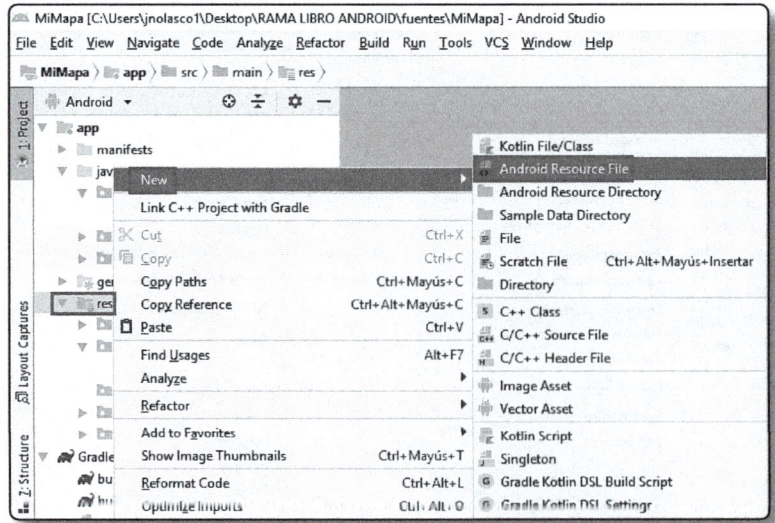

Escriba lo siguiente:

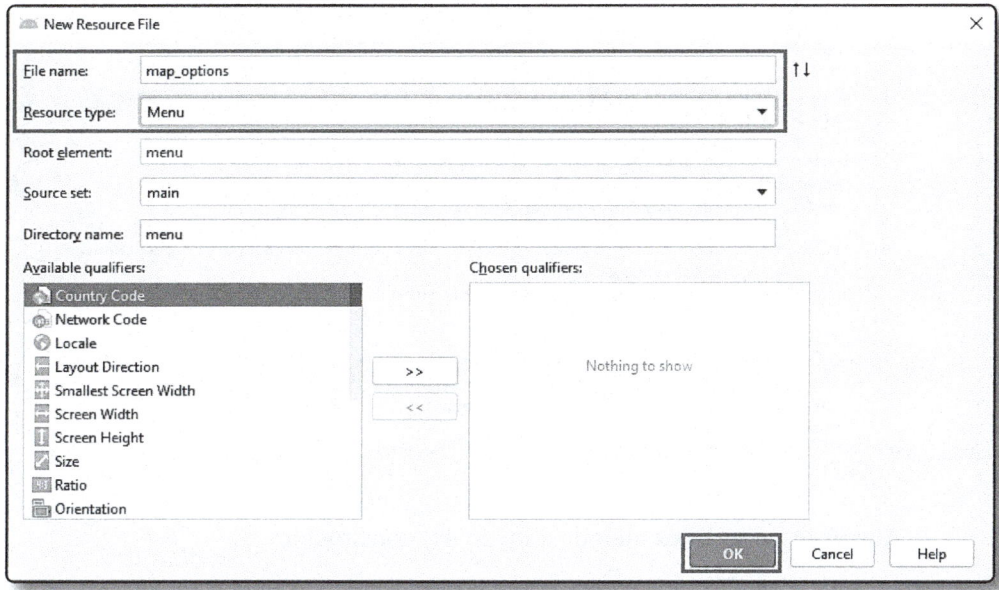

Escriba lo siguiente:

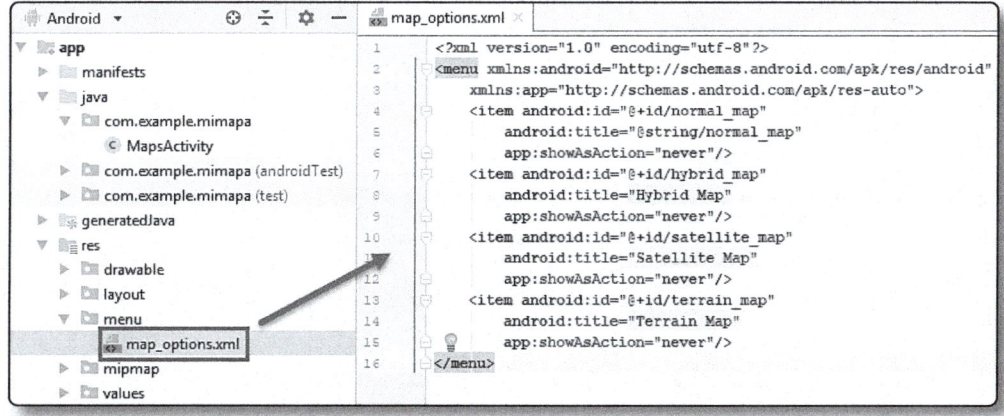

Editar la actividad modificar lo siguiente:

```java
package com.example.mimapa;
import ...
public class MapsActivity extends AppCompatActivity implements OnMapReadyCallback {
    private GoogleMap mMap;
    @Override
    protected void onCreate(Bundle savedInstanceState) {
        super.onCreate(savedInstanceState);
        setContentView(R.layout.activity_maps);
        // Obtain the SupportMapFragment and get notified when the map is ready to be used
        SupportMapFragment mapFragment = (SupportMapFragment) getSupportFragmentManager()
                .findFragmentById(R.id.map);
        mapFragment.getMapAsync( onMapReadyCallback: this);
    }

    @Override
    public boolean onCreateOptionsMenu(Menu menu) {
        MenuInflater inflater = getMenuInflater();
        inflater.inflate(R.menu.map_options, menu);
        return true;
```

Añadir los siguientes métodos, luego del constructor:

```java
        SupportMapFragment mapFragment = (SupportMapFragment) getSupportFragmentManager()
                .findFragmentById(R.id.map);
        mapFragment.getMapAsync( onMapReadyCallback: this);
    }

    @Override
    public boolean onCreateOptionsMenu(Menu menu) {
        MenuInflater inflater = getMenuInflater();
        inflater.inflate(R.menu.map_options, menu);
        return true;
    }

    @Override
    public boolean onOptionsItemSelected(MenuItem item) {
        // Change the map type based on the user's selection.
        switch (item.getItemId()) {
            case R.id.normal_map:
                mMap.setMapType(GoogleMap.MAP_TYPE_NORMAL);
                return true;
            case R.id.hybrid_map:
                mMap.setMapType(GoogleMap.MAP_TYPE_HYBRID);
                return true;
            case R.id.satellite_map:
                mMap.setMapType(GoogleMap.MAP_TYPE_SATELLITE);
                return true;
            case R.id.terrain_map:
                mMap.setMapType(GoogleMap.MAP_TYPE_TERRAIN);
                return true;
            default:
                return super.onOptionsItemSelected(item);
        }
    }
```

Volvemos a Ejecutar la aplicación: la posición inicial se da en la latitud y longitud: -13.1631, -72.5450.

- **Mapa Normal.**

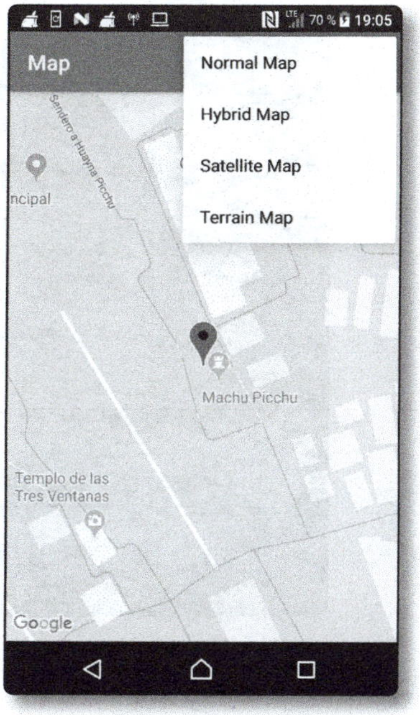

- **Mapa Hibrido.**

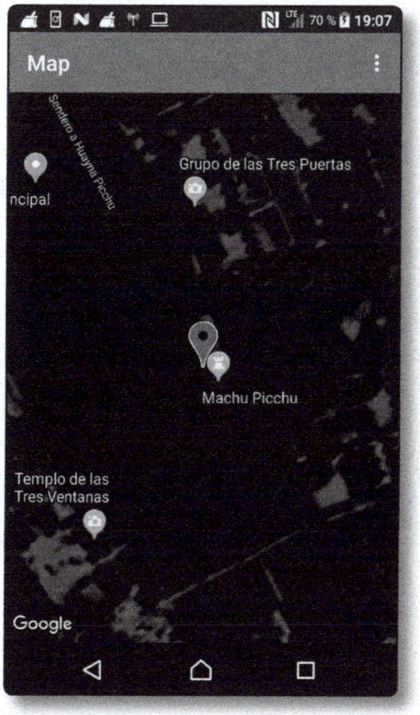

▶ **Mapa Satelital.**

18

CREACIÓN DE LISTAS Y TARJETAS – MATERIAL DESIGN

 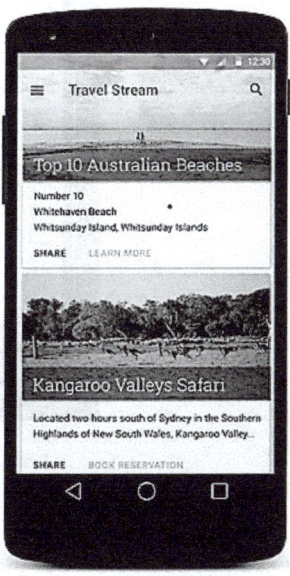

En **android L** se han agregado dos nuevos **Widgets**, RecyclerView y CardView que tratan la creación de complejas listas y tarjetas con estilos de diseño.

18.1 AGREGAR DEPENDENCIAS

En el gradle agregamos las librerías necesarias para el **RecyclerView y CardView.**

```
dependencies {
    ...
    compile 'com.android.support:cardview-v7:21.0.+'
    compile 'com.android.support:recyclerview-v7:21.0.+'
}
```

18.2 CREAR LISTAS CON RECYCLERVIEW

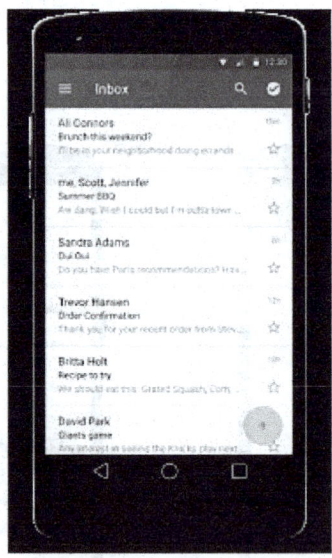

El Widget RecyclerView se utiliza cuando se maneja un gran número de colecciones con datos visualizadas en listas, grids, etc; que varían en tiempo de ejecución ya sea por la acción del usuario o de la red de eventos.

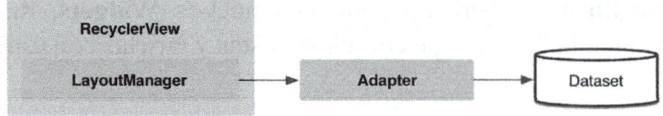

La ventaja de usar el Recycler view radica en reciclar y reutilizar recursos evitando el uso repetitivo del **findViewById** que consume muchos recursos y la parte visual es gestionada por el **LayoutManager**.

El **Api RecyclerView** contiene un conjunto de clases internas con sus responsabilidades independientes, que sigue la filosofía: Una clase una Tarea.

- Adapter.
- ViewHolder.
- LayoutManager.
- ItemDecoration.
- ItemAnimator.

18.2.1 Adapter

Este patrón se encarga de crear las **Views** necesarias para cada **RecyclerView**.

Siendo muy dependiente del **ViewHolder** se debe indicar en su declaración.

El método **OncreateViewHolder** inicializa **ViewHolder.**

```
@Override
publicViewHolder onCreateViewHolder(ViewGroup parentViewGroup, inti) {
    View rowView = LayoutInflater.from (parentViewGroup.getContext())
        .inflate(R.layout.list_basic_item, parentViewGroup, false);
    return new ViewHolder (rowView);
}
```

El método onBindViewHolder(ViewHolder   viewHolder,int position) configura el contenido de las **views.**

```
@Override
public void onBindViewHolder(ViewHolder viewHolder, int position) {
    final SampleModel rowData = sampleData.get(position);
    viewHolder.textViewSample.setText(rowData.getSampleText());
    viewHolder.itemView.setTag(rowData);
}
```

18.2.2 ViewHolder

Este patrón permite el reusó de las vistas sin tener que crearlas nuevamente, por ejemplo, cuando un usuario realiza scrolling evita las llamadas frecuentes al **findViewById,** solo se realiza al inicio de la aplicación.

```
@Override
public static class ViewHolder extends RecyclerView.ViewHolder {
    private final TextView textViewSample;
    public ViewHolder(View itemView) {
        super(itemView);
        textViewSample = (TextView) itemView.findViewById(
            R.id.textViewSample);
    }
}
```

18.2.3 LayoutManager

Se encarga del **layout** de todas las vistas dentro del **RecyclerView,** con el **LinearLayoutManager.**

```
LinearLayoutManager mLayoutManager = new
LinearLayoutManager(this);
recyclerView.setLayoutManager(mLayoutManager);
```

18.2.4 ItemDecoration

Modifican los elementos del **RecyclerView**, posee un elemento llamado **insets(margenes)** que son aplicadas a las vistas sin la necesidad de modificar los parámetros del layout.

El ejemplo dibuja un **Divider** entre los elementos del RecyclerView.

```
package saulmm.com.recyclerviewproject;
import android.content.Context;
import android.content.res.TypedArray;
import android.graphics.Canvas;
import android.graphics.drawable.Drawable;
import android.support.v7.widget.RecyclerView;
import android.view.View;
public class SampleDivider extends RecyclerView.ItemDecoration {
    private static final int[] ATTRS = { android.R.attr.listDivider };
    private Drawable mDivider;
    public SampleDivider(Context context) {
        TypedArray a = context.obtainStyledAttributes(ATTRS);
        mDivider = a.getDrawable(0);
        a.recycle();
    }
    @Override
```

```
    public void onDrawOver(Canvas c, RecyclerView parent) {
        int left = parent.getPaddingLeft();
        int right = parent.getWidth() - parent.getPaddingRight();
        int childCount = parent.getChildCount();
        for (int i = 0; i < childCount; i++) {
            View child = parent.getChildAt(i);
            RecyclerView.LayoutParams params = (RecyclerView.LayoutParams) child
                    .getLayoutParams();
            int top = child.getBottom() + params.bottomMargin;
            int bottom = top + mDivider.getIntrinsicHeight();
            mDivider.setBounds(left, top, right, bottom);
            mDivider.draw(c);
        }
    }
}
```

18.2.5 ItemAnimator

Anima el **RecyclerView** que se manifiesta al momento de añadir o elimina un elemento, el **RecyclerView** utiliza un **ItemAnimator** por defecto.

El método **notifyItemInserted()** añada elementos y el **notifyitemRemoved()** para eliminar, actualizando solo la parte afectada.

18.2.6 Creando un proyecto Recycler en Android Studio

Creamos un proyecto con el nombre **Ejemplo Recycler View** siguiéndolos pasos del Capítulo 2 luego redefiniremos el archivo gradle para que acepte programación con **Lambdas** (java 8) y que contenga el api del **RecyclerView.**

18.2.7 Modificando el gradle

```
buildscript {
    repositories {
        mavenCentral()
    }
    dependencies {
        classpath 'me.tatarka:gradle-retrolambda:2.5.0'
    }
}
// Required because retrolambda is on maven central
repositories {
```

```
        mavenCentral()
}
apply plugin: 'com.android.application' //or apply plugin: 'java'
apply plugin: 'me.tatarka.retrolambda'
android {
    compileSdkVersion 22
buildToolsVersion "21.1.2"
defaultConfig {
        applicationId "com.inkadroid.ejemplorecyclerview"
minSdkVersion 16
targetSdkVersion 22
versionCode 1
versionName "1.0"
}

    buildTypes {
        release {
            minifyEnabled false
proguardFiles getDefaultProguardFile('proguard-android.txt'), 'proguard-rules.
pro'
}
    }
    productFlavors {
    }
compileOptions {
        sourceCompatibility JavaVersion.VERSION_1_8
targetCompatibility JavaVersion.VERSION_1_8
}
}
dependencies {
    compile fileTree(include: ['*.jar'], dir: 'libs')
compile 'com.android.support:recyclerview-v7:21.0.+'
}
```

18.2.8 Modificando el Layout

En la vista principal (**activity_main.xml**) agregamos lo siguiente:

```
<android.support.v7.widget.RecyclerView
    android:id="@+id/my_recycler_view"
    android:scrollbars="vertical"
    android:layout_width="match_parent"
    android:layout_height="match_parent"/>
```

18.2.9 Modificando la clase MainActivity

Agregamos las siguientes variables.

```
private RecyclerView mRecyclerView;
private RecyclerView.Adapter mAdapter;
private RecyclerView.LayoutManager mLayoutManager;
```

```
En el metodo onCreate agregamos lo siguiente despuéssetContentView(R.layout.
activity_main).
….
mRecyclerView = (RecyclerView) findViewById(R.id.my_recycler_view);
// use this setting to improve performance if you know that changes
// in content do not change the layout size of the RecyclerView
mRecyclerView.setHasFixedSize(true);
// use a linear layout manager
mLayoutManager = new LinearLayoutManager(this);
mRecyclerView.setLayoutManager(mLayoutManager);
// specify an adapter (see also next example)
ArrayList<MyPojo> pojos=new ArrayList<MyPojo>();
for(int i=0;i<20;i++){
    pojos.add(new MyPojo("titulo: "+i,"descripcion:"+I ,R.drawable.heart_
black));
}
mAdapter = new MyAdapter(pojos);
mRecyclerView.setAdapter(mAdapter);
```

18.2.10 Creando la clase MyPojo y MyAdapter

La clase **MyPojo** es simplemente un bean que contiene las siguientes variables:

```
private String titulo;
private String descripcion;
private int imagen;
// get/set
//Constructor MyPojo
public MyPojo(String titulo, String descripcion, int imagen) {
    this.titulo = titulo;
    this.descripcion = descripcion;
    this.imagen = imagen;
}
```

La clase MyAdapter hereda del **RecyclerView.Adapter,** esta necesita una vista que contendrá la lista a visualizar por tal motivo creamos la siguiente vista **my_text_view.xml.**

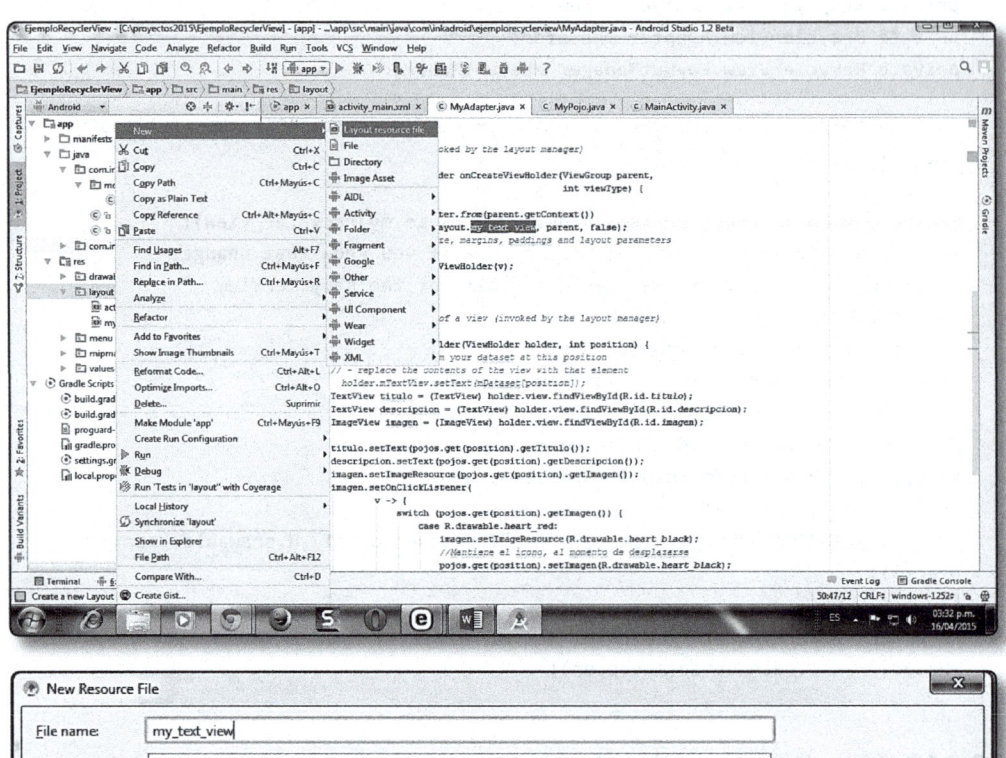

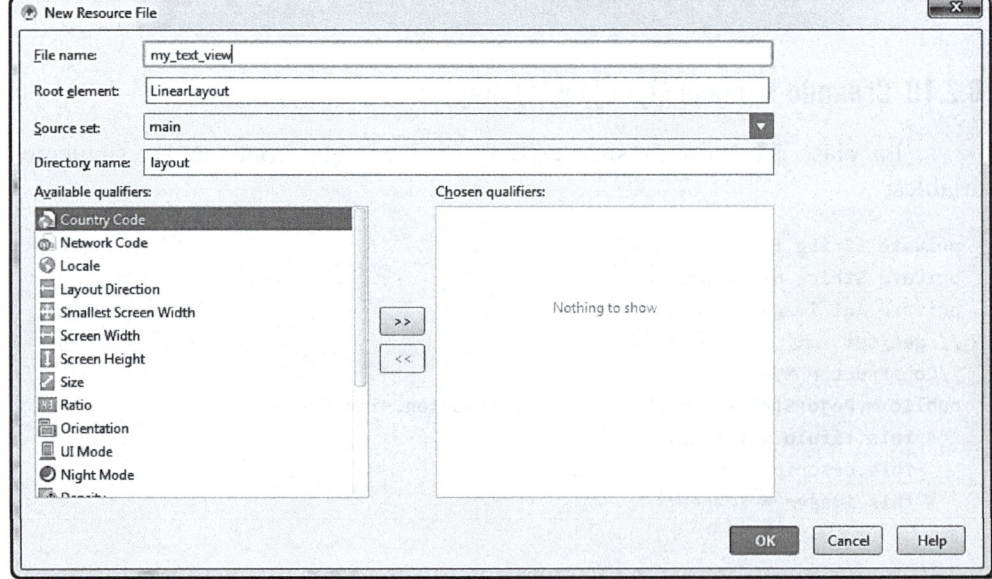

Luego agregamos lo siguiente a esta nueva vista.

```
<TextView
    android:layout_width="wrap_content"
    android:layout_height="wrap_content"
    android:text="New Text"
    android:padding="2dp"
    android:id="@+id/titulo" />
<TextView
    android:layout_width="wrap_content"
    android:layout_height="wrap_content"
    android:text="New Text"
    android:padding="2dp"
    android:id="@+id/descripcion" />
<ImageView
    android:layout_width="wrap_content"
    android:layout_height="wrap_content"
    android:padding="3dp"
    android:id="@+id/imagen" />
```

La clase complete **MyAdapter**

```
import android.support.v7.widget.RecyclerView;
import android.view.LayoutInflater;
import android.view.View;
import android.view.ViewGroup;
import android.widget.ImageView;
import android.widget.TextView;
import com.inkadroid.ejemplorecyclerview.model.MyPojo;
import java.util.ArrayList;
/**
 * Created by José on 15/04/2015.
 */
public class MyAdapter extends RecyclerView.Adapter<MyAdapter.ViewHolder> {
    private ArrayList<MyPojo> pojos;
    // Provide a reference to the views for each data item
    // Complex data items may need more than one view per item, and
    // you provide access to all the views for a data item in a view holder
    public static class ViewHolder extends RecyclerView.ViewHolder {
        // each data item is just a string in this case
        public View view;
        public ViewHolder(View v) {
            super(v);
            view = v;
        }
```

```
    }
    public MyAdapter(ArrayList<MyPojo> pojos) {
        this.pojos = pojos;
    }
    // Create new views (invoked by the layout manager)
    @Override
    public MyAdapter.ViewHolder onCreateViewHolder(ViewGroup parent,
                                                    int viewType) {
        // create a new view
        View v = LayoutInflater.from(parent.getContext())
                .inflate(R.layout.my_text_view, parent, false);
        // set the view's size, margins, paddings and layout parameters
        ViewHolder vh = new ViewHolder(v);
        return vh;
    }
    // Replace the contents of a view (invoked by the layout manager)
    @Override
    public void onBindViewHolder(ViewHolder holder, int position) {
        TextView titulo = (TextView) holder.view.findViewById(R.id.titulo);
        TextView descripcion = (TextView) holder.view.findViewById(R.
id.descripcion);
        ImageView imagen = (ImageView) holder.view.findViewById(R.id.imagen);
        titulo.setText(pojos.get(position).getTitulo());
        descripcion.setText(pojos.get(position).getDescripcion());
        imagen.setImageResource(pojos.get(position).getImagen());
        imagen.setOnClicListener(
                v -> {
                    switch (pojos.get(position).getImagen()) {
                        case R.drawable.heart_red:
                            imagen.setImageResource(R.drawable.heart_black);
                            //Mantiene el icono, al momento de desplazarse
                            pojos.get(position).setImagen(R.drawable.heart_
black);

                            break;
                        case R.drawable.heart_black:
                            imagen.setImageResource(R.drawable.heart_red);
                            //Mantiene el icono, al momento de desplazarse
                            pojos.get(position).setImagen(R.drawable.heart_red);
                            break;
                    }
                });
    }
    // Return the size of your dataset (invoked by the layout manager)
    @Override
    public int getItemCount() {
```

```
            return pojos.size();
    }
}
```

18.3 CREAR TARJETAS

CardView hereda de **FrameLayout,** permite mostrar información dentro de las tarjetas manteniendo su aspecto. Este **widget** se le puede dar efectos de sombras o esquinas redondeas.

18.3.1 Crear una tarjeta con una sombra

Utilizamos el atributo **card_view: cardElevation** en android 5.0 (API 21) utiliza elevación real y sombras dinámicas. Para más información, consulte *https://developer.android.com/training/material/compatibility.html*

Propiedades para modificar la apariencia del **widget CardView:**

▼ Establecer radios en las esquinas, utilice el atributo **card_view: cardCornerRadius.**

▼ Establecer radios en las esquinas por código, utilice el método **CardView. setRadius.**

▼ Establecer color de fondo de una tarjeta, utilice el atributo **card_ view:cardBackgroundColor.**

18.3.2 Agregando el cardView al diseño

```
<LinearLayout  xmlns:android =
"http://schemas.android.com/apk/res/android"
    xmlns:tools = "http://schemas.android.com/tools"
    xmlns:card_view = "http://schemas.android.com/apk/res-auto"
... >
    <!-- Un CardView que contiene una TextView -->
    <android.support.v7.widget.CardView
        xmlns:card_view = "http://schemas.android.com/apk/res-auto"
        android:id = "@+id/card_view"
        android:layout_gravity = "center"
        android:layout_width = "200dp"
        android:layout_height = "200dp"
        card_view:cardCornerRadius = "4dp" >
```

```
        <TextView
            android:id = "@+id/info_text"
            android:layout_width = "match_parent"
            android:layout_height = "match_parent"  />
    </android.support.v7.widget.CardView>
</LinearLayout>
```

18.3.3 Creando un proyecto CardView en Android Studio

Creamos un proyecto con el nombre **Ejemplo Card View** siguiéndolos pasos del Capítulo 2 luego redefiniremos el archivo gradle para que acepte programación con **Lambdas** (java 8) y que contenga el api del **CardView.**

18.3.4 Modificando el gradle

```
buildscript {
    repositories {
        mavenCentral()
    }
    dependencies {
        classpath 'me.tatarka:gradle-retrolambda:2.5.0'
    }
}
// Required because retrolambda is on maven central
repositories {
    mavenCentral()
}
apply plugin: 'com.android.application' //or apply plugin: 'java'
apply plugin: 'me.tatarka.retrolambda'
android {
    compileSdkVersion 22
buildToolsVersion "21.1.2"
defaultConfig {
        applicationId "com.inkadroid.ejemplocardview"
minSdkVersion 16
targetSdkVersion 22
versionCode 1
versionName "1.0"
}
    buildTypes {
        release {
            minifyEnabled false
proguardFiles getDefaultProguardFile('proguard-android.txt'), 'proguard-rules.
```

```
pro'
}
    }
    productFlavors {
    }
compileOptions {
        sourceCompatibility JavaVersion.VERSION_1_8
targetCompatibility JavaVersion.VERSION_1_8
}
}
dependencies {
    compile fileTree(include: ['*.jar'], dir: 'libs')
    compile 'com.android.support:appcompat-v7:22.0.0'
compile 'com.android.support:cardview-v7:21.0.+'
}
```

18.3.5 Modificando el Layout

En la vista principal (**activity_main.xml**) eliminas el contenido y colocamos lo siguiente:

```
<ScrollView
xmlns:android="http://schemas.android.com/apk/res/android"
xmlns:tools="http://schemas.android.com/tools"
    android:layout_width="match_parent"
    android:layout_height="wrap_content"
    android:id="@+id/scrollView"
    android:layout_alignParentTop="true"
    android:layout_alignParentLeft="true"
    android:layout_alignParentStart="true">
<RelativeLayout
        android:layout_width="wrap_content"
        android:layout_height="wrap_content"
        android:paddingLeft="@dimen/activity_horizontal_margin"
        android:paddingRight="@dimen/activity_horizontal_margin"
        android:paddingTop="@dimen/activity_vertical_margin"
        android:paddingBottom="@dimen/activity_vertical_margin"
 tools:context=".MainActivity">
<!-- A CardView that contains a TextView -->
<android.support.v7.widget.CardView
        xmlns:card_view="http://schemas.android.com/apk/res-auto"
        android:id="@+id/card_view1"
        android:layout_gravity="center"
        android:layout_width="200dp"
```

```
                android:layout_height="200dp"
                card_view:cardCornerRadius="4dp"
                android:foreground="?android:attr/selectableItemBackground"          >
<TextView
                    android:id="@+id/info_text1"
                    android:layout_width="match_parent"
                    android:layout_height="match_parent"
                    android:text="hola bebestia" />
</android.support.v7.widget.CardView>
<android.support.v7.widget.CardView xmlns:card_view="http://schemas.android.com/
apk/res-auto"
                android:id="@+id/card_view2"
                android:layout_gravity="center"
                android:layout_width="200dp"
                android:layout_height="200dp"
                card_view:cardCornerRadius="4dp"
                android:layout_below="@+id/card_view1"
                android:layout_marginTop="6dp">
<TextView
                    android:id="@+id/info_text2"
                    android:layout_width="match_parent"
                    android:layout_height="match_parent"
                    android:text="hola b" />
</android.support.v7.widget.CardView>
<android.support.v7.widget.CardView xmlns:card_view="http://schemas.android.com/
apk/res-auto"
                android:id="@+id/card_view3"
                android:layout_gravity="center"
                android:layout_width="200dp"
                android:layout_height="200dp"
                card_view:cardCornerRadius="4dp"
                android:layout_below="@+id/card_view2"
android:layout_marginTop="6dp">
<TextView
                    android:id="@+id/info_text3"
                    android:layout_width="match_parent"
                    android:layout_height="match_parent"
                    android:text="hola b" />
</android.support.v7.widget.CardView>
</RelativeLayout>
</ScrollView>
```

18.3.6 Modificando la clase MainActivity

Agregamos las siguientes variables.

```
private static CardView cv1;
private static CardView cv2;
private static CardView cv3;
```

En el método onCreate agregamos lo siguiente después setContentView(R.layout.activity_main).

```
cv1=(CardView)findViewById(R.id.card_view1);
        cv1.setOnClicListener((v) -> {
            Toast.makeText(getApplicationContext(),"Carta1",Toast.LENGTH_LONG).
show();
        });
        cv2=(CardView)findViewById(R.id.card_view2);
        cv2.setOnClicListener((v) -> {
            Toast.makeText(getApplicationContext(),"Carta2",Toast.LENGTH_LONG).
show();
        });
        cv3=(CardView)findViewById(R.id.card_view3);
        cv3.setOnClicListener((v) -> {
            Toast.makeText(getApplicationContext(),"Carta3",Toast.LENGTH_LONG).
show();
        });
```

Resultado final del proyecto:

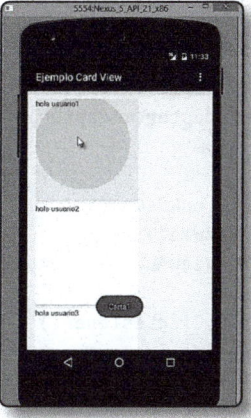

18.4 MEZCLANDO RECYCLERVIEW Y CARDVIEW

En las secciones anteriores se dio un ejemplo separado del uso del **RecyclerView** y **CardView** ahora se mostrará un ejemplo que use estas dos tecnologías.

18.4.1 Modificando el Layout

En la vista principal (**activity_main.xml**) agregamos lo siguiente:

```
<android.support.v7.widget.RecyclerView
    android:id="@+id/my_recycler_view"
    android:scrollbars="vertical"
    android:layout_width="match_parent"
    android:layout_height="match_parent"/>
```

18.4.2 Modificando la clase MainActivity

Agregamos las siguientes variables.

```
private RecyclerView mRecyclerView;
private RecyclerView.Adapter mAdapter;
private RecyclerView.LayoutManager mLayoutManager;
private static String LOG_TAG = "CardViewActivity";
```

En el método **onCreate** agregamos lo siguiente después **setContentView(R. layout.activity_main).**

```
….
mRecyclerView = (RecyclerView)
findViewById(R.id.my_recycler_view);
mRecyclerView.setHasFixedSize(true);
mLayoutManager = new LinearLayoutManager(this);
mRecyclerView.setLayoutManager(mLayoutManager);
mAdapter = new MyAdapter(getDataSet());
mRecyclerView.setAdapter(mAdapter);

…
@Override
    protected void onResume() {
        super.onResume();
        ((RecyclerViewAdapter) mAdapter).setOnItemClicListener(new Recycler-
ViewAdapter
                .MyClicListener() {
            @Override
            public void onItemClic(int position, View v) {
Log.i(LOG_TAG, " Clic en el item " + position);
}
        });
```

```
        }
    private ArrayList<MyPojo> getDataSet() {
        ArrayList results = new ArrayList<MyPojo>();
        for (int index = 0; index < 20; index++) {
MyPojo obj = new MyPojo("Titulo " + index,
                    "Descripcion " + index);
results.add(index, obj);
        }
        return results;
    }
```

18.4.3 Creando la clase MyPojo y RecyclerViewAdapter

La clase **MyPojo** es simplemente un bean que contiene las siguientes variables:

```
private String titulo;
private String descripcion;
// get/set
//Constructor MyPojo
public MyPojo(String titulo, String descripcion) {
    this.titulo = titulo;
    this.descripcion = descripcion; }
```

La clase **RecyclerViewAdapter**hereda del **RecyclerView.Adapter,** esta necesita una vista que contendrá la lista a visualizar por tal motivo creamos la siguiente vista **card_view_row.xml.**

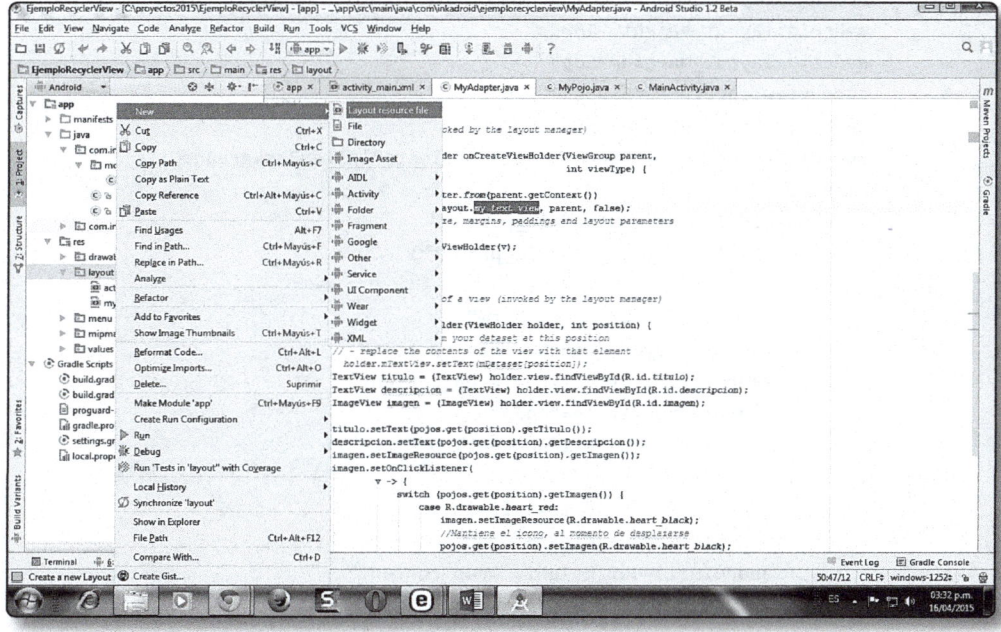

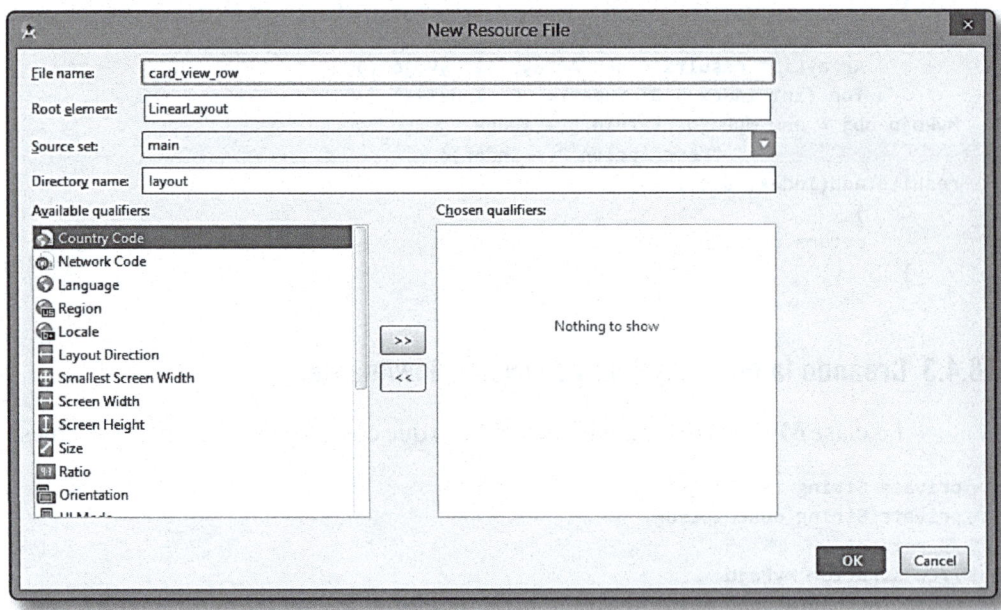

Luego agregamos lo siguiente a esta nueva vista.

```
<android.support.v7.widget.CardView
        android:id="@+id/card_view"
        android:layout_gravity="center"
        android:layout_width="fill_parent"
        android:layout_height="100dp"
        android:layout_margin="5dp"
        card_view:cardCornerRadius="2dp"
        card_view:contentPadding="10dp"
        android:foreground="?android:attr/selectableItemBackground">
<RelativeLayout
        android:layout_width="fill_parent"
        android:layout_height="fill_parent">
<TextView
            android:id="@+id/textView"
            android:layout_width="wrap_content"
            android:layout_height="wrap_content"
            android:textStyle="bold"
            android:layout_alignParentTop="true"/>
<TextView
            android:id="@+id/textView2"
            android:layout_width="wrap_content"
            android:layout_height="wrap_content"
```

```
                android:layout_marginTop="10dp"
                android:layout_below="@+id/textView"/>
</RelativeLayout>
</android.support.v7.widget.CardView>
```

La clase complete **RecyclerViewAdapter**

```java
import android.support.v7.widget.RecyclerView;
import android.util.Log;
import android.view.LayoutInflater;
import android.view.View;
import android.view.ViewGroup;
import android.widget.TextView;
import java.util.ArrayList;
public class RecyclerViewAdapter extends RecyclerView
        .Adapter<RecyclerViewAdapter
        .DataObjectHolder> {
    private static String LOG_TAG = "MyRecyclerViewAdapter";
    private ArrayList<MyPojo> pojos;
    private static MyClicListener myClicListener;
    public static class DataObjectHolder extends RecyclerView.ViewHolder
            {
        TextView label;
        TextView dateTime;
        public DataObjectHolder(View itemView) {
            super(itemView);
            label = (TextView) itemView.findViewById(R.id.textView);
            dateTime = (TextView) itemView.findViewById(R.id.textView2);
            Log.i(LOG_TAG, "Adding Listener");
            itemView.setOnClicListener(v->{myClicListener.
onItemClic(getPosition(), v);}
            );
        }
    }
    public void setOnItemClicListener(MyClicListener myClicListener) {
        this.myClicListener = myClicListener;
    }
    public RecyclerViewAdapter(ArrayList<MyPojo> myDataset) {
        pojos = myDataset;
    }
    @Override
    public DataObjectHolder onCreateViewHolder(ViewGroup parent,
                                        int viewType) {
        View view = LayoutInflater.from(parent.getContext())
                .inflate(R.layout.card_view_row, parent, false);
```

```
        DataObjectHolder dataObjectHolder = new DataObjectHolder(view);
        return dataObjectHolder;
    }
    @Override
    public void onBindViewHolder(DataObjectHolder holder, int position) {
        holder.label.setText(pojos.get(position).getTitulo());
        holder.dateTime.setText(pojos.get(position).getDescripcion());
    }
    public void addItem(MyPojo myPojo, int index) {
        pojos.add(index, myPojo);
        notifyItemInserted(index);
    }
    public void deleteItem(int index) {
        pojos.remove(index);
        notifyItemRemoved(index);
    }
    @Override
    public int getItemCount() {
        return pojos.size();
    }
    public interface MyClicListener {
        public void onItemClic(int position, View v);
    }
}
```

Resultado Final del Aplicativo **Recycler View Card View.**

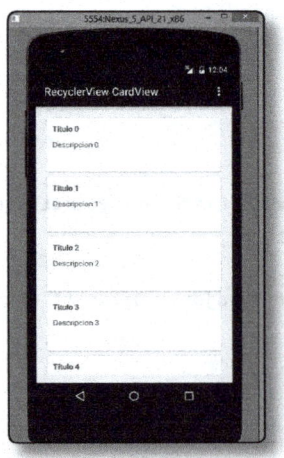
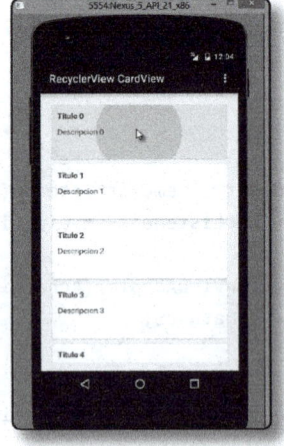

19

INTRODUCCIÓN ANDROID WEARABLES

19.1 MIS PRIMEROS PASOS

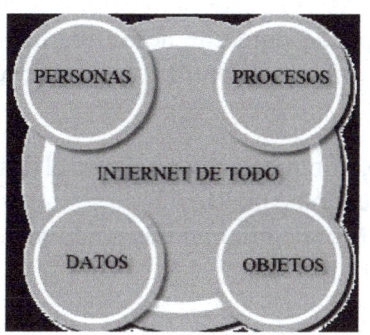

Internet de todo (IdT) reúne a las personas, los procesos, los datos y los objetos para lograr que las conexiones en red sean más relevantes y valiosas que nunca mediante la transformación de la información en acciones que, a su vez, creen nuevas funcionalidades, mejores experiencias y oportunidades económicas sin precedentes para empresas, personas y países.

Ventajas del Internet del Todo:

▼ Conecta a las personas de manera más significativa.

▼ Proporcionan Información a las Personas que participan en ciertos Procesos

▼ Transforma datos dotándolos de calidad: actualizado, veraz, oportuno, etc.

▼ Objetos conectados entre sí contribuyendo a una mejor toma de decisión.

19.2 INSTALAR EL SDK WEAR

Antes que usted puede empezar desarrollarme para Wear usted necesita asegurarse su desarrollo el entorno es preparado para soportarlo. Para desarrollarme para el uso de androide:

▼ Android Studio, mínima versión 0.8 para el desarrolla para Android Wea.r
▼ SDK mínima versión Api 20.
▼ Un dispositivo Mobile mínimo con Android 4.3.

19.3 CREANDO EMULADOR PARA ANDROID WEAR

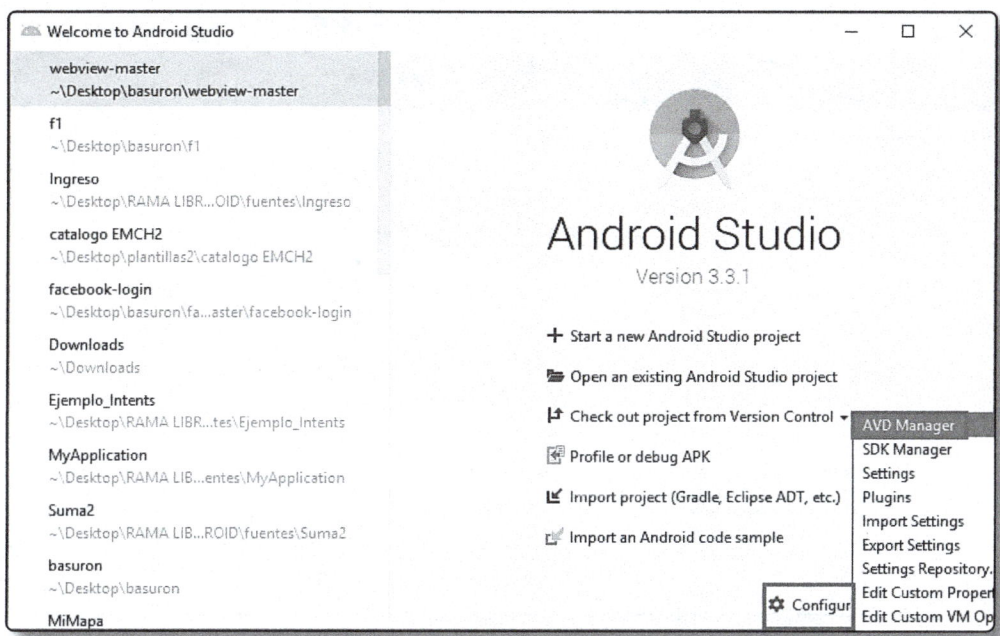

Presionar el botón Create Virtual Device.

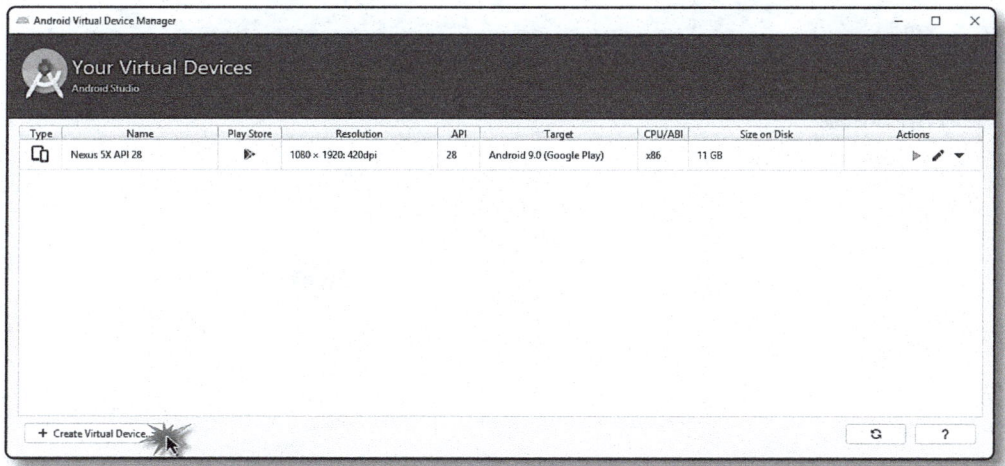

Presionamos el botón Next (Siguiente):

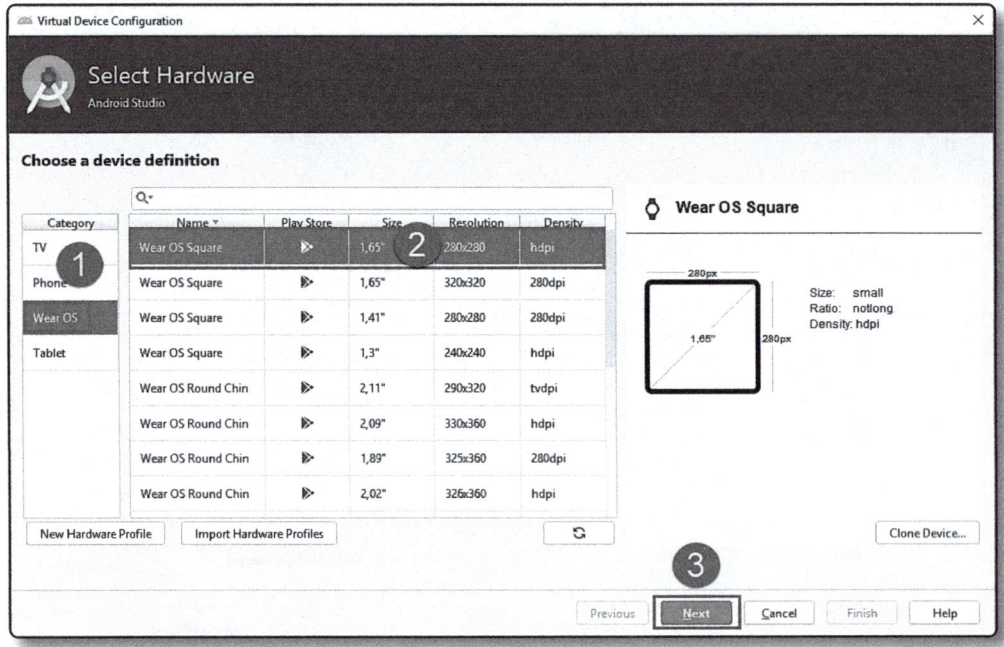

Luego presionamos el botón Next (Siguiente):

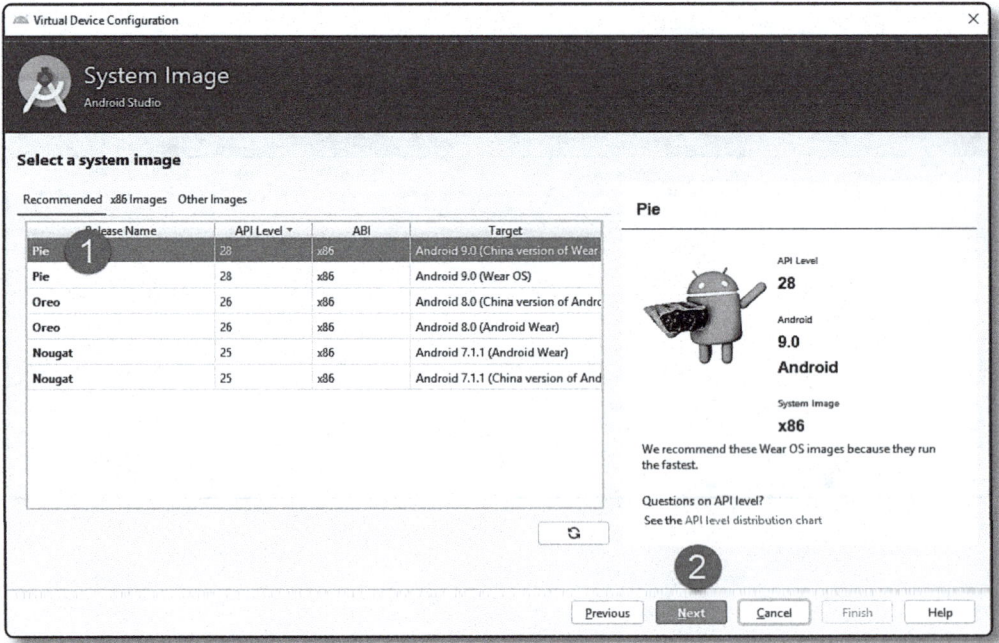

Luego presionamos el botón Finish (Finalizar):

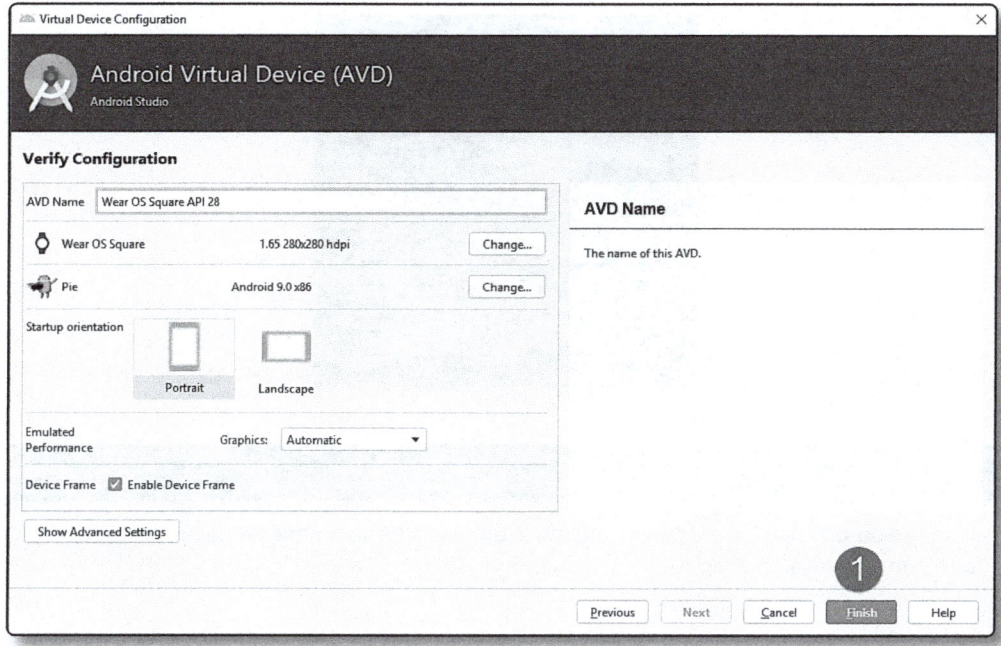

Luego presionamos el botón de color verde:

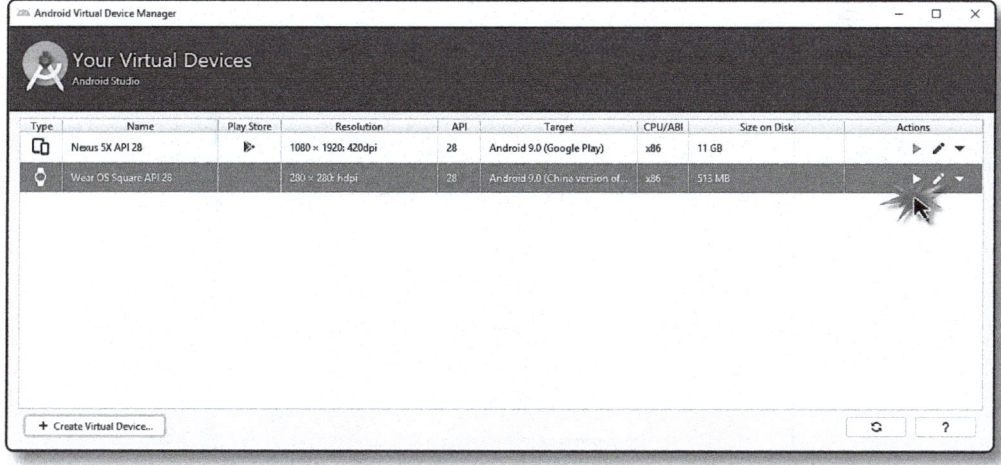

Probando el emulador:

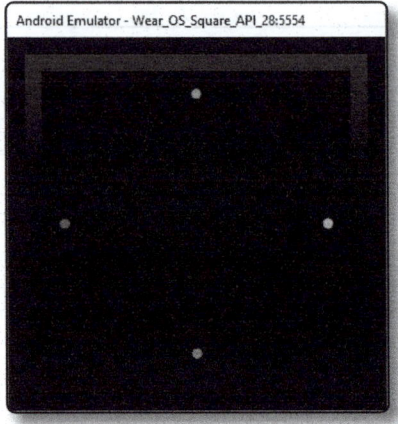

> **ⓘ NOTA**
>
> Una buena práctica es crear a lo menos 2 emuladores uno para pantalla rectangular y otro para pantalla circula.r

19.4 CREANDO WEAR1

Para comenzar a crear un nuevo proyecto haga clic en Start a new Android Studio Project (Inicie un nuevo proyecto Android Studio):

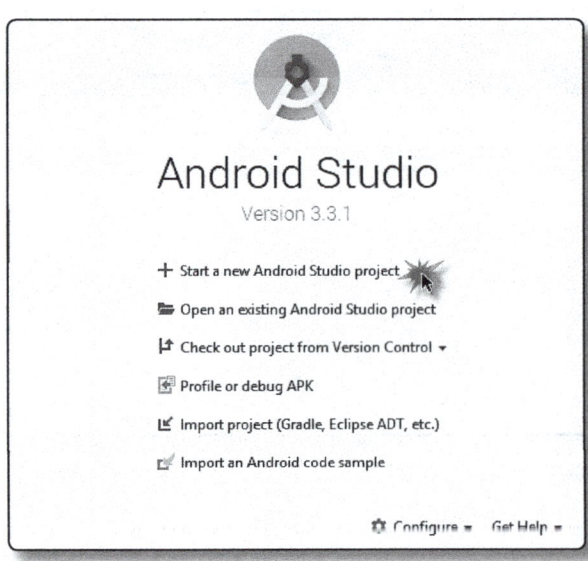

Elegimos el tipo de proyecto, y luego presionamos el botón Next (Siguiente):

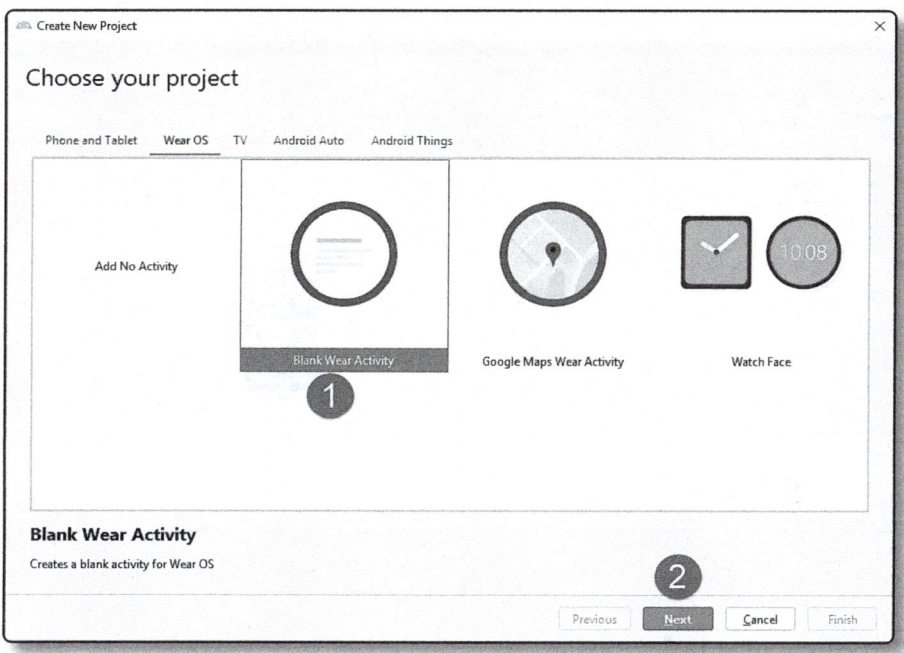

Ahora vamos indicar nombre proyecto, paquete, localización, api mínimo y presionamos finish:

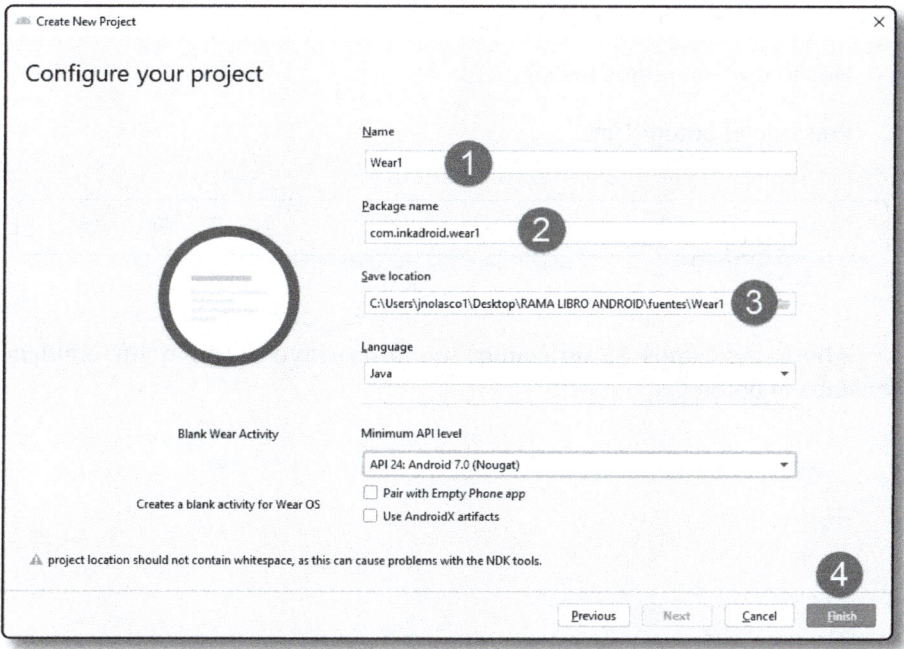

Ahora obtenemos lo siguiente:

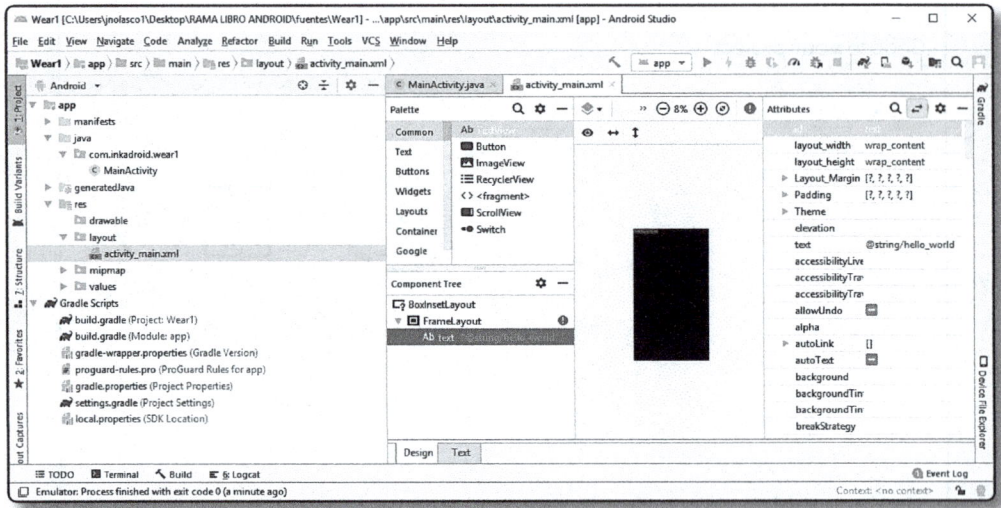

19.4.1 Ejecutando la Aplicación

Ahora para ejecutar la App podemos hacerlo utilizando el emulador o un dispositivo físico recomiendo usar un dispositivo físico para ello procedemos a conectar nuestro dispositivo o teléfono móvil.

Hecho esto seguimos los siguientes pasos:

Presione el botón Run.

Ahora indicamos si utilizamos un dispositivo físico o un emulador y presionamos el botón Ok.

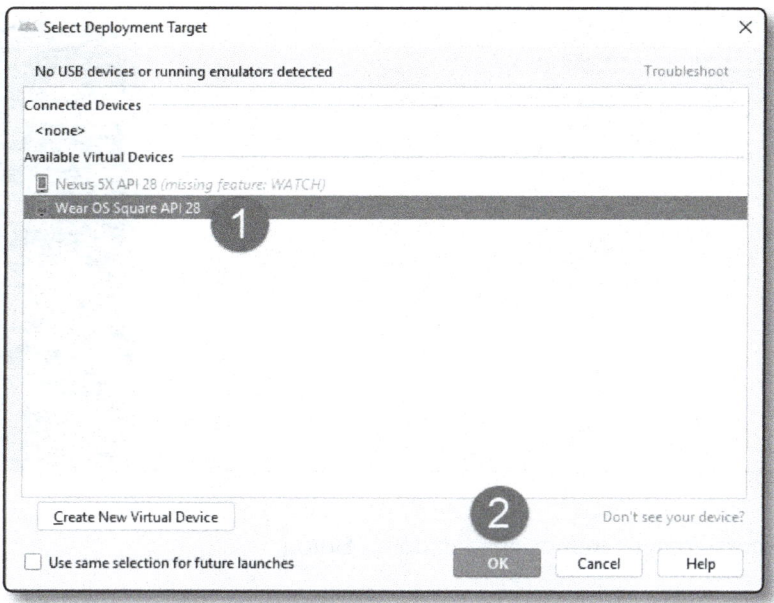

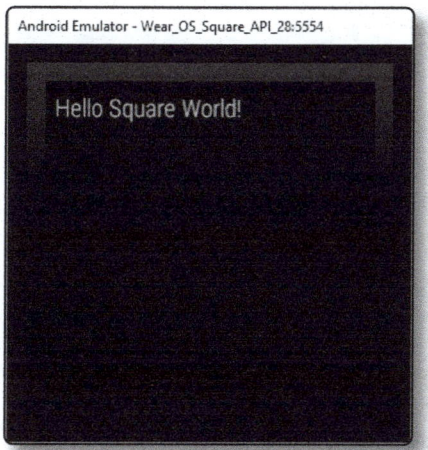

19.5 USING WATCHVIEWSTUB

WatchViewStub es un widget de la interfaz de usuario inteligente que puede detectar la forma de la pantalla del dispositivo.

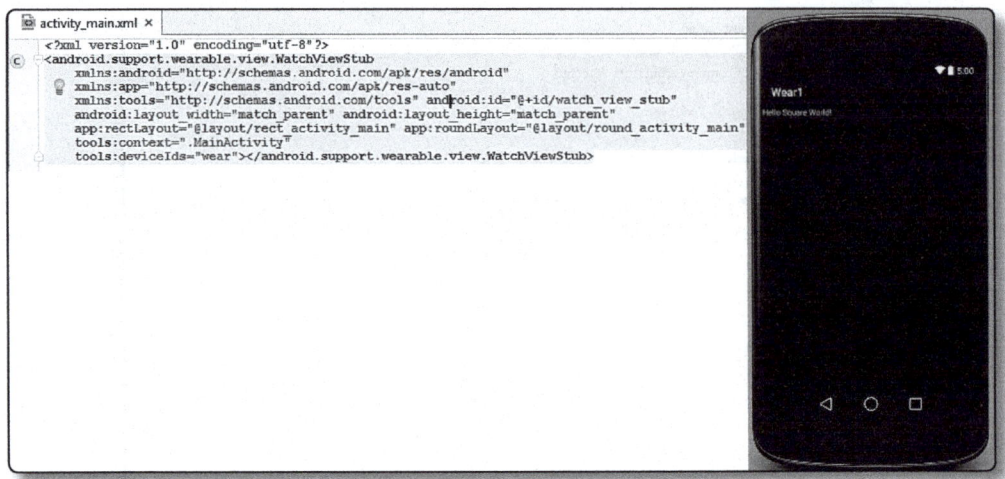

Ahora comenzaremos añadiendo un Botón:

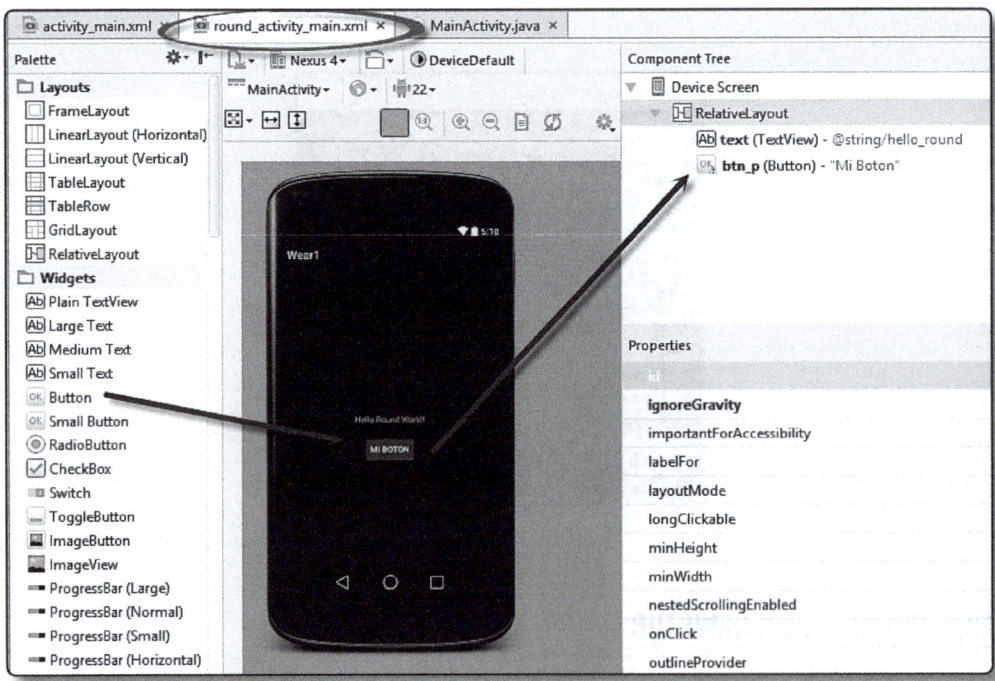

19.6 CODIFICANDO LA APLICACIÓN

```java
MainActivity.java ×

package com.inkadroid.wear1;
import ...

public class MainActivity extends Activity {

    private TextView mTextView;
    private Button btn_p;

    @Override
    protected void onCreate(Bundle savedInstanceState) {
        super.onCreate(savedInstanceState);
        setContentView(R.layout.activity_main);
        final WatchViewStub stub = (WatchViewStub) findViewById(R.id.watch_view_stub);
        stub.setOnLayoutInflatedListener((stub) → {
                mTextView = (TextView) stub.findViewById(R.id.text);
        });

        stub.setOnLayoutInflatedListener((watchViewStub) → {
                btn_p = (Button) stub.findViewById(R.id.btn_p);
        });
    }
}
```

19.7 EJECUTANDO LA APLICACIÓN

Ahora para ejecutar la App podemos hacerlo utilizando el emulador o un dispositivo físico recomiendo usar un dispositivo físico para ello procedemos a conectar nuestro dispositivo o teléfono móvil. Hecho esto seguimos los siguientes pasos:

Presione el botón Run.

Ahora indicamos si utilizamos un dispositivo físico o un emulador y presionamos el botón Ok.

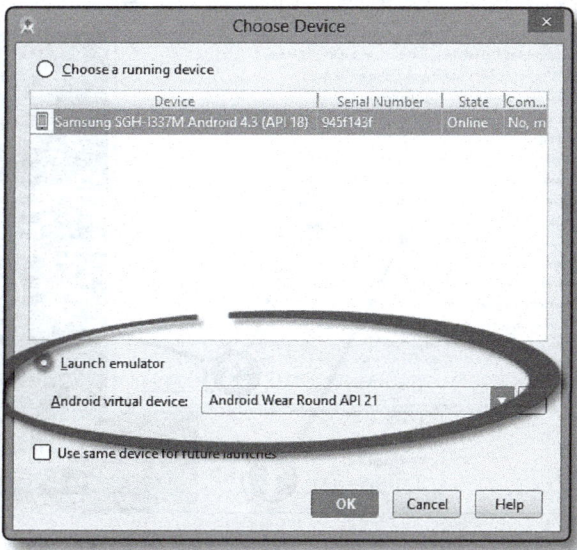

Obtenemos lo siguiente:

19.8 CARDFRAME

CardFrame es uno de los componentes básicos para visualizar texto, CardFrame es una simple tarjeta con bordes redondeados y un icono opcional.

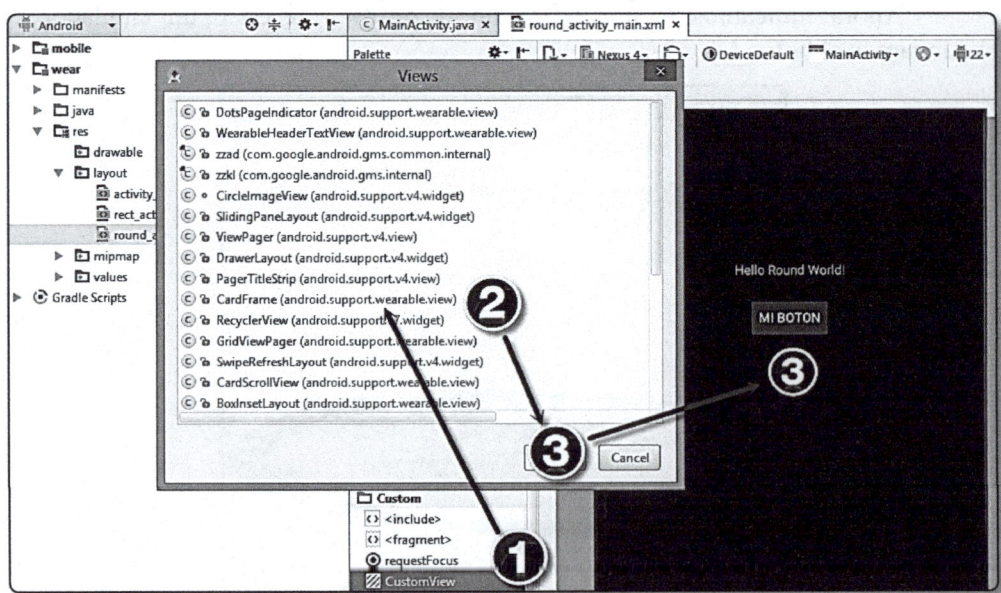

20

REALIDAD AUMENTADA

20.1 REQUERIMIENTO

- Programa Unity 3D.
- Unity Extension - Vuforia v2.8.
- SDK Android.
- JDK java 6 o superior.

20.2 CONFIGURACION

Lo primero a configurar será ruta de los SDK de Android para eso hay que ir a:

Edit->Preferences…-> External Tools.

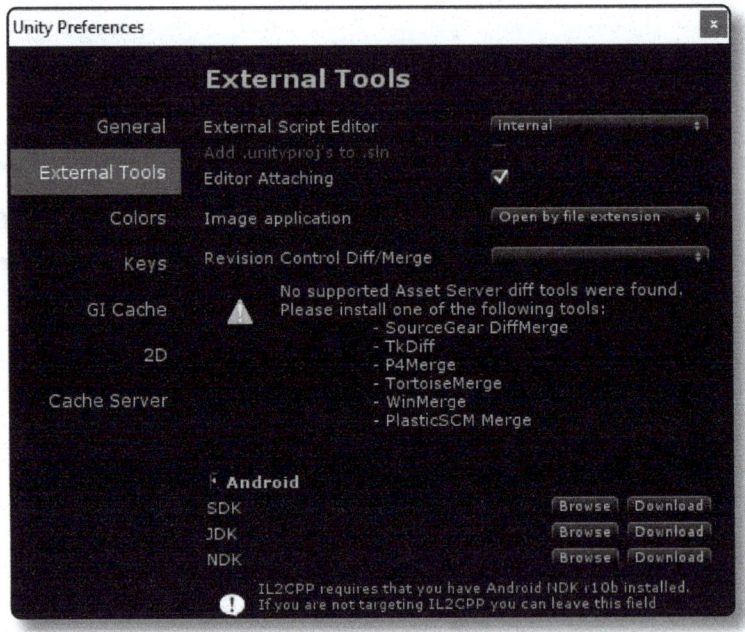

Y buscas la ruta del sdk de Android.

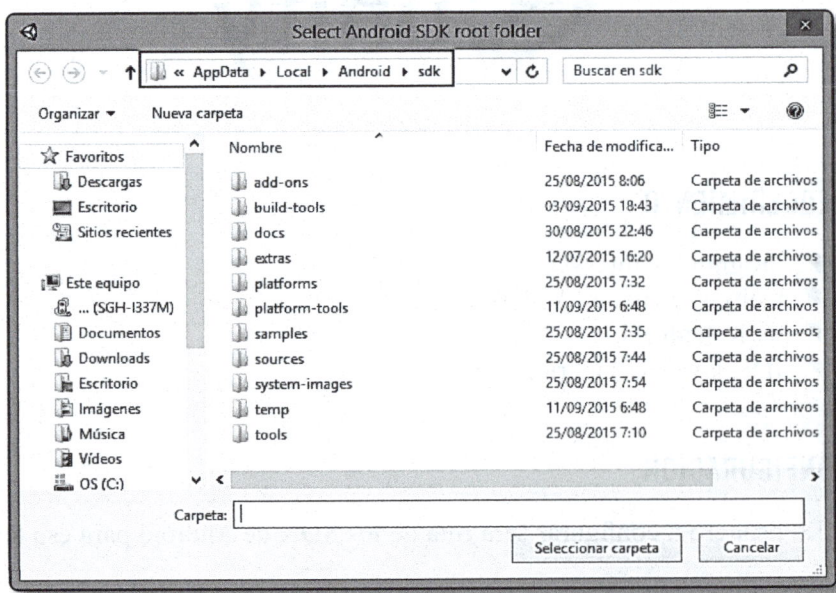

Creación de Aplicación de Realidad Aumenta con Marcadores para Android con Unity 3D.

20.3 CREACIÓN DE UN PROYECTO

Empezamos creando un nuevo proyecto dándole clic a el botón NEW.

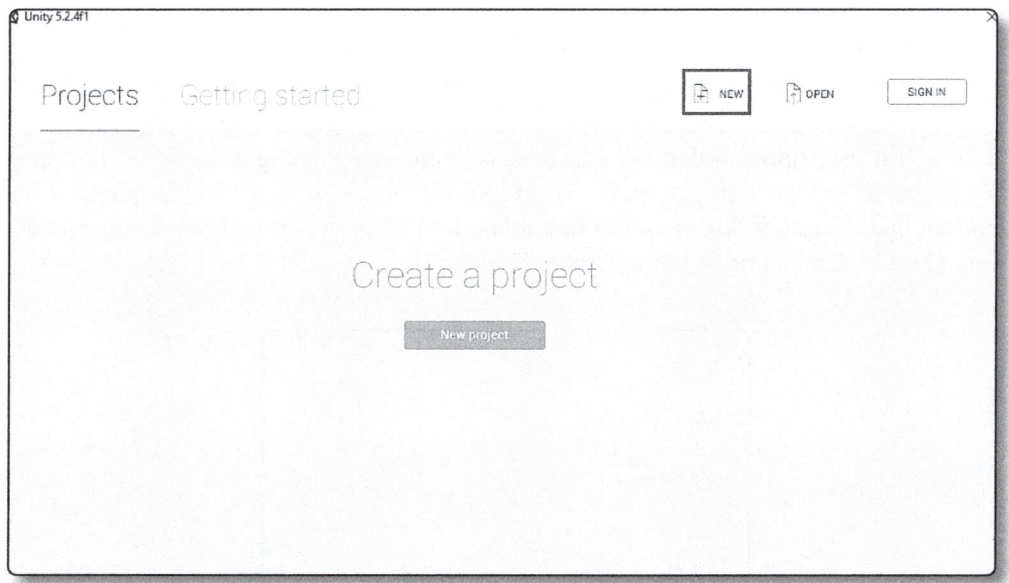

Después debemos poner un nombre al proyecto y la ruta donde se va a guardar el proyecto, con Unity podemos crear juegos en 3D y en 2D en esta oportunidad escogemos en 3D y también tenemos el botón Asset Packages que son un conjunto de herramientas útiles para el desarrollo de juegos que vienen con el Unity y que podemos agregar en nuestro proyecto:

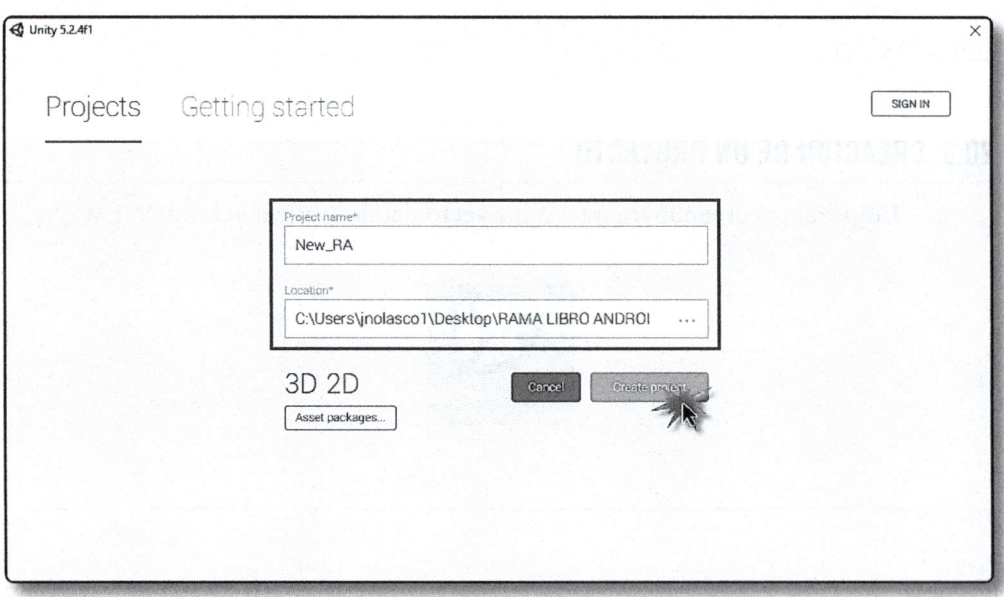

En esta oportunidad no vamos a usar ningún Packages, pero no hay que preocuparse por no agregar nada ya que si alguno es necesario más adelante se podrán incluir usando las opciones del menú del Editor de Unity, una vez terminado esta parte le damos clic al botón Create Project:

20.4 CREACIÓN DE FOLDER

Primero crea un folder para almacenar o grabar las escenas que vaya creando.

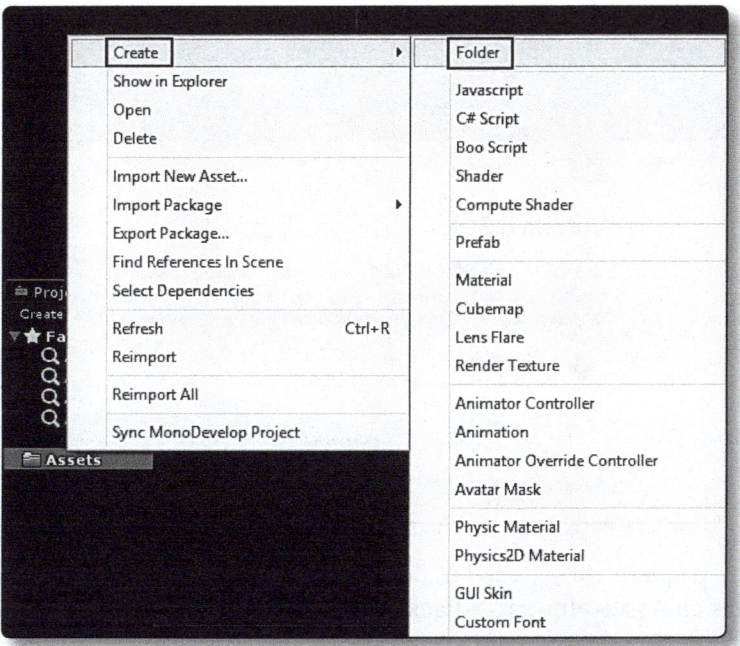

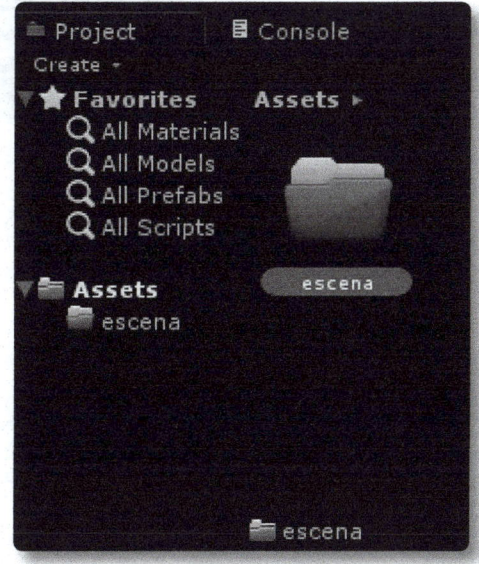

20.5 IMPORTAR PAQUETE VUFORIA

Segundo importar el paquete de extensión de Vuforia para unity.

Importar el paquete de extensión de Vuforia para unity, vamos a la barra de herramientas en Asset->Import-> Package->Custom Package.

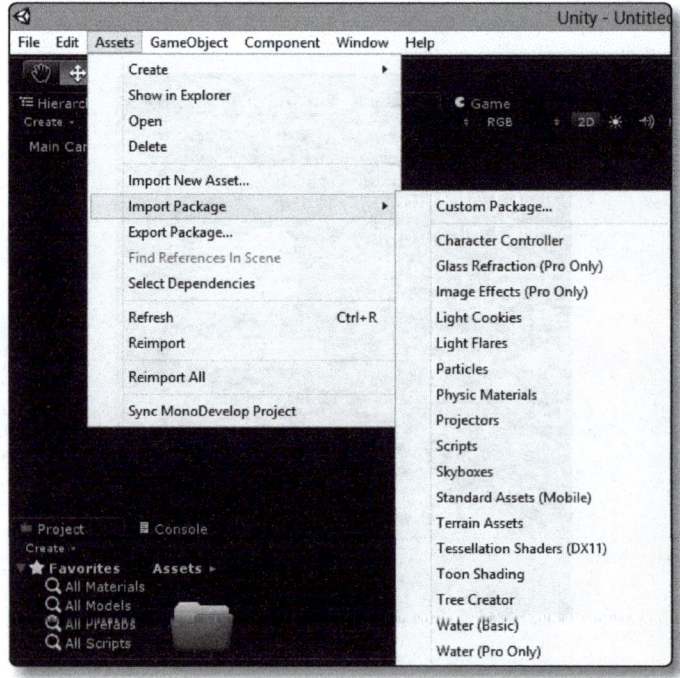

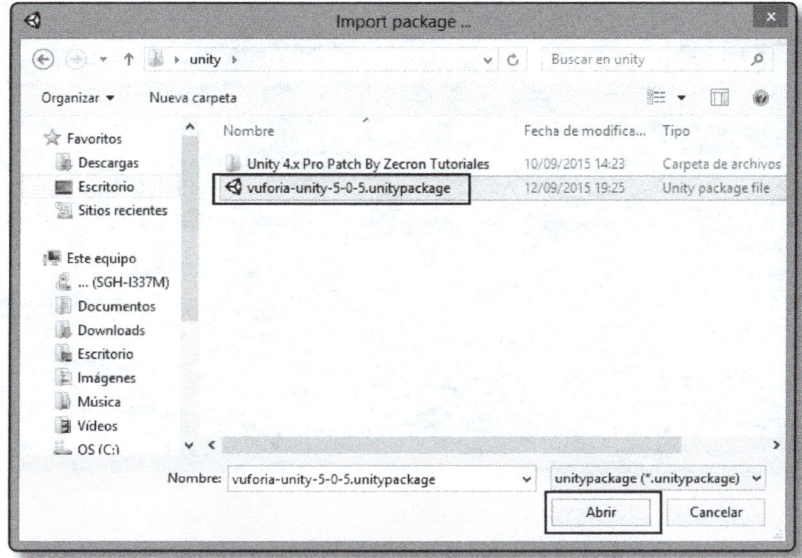

20.6 AR UNITY Y VUFORIA

Ahora tenemos más carpetas que antes:

La carpeta la cual nos va a interesar es la de Qualcomm Augmented Reality entramos a esa carpeta y después a Prefabs, y tendremos las herramientas para la Realidad Aumentada.

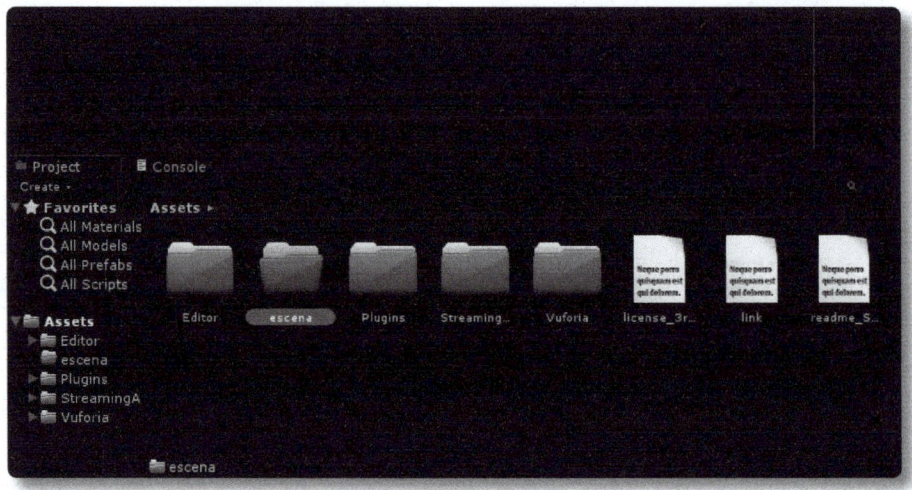

Ahora tenemos más carpetas que antes:

La carpeta la cual nos va a interesar es la de Qualcomm Augmented Reality entramos a esa carpeta y después a Prefabs, y tendremos las herramientas para la Realidad Aumentada.

Ahora tenemos más carpetas que antes:

La carpeta la cual nos va a interesar es la de Qualcomm Augmented Reality entramos a esa carpeta y después a Prefabs, y tendremos las herramientas para la Realidad Aumentada.

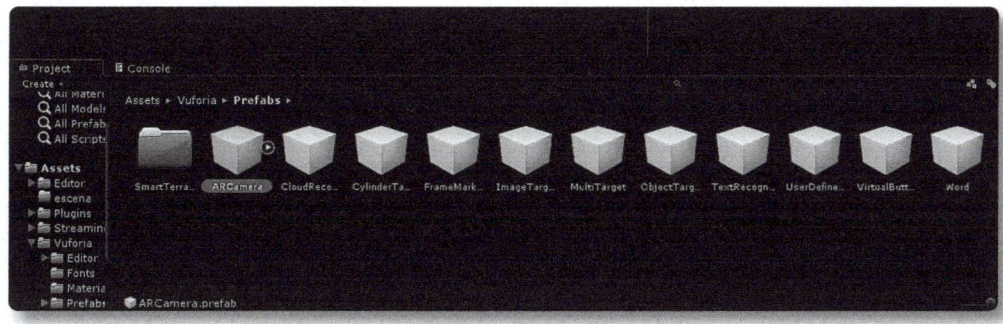

Primero nos ubicamos en Hierarchy (Jerarquía) y borramos Main Camera.

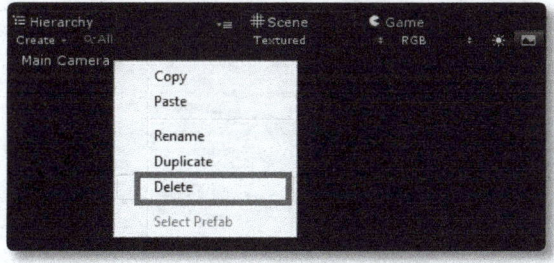

20.7 AÑADIR AR CAMERA

Luego arrastrar el ARCamera a Hierarchy o Scene.

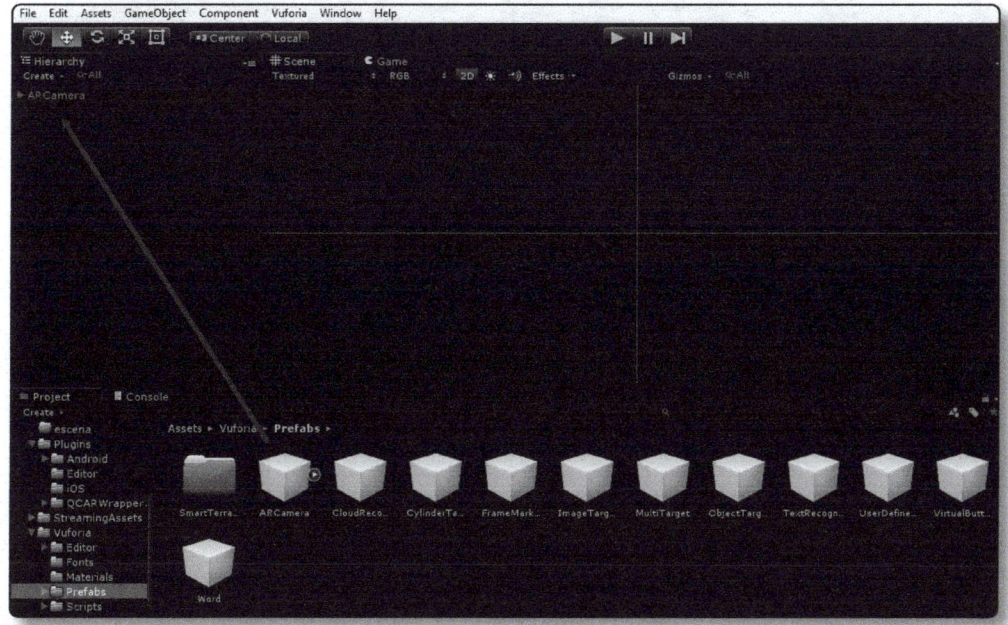

20.8 AÑADIR FRAMEMAKER

Después hacer lo mismo con FrameMarker.

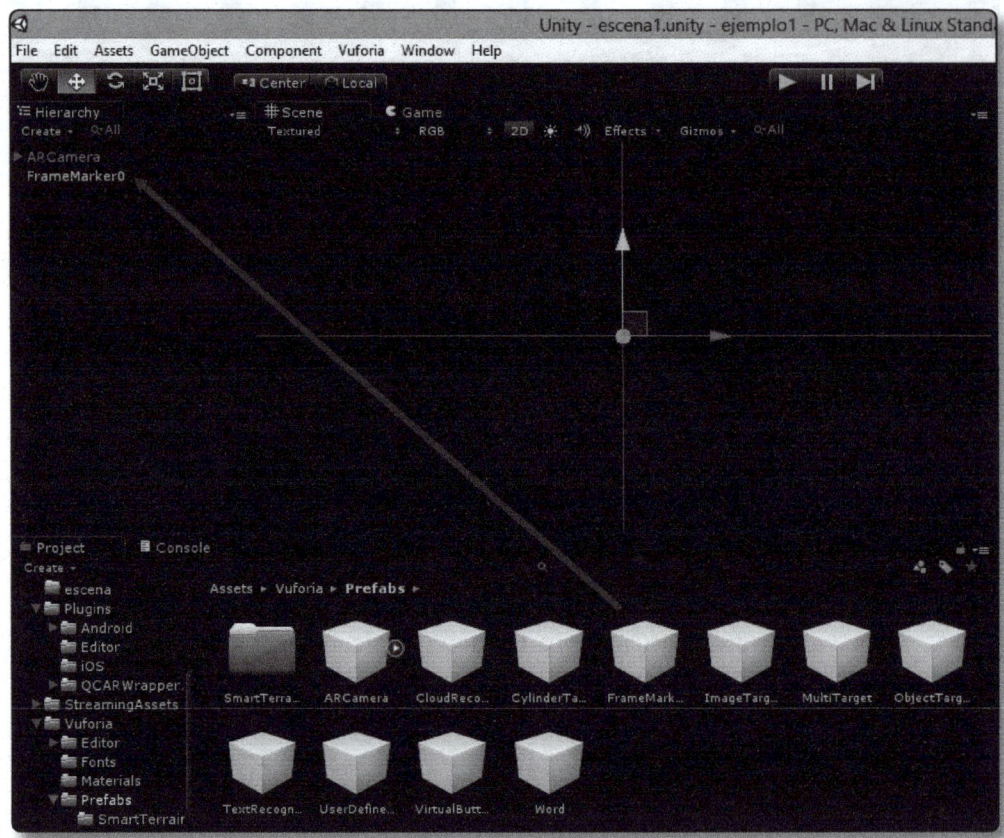

20.9 ALINEAR VISIÓN DE LA AR CAMERA

Luego seleccionar ARCamera luego ir a GameObject->Align with View para que se pueda visualizar en Game lo que ve la ARCamera (la ARCamera tiene que estar viendo el marcador).

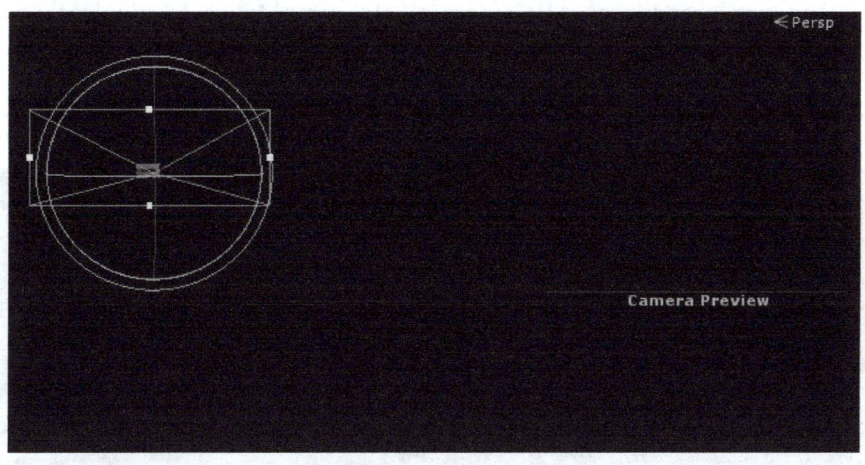

20.10   CREAR LUZ DIRECCIONAL

Una vez creados el ARCamera y el FrameMaker lo siguiente es ir a GameObject->CreateOther->Directional Light.

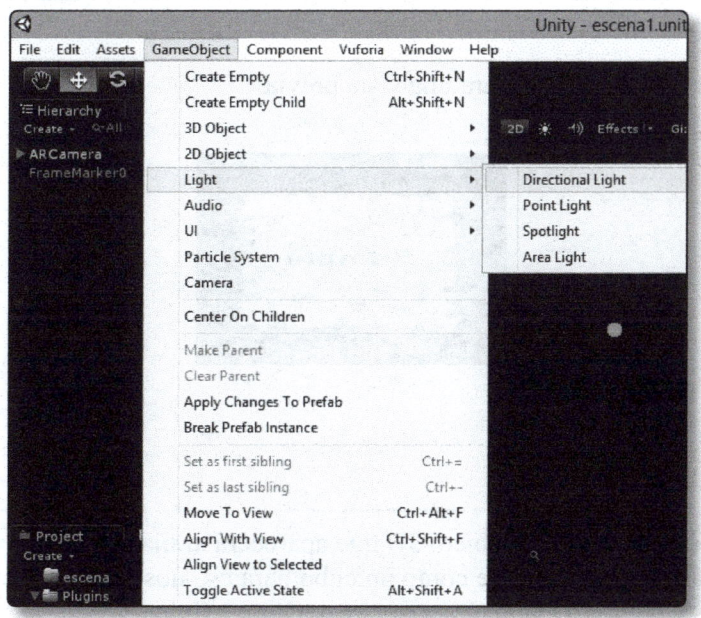

Una vez creados el ARCamera y el FrameMaker lo siguiente es ir a GameObject->CreateOther->Directional Light.

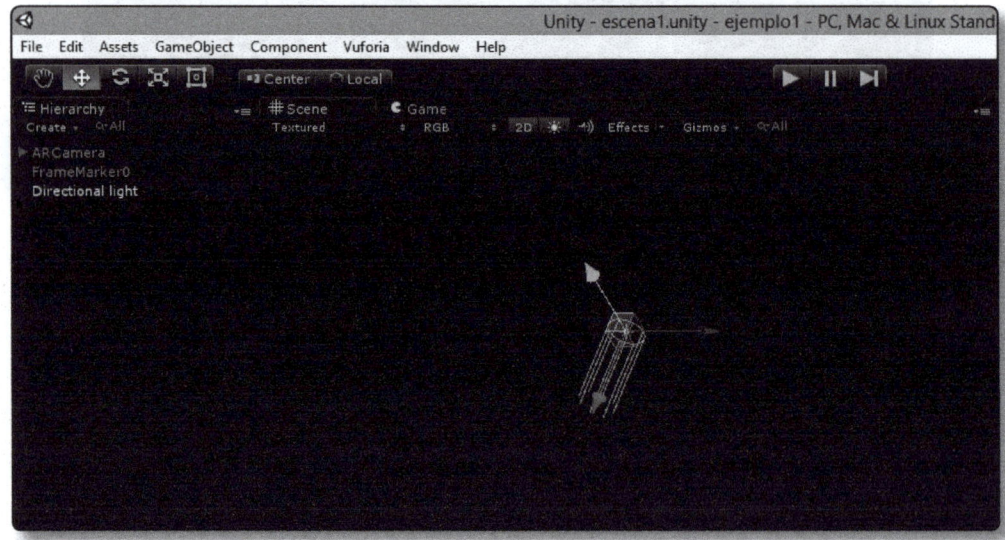

Y se creará una Directional Light (Luz Direccional) para los objetos de nuestra escena.

Hacer clic en Game para una vista previa.

20.11 CREAR CUBO

Ahora crearemos un objeto 3D que aparecerá al fijar la cámara al marcador, vamos a crear un objeto simple como un cubo para eso nos ubicamos en la barra de herramientas y vamos a GameObject->CreateOther->Cube.

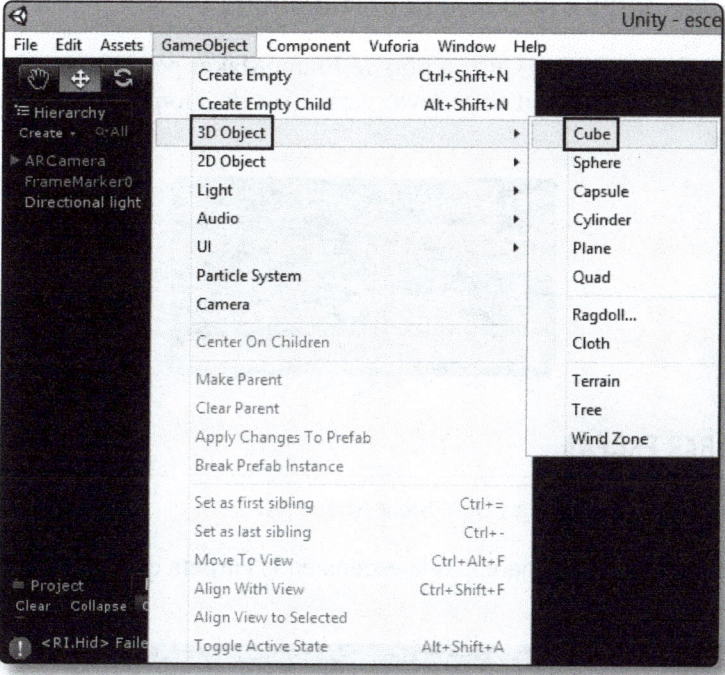

20.12 POSICIONAR CUBO

Ahora tendremos que posicionar el cubo arriba del FrameMaker ya que ahí es donde tiene que aparecer cuando se ejecute la aplicación, lo posicionaremos usando las flechas que representan los punto Z,Y y X. Y también escalarlo.

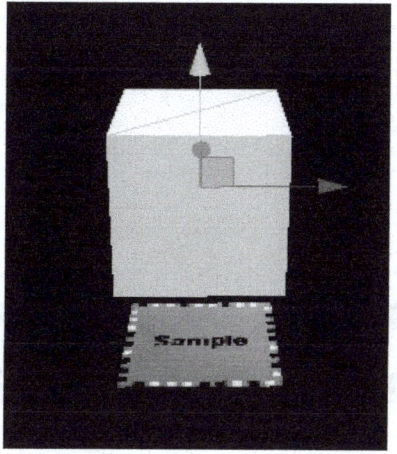

20.13 ASIGNAR CUBO COMO HIJO DEL MARCADOR

Después convertir a Cube a hijo de FrameMaker para que el cubo se mueva cuando el marcador también se mueva, para eso selecciona el Cube y arrástrelo a FrameMaker

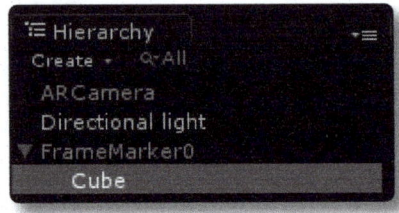

20.14 GRABAR ESCENA

Ahora graba yendo a File->Save Scene as…

En esta ocasión grabaremos la escena en la carpeta que se había creado antes llamada Escenas.

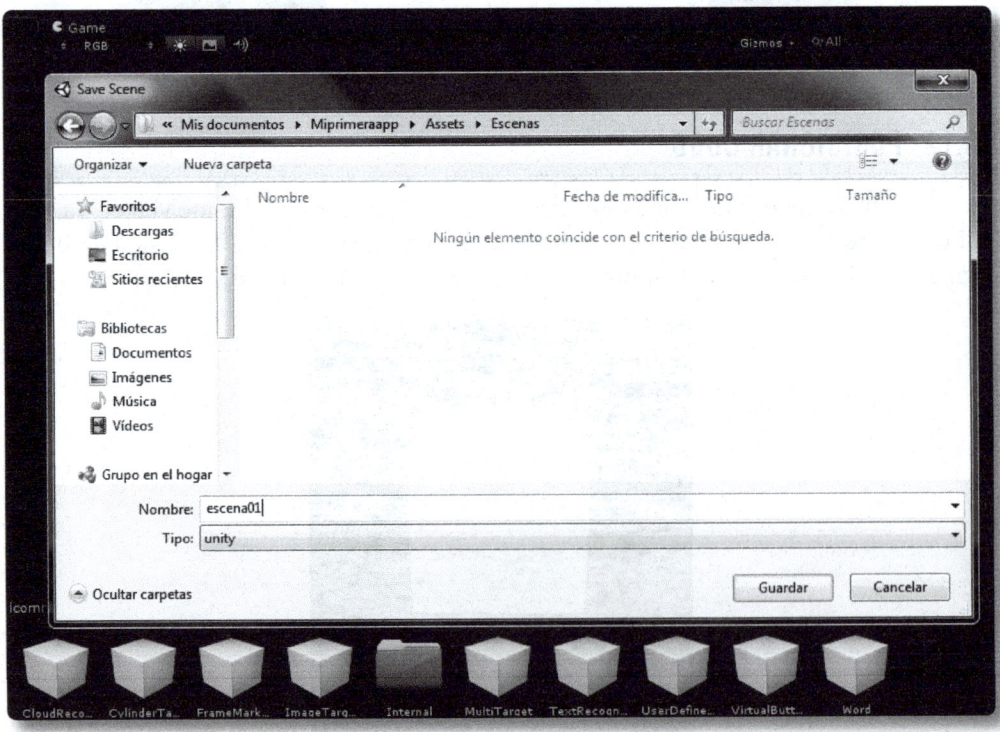

20.15 EXPORTAR COMO APK

Para Exportar Como Aplicación para Android(APK).

Vamos a Files->Build Setting.

Y clic en add current para agregar la escena a importar.

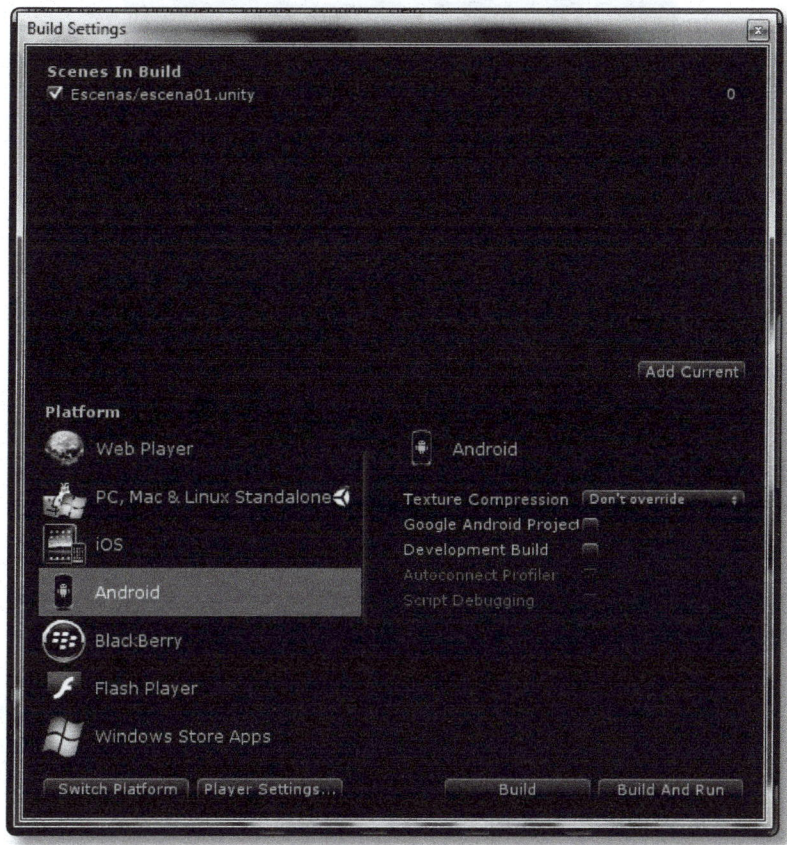

20.16 CONFIGURACIÓN DE APK

Clic en Player Setting para poder configurar nuestra aplicación, como el icono, el nombre de la compañía y el nombre del producto o para configurar el mínimo del API y entre otras cosas.

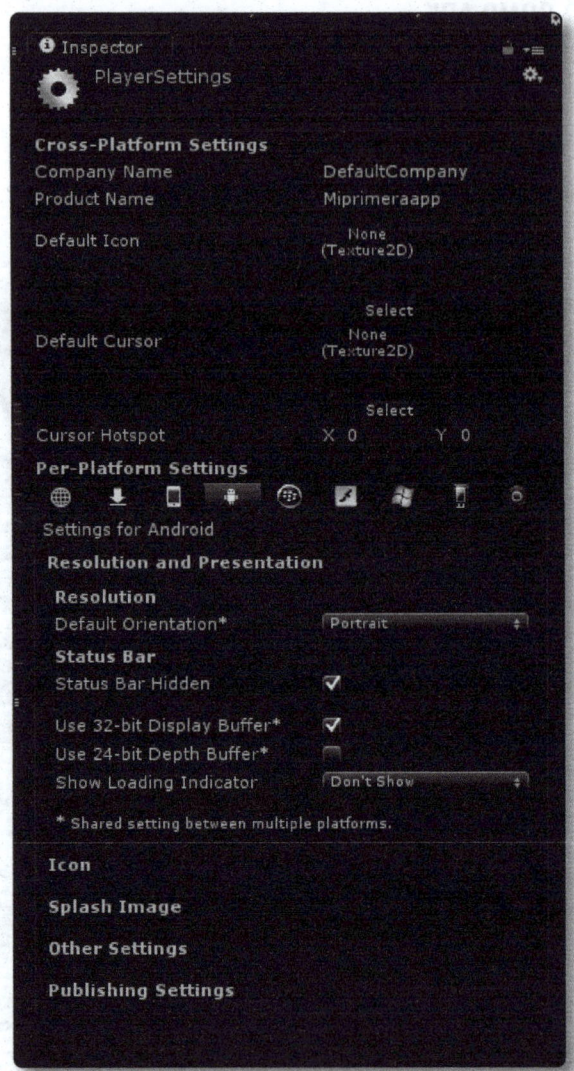

20.17 EXPORTAR COMO APK

Ahora solo hay que dar clic en build, para exportar como apk, También se puede escoger la opción Development Build para exportar la escena en un proyecto Android.

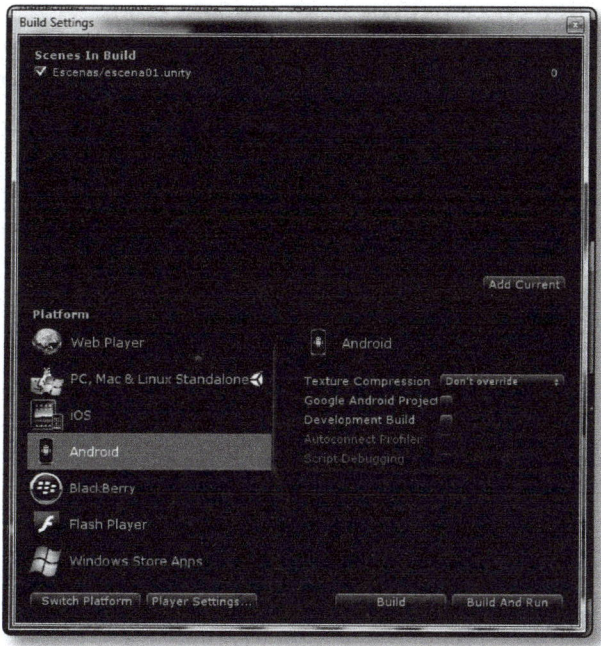

20.18 IMPRIMIR MARCADOR

Ahora vamos imprimir el marcador en la carpeta del proyecto en Asset->Editor->QCAR->FrameMakerTextures ahí el marcador y un archivo Zip con más marcadores (el marcador de ejemplo es frameMarker_000.png).

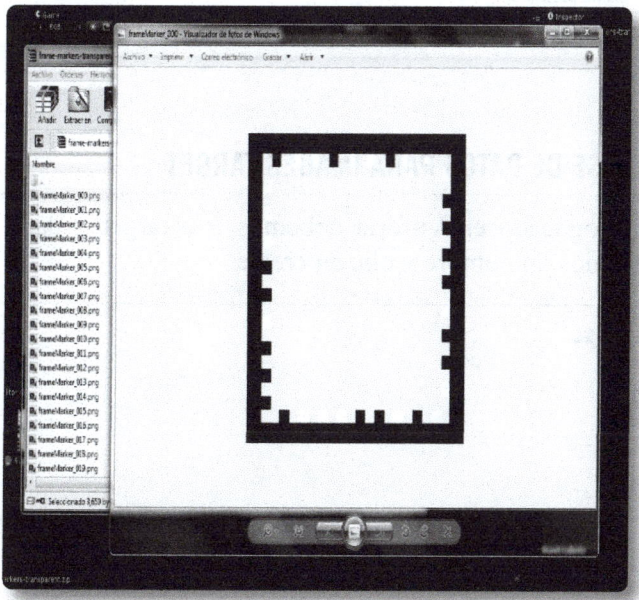

20.19 REGISTRARSE EN LA PAGINA DE VUFORIA

Primero hay que tener cuenta *https://developer.Vuforia.com*

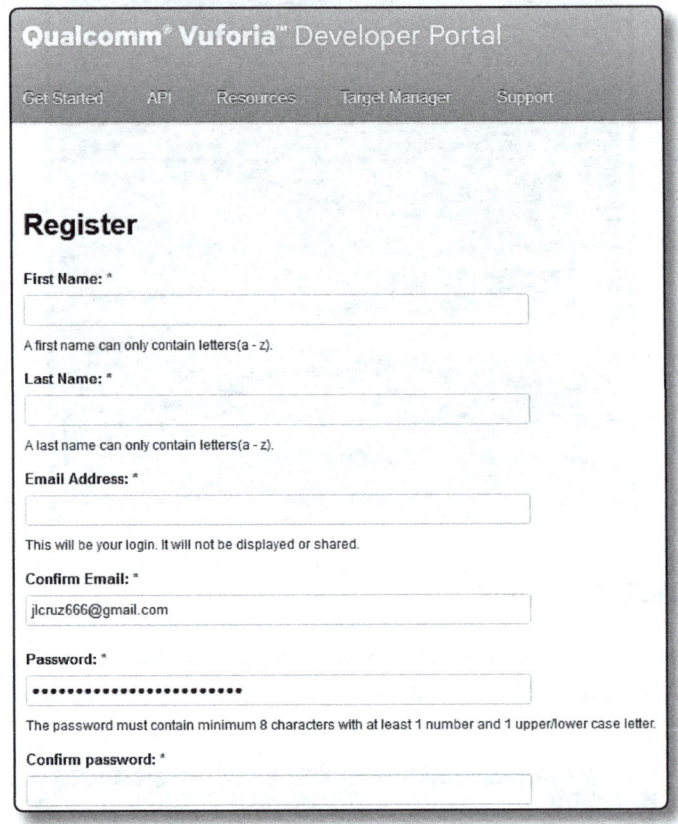

20.20 CREAR BASE DE DATOS PARA IMAGES TARGET

Una vez logueado en Vuforia debemos ir a target y darle clic en create Database, le ponemos un nombre y clic en create.

20.21 SUBIR IMAGEN A CONVERTIR EN TARGET

Entramos a la base de datos creada y dale clic al Add Target y escoge el tipo de Target en esta ocasión escogemos el Single Target, el ancho y después subes la imagen, clic en add y esperar.

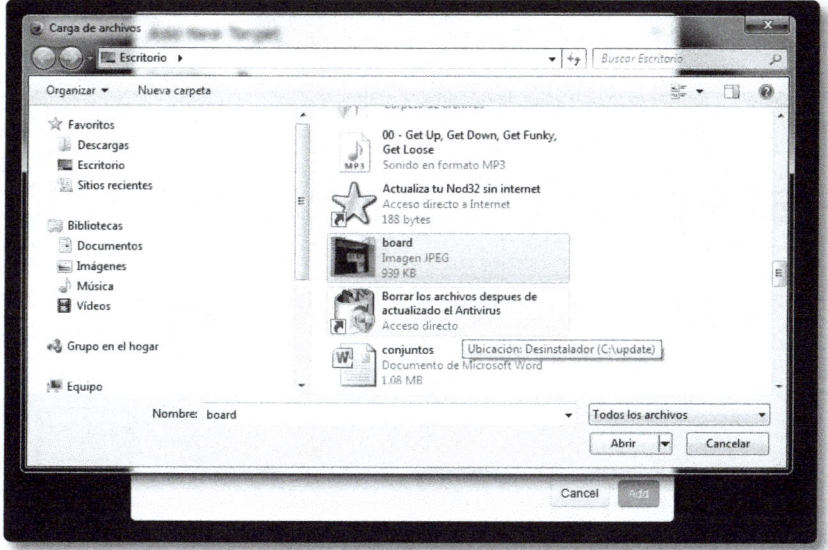

20.22 SUBIR IMAGEN A CONVERTIR EN TARGET

Ya subida y creada la Image Target, y ha sido aceptada por el Target Manager; esto lo podemos ver en la siguiente, será aceptada si tiene 4 o 5 estrellas. Si no ha sido aceptada es porque la imagen elegida no tiene suficientes puntos característicos para que los pueda detectar la ARCamera.

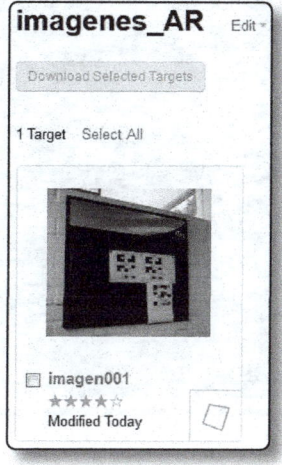

20.23 DESCARGAR EL IMAGE TARGET

Ahora seleccionamos el Image Target, clic en download selected target, marcamos Unity Editor, le damos nombre al paquete, le damos en Create, y lo descargamos.

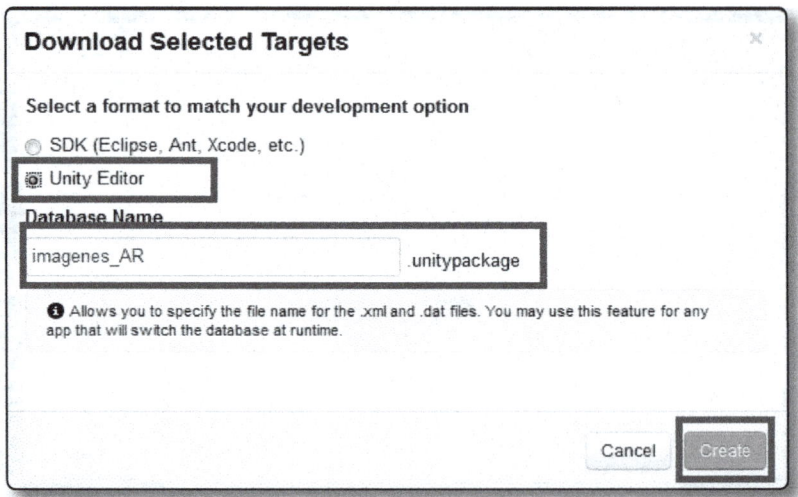

20.24 IMPORTAR EL IMAGE TARGET AL PROYECTO

Abrimos el Unity 3D, creamos un nuevo proyecto y vamos a importar el pack que descargamos para usarlo como Image Target.

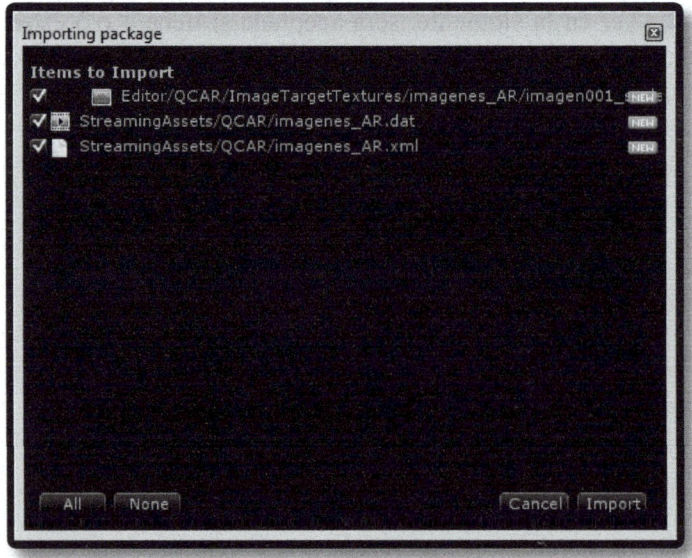

20.25 AÑADIENDO HERRAMIENTA AR

Ahora añadimos la ARCamera, la luz direccional, el cubo, en vez de añadir FrameMaker añadimos Image Target y convertimos a cubo en hijo de Image Target.

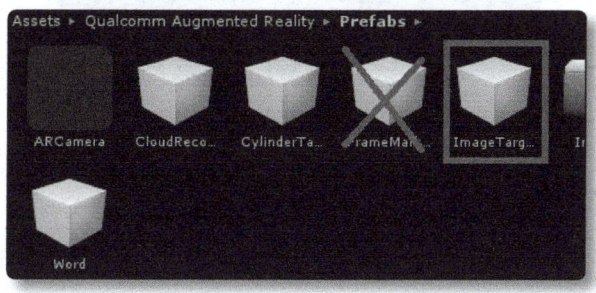

20.26 CARGANDO IMAGEN EN IMAGE TARGET

Lo siguiente es cargar el pack importado en el image target del proyecto, para eso lo seleccionamos y vemos en sus propiedades Data Set y cambiamos empty por imágenes_AR (el nombre del pack importado).

20.27 CONFIGURANDO ARCAMERA

Para que el ARCamera reconozca la imagen como un marcador tenemos que marcar la opción load data set (nombre del image Target) en sus propiedades, marcar activate y listo.

20.28 EXPORTAR APK

Por último exportar como Apk e imprimir la imagen (tambien funciona usar la Imagen real)

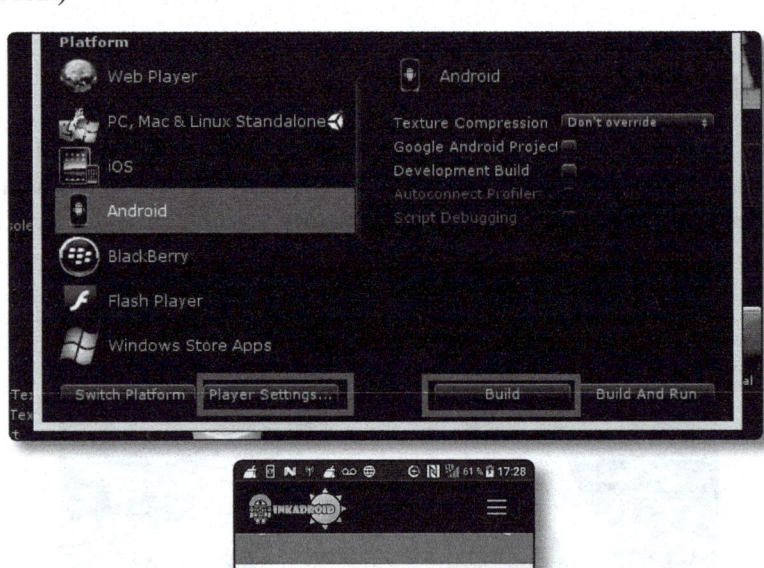

21

WEBVIEW

21.1 WEB APPS

Puede hacer que sus paginas web esté disponible en su dispositivo móvil Android Para debemos usar un WebView en el diseño.

Hay esencialmente dos formas de entregar una aplicación en Android:

1. Como una aplicación Nativa (desarrollada utilizando el SDK de Android e instalada en dispositivos de usuario en una APK).

2. Como una aplicación web (desarrollada utilizando estándares web y accesible a través de un navegador web, no hay nada que instalar en los dispositivos de los usuarios).

Para nuestro caso desarrollaremos una aplicación basada en web para dispositivos con Android, puede estar seguro de que los principales navegadores web para Android que le permiten especificar las propiedades de vista y estilo que hacen que sus páginas web aparezcan en el tamaño adecuado, y escala en todas las configuraciones de pantalla.

21.2 CONSTRUYENDO PORTAL

Vamos a construir nuestra página web utilizando bootstrap es una herramienta Open Source para el desarrollo rápido de aplicaciones web que ha ido creciendo en popularidad hasta convertirse en un estándar más destacados en la plataforma de código abierto.

21.3 HERRAMIENTAS A UTILIZAR

Antes de especificar las herramientas y otros debemos crear una carpeta: portal.

Las herramientas que vamos a utilizar las descargaremos de los siguientes hipervínculos:

21.4 DESCARGAR SUBLIMETEXT

Descargar e instalar sublimetext 3 de la Siguiente URL:

https://www.sublimetext.com/

21.5 DESCARGAR BOOTSTRAP

Descargar Bootstrap 4(recomendable version compilada) de la siguiente URL:

https://getbootstrap.com/docs/4.1/getting-started/download/

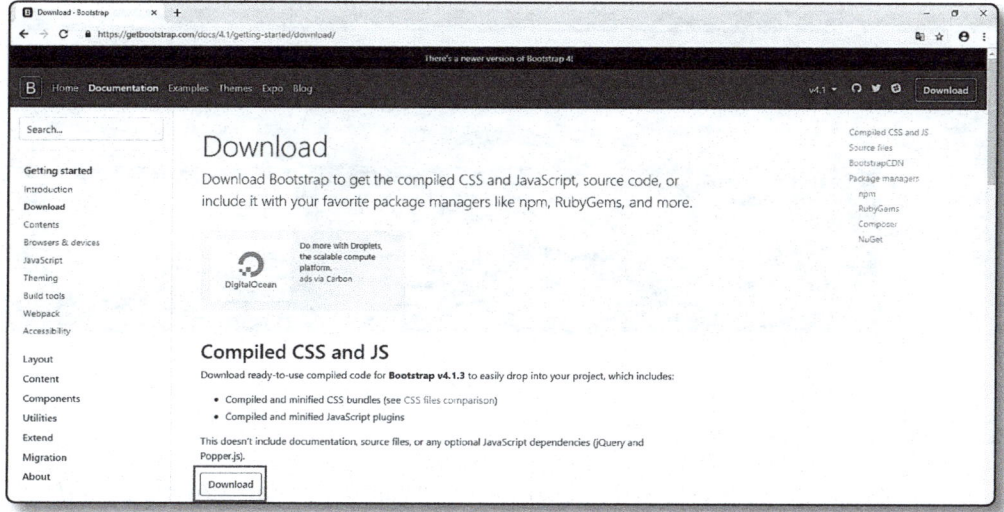

21.6 DESCOMPRIMIR EL ZIP

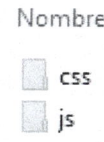

Copiamos esas dos carpetas:

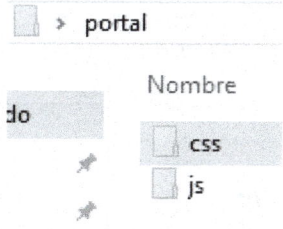

21.7 DESCARGAR JQUERY

descargar jquery y lo grabamos en la carpeta portal-js:https://jquery.com/

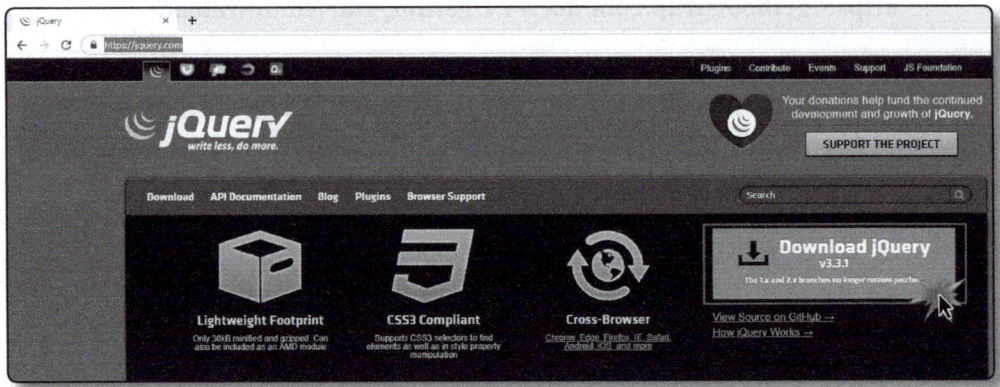

21.8 DESCARGAR POPOVER.JS

descargar popover.js y lo grabamos en la carpeta portal-js:*http://gsreddy.in/ popover/*

21.9 REVISANSO NUESTRA CARPETA JS

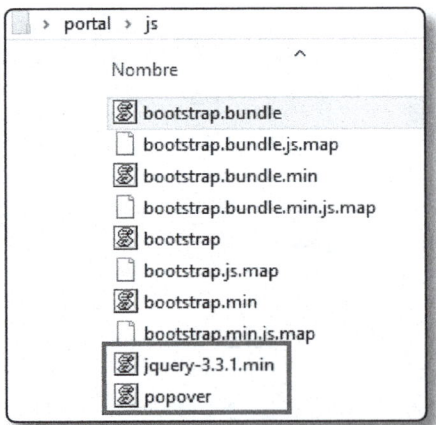

21.10 DISEÑANDO LA PLANTILLA

https://getbootstrap.com/docs/4.2/getting-started/introduction/

Copiamos la siguiente plantilla a un Index.html:

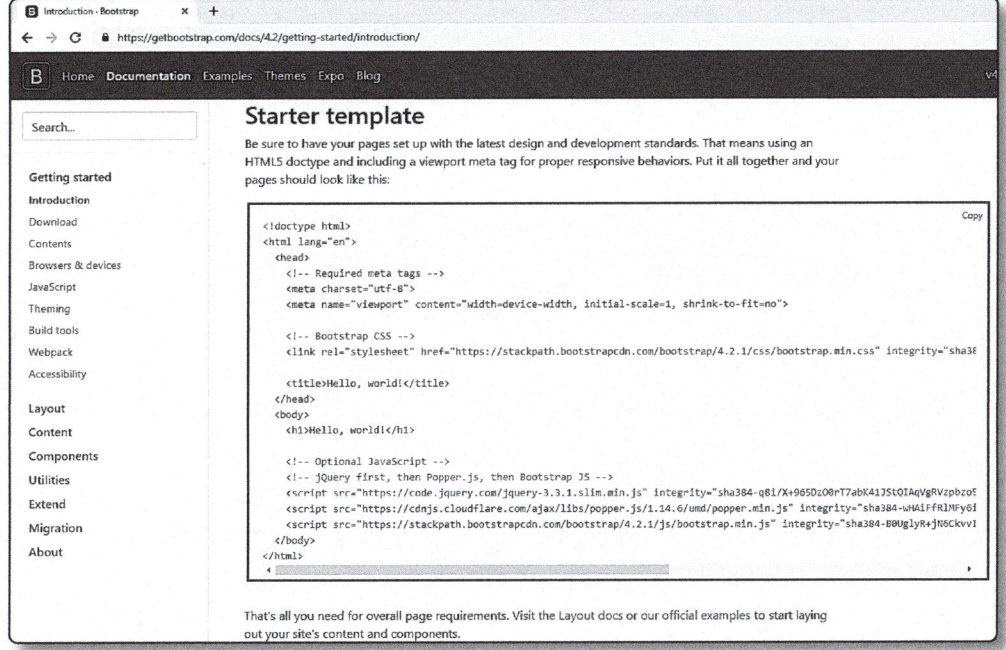

21.11 REFERENCIAS SERÁN LOCALES

Indicamos las referencias serán locales: Hoja de estilo Bootstrap.

```html
<!doctype html>
<html lang="en">
  <head>
    <!-- Required meta tags -->
    <meta charset="utf-8">
    <meta name="viewport" content="width=device-width, initial-scale=1, shrink-to-fit=no">

    <!-- Bootstrap CSS -->
    <link rel="stylesheet" type="text/css" href="css/bootstrap.min.css">

    <title>Hello, world!</title>
  </head>
  <body>
    <h1>Hello, world!</h1>

    <!-- Optional JavaScript -->
    <!-- jQuery first, then Popper.js, then Bootstrap JS -->
    <script src="https://code.jquery.com/jquery-3.3.1.slim.min.js" integrity="sha384-q8i/
      X+965Dz00rT7abK41JStQIAqVgRVzpbzo5smXKp4YfRvH+8abtTE1Pi6jizo" crossorigin="anonymous"></script>
    <script src="https://cdnjs.cloudflare.com/ajax/libs/popper.js/1.14.6/umd/popper.min.js" integrity="
      sha384-wHAiFfRlMFy6i5SRaxvfOCifBUQy1xHdJ/yoi7FRNXMRBu5WHdZYu1hA6ZOblgut" crossorigin="anonymous"></script>
    <script src="https://stackpath.bootstrapcdn.com/bootstrap/4.2.1/js/bootstrap.min.js" integrity="
      sha384-B0UglyR+jN6CkvvICOB2joaf5I4l3gm9GU6Hc1og6Ls7i6U/mkkaduKaBh1AXv9k" crossorigin="anonymous"></script>
  </body>
</html>
```

21.12   INDICAMOS OTRAS REFERENCIAS SERÁN LOCALES

```
index.html          x
1  <!doctype html>
2  <html lang="en">
3    <head>
4      <!-- Required meta tags -->
5      <meta charset="utf-8">
6      <meta name="viewport" content="width=device-width, initial-scale=1, shrink-to-fit=no">
7
8      <!-- Bootstrap CSS -->
9      <link rel="stylesheet" type="text/css" href="css/bootstrap.min.css">
10
11     <title>Hello, world!</title>
12   </head>
13   <body>
14     <h1>Hello, world!</h1>
15
16     <!-- Optional JavaScript -->
17     <!-- jQuery first, then Popper.js, then Bootstrap JS -->
18     <script src=""></script>
19     <script src=""></script>
20     <script src=""></script>
21   </body>
22 </html>
```

```
index.html          x
<!doctype html>
<html lang="en">
  <head>
    <!-- Required meta tags -->
    <meta charset="utf-8">
    <meta name="viewport" content="width=device-width, initial-scale=1, shrink-to-fit=no">

    <!-- Bootstrap CSS -->
    <link rel="stylesheet" type="text/css" href="css/bootstrap.min.css">

    <title>Hello, world!</title>
  </head>
  <body>
    <h1>Hello, world!</h1>

    <!-- Optional JavaScript -->
    <!-- jQuery first, then Popper.js, then Bootstrap JS -->
    <script src="js/jquery-3.3.1.min.js"></script>
    <script src="js/popover.js"></script>
    <script src="js/bootstrap.min.js"></script>
  </body>
</html>
```

Creación del Menú.

Agregando la etiqueta nav:

```html
index.html          ×
<!doctype html>
<html lang="en">
  <head>
    <!-- Required meta tags -->
    <meta charset="utf-8">
    <meta name="viewport" content="width=device-width, initial-scale=1, shrink-to-fit=no">

    <!-- Bootstrap CSS -->
    <link rel="stylesheet" type="text/css" href="css/bootstrap.min.css">

    <title>Aplicaciones Web Movil</title>
  </head>
  <body>
    <nav class="navbar">


    </nav>


    <!-- Optional JavaScript -->
    <!-- jQuery first, then Popper.js, then Bootstrap JS -->
    <script src="js/jquery-3.3.1.min.js"></script>
    <script src="js/popover.js"></script>
    <script src="js/bootstrap.min.js"></script>
  </body>
</html>
```

21.13 AGREGANDO UN HIPERVÍNCULO

```html
index.html          ×
<!doctype html>
<html lang="en">
  <head>
    <!-- Required meta tags -->
    <meta charset="utf-8">
    <meta name="viewport" content="width=device-width, initial-scale=1, shrink-to-fit=no">

    <!-- Bootstrap CSS -->
    <link rel="stylesheet" type="text/css" href="css/bootstrap.min.css">

    <title>Aplicaciones Web Movil</title>
  </head>
  <body>
    <nav class="navbar">
      <a href="index.html" class="navbar-brand">Mi Pagina</a>
    </nav>
    <!-- Optional JavaScript -->
    <!-- jQuery first, then Popper.js, then Bootstrap JS -->
    <script src="js/jquery-3.3.1.min.js"></script>
    <script src="js/popover.js"></script>
    <script src="js/bootstrap.min.js"></script>
  </body>
</html>
```

21.14 PRIMERA VISUALIZACIÓN

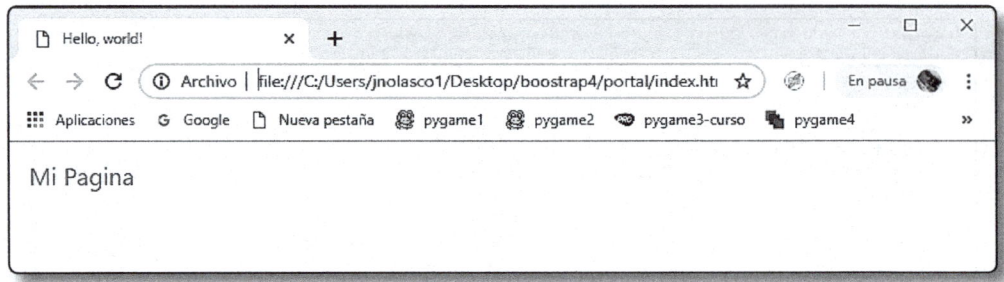

21.15 APLICANDO COLORES AL NAVBAR

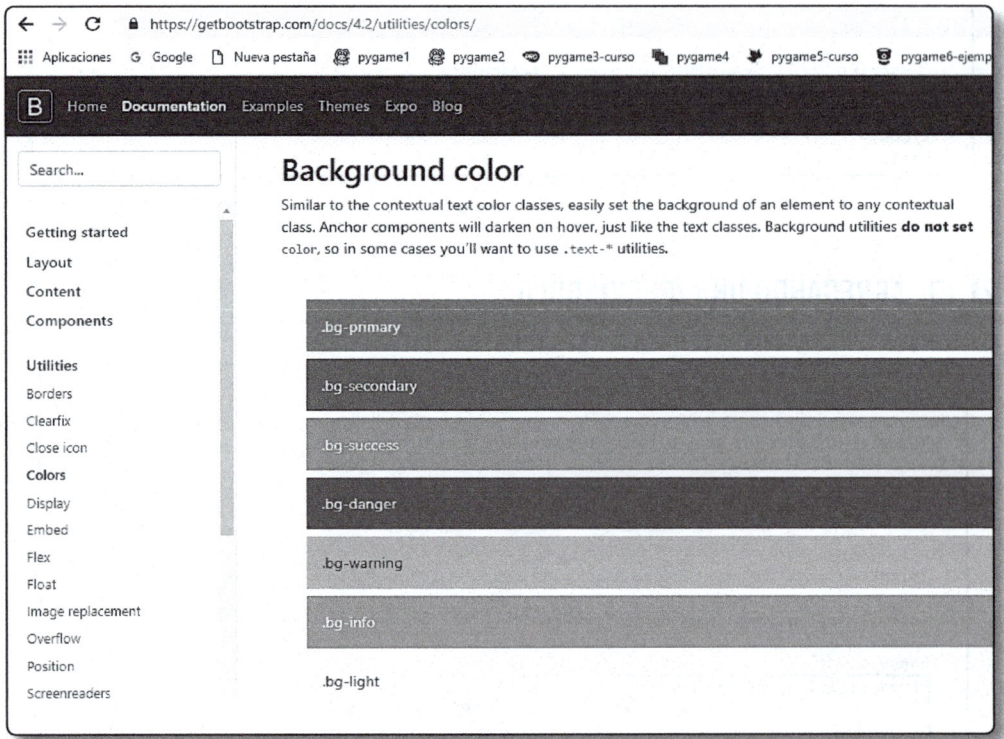

```
index.html        ×
<!doctype html>
<html lang="en">
  <head>
    <!-- Required meta tags -->
    <meta charset="utf-8">
    <meta name="viewport" content="width=device-width, initial-scale=1, shrink-to-fit=no">

    <!-- Bootstrap CSS -->
    <link rel="stylesheet" type="text/css" href="css/bootstrap.min.css">

    <title>Aplicaciones Web Movil</title>
  </head>
  <body>
    <nav class="navbar bg-secondary">
      <a href="index.html" class="navbar-brand">Mi Pagina</a>
    </nav>
    <!-- Optional JavaScript -->
    <!-- jQuery first, then Popper.js, then Bootstrap JS -->
    <script src="js/jquery-3.3.1.min.js"></script>
    <script src="js/popover.js"></script>
    <script src="js/bootstrap.min.js"></script>
  </body>
</html>
```

21.16 SEGUNDA VISUALIZACIÓN

21.17 COMBINACIÓN SUGERIDA

acomodando una mejor combinación sin indicar color de texto:

```
index.html        ×
<!doctype html>
<html lang="en">
  <head>
    <!-- Required meta tags -->
    <meta charset="utf-8">
    <meta name="viewport" content="width=device-width, initial-scale=1, shrink-to-fit=no">

    <!-- Bootstrap CSS -->
    <link rel="stylesheet" type="text/css" href="css/bootstrap.min.css">

    <title>Aplicaciones Web Movil</title>
  </head>
  <body>
    <nav class="navbar bg-secondary navbar-dark">
      <a href="index.html" class="navbar-brand">Mi Pagina</a>
    </nav>
    <!-- Optional JavaScript -->
    <!-- jQuery first, then Popper.js, then Bootstrap JS -->
    <script src="js/jquery-3.3.1.min.js"></script>
    <script src="js/popover.js"></script>
    <script src="js/bootstrap.min.js"></script>
  </body>
</html>
```

21.18 TERCERA VISUALIZACIÓN

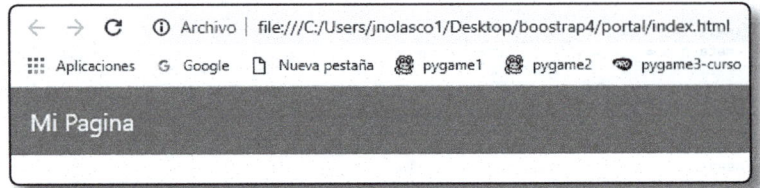

21.19 ADICIONANDO IMÁGENES A MI PAGINA

Primero creamos la carpeta img dentro de portal:

21.20 ADICIONANDO ICONO A MI PAGINA

Adicionamos el siguiente código a index.html adicionando un icono de 30x30:

```html
<!doctype html>
<html lang="en">
  <head>
    <!-- Required meta tags -->
    <meta charset="utf-8">
    <meta name="viewport" content="width=device-width, initial-scale=1, shrink-to-fit=no">

    <!-- Bootstrap CSS -->
    <link rel="stylesheet" type="text/css" href="css/bootstrap.min.css">

    <title>Aplicaciones Web Movil</title>
  </head>
  <body>
    <nav class="navbar bg-secondary navbar-dark">
      <a href="index.html" class="navbar-brand"><img src="img/icon_logo.png" width="30" height="30">Mi Pagina</a>
    </nav>
    <!-- Optional JavaScript -->
    <!-- jQuery first, then Popper.js, then Bootstrap JS -->
    <script src="js/jquery-3.3.1.min.js"></script>
    <script src="js/popover.js"></script>
    <script src="js/bootstrap.min.js"></script>
  </body>

</html>
```

21.21 CUARTA VISUALIZACIÓN

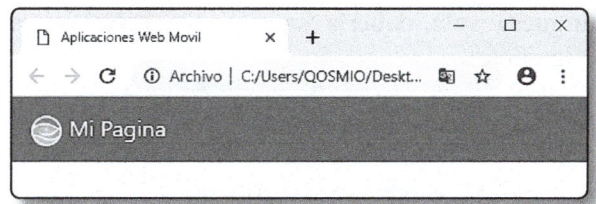

21.22 CREACIÓN DE LA HAMBURGUESA

Ahora crearemos la famosa hamburguesa con sus respectivos botones:

```html
index.html          ×

    <!-- Required meta tags -->
    <meta charset="utf-8">
    <meta name="viewport" content="width=device-width, initial-scale=1, shrink-to-fit=no">

    <!-- Bootstrap CSS -->
    <link rel="stylesheet" type="text/css" href="css/bootstrap.min.css">

    <title>Aplicaciones Web Movil</title>
</head>
<body>
    <nav class="navbar bg-secondary navbar-dark">
        <a href="index.html" class="navbar-brand"><img src="img/icon_logo.png" width="30" height="30">Mi Pagina</a>
        <button class="navbar-toggler" type="button" data-toggle="collapse" data-target="#menu" aria-controls="menu"
        aria-expanded="false" aria-label="Toggle navigation">
            <span class="navbar-toggler-icon"></span>
        </button>
    </nav>
    <!-- Optional JavaScript -->
    <!-- jQuery first, then Popper.js, then Bootstrap JS -->
    <script src="js/jquery-3.3.1.min.js"></script>
    <script src="js/popover.js"></script>
    <script src="js/bootstrap.min.js"></script>
</body>

</html>
```

21.23 QUINTA VISUALIZACIÓN

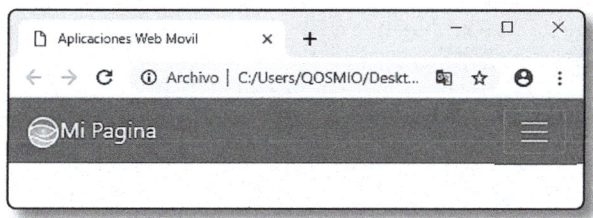

21.24 HAMBURGUESA - RESOLUCIONES MENORES A MD

La hamburguesa solo debería salir si el ancho es estrecho para ello modificaremos lo siguiente:

Grid options

While Bootstrap uses ems or rems for defining most sizes, pxs are used for grid breakpoints and container widths. This is because the viewport width is in pixels and does not change with the font size.

See how aspects of the Bootstrap grid system work across multiple devices with a handy table.

	Extra small <576px	Small ≥576px	Medium ≥768px	Large ≥992px	Extra large ≥1200px
Max container width	None (auto)	540px	720px	960px	1140px
Class prefix	.col-	.col-sm-	.col-md-	.col-lg-	.col-xl-
# of columns	12				
Gutter width	30px (15px on each side of a column)				
Nestable	Yes				
Column ordering	Yes				

```
index.html
<!doctype html>
<html lang="en">
  <head>
    <!-- Required meta tags -->
    <meta charset="utf-8">
    <meta name="viewport" content="width=device-width, initial-scale=1, shrink-to-fit=no">
    <!-- Bootstrap CSS -->
    <link rel="stylesheet" type="text/css" href="css/bootstrap.min.css">
    <title>Aplicaciones Web Movil</title>
  </head>
  <body>
    <nav class="navbar navbar-expand-md bg-secondary navbar-dark">
      <a href="index.html" class="navbar-brand"><img src="img/icon_logo.png" width="30" height="30">Mi Pagina</a>
      <button class="navbar-toggler" type="button" data-toggle="collapse" data-target="#menu" aria-controls="menu"
      aria-expanded="false" aria-label="Toggle navigation">
        <span class="navbar-toggler-icon"></span>
      </button>
    </nav>
    <!-- Optional JavaScript -->
    <!-- jQuery first, then Popper.js, then Bootstrap JS -->
    <script src="js/jquery-3.3.1.min.js"></script>
    <script src="js/popover.js"></script>
    <script src="js/bootstrap.min.js"></script>
  </body>
</html>
```

21.25 CREACIÓN DE LAS OPCIONES DEL MENÚ

```
index.html          ×
        <!-- Required meta tags -->
        <meta charset="utf-8">
        <meta name="viewport" content="width=device-width, initial-scale=1, shrink-to-fit=no">
        <!-- Bootstrap CSS -->
        <link rel="stylesheet" type="text/css" href="css/bootstrap.min.css">
        <title>Aplicaciones Web Movil</title>
    </head>
    <body>
        <nav class="navbar navbar-expand-md bg-secondary navbar-dark">
            <a href="index.html" class="navbar-brand"><img src="img/icon_logo.png" width="30" height="30">Mi Pagina</a>
            <button class="navbar-toggler" type="button" data-toggle="collapse" data-target="#menu" aria-controls="menu"
            aria-expanded="false" aria-label="Toggle navigation">
                <span class="navbar-toggler-icon"></span>
            </button>

            <div class="collapse navbar-collapse" id="menu">
                <ul class="navbar-nav ml-auto">
                    <li class="nav-item active align-self-center"><a href="#" class="nav-link">Inicio</a></li>
                    <li class="nav-item align-self-center"><a href="#" class="nav-link">Nosotros</a></li>
                    <li class="nav-item align-self-center"><a href="#" class="nav-link">Noticias</a></li>
                    <li class="nav-item align-self-center"><a href="#" class="nav-link">Contacto</a></li>
                    <li class="nav-item align-self-center"><a href="#" class="nav-link">Acceder</a></li>
                </ul>
            </div>

        </nav>
        <!-- Optional JavaScript -->
        <!-- jQuery first, then Popper.js, then Bootstrap JS -->
        <script src="js/jquery-3.3.1.min.js"></script>
        <script src="js/popover.js"></script>
        <script src="js/bootstrap.min.js"></script>
```

21.26 SEXTA VISUALIZACIÓN

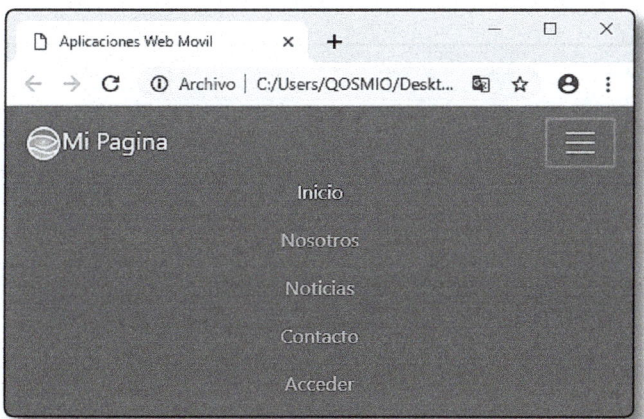

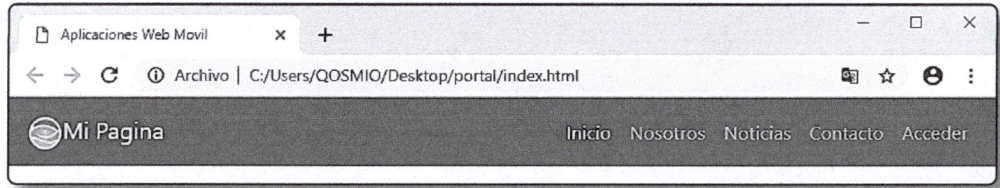

21.27 CREANDO JUMBOTRON

```
index.html          ×
    <a href="index.html" class="navbar-brand"><img src="img/icon_logo.png" width="30" height="30">Mi Pagina</a>
    <button class="navbar-toggler" type="button" data-toggle="collapse" data-target="#menu" aria-controls="menu"
    aria-expanded="false" aria-label="Toggle navigation">
      <span class="navbar-toggler-icon"></span>
    </button>

    <div class="collapse navbar-collapse" id="menu">
      <ul class="navbar-nav ml-auto">
        <li class="nav-item active align-self-center"><a href="#" class="nav-link">Inicio</a></li>
        <li class="nav-item align-self-center"><a href="#" class="nav-link">Nosotros</a></li>
        <li class="nav-item align-self-center"><a href="#" class="nav-link">Noticias</a></li>
        <li class="nav-item align-self-center"><a href="#" class="nav-link">Contacto</a></li>
        <li class="nav-item align-self-center"><a href="#" class="nav-link">Acceder</a></li>
      </ul>
    </div>

    </nav>

    <div class="jumbotron mb-0 p-3">
      <h1 class="display-4">Mipagina</h1>
      <p class="lead">Mipagina esta diseñada en bootstrap 4.1</p>
    </div>

    <!-- Optional JavaScript -->
    <!-- jQuery first, then Popper.js, then Bootstrap JS -->
    <script src="js/jquery-3.3.1.min.js"></script>
    <script src="js/popover.js"></script>
    <script src="js/bootstrap.min.js"></script>
  </body>
</html>
```

21.28 SÉPTIMA VISUALIZACIÓN

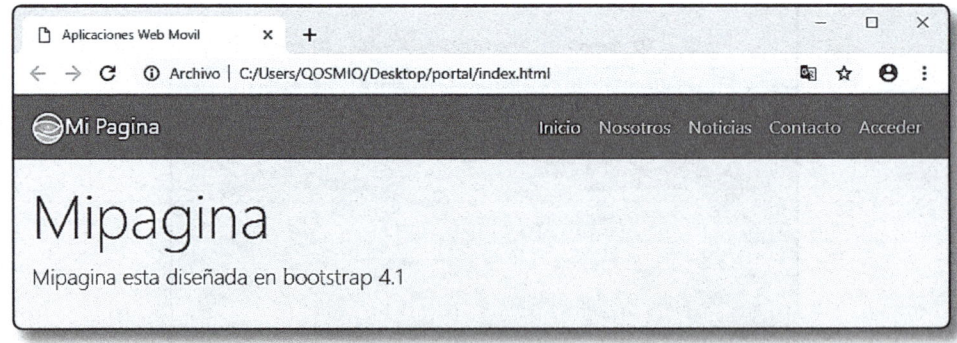

21.29 CREACIÓN DE CARRUSEL

```html
index.html          ✕
<div class="jumbotron mb-0 p-3">
  <h1 class="display-4">Mipagina</h1>
  <p class="lead">Mipagina esta diseñada en bootstrap 4.1</p>
</div>

<div id="slider" class="carousel slide" data-ride="carousel" >
  <ol class="carousel-indicators">
    <li data-target="#slider" data-slide-to="0" class="active"></li>
    <li data-target="#slider" data-slide-to="1"></li>
    <li data-target="#slider" data-slide-to="2"></li>
  </ol>
  <div class="carousel-inner">
    <div class="carousel-item active">
      <img class="w-100" src="img/1.jpg" alt="1">
      <div class="carousel-caption d-none">
        <h5>Si quieres aprender mas Bootstrap:</h5>
        <a href="https://www.inkadroid.com" class="btn btn-primary">Ver Mas</a>
      </div>
    </div>
    <div class="carousel-item">
      <img class="w-100" src="img/2.jpg" alt="2">
        <div class="carousel-caption">
        <h5>Si quieres aprender mas Bootstrap:</h5>
        <a href="https://www.inkadroid.com" class="btn btn-primary">Ver Mas</a>
      </div>
    </div>
    <div class="carousel-item">
      <img class="w-100" src="img/3.jpg" alt="3">
       <div class="carousel-caption">
        <h5>Si quieres aprender mas Bootstrap:</h5>
        <a href="https://www.inkadroid.com" class="btn btn-primary">Ver Mas</a>
      </div>
    </div>
    <a class="carousel-control-prev" href="#slider" role="button" data-slide="prev">
      <span class="carousel-control-prev-icon" aria-expanded="true"></span>
      <span class="sr-only">Previous</span>
    </a>
    <a class="carousel-control-next" href="#slider" role="button" data-slide="next">
      <span class="carousel-control-next-icon" aria-expanded="true"></span>
      <span class="sr-only">next</span>
    </a>
  </div>
</div>
```

21.30 OCTAVA VISUALIZACIÓN

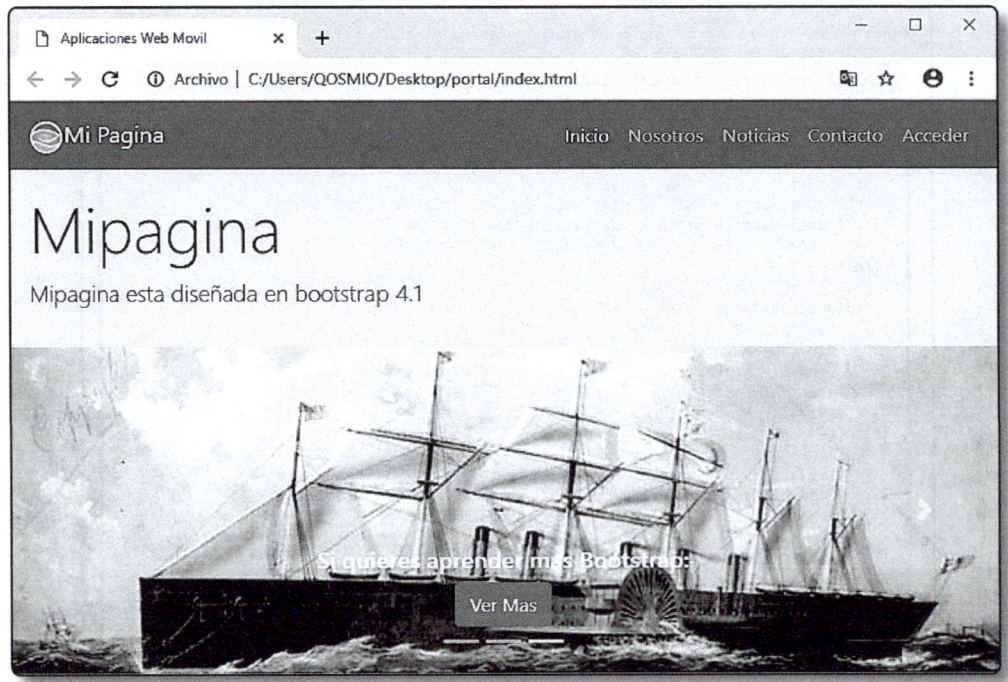

21.31 CREANDO CONTENIDO A LA PÁGINA

```
index.html          x
          <a class="carousel-control-prev" href="#slider" role="button" data-slide="prev">
            <span class="carousel-control-prev-icon" aria-expanded="true"></span>
            <span class="sr-only">Previous</span>
          </a>
          <a class="carousel-control-next" href="#slider" role="button" data-slide="next">
            <span class="carousel-control-next-icon" aria-expanded="true"></span>
            <span class="sr-only">next</span>
          </a>
        </div>
      </div>

<div class="container">
  <div class="row p-3">
    <div class="col-12 col-sm-12 col-md-6 col-lg-4 col-xl-4">
      <img class="img-fluid" src="img/android.png">
    </div>
    <div class="col-12 col-sm-12  col-md-6 col-lg-8  col-xl-8">
      <h2 class="dis">Android</h2>
      <p class="lead text-justify">Android es un sistema operativo basado en el núcleo Linux. Fue diseñado principalmente para
        dispositivos móviles con pantalla táctil, como teléfonos inteligentes, tabletas y también para relojes inteligentes,
        televisores y automóviles. Inicialmente fue desarrollado por Android Inc. Android es el sistema operativo móvil más utilizado
        del mundo, con una cuota de mercado superior al 80 % al año 2017</p>
    </div>
  </div>
</div>

    <!-- Optional JavaScript -->
    <!-- jQuery first, then Popper.js, then Bootstrap JS -->
    <script src="js/jquery-3.3.1.min.js"></script>
    <script src="js/popover.js"></script>
    <script src="js/bootstrap.min.js"></script>
  </body>
</html>
```

21.32 NOVENA VISUALIZACIÓN

21.33 CREANDO PIE DE PÁGINA

```
index.html          ×
              <span class="sr-only">next</span>
          </a>
        </div>
      </div>

  <div class="container">
    <div class="row p-3">
      <div class="col-12 col-sm-12 col-md-6 col-lg-4 col-xl-4">
        <img class="img-fluid" src="img/android.png">
      </div>
      <div class="col-12 col-sm-12  col-md-6 col-lg-8  col-xl-8">
        <h2 class="dis">Android</h2>
        <p class="lead text-justify">Android es un sistema operativo basado en el núcleo Linux. Fue diseñado principalmente para
        dispositivos móviles con pantalla táctil, como teléfonos inteligentes, tabletas y también para relojes inteligentes,
        televisores y automóviles. Inicialmente fue desarrollado por Android Inc. Android es el sistema operativo móvil más
        utilizado del mundo, con una cuota de mercado superior al 80 % al año 2017</p>
      </div>
    </div>
  </div>

    <div class="row">
        <div class="col-12 text-center">
          <span class="text-muted">Inkadroid @ Todos los derechos reservados :: Lima - Perú <br> Diseñado por Jorge Nolasco
          Valenzuela</span>
        </div>
      </div>
    </div>

  <!-- Optional JavaScript -->
  <!-- jQuery first, then Popper.js, then Bootstrap JS -->
  <script src="js/jquery-3.3.1.min.js"></script>
  <script src="js/popover.js"></script>
  <script src="js/bootstrap.min.js"></script>
</body>
</html>
```

21.33.1 Crear proyecto - WebApp

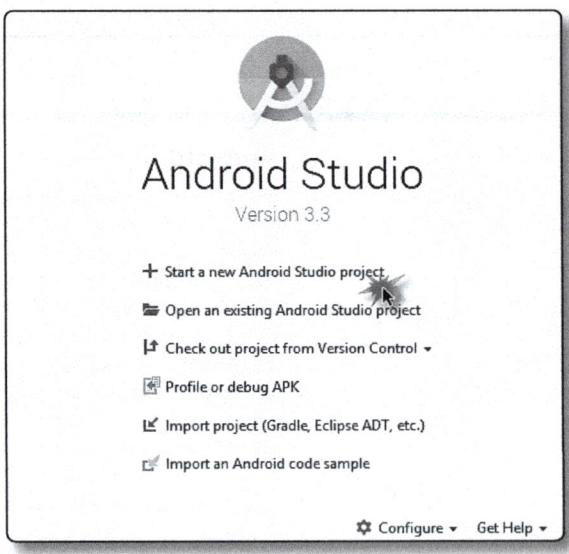

Seleccionamos el tipo de actividad:

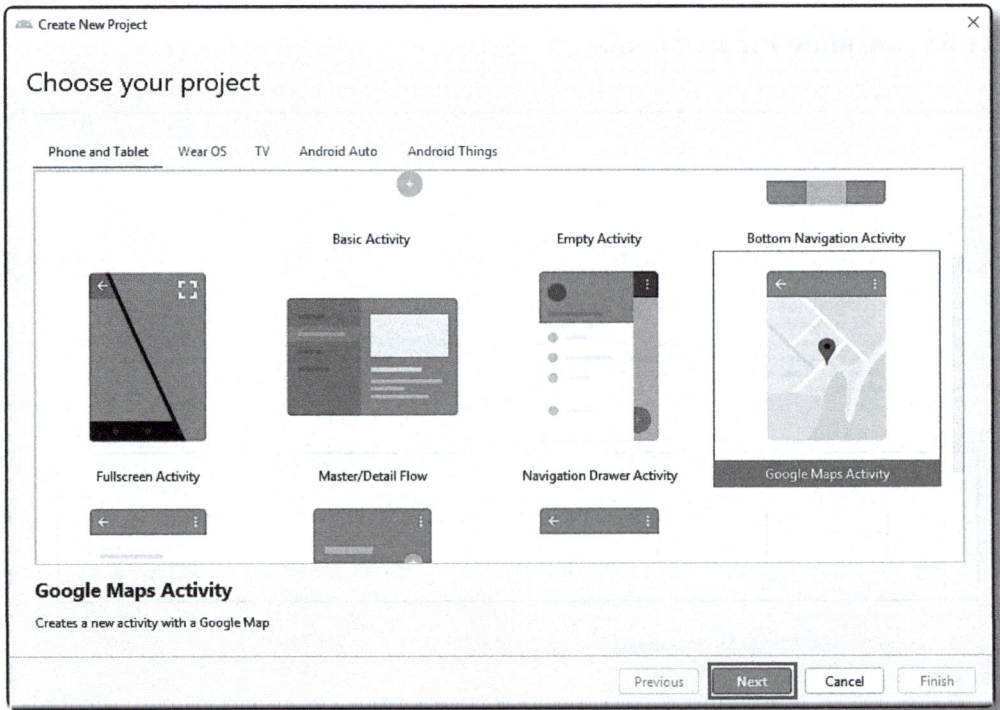

21.33.2 Indicamos el nombre del proyecto

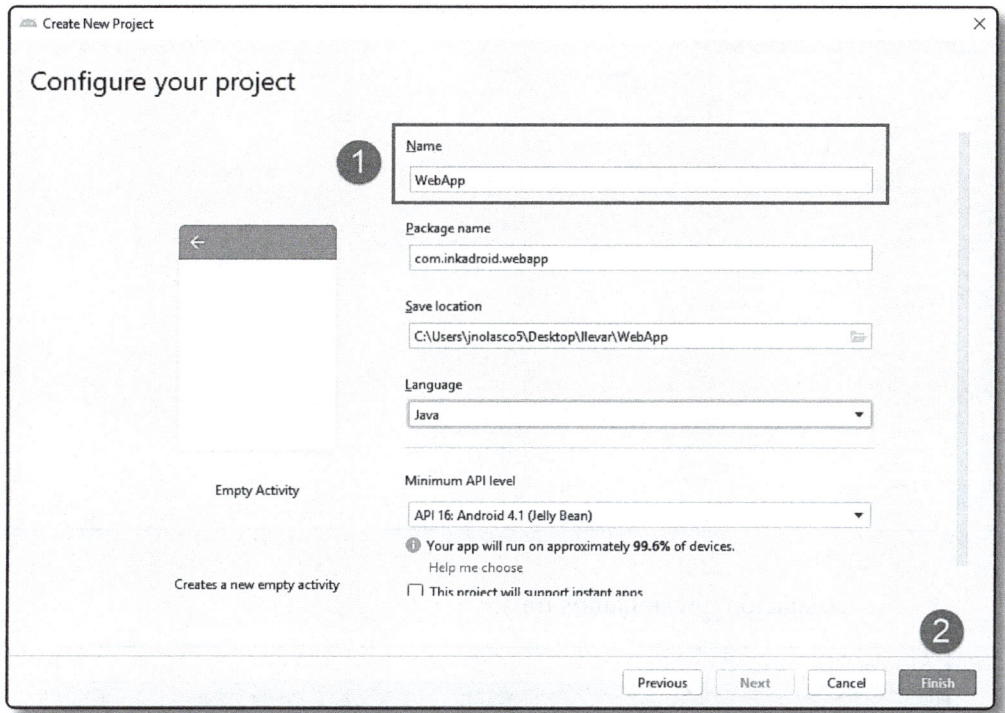

Al finalizar obtenemos lo siguiente:

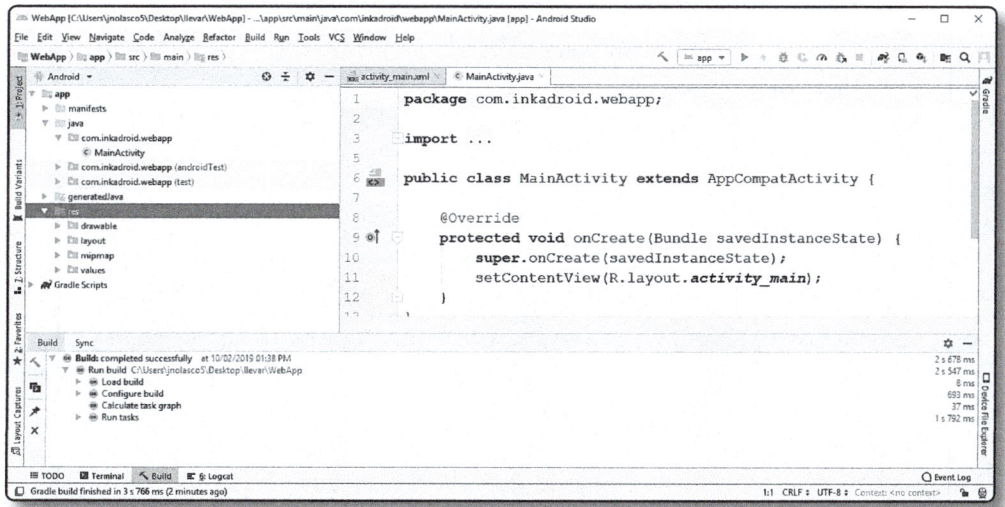

21.33.3 Creación de la carpeta Assets

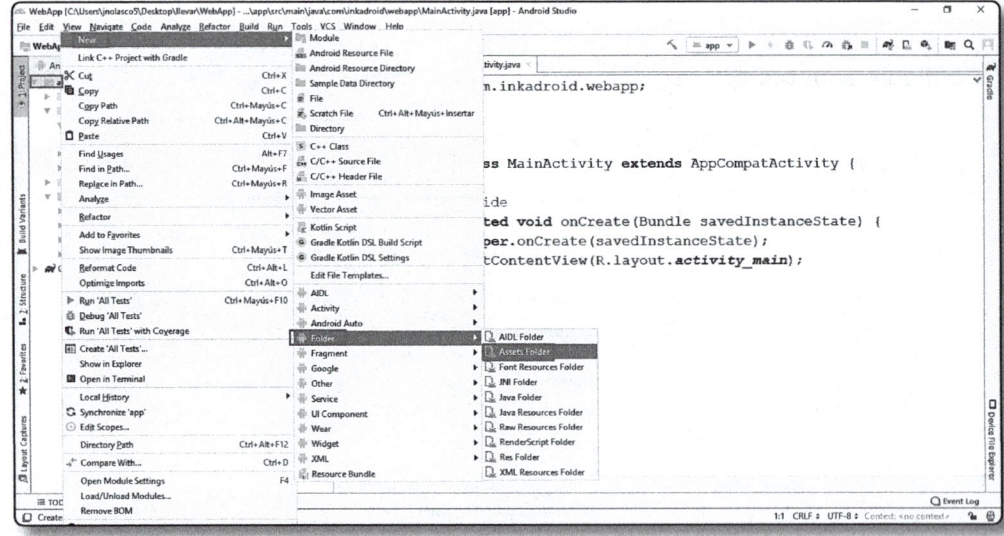

A continuación, presionamos finish:

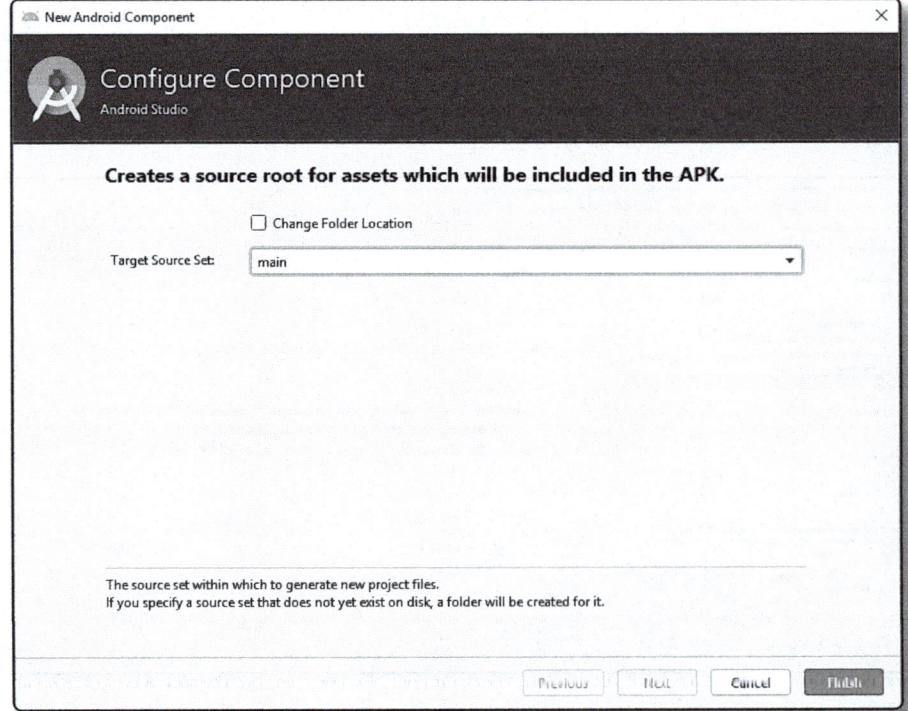

Observe la carpeta creada:

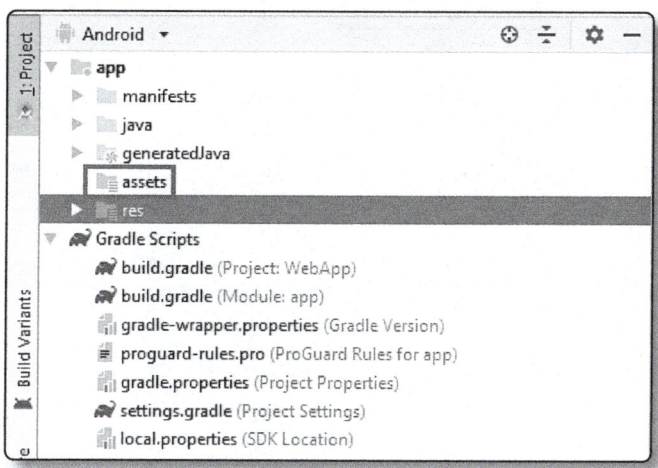

Ahora copiar el contenido de la carpeta portal a la carpeta assent:

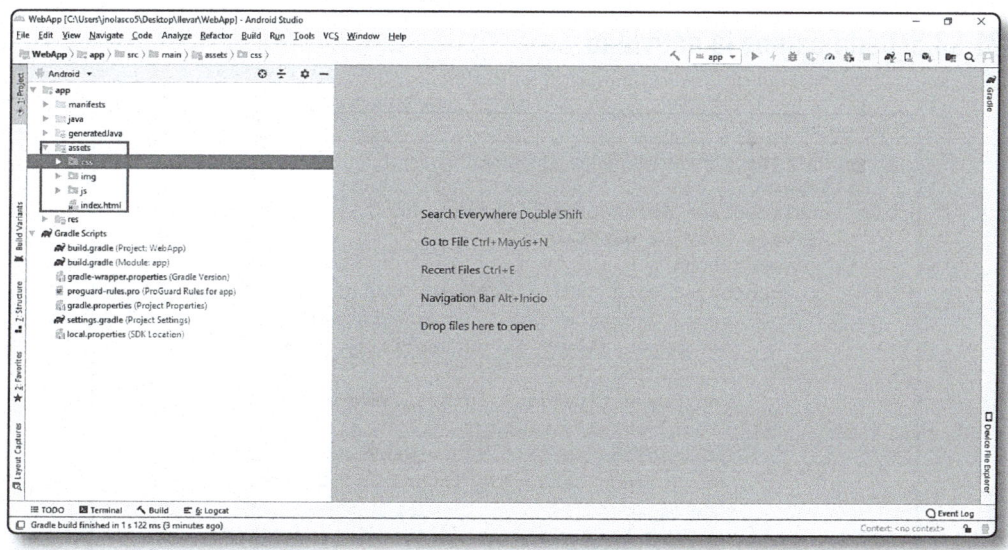

21.33.4 Creación del Webview en la interfaz

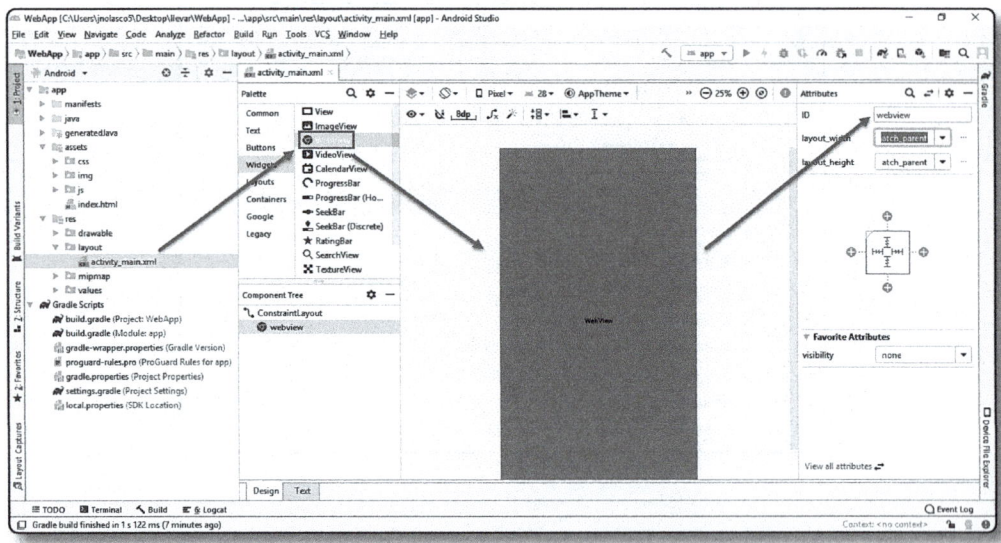

21.33.5 Codificamos la actividad

```
    C MainActivity.java

1       package com.inkadroid.webapp;
2       import ...
6       public class MainActivity extends AppCompatActivity {
7       private WebView webView;
8           @Override
9           protected void onCreate(Bundle savedInstanceState) {
10              super.onCreate(savedInstanceState);
11              setContentView(R.layout.activity_main);
12              //enlazamos
13              webView = findViewById(R.id.webview);
14              //activamos javascript
15              WebSettings webSettings = webView.getSettings();
16              webSettings.setJavaScriptEnabled(true);
17              //link local
18              webView.loadUrl("file:///android_asset/index.html");
19          }
20      }
```

21.33.6 Ejecución del proyecto webapp

Ahora probamos la ejecución mediante el emulador para ello es necesario seguir los siguientes pasos:

22

INTRODUCCIÓN A KOTLIN

22.1 MIS PRIMEROS PASOS

Kotlin es un lenguaje de programación de tipado estático que corre sobre la máquina virtual de Java y que también puede ser compilado a código fuente de JavaScript. Es desarrollado principalmente por JetBrains en sus oficinas de San Petersburgo (Rusia). El nombre proviene de la Isla de Kotlin, situada cerca de San Petersburgo.

Kotlin fue nombrado lenguaje del mes por la revista Dr. Dobb' Journal en su edición de enero de 2012. Aunque no tiene una sintaxis compatible con Java, Kotlin está diseñado para interoperar con código Java y es dependiente del código Java de su biblioteca de clases, tal como pueda ser el entorno de colecciones de Java (Java collections framework).

22.2 USING KOTLIN FOR ANDROID DEVELOPMENT

Kotlin es ideal para el desarrollo de aplicaciones de Android, brindando todas las ventajas de un lenguaje moderno a la plataforma de Android sin introducir nuevas restricciones:

▼ **Compatibilidad:** Kotlin es totalmente compatible con JDK 6, lo que garantiza que las aplicaciones de Kotlin se puedan ejecutar en dispositivos Android anteriores sin problemas. Las herramientas de Kotlin son totalmente compatibles con Android Studio y compatibles con el sistema de compilación de Android.

▼ **Rendimiento:** una aplicación Kotlin funciona tan rápido como una Java equivalente, gracias a una estructura de código de bytes muy similar. Con el soporte de Kotlin para las funciones en línea, el código que usa lambdas a menudo se ejecuta incluso más rápido que el mismo código escrito en Java.

▼ **Interoperabilidad:** Kotlin es 100% interoperable con Java, lo que permite usar todas las bibliotecas existentes de Android en una aplicación de Kotlin. Esto incluye el procesamiento de anotaciones, por lo que Databinding y Dagger también funcionan.

▼ **Huella:** Kotlin tiene una biblioteca de tiempo de ejecución muy compacta, que se puede reducir aún más mediante el uso de ProGuard. En una aplicación real, el tiempo de ejecución de Kotlin agrega solo unos cientos de métodos y menos de 100 KB al tamaño del archivo .apk.

▼ **Tiempo de compilación:** Kotlin admite una compilación eficiente, por lo que, aunque hay una sobrecarga adicional para compilaciones limpias, las compilaciones incrementales suelen ser tan rápidas o más rápidas que con Java.

▼ **Curva de aprendizaje:** para un desarrollador de Java, comenzar con Kotlin es muy fácil. El convertidor automatizado de Java a Kotlin incluido en el complemento de Kotlin ayuda con los primeros pasos. Kotlin Koans ofrece una guía a través de las características clave del idioma con una serie de ejercicios interactivos.

22.3 TIPOS DE DATOS EN KOTLIN

En kotlin existe variables de dos tipos:

- ▼ Inmutables(val). - no pueden ser modificadas.
- ▼ Mutables(var). - pueden ser modificadas.

A continuación, mostramos una tabla de tipos de datos numéricos:

Tipo	Bit width
Double	64
Float	32
Long	64
Int	32
Short	16
Byte	8

Otros tipos de datos:

- ▼ Boolean.
- ▼ Char.
- ▼ String.

22.4 VALS AND VARS

Kotlin tiene dos palabras clave para declarar variables, val y var. La var es mutable variable, que es, una variable que se puede cambiar a otro valor reasignándolo. Esto es equivalente a declarar una variable en Java:

val name = "kotlin"

Además, la var se puede inicializar más tarde.

: nombre de.

var: String name = "kotlin"

22.4.1 Mostrando Variables

22.4.2 Conversión de Tipos de datos

22.5 ARREGLOS EN KOTLIN

Existe dos formas:

▶ Usando la función arrayOf().
▶ El constructor Array().

A continuación, mostraremos algunos ejemplos:

22.5.1 La Función arrayOf()

val Arreglo1 = arrayOf(1, 2, 3, 4).

val Arreglo2 = arrayOf(4, 5, 6, 7, "Pollo", false).

val Arreglo3 = arrayOf<Int>(4, 5, 6, 7, "Pollo", false).

val Arreglo4 = intArrayOf(4, 5, 6, 7, "Pollo", false).

22.5.2 Mostrando elementos de un Arreglo

```
MainActivity.kt
3    import android.support.v7.app.AppCompatActivity
4    import android.os.Bundle
5    import android.widget.Toast
6    class MainActivity : AppCompatActivity() {
7
8        override fun onCreate(savedInstanceState: Bundle?) {
9            super.onCreate(savedInstanceState)
10           setContentView(R.layout.activity_main)
11           val numeros = arrayOf(1,2,3,4,5,6,7,8,9,10)
12           numeros.forEach { Toast.makeText(applicationContext,it.toString(),Toast.LENGTH_LONG).show() }
13       }
14   }
```

22.5.3 El Constructor Array()

val Arreglo5 = Array(5, { i -> i * 4 })

22.6 RANGOS

Es la definición de un valor inicial y final a continuación algunos ejemplos:

val numeros = 0..9 (Rango de Numeros).

val letras = "a".."z" (Rango de caracteres).

22.7 CREANDO UN NUEVO PROYECTO

Ahora vamos a crear un nuevo proyecto en java y luego lo convertiremos a kotlin, Para comenzar a crear un nuevo proyecto haga clic en Start a new Android Studio Project (Inicie un nuevo proyecto Android Studio):

Ahora elegimos usar actividad en Blanco y luego presionamos el botón Next (Siguiente):

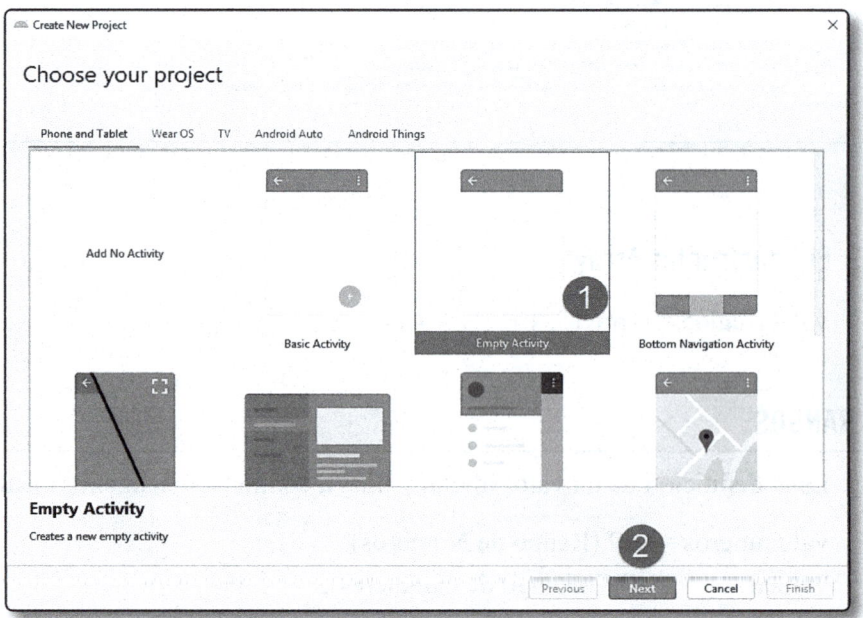

Ahora comenzamos a crear el proyecto indicando los siguientes datos y luego presionamos el botón Finish (Finalizar):

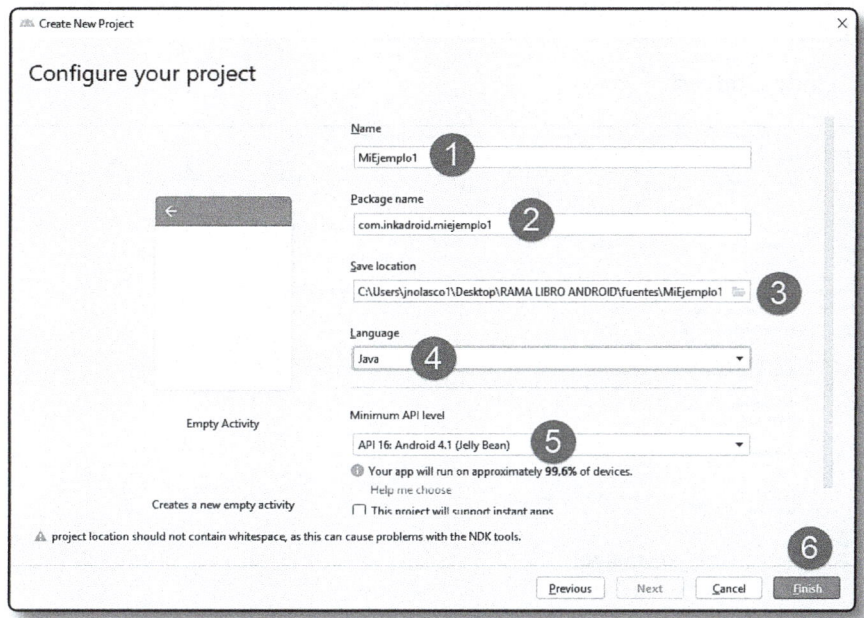

Obtenemos lo siguiente:

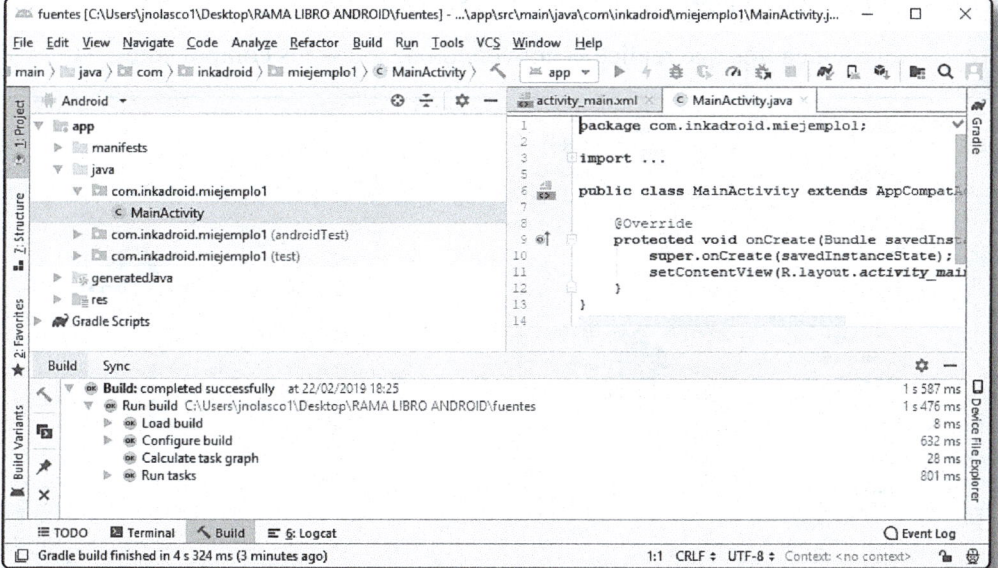

22.8 CONVIRTIENDO A KOTLIN

Android Studio posee una característica de convertir código Java a Kotlin, para ello deberemos seguir los siguientes pasos:

Code-Convert.

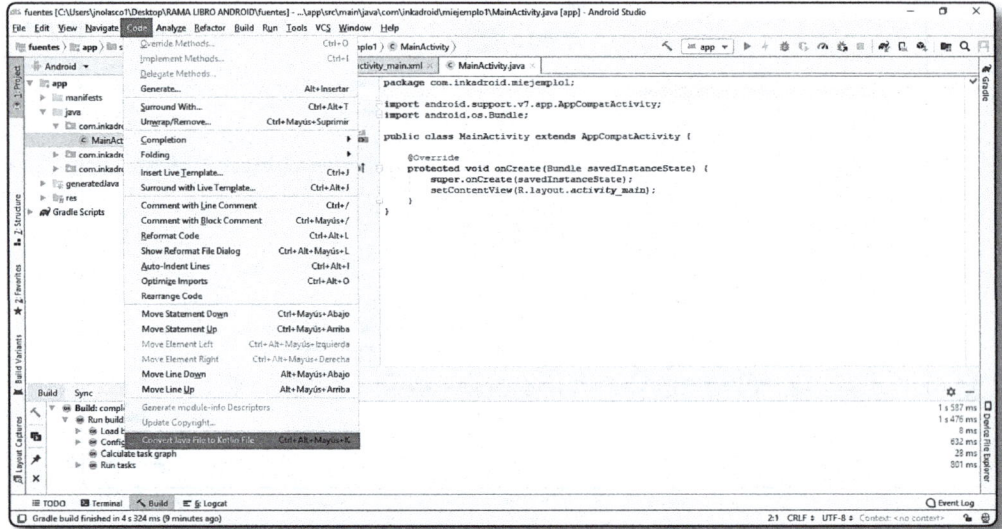

22.8.1 Convirtiendo a Kotlin - Componentes

Especificamos que realice la conversión de todos los componentes:

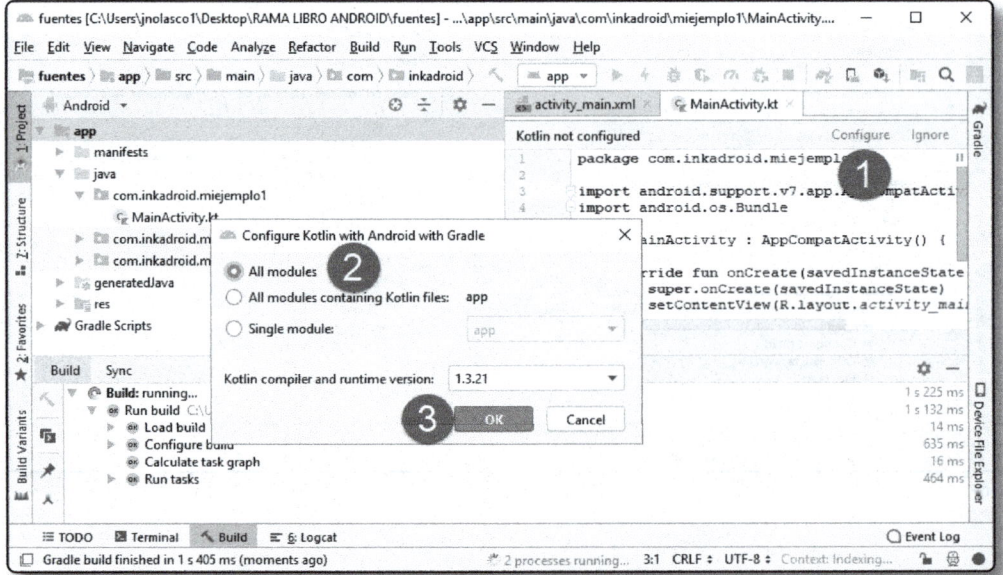

22.8.2 Convirtiendo a Kotlin - Conversión

Espere que termine la conversión:

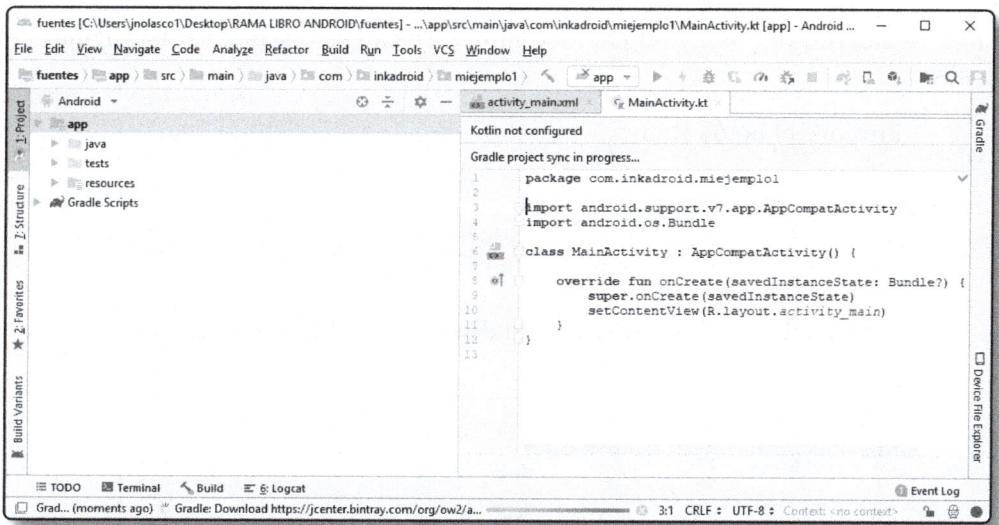

Verificando Anko

Verificamos la dependencia de la biblioteca Anko al archivo del módulo:

```
app
1    apply plugin: 'com.android.application'
2    apply plugin: 'kotlin-android-extensions'
3    apply plugin: 'kotlin-android'
4
5    android {
6        compileSdkVersion 28
7        defaultConfig {
8            applicationId "com.inkadroid.miejemplo1"
9            minSdkVersion 16
10           targetSdkVersion 28
11           versionCode 1
12           versionName "1.0"
13           testInstrumentationRunner "android.support.test.runner.AndroidJUnitRunner"
14       }
15       buildTypes {
16           release {
17               minifyEnabled false
18               proguardFiles getDefaultProguardFile('proguard-android-optimize.txt'), 'proguard-rules.pro'
19           }
20       }
21   }
22
23   dependencies {
24       implementation fileTree(dir: 'libs', include: ['*.jar'])
25       implementation 'com.android.support:appcompat-v7:28.0.0'
26       implementation 'com.android.support.constraint:constraint-layout:1.1.3'
27       testImplementation 'junit:junit:4.12'
28       androidTestImplementation 'com.android.support.test:runner:1.0.2'
29       androidTestImplementation 'com.android.support.test.espresso:espresso-core:3.0.2'
30       implementation "org.jetbrains.kotlin:kotlin-stdlib-jdk7:$kotlin_version"
31   }
32   repositories {
33       mavenCentral()
34   }
35
```

22.8.3 Ejecutando la Aplicación

Ahora para ejecutar la App podemos hacerlo utilizando el emulador o un dispositivo físico recomiendo usar un dispositivo físico para ello procedemos a conectar nuestro dispositivo o teléfono móvil. Hecho esto seguimos los siguientes pasos:

Presione el botón Run.

Ahora indicamos si utilizamos un dispositivo físico o un emulador:

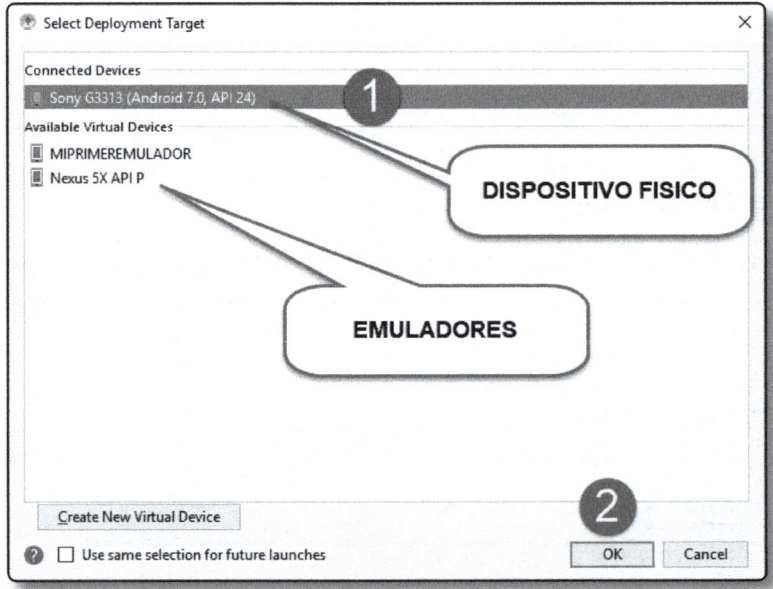

 **NOTA**

Se recomiendo utilizar un dispositivo fisico.

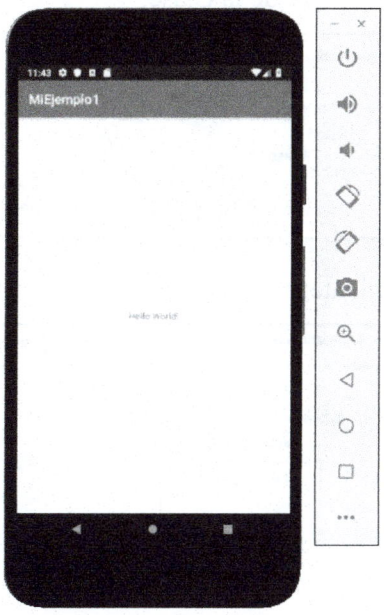

22.9 CREACIÓN DE LA CLASE

Es bastante simple crear una clase en kotlin:

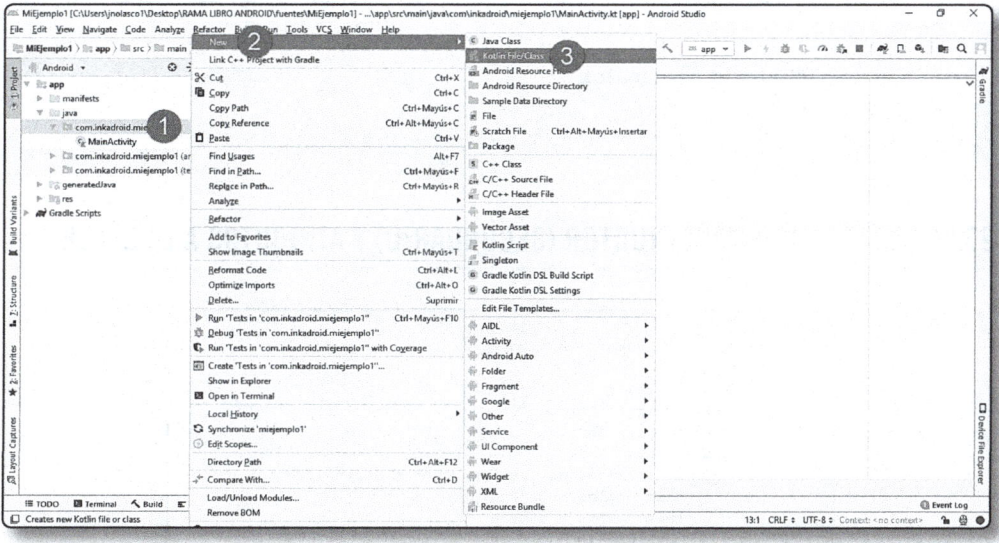

Especificamos el Nombre de la Clase:

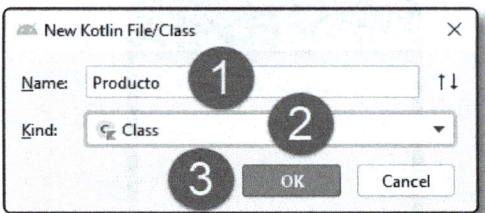

Obtenemos lo siguiente:

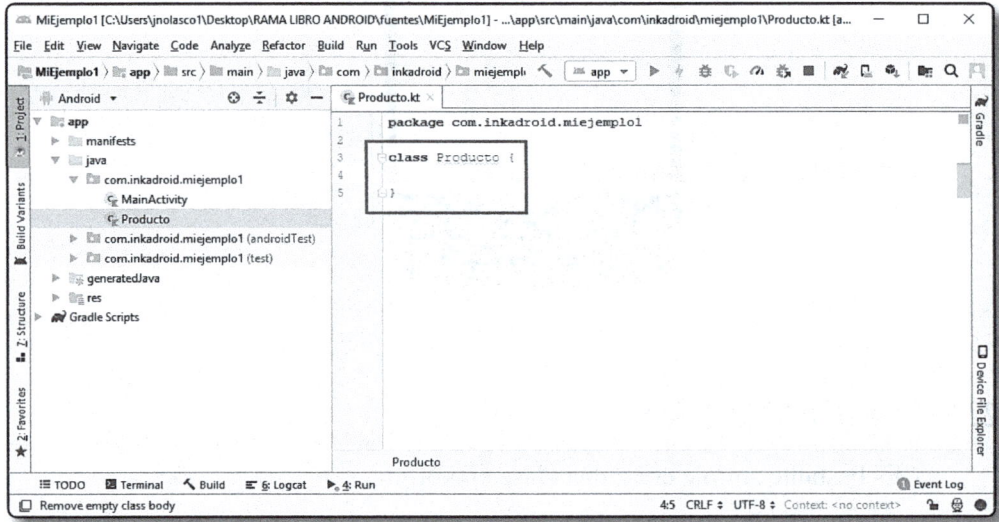

```
package com.inkadroid.miejemplo1
class Producto {
}
```

22.10 AGREGANDO CONSTRUCTOR (SECUNDARIO) Y ATRIBUTOS A LA CLASE

```
1   package com.inkadroid.miejemplo1
2   
3   class Producto {
4       var codigo: String
5       var nombre: String
6       var precio: Long
7       constructor(codigo: String,nombre: String,precio: Long) {
8           this.codigo = codigo
9           this.nombre = nombre
10          this.precio = precio
11      }
12  }
```

22.11 AGREGANDO CONSTRUCTOR (PRIMARIO) Y ATRIBUTOS A LA CLASE

```
Producto.kt
1        package com.inkadroid.miejemplo1
2
3        class Producto (codigo: String,nombre: String,precio: Long) {
4            var codigo: String
5            var nombre: String
6            var precio: Long
7            init {
8                this.codigo = codigo
9                this.nombre = nombre
10               this.precio = precio
11           }
12       }
```

22.12 RECORTANDO EL CÓDIGO

```
Producto.kt
1        package com.inkadroid.miejemplo1
2
3        class Producto constructor(var codigo:String,var nombre: String,var precio: Long)
```

```
class Producto constructor(var
codigo:String,var nombre: String,var precio:
Long)
```

22.13 AGREGANDO VALORES POR DEFECTO

```
Producto.kt
1        package com.inkadroid.miejemplo1
2
3        class Producto constructor(var codigo:String="00",var nombre: String="tu nombre",var precio: Long=0)
4
```

```
package com.inkadroid.miejemplo1
class Producto constructor(var
codigo:String="00",var nombre: String="tu
nombre",var precio: Long=0)
```

22.14 OMITIENDO LA PALABRA CONSTRUCTOR

Puede omitir la palabra constructor:

```
Producto.kt
1        package com.inkadroid.miejemplo1
2
3        class Producto (var codigo:String="00",var nombre: String="tu nombre",var precio: Long=0)
```

```
class Producto (var codigo:String="00",var
nombre: String="tu nombre",var precio: Long=0)
```

22.15 CREANDO EL OBJETO

Ahora crearemos una instancia de la clase Producto.

22.16 MOSTRANDO POR LOGCAT

Vamos a mostrar los valores de las propiedades de la clase:

```
Log.v("codigo",producto.codigo)
Log.v("nombre",producto.nombre)
Log.v("precio",producto.precio.toString())
```

22.17 MOSTRANDO POR CONTROLES

Primero diseñamos la interfaz:

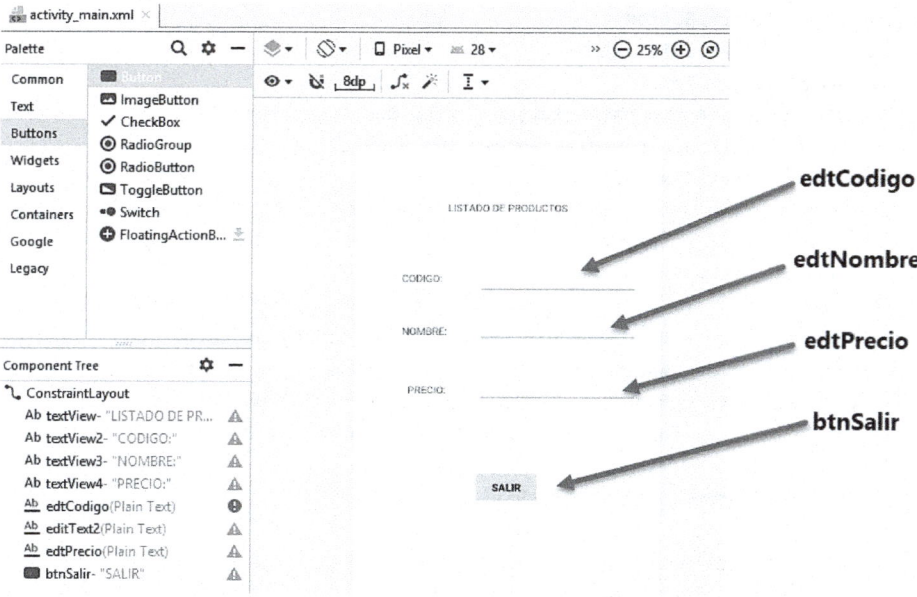

22.17.1 Codificando la Actividad

```kotlin
package com.inkadroid.miejemplo1
import ...
class MainActivity : AppCompatActivity(), View.OnClickListener {
    override fun onCreate(savedInstanceState: Bundle?) {
        super.onCreate(savedInstanceState)
        setContentView(R.layout.activity_main)
        var producto = Producto( codigo: "001", nombre: "Juan", precio: 100)
        var edtCodigo = findViewById<View>(R.id.edtCodigo) as EditText
        var edtNombre = findViewById<View>(R.id.edtNombre) as EditText
        var edtPrecio = findViewById<View>(R.id.edtPrecio) as EditText
        var btnSalir = findViewById<View>(R.id.btnSalir) as Button
        btnSalir.setOnClickListener(this)
        edtCodigo.setText(producto.codigo)
        edtNombre.setText(producto.nombre)
        edtPrecio.setText(producto.precio.toString())
    }
    override fun onClick(v: View) {
        when (v.id) {
            R.id.btnSalir -> finish()
        }
    }
}
```

22.17.2 Explicación

```
package com.inkadroid.miejemplo1
import android.content.Context
import android.support.v7.app.AppCompatActivity
import android.os.Bundle
import android.util.Log
import android.view.View
import android.widget.Button
import android.widget.EditText
import android.widget.Toast
class MainActivity : AppCompatActivity(), View.OnClicListener {
    override fun onCreate(savedInstanceState: Bundle?) {
        super.onCreate(savedInstanceState)
        setContentView(R.layout.activity_main)
        //creación del objeto producto
        var producto = Producto("001","Juan",100)
        //enlazando variables con controles
        var edtCodigo = findViewById<View>(R.id.edtCodigo) as EditText
        var edtNombre = findViewById<View>(R.id.edtNombre) as EditText
        var edtPrecio = findViewById<View>(R.id.edtPrecio) as EditText
        var btnSalir = findViewById<View>(R.id.btnSalir) as Button
        //escucha de eventos btnSalir
        btnSalir.setOnClicListener(this)
        //colocando datos a los controles
        edtCodigo.setText(producto.codigo)
        edtNombre.setText(producto.nombre)
        edtPrecio.setText(producto.precio.toString())
    }
    override fun onClic(v: View) {
        when (v.id) {
            //presionando el boton btnSalir
            R.id.btnSalir -> finish()
        }
    }
}
```

22.17.3 Ejecutando la Aplicación

Ahora para ejecutar la App podemos hacerlo utilizando el emulador o un dispositivo físico recomiendo usar un dispositivo físico para ello procedemos a conectar nuestro dispositivo o teléfono móvil. Hecho esto seguimos los siguientes pasos:

Presione el botón Run.

Ahora indicamos si utilizamos un dispositivo físico o un emulador:

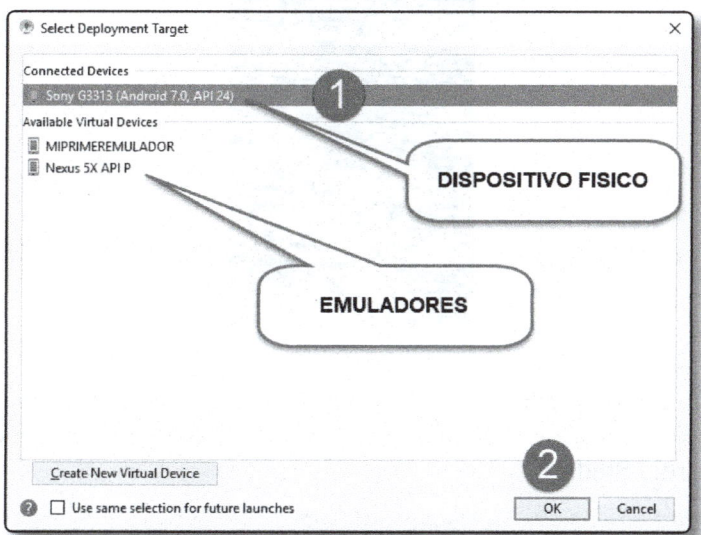

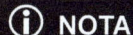 **NOTA**

Se recomiendo utilizar un dispositivo físico.

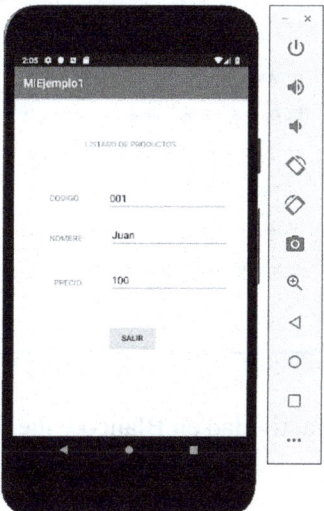

22.18 CREANDO PROYECTO CALCULADORA

Ahora vamos a crear un nuevo proyecto Calculadora, en kotlin que demuestre el uso de funciones, haga clic en Start a new Android Studio Project (Inicie un nuevo proyecto Android Studio):

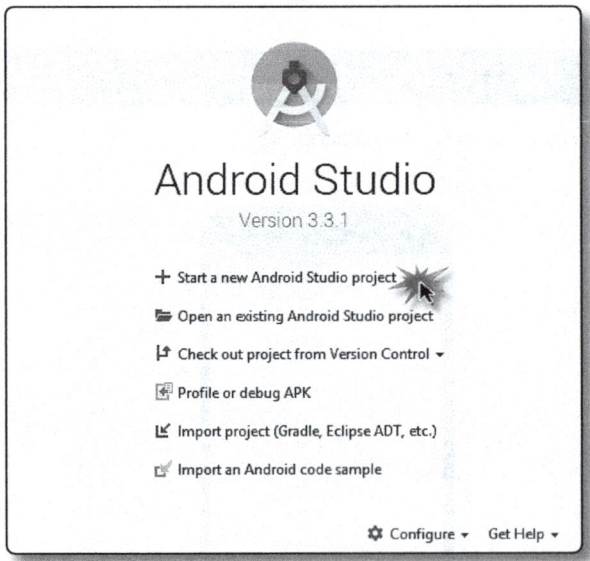

Ahora elegimos usar actividad en Blanco y luego presionamos el botón Next (Siguiente):

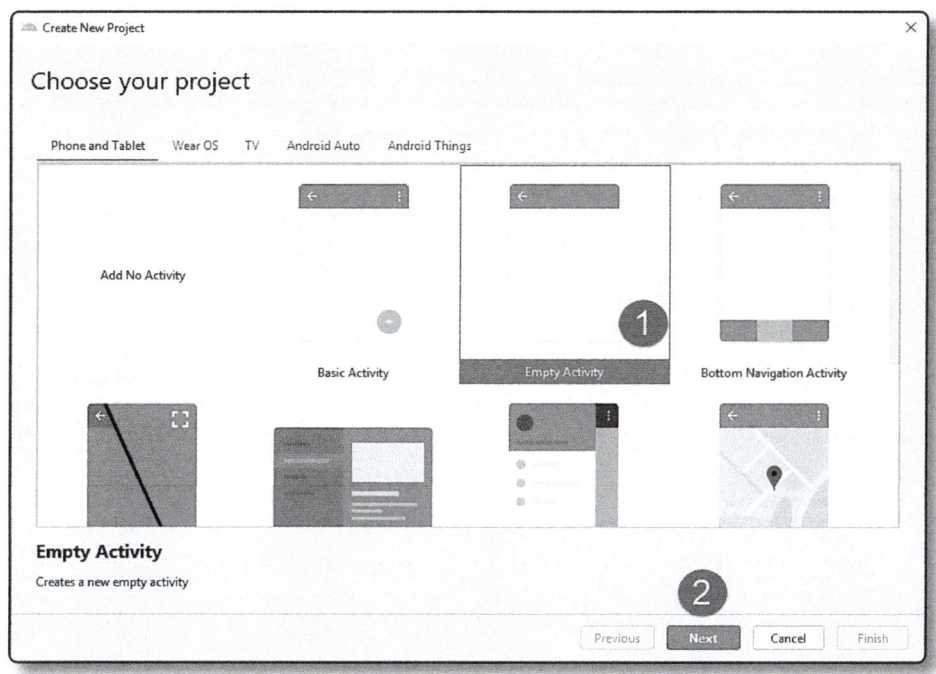

Ahora comenzamos a crear el proyecto indicando los siguientes datos y luego presionamos el botón Finish (Finalizar):

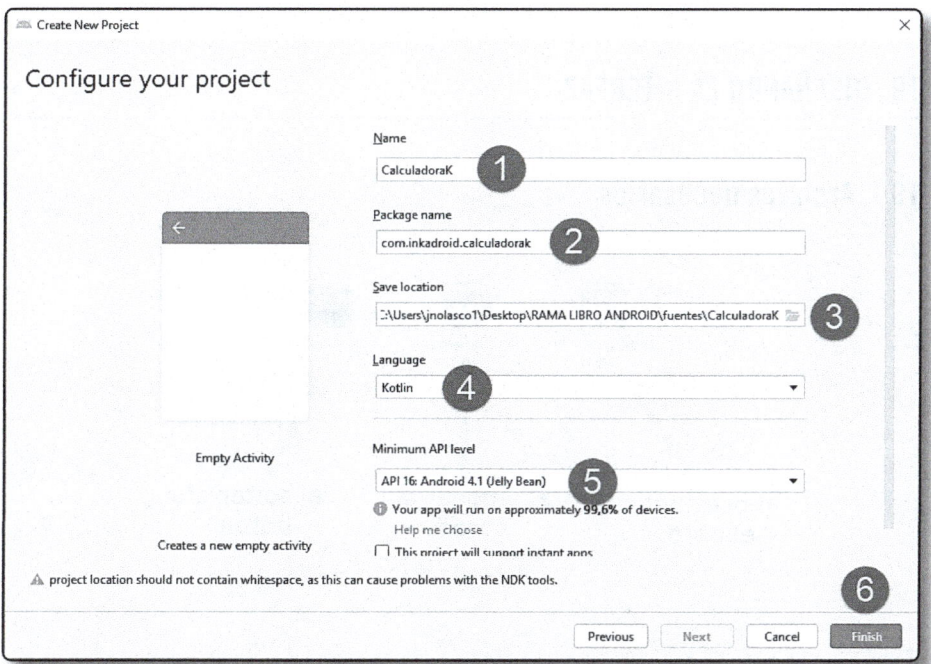

Obtenemos lo siguiente:

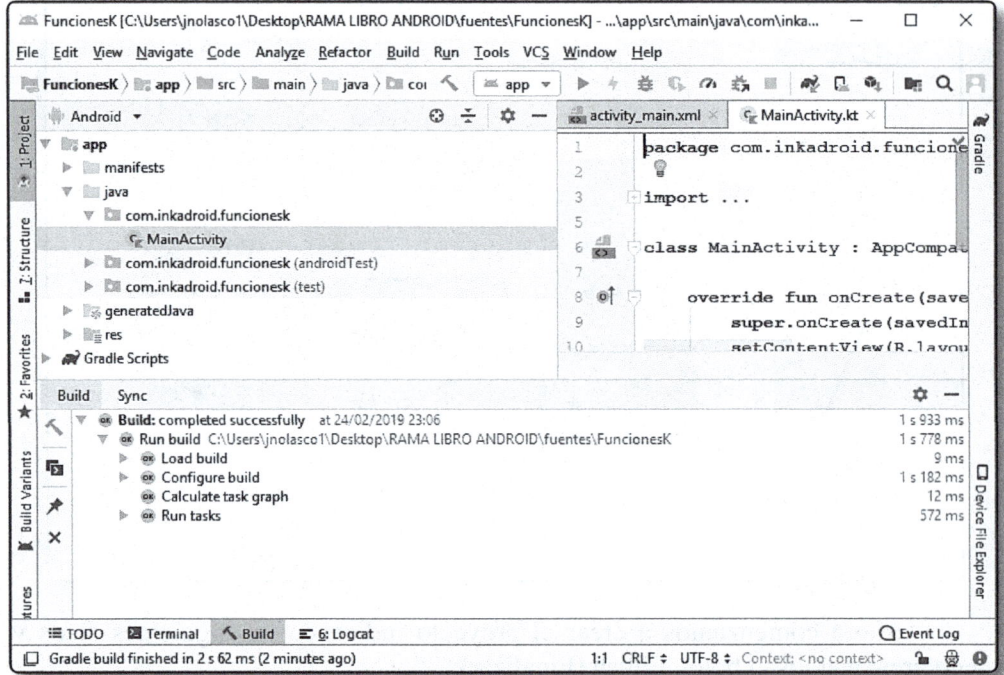

22.19 DISEÑANDO LA INTERFAZ

22.19.1 Archivos necesarios

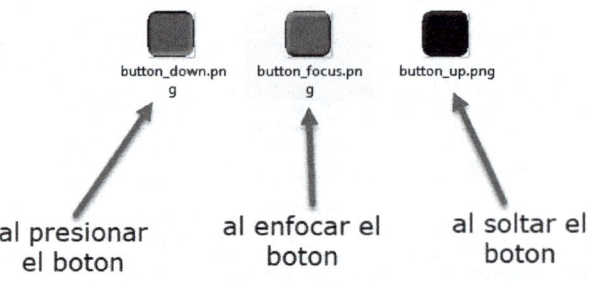

22.19.2 Drawable

Copiamos los archivos anteriores a la carpeta drawable:

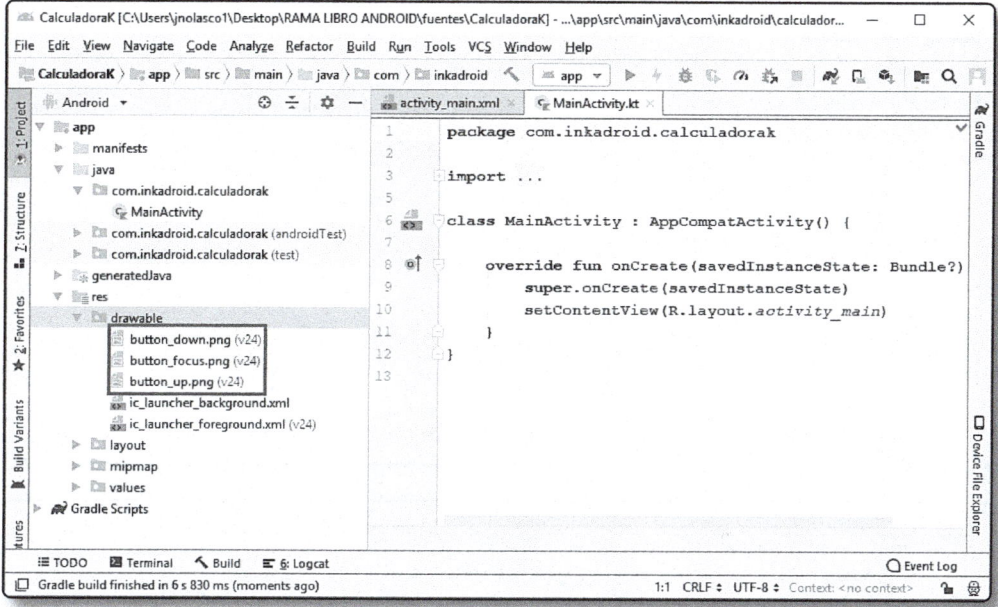

22.19.3 Estilos

Creando el estilo para los botones:

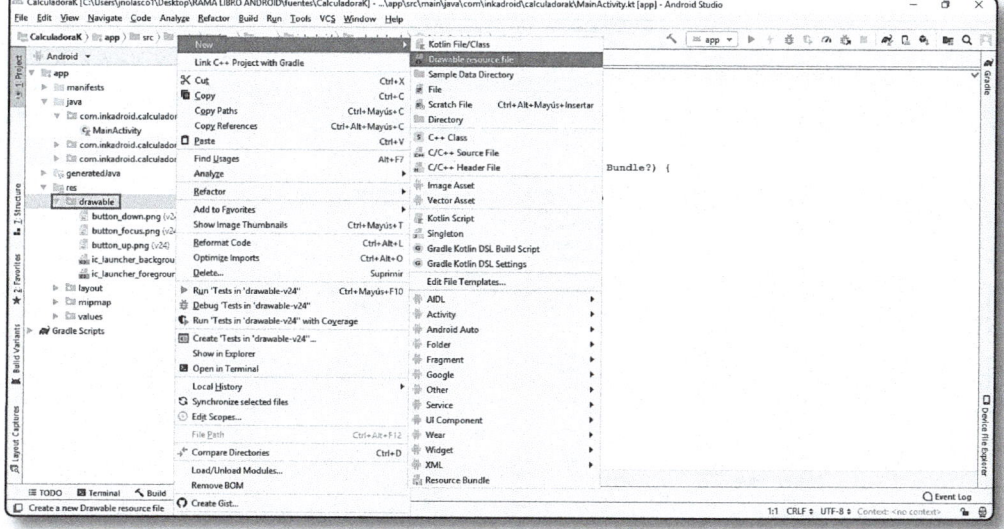

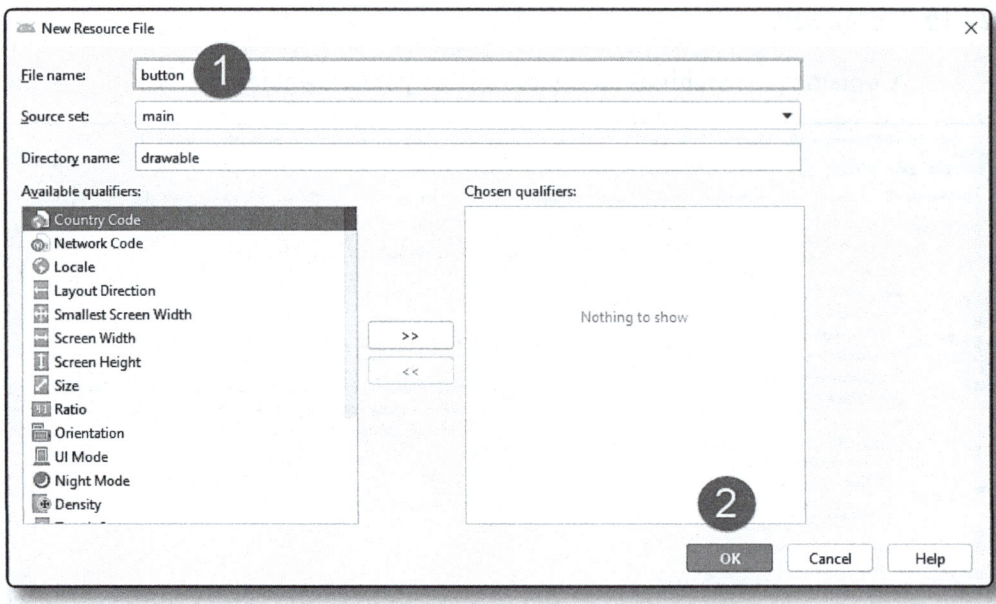

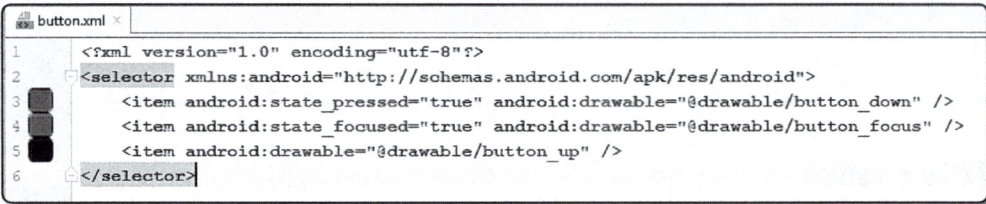

Creando el estilo para los resultados:

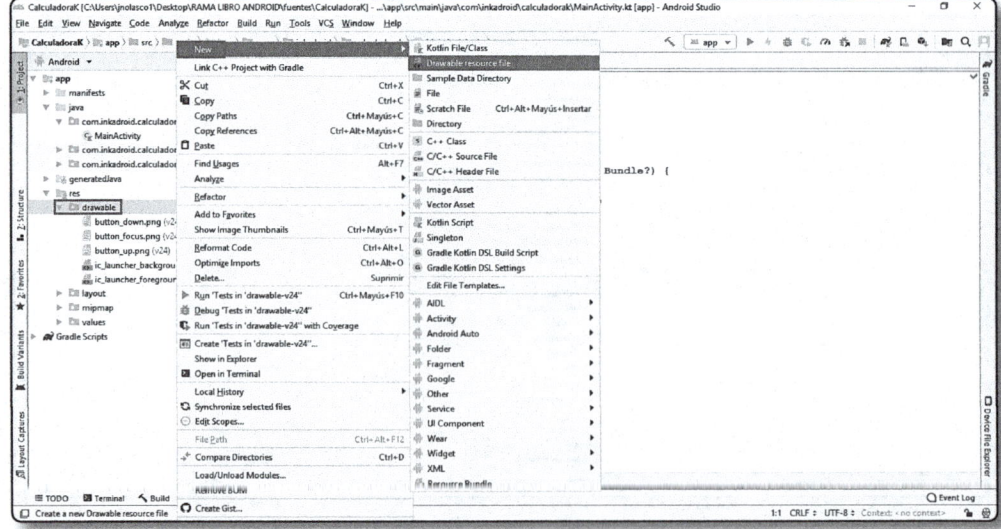

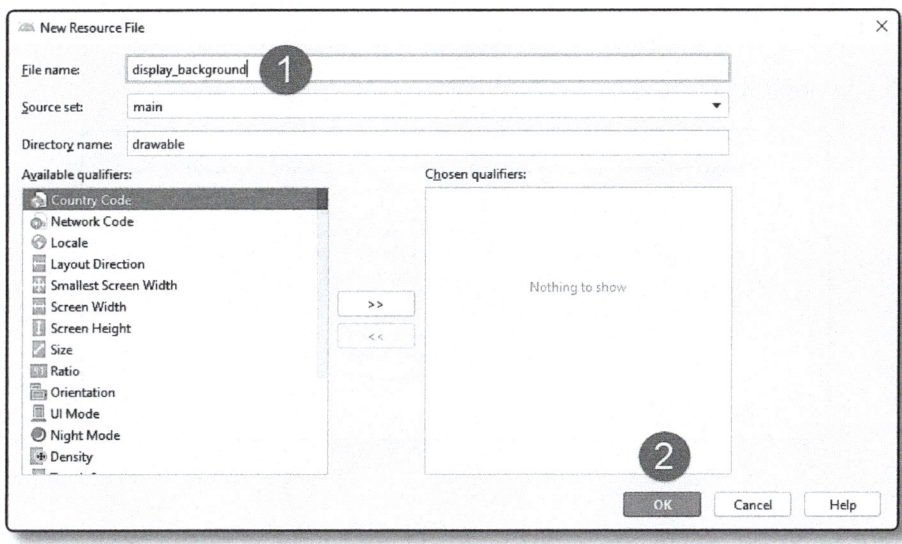

22.19.4 Aperturando la Interfaz

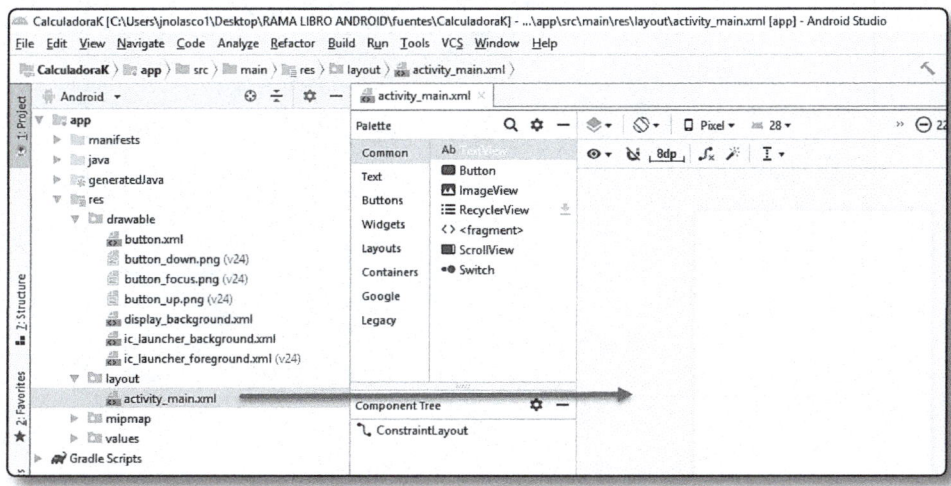

22.19.5 Modo Texto

Lo modificamos:

```
<RelativeLayout xmlns:android="http://schemas.android.com/apk/res/android"
                xmlns:tools="http://schemas.android.com/tools"
                android:layout_width="match_parent"
                android:layout_height="match_parent"
                android:background="@android:color/background_dark"
                android:paddingLeft="16dp"
                android:paddingTop="16dp"
                android:paddingRight="16dp"
                android:paddingBottom="16dp"
                tools:context=".MainActivity">


</RelativeLayout>
```

22.19.6 Modo Diseño

Volvemos al modo diseño y creamos un tablelayout:

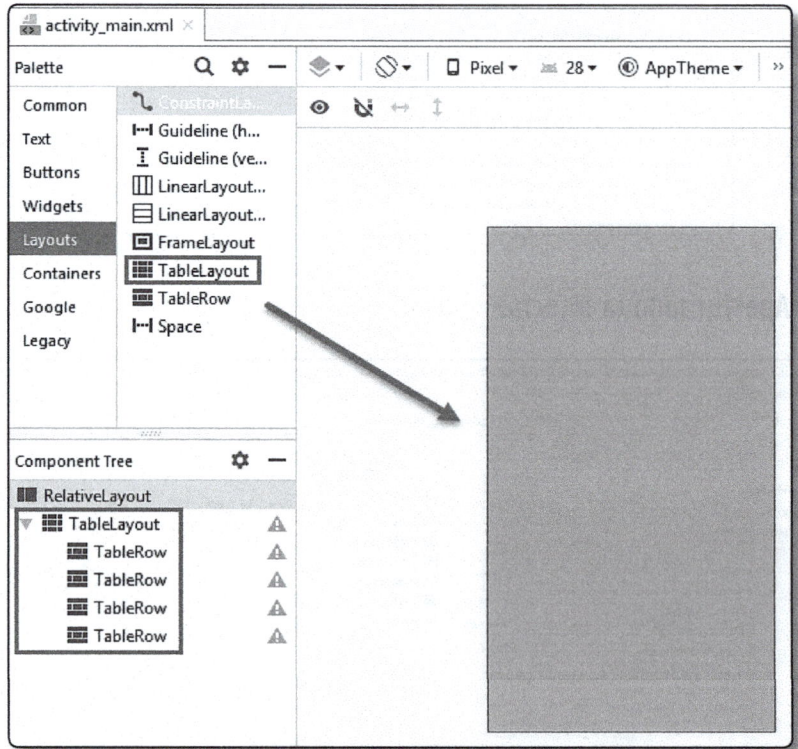

La tabla deberá tener 6 filas, añadimos las que faltan:

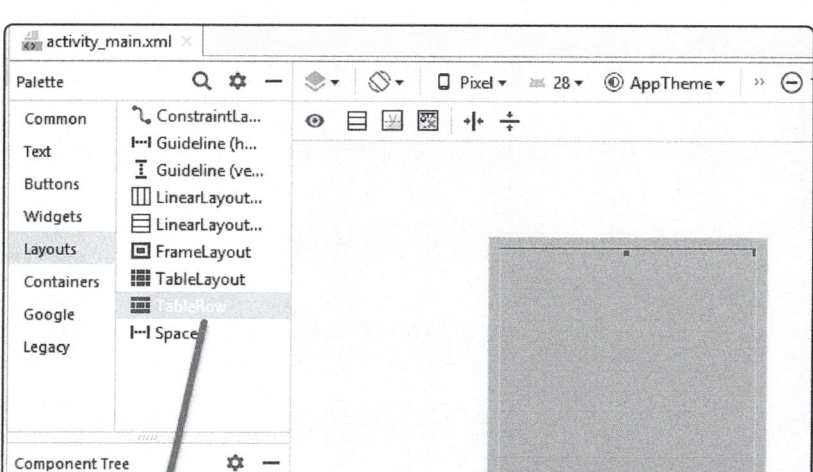

22.19.7 Modo Diseño

Indicamos que existirá una distribución uniforme en base a las columnas que necesitemos:

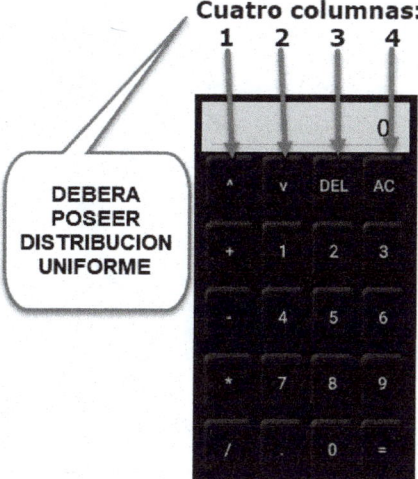

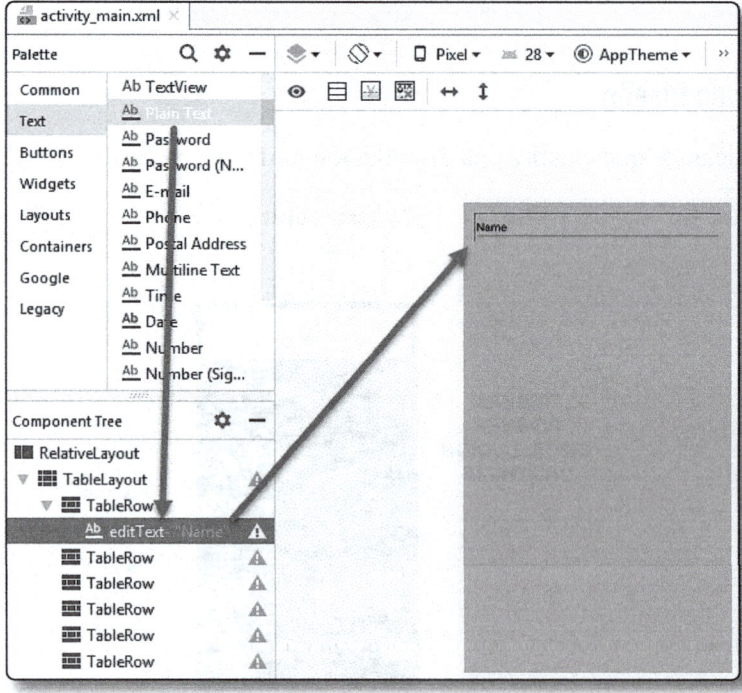

22.19.8 EditText Resultados

Añadimos en la primera fila un edittex donde mostraremos los resultados:

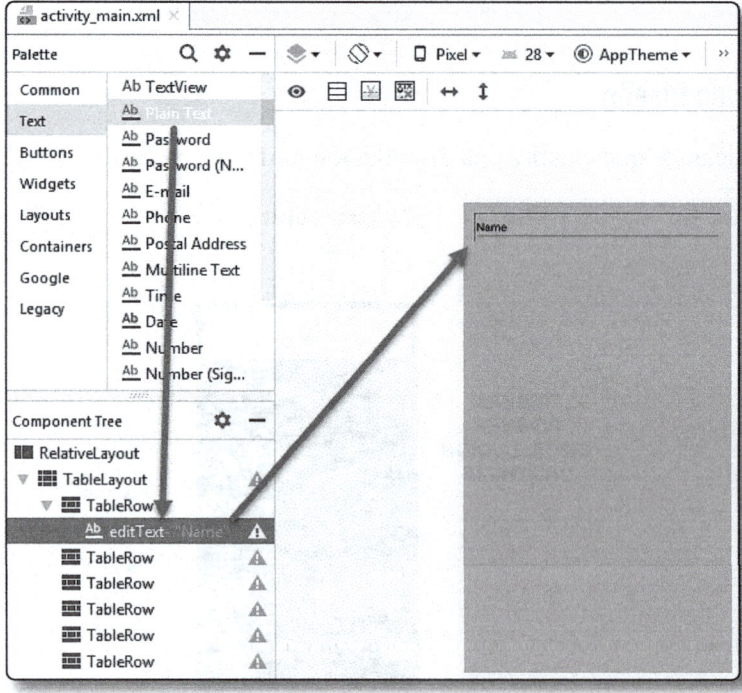

Indicamos su ID:

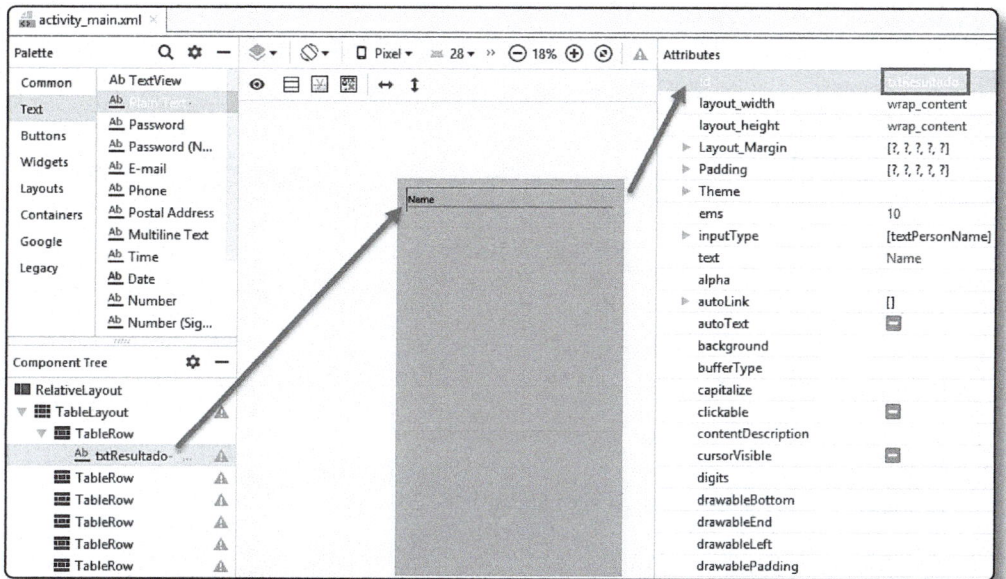

22.19.9 Estilo para la Fila

Indicamos el estilo creado anteriormente:

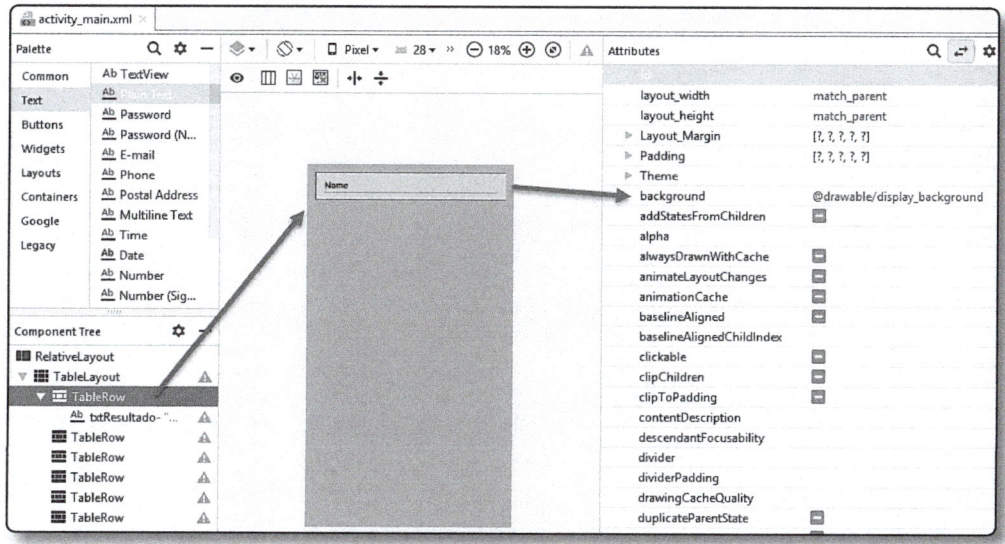

22.19.10 Mejor Distribución del Resultado

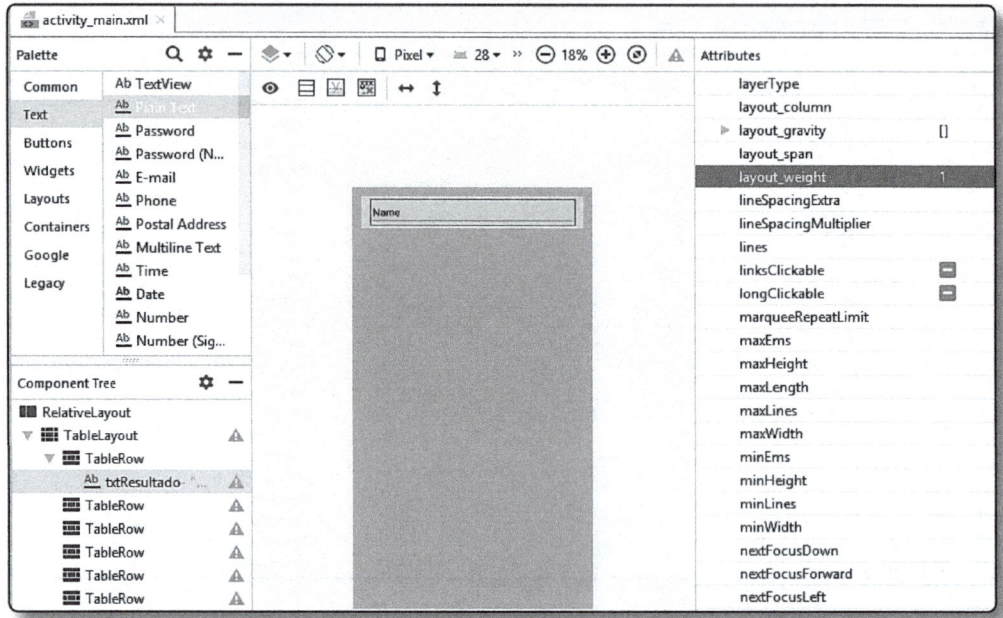

22.19.11 Algunas Propiedades adicionales del Resultado

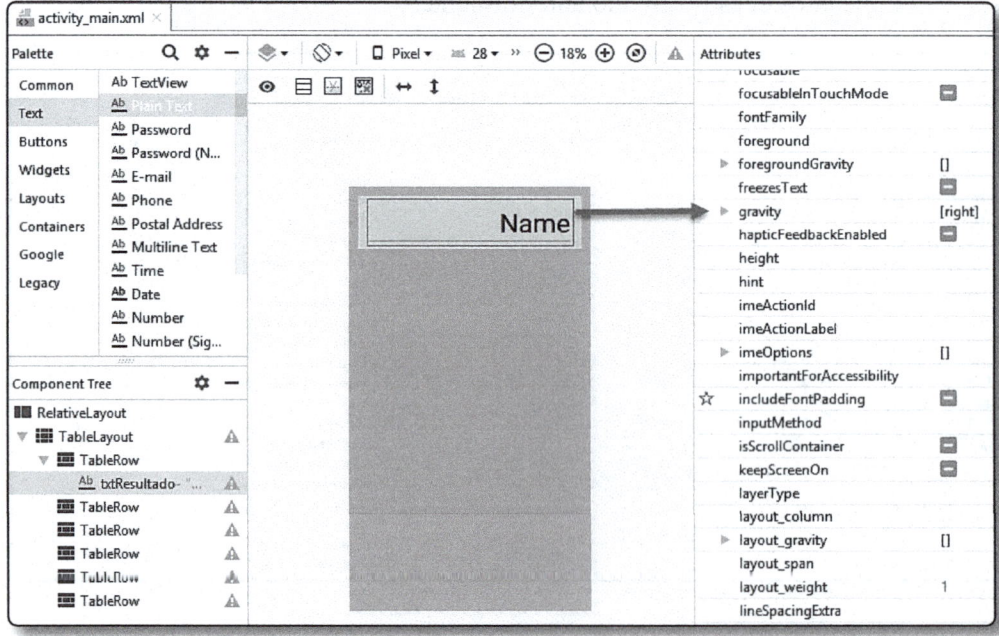

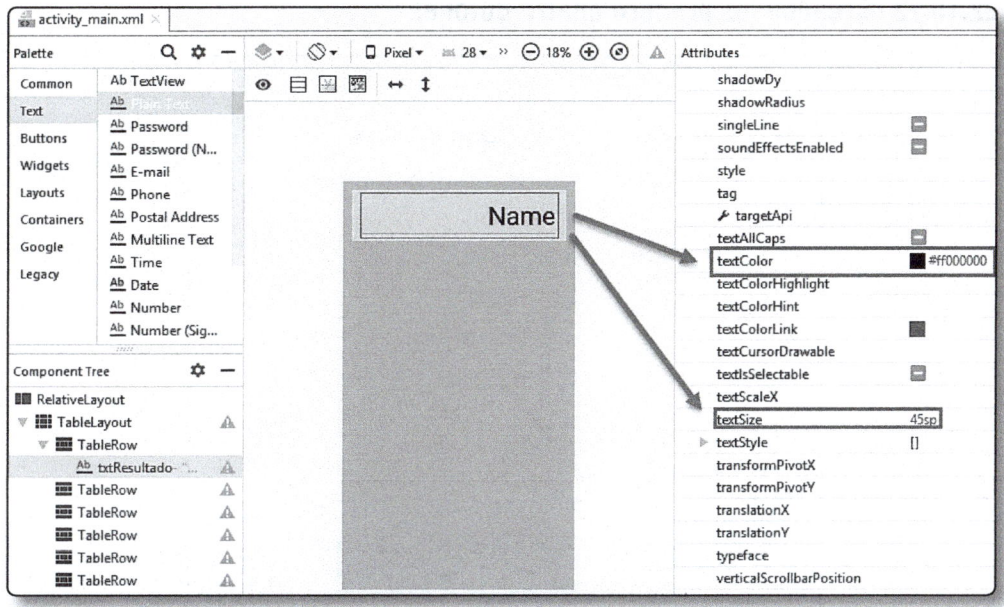

22.19.12 Estilo para los Botones

Vamos a crear un estilo para los botones de la calculadora:

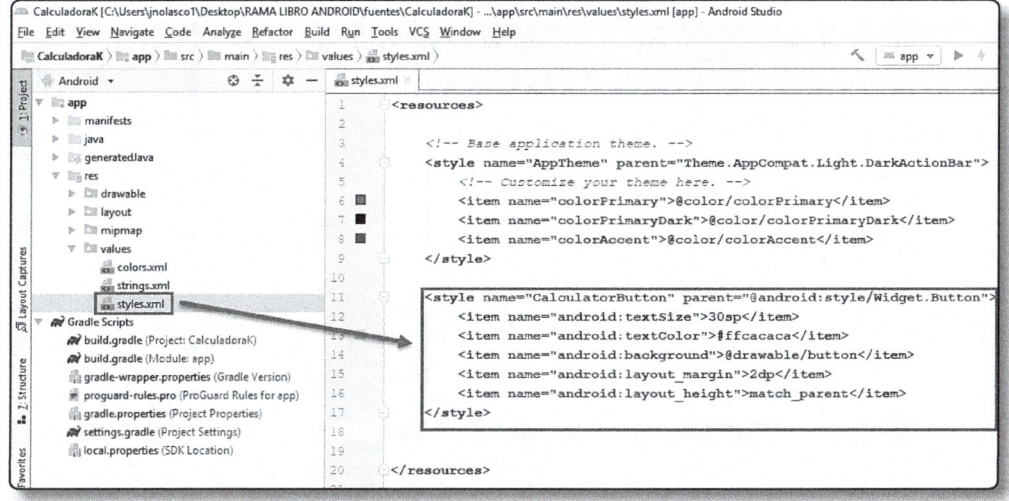

22.19.13   Creando los primero cuatro Botones

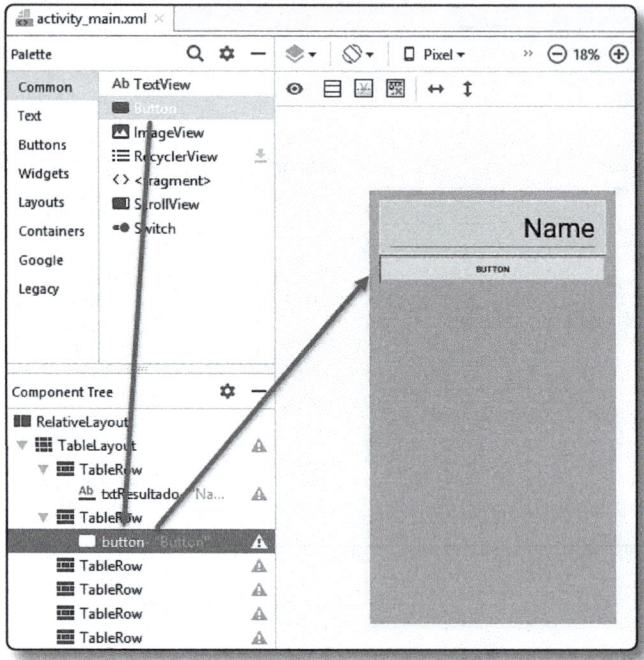

Ahora crearemos los siguientes botones:

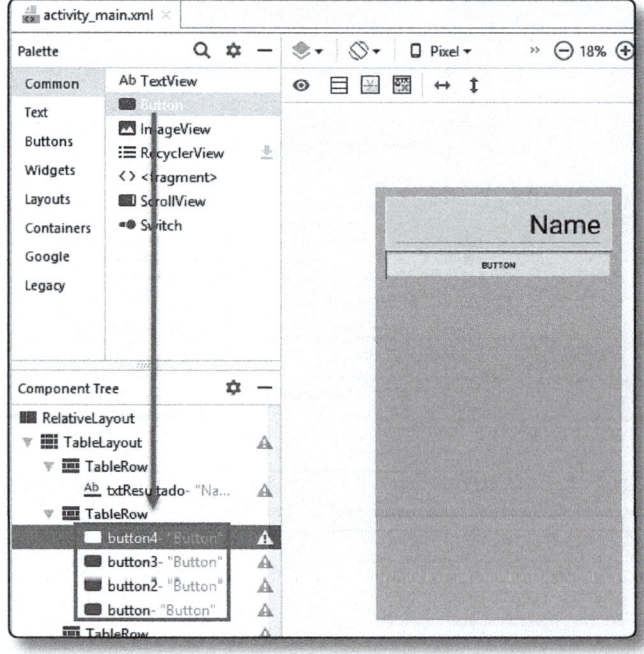

Ahora a cada botón quitamos el ancho y alto:

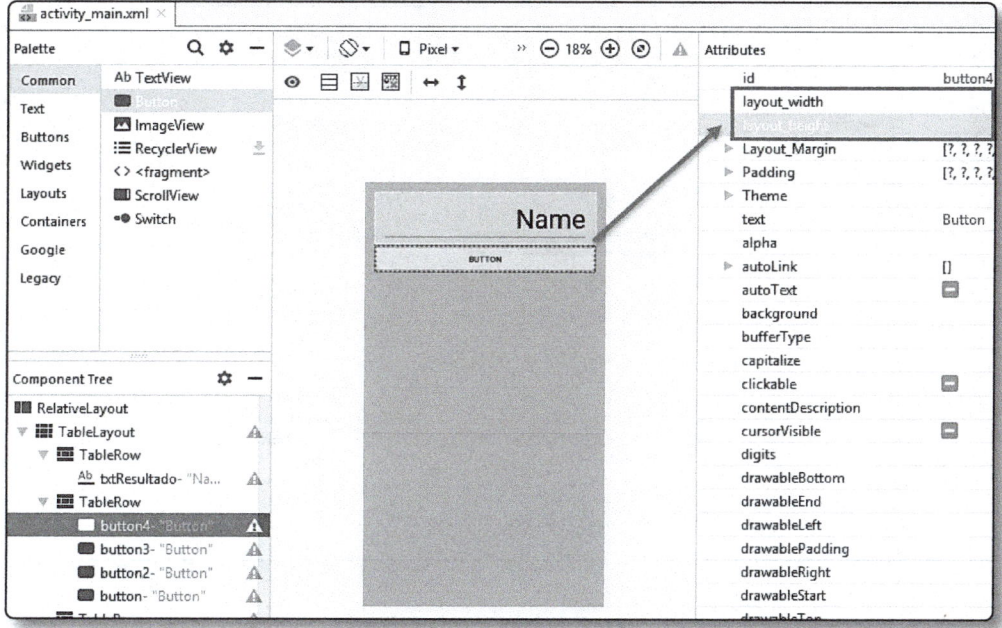

Aplicamos layout_weight al primer botón para se autodistribuya:

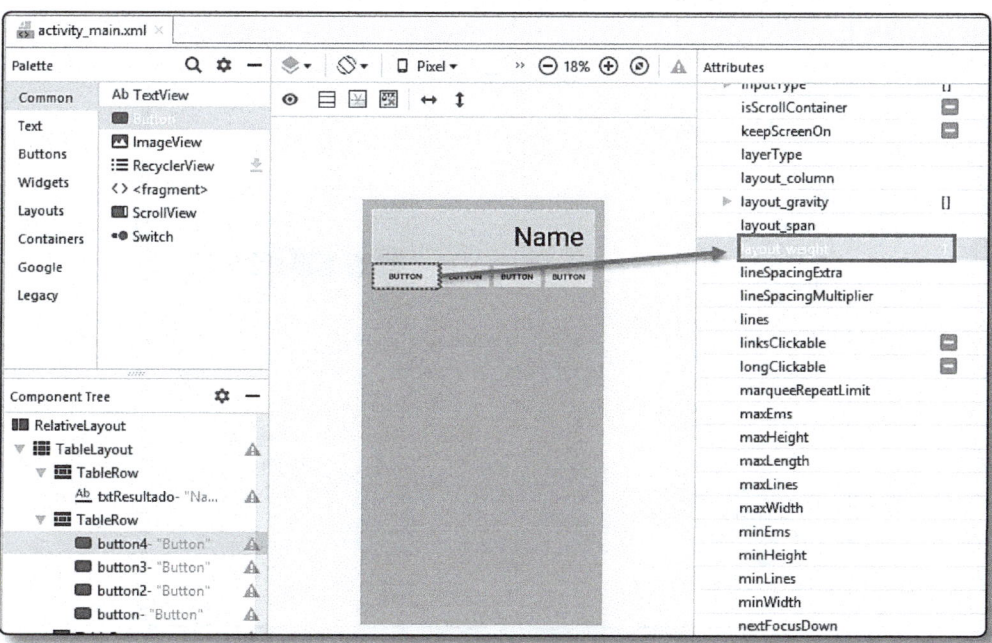

22.19.14 Aplicando estilo a los botones

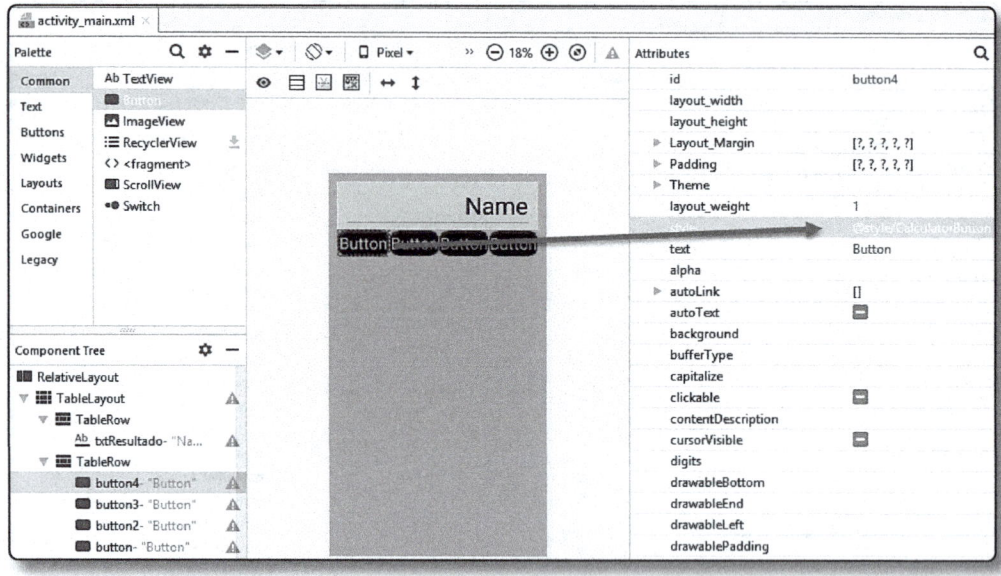

22.19.15 Colocando Texto a los Botones

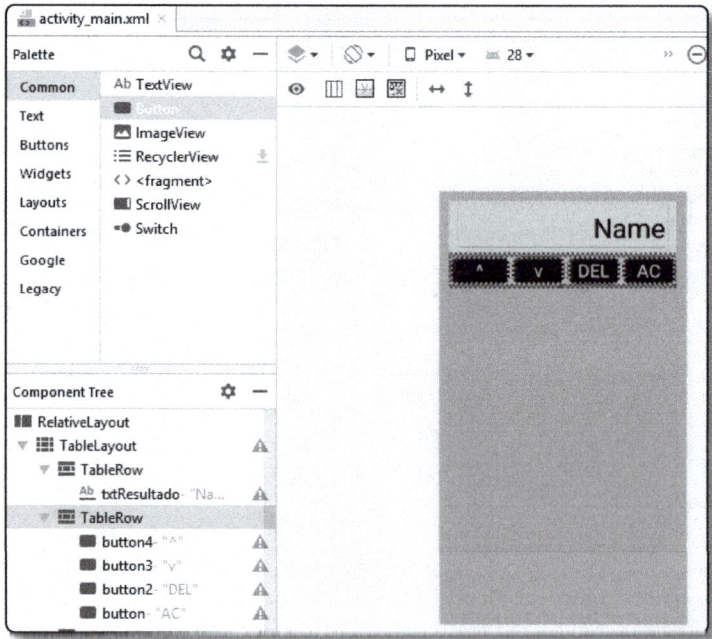

De la misma manera creamos los demás botones:

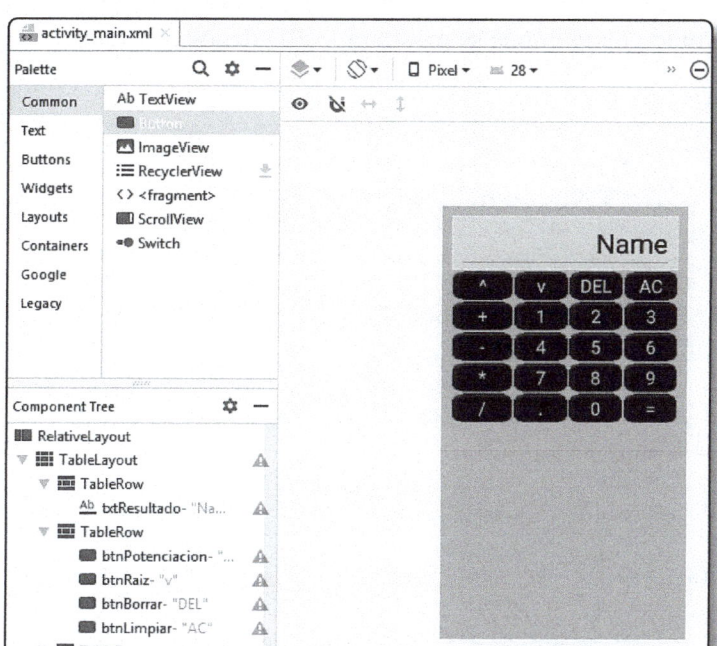

22.19.16 Layout_weight

Ahora para una mejor distribución en cada fila de los botones coloque en la propiedad Layout_weight=1:

22.19.17 ID Controles

Xml modo texto donde se mostrará los ID de los controles:

```
<RelativeLayout
xmlns:android="http://schemas.android.com/apk/res/android"
                xmlns:tools="http://schemas.android.com/tools"
                android:layout_width="match_parent"
                android:layout_height="match_parent"
                android:background="@android:color/darker_gray"
                android:paddingLeft="16dp"
                android:paddingTop="16dp"
                android:paddingRight="16dp"
                android:paddingBottom="16dp"
                tools:context=".MainActivity">
    <TableLayout
            android:layout_width="match_parent"
            android:layout_height="match_parent" android:stretchColum
ns="0,1,2,3">
        <TableRow android:layout_width="match_parent" android:layout_
height="match_parent"
                android:background="@drawable/display_background">
            <EditText
                android:layout_width="wrap_content"
                android:layout_height="wrap_content"
                android:inputType="textPersonName"
                android:text="Name"
                android:ems="10"
                android:id="@+id/txtResultado" android:layout_weight="1"
android:textSize="45sp"
                android:textColor="#ff000000" android:gravity="right"/>
        </TableRow>
        <TableRow
                android:layout_weight="1">
            <Button
                android:id="@+id/btnPotenciacion"
                style="@style/CalculatorButton"
                android:layout_weight="1"
                android:text="^"/>
            <Button
                android:id="@+id/btnRaiz"
                style="@style/CalculatorButton"
                android:text="v"/>
            <Button
                android:id="@+id/btnBorrar"
```

```xml
                        style="@style/CalculatorButton"
                        android:text="DEL"/>
        <Button

                        android:id="@+id/btnLimpiar"
                        style="@style/CalculatorButton"
                        android:text="AC"/>
    </TableRow>
    <TableRow android:layout_weight="1">
        <Button

                        android:id="@+id/btnSuma"
                        style="@style/CalculatorButton"
                        android:layout_weight="1"
                        android:text="+"/>
        <Button

                        android:id="@+id/btn1"
                        style="@style/CalculatorButton"
                        android:text="1"/>
        <Button

                        android:id="@+id/btn2"
                        style="@style/CalculatorButton"
                        android:text="2"/>
        <Button

                        android:id="@+id/btn3"
                        style="@style/CalculatorButton"
                        android:text="3"/>
    </TableRow>
    <TableRow

                android:layout_weight="1">
        <Button

                        android:id="@+id/btnResta"
                        style="@style/CalculatorButton"
                        android:layout_weight="1"
                        android:text="-"/>
        <Button

                        android:id="@+id/btn4"
                        style="@style/CalculatorButton"
                        android:text="4"/>
        <Button

                        android:id="@+id/btn5"
                        style="@style/CalculatorButton"
                        android:text="5"/>
        <Button

                        android:id="@+id/btn6"
                        style="@style/CalculatorButton"
                        android:text="6"/>
```

```xml
                </TableRow>
                <TableRow
                        android:layout_weight="1">
                    <Button
                            android:id="@+id/btnMultiplicacion"
                            style="@style/CalculatorButton"
                            android:layout_weight="1"
                            android:text="*"/>
                    <Button
                            android:id="@+id/btn7"
                            style="@style/CalculatorButton"
                            android:text="7"/>
                    <Button
                            android:id="@+id/btn8"
                            style="@style/CalculatorButton"
                            android:text="8"/>
                    <Button
                            android:id="@+id/btn9"
                            style="@style/CalculatorButton"
                            android:text="9"/>
                </TableRow>
                <TableRow android:layout_weight="1">
                    <Button
                            android:id="@+id/btnDivision"
                            style="@style/CalculatorButton"
                            android:layout_weight="1"
                            android:text="/"/>
                    <Button
                            android:id="@+id/btnPunto"
                            style="@style/CalculatorButton"
                            android:text="."/>
                    <Button
                            android:id="@+id/btn0"
                            style="@style/CalculatorButton"
                            android:text="0"/>
                    <Button
                            android:id="@+id/btnIgual"
                            style="@style/CalculatorButton"
                            android:text="="/>
                </TableRow>
            </TableLayout>
        </RelativeLayout>
```

22.20 CODIFICACIÓN DE LA ACTIVIDAD PRINCIPAL

22.20.1 Declaración de variables

```
MainActivity.kt ×
1      package com.inkadroid.calculadorak
2      import android.support.v7.app.AppCompatActivity
3      import android.os.Bundle
4      import android.widget.Button
5      class MainActivity : AppCompatActivity() {
6          //DECLARACION DE VARIABLES
7          var ValorA = ""
8          var ValorB = ""
9          var operador = ' '
10         val cont = ""
11         val decimal = false
12         var dato: Button? = null
13         var hayPunto = false
14         var a: Double = 0.toDouble()
15         override fun onCreate(savedInstanceState: Bundle?) {
16             super.onCreate(savedInstanceState)
17             setContentView(R.layout.activity_main)
18         }
19     }
```

22.20.2 Enlazar con controles y escucha de eventos

```
package com.inkadroid.calculadorak
import android.support.v7.app.AppCompatActivity
import android.os.Bundle
import android.view.View
import android.widget.Button
import android.widget.TextView
class MainActivity : AppCompatActivity() {
    //DECLARACION DE VARIABLES
    var ValorA = ""
    var ValorB = ""
    var operador = ' '
    val cont = ""
    val decimal = false
    var dato: Button? = null
    var hayPunto = false
    var a: Double = 0.toDouble()
    override fun onCreate(savedInstanceState: Bundle?) {
```

```kotlin
        super.onCreate(savedInstanceState)
        setContentView(R.layout.activity_main)
        //ENLACES Y RESPUESTA A EVENTOS
        var txtResultado = findViewById<View>(R.id.txtResultado) as TextView
        var btn0 = findViewById<View>(R.id.btn0) as Button
        var btn1 = findViewById<View>(R.id.btn1) as Button
        var btn2 = findViewById<View>(R.id.btn2) as Button
        var btn3 = findViewById<View>(R.id.btn3) as Button
        var btn4 = findViewById<View>(R.id.btn4) as Button
        var btn5 = findViewById<View>(R.id.btn5) as Button
        var btn6 = findViewById<View>(R.id.btn6) as Button
        var btn7 = findViewById<View>(R.id.btn7) as Button
        var btn8 = findViewById<View>(R.id.btn8) as Button
        var btn9 = findViewById<View>(R.id.btn9) as Button
        var btnSuma = findViewById<View>(R.id.btnSuma) as Button
        var btnResta = findViewById<View>(R.id.btnResta) as Button
        var btnDivision = findViewById<View>(R.id.btnDivision) as Button
        var btnMultiplicacion = findViewById<View>(R.id.btnMultiplicacion) as
Button
        var btnPotenciacion = findViewById<View>(R.id.btnPotenciacion) as Button
        var btnRaiz = findViewById<View>(R.id.btnRaiz) as Button
        var btnIgual = findViewById<View>(R.id.btnIgual) as Button
        var btnBorrar = findViewById<View>(R.id.btnBorrar) as Button
        var btnPunto = findViewById<View>(R.id.btnPunto) as Button
        var btnLimpiar = findViewById<View>(R.id.btnLimpiar) as Button
        btn0.setOnClicListener(this)
        btn1.setOnClicListener(this)
        btn2.setOnClicListener(this)
        btn3.setOnClicListener(this)
        btn4.setOnClicListener(this)
        btn5.setOnClicListener(this)
        btn6.setOnClicListener(this)
        btn7.setOnClicListener(this)
        btn8.setOnClicListener(this)
        btn9.setOnClicListener(this)
        btnSuma.setOnClicListener(this)
        btnResta.setOnClicListener(this)
        btnDivision.setOnClicListener(this)
        btnMultiplicacion.setOnClicListener(this)
        btnPotenciacion.setOnClicListener(this)
        btnRaiz.setOnClicListener(this)
        btnIgual.setOnClicListener(this)
        btnBorrar.setOnClicListener(this)
        btnPunto.setOnClicListener(this)
        btnLimpiar.setOnClicListener(this)
    }
}
```

22.20.3 Metodo onClic

```
override fun onClic(v: View) {
    //evento de respuesta
    when (v.id) {
        //se pulso algun numero
        R.id.btn0, R.id.btn1, R.id.btn2, R.id.btn3, R.id.btn4, R.id.btn5, R.id.
btn6, R.id.btn7, R.id.btn8, R.id.btn9 -> numero(v)
        //ahora codificamos los botones de las operaciones
        R.id.btnSuma, R.id.btnResta, R.id.btnDivision, R.id.btnMultiplicacion,
R.id.btnPotenciacion -> boton(v)
        //limpiar y borrar
        R.id.btnLimpiar, R.id.btnBorrar -> limpiar()
        //igual o resultado
        R.id.btnIgual -> resultado()
        R.id.btnPunto -> punto(v)
    }
}
```

22.20.4 Funciones a utilizar

```
fun numero(v: View) {
    //saber que boton se pulso
    dato = v as Button
    //extraer el texto del boton y colocarlos en ValorA
    ValorA = ValorA + dato!!.text
    //poner en la caja de texto el numero que se pulso ValorA
    txtResultado.setText( ValorA)
}
fun boton(v: View) {
    //saber que boton se pulso
    dato = v as Button
    operador = dato!!.text[0]
    ValorB = ValorA
    ValorA = ""
    txtResultado.setText("")
}
fun limpiar() {
    ValorA = ""
    ValorB = ""
    txtResultado.setText("")
}
```

```
fun resultado()
```

```
{
    var resultado=0.0
    val a:Double
    val b: Double
    if (operador == '+') {
        resultado = ValorB.toDouble() + ValorA.toDouble()
    } else if (operador == '-') {
        resultado = ValorB.toDouble() - ValorA.toDouble()
    } else if (operador == '/') {
        resultado = ValorB.toDouble() / ValorA.toDouble()
    } else if (operador == '*') {
        resultado = ValorB.toDouble() * ValorA.toDouble()
    } else if (operador == '^')
    { a = ValorB.toDouble()
    b = ValorA.toDouble()
    resultado = Math.pow(a, b)
    }
    txtResultado!!.text = resultado.toString()
    ValorA = resultado.toString()
    ValorB = ""
}
fun punto(v: View) {
    dato = v as Button
    a = ValorA.toDouble()
    if (a % 1 == 0.0) {
        ValorA += dato!!.text
        txtResultado!!.text = ValorA
    } else if (a % 1 != 0.0) {
        hayPunto = true
    }
}
```

22.20.5 Ejecutando la Aplicación

Ahora para ejecutar la App podemos hacerlo utilizando el emulador o un dispositivo físico recomiendo usar un dispositivo físico para ello procedemos a conectar nuestro dispositivo o celular. Hecho esto seguimos los siguientes pasos:

Presione el botón Run

Ahora indicamos si utilizamos un dispositivo físico o un emulador:

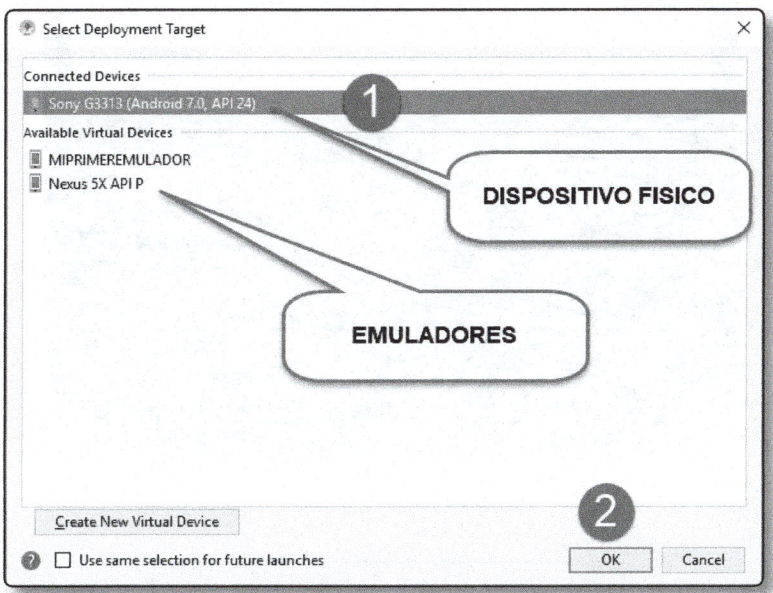

> ### ⓘ NOTA
>
> Se recomiendo utilizar un dispositivo físico.

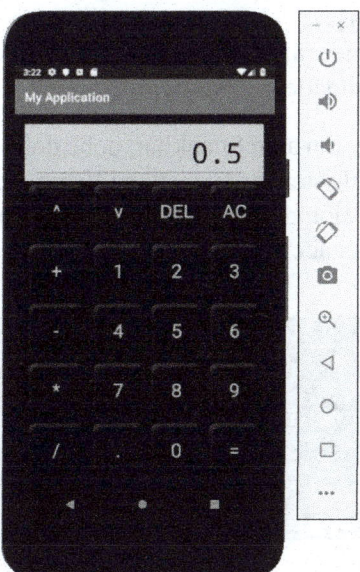

22.21 ALGO SOBRE NOTIFICACIONES

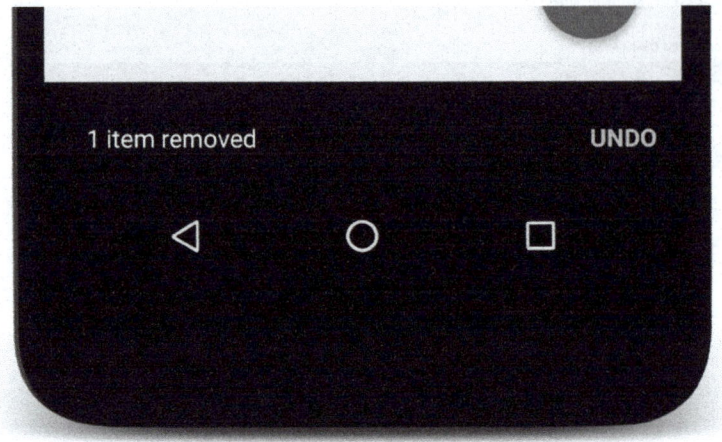

Para mostrar mensaje al usuario utiliziamos Toast además tenemos la posibilidad de utilizar mensajes atravez de los snackbar, similares a los Toast añadiendo nuevas funcionalidades.

Para agregar una acción a un Snackbar, debe definir un objeto de escucha que implemente la View.OnClicListener . El sistema llama al método :onClic() oyente si el usuario hace clic en la acción del mensaje. Por ejemplo, este fragmento de código muestra un escucha para una acción de deshacer:

```
public class MyUndoListener implements View.OnClickListener{

    Override
    public void onClick(View v) {

        // Code to undo the user's last action
    }
}
```

Utilice método : SetAction() para adjuntar el oyente a su Snackbar. Asegúrese de adjuntar al oyente antes de llamar show(), como se muestra en este ejemplo de código:

```
Snackbar mySnackbar = Snackbar.make(findViewById(R.id.myCoordinatorLayout),
                        R.string.email_archived, Snackbar.LENGTH_SHORT);
mySnackbar.setAction(R.string.undo_string, new MyUndoListener());
mySnackbar.show();
```

22.22 CREANDO PROYECTO NOTIFICACION1

Ahora vamos a crear un nuevo proyecto en kotlin que nos permita mostrar una notificación, Para comenzar a crear un nuevo proyecto haga clic en Start a new Android Studio Project (Inicie un nuevo proyecto Android Studio):

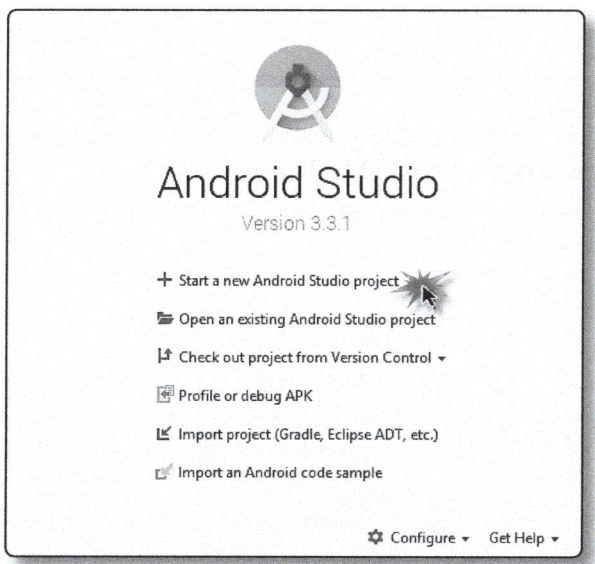

Ahora elegimos usar actividad en Blanco y luego presionamos el botón Next (Siguiente):

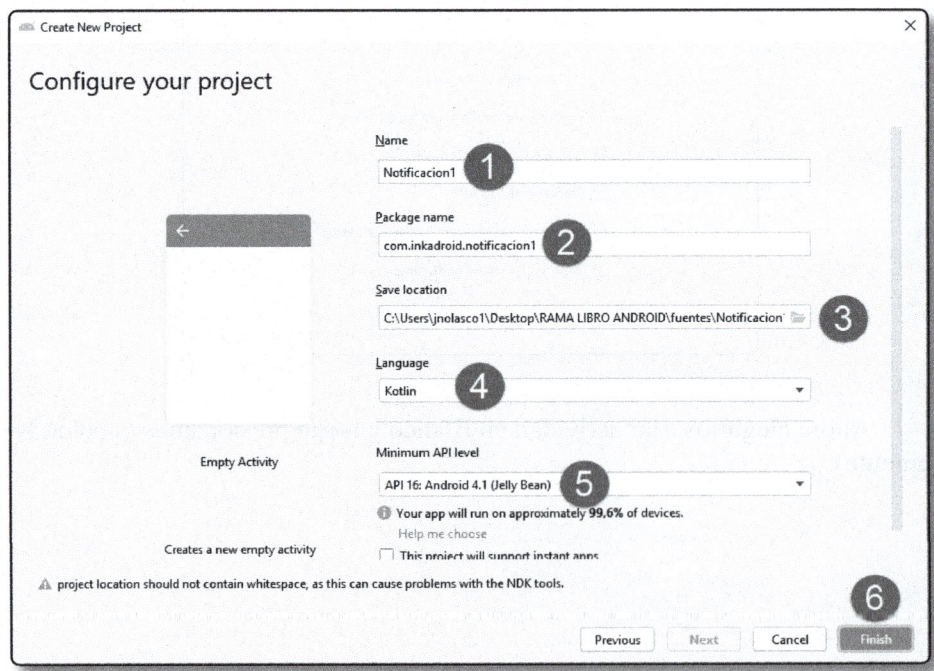

Ahora comenzamos a crear el proyecto indicando los siguientes datos y luego presionamos el botón Finish (Finalizar):

Obtenemos lo siguiente:

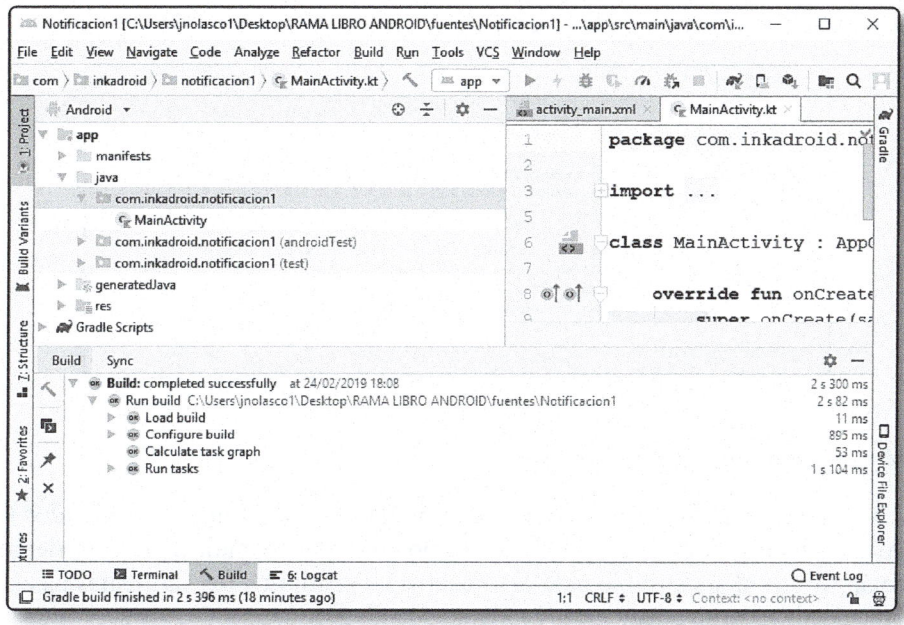

22.23 DISEÑANDO LA INTERFAZ

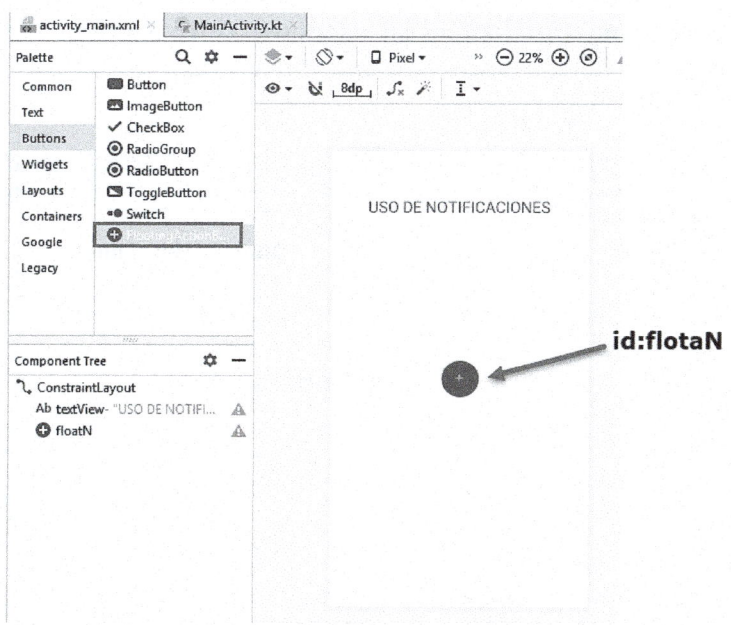

22.24 CODIFICACIÓN DE LA NOTIFICACIÓN

Ahora codificaremos la actividad:

```
MainActivity.kt
1    package com.inkadroid.notificacion1
2    import ...
6    class MainActivity : AppCompatActivity() {
7
8        override fun onCreate(savedInstanceState: Bundle?) {
9            super.onCreate(savedInstanceState)
10           setContentView(R.layout.activity_main)
11
12           val flotaN = findViewById(R.id.flotaN) as FloatingActionButton
13           flotaN.setOnClickListener { view ->
14               Snackbar.make(view, text: "Mi Primera Notificacion", Snackbar.LENGTH_LONG)
15                   .setAction( text: "Accion", listener: null).show()
16           }
17       }
18   }
```

22.24.1 Ejecutando la Aplicación

Ahora para ejecutar la App podemos hacerlo utilizando el emulador o un dispositivo físico recomiendo usar un dispositivo físico para ello procedemos a conectar nuestro dispositivo o celular. Hecho esto seguimos los siguientes pasos:

Presione el botón Run

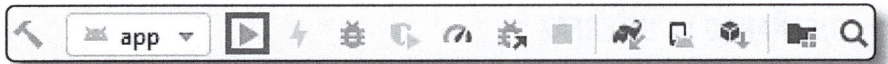

Ahora indicamos si utilizamos un dispositivo físico o un emulador:

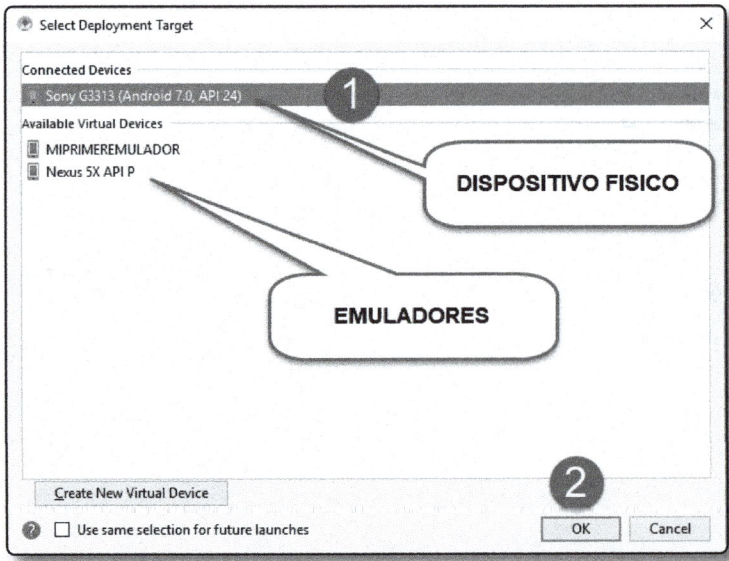

> ⓘ **NOTA**
>
> Se recomiendo utilizar un dispositivo físico